Hans Ramge

Hessische Familiennamen

Namengeschichten. Erklärungen. Verbreitungen

verlag regionalkultur

Titel:	Hessische Familiennamen
	Namengeschichten. Erklärungen. Verbreitungen
Autor:	Hans Ramge
Herstellung:	verlag regionalkultur (vr)
Satz:	Katja Leschhorn (vr)
Umschlaggestaltung:	Jochen Baumgärtner (vr)
Endkorrektur:	Kirsten Baumann (vr)

ISBN 978-3-95505-026-9

Bibliographische Information der Deutschen Bibliothek
Die Deutsche Bibliothek verzeichnet diese Publikation in der Deutschen Nationalbibliographie; detaillierte bibliographische Daten sind im Internet über http://dnb.ddb.de abrufbar.

Diese Publikation ist auf alterungsbeständigem und säurefreiem Papier (TCF nach ISO 9706) gedruckt entsprechend den Frankfurter Forderungen.

Alle Rechte vorbehalten.
© 2017 verlag regionalkultur

verlag regionalkultur
Heidelberg • Ubstadt-Weiher • Neustadt a.d.W. • Basel

Korrespondenzadresse:
Bahnhofstraße 2 • 76698 Ubstadt-Weiher • *Telefon* (07251) 36 70 3-0 • *Fax* 36 70 3-29
E-Mail: kontakt@verlag-regionalkultur.de • *Internet*: www.verlag-regionalkultur.de

Inhalt

Abbildungsverzeichnis 7
Abkürzungsverzeichnis 8
Verzeichnis der Symbole 8
Vorwort 9
Einleitung 11

Teil 1: Mein Familienname

KAPITEL 1: WIE MAN MIT SEINEM NAMEN UMGEHEN KANN 17
1. Wenn der Name glänzt 17
   1.1 Das Ich und sein Selbstbild 17
   1.2 Imagepflege 22
2. Wenn der Name nicht so glänzt 28
   2.1 Lieber einen besseren Namen 28
   2.2 Namenästhetik 33
   2.3 Wie man vielleicht lieber nicht heißen würde 36

KAPITEL 2: MEIN NAME IN ZEIT UND RAUM 42
1. In die Tiefe der Zeit 42
   1.1 Familienforschung und Familiennamen 42
   1.2 Wo die Familiengeschichte wackelig wird 45
2. Aus der Tiefe des Raumes: Hessen und Hessisches 52
   2.1 Verortungen 52
   2.2 Gibt es typisch hessische Familiennamen? 59

KAPITEL 3: AKTION EICHHÖRNCHEN – DAS SAMMELN VON INFORMATIONEN 67
1. Wie ich die Verbreitung (m)eines Namens herausfinde 68
2. Wie ich historische Belege für (m)einen Namen finde 78

KAPITEL 4: DAS KNACKEN DER NUSS – AUF DEM WEG ZUR DEUTUNG (M)EINES FAMILIENNAMENS 83
1. Auf der Suche 83
2. Die Hauptgruppen namengebender Motive 85
   2.1 Ruf- oder Taufname 85
   2.2 Tätigkeitsnamen 86

    2.3 Herkunftsnamen 88
    2.4 Wohnstättennamen 90
    2.5 Eigenschaftsnamen 91
3. Wenn es aus der Wolke tröpfelt 95
    3.1 Deutungsregeln: Wie gehe ich überlegt vor? 95
    3.2 Wie sichere ich meine Deutung ab? 97
    3.3 „... so irrt sich der" 99
    3.4 „Das Wahre ist, worüber man Einverständnis erzielt hat" 105

Teil 2: Hessische Familiennamen in Zeit und Raum

KAPITEL 5: WIE DIE HESSISCHEN FAMILIENNAMEN ENTSTANDEN SIND 109
1. Wie wird etwas aus nichts? 109
    1.1 Warum der einfache Personenname nicht mehr ausreicht 109
    1.2 Ein Zweitname: ja oder nein, oder doch? 111
    1.3 Vom Beinamen zum Familiennamen 115
2. Die Entwicklung der Zweinamigkeit im späten Mittelalter 117
    2.1 Vorspiel: Eine Zeugenliste vom Ende des 12. Jh.s 117
    2.2 Wenn Ritter Zeugen sind 118
    2.3 Frankfurter Bürger: Stadtluft macht frei 121
3. Bauernleben: Die Namen der Landbevölkerung im 15. Jh. 125
    3.1 Die Haferabgaben in einem hessischen Dorf
         und merkwürdige Namen 125
    3.2 Weitere Tendenzen der Namenbildung auf dem Lande 127
    3.3 Exkurs: Die *dictus*-Formel 129
4. Der umgedrehte Eigenname: Das Modell Erstname + Rufname
    in Stadt und Land 132
    4.1 Ein Produkt vom Lande 132
    4.2 Verallgemeinerung des Erstname-Rufname-Modells 133
    4.3 Dorfnamen und Familiennamen 134

KAPITEL 6: LIRUM LARUM – VOM MEHRWERT DES LATEINISCHEN IN FAMILIENNAMEN 138
1. Neue Zeit – neue Namen (aber lateinische) 138
2. Latinisierungen in Hessen: Eine schleichende Entwicklung 142
3. Latinisierung light 145

KAPITEL 7: JÜDISCHE FAMILIENNAMEN? NAMEN JÜDISCHER FAMILIEN! 154

   1. Im Netz der Namen 154
   2. Zwei berühmte jüdische Familien in Hessen 156
       2.1 Rothschild 156
       2.2 Oppenheim / Oppenheimer 158
   3. Von den Namen in den Städten und auf dem Lande 159
       3.1 Die Namen in der Frankfurter Judengasse 159
       3.2 Namen jüdischer Familien auf dem Lande 161
   4. Namenwechsel in jüdischen Familien 162
       4.1 Namenwechsel durch Konvertierung bis ca. 1800 162
       4.2 Judenemanzipation und die Erblichkeit der Familiennamen 162
   5. Namenvermischung, Namenverwischung 166
       5.1 Individuelle Namensänderungen 166
       5.2 Verwischung des Indikators 168

KAPITEL 8: AUS DER FREMDE 171

   1. Das Wandern ist des Müllers Lust? 171
   2. Zuwanderungen Einzelner in Mittelalter und früher Neuzeit 172
   3. Zuwanderung aus den Alpenländern, besonders aus der Schweiz 175
   4. Die Hugenotten und weitere französischsprachige Einwanderer 179
       4.1 Wie sie nach Hessen kamen 179
       4.2 Französische Familiennamen in Hessen 181
   5. Romantisch und märchenhaft:
      Eine hessisch-französisch-italienische Kulturepisode 185
   6. Flüchtlinge, Vertriebene, Aussiedler nach dem Zweiten Weltkrieg 188
   7. Arbeitsmigration und Asylflüchtlinge 190

KAPITEL 9: VON DER FREUDE AN DEN VERSCHIEDENHEITEN 193

   1. „variatio delectat": Erfreut Abwechslung wirklich? 193
   2. Schreibbedingte Varianten von Familiennamen 196
       2.1 Haben Variantenschreibungen eine Bedeutung? 196
       2.2 Historische Schreibungen 198
       2.3 Wilde Schreibungen: Wenn das Benennungsmotiv unklar wird .. 200
       2.4 Wenn uns die Schreibung aufs Glatteis führt 202
   3. Sprachgeschichtlich bedingte Varianten in Familiennamen 205
       3.1 Lautgeschichten 206
       3.2 Wo sich *Heim*-liches verbirgt und der *Hamm*-er hängt 210
       3.3 Deutschlandweites: Das lutherische *-e* 213
       3.4 Besonderheiten 214

KAPITEL 10: HESSISCHE FAMILIENNAMENRÄUME 218
  1. Die Ausbildung von Namenräumen 218
    1.1 Wie man dem Kartenbild auf den Leim geht 218
    1.2 Wie entstehen Namenräume? 219
    1.3 Familiennamenräume 222
  2. Brisen aus Südwest 224
    2.1 Der unauffällige Kern eines hessischen Familiennamenraums ... 224
    2.2 Eine leichte Brise aus Südwest 227
    2.3 Starke Brise aus Südwest (und Gegenlüftchen) 230
    2.4 Hessen: Fest im westlichen Bündnis verankert 233
  3. Regionale Familiennamenräume 234
    3.1 Südhessen 234
    3.2 Osthessen: Fulda und die „Fuller" 236
    3.3 Nordhessen 238
      3.3.1 Nordhessen und seine Verbindungen mit Mittelhessen ... 239
      3.3.2 Nordosthessen 241
      3.3.3 Nordhessen: Kassel 242
      3.3.4 Nordhessen: Waldeck 243
    3.4 Mittelhessen 244
    3.5 Und kein Namenraum: Frankfurt und das Rhein/Main-Gebiet ... 249

Anhang: Kleines Lexikon hessischer Familiennamen

Einleitung 253
  1. Welche Familiennamen sind im Kleinen Lexikon zu finden? 253
  2. Wie sind die Namenartikel aufgebaut? 254
  3. Wenn Sie es genauer wissen wollen 255
Namenartikel 260

Quellen- und Literaturverzeichnis 324
Namenregister 330

Abbildungsverzeichnis

Abbildung 1a:	Waldschmidt, Waldschmitt (nach dem Deutschen Familiennamenatlas)	72
Abbildung 1b:	Waldschmidt, Waldschmitt (nach geogen)	73
Abbildung 2:	Schweizer, Schweitzer	174
Abbildung 3:	Hohenadel u.ä.	176
Abbildung 4a:	Seibel, Seipel	206
Abbildung 4b:	Sippel	207
Abbildung 5:	Franke usw.	213
Abbildung 6:	Launspach	220
Abbildung 7:	Odenwald-Namen (Kombination)	223
Abbildung 8a:	Seip, Seipp	224
Abbildung 8b:	Seib	225
Abbildung 9a:	Diehl	227
Abbildung 9b:	Diel	228
Abbildung 10a:	Dönges	230
Abbildung 10b:	Dinges	231
Abbildung 11:	Bender	232
Abbildung 12:	Kaffenberger	235
Abbildung 13:	Mihm	237
Abbildung 14:	Vaupel u.ä.	239
Abbildung 15:	Brandau	241
Abbildung 16:	Emde	244
Abbildung 17:	Klingelhöfer, Klingelhöffer	245
Abbildung 18:	Weil	248

Abkürzungsverzeichnis

abs.	absolut
ahd.	althochdeutsch
dt.	deutsch
franz.	französisch
griech.	altgriechisch
i. S.	im Sinne (von)
Jh.	Jahrhundert
K.	Karte
Kap.	Kapitel
Kr.	Kreis
lat.	lateinisch
mhd.	mittelhochdeutsch
rel.	relativ
sog.	sogenannt
Sp.	Spalte
vs.	versus, gegenüber, im Gegensatz zu
TA	Telefonanschluss

Verzeichnis der Symbole

„…"	Zitat / besondere Kennzeichnung
,…'	Bedeutungsangabe
<…>	Schreibform
/…/	(ungefähre) lautliche Schreibung
:	Länge des vorangehenden Vokals (bei Lautschreibung)
^	Länge des vorangehenden Vokals (bei mhd. Wörtern)
ə	unbetontes e (Lautschreibung)
..´..	betonte Silbe / spitzer Akzent (bei franz. Wörtern)
*	erschlossene, nicht belegte Form
>	wird zu
<	entstanden aus
→	Verweis auf anderen Namenartikel
▶	Verweis auf Text

Vorwort

„Hessische Familiennamen": Die Bearbeitung eines solchen Themas, über Jahre gewachsen, erwächst aus Puzzle-Teilchen, aus unendlich vielen Einzelüberprüfungen und kleinen Recherchen, vor allem auch dank vielfältiger Unterstützung.

Am häuslichen Schreibtisch, dem kalten Licht des Notebooks ausgesetzt, bemerkt man, wieviel Arbeitserleichterung man durch Wikimedia, Google, auch weitere Webseiten erfährt. Ohne die von Christoph Stöpel betriebene Seite „geogen" wären die hier vorgestellten Beobachtungen und Untersuchungen gar nicht durchzuführen gewesen. Christoph Stöpel bin ich zudem sehr dankbar, dass er durch die Bereitstellung weiterer Unterlagen wie der Liste der 2.000 häufigsten Familiennamen in Hessen und durch Unterstützung bei der Kartenherstellung wesentliche empirische Grundlagen dieser Arbeit ermöglicht hat.

Mit der computativen und textlichen Bearbeitung des Buchs wäre ich hoffnungslos gescheitert, hätte nicht Patrick Vaillant über Jahre die gesamten technischen Probleme, freundschaftlich und immer hilfsbereit, bearbeitet und gelöst. Ihm schulde ich besonderen Dank für seine Unterstützung.

Viele inhaltliche Einzelfragen hätte ich ohne die freundliche und kooperative Beratung Sachkundiger nicht angemessen bearbeiten können. So haben mir zahlreiche Fachkolleginnen und -kollegen wichtige Hinweise zur Deutung einzelner Namen gegeben: Helmut Castritius, Friedhelm Debus, Kurt Gärtner, Volkmar Hellfritzsch, Rita Heuser, Konrad Kunze, Birgit Meineke, Max Pfister, Jörg Riecke, Rudolf Steffens, Jürgen Udolph, Bernd Vielsmeier, Otto Winkelmann. Auf ihren Beitrag ist im jeweiligen Zusammenhang in den Anmerkungen verwiesen. Viele Heimatforscher und -forscherinnen in Hessen haben mir durch ihre Spezialkenntnisse zu korrekten Darstellungen verholfen. Soweit ihre Anregungen Eingang in den Text gefunden haben, danke ich auch ihnen im jeweiligen Zusammenhang: Norbert Allmann, Manfred Aurand, Michael Geisler, Maria-Anna Hornivius, Brigitte Köhler, Heinrich Nuhn, Manfred Schmidt, Wilfried Wackerfuß, Wilfried Wohmann.

Uneigennützig unterstützt hat mich Hans-Heinrich Kaminsky, indem er mir seine umfangreiche handschriftliche Sammlung historisch auffälliger Namen überließ. Herzlichen Dank schulde ich Herbert Schmidt, der das „Kleine Lexikon hessischer Namen" überaus penibel redigierte.

Es war mir wichtig, in dem Buch die Balance zwischen guter, auch unterhaltsamer Lesbarkeit einerseits und wissenschaftlicher Korrektheit und Zuverlässigkeit andererseits zu halten. Ich war deshalb sehr froh, dass mehrere Kollegen und Freunde die Entwürfe der einzelnen Kapitel kritisch, doch wohlwollend lasen, kommentierten, Verbesserungsvorschläge machten, korrigierten: Gerhard Augst, Otfrid Ehrismann, Heinrich Meyer zu Ermgassen, Peter Schulz und mein Sohn Thomas Ramge, der als Journalist und Sachbuchautor sich bemühte, mir auch ein paar journalistische Flötentöne beizubringen. Ihnen danke ich herzlich für ihre andauernde Unterstützung.

Für die sorgfältige und kooperative Betreuung der Buchproduktion bin ich Reiner Schmidt, Katja Leschhorn und Jochen Baumgärtner sehr zu Dank verpflichtet.

Meine liebe Frau Rosemarie und ich führen seit einem halben Jahrhundert ein gemeinsames Leben. In Erinnerung daran und in Liebe widme ich ihr dieses Buch.

Biebertal, 17. März 2017
Hans Ramge

Einleitung

Eine naive Frage

Im Jahre 1970 erschien ein schmaler Band des Heidelberger Germanisten Gerhard Eis mit dem schönen Titel „Vom Zauber der Namen". Den Titel fand ich, naja, bezaubernd. Denn einige Jahre zuvor hatte ich meine Doktorarbeit über rheinhessische Orts- und Flurnamen geschrieben. Das Spannendste für mich dabei war, wenn ich wieder einmal ein Namenrätsel geknackt hatte, hinter die ursprüngliche Bedeutung eines Namens gekommen war (oder das jedenfalls glaubte). So konnte ich bereits damals gut nachvollziehen, dass man von Namen fasziniert wird; und diese Fesselung hat mich mein ganzes (wissenschaftliches) Leben begleitet. Wenn Sie dieses Buch aufschlagen und darin lesen, spüren Sie (hoffentlich) noch etwas davon.

Weniges gibt es, was den normalen Sprachbenutzer beim Nachdenken über sprachliche Erscheinungen mehr interessiert als die Antwort auf so schlichte Fragen wie „Was bedeutet eigentlich ursprünglich dieses Wort?" „Was bedeutet dieser Name?" Das ist eine im ganz ursprünglichen Sinne naive, eine kindliche Fragestellung. Aber keine, auf die sich immer leicht Antworten finden lassen. Das wissen wir alle, die wir das Vergnügen hatten, Kinderfragen beantworten zu müssen. Ihr Kind hat Sie vielleicht einmal gefragt, warum Frankfurt *Frankfurt* heißt und der Main *Main*. Bei *Frankfurt* ist Ihnen vermutlich noch etwas eingefallen, weil der Name irgendwie durchsichtig ist und fast jeder einmal etwas von den Franken und ihrer Furt gehört hat. Beim *Main* mussten Sie eher passen. Heutzutage würden Sie dafür vermutlich z.B. „main namendeutung" googeln und könnten schon bei Wikipedia eine ausführliche (wenn auch nicht umfassende) Namenerklärung nachlesen, die auf die keltische Herkunft des Namens abhebt. Das Kind fragt Sie dann, was Kelten sind usw., eine unendliche Geschichte.

Ganz ähnlich gestaltet sich in dieser Hinsicht der Umgang mit Familiennamen, mit denen sich dieses Buch befasst. Sehr oft ist es ja der eigene Name, der einem zu denken gibt, sei es der Vorname, sei es der Familienname. Manchmal ist es der Name eines angeheirateten Verwandten oder der seltsame Name von Freunden und Bekannten.

Das spontane Interesse lässt sich vielleicht durch eine nahe liegende Deutung befriedigen. Oft steht dahinter aber auch eine mehr oder weniger umfassende Namengeschichte, die die nahe liegende Deutung erweitert oder sogar verändert. Die Namengeschichte braucht man erst recht, wenn man mit dem Namen eigentlich nichts anfangen kann, ihn nicht irgendwie erklären kann.

Auf diesem alltäglichen Interesse gründet sich die Behandlung hessischer Familiennamen in diesem Buch. Es verfolgt zwei eigentlich auseinander strebende Ziele: Einerseits will es Sie anregen, sich mit Ihrem (oder Anderer) Familiennamen genauer zu befassen, also Ihre Namengeschichte selber genauer zu erforschen. Andererseits will es durch den Kosmos der unzähligen Familiennamen, die in Hessen vorkommen, ein paar Pfade anlegen. Sie können sich über die Hauptformen der geschichtlichen Entwicklung und der heutigen Verbreitung von hessischen Familiennamen informieren. Wenn Sie hessische Wurzeln haben, gewinnen Sie dabei günstigenfalls eine Rückbindung an Ihre eigene Namengeschichte.

Sie merken schon: Hier geht es nicht um eine systematische oder gar Vollständigkeit anstrebende „Einführung in die hessische Familiennamenkunde". Das Buch wendet sich in erster Linie an Leserinnen und Leser ohne besondere philologische Vorkenntnisse, die sich jedoch für Familiennamen interessieren, und hier insbesondere für die Verhältnisse in Hessen. Dabei habe ich mich um gute Verständlichkeit und anregende Darstellung bemüht, ohne die Standards der Namenforschung zu verletzen oder unangemessen zu verkürzen.

Aufbau

Der Text gliedert sich in drei große Teile, die vielfältig ineinander verschränkt sind. Der erste Teil umfasst die Kapitel 1–4. Er beschäftigt sich mit dem Umgang und dem Interesse am eigenen Namen. Er zeigt ausführlich auf, mithilfe welcher Strategien und welcher Hilfsmittel Sie die Geschichte eines Familiennamens in Hessen und seine Deutung erforschen können.

Der zweite Teil umfasst die Kapitel 5–10. Darin wird die Entstehung und die geschichtliche Entwicklung der Familiennamen in Hessen in den wesentlichen Zügen dargestellt und gezeigt, wie geschichtliche, sozialgeschichtliche und sprachgeschichtliche Verhältnisse zusammengewirkt haben, um die heutige Vielfalt an Familiennamen zu erzeugen. Die Auswirkungen in der Gegenwart zeigen die abschließenden Kapitel 9 und 10. Einzelne Familiennamen und ganze Bündel von Familiennamen kommen heute schwerpunktmäßig in bestimmten Regionen vor und sind deshalb charakteristisch für diese Räume.

Ergänzt wird die Darstellung in einem dritten Teil durch ein „Kleines Lexikon hessischer Familiennamen".

„Hessische Familiennamen"

Dem Buchtitel entsprechend geht es nicht um Familiennamen als solche und im Allgemeinen, sondern insbesondere um hessische Familiennamen. Dass trotzdem viel allgemein Geltendes zur Sprache kommen muss, liegt auf der Hand. Es führt vor allem im ersten Teil dazu, dass auch außerhessische Familiennamen herangezogen werden.

„Hessische Familiennamen" und „Familiennamen in Hessen" sind verschiedene Stiefel, teils mit gleichen, teils mit ganz verschiedenen Namen gefüllt. *Kaya* ist zweifellos ein „Familienname in Hessen", aber ebenso zweifellos kein „hessischer Familienname". Aber ist nicht *Bouffier* (mittlerweile) ein hessischer Familienname, auch wenn es noch ein paar Bouffiers in Südfrankreich gibt? Oder *Besier*, den es als Namen in Frankreich gar nicht mehr gibt? Ist *Eisenhower* ein hessischer Familienname, weil die ersten *Eisenhauers* im südlichen Odenwald nachgewiesen sind? Die Zeit ist vergeudet, sich mit solchen Spitzfindigkeiten lange zu befassen und abgrenzende Brandmauern zwischen „hessisch" und „außer-hessisch" zu errichten. „Hessische Familiennamen" als Titel dieses Buchs meint also nur, dass hauptsächlich und ohne künstliche Einschränkungen Familiennamen behandelt werden, die schwerpunktmäßig in Hessen vorkommen.

Obwohl problematisch, ist die Redeweise von „hessischen Familiennamen" natürlich keine ganz leere Rede. Es gibt nur wenige Familiennamen in Hessen, von denen nicht wenigstens einige außerhalb Hessens vorkommen. Wenn aber viele oder die meisten davon in Hessen beheimatet sind, kann man wohl von einem hessischen Familiennamen sprechen. Eine Sammlung solcher Namen findet sich in dem „Kleinen Lexikon hessischer Familiennamen" im Anhang des Buchs: Von den 2.000 häufigsten Familiennamen in Hessen (!) werden diejenigen besprochen, von denen mindestens 25% aller Namensträger heute in Hessen leben, deren Name also seinen Schwerpunkt im heutigen Bundesland Hessen hat.

Namengeschichten

Ein übergreifendes Darstellungsverfahren, das die beiden ersten Teile miteinander verschränken soll, sind die vielen Namengeschichten, die über den ganzen Text verstreut sind. Der mehrdeutige Begriff „Namengeschichten" ist bewusst gewählt, weil es mir darauf ankommt, Namen in Geschichten lebendig werden zu lassen. Zwar sind alle Namengeschichten strukturell ähnlich aufgebaut. Sie enthalten in der Regel Informationen über die Häufigkeit, die Verbreitung, die historische Überlieferung und die Deutung. Sie entsprechen insoweit im Grunde der Struktur der Lexikonartikel im „Kleinen Lexikon der hessischen Familiennamen". Sie sind aber nicht nur ausführlicher, sondern vor allem individuell auf den jeweiligen thematischen Zusammenhang ausgerichtet und wählen den Gesichtspunkt der Namengeschichte aus, der dafür wichtig ist. Diesen sollen sie beispielhaft verdeutlichen und veranschaulichen. Manchmal sind daraus kleine Familien- oder Kulturgeschichten geworden, manchmal lassen sich wichtige sprachgeschichtliche Vorgänge anschaulich an heutigen Namenvarianten aufzeigen und erklären. In vielen Fällen führen sie vor, wie man zu Namendeutungen kommt und was man alles dabei beachten muss. Denn leicht verfängt man sich in Fallstricken und verläuft sich auf Holzwegen. Insofern sollen sie auch helfen, der eigenen Namengeschichte gerecht zu werden und dabei die Begrenztheit zuverlässiger Deutungen erkennbar machen. Denn in Namenlexika findet man, unvermeidlich beim Lexikonformat, meist nur kurze Hinweise, worauf der Name ursprünglich zurückgeht oder welche Deutungen in Frage kommen. Die Namengeschichten erklären in der Regel, aufgrund welcher Entscheidungen es zur Namendeutung kommt. Weil die historischen und räumlichen Verhältnisse genau einbezogen werden, kommt es hier (und im Lexikonteil) ziemlich häufig zu Deutungen, die von den herkömmlichen in den Lexika abweichen.

Verständlichkeit

Ich habe beim Schreiben des Textes viel Mühe darauf verwandt, mich verständlich auch für Nicht-Philologen auszudrücken. Aber Namen und damit auch die Familiennamen sind in erster Linie sprachliche Gebilde, vor allem historisch gewordene sprachliche Gebilde und lassen sich nur so erklären. Da aber die Vermittlung philologischen und damit auch sprachhistorischen Wissens seit Langem weitgehend aus dem Kanon der schulischen und universitären Bildung verschwunden ist, habe ich systematisch auf die Verwendung von Fachausdrücken und -bezeichnungen verzichtet. Der Vorgang, der die Namensform erklärt wie z.B. ein Lautwandel, wird jeweils am Fall konkret erläutert (nur gelegentlich auch benannt und dann in Klammern hinzugesetzt). Nur allgemein bekannte oder sich selbst erklärende Ausdrücke wie Vokal, Konsonant, Umlaut bleiben erhalten.

Sprachwissenschaftliche Schreibgewohnheiten wie z.B. Lautumschrift sind vermutlich den meisten Lesern ungeläufig und kommen deshalb nicht vor (bis auf das unbetonte ə, weil man das nicht anders kennzeichnen kann, z.B. /gardə/ ‚Garten'). Bei den Namenschreibungen muss man aber manchmal genau angeben, auf welche Form man sich bezieht. Familiennamen (als Typus, nicht als individueller Name für eine bestimmte Person) werden deshalb immer *kursiv* geschrieben, ebenso ggf. auch der Name, aus dem er sich ableitet. Wenn jedoch eine bestimmte Namen- oder Schreibvariante gemeint ist, kommt eine spitze Klammer darum (<...>); wenn eine lautliche Form gemeint ist, ein Schrägstrich (/.../). Ich habe auch möglichst wenige Abkürzungen verwendet; im Zweifelsfall geben das Abkürzungs- und das Symbolverzeichnis Aufschluss.

Bei den Anmerkungen und Nachweisen im Text habe ich mich auf das Notwendigste beschränkt; sie finden sich am Ende jedes Kapitels. Eine Reihe von Namen habe ich in früheren Veröffentlichungen schon einmal behandelt, oft ausführlicher (und mitunter abweichend), vielfach mit mehr Nachweisen. Sie sind im Internet leicht zugänglich (http://geb.uni-giessen.de/geb/volltexte/2015/11314/) und dort durch ein Register erschlossen.

Dass es im Text mitunter etwas locker zugeht, möge man mir nachsehen. Obwohl man sich das als Verfasser natürlich wünscht, wird es wohl nur selten Leserinnen oder Leser geben, die das Buch von vorn bis hinten durchlesen. Vielleicht lesen Sie einzelne Kapitel, verfolgen einzelne Themen, einzelne Namen, finden mal dies, mal jenes. Das ist ganz im Sinne des Verfassers, wird nur ein wenig problematisch, wenn bestimmte Namen, Sachaspekte oder Zusammenhänge schon eingeführt sind oder später genauer behandelt werden. Neben Vor- und Rückverweisen habe ich im Bedarfsfall den Zusammenhang oder die Anknüpfung kurz zusammengefasst. Dadurch sind gelegentlich kleinere Wiederholungen entstanden, auch in Einzelformulierungen.

Für mehrfach betrachtete Namen kann man sich über das Namenregister am Ende des Buchs die Stellen leicht zusammensuchen.

Unterhaltsamkeit

Ich denke, Leserinnen und Leser wollen nicht nur gut verständlich informiert werden; sie wollen sich auch unterhalten fühlen. Deshalb habe ich vielfach nach möglichst anregenden Namengeschichten gesucht, habe sie möglichst unterhaltsam erzählt, habe mir ein paar persönliche Geschichten, ein paar flapsige, sehr subjektive Bemerkungen und manche heiter-ironisch gemeinten Kommentare erlaubt. Damit will ich von der ernsthaften, oft aber auch ein wenig drögen Darstellung in wissenschaftlicher Schreibweise abheben. Vieles habe ich aus Rückmeldungen nach einer großen Anzahl von Vorträgen und früheren Veröffentlichungen gelernt, vor allem der jahrelangen Kolumne in der „Wetzlarer Neuen Zeitung". Nur das „Kleine Lexikon der hessischen Familiennamen" ist inhaltlich und formal so konzipiert und geschrieben, wie man es von einer wissenschaftlichen Arbeit erwartet.

Jedoch in einem Kernpunkt meine ich die nicht-ernste Heiterkeit durchaus ernst: Es gibt im wahren Leben, im privaten wie im öffentlichen, wirklich eine Menge Dinge, die wichtiger sind als die Entscheidung, ob ein Familienname so oder so zu deuten ist. Ernst ist das Leben, heiter sei die Deutungskunst. (Auch das wird wiederholt: s. Kap. 4.3.4).

Teil 1

Mein Familienname

KAPITEL 1
WIE MAN MIT SEINEM NAMEN UMGEHEN KANN

1. Wenn der Name glänzt

1.1 Das Ich und sein Selbstbild

Frau und Herr Mustermann
Unsere Sprache ist manchmal verräterisch. Beginnen wir deshalb mit einem kleinen Sprachspiel, bei dem wir ein Mitglied der bekannten und beliebten Familie Mustermann antreffen, *Erika* oder *Max Mustermann*. Deren Namen wurden als Beispielnamen für Formulare in der Weise eingeführt, in der in vergangenen Zeiten von *Lieschen Müller* und *Otto Normalverbraucher* die Rede war. Der Name ist so musterhaft, dass wir gar nicht glauben wollen, dass auch wirkliche Menschen so heißen. Ein Blick ins digitale Telefonbuch der Deutschen Telekom zeigt uns aber, dass es in Deutschland ungefähr vierzig Telefonanschlüsse mit diesem Namen gibt, darunter auch drei in Hessen.

Eine wirkliche Frau Mustermann kann sich nun vorstellen oder sonstwie über sich sprechen, indem sie sagt: „Ich bin Erika Mustermann". Sagt Frau Mustermann damit im gleichen Sinne „Ich bin Erika Mustermann" wie sie z.B. sagen könnte: „Ich bin Lehrerin / Tennisspielerin / rothaarig / schlau / jung ..." oder was einem sonst noch einfallen mag? Das ist erkennbar nicht der Fall. Denn auf die Frage: „Sind Sie Lehrerin ...?" kann sie, wie bei allen anderen Eigenschaften auch, mit „ja" oder „nein" antworten, sie bleibt dennoch Erika Mustermann. Bei der Frage „Sind Sie Erika Mustermann?" kann sie das nicht. Wenn sie die Frage verneint, ist sie es eben nicht, sondern jemand anderes (oder sie muss Erläuterungen anschließen).

Lassen wir denkbare Fortsetzungen und Spielvarianten außer Betracht, zeigt der kleine einfache Test, dass der von einem Menschen angenommene Name nicht nur eine Eigenschaft des Menschen wie tausend andere ist. Er wird als fester, unlösbarer Bestandteil der Person wahrgenommen. Wir tragen unseren Namen mit Gleichgültigkeit, mit Vergnügen, mit Stolz, manchmal wohl auch wie eine Last. (Frau Erika Mustermann, die es laut Telefonbuch in Siegen wirklich gibt, wird womöglich ein Lied davon singen können.) Aber immer ist der Name Bestandteil unseres Ichs; er prägt unsere Identität wesentlich mit.[1]

Bei den meisten Menschen funktioniert das problemlos: Sie haben ihren Namen angenommen, wie er ist, und betrachten ihn als Bestandteil ihrer Identität. Doch gerade weil er so identitätsstiftend ist, interessieren sich die meisten Menschen irgendwann genauer für ihn. Sie fragen sich, was er denn genau mit ihnen zu tun haben könnte:

Was sagt der Name über mich aus? Wie kann man ihn erklären? Was bedeutet er? Wo kommt er her? Seit wann gibt es ihn? Was sind das für Leute, die genauso heißen?

Andererseits gibt es auch viele Menschen, die mit ihrem Namen aus den verschiedensten Gründen nicht so glücklich sind, die eigentlich lieber einen anderen hätten oder wenigstens einen anderen gesellschaftlichen Umgang damit. Fast immer berührt solche Unzufriedenheit den Kern des Menschen: Einen anderen Namen haben wollen, ist eben etwas anderes als eine andere Nase haben wollen. Das kann bis zur Lebenskrise führen, wie die folgende Eröffnung einer Lebensgeschichte vor Augen führt:

> „Was macht einer, wenn er feststellen muss, dass sein Name nicht sein Name ist? Den Namen bekommt jeder Mensch nur einmal. Jeder begreift die Einmaligkeit seiner Person in dem Moment, in dem er den eigenen Namen sagen kann. Und das ist lange vor dem ‚Ich'. ... Ich habe zwei Namen. Den einen, den mir meine biologischen Eltern bei der Geburt gaben. Den anderen, den ich von jenen Eltern bekommen habe, die mich danach adoptiert und erzogen haben. ... Der Name ist Identität. Bin ich jetzt ein anderer, weil ich nie bei jenem Namen gerufen wurde, den mir meine Mutter bei der Geburt gab? Hinter diesem anderen Namen verbirgt sich ein ganz anderes Leben. ... So aber bin ich zwei: der, der ich heute bin. Und der, der ich hätte sein können."[2]

Der Verfasser dieser Geschichte, aufgewachsen in Wiesoppenheim bei Worms, hat türkische Eltern und wurde von deutschen adoptiert. Hinzu kommen hier also noch unterschiedliche Lebenswelten. Erst als Erwachsener spürt er den Riss in seiner Identität, ist sich seiner selbst nicht mehr sicher.

In der Regel sind wir uns unseres Namens aber gewiss und haben ihn so verinnerlicht, dass wir auf ihn nicht verzichten wollen. Nur unter besonderen Bedingungen wären wir bereit, ihn aufzugeben.

Verabschieden wir also Frau und Herrn Mustermann, die uns den Blick auf die besondere Leistung des Namens für unsere Identität geöffnet haben. Sie hinterlassen mindestens zwei spannende Fragen:
– Was denken und fühlen wir, wenn wir und andere genauer auf unseren Namen schauen, ihn als Bestandteil der Identität wahrnehmen?
– Wenn der Name wirklich so uneingeschränkt Bestandteil unserer Identität ist: Was passiert dann, wenn der Name freiwillig oder unfreiwillig gewechselt wird?

Mit diesen beiden Fragen wollen wir uns in den folgenden Abschnitten beschäftigen.

„Nie sollst du mich befragen ...

... woher ich kam der Fahrt, noch wie mein Nam' und Art" singt Richard Wagners Lohengrin, der Ritter mit dem Schwan, in reichlich verquerem Deutsch und fordert Elsa von Brabant, die holde Angetraute, dadurch geradezu heraus, es doch zu tun –

und schon ist er verschwunden. Eine merkwürdige Einstellung ist das. Sie erinnert sehr an Rumpelstilzchens „Ach wie gut, dass niemand weiß, dass ich Rumpelstilzchen heiß"", das sich dann zerreißt, besinnungslos vor Zorn, als der Name doch noch herauskommt. So etwas klingt sehr archaisch, und das ist es auch. Aber hat nicht heute noch fast jeder in manchen Situationen eine gefühlsmäßige Scheu, den Namen preiszugeben, besonders Leuten gegenüber, von denen wir denken, dass sie das eigentlich nichts angeht? (Nebenbei: Führt das nicht mitten in die gesellschaftliche Diskussion, was die alles verschlingenden Medien, was ein allmächtiger Staat und seine märchenhaft geheimen Dienste mit unseren privaten Daten anfangen dürfen?)

Diese Scheu ist, wenn man so will, sehr vermittelt ein letzter schwacher Abglanz aus der Vorstellungswelt der frühzeitlichen Menschen. Die glaubten, mit dem Wissen um den Namen gewinne man Macht über den Benannten und die Nennung des Namens löse gefährliche Reaktionen aus. So vermieden die alten Germanen das ursprüngliche Wort für den Bären, wie es in griech. *orsos* und lat. *urs* erhalten ist. Sie nannten ihn *beron*, was vermutlich nur ‚der Braune' heißt. Der Bär konnte dann halt nicht wissen, dass er gemeint war. Er konnte deshalb nicht bedrohlich werden. Auch von diesem Glauben haben wir heute noch einen schwachen Abklatsch in dem scherzhaften Spruch: „Wenn man den Esel nennt, kommt er gerennt." Ursprünglich war damit aber der gefährliche Wolf gemeint.

Die archaische Vorstellung von der magischen Kraft des Namens führte in diesen Fällen zur vollständigen Vermeidung, zur Tabuisierung des Namens. Das zeigt vielleicht am eindrücklichsten, wie Person und Name damals als magisch miteinander verschmolzen verstanden wurden. Davon blieb bis heute: Der Name ist mehr als ein Anhängsel des Menschen; die Herrschaft über den Namen verleiht Macht.

Das wirkt in unserer kulturellen Tradition bis heute: Mit dem namengebenden kirchlichen Taufakt wird der bis dahin nur standesamtlich benannte Erdenwurm Bestandteil der christlichen Ökumene und, der Idee nach, Eigentum Gottes, gemäß dem Jesaja-Spruch: „Fürchte dich nicht, denn ich habe dich erlöst; ich habe dich bei deinem Namen gerufen; du bist mein."[3] Die altertümliche Luther-Formulierung „du bist mein" wird von den modernen Bibelübersetzungen mit „du gehörst mir" wiedergegeben und bestätigt damit den magischen Zugriff. Nur die Zürcher Bibel von 2007 löst mit einem winzigen Zusatz die archaische Bindung auf; sie übersetzt: „du gehörst zu mir".

Ein völlig magieloses Beispiel, das aber auch die Funktion des Namenzugriffs spiegelt: Denken Sie daran, wie es Pädagogen geht, wenn sie in einer neuen Klasse nach der zweiten oder dritten Unterrichtsstunde die Namen der Schülerinnen und Schüler noch immer nicht behalten haben.

Aber es gibt auch die genau entgegengesetzte Einstellung:

„Name ist Schall und Rauch"

Nehmen wir den Satz so, wie er als Redensart geläufig ist. Dann besagt er nur, dass Namen ohne Bedeutungsinhalt sind. Das ist in gewissem Sinn sogar richtig. Aber sind sie deshalb auch bedeutungslos?

Die Redensart stammt als Zitat aus Goethes „Faust", und man muss sie im Textzusammenhang sehen: Gretchen fragt nach Fausts Gottesglaube, Faust windet sich und weicht aus:

> „ ... Nenn's Glück! Herz! Liebe! Gott! / Ich habe keinen Namen / dafür! Gefühl ist alles; / Name ist Schall und Rauch / Umnebelnd Himmelsglut."

Goethe lässt Faust also sagen, dass es Gefühle und Zustände gibt, die man nicht angemessen benennen kann, für die es kein passendes Wort gibt. Das kann man ja schlecht bestreiten. Aber ist „Name" und „Wort" wirklich das gleiche? Nein, Wörter sind noch lange keine Namen; deshalb ist die Redensart, aus dem Zusammenhang gerissen, eher sinnlos.

Was den wirklichen, den eigenen Namen angeht, sah Goethe das ganz anders. Vor allem, wenn er ihn geschmäht sah, reagierte er überaus empfindlich. Noch Jahrzehnte nach dem Vorfall erregte er sich in „Dichtung und Wahrheit" über eine offensichtlich ironisch-scherzhafte und eigentlich ziemlich harmlose Briefnotiz seines Freundes Johann Gottfried Herder, die dieser ihm mit der Bitte um Zusendung eines Buches schrieb:

> „... Wenn des Brutus Briefe dir sind in Ciceros Briefen, Dir ... / Der von Göttern du stammst, von Goten oder dem Kote, / Goethe, sende mir sie."

Dazu bemerkt Goethe in seiner Autobiographie:

> „Es war freilich nicht fein, daß er sich mit meinem Namen diesen Spaß erlaubte: denn der Eigenname eines Menschen ist nicht etwa wie ein Mantel, der bloß um ihn herhängt und an dem man allenfalls noch zupfen und zerren kann, sondern ein vollkommen passendes Kleid, ja wie die Haut selbst ihm über und über angewachsen, an der man nicht schaben und schinden darf, ohne ihn selbst zu verletzen."[4]

Im Bild der Haut finden wir wieder den gefühlt engen Zusammenhang von Name und Identität. Darüber hinaus beobachten wir noch etwas anderes: Herder hat Goethes Selbstbild, sein Image, verletzt. Das ist das Bild, das jemand von sich selbst hat, und zwar unter Einbeziehung des Bildes, wie andere ihn sehen und wie er von ihnen gesehen werden will. Wird dieses Selbstbild angegriffen, ist der Betroffene verletzt und herausgefordert.

Aber auch uns geht das Kratzen am Namen „unter die Haut". Wir reagieren gewöhnlich, weil man ja cool bleiben muss, darauf mit jener etwas gekünstelten Heiterkeit, die man den Gesichtern der Politiker ablesen kann, wenn sie in der Fernsehübertragung Mainzer Fassenachtssitzungen durch den Kakao gezogen werden.

Warum war Goethe so peinlich berührt von Herders Namendeutung? Auch wenn sie von Herder gewiss nicht ernsthaft gemeint war: Wir dürfen sie einen Augenblick lang ernst nehmen. Herder bietet (in Stichworten) drei Herleitungen in der Form an, wie das noch heute in jedem Namenbuch geschieht. Denn wenn mehrere Herleitungen des Namens denkbar sind, ohne dass eine Entscheidung getroffen wird, steht da in der Regel: „1. ... , 2. ... , 3. ...". Herder findet seine Herleitungen, indem er schlicht nach Wörtern sucht, die ähnlich klingen wie der Name *Göthe* und kommt zu einer beeindruckenden Mischung. Das ist natürlich keine ernsthafte (aber immer noch beliebte) Form der Namendeutung. Doch nur die dritte – „vom Kote" im Sinne von ‚Schmutz, (Gassen)Dreck' – wird Goethe sauer aufgestoßen sein: Sein Name war – im wörtlichen Sinne – in den Schmutz gezogen. Seine Identität war damit zwar nicht bedroht, wohl aber sein Selbstbild verletzt.

Goethe? Göde!

Da Goethe als gebürtiger Frankfurter ja in unser Hessenrevier gehört, können wir danach fragen, wie der Name heute gedeutet wird. Er versteht sich ja keineswegs von selbst. Die einschlägigen Nachschlagewerke stimmen (mit leichten Unterschieden) darin überein, dass der Familienname aus der Kurzform eines alten zusammengesetzten Personennamens entstanden ist. Der muss mit *Gott-* als erstem Glied gebildet worden sein wie z.B. bei *Gott-fried*. (Da darf sich Herder posthum freuen!) Abgeleitet von diesem Namenglied war im niederdeutsch-mitteldeutschen Raum Ostdeutschlands (heute Sachsen-Anhalt, Sachsen, Thüringen) der Personenname *Göde* im Mittelalter sehr beliebt und konnte deshalb leicht zum Familiennamen werden. In Nordostdeutschland gibt es viele Menschen, die *Göde* heißen. Verblüffenderweise kommt im mittleren Ostdeutschland der Familienname in den Schreibungen *<Goethe>* und *<Göthe>* auch heute noch ziemlich häufig vor. Dass (weit vom Schuss im Westerwald) sogar ein Johann Wolfgang Goethe einen Telefonanschluss hat, verwundert dann kaum noch.

In Frankfurt wurde der Name durch den Großvater Goethes, den Schneidermeister Friedrich Georg Göthe (1657–1730) eingeführt. Der wurde in Kannawurf im Kr. Sömmerda (Thüringen) geboren (also in dem Raum, wo eben die *<Göthes>* heimisch waren), wanderte nach Lyon aus und kam – als Lutheraner nach der Aufhebung des Edikts von Nantes 1685 verfolgt – nach Frankfurt. Seit dem Erwerb des Bürgerrechts der Stadt Frankfurt 1687 schrieb er seinen Namen mit *<oe>*: *<Goethe>*. Nach dem Tode seiner ersten Frau heiratete er wieder, wurde dadurch geschickterweise Inhaber eines der ersten Gasthäuser am Platze, trieb zudem einen umfangreichen Weinhandel und wurde damit zum wohlhabenden Mann, von dessen reichem Erbe der Vater Johann Wolfgang Goethes und dieser selbst zehrten.[5]

Kehren wir noch einmal zur Geschichte des Namens *<Goethe>* zurück: Während der Vokal *ö:* bei *<Goethe, Göthe>* lang gesprochen wird, gibt es noch eine Namensform mit kurz gesprochenem *ö*, also *<Götte>*. Sie ist viel häufiger, allgemein verbreitet und hat ihren Schwerpunkt im Bereich Kassel, Waldeck-Frankenberg, Höxter, Hochsauerland, also auch im Grenzgebiet zwischen niederdeutschen und mitteldeutschen Sprachformen. Nimmt man alle Varianten des Namens zusammen, erstrecken sie sich hauptsächlich in einem breiten Streifen von Westfalen bis nach Sachsen. Diese Verteilung zeigt deutlich, dass die Namenformen in ihrem Ursprung zusammengehören.

Die zahlreichen nordhessischen <Göttes> dürfen sich also als vokalisch eingekürzte Namensvettern ihres deutlich berühmteren Frankfurter Landsmanns betrachten.

Goethe wäre von der ziemlich banalen Deutung seines Familiennamens aus einem Personennamen vermutlich nur begrenzt begeistert gewesen. Denn viel schöner ist es natürlich, wenn irgendetwas Bedeutendes in dem Namen steckt, das durch genaue Betrachtung hervorgeholt werden kann. Das stärkt das Gefühl für die eigene Bedeutsamkeit, das Selbstbewusstsein, kurz: die Identität. Vor allem aber das Image. Denn dafür kann man auch selber etwas tun.

1.2 Imagepflege

nomen est omen?

Heidegger
Die Versenkung in den eigenen Namen führt im Grenzfall wieder zu der magischen Vorstellung von der unlöslichen Verbindung von Name und Person. Ihr erliegen, vielleicht nicht ganz zufällig, noch heute Menschen, die sich um sich Gedanken machen. Ein schönes Beispiel, das für viele andere stehen mag, findet sich auf einem Zettel in Martin Heideggers wiederentdeckten „Schwarzen Heften". Nun ist Heidegger bestenfalls ein kurzfristiger Beute-Hesse, weil er nur von 1923–27 Philosophie-Professor in Marburg war. Seine Namen-Selbstdeutung ist aufschlussreich:

> „Heid-egger. Einer, der auf unangebautes Land, Heide, trifft, und diese eggt. Aber der Egge muss er erst lange einen Pflug durch Steinäcker vorausgehen lassen."[6]

Es ist offenkundig, dass Heidegger seinen Namen seinem philosophischen Selbstverständnis in einem sehr wörtlichen Sinne einverleibt: Er versteht sich als kultivierender Pfleger ('Pflüger') und Hüter des bodenhaften Seins, das behutsam aus der unbearbeiteten Heide herausgebrochen ist. Die eigenwillige Namendeutung kommt dem Selbstbild zupass und bestärkt es.

Es ist allerdings ebenso offenkundig, dass diese Deutung des Namens einer genaueren namenkundlichen Betrachtung nicht standhält. Der Namensteil –*egge*(r) hat nichts mit dem Ackergerät zu tun, sondern kommt vom schweizerdeutsch-alpenländischen Ausdruck *Egg(e)*, der 'dachähnliche Ausläufer eines Berges, eine Bergkante und die Halde darunter' bezeichnet.[7] Ein **Heid-egger* ist also jemand, der am Rande einer Heide, einer unkultivierten Ödnis, siedelt. Noch heute kann man in verschiedenen Heideggerhöfen im Alpenraum Urlaub machen, wie überhaupt die Schreibweise <*Heidegger*> auf diesen Raum beschränkt ist, während es Namensträger in der Schreibweise <*Heidecker*> etwas häufiger in ganz Deutschland gibt.

So teilt Martin Heidegger den zweiten Teil seines Namens mit dem des mittlerweile nicht mehr so beliebten Erich Honecker, dessen Vorfahren aus der Schweiz nach dem

Dreißigjährigen Krieg ins Saarland gekommen sind und eigentlich *Honeggers* waren.⁸ Heidegger, davon darf man ausgehen, würde eine derartige Namenverwandtschaft erbost weit von sich gewiesen haben.

Nur ist leider, was man gern aus seinem Namen saugen möchte, nicht immer das, was einer ernsthaften Prüfung standhält. Es hilft nichts: Man braucht für die Namendeutung doch ein paar überprüfbare Verfahren und Kenntnisse (s. Kap. 3 und 4).

Man kann mit der (scheinbaren) Bedeutsamkeit des eigenen Namens aber auch spielerisch-ironisch umgehen. Ein schönes Beispiel liefert der hessische Kabarettist Martin *Guth* aus Butzbach, indem er ein himmlisches Image pflegt:

> „Mein Name resultiert ursprünglich aus der Schöpfungsgeschichte. Gott schuf Adam und sah, dass es *Guth* war."⁹

Die Bedeutsamkeit des Fremden

Für den Suchenden nach der verborgenen Wahrheit im Namen, dem eigenen versteht sich, gilt als oberste Hoffnung, dass es etwas Besonderes, aber etwas besonders Positives sein muss, das sich hartnäckig versteckt hält und sich nur dem wissenden Betrachter erschließt. Indem der Name bedeutsame Informationen – bei genauester Betrachtung – enthält, steigert sich auch die Bedeutsamkeit des Namensträgers.

Blüm
Ein häufig wiederkehrendes Muster lässt sich am folgenden Beispiel studieren, das voll ins hessische (Politiker-)Leben hineingreift. Der waschechte Hesse Norbert Blüm ist mit der gängigen Deutung, dass sein Name etwas mit der Blume zu tun habe, nicht recht zufrieden. Nicht einmal der Gedanke, dass der Name eines Gasthauses „Zur Blume" für den Namen verantwortlich sein könnte, begeistert ihn wirklich. In einem Interview sagt er dazu:

> „Das ist mir sehr sympathisch, aber ich denke, in meinem Fall kommt der Name aus dem Hugenottischen. *La Plume* ‚die Feder' bedeutete, dass meine Vorfahren Schreiber waren. Das führt gar nicht in die Natur, sondern zu einer französischen Berufsbezeichnung. Ich erinnere mich an die Erzählungen meines Großvaters, und der berichtete eben von den hugenottischen Verwandten. Nach seinen Erzählungen könnten es Stadtschreiber gewesen sein, die damals mit Federkiel und Tinte geschrieben haben. Vielleicht waren sie Geldeintreiber. Jedenfalls hatten sie etwas mit dem Schreiben zu tun."¹⁰

Diese Deutung ist so sicher wie die Rente, die Blüm als Arbeitsminister den Bürgern versprochen hatte. Wenn hugenottische Vorfahren nur noch als mythische Schatten durch die Erzählungen des Großvaters huschen, kann man sich schlecht darauf berufen. Richtig ist jedoch: Den Familiennamen <Plume> gibt es in Frankreich und

Belgien tatsächlich einige hundert Male. Aber schon, ob der französische Familienname auf Schreiber hindeutet, ist sehr zweifelhaft. Das maßgebliche französische Nachschlagewerk für Familiennamen gibt als Bedeutung ‚duvet'an[11], was zwar auch ‚Feder' bedeutet, aber eher im Sinne von ‚Flaumfeder, Daune'. Im übertragenen Sinn bezeichne *plume* einen Milchbart. Das ist gewiss etwas Anderes als ein Schreiber oder Geldeintreiber, wie es Norbert Blüm gern hätte.

Doch noch aus einem viel näher liegenden Grund ist die Herleitung aus dem Französischen nicht haltbar. Die Familiennamen <*Blum, Blume*> u.ä. sind allgemein in Deutschland verbreitet und dazu außerordentlich häufig. Sie bezeichnen in der Regel ursprünglich jemanden, der im weitesten Sinne etwas mit Blumen zu tun hatte und sei es nur, dass er wirklich in einem Haus „Zur Blume" lebte. <*Blüm*> ist eine sprachliche Variante dazu, ein Wechsel, bedingt durch den sog. Umlaut (wie *Blume* > *Blümchen*). Er kommt auch bei anderen hessischen Familiennamen gelegentlich vor (<*Rühl*> / <*Ruhl*>), ohne dass man ihn immer lautgesetzlich erklären kann (s. Kap. 9.3.4). Die Variante <*Blüm*> ist vergleichsweise selten (etwa 1.000 Namensträger gegen ca. 38.000 <*Blum(e)*>). Sie hat ihren Verbreitungsschwerpunkt in Rheinhessen und Südhessen, in dem Raum also, aus dem auch Norbert Blüm stammt. Die Verbindung des Namens mit ‚Blumen' liegt also nahe.

Die Ausführungen Blüms zeigen deshalb vor allem, was das Verständnis des Namens für das Selbstverständnis des Namensträgers Norbert Blüm bedeutet, für das Bild, das er sich von sich selbst macht und anderen vermittelt. Denn wir sehen: Die (angebliche) hugenottische Herkunft, bestätigt durch die Namenerklärung aus dem Französischen und historisch beglaubigt durch die (unbeglaubigten) Erzählungen des Großvaters, verleihen dem Rüsselsheimer einen Hauch des fremdartig Besonderen, mit dem sich kokettieren lässt.

Sieh, das Beste liegt so fern

Die Identitätsstiftung durch den Namen wird so überlagert von der imageprägenden Funktion des Namens – im Guten wie im Schlechten. Das häufigste und wichtigste Muster für den Aufbau und die Pflege eines positiven Selbstbildes ist der Rückgriff auf eine Namenableitung, die das Besondere beweist. Durch diesen bewussten Rückgriff stellt der Namensträger einen neuen Zusammenhang von Person und zugehörigem Namen her.

Offenkundig stammen sehr viele Namen in Deutschland aus fremden Sprachen, sind Ergebnis von Einwanderungen, die – in unterschiedlicher Dichte – zu allen Zeiten stattgefunden haben. Damit beschäftigen wir uns in einem eigenen umfangreichen Kapitel (s. Kap. 8). Im Augenblick geht es um Namen, die nur bei mehr oder weniger eigenwilliger Betrachtungsweise des Namensträgers eine fremdsprachige Deutungsweise eröffnen. Sie haben aber immer das Ziel, das eigene Image zu verbessern.

Die Herleitung des eigenen Namens von fremden Völkern hängt stark von ethnischen Urteilen und vor allem von Vorurteilen ab. Ich führe im Folgenden einige

Beispiele an, die sich aus Leseranfragen ergeben haben, die ich lange Zeit in einer Kolumne in der „Wetzlarer Neuen Zeitung" bearbeitet habe.[12]

Agel
Kein Träger des im Raum Wetzlar stark verdichteten Namens *Agel* wird seinen Namen aus dem türkisch-arabischen Raum herleiten, obwohl das sprachlich eindeutig möglich wäre und der Name dort gebräuchlich ist. Es gibt im Telefonbuch der Deutschen Telekom sogar mehrere Agels mit islamischen Vornamen, mit Sicherheit Immigranten. Nein, die Agels leiten ihren Namen natürlich aus dem Französischen her, was im Übrigen auch durch Namenzeugnisse scheinbar belegt werden kann.[13] Tatsächlich geht der Familienname auf den im Mittelalter in Hessen (und anderswo) verbreiteten Taufnamen *Eigel* zurück. Er unterlag in unserem Falle dem dialektalen Wandel, bei dem aus *ei* ein *a:* wurde (wie bei /eimer/ > /a:mer/).

Denn der Hessen liebste Vorfahren sind Franzosen, in dem traditionell vorwiegend protestantischen Land natürlich die von den Katholiken vertriebenen Hugenotten, Calvinisten-Reformierten, Waldenser; auch Lutheraner, wie wir am Beispiel von Großvater Göthe gesehen haben. Für diese Vorliebe sei als Beispiel ein Name angeführt, bei dem man schon, wie bei *Blüm*, einige Phantasie aufbringen muss, ihn für französisch zu halten.

Großkurth
Der Familienname *Großkurth* begegnet, in verschiedenen Schreibweisen, vor allem in Nordosthessen. In einer Leseranfrage fragte ein Herr Groskurth nach seinem Nachnamen und erläuterte: „Eine mögliche Spur ist die Vermutung in der Familie, dass Vorfahren zur Zeit der Hugenottenverfolgung in Frankreich nach Deutschland gekommen sind." Nun ist der Name eigentlich ganz einfach zu verstehen: Der erste Namensträger hieß ‚der große Kurt' (entweder weil er wirklich besonders groß war oder als Gegensatz zu einem ‚kleinen Kurt', vielleicht auch, weil er der ältere war). Das kann sich jedermann selbst leicht denken, und so habe ich mich gefragt, wie der Anfrager überhaupt auf die Hugenotten-Theorie kommt. Mir fällt dazu nur ein, dass in der Groskurth-Familie ein Wissen über die französischen Wörter *gros* ‚fett, dick' und *court* ‚Hof, Domäne' bestehen mag, die man in einen scheinbar französischen Familiennamen *Groscourt zusammenschloss. Einen solchen Namen gibt es aber in Frankreich nicht.

Den Mythos der hugenottischen Herkunft, erkennbar am Namen, pflegen sehr viele Hessen. Unklar ist, woher diese merkwürdige Verklärung als Duftmarke zur Imagesteigerung stammt. Immerhin waren die „dreckigen Franzosen" bis in die Mitte des letzten Jahrhunderts unsere „Erbfeinde" und die reichlich ins Hessenland einfallenden protestantischen Vertriebenenscharen erfreuten sich zwar dank ihrer handwerklich-industriellen Fortschrittlichkeit hoher Wertschätzung bei den kleinen und großen Landesherren in Hessen. Sie waren aber – aus genau dem gleichen Grund und weil sie oft ihre kulturelle Überlegenheit spüren ließen, auch aus einer Vielzahl anderer Gründe – bei ihren deutschen Nachbarn keineswegs besonders beliebt. Die räumliche, soziale und auch sprachliche Trennung blieb vielfach bis weit ins 19. Jh. erhalten. Vorderhand bleibt als Erklärung wohl, dass die Vorherrschaft und Überlegenheit der französischen Kultur in der Neuzeit, auch in Sprachgebrauch und Sprachkultur, eine kulturelle Orientierung und eine Öffnung nach Frankreich hin bewirkten. Hinzu kommen die auch Hessen betreffenden Umwälzungen der revolutionären und der napoleonischen Zeit. Das mag letztlich die Wertschätzung französischer Namen befördert haben, zumal sie sich gut mit der hugenottischen Einwanderung verbinden ließ. Diese konnte zugleich als starkes Symbol für eine in Hessen (und natürlich darüber hinaus) geübte Toleranz in Glaubensdingen gelten.

Frankreich ist zwar das bevorzugte Land der Herkunfts-Sehnsucht, aber manche Namensträger hätten es gern noch ein wenig exotischer, wie zwei weitere Beispiele aus Leseranfragen an die gleiche Zeitung zeigen.

Die Bibel hat immer Recht.

Schaaf
Man muss schon ein ziemlich ernsthafter Bibelforscher sein und außerdem *Schaaf* heißen, um auf die Idee zu kommen, dieser Name habe nichts mit Schafen zu tun, sondern sei ein biblischer Name. Denn in der 1.Chronik 2, V. 47–49 kommt zweimal ein Knabe namens *Schaaf* auf die Welt (von denen die Bibel jedoch hinterher leider nichts mehr erzählt). „Näheres wäre mir wichtig", schreibt der anfragende Leser und erwartet offensichtlich, dass ein sprachlicher Zusammenhang zwischen den zwei biblischen *Schaafen* und dem Namen der ungefähr 14.000 deutschen <*Schaaf*>e herstellbar wäre. Neben der <*aa*>-Schreibung wäre sicher ein gutes Argument, dass es wahrlich genug biblische Namen gibt, die sich bei uns eingebürgert haben.

Aber für den hebräischen Namen steht fest, dass er zweisilbig ist (*/scha-af/*). Nur das wird durch die Schreibung mit doppeltem <*aa*> angedeutet. Luther übertrug den Namen in seiner Bibelübersetzung von 1546 sogar in der Form <*Saaph*>. Das alles schließt aus, dass der heutige Familienname in einen biblischen Zusammenhang zu stellen ist.

Viel verwunderlicher ist eigentlich, dass im Deutschen der Name entgegen der Tierbezeichnung fast immer mit zwei <*a*> geschrieben wird. Es gibt gerade einmal ungefähr dreihundert Leute, die sich einfach nur <*Schaf*> schreiben. Das hat mit schreibgeschichtlichen Traditionen zu tun, in denen gern durch die Schreibung die Trennung von Name und Wort gekennzeichnet wurde. Dadurch symbolisiert sich aber in der Schreibung des Familiennamens gerade das Besondere, das Hervorzuhebende, die Verbesserung des Images.

Im Hexameter steigt des Springquells flüssige Säule …

Hexamer
Ähnlich ist es, wenn vermutungsweise auf die Antike als imageförderndes Maß der Dinge zurückgegriffen wird. Bei dem Namen *Hexamer* denkt man gern an – den

Hexameter, natürlich, das griechische sechsfüßige Versmaß, das auch in der deutschen Klassik häufiger verwendet worden ist. Eine solche Herleitung des in Hessen vereinzelt belegten Namens schmückte ungemein – falls sie zuträfe. Die wahre Erklärung ist leider viel prosaischer: Ein <*Hexamer*> ist jemand, der ursprünglich aus *Hechtsheim* stammt, heute ein Stadtteil von Mainz. Das wird offenkundig, wenn man sich alte Schreibungen des Ortsnamens ansieht: 1262 *Hexheim*, 1576 *Hexhem* und die örtliche Aussprache: /heksəm/. [14]

Ohne Moos nix los

Moos
Bei solchen (vergeblichen) Ausflügen in die ferne Vergangenheit und in ferne Lande mutet es schon fast bescheiden an, wenn der vor allem in Mittel- und Westhessen häufige Familienname *Moos* nicht, wie nahe liegend, auf die Bodenbedeckung, sondern auf den Namen eines Dolomitendorfs namens *Moso* zurückgehen soll, wie wieder in einer Anfrage vermutet wird.

Moso ist aber nur die italienische Version des alten Südtiroler „Moos in Passeiertal"[15] und führt damit unmittelbar wieder auf die Benennung nach dem Moosboden zurück. Der Familienname benennt ursprünglich einfach jemanden, der in oder bei einem Moosgebiet seinen Wohnsitz hat (wie wir das schon bei *Heidegger* gesehen haben). Die vielen *Moos*-Hessen müssen also nicht aus Südtirol zugewandert sein: Moos haben sie auch hierzulande genug (jedenfalls im wörtlichen Sinne).

Zusammengefasst

Was mit diesen Beispielen, die sich leicht vermehren ließen, gezeigt werden sollte, ist dies: Aus dem ursprünglich magischen Zusammenhang zwischen Name und Namensträger entwickelt sich in späterer Zeit und bis heute die Vorstellung, dass der Name etwas Wesenhaftes mit der Person zu tun habe, zu ihr in wechselseitiger Spiegelung stehe. Über diese identitätsstiftende Funktion entsteht die Vorstellung, dass der Name das Selbstbild mitbestimme und deshalb ein besonderer Name dieses auch in besonderer Weise positiv fördere. Es entstehen Muster imagefördernder Namenbesonderheiten, von denen der Zugriff auf eine fremde Herkunft ein beliebtes Mittel darstellt.

Das war der erste Strang, den wir aus dem anfänglichen Sprachspiel mit den Mustermanns verfolgt haben. Der zweite Strang beschäftigt sich mit der Frage, was geschieht, wenn der Name freiwillig oder unfreiwillig aufgegeben wird und durch einen anderen ersetzt wird.

2. Wenn der Name nicht so glänzt

2.1 Lieber einen besseren Namen

Name, Name, wechsle dich ...

Das Bild von der (quasi-)magischen identitätsstiftenden Verbindung von Name und Person setzt voraus, dass der Namensträger mit seinem Familiennamen zufrieden ist, ihn jedenfalls irgendwie akzeptiert hat. Das ist natürlich nicht immer der Fall, und dann wird die Verbindung von Mensch und Name ziemlich brüchig. Glücklicherweise gibt es Verfahren, wie Menschen auch mit weniger passenden Namen umgehen oder wie – in manchen Fällen – mit ihnen umgegangen wird. Wir verbinden einige allgemeine Fälle mit der genaueren Betrachtung hessischer Beispiele.

Das radikalste Verfahren besteht darin, den Namen völlig auszuwechseln. Bei Familiennamen ist das heute gar nicht so einfach: Man muss schon gute Gründe haben, z.B. dass der Name anstößig ist, damit das Standesamt einen Wechsel des Familiennamens akzeptiert. Namenwechsel ist nicht überall so schwierig, z.B. nicht in den skandinavischen Ländern. Es war auch bei uns nicht immer so; da war der Wechsel eher das Normale. Als z.B. die Herren *von Arnsburg* im 12. Jh. wenige Kilometer weiter südlich ihre neue mächtige Burg Münzenberg in der Wetterau aufgebaut hatten und zu wichtigen staufischen Ministerialen aufgestiegen waren, nannten sie sich nach ihrer neuen Wohnstätte *von Münzenberg*.

Es gibt nur einen scheinbar unproblematischen Fall des Namenwechsels. Er ist – besser: er war – so selbstverständlich, dass man scheinbar gar nicht darüber nachzudenken braucht: Wenn die junge Braut ihren Mädchennamen aufgibt, um – im Glücksfall – stolz den Namen des Ehemanns zu übernehmen. Sicher war das nicht immer das reine Glück: Da wird mitunter so manche Träne geflossen sein – aus verschiedenen Gründen, manchmal vielleicht auch aus dem Grund, dass man seinen schönen Mädchennamen zugunsten eines unmöglichen anderen aufgeben musste. Aber eigentlich war dieser Namenwechsel bis vor einem halben Jahrhundert aus einem einfachen Grund selten ein Problem. Bräute waren bis weit ins 19. Jh. oft sehr jung und wurden von Anfang an ausschließlich zu Eheleben und Mutterschaft hin erzogen. Deshalb galt, dass der damals durch den Ehestand bedingte Namenwechsel gerade das wirklich identitätsstiftende und imagesteigernde Element für die junge Frau war. Dass der Mannesname übernommen werden musste, wurde merkwürdigerweise erst mit der Einführung des Bürgerlichen Gesetzbuchs (BGB) im Jahre 1900 gesetzlich verbindlich. Die Regel galt uneingeschränkt bis 1957, danach konnte die Frau den Geburtsnamen an den Namen des Ehemannes anhängen. Erst seit 1976/77 kann bei Doppelnamen auch der Geburtsname der Frau an erster Stelle stehen. In der DDR gab es diese Regelung nicht, so dass sich noch heute in der Verteilung der Doppelnamen ein starker Unterschied zwischen den Räumen der alten Bundesrepublik und der DDR zeigt.

Die gesellschaftlichen Umwälzungen seit den sechziger Jahren des letzten Jahrhunderts, die fortschreitende soziale, kulturelle und rechtliche Emanzipation der Frauen brachten mit sich, dass die scheinbar so selbstverständliche Aufgabe des Mädchennamens problematisiert wurde. Das führte zu namensrechtlichen Konsequenzen wie Doppelnamen, Beibehaltung des Geburtsnamens, Übernahme des Geburtsnamens der Frau als Familienname usw. Es ist leicht vorauszusehen, dass die Veränderung des Namensrechts heftige Folgen für die künftige Entwicklung der Familiennamenerhaltung und -verbreitung haben wird.

Jetzt wollen wir anhand von Beispielen erst einmal betrachten, nach welchen Mechanismen gewöhnlich der Wechsel von Familiennamen abläuft.

Ganz anders, aber bitte ähnlich: Rotzmaul

Beginnen wir mit einem Beispiel aus der hessischen Geschichte, weil es einen auffallenden Trend in den Verfahren des Namenwechsels verdeutlicht: Im Raum Marburg-Treysa-Alsfeld ist seit dem späten Mittelalter eine wohlhabende und einflussreiche bürgerliche Familie *Rotzmaul* vielfach bezeugt, schon 1296 ein *Bertholdus Rotzmul* in Fulda.[16] Namengebend war genau das, was der Name besagt: ein ‚rotziges Maul' als Körpereigenschaft oder bildlich ein ‚böses Mundwerk' als Charaktereigenschaft, in jedem Fall also etwas ziemlich Abwertendes. Mit diesem schimpflichen Namen konnte die Familie offenbar lange Zeit mehr oder weniger gut leben. Erst als Mitglieder im 16. Jh. in hessische Adelskreise einheirateten, wurde der Name lästig. Sie benannten sich deshalb in <Rotsmann> um und wurden mit diesem Namen sogar in den Adelsstand erhoben.[17] Noch heute gibt es mehrere Freiherren dieses Namens, darunter auch einige in Hessen, während die *Rotzmäuler* aus nahe liegenden Gründen verschwunden sind – zumindest dem Namen nach.

Hier war also die einstige Anstößigkeit der wörtlichen Namensbedeutung Anlass für den Namenwechsel. Der Name wurde jedoch nur so weit gewandelt, dass er eben nicht mehr anstößig war, weil die durchschimmernde wörtliche Bedeutung ausgelöscht, überschrieben ist. Dabei muss man in unserem Fall allerdings darauf achten, dass der Vokal in <Rots-mann> in Angleichung an /ro:t/ lang ausgesprochen wird.

Häutungen – Wie wird ein Name „deutsch"?

Ein Familienname kann auch dann dem Image des Namenträgers schaden, wenn er in Aussprache und/oder Schreibung nicht den Regeln und Erwartungen entspricht, die das gesellschaftliche Umfeld hegt. Dann wird oft durch bewusste Anpassung oder auch nur durch die Kraft des faktischen Namengebrauchs eine neue sprachliche Form des Namens entwickelt, die sich mehr oder weniger klar an die Gewohnheiten deutschsprachigen Familiennamengebrauchs anpasst.

Mit diesem Erwartungsdruck haben vor allem jene zu kämpfen, deren Name in Aussprache oder Schreibung so stark von den gängigen Normen abweicht, dass es leicht zu Missverständnissen oder Kommunikationsschwierigkeiten kommt. Wie soll man auch beispielsweise die teils sehr schwierigen Namen der neuen Immigranten aus den arabischen und afrikanischen Ländern verstehen, schreiben, gar behalten, wenn das System der deutschen Sprache keinerlei hilfreiche Anhaltspunkte dafür liefert?

Anpassungen an den deutschen Sprachgebrauch dienen also nicht unbedingt der Imagesteigerung. Sie vermeiden oder vermindern die Imagebeschädigung, die mit einem fremdartigen Namen verbunden sein kann.

Mit diesem gar nicht so nebensächlichen Integrationsproblem hatten sich natürlich auch frühere Zuwanderer zu befassen. Es ist aufschlussreich, wie die meisten damit umgegangen sind, bis am Ende neue, deutsch erscheinende Namen entstanden sind. Auch wenn der gesamte alte Name aufgegeben und durch einen neuen ersetzt wird, bleibt oft ein lautlicher Rest des alten Namens in der neuen Form erhalten.

Zuwanderer aus den romanischen Ländern mussten eher an der ursprünglichen Sprachform basteln. Zumindest französische Einwanderer mussten Kompromisse finden, wenn sie ihren Namen in der deutschsprachigen Umwelt akzeptabler machen wollten. Zum Gutteil hängt das einfach damit zusammen, dass im Französischen das Aussprache-Schreibung-Verhältnis viel komplizierter ist als im Deutschen. So wird im Französischen in der Namenendung <-et> das *t* nicht gesprochen. Will man den Namen ans Deutsche anpassen, ist die eine Möglichkeit, das /t/ einfach mit auszusprechen. So verfährt *Thonet*, der Frankenberger Hersteller der berühmten Kaffeehausstühle: /to:net/. Der französische Familienname ist übrigens eine Koseform zu *(An)tonet*, zum gebräuchlichen Vornamen *Antoine*.[18]

Man kann das <t> aber auch einfach weglassen wie bei dem (ehemaligen) Binger Weinbrandproduzenten *Racke*, dessen französische Namensform ursprünglich (und mancherorts noch heute auch in Deutschland) <Raquet> geschrieben wird. Da bleibt als Erinnerung an die französische Herkunft dann mitunter nur der spitze Akzent (<Racké>; vgl. Kap. 8.4.2). Aber immerhin, auch hier bleibt etwas, und wenn es nur ein Akzentstrich ist.

Der in Hessen verbreitete Name *Besier* wird von den Namensträgern teils französisch /besjé/, teils der deutschen Aussprache entsprechend /bési:r/ ausgesprochen. Entsprechendes für den Familiennamen *Bouffier* gibt es m.W. nicht; wohl aber eine eher kameradschaftlich-individuelle „Eindeutschung" in /búffə/.[19]

Der in Frankreich häufige Familienname *Vaillant* (gesprochen /vaijã/) bedeutet ursprünglich ‚wertvoll, verdienstvoll', auch ‚kraftvoll'.[20] Lautlich konsequent hat der deutsche Heizungsbauer Vaillant die durchaus (fast) korrekte Anpassung in /weilant/ vollzogen und den Namen damit in einen häufigen deutschen Familiennamen verwandelt. Da wirkt die französische Schreibung schon fast wie ein Fremdkörper – oder eben als ein imagesteigerndes Accessoire.

Mitunter hat die Anpassung ans Deutsche unerwünschte Folgen. So wird der in Südhessen nicht ganz seltene Name *Matecki*, deutschen Ausspracheregeln folgend,

/*mateki*/ ausgesprochen. Es handelt sich aber um einen polnischen Familiennamen (zu *Matthäus*), der im Heimatland – polnischen Ausspracheregeln entsprechend – /*matetski*/ ausgesprochen wird. Der deutsch-polnische Unterschied in der Aussprache des <ck> stellte die ausgewanderten, in ganz Deutschland verbreiteten Namensträger also vor die Entscheidung, entweder auf die heimatlich vertraute Aussprache oder auf die übliche Schreibung zu verzichten. Einige wenige Namensträger haben übrigens die Schreibung der heimischen Aussprache angepasst und schreiben sich <*Matetzki, Matetzky*>.

Den Namenanpassungen liegen zweifellos der Wunsch und der Wille zu Grunde, sich unauffällig den sprachkulturellen Traditionen des neuen Heimatlandes einzufügen. Vom Namen soll etwas weggenommen werden, das negative Folgen für den Träger des Namens haben könnte und was sein Image beschädigen könnte.

Waschen, ohne den Pelz nass zu machen

Das ist aber nur der eine Punkt; denn eigentlich interessanter ist doch: Der Namenwechsler rettet mehr oder weniger auffällig Elemente seines alten Namens in die Struktur des neuen, vor allem lautliche. Das zeigt, wie sehr der Mensch, der seinen Namen aus welchen Gründen auch immer wechselt, mit seinem eigentlichen Namen verbunden ist. Um in Goethes Bild der Haut zu bleiben: Er häutet sich, lässt dabei aber Strukturen der alten Haut in der neuen verwandelt erkennen.

Solches Klammern am ursprünglichen Namen lässt sich oft sogar beobachten, wenn jemand ein Pseudonym, einen Decknamen oder einen Künstlernamen, annimmt. Im Unterschied zum Familiennamen bezieht das Pseudonym sich auf eine einzige Person und wird in der Regel nicht an die Kinder weitergegeben. Oft ist der Zusammenhang mit dem ursprünglichen, dem eigentlichen Namen ziemlich versteckt.

Brandt
Nicht nur auf die einzelne Person beschränkt ist der Familienname des ehemaligen Bundeskanzlers Willy *Brandt*. Der als Herbert Frahm 1913 in Lübeck Geborene übernahm ihn 1933 als „Allerweltsname" zur Tarnung, führte ihn als „Kampfnamen" in der norwegischen Emigration weiter und ließ ihn schließlich 1949 in Berlin als Familiennamen anerkennen.[21] Obwohl *Frahm* mit annähernd 4.000 Namensträgern vor allem in Hamburg und Schleswig-Holstein keineswegs ein seltener Name ist, ist *Brandt* mit annähernd 50.000 Namensträgern, schwerpunktmäßig in Norddeutschland, vergleichsweise tatsächlich ein „Allerweltsname". Bestimmt war Brandt mit seinem Geburtsnamen <*Frahm*> nie glücklich, aber dennoch ist die lautliche Ähnlichkeit der beiden einsilbigen Namen über die Lautfolge /f/b+r+a+n/m/ auffällig und unverkennbar.

Dieses Nachwirken des ursprünglichen Familiennamens erkennt man manchmal sogar da, wo scheinbar ein radikaler Schnitt vorgenommen wurde.

Loriot
Jedermann kennt *Loriot* und weiß, dass er eigentlich Viktor von Bülow hieß. Den Pirol, den Wappenvogel auf dem Familienwappen der Bülows, mit dem französischen Wort *loriot* ‚Pirol' zum eigenen Pseudonym zu erheben, ist eine Loriot-typische pfiffige Idee. Sie verbindet die identitätsstiftende Familienbindung mit der Weltläufigkeit eines fremden, wohlklingenden (und leicht erinnerbaren) französischen Ausdrucks, dessen Wortbedeutung man gar nicht kennen muss – vom Mehrwert eines französischen Namens ganz abgesehen.

Thome
Die Rückbindung an den identitätsstiftenden familiären Zusammenhang spiegelt sich neuerdings auch in der Namenwahl eines jungen hessischen Autors. Der Biedenköpfer Stephan Thome, erfolgreich mit seinem Roman „Grenzgang" (2009), heißt eigentlich Stephan Schmidt. Klar ist, dass man mit <Schmidt> heutzutage medial nicht viel werden kann, politisch höchstens Bundeskanzler. Weniger offensichtlich ist, warum <*Thome*> als Künstlername verwendet wird. Die Erklärung ist einfach: Es ist ein in der Verwandtschaft Thomes vorhandener Familienname, der zwar im Lahn-Dill-Bereich ziemlich häufig vorkommt (s. Kap. 9.2.4), aber aufs Ganze gesehen doch ziemlich originell ist.

Seghers
Eher selten wird mit der Namenwahl ein vollständiger Bruch mit der bisherigen Biographie vollzogen. Mitunter will sich der Namensträger mit dem neuen Namen sozusagen neu erfinden. Der hessische Schriftsteller Matthias Altenberg ist erst mit seinem Pseudonym *Jan Seghers* über die engere Literaturwelt hinaus bekannt geworden. Unter diesem Namen eröffnete er 2004 mit „Ein schönes Mädchen" die Serie seiner Kriminalromane, weil „er nach der Devise ‚Ich ist ein anderer' die Befangenheit vor dem Genre Krimi verlieren und das Pseudonym wie ein Kostüm tragen"[22] wollte. Dass der Nachname <Seghers> der verehrten Schriftstellerin Anna Seghers geschuldet ist, liegt auf der Hand, dass der Vorname von dem seinerzeit noch zu bewundernden Radrennfahrer Jan Ullrich übernommen wurde: darauf muss man erst einmal kommen.[23]

Anna Seghers (1900–1983), übrigens selbst einer Mainzer Familie entstammend, übernahm den Namen als Pseudonym als junge Autorin von dem niederländischen Maler Hercules Seghers (um 1590–um 1538).[24]

Man sieht: An der goetheschen „Haut"-Geschichte ist wohl schon etwas dran, wenn sie selbst da funktioniert, wo gerade eine Loslösung vom bisherigen Name-Person-Zusammenhang das Ziel ist.

2.2 Namenästhetik

„O frischer Duft, o neuer Klang ..."

Man darf diese Anhänglichkeit sicher nicht zu sehr verallgemeinern. In vielen Fällen setzt sich der neue Name, das Pseudonym, so weit vom ursprünglichen Namen ab, dass dieser geradezu als Gegenmodell zu verstehen ist, wie das bei *Altenberg* zu *Seghers* schon anklingt. Dann steht meist ein anderes Motiv im Vordergrund. Der neue Name soll den neuen Umständen so angepasst sein, dass das Vorstellungsbild, das er hervorruft, von angedeutetem Bedeutungsinhalt und von Klang und Struktur besser passt. Die imagefördernde Funktion überlagert hier deutlich die identitätsstiftende. Man könnte auch sagen: Es geht jetzt um die ästhetische Identität von Name und Person über ein neues Namen-Image. Das ist ein weites Feld, für unser Thema aber eher belanglos und wird deshalb nur an einigen Beispielen kurz angesprochen.

Im Show-Geschäft sind solche Namenwechsel bekanntlich gang und gäbe: *Roberto Zerquera* (*1937) wird sinnigerweise in *Roberto Blanco* umbenannt, sein deutscher Kollege *Gerhard Höllerich* (1943–1991) mit diesem Namen verständlicherweise in *Roy Black*. *Jürgen Udo Bockelmann* (*1934–2014), der sich in *Udo Jürgens* umbenennt, und die Wahl-Hessin *Rosemarie Böhm, geb. Schwab* (*1949), die in geschickter Umwandlung ihres Vornamens als *Mary Roos* singt, verwandeln ihre Namen so, dass sie dem angestrebten neuen Image entsprechen, zugleich aber einen Teil der alten Namens-Identität erhalten.

Namenklang

Umbenennungen für die öffentliche Karriere hängen damit zusammen, dass Namen vielfach mehr oder weniger vage, aber doch sehr wirksame negative Reize hervorrufen, die bei den meisten Menschen ähnlich ankommen. Das gilt vor allem für Vornamen (und damit verbundene Kosenamen), aber auch für Familiennamen. Bei Familiennamen ist es oft eine Mischung aus Namenklang und wörtlicher Bedeutung von Namenelementen. Manchmal sind das völlig subjektive, zufällige, biographisch bedingte Prägungen. Vermutlich haben die meisten von uns für bestimmte Namen positive oder negative Bewertungen. Manche Namen sind sozusagen individuell geladen. In gewisser Weise davon unabhängig sind aber auf Rhythmus, Klang und Bedeutungsassoziationen beruhende Einschätzungen, die weitgehend allgemein geteilt werden.

Klöterjahn
Die Literatur lebt davon, dass ihre Namenerfindungen bei uns unterschwellig bestimmte Emotionen auslösen. Thomas Mann ist der unübertroffene Meister darin, mit Namen zu manipulieren und bewusst künstlerisch zu spielen. In der Novelle

„Tristan" beispielsweise verliert sich der selbstquälerische Schriftsteller *Spinell* (nicht etwa ein italienischer *Spinelli) in der Liebe zur empfindsamen und leider todkranken Frau *Klöterjahn* aus Bremen. In vorsichtigen Kurschattenkontakten entspinnt sich folgender Dialog:

> „Darf ich einmal fragen, gnädige Frau (aber es ist wohl naseweis), wie Sie heißen, wie eigentlich Ihr Name ist?"
>
> „Ich heiße doch Klöterjahn, Herr Spinell!"
>
> „Hm – Das weiß ich. Oder vielmehr: ich leugne es. Ich meine natürlich Ihren eigenen Namen, Ihren Mädchennamen. Sie werden gerecht sein und einräumen, gnädige Frau, daß, wer Sie <Frau Klötermann> nennen wollte, die Peitsche verdiente."
>
> Sie lachte so herzlich, daß das blaue Äderchen über ihrer Braue beängstigend deutlich hervortrat und ihrem zarten süßen Gesicht einen Ausdruck von Anstrengung und Bedrängnis verlieh, der tief beunruhigte.
>
> „Nein! Bewahre, Herr Spinell! Die Peitsche? Ist <Klöterjahn> Ihnen so fürchterlich?"
>
> „Ja, gnädige Frau, ich hasse diesen Namen aus Herzensgrund, seit ich ihn zum erstenmal vernahm. Er ist komisch und zum Verzweifeln unschön, und es ist Barbarei und Niedertracht, wenn man die Sitte so weit treibt, auf Sie den Namen Ihres Herrn Gemahls zu übertragen."
>
> „Nun, und <Eckhof>? Ist Eckhof schöner? Mein Vater hieß Eckhof."
>
> „Oh, sehen Sie! <Eckhof> ist etwas ganz anderes! Eckhof hieß sogar ein großer Schauspieler. Eckhof passiert."[25]

Gut, dass es den Familiennamen *Klöterjahn* in Wirklichkeit gar nicht gibt, während *Eckhof(f)* im Großraum Bremen ein durchaus geläufiger Name ist (und tatsächlich der Name eines berühmten Schauspielers im 18. Jh. war). Worauf es hier ankommt: Name und Person müssen (einigermaßen) zusammenpassen. Ein ordinärer Name wie *Klöterjahn* – mit seiner unterschwellig obszönen Anspielung auf niederdeutsch *Klöten* ‚Hoden' oder *Klod(d)ern* ‚Mistklumpen' – passt nun so gar nicht zur zarten Gabriele. Dem wird man auch als nicht besonders empfindsamer Leser zustimmen. Der Name ist keineswegs nur Schall und Rauch, das wird hier überzeugend vorgeführt.

Schwalm
Manchmal sollte man als Schriftsteller aber schon aufpassen, wie man sich über Namen auslässt. Der Familienname *Schwalm* beispielsweise ist ein typisch hessischer

Name. Annähernd die Hälfte der etwa 3.500 Schwalms lebt in Hessen, meist zwischen Main-Kinzig und Reinhardswald, davon wiederum die meisten im Schwalm-Eder-Kreis. Über die Herkunft des Namens kann also kein Zweifel bestehen: Namengebend war die Landschaft der *Schwalm*, die ihrerseits wiederum nach dem durchziehenden Flüsschen, der *Schwalm*, benannt ist.

Niemand denkt sich bei dem Namen etwas Schlimmes – bis auf den Schriftsteller Uwe Timm in seinem Roman „Vogelweide" von 2013. Sein Romanheld hat es in seiner Firma mit einem Gegenspieler zu tun, der ihm in jeder Hinsicht widerlich ist. Das kann man nach dessen Personenbeschreibung auch gut nachvollziehen. Seine Abneigung lässt er aber sogar an dessen scheinbar harmlosen Namen *Schwalm* aus:

> „Eine Zeitlang schwankte er in der Anrede, sollte er ihn duzen, wie sich alle im Büro duzten? Er verbot es sich. Mit Vornamen ansprechen und ihn siezen? Auch das war ihm zuwider. Er hatte es ein paarmal ausprobiert. Dann entschloss er sich, ihn mit Herr Schwalm anzureden. Der Name war wie die Hand, feucht klebrig, als habe sie eben gewichst. Er betonte Herr, machte eine Pause und betonte dann Schwalm auf dem L, was sich fast wie Schwall anhörte."[26]

Der Prozess der Übertragung verläuft hier umgekehrt wie bei Klöterjahn: Dort passt der Name nicht zur Person; hier wird der Name so zurecht gebogen, bis er zur Person passt, genauer zur Einschätzung des Helden in Bezug auf die Person. Da wird der unschuldige Name aufgrund seiner Lautstruktur ($/schw+a+l+(m)/$) in einen schwülen (!) Zusammenhang gestellt, in dem *schwul* und *schwall* assoziativ aufgerufen werden. Dass das weder die *Schwalm* noch die *Schwalms* verdient haben, hilft dann auch nichts mehr. Die absurde Pointe bei der Geschichte ist übrigens, dass der Name des Flüsschens Schwalm tatsächlich mit *schwellen* und *Schwall* zusammenhängt, wozu es im frühen Neuhochdeutschen ein Wort *swalm* ‚Wasserschwall, Strudel' gibt.

So funktioniert Diskriminierung mittels des Namens, und viele kindliche und jugendliche Spitznamen legen davon Zeugnis ab. Aber das ist ein neues weites Feld.

Namenwechsel haben also in aller Regel damit zu tun, dass der Namensträger sein Image verbessern will, damit er – im weitesten Sinne – mehr sozialen Erfolg hat. Es gilt, Imagebeschädigungen zu vermeiden wegen der sprachlichen Form des eigentlichen Namens, wegen der Assoziationen, die er gewöhnlich hervorruft. Wir haben gesehen, wie die meisten Leute mit ihren Namen zurechtkommen, wie man ihn sich zurechtmodeln kann, damit er möglichst gut zum eigenen Ich gehört, und wie man daraus Imagegewinn ziehen kann. Besonders auffällig ist das, wenn der Name, aus welchen Gründen auch immer, gewechselt wird: Meist bleiben Spuren des alten in der Struktur des neuen erhalten, schleppen sozusagen ein Stück alte Identität unter verbesserten Imageerwartungen fort. Und wo das nicht der Fall ist, ist der neue Name zugleich kommunikatives Signal für eine neue Identität.

2.3 Wie man vielleicht lieber nicht heißen würde

Der Familienname ist zugeschrieben, er ist ererbt, und man muss mit ihm in der Regel auch dann auskommen, wenn er einem nicht gefällt. Das kann das Leiden an einem Allerweltsnamen sein („Nein, ich möchte nicht Müller / Meier / Schmidt heißen!"). Das ist dann zwar blöd, aber es ist halt so.

Ernsthafter wird es, wenn ein Name komisch oder problematisch ist und von den Zeitgenossen auch so wahrgenommen wird.

Komisch – eher unfreiwillig

Bei komischen Namen kann man bei einer Verspottung noch (mit)lachen, wenn man genügend Humor hat. Das ändert natürlich nichts an der Tatsache, dass das Image des Namensträgers verletzt ist und damit letztlich auch an seiner Identität gekratzt wird.

(Feld-)Hinkel
Wenn jemand *Hinkel* heißt, ist das vielleicht lustig für jemanden, der aus einer Gegend stammt, in der das Wort *Hinkel* ‚Huhn' bedeutet. Tatsächlich geht der Name auch häufiger – wie *Henkel* – auf eine abgeleitete Form des Personennamens *Heinrich* zurück. Aber das ist hier nicht der Punkt. Vielmehr empfinden auch die meisten Sprecher, für die *Hinkel* ein Dialektwort ist, den Namen schon deshalb nicht als besonders lustig, weil er so geläufig ist. Er reicht in einem breiten Streifen von der Pfalz über Hessen bis nach Sachsen. (Was übrigens dafür spricht, dass der Familienname, entgegen den Angaben der Namenbücher, doch wohl meistens bildlich vom Tier abgeleitet ist.) Dass *Hinkel* abwertend eingeschätzt werden kann, sieht man auch daran, dass in Charlie Chaplins berühmtem Film „Der große Diktator" (1940) Hitler *Hinkel* heißt.

Da kommt der Name *Feldhinkel* schon ein wenig komischer daher, obwohl er eigentlich nur auf einen süd- und rheinhessischen Ausdruck für das ‚Rebhuhn' zurückgeht.[27] Entsprechend kleinräumig wie der Vorkommensraum des Wortes ist auch die Verbreitung des seltenen Familiennamens: Weitaus die meisten wohnen im Kreis Bergstraße, einige im übrigen Hessen; vereinzelte *Feldhinkel* haben sich nach Schleswig verirrt. Als namengebendes Motiv taugt das Feldhinkel offenbar nicht viel: Auch die hochdeutsche Bezeichnung *Rebhuhn* bringt es, sogar zusammen mit *Rebhahn* als Partner, deutschlandweit gerade einmal auf knapp zweihundertfünfzig Namensträger.

Überhaupt sind viele dieser ‚komischen' Namen ziemlich selten und regional sehr begrenzt. *Vogelei* z.B. findet sich hauptsächlich im Werra-Meißner-Kreis und ist Teil eines etwas ausgebreiteteren *Vogeley*-Gebiets, das vom Meißner bis in den Harz reicht. Hübsch ist auch die Vorstellung, die der seltene Familienname *Vogeltanz* hervorruft.

Manchmal sind es eher Kombinationen und Situationen, die die Namenkomik erzeugen. Heiratete z.B. ein Fräulein *Allerdings* einen (nicht in Hessen ansässigen)

Herrn *Immervoll*, würde die Annahme eines Doppelnamens *Allerdings-Immervoll* (allerdings) wohl eine angemessene Heiterkeit erregen. Fräulein *Allerdings* könnte auch einen Herrn *Immerheiser* heiraten und erntete einen ähnlichen Effekt. *Immerheiser* gibt es immerhin eine ganze Reihe in Rheinhessen und im Rheingau. Eigentlich bezieht sich der Name nicht auf den Gesundheitszustand, wie z.B. bei *Rüspeler* ‚Räusperer‘, sondern der Name dürfte umgedeutet sein aus *Immenhäuser, d.h. ‚aus Immenhausen stammend‘. Es gibt mehrere Orte *Immenhausen*, darunter zwei in Nordhessen, die als Namengeber in Frage kommen. Dazu gibt es passend, wenn auch selten, den Familiennamen *Immenhausen* (im Kr. Darmstadt-Dieburg).

Eher zum Schmunzeln ist wohl auch, dass eine Apfelweinkönigin des Landkreises Gießen *Heike Sauerbier* hieß. Hätte sie statt dieses Namens, der von der Wetterau bis Thüringen verbreitet ist, den schwerpunktmäßig in Südhessen vorkommenden Namen *Sauerwein* getragen, wäre das für das Produkt schon passender gewesen.

Von solchen mehr oder weniger witzigen Zuordnungen leben ganze Internetseiten.[28] Es sollte hier nur deutlich werden, dass viele Namen sich durchaus nicht problemlos und positiv mit dem Image vereinbaren lassen. Es ist ein Gemeinplatz, dass man sich über Namen nicht lustig macht, weil das in aller Regel den Namensträger verletzt; aber nun gleich ein Heiterkeitsverbot zu verhängen, wäre genauso albern. Wie Namensträger solcher problematischer Namen damit umgehen können, zeigen wir jetzt an einigen hessischen Fällen.

Eigentlich ist es ein Vorname: *Depp*

Ob der amerikanische Filmstar Johnny Depp mit seinem Familiennamen glücklich ist? Zumindest spielt für ihn keine Rolle, was sein Name im Deutschen wörtlich bedeutet, weil das Wort in seiner amerikanischen Lebenswelt unbekannt ist. Anders ist es für seine deutschen Namensvettern, die – gering an Zahl und offenbar von einem einzigen Stammvater abstammend – fast allesamt im Kreis Aschaffenburg beheimatet sind. Die Namendeutung liegt so nahe, dass sie fast schon deshalb falsch sein muss. Das ist auch so. Das Wort *Depp* ist erst in neuerer Zeit aus dem bairisch-österreichischen Sprachraum in den allgemeinen Sprachgebrauch gelangt. Es wäre deshalb nicht zu erklären, warum die *Depp* eng verwandte Namensform *Deppe* mit über 6.000 Namensträgern hauptsächlich im Nordwesten Deutschlands, mit starkem Schwerpunkt vom Teutoburger Wald bis zum Harz, vertreten ist. Da ist es viel sinnvoller, die 60, 70 Aschaffenburger <Depp>s als um das *e* gekürzte südliche Variante von *Deppe* aufzufassen (wie <Kluge>/<Klug>, <Finke>/<Fink> usw.; Kap. 9.3.3). *Deppe* aber hat nichts mit dem Geisteszustand zu tun, sondern ist ein im Norden viel gebrauchter mittelalterlicher Vorname, der sich aus einem altdeutschen Personennamen *Diot-brecht* oder *Diot-mar* entwickelt hat. So einfach ist das: Kein *Depp*, sondern ein getaufter *Deppe*. Gebannt ist die *Depp*-Gefahr auch, wenn man sich <Döpp> schreibt. Dieser Name kommt schwerpunktmäßig in Hessen vor, und zwar im westlichen Teil zwischen Main und Eder. Bei dieser Variante kommt man nicht so leicht auf die Idee, dass es sich um einen lautlich vornehm aufgemotzten *Depp* handeln könnte.

Kurioserweise hat Johnny Depps Namengeschichte den gleichen Sprachwandel erfahren: Sein Vorfahr ist der französische Hugenottenflüchtling Pierre Deppe, der sich vor 1714 in Virginia niedergelassen hat.[29] In Frankreich sind im Nordwesten *Deppe* und in Lothringen *Depp* auch heute verbreitet, aber zweifellos deutschsprachigen Ursprungs. Nebenbei: Bei diesen französischen Wurzeln ist es kein Wunder, dass sich Johnny Depp in der Nähe von St. Tropez ein Weingut zugelegt hat. Vivent les Depp(e)s!

Auf die deutsche Bedeutung seines Namens angesprochen, bemerkt er: „Ich finde, der Name passt perfekt zu mir."[30] Das ist sicher eine schöne und souveräne Art, mit dem scheinbar blöden Namen umzugehen; aber aus dem fernen Amerika kann man das natürlich auch leicht sagen. Ob sich die Aschaffenburger *Depps* daran ein Beispiel nehmen? Zumindest können sie darauf hinweisen, dass man auch als *Depp* prominent werden kann.

Und sogar der auch! Figge

Als meine Frau und ich vor Jahrzehnten das Waldecker Upland mit dem Diemelsee erwanderten, bezogen wir eines Abends Quartier in einer Bauernpension namens *Figge* und waren, in jugendlicher Einfalt, erheitert, als wir dazu das Zimmer Nr. 6 bekamen. Ich wusste damals noch nicht, dass *Figge* in Waldeck ein sehr häufiger Name ist, ja dort sogar seinen Vorkommensschwerpunkt hat, während ein Großteil des Restes im anschließenden Westfalen lebt. Dieses Wissen hätte aber die Erheiterung auch nicht unbedingt gemildert. Eher schon, was ich jetzt weiß (und auch damals schon hätte wissen können) – Sie ahnen es schon: *Figge* geht ebenfalls auf einen Rufnamen zurück. In Norddeutschland sind die lautentsprechenden Namen *Fick* und (selten) *Ficke* durch Ausfall des /r/ aus einer Kurzform des Personennamens *Friedrich* entstanden. Für die hessisch-upländischen *Figges* ist die Herleitung jedoch noch ein Stückchen poetischer und wird in Kap. 9.3.1 genauer erklärt.

Jedenfalls scheidet unser Wort *ficken* in seiner heutigen Bedeutung ‚Geschlechtsverkehr haben' als namengebendes Motiv mit Sicherheit aus. Wirklich obszöne Namen deutschen Sprachursprungs sind ohnehin außerordentlich selten. Wo sie in historischen Belegen einmal auftauchen, sind sie Namen für einzelne Personen und haben sich in keinem Fall als Familiennamen gehalten. Ganz schnell sind so ein mittelalterlicher *fickzahl* in Grünberg (Kr. Gießen) (zu mhd. *zagel* ‚Schwanz') und ein *Arschlecker* in Limburg 1382[31] wieder verschwunden. Dabei waren die Menschen im Mittelalter und in der frühen Neuzeit keineswegs zimperlich, wenn es um grobe und abwertende Bezeichnungen ging, wie wir am Familiennamen *Rotzmaul* gesehen haben. Doch der Intimbereich im engeren Sinne blieb weitgehend ausgespart. Wo wir heute also scheinbar anstößigen Familiennamen begegnen, können wir getrost davon ausgehen, dass wir in der Regel auf ein harmloses Benennungsmotiv stoßen, wenn wir (erfolgreich) historisch nachgraben.

Aber zweifellos berühren solche Namen ernsthaft das Image. Das alles hilft Leuten, die <Fick> oder <Figge> heißen, natürlich wenig. Sie müssen sich mit ihrem Namen arrangieren, auch wenn sie darüber nicht glücklich sind.

Ein zivilisatorischer Fortschritt: Klohoker

Auf den hessischen Namen *Klohoker* hat mich mein Freiburger Kollege Konrad Kunze aufmerksam gemacht. Der Name ist deshalb bemerkenswert, weil die nur ungefähr siebzig Namensträger zählende *Klohoker*-Truppe fast ausschließlich im Kreis Offenbach und den angrenzenden Kreisen lebt, gewissermaßen Tür an Tür mit den *Depps*. Wir rätselten über den Namen: Dass er nicht die wörtliche Bedeutung als Ursprung haben konnte, war klar. Die bei allen Namensträgern übliche Schreibung des zweiten Namensteils <-hoker> deutete schon darauf hin, dass hier ein ‚Höker', mhd. *hucke, hucker, huckener*[32] namengebend war. Doch womit mochte dieser Kleinhändler ‚gehökert' haben? Mit *Klo(setts)* sicher nicht. Nach einigem Suchen fand sich die Lösung in Vilmars „Idioticon von Kurhessen": *Klohe, Klo, Kla* ist ein ausgestorbenes, aber historisch gut belegtes Dialektwort für ein ‚Holzscheit', einen ‚Kloben' (woraus das Dialektwort wohl entstanden ist).[33] Der erste *Klohoker* war also ein Händler, der mit Holzscheiten handelte, eine wahrhaft harmlose Deutung des scheinbar anrüchigen Namens. Alternativ kann man den Namen auch auf jemanden zurückführen, der mit einem Klauenhaken ‚Haken zum Abziehen der Klauen eines geschlachteten Tieres' zu tun hatte, dialektal in der Pfalz schwach belegt als /kloːhoːkə/.[34]

Würden Klohokers spöttisch auf ihren Namen angesprochen, so erzählte Konrad Kunze, hätten sie eine patente Antwort: „Ja, wir Klohokers hatten eben schon Toiletten, als ihr noch auf den Weg geschissen habt!" Bingo! Das ist dann eine zivilisierte Antwort und natürlich viel schlagender, als langatmig die Holzhändler- oder die Klauenhaken-Deutung zu erklären. Zugleich ist es eine überzeugende Strategie, das mit dem Namen verbundene Identitäts- und Imageproblem zu lösen, indem man das scheinbar Negative einfach ins Positive verwandelt.

Eine mörderische Geschichte? Hunnenmörder

Ebenso wie sich die *Klohokers* im Kreis Offenbach verstecken, verbergen sich vornehmlich im Kreis Limburg-Weilburg einige *Hunnenmörder*. Auf den Namen wurde ich aufmerksam, weil eine Namensträgerin im Rahmen ihres Schulabschlusses eine Bestandsaufnahme ihres Familiennamens präsentieren wollte. Ein mutiges Unterfangen, erzeugt der Name außerhalb seines Vorkommens im Weilburger Raum doch wohl eher Heiterkeit; und zugleich ein sinnvolles Unterfangen, weil durch die Beschäftigung mit der Namensherkunft vielleicht auch das Imageproblem bearbeitet werden kann.

Der Name lässt sich jedoch nicht problemlos deuten. Eine frühe Namensträgerin ist die 1677 in Ilsfeld (Kr. Heilbronn) geborene *Anna Barbara Hunnenmorder*[35]. In Ilsfeld gibt es den Namen noch heute vereinzelt. Möglicherweise stammen die *Hunnenmörder* im Weilburger Raum von dort. Aber das hilft uns bei der Deutung des seltsamen Namens erst einmal nicht weiter. Für <-*mörder*> gibt es zur wörtlichen Bedeutung keine vernünftige Alternative. Aber wen oder was hat der ‚Hunnenmörder' getötet?

Am leichtesten bringt man den Namen mit dem in Mecklenburg verbreiteten Familiennamen *Hünemörder* zusammen, der dort seit 1375 vielfach belegt ist.[36] Er wurde manchmal in *Hühnermörder* umgedeutet und so auf eine Tätigkeit bezogen, für die bekanntlich eher der Fuchs zuständig ist. *Hünemörder* ist eigentlich leicht verständlich: ‚Mörder eines Hünen, eines Riesen, eines großen breitschultrigen Mannes', also eine Art David im Kampf mit Goliath.

Da dazu die hessisch-schwäbischen Namensformen mit der <*Hunnen*->-Schreibung nicht recht passen will, scheint es sich aber um zwei verschiedene Namen zu handeln. Allerdings geht auch *Hüne* sprachgeschichtlich auf den Namen der Hunnen zurück; so haben die Namen auf jeden Fall miteinander zu tun. Wenn nicht ein *Hunne* ‚Ungar' das Opfer war (man muss ja nicht gleich an Attila/Etzel denken), könnte das Opfer auch jemand mit dem ebenfalls auf das Hunnenvolk verweisenden Personennamen *Hunno* gewesen sein.[37] Oder gar, ganz abseits davon, der Gerichtsvorsitzende eines mittelalterlichen Rechtsbezirks, dessen Amtsbezeichnung *hunne, hunde* lautete.[38]

Zusammengefasst

Familiennamen, mit denen Namensträger aus sehr unterschiedlichen Gründen nicht glücklich sind, beeinträchtigen in jedem Fall das angestrebte positive Image. Dieses Problem kann in doppelter Weise bearbeitet werden:
– durch Verfahren des Imagewechsels, indem der ursprüngliche Name durch einen neuen ersetzt wird. Solche Änderungen des Namens folgen meist einer von zwei Linien: Entweder werden, wie versteckt auch immer, Elemente des alten Namens in den neuen überführt (Ähnlichkeit) oder der neue Name folgt zweckentsprechenden Klangbildern und Assoziationen (Ästhetisierung).
– durch Verfahren der Imagepflege, sei es durch Entleerung der erkennbar wörtlichen Bedeutung des Namens, durch Anpassung an sprachliche Standards der Umwelt oder durch Verfahren der deutenden Aufwertung des Namens.

Anmerkungen

1. Dazu: Friedhelm Debus: Identitätstiftende Funktion von Personennamen. In: Nina Janich / Christiane Thim-Mabrey (Hrsgg.): Sprachidentität – Identität durch Sprache. Tübingen 2003, S. 77–90.
2. Alexander Görlach: Ich, Firat Kaya. In: Die Zeit Nr. 18 / 2014, S. 6.
3. Jesaja 43, 1.
4. Goethe Werke. (Hamburger Ausgabe.) Hrg. Erich Trunz . Bd. 9. München 2002, S.407.
5. http://de.wikipedia.org/wiki/Friedrich_Georg_G%C3%B6the.
6. Die Zeit Nr. 5 / 2014, S. 40.
7. Kohlheim, S. 316.
8. Ramge, Studien, Text B, S. 70.
9. Gießener Allgemeine Zeitung v. 21.8.15.
10. Udolph / Fitzeck (2005), S.60.
11. Morlet, S. 795.
12. Leicht nachlesbar in Ramge, Studien, Text E.
13. Ramge, Studien, Text E, S.271; F, S. 67.
14. Henning Kaufmann: Rheinhessische Ortsnamen. München 1976, S. 99.
15. http://it.wikipedia.org/wiki/Moso-in-Passiria.
16. Kartels, S. 22.
17. Vilmar, S. 332; http://de.wikipedia.org/wiki/Stammliste-der-Schenck-zu-Schweinsberg.
18. Morlet, S. 927.
19. Die Zeit Nr. 47 /2013, S. 7.
20. Morlet, S. 948.
21. Willy Brandt: Erinnerungen. Frankfurt/M. 1989, S. 96; http://de.wikipedia.org/wiki/Willy-Brandt.
22. http://www.faz.net/aktuell/rhein-main/matthias-altenburg-im-portraet-der-mann-der-jan-seghers-ist-12002834-p2.html.
23. ebd.
24. https://de.wikipedia.org/wiki/Anna-Seghers.
25. Thomas Mann: Sämtliche Erzählungen. Frankfurt 1963, S. 183.
26. Uwe Timm: Vogelweide. Köln 2013, S. 151.
27. Mulch / Mulch, Südhessisches Wörterbuch 2, Sp. 420.
28. Googeln Sie z.B. einfach einmal mit dem Eintrag „komische Familiennamen".
29. http://www.bfhg.de/die-hugenotten/.
30. http://de.wikiquote.org/wiki/Johnny-Depp.
31. Demandt, S. 245.
32. Lexer 1, Sp. 1374.
33. Vilmar, S. 205. Darauf geht auch der in Westfalen belegte Namen *Klaholz* zurück.
34. Volkmar Hellfritzsch danke ich für seinen brieflichen Hinweis.
35. https://familysearch.org/search/tree/results?count=20&query=%2Bsurname%3AHunnenm%C3%B6rder~.
36. Brechenmacher 1, S. 750 s.u. *Hühnermörder*.
37. Förstemann 1, Sp. 930.
38. Lexer 1, Sp. 1383.

KAPITEL 2
MEIN NAME IN ZEIT UND RAUM

Im 1. Kapitel wurde umrissen, was der Familienname für den Namensträger bedeutet, für sich selbst und sein Selbstbild. Der Familienname verbindet ihn aber darüber hinaus mit seiner Familie. Somit mit der Geschichte der Familie und dem Raum, aus dem sie kommt und in dem sie jetzt lebt. Soweit es Hessen angeht, stellt sich die Frage, ob es dafür charakteristische und typische Namen gibt.

1. In die Tiefe der Zeit

1.1 Familienforschung und Familiennamen

Der Stammhalter: „Zukunft braucht Herkunft"

Gegen Ende des ersten Kriegsjahres im schrecklichen Zweiten Weltkrieg erschien in der „Wormser Zeitung" eine Geburtsanzeige mit dem Ruf „Unser Stammhalter ist da!". Als die glückliche Mutter – so geht die Familiensaga – nach einigen Tagen aus der Klinik nach Hause kam, fielen in der Nacht vier Bomben rund um die Wohnung. Da blieb ihr vor Schreck die Milch weg. Das Kind, plötzlich der Muttermilch beraubt und auf Kuhmilch umgestellt, ist daran fast gestorben. Da wäre es nichts geworden mit dem Erhalter des Stammes, dem „Stammhalter" (und im Übrigen wäre auch dieses Buch nicht geschrieben worden).

Warum erzähle ich die wenig heitere Anekdote? Wegen des Anzeigentextes: Kaum jemand würde heutzutage in einer Geburtsanzeige (die ohnehin aus den Zeitungen fast verschwunden ist) die Geburt eines „Stammhalters" bejubeln, ein Ausdruck, der jedoch in der ersten Hälfte des 20. Jh.s noch gang und gäbe war. Hinter dem Textwandel steht erkennbar ein allgemeiner Bewusstseinswandel. Heute wird in der Regel weder das Geschlecht des Neugeborenen unterschiedlich gewertet noch wird die Geburt eines Sohnes in eine Traditionslinie gestellt, die die Vergangenheit der familiengründenden Paare mit der Gegenwart und der Zukunft verknüpft. Abgesehen davon, dass heutzutage immer mehr Paare Kinder bekommen, deren Familienname durchaus nicht mit dem Namen des Vaters übereinstimmt. Das ist gut so. Man könnte heute ohne weiteres auch von Stammhalterinnen reden (ein ungehörtes, unerhörtes Wort, immerhin wohl genderpolitisch korrekt).

Der rasante Wandel der Medien seit der Jahrtausendwende scheint die Ursache dafür zu sein, dass man nur noch sehr selten Geburtsanzeigen in den Tageszeitungen findet. Aber diese Tendenz lässt sich seit den achtziger Jahren des letzten Jahrhunderts beobachten, ist also nicht durch den Siegeszug von Facebook und Co. zu erklären. Die freudige Geburtsmitteilung über das Netz hat nicht nur das Versenden einer Karte an Verwandte, Freunde und Bekannte ersetzt. Der Niedergang der Zeitungsanzeige zeigt: Der Eintritt des neuen Erdenbürgers in die Gesellschaft wird nicht mehr als öffentliches Ereignis gewertet, wird privat in einem diffusen Sinne, so wie Facebook und Co. eben Privatheit stiften und garantieren.

Doch bis in die ersten Jahrzehnte nach dem Zweiten Weltkrieg war der (erstgeborene) Sohn derjenige, der in der Wertschätzung den Familien„stamm" „(aufrecht) erhielt", vor allem auch dadurch, dass er den Namen der Familie in die nächste Generation trug. Sein Einmarsch in die bürgerliche Gesellschaft war deshalb jeder öffentlichen Mitteilung wert. Das war in einer traditionsverhafteten Gesellschaft, die zudem oft die Vornamen der Kinder von Generation zu Generation vererbte, durchaus nachzuvollziehen. Denn auch dies ist eine Form der Ausgestaltung von Identität. Das eigene Ich verankert sich in der Zeit, mit dem „Stammhalter" in die Zukunft, mit der Familientradition in der Vergangenheit.

Doch eine solche Vorstellung von Familie ist offenbar ein Auslaufmodell. Es kollidiert mit einer gesellschaftlichen Welt, in der nur Gegenwarten gelten. „Nach der Herkunft zu fragen", sagt der Münchner Soziologe Armin Nassehi, dessen Vater aus Ägypten stammt,

> „ist eigentlich eine altmodische, eine vormoderne Attitüde. Die Alte Welt, insbesondere das alte Europa, ist eine Welt, die Herkünfte und Zukünfte miteinander versöhnt hatte. Wo jemand herkam – aus welchem Land, aus welchem Stand, aus welcher Familie, aus welcher Konfession –, war letztlich die Bürgschaft, die die Gesellschaft dem Einzelnen sowohl einlösen konnte als auch von ihm abverlangen durfte."[1]

In der modernen Gesellschaft spiele die Herkunft keine Rolle, dürfe sie keine Rolle mehr spielen. Wie auch immer: Vielleicht ist es vormodern, aber gewiss nicht altmodisch, wenn die Suche nach der subjektiven Selbstvergewisserung auch den Blick auf die Familiengeschichte richtet. Dass daran auch der Familienname und seine Geschichte beteiligt sind, ist der Gegenstand dieses Kapitels.

Wer sich wünscht, dass sein Familienname in die Zukunft weiterreicht, widmet der Herkunft und Geschichte des Familiennamens eine höhere Aufmerksamkeit als den vielen anderen Namen, die sonst in der Vorfahrenschaft auftauchen. Sich über das Vergangene vergewissern, hilft nicht nur der eigenen Selbstvergewisserung, sondern trägt und begründet auch Zukunft. In dieser Hinsicht kann man den zum Zitat gewordenen Buchtitel „Zukunft braucht Herkunft" des Gießener Philosophen Odo Marquard[2] sehr gut als Erklärung für das Interesse an der Geschichte des eigenen (oder eines fremden) Familiennamens heranziehen.

Die griffige Formel befreit von den peinlichen Nebengerüchen, die der Familienforschung leicht anhaften. Nämlich die durch Rassenlehren, Nationalkonservatismus und nationalsozialistischen Ahnen- und Rassekult herbeigeführte Vorstellung, dass die Familiengeschichte über Erbanlagen („Blut") und räumliche Herkunft („Boden") Menschen bewertend unterscheidbar und klassifizierbar mache. Dadurch war die Familienforschung noch lange nach dem 2. Weltkrieg als eine fragwürdige Tätigkeit umstritten.

Jenseits solcher Vereinnahmungen ist es jedoch erst einmal normal und überhaupt nicht ideologisch oder gar politisch, wenn man sich für die Familie und seinen Namen interessiert. Man wandert zunächst einfach gewissermaßen zeitlich in die Tiefe und erhofft sich von den Früchten der Wanderung höchstens Hinweise auf das eigene Leben und die Zukunft der Familie. Die Vormoderne ist in dieser Hinsicht eigentlich ziemlich modern.

Wie das „Namen-Gen" verschwindet

Wenn man die Wanderung mit dem Namen allerdings als Wegweiser für Strukturen des eigenen Ichs betrachtet, landet man schnell auf einem Holzweg. Das ergibt sich aus einer einfachen Berechnung der genetischen Fortpflanzungsquote. Schon vom Vater, dem Vererber des Familiennamens, hat man nur die Hälfte der Erbmasse, vom namengebenden Großvater nur ein Viertel, vom Urgroßvater bloß ein Achtel, und so geht das im Zweiertakt von Generation zu Generation weiter. Wie sich das über den Familiennamen vermittelte Erbgut ausdünnt und im homöopathischen Dunst verschwindet, lässt sich an einem durchschnittlichen Fall leicht errechnen.

Meist kommt man mit seiner Familiengeschichte höchstens bis zum Dreißigjährigen Krieg (1618–1648) zurück, weil für die Zeit davor die Kirchenbücher in der Regel zerstört sind. Wenn man für die Generationenfolge im Schnitt dreißig Jahre ansetzt, sind das für ein jetzt geborenes Kind etwa zwölf Generationen. Dieses Kind hat dann rechnerisch genau 1/4096 des Erbgutes seines namengebenden Vorfahren. Kommt man, wenigstens rein hypothetisch, bis zu einem allerersten Namensträger z.B. im Anfang des 15. Jh.s zurück, dann sind wir in der 20. Generation und damit, rein rechnerisch, bei ungefähr 1 Millionstel von dessen Erbgut. Dafür lohnt sich Ahnenforschung nun wirklich nicht, und welches Millionstel gerade in meinen Zellkernen schlummert, kann mir herzlich wurscht sein. Bei einzelnen Familiennamen, die mitunter bis zum mittelalterlichen Adel in Hessen zurückreichen, wie z.B. *Löwenstein*, potenziert sich der Schwund theoretisch leicht bis auf einhundert Millionstel. (Von Ahnenschwund, Inzucht und Unzucht einmal abgesehen.)

Dennoch ist uns diese über viele Generationen zurückreichende Vätergeschichte wichtiger als das meiste andere von dem, was sich sonst so in der Vorfahrenschaft findet (außer bedeutenden Vorfahren natürlich). Sie ist gebunden an den Namen in seinen vielgestaltigen Erscheinungs- und Schreibformen, eingebettet in das Wissen darum, dass es genau der ist, der noch heute zu mir gehört.

Doch die Modell-Rechnung bietet nur einen Ideal-Fall, der von der überlieferten Wirklichkeit meist brutal durchbrochen wird. Denn Namensträger vor dem 17. Jh. lassen sich gewöhnlich nicht mehr sauber in die Familiengeschichte einsortieren. Familiengeschichte und Familiennamengeschichte müssen dann auf unterschiedlichen Wegen und mit unterschiedlichen Mitteln erforscht werden.

Wer sich hobbyweise für seinen Familiennamen interessiert, will bei der Reise in die Tiefe nach dem Abbruch der Generationenfolge in der Familiengeschichte dann erfahren,
– wie weit der Name zeitlich zurückzuverfolgen ist,
– an welchem Ort (oder in welchem Raum) er zuerst auftritt,
– wie er sich verbreitet hat und welche Namensträger es außer ihm (und seiner engeren Familie) noch gibt.

1.2 Wo die Familiengeschichte wackelig wird

Der älteste Beleg: Ein Gruß aus der Tiefe der Zeit

Die Geschichte eines Familiennamens leitet uns wie ein Faden in immer tiefere Zeitschichten. Solange wir den Namen über Generationen mit unserer Familiengeschichte verbinden können, sind wir sicher, dass der Namensträger unser Vorfahr ist, auch wenn er sich unter Umständen ganz anders schreibt. Aber dieser schön gesponnene Faden reißt voraussagbar irgendwann; in der Regel spätestens im 17. Jh., oft auch schon früher. Dann haben wir ein Problem.

Denn sehr häufig finden wir unseren Familiennamen in viel älteren Dokumenten als den Einträgen in den Kirchenbüchern, die uns Aufschluss über die Familiengeschichte von Generation zu Generation geben. Der eigene Familienname taucht häufig in alten Urkunden, Rechnungsbüchern, Steuerlisten oder Besitzaufstellungen auf. Vielfach sind es aber auch Belege, die wir in historischen Quellen oder in Darstellungen zu Familiennamen oder in entsprechenden Nachschlagewerken finden. Oft stoßen wir ganz zufällig auf jemanden, der unseren Namen trägt, oder werden darauf hingewiesen. Denn dann stellt sich die spannende Frage: Gehört dieser Namensträger als Vorfahr (oder auch als Zeitgenosse) zu unserer Familiengeschichte oder nicht? Um diese Frage zu beantworten, müssen wir umsichtig vorgehen.

Wenn wir einen alten Namenbeleg finden, können wir ja vernünftigerweise nicht unterstellen, dass es sich bei diesem abgekoppelten Namensträger um einen Vorfahren in direkter Linie handelt. Theoretisch ist das möglich, praktisch aber gewöhnlich nicht nachweisbar. Also können wir nur überlegen und begründen, mit welcher Wahrscheinlichkeit dieser Findling zu unserer Sippschaft im weiteren Sinne gehört. Genau dafür gibt es aber ein paar Kriterien, die den Grad der Wahrscheinlichkeit zu bestimmen gestatten.

Das wichtigste Kriterium ist natürlich, dass der Name in dem Beleg in seiner überlieferten sprachlichen Form mit dem heutigen Familiennamen übereinstimmt. Oder so weit übereinstimmt, dass man die heutige Form aus der sprachgeschichtlichen Entwicklung gut begründen ableiten kann. Das ist aber ein so wichtiges und schwieriges Unterfangen, dass wir es für den Augenblick zurückstellen und erst in den Kap. 3 und 8 untersuchen.

Wir betrachten lieber erst einmal einige Standardfälle, in denen die geschichtliche und die heutige Form eng beieinander sind. Das ist dann der zarte Faden, den wir daraufhin testen wollen, ob er auch als Hinweis auf eine familiäre Verwandtschaft taugt. Dass er, unabhängig davon, ganz wichtig für die Deutung des heutigen Namens ist, versteht sich und steht auf einem anderen Blatt.

Wer heute *Müller, Schmidt, Fischer, Schneider, Weber, Wagner, Kurz, Klein* u.ä. heißt, kann diesen zarten Faden natürlich leider nicht weiterspinnen, auch wenn er Dutzende alter Belege findet. Denn diese und viele andere Namen sind so oft und an so vielen verschiedenen Orten entstanden, dass man unmöglich eine familiengeschichtliche Verbindung herstellen kann. Hier gilt also ganz klar die eigene Familiengeschichte als einzig zuverlässige Quelle.

Deshalb braucht jemand namens *Schmidt* nicht darüber nachzudenken, ob er mit dem ehemaligen Bundeskanzler Schmidt verwandt ist. Anders ist es, wenn es gute Anhaltspunkte dafür gibt, dass der Familienname nur wenige Male oder sogar nur ein einziges Mal entstanden ist. Wer z.B. *Adenauer* heißt, kann über solch illustre Verwandtschaft durchaus nachforschen. Von diesen selteneren Familiennamen gibt es außerordentlich viele. Soweit sie in Hessen (oder vornehmlich dort) entstanden sind, machen sie eine wesentliche Quelle für unsere Darstellung aus. Einmal oder nur einige Male entstandene Familiennamen neigen nämlich dazu, noch in der heutigen Verbreitung Hinweise darauf zu geben, wo der Name vermutlich entstanden ist. Dann ist für die Beurteilung wichtig, wo der älteste Beleg oder die älteren Belege herkommen: aus der gleichen Region oder aus einer anderen. Deshalb nehmen wir ein paar hessische Beispiele unter die Lupe, an denen die Problematik der frühen Belege für die Familiengeschichte besonders deutlich wird. Ein zentraler Punkt ist dann nämlich, wie sich die Orte der frühen Namennachweise zu den heutigen Vorkommensräumen verhalten. Wir betrachten zuerst einige Fälle, wo beide Räume weit auseinander liegen („Spagate") und dann einige Fälle, wo der räumliche Zusammenhang den Zusammenhang der Namengeschichte gewährleistet („Tiefenbohrungen").

Spagate: Frühe Belege und heutige Namenverbreitung

Sandrock

Die zu ihrer Zeit hochberühmte Schauspielerin Adele Sandrock (1863–1937) wurde als Tochter eines deutschen Kaufmanns in Rotterdam geboren. Eines ist sicher: Ihre Vorfahren väterlicherseits stammten, wie weitläufig auch immer, ursprünglich aus Hessen. Denn von den ungefähr 1.800 Sandrocks, die es heute in Deutschland gibt, lebt über ein Drittel in den Kreisen Hersfeld-Rotenburg, Werra-Meißner und Schwalm-Eder, also in Nordosthessen. Das Vorkommen ist so konzentriert, dass man guten Gewissens vermuten darf, dass der Name in dieser Region entstanden ist. Und zwar nur hier, weil andernorts sonst keinerlei Namenverdichtungen erkennbar sind. In der Region ist der Name zuerst 1679 als *Valtin Santrog* in Witzenhausen belegt.[3] Als namengebendes Motiv für den ersten Träger des Namens wird seine Vorliebe für sandfarbene Röcke oder – falls der Name mit einer leichten sprachlichen Abwandlung aus mittelalterlichem *sammet* entstanden ist – für Samtröcke angenommen.[4] Da diese Deutung sprachlich problematisch ist, lässt sich der Name überzeugender von dem im Mittelalter (spärlich) bezeugten Wort *santrock* herleiten. So wurde ein offenbar betrügerischer Verkauf genannt[5], so dass der Name einen betrügenden Händler benannt hätte.

Wie dem auch sei: Der Witzenhausener war ganz bestimmt nicht der erste Namensträger. Denn für 1358 nennt das Frankfurter Bürgerbuch einen *Petir Santrok von Hohenstad*[6] als Bürger. Hat dieser Frankfurter Bürger etwas mit den Sandrocks in Nordosthessen zu tun? Einen Anhaltspunkt haben wir mit der Herkunftsangabe *von Hohenstad*. Das ist die alte Ortsnamenform von *Hochstadt*, unfern von Frankfurt im Main-Kinzig-Kreis gelegen und bekannt durch seinen Apfelwein, den „Alten Hochstädter". Es liegt nahe, dass Peter Sandrock von dort nach Frankfurt zugezogen ist.

Obwohl dieses *Hochstadt* auch im Wortsinne nahe liegt, ist eine andere Lösung wahrscheinlicher. Es gibt nämlich neben dem Wetterauer *Hochstadt* eine ganze Reihe von Orten, die *Hohenstadt* oder *Hochstadt* heißen oder hießen. Denn der Ortsname bedeutet nur ‚die hoch gelegene Stätte / Stadt'. Von diesen Orten in Hessen fällt nun einer auf und ist von besonderem Interesse: *Hohenstadt*, eine Wüstung bei Kerspenhausen (Niederaula, Kr. Hersfeld-Rotenburg), 1287 als *Hohenstat* belegt.[7]

Denn wegen der heutigen Verbreitung der Sandrocks scheint es (mir) deshalb so gut wie sicher, dass mit *Hohenstad* im Frankfurter Bürgerbuch nicht der Wetterauer Ort, sondern der nordosthessische gemeint ist. Trotz der ziemlich großen Entfernung zum heutigen Verbreitungsgebiet wäre also dieser Frankfurter Bürger der älteste bekannte Namensträger. Er ist in Frankfurt zugewandert, sonst müsste er nicht eingebürgert werden. Wenn das so war, muss er seinen Namen aus Waldhessen schon mitgebracht haben. Mit *Petir Santrok* sind wir zudem zeitlich ziemlich dicht am allerersten Namensträger. Der Name muss vor 1358 entstanden sein („terminus ante quem"); das kann aber (in dieser Region) kaum vor 1300 gewesen sein. Wenn es also nicht Peter selber war, muss es sein Vater oder allerhöchstens sein Großvater gewesen sein, der den Beinamen erhielt. Aus dem erwuchs anschließend der Familienname.

Für diese ganze vermutete Entstehungsgeschichte braucht man allerdings eine einzige, leider nicht beweisbare Annahme, dass nämlich *Hohenstad* nicht das Frankfurt nahe Wetterauer Hochstadt meint, sondern die fern liegende Wüstung.

Blöcher / Blecher
Dass die historische Betrachtung eine ganz andere Wendung nehmen kann, zeigt der zweite Fall. Hier ist der räumliche Abstand zwischen dem genannten Ort des ersten Namensträgers und der heutigen Namenkonzentration noch viel größer.

Der Familienname *Blöcher* ist im Kr. Marburg-Biedenkopf stark verbreitet. Ein Drittel der annähernd 1.200 Blöchers wohnt da, bevorzugt im Raum Biedenkopf. Hier ist er in Breidenbach seit 1624 mit der Geburt eines *Henricus Blecher* als Sohn von *Heintz Blecher* belegt. Die Familie scheint bald danach nach Siegen umgezogen zu sein, denn dort wird 1627 eine Tochter *Sophia Catharina Blecher* des gleichen Vaters getauft. Kurz zuvor 1623 wird in Siegen aber auch ein Mädchen *Anmari Bloecher* eingetragen, Tochter eines *Michel Bloecher*.[8]

Heute leben die Träger der fast gleich großen Variante *Blecher* ebenfalls zu einem Drittel in den Kreisen Siegen-Wittgenstein und Lahn-Dill, so dass beide Namen zusammen einen geschlossenen Vorkommensraum an der oberen Lahn bilden. Sie gehören deshalb ursprünglich zusammen. Doch was ist die ursprüngliche Namensform? <*Blöcher*> kann aus <*Blecher*> entstanden sein durch den sprachgeschichtlichen Vorgang der sog. Rundung (wie mhd. *leffel*, das zu *Löffel* wird); ebenso kann <*Blecher*> dialektal leicht aus <*Blöcher*> durch den umgekehrten Vorgang der sog. Entrundung ö > e entstehen.

Ähnlich wie bei Sandrock haben wir auch für <*Blöcher/Blecher*> einen fernen, aber frühen Beleg: 1390 *Heinr. Blecher*, Priester zu Konstanz. Der wird – eine Ableitung zu *blech* – als Berufsname für einen Blechschmied erklärt.[9] Das leuchtet unmittelbar ein, hat nur den Schönheitsfehler, dass nicht nur Lahn und Bodensee sehr weit auseinander liegen, sondern vor allem, dass das Wort *blecher für den Blechschmied im Mittelalter nirgendwo auftritt und der Name historisch auch andernorts nicht nachgewiesen ist. Aus einem nicht belegten Wort einen Namen abzuleiten, ist ein bisschen misslich, und man sollte nach anderen Lösungen Ausschau halten.

Nimmt man versuchsweise als Ausgangsform <*Blöcher*> an, bietet sich das mhd. Wort *bloch* ‚Block, dickes Brett, Bohle' an. Das ist etwas, womit ein *blöcher berufsmäßig zu tun haben könnte. Aber da haben wir das gleiche Problem: Das Wort *blöcher gibt es auch nicht. Bleibt noch ein im Rheinland vorkommendes Dialektwort *blöchen* ‚heiser bellen, kläffen, bellend husten' als namengebendes Motiv für einen Dauerhuster.[10] Ob das hilfsweise herangezogen werden kann, ist möglich, aber auch nicht besonders überzeugend.

In diesem Fall hilft uns also der zwar frühe, aber weit entfernte Konstanzer Beleg gar nichts. Sicher scheint nur, dass der Name an der oberen Lahn entstanden ist. Mit dem Konstanzer Beleg können wir in dieser Hinsicht eigentlich nichts Rechtes anfangen.

Wir sehen daraus: Ältere Belege, die nicht aus der Region stammen, können nur mit großer Vorsicht für die Geschichte des Familiennamens herangezogen werden. Deshalb sind Namennachweise aus ferneren Gegenden, die man z.B. in Namenbüchern findet, immer kritisch zu beurteilen. Bei Namenschwerpunkten, deren Erstbeleg in überschaubarer Distanz dazu vorkommt, sind Wanderbewegungen wahrscheinlicher. Im „Kleinen Lexikon" sieht man das z.B. bei den Einträgen zu *Blumenstein, Heun, Seim, Tripp*.

Noch vorsichtiger muss man mit der Einbindung solcher Altbelege in die Familiengeschichte sein: Frei in der Vergangenheit schwebende Stammväter zeugen keine vorzeigbaren Stammhalter. Sie führen jedoch die Familiengeschichte günstigenfalls in ferne Zeiten. Das zeigen die beiden folgenden Fälle aus dem Odenwald.

Tiefenbohrungen: Frühe Belege und Namenkontinuität

Arras

Fast die Hälfte der etwa 1.000 Menschen, die heute den Familiennamen *Arras* tragen, leben in den südhessischen Kreisen Odenwald, Darmstadt-Dieburg und Bergstraße: Es ist ein typischer Odenwälder Name eines typischen Odenwälder Bauerngeschlechts. Die Familiengeschichte der Arras[11] kennt zehn Familienstämme mit zahlreichen Verzweigungen, die sich alle auf den Kleingumpener Bauernsohn *Balthasar Arras* zurückführen lassen, der dort 1639 heiratete. Wie so oft, endet auch hier die Familiengeschichte im Dreißigjährigen Krieg, der unendliches Leid über die Menschen vor allem in Mitteleuropa gebracht hat. Er hat auch die Odenwälder Kulturlandschaft weitgehend zerstört.

Die Arras waren besonders schwer betroffen; vor dem Dreißigjährigen Krieg stellten sie im Odenwald ein blühendes, stark verzweigtes Geschlecht dar, von dem der Besitz von vierzehn Höfen in einer ganzen Reihe von Orten um Reichelsheim herum bezeugt ist. Von denen hat gerade einmal ein einziger Zweig den Dreißigjährigen Krieg überlebt, eben der Balthasars. Allein dieser hat den Grundstein für die heutige Ausbreitung des Namens gelegt. Wäre auch er umgekommen, wäre der Familienname im 17. Jh. im Odenwald erloschen.

Die regionale Geschichte des Familiennamens Arras ist ein trauriges Beispiel für die ungeheuren Verwerfungen der deutschen Bevölkerung im 17. Jh. Sie spiegelt sich auch und gerade im Verschwinden und Hinzukommen von Familiennamen. Die historischen Katastrophen prägen die hessische Familiennamenlandschaft nachhaltig.

Bei Arras zeigt sich die kriegsbedingte Vernichtung als Filter. Der Name ist früh und reich belegt: Bereits 1426 werden *Peter* und *Claus Arras* in Gersprenz (Reichelsheim, Odenwaldkreis) genannt und ebenfalls 1426 *Clesgein Arras und sin bruder* in Fürstengrund (Bad König, Odenwaldkreis).[12] Der Name erscheint immer wieder als <Arras/ß> und <Arres/ß>. Es besteht kein Zweifel, dass diese *Arras* vor der großen Vernichtung allesamt zur Familiengeschichte der heutigen Arras gehören. Dass die 1426 Genannten gemeinsame Vorfahren bis zum ersten Namensträger hatten, steht ebenfalls außer Zweifel. Er wird zwei oder drei Generationen zuvor gelebt haben und seinen Namen wohl nach dem merkwürdigen, exotischen und sonst nirgendwo vorkommenden Personennamen *Arrois, Arrosius, Arreis* erhalten haben. Dieser Name taucht im Odenwald um 1300 in den Quellen für einen Burgherrn zu Breuberg und für einen Adeligen zu Crumbach mehrfach auf. Er scheint als Vorbild für einen nichtadligen Taufnamen hergehalten zu haben, der dann zum Familiennamen wurde.

Diese Herleitung ist jedenfalls wahrscheinlicher als die übliche, die den Namen mit der Stadt *Arras* in Nordfrankreich und einem von dort ausgehenden Produkt, nämlich einem leichten Wollgewebe (mhd. *arraz*) in Verbindung bringt.[13] Nach der französischen Stadt ist jedoch wohl die mittelalterliche Burg *Arras* an der Mittelmosel (Alf, Kr. Cochem-Zell, Rheinland-Pfalz) benannt. Für die Odenwälder Arras gibt es keine Anhaltspunkte für einen Bezug zu einem dieser Arras-Orte, auch nicht zu zwei gleichnamigen Siedlungen in Mittelsachsen.

Die Namendeutung von *Arras* geht also von der Annahme aus, dass ein Beleg aus der Entstehungsregion des Familiennamens eine wahrscheinlichere Deutung nahe legt als ein ferner.

Ramge
Einfacher ist der Namenzusammenhang herzustellen, wenn die frühen Belege nicht nur im Raum der heutigen Verbreitung, sondern sogar im Raum der Familiengeschichte liegen. Wie man dabei sogar bis zur überraschenden Namenentstehung vorstoßen kann, will ich an meinem eigenen Familiennamen vorführen.[14] Bis zur 11. Generation kann man dem Faden problemlos in die zeitliche Tiefe folgen. Da ändert sich nur die Schreibweise des Namens: <Ramge> – <Rahmge> – <Raimche> – <Raimchen>. In dieser Schreibung ist der letzte Vorfahr in direkter Linie bezeugt, *Hans Raimchen*, Bauer und Zentschöffe in Reinheim (Kr. Darmstadt-Dieburg), geboren 1582 und als Sterbefall 1640 im Reinheimer Kirchenbuch eingetragen. Vor dieser Zeit gibt es eine Reihe belegter Namensträger, deren verwandtschaftliche Stellung unklar ist. Sie gehören aber zweifellos dazu wie *Hans Reymgin*, der 1460 und 1472 Bürgermeister in Reinheim war. Auf dem ganz nahebei gelegenen Hof Illbach begegnet schon 1408 ein *Reymchin*, der als dortiger Hofmann den Lehnsherren, den Grafen von Katzenellenbogen, jährlich zwölf Gulden Abgabe schuldet. Wie auch immer diese frühen Namensträger verwandtschaftlich zueinander gestanden haben: Die Vorläuferschaft zur direkt belegten Familiengeschichte ab dem 17. Jh. ist vernünftig nicht bestreitbar: Der Faden wird also dünn, bleibt als Faden aber bis zum Ursprung des Namens erhalten. Bildlich gesprochen deshalb, weil wir keine ernsthaften Risse im Faden erkennen können.

Da der heutige Familienname sich nachweislich aus der Schreibung <Reymchin> von 1408 entwickelt hat, ist damit auch die Deutung gesichert. Er geht auf eine Kurzform zu altdeutschen Personennamen zurück, die ursprünglich mit dem germanischen Wort *ragina ,Rat, Ratschluss (der Götter)' gebildet sind wie *Reinhard*, *Reinhold*, *Reinmar* usw. Die gekürzte Form verbindet sich mit der Verkleinerungsform *-chen*, die als Koseelement sehr häufig an mittelalterliche Personennamen angehängt wurde und dadurch auch in Familiennamen fest werden konnte.

Zum Schluss kommt noch einmal Reinheim ins Spiel. Dafür, dass Reinheim (vermutlich) der einzige Entstehungsort für den Namen ist und dass er sich dort nur ein einziges Mal gebildet hat, spricht: Mehr als ein Drittel der über vierhundert Namensträger lebt allein im Kreis Darmstadt-Dieburg, die meisten davon in Reinheim und näherer Umgebung.

Zwischendurch zusammengefasst

Wir interessieren uns für unsere Familiengeschichte (mehr oder weniger intensiv), weil wir uns und unsere Kinder in einer Tradition wissen. Der Familienname ist als Bestandteil unserer Identität und unseres Images prominentes Glied und

(Leit)Faden bei der Reise in die Vergangenheit. Die familiengeschichtlichen Ahnentafeln im strengen Sinn enden mit den Namensträgern meist spätestens im Dreißigjährigen Krieg (von Adelsnamen abgesehen). Nachweise oder Belege für den Familiennamen reichen aber oft zeitlich sehr viel weiter zurück. Ob die damit bezeugten Namensträger zur Vorfahrenschaft im weiteren Sinne gehören, lässt sich oft nicht entscheiden. Als Hauptkriterium darf gelten: Ein früher Namennachweis verweist mit umso höherer Wahrscheinlichkeit auf eine Vorfahrenschaft, je dichter zeitlich und räumlich die Verbindung zum Anfang der geschlossenen Familiengeschichte ist.

Unabhängig davon sind die frühesten Namenzeugnisse in ihren gleichen, ähnlichen oder abweichenden Schreibweisen wichtige Dokumente für die sprachliche Deutung des Familiennamens.

Eine Nachbemerkung: Der Name der Rose

Den teuren verblichenen Namens-Vorfahren tun wir kein Leid an, wenn wir sie in zeitlicher Abfolge auffädeln, ohne uns groß um die familiengeschichtlichen Zusammenhänge zu kümmern. Ihr Schicksal stimmt ohnehin eher melancholisch, erinnert man sich an Umberto Ecos berühmten Roman „Der Name der Rose", in dessen Verfilmung die Klosterszenen großenteils in Kloster Eberbach im Rheingau gedreht wurden. Der Romantitel wirkt geheimnisvoll. Sein Geheimnis wird auch erst im allerletzten Satz des Romans gelüftet. Wir erfahren, wiederum geheimnisvoll in lateinischer Sprache eingehüllt, was es mit dem Namen der Rose auf sich hat: *„stat rosa pristina nomine, nomina nude tenemus."* Zu deutsch: ‚Die Rose von einst steht nur noch als Name, uns bleiben nur nackte Namen'.

Uns bleibt der Name, z.B. der der Rose, als Zeichen der Erinnerung. Aber der Name ist „nackt", entkleidet aller Sinnlichkeit, abstrakt, kalt; ganz im Gegensatz zur lebensvollen Rose als Teil der Wirklichkeit, mit der er einst in einer Ganzheit verbunden war.

Über Ecos Düsternis hinaus und seiner eigenen Praxis folgend, gilt aber: Ich kann mir ein Bild machen von dem längst vergangenen Menschen, dessen nackten Namennachweis ich gerade betrachte, und von dem Leben in seiner Zeit. Vielleicht sehe ich ihn in gewisser Hinsicht sogar als flüchtiges Schemen lebendig vor mir und ahne etwas von vergangenen Lebenswelten. Der Name ist vielleicht in dieser Hinsicht doch ein wenig mehr als Schall und Rauch.

Die Namen der Toten rufen die Vergangenheit auf und ordnen mich, den Namensträger, der Namenfolge zu. Der heutige Namensträger weiß (auch wenn er sich nicht darauf einlässt), dass er einst auch nur ein Name sein wird. Ist es Zufall, dass das Wörtchen ‚einst' sich als Zeitangabe januskröpfig gleichermaßen auf Vergangenes wie Zukünftiges beziehen kann? „Ich hatte einst einen Vorfahren, der ..." gegen „Ich werde einst einen Nachkommen haben, der ...". Oder: „Zukunft braucht Herkunft" – und wir sind mittendrin, gegebenenfalls mit unseren „Stammhaltern".

2. Aus der Tiefe des Raumes: Hessen und Hessisches

2.1 Verortungen

Ibu du mi enan sages, ik mi de odre uuet ...

Wenn Sie nicht zufällig Germanistik studiert haben (und zwar zu einem Zeitpunkt, als die älteren Sprachstufen des Deutschen noch zum Studium gehörten), werden Sie ein paar Schwierigkeiten haben, diesen Satz zu verstehen. (Es sei denn, Sie sprechen plattdeutsch, dann könnte es gehen.) Er stammt aus einem der berühmtesten Heldenlieder des Deutschen, dem Hildebrandslied. Der alte Recke Hildebrand steht im Zweikampf mit dem viel jüngeren Hadubrand, beide stellvertretend an der Spitze zweier sich feindlich gegenüber stehender Heere. Der welterfahrene Hildebrand fordert sein Gegenüber auf sich zu erkennen zu geben. Wenn er erfahre, zu welchem Geschlecht sein Gegner gehöre, wisse er Bescheid. Da reiche der Hinweis auf einen einzigen Geschlechtsgenossen für die Einordnung: „Wenn du mir einen nennst, kenne ich die anderen". Hadubrand nennt den Namen seines früh verlorenen Vaters: Hildebrand. So erkennt dieser, dass er seinem Sohn gegenüber steht. Trotz seiner Bemühungen um Mäßigung und Vermeidung des Kampfes kommt es letztlich zur Entscheidungsschlacht zwischen Vater und Sohn, in dem (vermutlich) der Sohn fällt: *wewurt skihit* ‚Schicksal geschieht'.

Das überlieferte Hildebrandslied hat starke hessische Bezüge: Es wurde von zwei Mönchen zwischen 830 und 840 im Kloster Fulda in einer merkwürdigen Mischsprache aus bairischen und niederdeutschen Sprachformen niedergeschrieben, zuerst von den Brüdern Grimm veröffentlicht, und es lagert noch heute mit seinen beiden handschriftlichen Blättern in der Murhardschen Bibliothek in Kassel.

Die zitierte Stelle zeigt die dritte Facette im Verhältnis von Name und Identität auf: Der Name verortet den Namensträger als gesellschaftliches Wesen in der Welt. Die archaische Welt Hildebrands ist bei allen Verwerfungen so überschaubar, dass dem Welterfahrenen der Name reicht, um Sippe und Beziehungen jeder Art hinreichend zu identifizieren. Denn der Einzelne ist eingebettet in diese Strukturen und somit in dieser Welt (vollständig) verortet. Ohne diese Einbettung gilt er nichts in der Welt; deshalb ist die Verortung Bestandteil der Identität des Einzelnen.

Wir wollen gern wissen, „wohin wir gehören"; und der Familienname gehört dazu, wie randständig auch immer. Mit dem Familiennamen bin ich eingeordnet in Wissens- und Verständigungszusammenhänge, die wiederum anderen meine Einordnung erlauben. Der Lebensraum, nicht nur der soziale, sondern auch der ganz reale, natürliche Lebensraum verortet uns, erlaubt zwischen Heimat und Fremde/Ferne zu unterscheiden.

Den engeren Lebensraum, mit dem ich mich identifiziere, kann ich aber ganz unterschiedlich definieren: z.B. als meinen Familien- und Freundeskreis, meine sozialen Kontakte, meinen Wohnort, meine weitere Umgebung, meine Landschaft, mein (Bundes)Land, Deutschland, Europa; vom Weltbürger ganz zu schweigen. Manche Familiennamen tragen zur Verankerung jenseits der privaten Bereiche bei: Die Namen ordnen den Namensträger ein. Der Name allein gibt Hinweise, wozu und wohin der Namensträger gehört.

Daraus leitet sich die Fragestellung ab, die uns für den Rest des Kapitels beschäftigen wird: Gibt es so etwas wie „hessische Familiennamen" oder gar „typisch hessische Familiennamen"? Wie sehen sie ggf. aus, wie lassen sie sich herausfinden und beschreiben? Auf welche Räume beziehen sie sich?

Namenkreise: Wann ist ein Familienname „hessisch"?

Wir haben bisher unbefangen über „Hessen" und „hessisch" geredet, so als sei es völlig selbstverständlich, was damit gemeint sei und als verstünden alle Menschen das gleiche darunter. In gewisser Hinsicht ist das ja auch so: Hessen ist die Gesamtheit des geographischen Raumes, der vom Bundesland Hessen erfasst wird – mitsamt seinen politischen, wirtschaftlichen, sozialen und kulturellen Strukturen. Und hessisch ist dann das, was aus diesen Strukturen hervorgeht oder durch sie bedingt ist. Aber ein so formal strenger Begriff von hessisch taugt nur sehr bedingt für unsere Zwecke. Nehmen wir die Dialekte: Kein Zweifel, dass man von „hessischen Dialekten" reden kann, von „südhessisch", „mittelhessisch", „nordhessisch" usw. Aber haben die wirklich so viel gemeinsam, dass man von „hessisch" als Dialekt sprechen kann? Und wenn schon, dann passt der Dialekt in Waldeck nördlich des Edersees und im Norden des Kasseler Raums ganz bestimmt nicht dazu; denn die Sprache dort gehört zum Niederdeutschen. Da geht das Bundesland Hessen ein Stück über den Raum hinaus, in dem „hessisch" gesprochen wird. In vergleichbar vagem Sinne müssen wir das „hessisch" bei den Familiennamen nehmen.

Etwas Weiteres kommt hinzu. Wenn Bewohner Hessens sich als Hessen verstehen, sich selbst so bezeichnen und von Anderen so genannt werden, dann ist das das Ergebnis eines historischen Prozesses. Der hat nach dem Ende des 2. Weltkrieges Fahrt aufgenommen und verbindet heute die (meisten) Bewohner des Bundeslandes und damit des Raumes miteinander. Denn das Bundesland Hessen in seiner heutigen Struktur gibt es erst seit 1945, als die amerikanische Besatzungsmacht Groß-Hessen zusammenstoppelte und beschnitt. Daraus wurde 1947 das Bundesland Hessen. So wie die Rheinhessen danach lernen mussten, nicht mehr Hessen, sondern Rheinland-Pfälzer zu sein, mussten Starkenburger, Oberhessen, Nassauer, Kurhessen und Fulder lernen, dass sie gemeinsam Hessen sind (sogar die Waldecker, die das bis heute nicht recht glauben wollen). Die Mentalitätsunterschiede, die bis heute bestehenden Empfindlichkeiten sind Widerspiegelungen einer Geschichte des hessischen Raumes, die in den Kernbereichen über fünfhundert Jahre zurückreicht.

Die namengebende Landgrafschaft Hessen mit dem Kernraum zwischen Marburg und Kassel erreicht erst durch erhebliche territoriale Zugewinne in der 2. Hälfte des

15. Jh.s das räumliche Format, das sie zur beherrschenden Macht des heute hessischen Raumes macht. Neben der Grafschaft Ziegenhain (1450) hat das vor allem der Erwerb der Grafschaft Katzenellenbogen (1479) bewirkt, durch die große Gebiete in Westhessen und Südhessen um Darmstadt hinzukamen. Die Teilung der Landgrafschaft nach dem Tode Philipp des Großmütigen (1567) führte über verschiedene Zwischenstufen letztlich zur Herausbildung der Staaten Hessen-Kassel und Hessen-Darmstadt, westlich flankiert von den nassauischen Territorien, die von Wiesbaden über Taunus und Westerwald bis in den Siegener Raum reichten, und östlich flankiert durch das Fürstbistum Fulda, das 1816 an das Kurfürstentum Hessen fiel. Dazwischen auch bis zur Mediatisierung 1806 durchsetzt von kleineren Herrschaften wie den Solmser Grafschaften in Mittelhessen oder den Erbacher Grafschaften im Süden des Landes.

Es ist deshalb ein wenig leichtsinnig, vereinfacht aber die Redeweise, wenn wir hier weiter unbefangen von „Hessen" und „hessisch" sprechen. Wir meinen damit die Verhältnisse im heutigen Bundesland, wohl wissend, dass wir vorsichtig sein müssen, wenn wir solche „Hessen"-Perspektiven in die Vergangenheit zurückprojizieren wollen.

Hessisch oder nicht-hessisch: das ist hier die Frage

Familiennamen kommen in der geographischen Verteilung oft mancherorts sehr häufig vor, andernorts gar nicht oder seltener; und so können wir fragen, ob es so etwas wie „hessische Familiennamen" gibt und was sie mit den landschaftlichen Räumen zu tun haben.

Lokale und regionale Namen

Das betrifft zunächst die Namen, die für einzelne Orte charakteristisch sind. Aus der Perspektive meines Wohnorts im Biebertal beispielsweise wohnen alle *Rinns* in Heuchelheim bei Gießen, alle *Scherers* in Königsberg (Biebertal, Kr. Gießen), alle *Brücks* in Erda (Hohenahr, Lahn-Dill-Kr.), weil „da alle Leute so heißen". Das stimmt natürlich nicht so ganz. Aber es ist eben auch nicht so ganz falsch, und deshalb bestimmt es das Bewusstsein der jeweiligen Ortsbewohner ebenso wie das der Außenstehenden: Der Familienname ist (auch) Bestandteil der örtlichen Identität, führt zu Einordnungs- und Zugehörigkeitsverweisen.

Natürlich sind das deshalb noch lange nicht „hessische Namen", und schon gar nicht „typische". Bei *Scherer* und *Brück* stimmt das nicht einmal in der Sache, weil beide Namen weit über Mittelhessen hinaus im Süden und Westen Deutschlands stark verbreitet sind. Aber in Bezug auf die weitere Umgebung sind die Namen in diesen Orten eben ungewöhnlich häufig und damit charakteristisch.

Rinn

Bei den *Rinns* stimmt das schon eher. Von den über 1.000 Rinns ist mehr als ein Drittel in den Kreisen Gießen und Lahn-Dill gemeldet, aber annähernd zweihundert davon leben allein in Heuchelheim (Kr. Gießen). Die Familie stammt ursprünglich aus Gießen und ist seit dem 16. Jh. in Heuchelheim ansässig. Während die meisten alten Heuchelheimer Familien den Dreißigjährigen Krieg mit höchstens einem Namensträger überlebten, schafften das fünf *Rinn*-Familien und legten damit den Grund für die folgende reiche Vermehrung.[15] Hier trat also der umgekehrte Effekt auf wie bei den Arras im Odenwald. *Rinn* ist dadurch der örtliche Kennname geworden, zumal überregional bedeutende Heuchelheimer Gewerbebetriebe mit dem Namen verbunden sind.

Bei den Lokalnamen müssen wir also unterscheiden zwischen solchen, deren Namengeschichte sie mit dem Ort identifiziert, und solchen, die allgemein verbreitet sind, aber durch genealogische Umstände in einzelnen Orten besonders stark vertreten sind. In Siegbach (Lahn-Dill-Kr.) beispielsweise ist der Name *Sommer* rund vierzigmal häufiger, als es dem bundesdeutschen Durchschnitt dieses ohnehin häufigen Familiennamens entspricht.

Das häufige und konzentrierte Vorkommen eines Familiennamens in einem Ort und ggf. in seiner näheren Umgebung ist in vielen Fällen ein deutlicher Hinweis darauf, dass der Name dort (oder seiner näheren Umgebung) entstanden ist. Aber man muss mit Verallgemeinerungen vorsichtig sein. Es kann sich auch einfach um eine besonders fruchtbare Sippschaft handeln; es kann sich um eine Familie handeln, in der vor allem namentradierende Söhne geboren werden – oder um Familien, die historische Katastrophen wie Kriege, Seuchen, Hungersnöte einfach glücklicher überlebt haben als andere, weniger glückliche Familien, deren Namen deshalb ausgestorben sind.

Regionale Namen als Kennnamen

Häufig haben sich Familiennamen wie *Rinn* darüber hinaus in der näheren und weiteren Umgebung verbreitet und sind dann für eine kleinere oder größere Region charakteristisch geworden. Wenn es sich um Namen handelt, die in dieser Form nur einmal im deutschen Sprachraum auftauchen, darf man ziemlich sicher sein, dass sie auch hier gebildet worden sind.

So haben einzelne hessische Regionen ihre eigentümlichen Namen, und die Namensträger identifizieren sich oft damit, betrachten den Namen als Zeichen der Zugehörigkeit zu der jeweiligen Region und ihren Menschen. *Blöcher* z.B. wäre so ein Kennname für den Raum der oberen Lahn. Namen wie *Arras, Dingeldein, Kaffenberger* sind typische Odenwälder Namen und werden so nicht nur von Außenstehenden, sondern auch von Bewohnern des Odenwalds oder etwa Darmstadts und Südhessens wahrgenommen. Diese Namen darf man dann mit Fug und Recht als hessische Familiennamen bezeichnen, wenn deutschlandweit ihr Verbreitungsschwerpunkt in Hessen liegt.

Es sind vor allem Namen ab fünf-, sechshundert Namensträgern, selten weit über 1.000 Namensträger hinausgehend, die für unsere Fragestellung interessant sind. Denn sie sind häufig genug, um zumindest in der Region aufzufallen und für typisch gehalten zu werden.

Überregionale und hessenweite Namen

Doch Namenverbreitungen (und das Wissen darum) gehen oft weit über eine Region hinaus. Wenn man einem *Hohmann* begegnet, weiß man (oder kann man zumindest wissen), dass das ein in Osthessen weit verbreiteter Name ist, ein Name des Fuldaer Raums, und der Namensträger weiß es wahrscheinlich auch und ist stolz darauf (oder auch nicht). Dass *Hohmann* auch in Nordrhein-Westfalen stark verbreitet ist, stört den Hessen nicht. Familiennamen, für die der gesamte Raum des Landes Hessen den Verbreitungsschwerpunkt darstellt, die also „typisch hessisch" im strengen Sinne wären, gibt es hingegen nur wenige, und die sind eher unauffällig wie <*Seip, Seipp, Seib*> oder <*Rühl, Riehl, Rhiel, Ruhl*> (Kap. 10.2.1).

Es gibt aber – wie *Hohmann* – eine Reihe häufiger und weit über Hessen hinaus verbreiteter Familiennamen, die den Schwerpunkt ihres Vorkommens in Hessen haben wie z.B. <*Diel, Diehl*>. Sie sind meist in größere historisch gewordene Sprachzusammenhänge eingebettet. Besonders die traditionelle Orientierung des südlichen und mittleren Hessens am südwestdeutschen Kulturraum spielt eine wichtige Rolle (Kap. 10.2.2–4).

Konsequenz

Ein zentrales Kriterium für die Frage, ob ein Name „hessisch" ist oder nicht, ist damit die Feststellung, wie relativ häufig er im Vergleich zum gesamtdeutschen Vorkommen in Hessen vorkommt und ob es hier Vorkommensschwerpunkte gibt. Danach richtet sich auch das „Kleine Lexikon hessischer Familiennamen". Darin sind von den 2.000 häufigsten Familiennamen in Hessen diejenigen ausgewählt, bei denen Hessen mindestens 25% aller bundesdeutschen Namensträger beherbergt. Warum die Auswahl gerade so erfolgte, wird in der Einleitung zum „Kleinen Lexikon" genauer erläutert.

„Hesse ist, wer Hesse sein will"

Als hessische Familiennamen im engeren Sinne haben wir bislang solche Namen bestimmt, die ihren Verbreitungsschwerpunkt, weit oder eng, im Lande Hessen haben und die, soweit das erkennbar ist, auch hierzulande entstanden sind. Das ist gewissermaßen der harte Kern, und man erkennt, wie der Zusammenhang von Raum und Zeit wieder die zentrale Rolle spielt. Das galt schon für die Familiennamengeschichte als Element der Identität (Kap. 2.1.). Es gilt aber ebenso für die identitätsstiftende Verankerung im Raum; denn die Namensträger wissen, dass ihr Name in die Region gehört, dass er ihre Zugehörigkeit zum Raum signalisiert.

Dass die räumliche Konzentration in Hessen das entscheidende Kriterium für das Qualitätssiegel, naja: jedenfalls Produktsiegel „Hessischer Familienname" ist, scheint mir ziemlich unbestreitbar. Die Frage ist eher, ob auch die Entstehung und die Familiennamengeschichte im hessischen Raum eine notwendige Bedingung ist, um einen Namen als hessisch zu identifizieren? Was ist, wenn der Name erkennbar ursprünglich nicht in Hessen entstanden ist, hier aber seinen Verbreitungsschwerpunkt hat?

Dass die Entstehung eines Namens in Hessen Voraussetzung für die „Hessennamen"-Qualifikation sein soll, widerspräche jeder historischen Erfahrung. Zu allen Zeiten haben sich Menschen aus der Ferne als Einzelne, in Familien, in Gruppen in hessischen Orten niedergelassen; ebenso wie zu allen Zeiten Menschen aus Hessen ausgewandert sind. Wohl aber mag die Verwurzelung der Familie in Hessen eine Bedingung sein. An ein paar Beispielen lässt sich recht schön zeigen, wie sich zugewanderte Familiennamen zu hessischen verwandeln.

Senetra

Nehmen wir einen extremen Fall: Für den Familiennamen *Senetra* gab es 2002 genau zehn Telefonanschlüsse. Ausnahmslos alle waren im Lahn-Dill-Kr. angemeldet; der Rest der Deutschlandkarte blieb leer. Nun wird niemand den Eindruck haben, dass *Senetra* ein typisch hessischer Name sei. Aber ein „hessischer" wäre es in jedem Fall, wenn man das Vorkommen als alleinigen Gesichtspunkt zu Grunde legte. Doch auch die Senetras würden sich mit Recht dagegen verwahren; denn sie sind erst in der 2. Hälfte des 20. Jh.s aus Siebenbürgen/Rumänien zugewandert; dort lässt sich ihr Name bis ins 18. Jh. zurückverfolgen. Er geht vermutlich auf ein polnisches Wort zurück, das ‚Salpeter' bedeutet. Der Name bezeichnet deshalb wohl ursprünglich die Berufstätigkeit eines Vorfahren.[16] Die Senetras fühlen sich möglicherweise mittlerweile als Hessen; ihren Namen als „hessisch" zu bezeichnen, weil er nur hier vorkommt, wäre absurd.

Bouffier

Sind Zuwanderer-Namen also grundsätzlich nicht hessisch? Oder heilt die Zeit diesen Makel? Den amtierenden Ministerpräsidenten Volker Bouffier würde man, darf man vermuten, zutiefst verletzen, würde man ihm die Qualität als Hesse absprechen. Andererseits macht sein Familienname ebenso unmissverständlich klar, dass die Familie französischen Ursprungs ist, also vermutlich (wenn auch nicht zwangsläufig) mit der Zuwanderung von Hugenotten und Waldensern um 1700 nach Hessen gekommen ist. Die französische Schreibweise des Namens blieb erhalten. Angesichts der Wertschätzung französischer Namen in Hessen (und anderswo) sind die romanische Aussprache und die Schreibung des Namens stabil. Die ersten hessischen Bouffiers haben sich im Rheingau niedergelassen und haben sich in den folgenden Generationen, wie die meisten Zuwanderer aus Frankreich, eher spärlich vermehrt. Heute gibt es gerade einmal etwa einhundert Menschen mit diesem Namen, davon leben allerdings weitaus die meisten in Hessen, besonders in Wiesbaden und im Rheingau. Insofern ist *Bouffier* heute durchaus als ein Name anzusprechen, der für Hessen charakteristisch ist.

In Frankreich sieht das natürlich ein bisschen anders aus, eigenartigerweise jedoch nur ein bisschen anders. Denn auch dort ist der Name eher selten, im ganzen

Land leben – grob geschätzt – zwischen fünf- und sechshundert *Bouffiers*, und zwar schwerpunktmäßig in Südfrankreich, vor allem in der Provence. Daher stammt die Familie wohl auch.

Was bedeutete der Familienname ursprünglich? Ich habe, ausgestattet mit meinem Schulfranzösisch, lange geglaubt, <Bouffier> sei eine (provenzalische) Nebenform des geläufigen französischen Familiennamens <Bouvier>. Der bedeutet ‚Ochsenknecht'. Romanisten überzeugten mich aber, dass das sprachgeschichtlich nicht geht. Die Erklärung für Bouffier im maßgeblichen französischen Namenlexikon[17] überzeugt aber auch nicht sonderlich. Danach soll der Name nämlich auf einen germanischen Personennamen *Boffahari* zurückgehen. Er besteht aus der Kurzform *Boffo* (entstanden aus dem Personennamen *Bodfrid*) und dem germanischen Wort *hari* ‚Heer'. Bedauerlicherweise sind ein *Boffahari* überhaupt nicht und ein *Boffo* gerade ein einziges Mal belegt, allerdings ausgerechnet im Kloster Lorsch in einer Schenkung a. 801.[18] Trotz dieses erfreulichen Hessenbezugs wirkt die Deutung doch sehr künstlich, zumal es einleuchtende, wenn auch nicht unbedingt schmeichelhafte Herleitungen aus dem Französischen gibt.

Beide Deutungen gehen auf ein belegtes altprovenzalisches Wort *boffi* zurück, das ‚aufgeblasen, aufgequollen' bedeutet. Das kann einmal zu einer alten Berufsbezeichnung führen; danach wäre ein *bouffier* ein ‚Hersteller von Blasebälgen'. Das ist, wörtlich genommen; zweifellos eine ehrenhafte Berufstätigkeit. (*Honi soit qui mal y pense* ‚Schande über den, der Schlechtes dabei denkt'). Zum andern kann es sich auf eine Eigenschaft des ersten Namensträgers beziehen, wie sie noch in franz. *bouffon* ‚Angeber, komischer Mensch' durchschimmert. (Ebenfalls: *Honi soit qui mal y pense*). Wahrscheinlich ist den hessischen Bouffiers dann doch die Herleitung von dem höchst schemenhaften *Boffa-hari* noch am sympathischsten. (Womit wir wieder bei der Image-Identität wären.)

Ganz unabhängig davon und zurück zu unserer Fragestellung, neigt man m.E. jedenfalls anders als bei *Senetra* dazu, *Bouffier* durchaus als hessischen Namen wahrzunehmen, weil er durch die jahrhundertelange Verwurzelung in Hessen Teil der hessischen Geschichte geworden ist. Wollte man das Kriterium des Heimischwerdens nicht hinzufügen, müsste man vielen Namen das Prädikat „hessisch" absprechen. Denn die namengebenden Stammväter sind oft zugewandert, ohne dass heute jemand darauf käme, dass das so ist.

Runzheimer

Ein schönes Beispiel dafür ist der hessische Name *Runzheimer*, auch *Ronzheimer*. Er ist nun wirklich in Hessen verankert, denn von den etwa 700 Namensträgern wohnt etwa die Hälfte im Kr. Marburg-Biedenkopf (vor allem in Gladenbach und Umgebung). Ein Großteil der anderen Hälfte lebt in den angrenzenden Landkreisen. Auch von der Namensform her klingt der Name ziemlich hessisch und lässt vermuten, dass der erste *Runzheimer aus einem Ort dieses Namens kommt. Aber einen solchen Ort gibt es weit und breit nicht, auch nicht als Wüstung.

Einen Hinweis auf die Lösung des Rätsels liefern zwei Urkunden von 1500 und 1509, in denen der Verkauf eines Gutes in der Nähe von Gladenbach beurkundet wird. In beiden Urkunden wird auf der Rückseite von einer anderen Hand aus dem Ende des 16. Jh.s ein Vermerk eingetragen: *den hoff belangendt, so itzo Iacob Runtzener einhat.*[19]

Dieser Beleg (und einige spätere) zeigen, dass der Hofbesitzer seinen Familiennamen aus dem Namen des Ortes *Runzenheim* hergeleitet hat. Dieser Ort liegt im Unterelsass im Arrondissement Hageneau, weist heute eine französisierte Schreibung <*Rountzenheim*> auf und ist Nachbarort des durch Goethes Friederike Brion berühmten Ses(s)enheim. Die ältere Form des Ortsnamens ist *Runsheim*; sie lebt im jüdischen Familiennamen *Ronsheim* fort, der in den USA verbreitet ist und wohl auf einen 1776 geborenen Abraham Levi Ronsheim zurückführt.

Ob der Hofbesitzer Iacob Runtzener nun selbst direkt aus dem Elsass ins hessische Hinterland kam oder einer seiner Vorfahren, wissen wir nicht, und das ist in unserem Zusammenhang auch nicht so wichtig. Denn im Vergleich zum eingewanderten ersten Bouffier ist festzuhalten, dass heute kein sprachliches Indiz auf eine Einwanderung hindeutet, während bei *Bouffier* die Sprachform an die fremde Herkunft erinnert. Das sieht man auch daran, dass man bei *Runzheimer / Ronzheimer* immer auf einen hessischen Herkunftsort tippen würde; das ist mir auch lange Zeit so gegangen. In jedem Fall ist es heute ein echt hessischer Name, denn nur hier ist er verwurzelt und hat sich hier in einem verhältnismäßig engen Umkreis ausgebreitet. Möglicherweise ist er ja auch erst in Hessen als Herkunftsname entstanden. Jedenfalls weist nur der verdunkelte Ortsbezug des Familiennamens eindeutig darauf hin, dass es sich ursprünglich um Zuwanderer handelte.

Wie *Runzheimer* sind viele Zuwanderer nach Hessen gekommen, haben ihren Namen schon mitgebracht (*Trumpfheller*) oder hier neu bekommen (*Dörsam*). Indem sie sesshaft wurden und sich in engerem oder weiterem Umkreis vermehrten, sind sie mittlerweile genauso einheimische hessische Familiennamen wie die, die hier entstanden sind. Wenn man die drei Beispiele versuchsweise (und ein wenig unzulässig) verallgemeinert, kann man vielleicht sagen, dass ein zugewanderter Familienname nach etwa dreihundert Jahren einheimisch geworden ist, wenn er hier seinen Verbreitungsschwerpunkt ausgebildet hat. Ob der Name sprachlich noch auffällig ist oder nicht, spielt dann keine Rolle mehr.

Insofern gilt das vom legendären hessischen Ministerpräsidenten Georg-August Zinn für den ersten Hessentag 1961 ausgegebene Motto „Hesse ist, wer Hesse sein will" auch für die Einschätzung von Familiennamen.

2.2 Gibt es typisch hessische Familiennamen?

Ein beklagenswerter Mangel

Aber auch wenn wir jetzt ungefähr wissen, was hessische Familiennamen sind, sind wir doch noch weit davon entfernt einzuschätzen, was „typische" hessische Familiennamen sind. Gibt es Namen, mit denen sich Namensträger als Hessen identifizieren können oder die sie identifizieren, weil sie charakteristisch sind?

Das ist eine schwierige Frage, viel schwieriger als die nach den hessischen, und zwar aus einem einfachen Grund: Niemandem fallen spontan Namen ein, die man als „typisch hessisch" bezeichnen könnte und die auch spontan von anderen so akzeptiert würden. Das fällt umso mehr auf, als es in dieser Hinsicht Namensträger in vielen anderen Gegenden Deutschlands viel einfacher haben. Wenn jemand *Jessen*, *Jensen*, *Harmsen*, *Sörensen* oder *Christiansen* heißt, muss niemand lange darüber nachdenken, aus welcher deutschen Region die ersten Namensträger stammen. Ebenso können die *Stuckis*, *Bürklis*, *Eglis*, *Zwinglis* sicher sein, dass man ihr Herkunftsland nicht mit dem der *Schäubles*, *Merkles*, *Häberles* verwechselt. Namen auf *-hofer*, *-kofer* oder *Huber* deuten auf Bayern hin, Bildungen wie *Steffens*, *Engels*, *Heinrichs* auf das Rheinland. Es fällt auf, dass es sprachliche Elemente am Namensende wie *-sen*, *-li*, *-le*, *-hofer*, *-s* sind, die die Namen für bestimmte Regionen charakteristisch machen. Anders formuliert: dass es in einigen Gegenden Deutschlands typische Muster für die Familiennamenbildung gibt. Genau solche Muster aber fehlen in dem breiten mitteldeutschen Streifen, der vom Saarland bis nach Sachsen reicht, also auch in Hessen.

Es müssten also einzelne herausragende Familiennamen sein, auf die die Namensträger stolz sind, weil sie „typisch hessisch" sind. Aber was soll das sein: der Klang des Namens, seine sprachliche Form, seine durchscheinende Bedeutung, sein Bezug zu hessischen Landschaften oder Menschen? Dieser Aspekt des Namens wäre dann für den Namensträger ebenso Bestandteil seiner Identität und seines Images, wie wir es bei der Bedeutung, Magie und Ästhetik der Namen (Kap. 1) und der zeitlichen Herkunft (Kap. 2.1) gesehen haben.

Die Frau Rauscher aus der Klappergass – und andere Prominente

Wir erinnern uns an Frau Klöterjan und daran, dass man mit literarisch erfundenen Namen Stimmungen erzeugen kann. Wo wären typische Hessen-Namen dann eher zu erwarten als in der populären Hessen-Literatur, den Volksstücken, den Dialektstücken, den volkstümlichen Rundfunk- und Fernsehsendungen, in denen typische Hessinnen und Hessen ihrem poetischen Amt obliegen und Frohsinn erzeugen? Die Damen in den Luststücken heißen dann, jedenfalls wenn sie jung und ansehnlich sind, typischerweise *Lisettsche* und *Babettsche* und haben natürlich keinen weiteren Namen. Wenn man genauer hinschaut, wird es nämlich ziemlich verschwommen mit den typisch hessischen Namen.

Einen Ansatzpunkt dazu könnte wieder die Betrachtung literarischer und damit fiktionaler Namen liefern; wie sie hessische Autoren verwenden, wenn sie sich mit in Hessen angesiedelten Geschichten befassen. Die können wir daraufhin betrachten, ob in ihnen erkennbar etwas Charakterisierendes eingebunden ist, jenseits einer Assoziationsästhetik, wie wir sie schon bei den Namen von Frau *Klöterjan* und Herrn *Schwalm* bewundern durften (Kap. 1.2.2).

Beginnen wir also, auch in der zeitlichen Abfolge, mit zwei hessischen Werken, die – von Anspruch und Wirkung – scheinbar nicht gegensätzlicher sein könnten: Mit dem „Woyzeck" Georg Büchners und dem „Datterich" Ernst Elias Niebergalls. Überraschenderweise haben die beiden Autoren eine Menge gemeinsam: Die gleiche Herkunft aus dem Darmstädter Raum, die fast gleiche Lebenszeit in einer kurzen Lebensspanne (Büchner 1813–1837, Niebergall 1815–1843), das fast gleichzeitige Studium in Gießen und beider politisch-revolutionäres Engagement im Vormärz. Sie haben sich wohl auch persönlich gekannt.

Die Zickwolfin
Einen klaren Hinweis auf die fiktionale Verortung in einer hessischen Lebenswelt setzt Büchner im „Woyzeck", indem er unüberhörbar hessische Dialektformen und -anklänge in seinem Text verwendet. Doch Namen kommen fast keine vor, schon gar nicht Familiennamen.

Ein halbes Jahrhundert ist es her, dass mein seinerzeitiger Fachleiter am Studienseminar Darmstadt, selbst Literat und Literaturkenner von hohen Graden, uns nicht übermäßig interessierten Referendaren den hessischen Aspekt der Verortung des Stückes nahezubringen versuchte. Ein Detail hob er hervor: Der Name der *Zickwolfin* sei ein typisch hessischer Familienname. Das haben wir gefasst zur Kenntnis genommen und vergessen; die Erinnerung daran ist mir erst wieder gekommen, als ich eine literaturwissenschaftliche Interpretation des Namens in der Büchner-Biographie von Hermann Kurzke las.

Zickwolf ist der Mädchenname von Marie, der Lebensgefährtin Woyzecks, und taucht im Text nur an einer Stelle auf: „stich die Zickwolfin todt". Die Formulierung ist Ergebnis einer Überarbeitung. Ursprünglich hieß es „stich die Woyzecke todt!", und diese Formulierung wiederum hatte Büchner dem Gutachten über seine Quelle entnommen. Der Leipziger Perückenmacher Johann Christian Woyzeck, der reale Mörder seiner Geliebten Johanna Woost, habe als Stimme zitiert: „Stich die Frau Woostin todt!" Kurzke interpretiert:

> „Sein (= Büchners) Assoziationsgenie knüpfte Ketten. Aus der historischen Woostin wird erst die Woyzeckin (Woyzecks Frau), von dort aus, die Blutsauger-Assoziation (Zecke) nutzend, die ‚Woyzecke', dann mit einer Raubtierassoziation gekreuzt, die Zickwolfin. Der Name entfernt sich immer weiter vom historischen Vorbild, um poetisch immer reicher zu werden."[20]

Die arme Zickwolfin. Was sagt der Name selbst dazu? Zunächst einmal: Die Behauptung mit dem typisch hessischen Namen ist eine Mär. Tatsächlich gibt es den Familiennamen *Zickwolf*, manchmal auch ‹Zickwolff› schon; ihn tragen etwa zweihundert Menschen. Diese leben hauptsächlich in der Pfalz und in Baden mit einem sehr starken Vorkommensschwerpunkt im Kreis Karlsruhe: ein badischer Name also. Auch mit der Raubtierassoziation ist das so eine Sache. Der Name mag die Assoziation hervorrufen; aber er bedeutet etwas ganz Anderes. Im ersten Namensteil liegt das mhd. Wort *zicken*, *zecken* vor, das ‚reizen, necken' u.ä. bedeutet.[21] Der Name stellt also ursprünglich eine Aufforderung ‚Reize den Wolf!' oder eine Feststellung dar: ‚Ich reize den Wolf.' Das „passt" natürlich auch ganz gut, aber man darf doch sehr bezweifeln, dass sich Büchner dessen bewusst war. Nichtsdestoweniger: Der Name muss ihm irgendwo (vielleicht in Straßburg) über den Weg gelaufen sein, und er muss ihn als passend empfunden haben. *Woyzeck* übrigens, der Name der bedauernswerten Hauptfigur, kommt heute noch vor, sehr selten zwischen Rostock und Greifswald. Der Name geht erkennbar auf den polnischen Vornamen *Wojciech* zurück, verbunden mit der Kose-Endung *-ek*.

Datterich

Wenden wir uns der höheren volkstümlichen Literatur zu, so kommt man unweigerlich auf den Darmstädter „Datterich", 1841 von Ernst Elias Niebergall verfasst, und somit auf den bis heute faszinierenden Charme der „Darmstädter Lokalposse". Sie bietet eine Reihe von Personen auf, deren Namen spontan auf hessische Herkunft zu verweisen scheinen. Aber dabei werden wir fast immer in die Irre geführt.

Dass *Datterich* kein echter Familienname ist, kann man sich schon denken. Dabei gibt es das Wort im südhessischen Dialekt durchaus, benennt dort das Zittern der Glieder, örtlich auch die Gicht oder den Durchfall.[22] Das passt zwar nicht so recht auf die Figur des Datterich, aber immerhin: Es gibt Assoziationen. Die Namen der Freunde *Bennelbächer, Spirwes* und *Knerz* kommen einem hingegen schon wahrscheinlicher vor, tönen irgendwie hessisch. Aber auch hier: Fehlanzeige. Nur *Knerz* schrammt knapp an dem echten Familiennamen *Knorz* vorbei, der vom Lahn-Dill-Gebiet bis ins Fränkische vorkommt. *Knerz* und *Knorz* gehen beide als Weiterbildung auf das mhd. Wort *knorre* zurück, das nicht nur einen knorrigen Auswuchs an Bäumen bezeichnet, sondern bildlich auch einen kleinen dicken Menschen. Beide Formen sind im südhessischen Dialekt belegt, ebenso wie *Spirbes*, das in Südhessen nicht nur den Spatz bezeichnet, sondern auch einen mageren, dürren, schmächtigen Menschen.[23] Wir beobachten also bei Niebergall Namenschöpfungen aus dem ihm vertrauten Dialekt, die keine echten Familiennamenentsprechungen haben. Sie sind auch gar nicht als echte Familiennamen gemeint. Es sind aber sprechende Namen für denjenigen, der mit dem Dialekt vertraut ist: Es könnten echte, und dann wirklich charakterisierende Namen sein!

Frau Rauscher

Wie steht es mit Namen in hessischen volkstümlichen Genres? Bekanntlich gibt es Leute, denen „will es net in mein Kopp enei, wie kann nor e Mensch net von Frankfort sei." Wir akzeptieren das einmal, obwohl man es auch anders sehen kann, und verweisen auf ein Frankfurter Stadtoriginal, die *Frau Rauscher*. Sie ist – im Unterschied zum ersten Zitat – kein Produkt des Frankfurter Lokaldichters Friedrich Stoltze, sondern tatsächlich eine historische, äppelwoi-abgefüllte Sachsenhäuserin und schon deshalb eines wikipedia-Eintrags[24] würdig. Dank eines 1929 getexteten Äppelwoi-Liedes wurde sie – als niedergeschlagenes Opfer – zu einer hessischen Ikone:

„Die Fraa Rauscher aus de Klappergass, die hot e Beul am Ei.
Ob's vom Rauscher, ob's vom Alde kimmt, des klärt die Polizei…"

Verzichten wir auf eine eingehendere Interpretation des Textes, vor allem dessen, was das *Ei* bedeutet (außer dem Zwang, einen Reim auf *Polizei* zu finden) und beschränken uns auf den Ehenamen der Bebeulten. Er ruft die Benennung des jungen, noch gärenden Apfelweins auf, des Rauschers. Aber als typisch hessischer Familienname taugt *Rauscher* überhaupt nicht. Zwar gibt es über 7.000 Menschen dieses Namens, vor allem in Bayern und Baden-Württemberg, aber nicht einmal 5% aller *Rauschers* wohnen in Hessen.

Neben dem *Rauscher* erzeugt die Nennung der *Klappergass* die Behaglichkeit des Sachsenhäuser Lokalkolorits. Dabei blendet man besser aus, dass der Gassenname an die Aussätzigen und deren Leid im Mittelalter und in der frühen Neuzeit erinnert. Die Leprosen, ausgesondert aus der menschlichen Gesellschaft, mussten sich mit Klappern lautstark bemerkbar machen, wenn sie anderen begegneten, um die Ansteckungsgefahr zu vermindern. In der *Klappergass* stand vermutlich ein Haus für Leprose ebenso wie in der Frankfurter *Gutleutstraße*, deren Name ebenfalls auf Aussätzige, beschönigend ‚gute Leute' genannt, hinwies. Heute liegen dort nahe bei der Straße die Frankfurter Finanzämter I–IV.

Die Familie Hesselbach
Es gibt wohl keinen Namen, der stärker der Vorstellung von einem typisch hessischen Familiennamen entspricht als der der „Familie Hesselbach". Die Hörfunk- und Fernsehserie beherrschte in den fünfziger und sechziger Jahren die hessische Volkskulturszene. Sie hat ihren Kultstatus durch die medialen Zeiten bewahrt, wie die zahlreichen TV-Wiederholungen bis in die Gegenwart bezeugen. Der Name *Hesselbach* wirkt, schon wegen des Anklangs an *Hessen*, tatsächlich sehr typisch. Und doch sind wir wieder aufs Glatteis geführt.

Zwar tragen wirklich mehr als siebenhundert Menschen den Familiennamen *Hesselbach*; und die meisten davon in der Rhön. Allerdings nicht in der hessischen Rhön, sondern in der thüringisch-bayerischen Rhön. Doch: Knapp daneben ist halt auch daneben. Hätte der „Hesselbach"-Erfinder Wolf Schmidt die Serie stattdessen „Die Familie Hasselbach" genannt, hätte er schon deutlich hessischer gelegen. Denn die etwa 2.000 *Hasselbachs* leben schwerpunktmäßig zwischen Mittelrhein und Vogelsberg mit Zentren in Mittelhessen. Beide Namen leiten sich übrigens als Herkunftsnamen von Orten dieses Namens her. Die sind ihrerseits nach Bächen benannt, die sich durch Bewuchs mit Haselnusssträuchern auszeichneten.

Die Braut im Schnee
Einen letzten Versuch habe ich mit den Namen in Jan Seghers Frankfurter Kriminalroman „Die Braut im Schnee" (2007) unternommen. Man könnte erwarten, dass bei dem Frankfurter oder dem hessischen Personal die Namengebung wirkliche lokale

Namen aus der Erfahrungswelt des Autors widerspiegelt. Aber weit gefehlt. Zwar haben viele, wenn nicht die meisten der auftretenden Figuren Familiennamen, die es auch in Wirklichkeit gibt. Aber die wenigsten sind in Hessen nennenswert vertreten.

Nehmen wir den Namen des Hauptermittlers, des Frankfurter Kommissars Marthaler, in den Blick, so überrascht es, den Namen auch in der Wirklichkeit zu finden, und zwar gar nicht so selten: Etwa zweihundert *Marthalers* verteilen sich in Deutschland, besonders viele leben im südpfälzischen Raum, nur wenige in Hessen. Wenn die Pfalz, wie es scheint, Ausgangspunkt der Ausbreitung ist, haben wir einen guten Ansatz für die Namenerklärung. Denn bei der weiteren Suche zeigt sich, dass etwa 1.000 Menschen mit diesem Namen in der Schweiz leben, besonders viele im Großraum Zürich.[25] Somit ist klar, dass der Name ursprünglich auf die Herkunft aus dem Ort *Marthalen* im Kanton Zürich zurückgeht. Die Verbreitung in Deutschland gehört dann in die große Gruppe von Schweizer Namen, die durch die Auswanderung vieler Schweizer nach dem Dreißigjährigen Krieg in die verwüsteten, ausgeräumten, siedlungsarmen Landschaften des deutschen Südwestens gekommen sind. Darunter auch nach Hessen, besonders in den Odenwald, und in die Pfalz.[26] Somit können wir nach den *Honeckers* (s. Kap. 1.1.2) auch den fiktiven Frankfurter Kriminalkommissar *Marthaler* als Urschweizer aus dem Raum Zürich dingfest machen. (Kap. 8.3). Es sei dahingestellt, ob sich Jan Seghers Namenpatronin Anna Seghers darüber gefreut hätte: Für Friedrich Dürrenmatt wäre das wohl schon etwas gewesen!

Vorderhand ergibt sich als nüchternes Fazit: Es gibt zwar jede Menge hessischer Namen, aber keinen einzigen wirklich typisch hessischen Familiennamen.

Zusammengefasst

Wir haben intuitiv das Gefühl, dass es so etwas wie typische hessische Familiennamen geben müsse. Es ist aber praktisch unmöglich, solche Namen festzumachen, wenn man von subjektiven Einschätzungen ausgeht. Auch der Bereich der hessischen Literatur, gleichgültig auf welcher Literaturhöhe, liefert keine wirklich nachvollziehbaren Ergebnisse.

Es überrascht deshalb vielleicht, dass wir mit der wissenschaftlichen Betrachtungsweise deutlich weiterkommen. Die objektiv erhobene und beschriebene Verteilung von Familiennamen in Hessen führt zwar auch nicht zu wirklich „typischen" Namen, wohl aber zu ziemlich klaren Kriterien, wann man einen Familiennamen als „hessisch" bezeichnen kann und wann nicht.

- Das Hauptkriterium ist das der starken räumlichen Verdichtung in Hessen, sei es lokal, regional oder hessenweit, verbunden mit einem verhältnismäßig schwachen Vorkommen außerhalb Hessens.
- Als „hessisch" werden dann uneingeschränkt alle Familiennamen gewertet, deren Ursprung und Verortung aufgrund der historischen Überlieferung mit hoher Wahrscheinlichkeit in Hessen liegt.

- Als „hessisch" gelten aber auch die Familiennamen, die durch Zuwanderung nach Hessen gekommen sind und sich hier einen vorherrschenden Namenraum erobert haben. Dabei handelt es sich um fließende Übergänge; denn in der Zeitdauer der Einwanderung einerseits und in der Stärke des neu entstandenen Namenraums andererseits spiegelt sich der Grad der Integration.
- Familiennamen, die allgemein verbreitet sind oder deren Verbreitung weit über Hessen hinausgeht, die also auch in anderen Namenräumen eingebunden sind, können dann eingeschränkt als „hessisch" bezeichnet werden, wenn der (oder ein) Schwerpunkt ihres Vorkommens in Hessen liegt.

Anhand dieser Leitlinien können Träger von Familiennamen ziemlich klar und eindeutig herausfinden, ob ihr Name ein hessischer Familienname ist oder nicht. Das „typisch hessisch" lassen wir nach unseren bisherigen Beobachtungen am besten ganz außer Betracht. Typisch sind manche Namen eher für einzelne Orte oder Regionen. Hier kann der Name in der Tat zur identifizierenden Verankerung im Raum beitragen. Das typisch Hessische schwebt als vages, nicht recht fassbares Phänomen darüber. Als (wasch)echter Hesse kann man sich schließlich auch fühlen, wenn man Senetra heißt.

Anmerkungen

1 Armin Nassehi: Namenlos glücklich. In: Die Zeit Nr. 6 / 2014, S. 48.
2 Odo Marquard: Zukunft braucht Herkunft. Stuttgart 2003.
3 Eckhardt, Bürgerschaft, S. 78; dort ebenfalls 1679 *Henrich Sandtroht*, ebd. S. 71.
4 So Kohlheim, S. 569.
5 Deutsches Rechtswörterbuch 11, Sp. 1543 (= http://drw-www.adw.uni-heidelberg.de/drw-cgi/zeige?term=santrock&index=lemmata). Frdl. Hinweis von Kurt Gärtner.
6 Andernacht 1, S. 67.
7 Reimer, Kurhessen, S. 242.
8 www.familysearch.org.results.
9 Brechenmacher 1, S. 156.
10 Belege und Nachweise bei Ramge, Studien, Text E, S. 285. Vgl. *blochen, blocken* Josef Müller (Hrsg.): Rheinisches Wörterbuch. Bonn 1928, Bd. 1, S.791; frdl. Hinweis von Kurt Gärtner.
11 Nach *Rede des Ehrenvaters Josef Fresin*. In: Familienblätter der Familie Arras, Weinheim 1 / Nr. 3, 1935 (o.S.). Den Text verdanke ich Norbert Allmann.
12 Wackerfuß, S. 68, 102.
13 Kohlheim S. 96; für Hinweise und Diskussion danke ich Jürgen Udolph.
14 Nach Ramge, Geschichte.
15 Ramge, Studien, Text E, S. 270; Konrad Reidt, bearb. Otto Bepler: Heuchelheim bei Giessen. Heuchelheim 1986, S. 82.
16 Frdl. Hinweis von Jürgen Udolph.
17 Morlet, S. 126. Max Pfister und Otto Winkelmann danke ich für ihre Hinweise.
18 Förstemann 1, Sp. 324; Kaufmann, S. 133, Karl Glöckner (Bearb.): Codex Laureshamensis. 3 Bde. Darmstadt 1929–36. Bd. 3, Nr. 3539.

19 Eckhardt, Klöster 2, Nr. 434 u. 462; vgl. Ramge, Studien, Text E, S. 266ff.
20 Hermann Kurzke: Georg Büchner. München 2013, S. 437.
21 Lexer 3, Sp. 1039 u. 1100f.
22 Mulch / Mulch, Südhessisches Wörterbuch 1, Sp. 1415.
23 Mulch / Mulch, Südhessisches Wörterbuch 4, Sp. 1531ff; 5, Sp. 1195f.
24 http://de.wikipedia.org/wiki/Fraa-Rauscher.
25 http://www.verwandt.ch/karten/absolut/marthaler.html.
26 Ramge, Studien, Text D.

KAPITEL 3
AKTION EICHHÖRNCHEN –
DAS SAMMELN VON INFORMATIONEN

Ein schneller Blick – in eine Namenwolke

Wetten wir, dass Sie einen schnellen Blick in den Lexikonteil und das Register dieses Buches geworfen haben, als Sie es in die Finger bekamen? Und geschaut haben, ob Ihr Name drin steht? Denn das tut man (fast) immer, wenn man ein (Familien) Namenbuch aufschlägt. Die guten Gründe dafür haben wir in den beiden ersten Kapiteln kennengelernt. Deshalb sind auch fast alle Familiennamenbücher entweder schon alphabetisch angelegt oder haben zumindest ein genaues Register.

Der schnelle Blick befriedigt, wenn der Name drin steht und wenn eine klare Erklärung dazu angeboten wird. Aber oft, allzuoft, wird er enttäuscht, wenn man nicht gerade *Müller, Schmidt, Wagner, Weber* o.ä. heißt. Und in solchen Fällen kann man sich ja selbst den schnellen Blick eigentlich sparen, denn die Erklärung liegt auf der Hand. Trägt man hingegen einen seltenen Namen, ist die Chance groß, dass man ihn in keinem Nachschlagewerk findet.

Das wiederum erklärt sich durch eine kleine Rechnung. Im Telefonbuch der Deutschen Telekom gab es um die Jahrtausendwende 2000, zählt man alles und jedes mit, die unglaubliche Zahl von etwa einer Million verschiedener Nameneinträge. Rechnet man alles Mögliche heraus (z.B. so alltägliche Dinge wie Doppelnamen), bleiben am Ende aber immer noch 200.000 bis 300.000 verschiedene Familiennamenschreibungen übrig. Das wichtigste, am leichtesten zugängliche (und im Übrigen derzeit beste) Nachschlagewerk, der Familiennamen-Duden, wirbt auf dem Einband damit, dass es „Herkunft und Bedeutung von 20.000 Nachnamen" erkläre. Das ist viel – aber bei Weitem nicht einmal ein Zehntel des Gesamtvorkommens. Es gibt also unglaublich viele Familiennamen in Deutschland. Ja, sogar mehr, als es geläufige Wörter des Deutschen gibt. Die gängigen Rechtschreibwörterbücher wie der Rechtschreib-Duden enthalten zwischen 130.000 und 150.000 Einträge.

In Hessen ist natürlich nur ein Bruchteil dieser deutschlandweiten Gesamtzahl vertreten, viele davon vielleicht nur ein einziges Mal. Niemand kennt die genaue Zahl. Beschränken wir uns auf heimische Namen (wozu auch heimisch gewordene Zuwanderer-Namen gehören), wird die Anzahl schon überschaubarer. Da kennen wir aber erst recht keine genauen Zahlen. Die Zahl der erklärten Namen in diesem Buch ist angesichts der Gesamtmenge wirklich kümmerlich und erfasst nur einen Bruchteil der in Hessen vertretenen Namen. Deshalb ist die Chance, dass Sie Ihren Namen hier nicht finden, allemal viel größer als die Chance, ihn zu finden.

Der Text will im Grunde Ihr Interesse gewinnen, Ihrem Namen (und anderen) selbst nachzuforschen. Wie und was man da tun kann, wird in diesem Kapitel und dem folgenden Kap. 4 beschrieben. Wenn Sie das nicht interessiert, machen Sie es wie die alte Baronin Rothschild in Frankfurt. Die sagte nämlich zu ihrer jungen Vorleserin, als diese angesichts einer delikaten Textstelle errötete: „Iwwerhibbele-Se-s ... awwer leche-Se e Zeddelche nei!" Dieses Kapitel enthält, seien Sie dessen versichert, durchaus keine delikaten Stellen. Es ist streckenweise eher ein bisschen langweilig. Denn um selbst etwas zu tun, müssen ja die wichtigsten Hilfsmittel und Methoden vorgestellt werden, die Sie für Ihre Suche brauchen. Und das ist halt nicht lustig oder spannend, jedenfalls nicht, solange man sie nicht ausprobiert. Ich konzentriere mich, soweit es geht, auf Suchangebote, die im Internet verfügbar sind. An Büchern nenne ich nur die wichtigsten; vor allem solche, die für die Erforschung von in Hessen verbreiteten Namen wichtig sind.

Räumliche Verbreitung, historische Entwicklung und namengebendes Motiv sind die drei grundlegenden Raster für die Erklärung von Familiennamen. Wie Sie mit diesen Kategorien zurechtkommen können, wird in diesem Kapitel genauer beschrieben.

1. Wie ich die Verbreitung (m)eines Namens herausfinde

„Meine Familie kommt aus Kassel (oder Hanau oder Danzig oder …)"

Auch wer wenig oder nichts von seiner Familiengeschichte weiß und sich auch nicht besonders dafür interessiert: Fast jeder weiß dank der Familientrommeln, woher seine Familie „ursprünglich" stammt. Das reicht von „lebt schon immer hier" über „aus Kassel" oder „aus dem Vogelsberg" oder bis hin zu „aus Schlesien", „aus dem Osten" (übrigens niemals *„aus dem Westen"!), „aus der Schweiz", „aus Frankreich". Das wird für die einzelne Familiengeschichte sogar oft richtig sein; über den Ursprungsraum des Familiennamens selbst sagt das nur verhältnismäßig wenig aus. Dieser ursprüngliche Herkunftsraum des Namens ist aber hilfreich, um die Entstehung des Namens genauer einzuschätzen und damit genauer erklären zu können.

Dazu kann man die Hypothese aufstellen: Der Name ist vermutlich in dem Raum entstanden, in dem er noch heute am häufigsten und verdichtetsten verbreitet ist. Wenn man die kleine Einschränkung „vermutlich" ernst nimmt, ist das eine vernünftige und plausible Annahme. Am ehesten gilt sie für Namen, von denen es nur eine begrenzte Anzahl von Namensträgern gibt, schätzungsweise bis ungefähr 1.000 Menschen. Und sie gilt natürlich nicht für Namen, die durch Zuwanderer ins Land gekommen sind und deren Nachkommen einen eigenen Namenraum aufgebaut haben.

Bis Ende der neunziger Jahre des letzten Jahrhunderts konnte man nur äußerst mühselig die ungefähre Verbreitung von Familiennamen feststellen. Man war darauf angewiesen, mühsam ein Telefonbuch nach dem anderen (meist von Städten) nach dem Namen und seiner Vorkommenshäufigkeit durchzusehen und sich dadurch einen ungefähren Überblick zu verschaffen.

Das änderte sich schlagartig, als die Deutsche Telekom um die Jahrtausendwende ein digitales gesamtdeutsches Telefonbuch zuerst als CD-ROM anbot, dann frei zugänglich ins Internet stellte. Auf der Grundlage dieser riesigen Datenmenge wurde Software entwickelt, die die kartographische Darstellung der Verbreitung beliebiger Familiennamen zum Ziel hatte. Diese Karten sollten in Windeseile erstellbar sein, Veränderungen erlauben, Namen kombinieren. Das war ein unglaubliches Programm.

Die Verbreitungskarten müssen drei Kernanforderungen erfüllen: Sie müssen zeigen, wo der Name vorkommt und wie häufig er an den verschiedenen Stellen vorkommt; und man muss möglichst viel Zusammengehöriges auf einer Karte unterbringen können. Bei alldem soll das Kartenbild für den Betrachter aussagekräftig und verständlich sein sowie sich selbst erklären. Es war und ist gar nicht so einfach, diese drei Aufgaben unter einen Hut zu bringen. Schlussendlich entstanden – auch international – zwei Haupttypen von Karten: Die einen arbeiten mit Kreissymbolen in verschiedenen Größen und Farben; die anderen bevorzugen die farblich differenzierte Füllung von politischen Einheiten, in der Regel Stadt- und Landkreisen.

Der „Deutsche Familiennamenatlas"

Das erste und bis heute am differenziertesten ausgebaute dieser netzbasierten Systeme dient der Forschung und ist nicht öffentlich zugänglich. Es bildet die technische Grundlage für das ab 2005 laufende Forschungsunternehmen „Deutscher Familiennamenatlas" an den Universitäten Mainz und Freiburg. Vom Deutschen Familiennamenatlas sind seit 2009 sieben dicke Bände erschienen. Zu den Karten gibt es jeweils umfangreiche Erläuterungen.

> Konrad Kunze / Damaris Nübling (Hrsg.): Deutscher Familiennamenatlas.
> Berlin / New York 2009–2016.

Da die Bände sehr teuer sind, werden sie meist nur von großen Bibliotheken angeschafft und sind deshalb leider vielfach nicht so leicht zugänglich. Doch wenn Ihr Name darin bearbeitet ist, haben Sie die bestmögliche wissenschaftliche Aufbereitung der Raumstruktur.

Ergänzend zu diesen Bänden gibt es einen für Familiennamen in Hessen wichtigen (und übrigens auch erschwinglichen) Regionalband:

> Rudolf Steffens: Familiennamenatlas Rheinland-Pfalz, Hessen, Saarland.
> Ubstadt-Weiher 2013.

Das Mainzer System zeichnet sich dadurch aus, dass die Verbreitung der Namen auf der Grundlage von Postleitzahlbezirken angezeigt wird. Die Häufigkeit wird durch unterschiedlich große Kreissymbole verdeutlicht. Mit unterschiedlichen Farben können mehrere Namen oder Namenvarianten auf einer Karte dargestellt und kombiniert werden. Die Telefondaten stammen aus dem Jahre 1998.

Die Zauberwelt der Verbreitungskarten

Deutschland

Wer die Verbreitung (s)eines Namens selbst erkunden will (und ihn nicht in einem der genannten gedruckten Werke findet), hat eine großartige und mittlerweile sehr bekannte einfache Alternative. Im Internet gibt es seit vielen Jahren mehrere Angebote, die man kostenlos nutzen kann. Die Angebote sind leicht zu finden und zu bedienen. Wer also nicht selbst mit dem PC oder Notebook umgeht – eine aussterbende Spezies wie die der Verächter von Smartphones – kann leicht seine gerade schulpflichtige Enkelin oder seinen Enkel bitten. Denn die müssen nur ein bisschen lesen und Ihren (und ihren) Namen schreiben können.

geogen

Das bekannteste ist das von Christoph Stöpel entwickelte System „geogen" auf der Seite

> http://christoph.stoepel.net/geogen/v3/.

Es ist auch seit der Jahrtausendwende in Betrieb und liefert außer blitzschnell erstellten Verbreitungskarten auch Zusatzdienste wie z.B. Listen mit den häufigsten Namen in den einzelnen Stadt- und Landkreisen des gesamten Bundesgebiets. Geogen markiert die Stadt- und Landkreise, in denen der Name mindestens einmal vorkommt. Durch die Farbabstufung der markierten Flächen wird die Häufigkeit des Vorkommens angedeutet. Dadurch kann man leicht Vorkommensschwerpunkte erkennen. Bei allgemeiner oder diffuser Verbreitung eines Namens erkennt man aber ebenso wenig wie bei den sich überlappenden Kreissymbolen des Mainzer Systems.

Schon ein einziges Vorkommen in einem Stadt- oder Landkreis führt zur Markierung der Kreisfläche. Da die Kreise in Deutschland ganz unterschiedlich groß sind, entsteht so leicht ein falscher optischer Eindruck von der Verbreitung eines Namens. In einer Überarbeitung des Systems von 2015 (geogen 4.0) werden die Vorkommen in Säulen dargestellt, so dass diese verzerrende Eigenschaft entfällt, allerdings m.E. auf Kosten der Übersichtlichkeit.

Exkurs: Absolute und relative Verbreitungen

Um den Nachteil der diffusen Verbreitung zu mildern, haben die beiden Hauptsysteme Verfahren entwickelt, neben der absoluten Verteilung des Namens auch seine relative Vorkommensverteilung abzubilden. In Landkreisen mit geringer Einwohnerzahl wie etwa dem Odenwaldkreis sind beispielsweise acht Telefonanschlüsse für einen Namen schon bemerkenswert. In Frankfurt etwa mit seiner vielfachen Einwohnerzahl sind acht Anschlüsse relativ sehr viel weniger. Wenn man die relative Vorkommenshäufigkeit zum Maßstab nimmt, treten die Regionen hervor, in denen der Name ziemlich häufig ist, bezogen auf die Zahl der Einwohner. Vielfach werden geringe Vorkommen bei den Abbildungen mit der relativen Häufigkeit dann gar nicht mehr berücksichtigt. Für die individuelle Suche ist diese Funktion besonders aufschlussreich.

Sehr ähnlich wie geogen funktioniert

http://www.verwandt.ch/Login.action,

ursprünglich eine Schweizer Seite, die seit einigen Jahren zum Ahnenforschungsportal www.myheritage.de. gehört.

gen-evolu
Wenn Sie die geogen-Möglichkeiten ausgeschöpft haben, empfehle ich Ihnen den Blick auf eine weniger bekannte, aber auch in vielfacher Hinsicht hervorragende Seite, die besonders für die online-Suche geeignet ist:

http://www.gen-evolu.de.

Sie bildet auf einer Deutschland-Karte die Vorkommenshäufigkeit eines Namens in unterschiedlich großen Kreissymbolen ab (wie im „Deutschen Familiennamenatlas") und erlaubt die Ansicht nach absoluten und relativen Vorkommenshäufigkeiten. Zudem kann man sich aber auch beliebige Kartenausschnitte in beliebiger Vergrößerung heranzoomen und gewinnt so ein gutes Bild, wie sich starke Verdichtungen auflösen, indem die Vorkommen in einzelnen Orten des Verdichtungsgebiets sichtbar werden. Außerdem gibt es eine Funktion, wonach man die Namenverbreitung aufgrund des Reichstelefonbuchs von 1942 sehen kann, also einschließlich der damals zum Reich gehörenden Ostgebiete. Allerdings gab es damals so wenige Telefonanschlüsse, dass die Verbreitungsbilder kein repräsentatives Bild abgeben.

Warum die Zeichensymbole nicht belanglos sind

Alle Abbildungssysteme, auch die gleich zu betrachtenden Verbreitungskarten außerhalb Deutschlands, müssen sich bei der Darstellung von Namenverbreitungen entweder für Punkt und Kreis als Symbole oder für Flächenfüllung (etwa von Stadt- und Landkreisen) mit farblicher Abstufung entscheiden. Man könnte denken, dass das eigentlich egal ist, weil ja schließlich die gleichen Datenmengen verarbeitet werden. Das aber ist überhaupt nicht der Fall. Denn je nach der Art der Symbolwahl entstehen beim Betrachter ziemlich unterschiedliche Eindrücke von der Art der Raumverteilung, die ein Familienname einnimmt.

Man kann das ganz schön zeigen an den Darstellungsalternativen für den hessischen Familiennamen *Waldschmidt, Waldschmitt* nach dem Darstellungsverfahren des „Deutschen Familiennamenatlasses" (auf Hessen bezogener Ausschnitt)[1] und dem (bearbeiteten) Verfahren von geogen. Verallgemeinert werden muss in jedem Fall.

Die Kreissymbole markieren die Vorkommenshäufigkeit in (variablen) Postleitzahlbezirken, sind dadurch ortspunktgenauer. Durch Überschneidungen und ständig wechselnde Symbolgrößen entsteht aber ein eher unruhiges Kartenbild und Vorkommensräume lassen sich schlechter identifizieren.

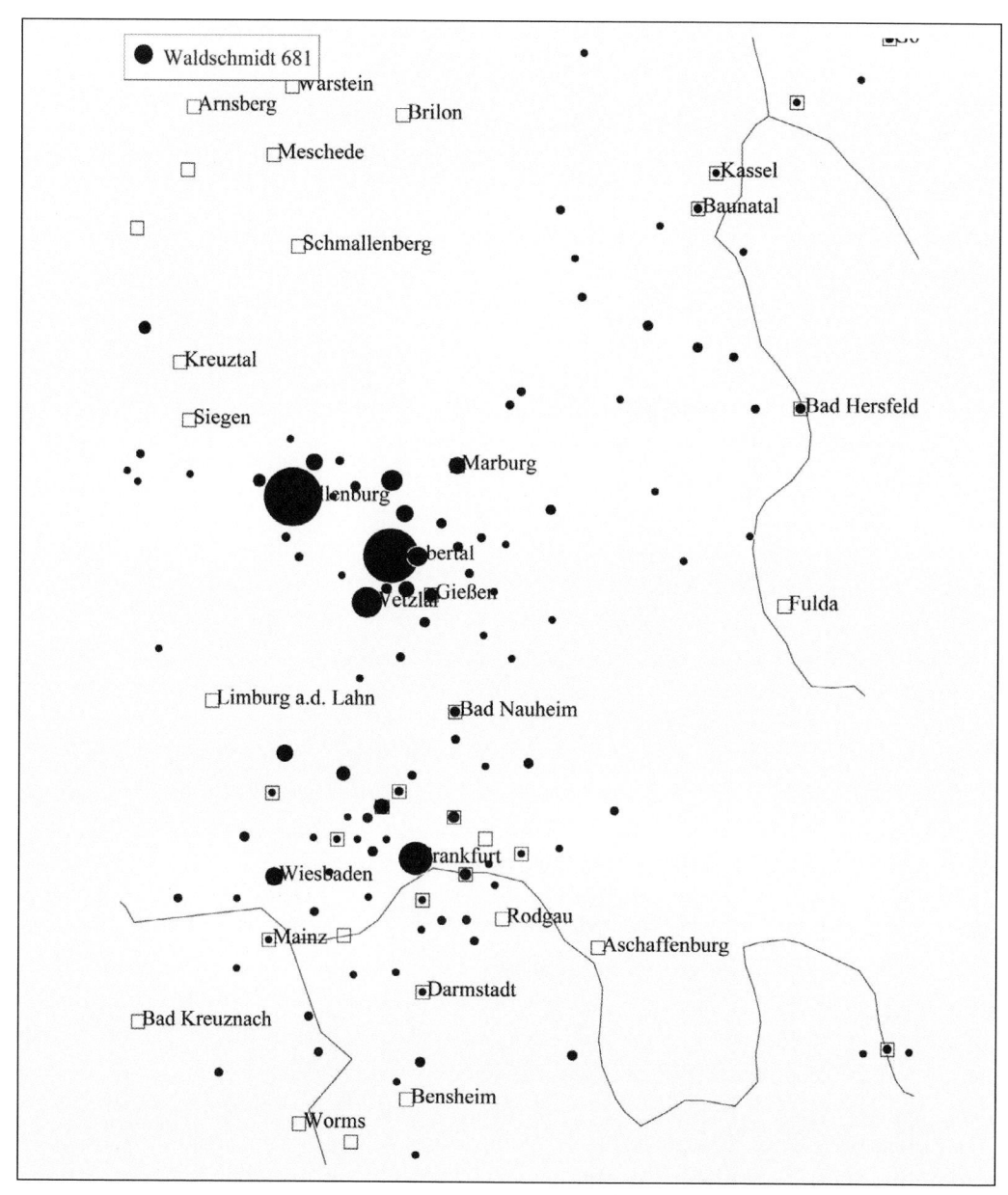

Abbildung 1a: Waldschmidt, Waldschmitt (nach dem Deutschen Familiennamenatlas)

Der Vorteil der in Farben oder in Graustufen gestuften Flächenmarkierungen von Stadt- und Landkreisen besteht darin, dass Räume mit Zentren und Randzonen gut hervortreten. Der Nachteil ist, dass die politischen Kreise sehr unterschiedlich groß sind und durch die Flächenfärbung der Eindruck einer allgemeinen Verbreitung in dem Kreis entsteht, obwohl das Namenvorkommen sich vielleicht in wenigen Orten konzentriert.

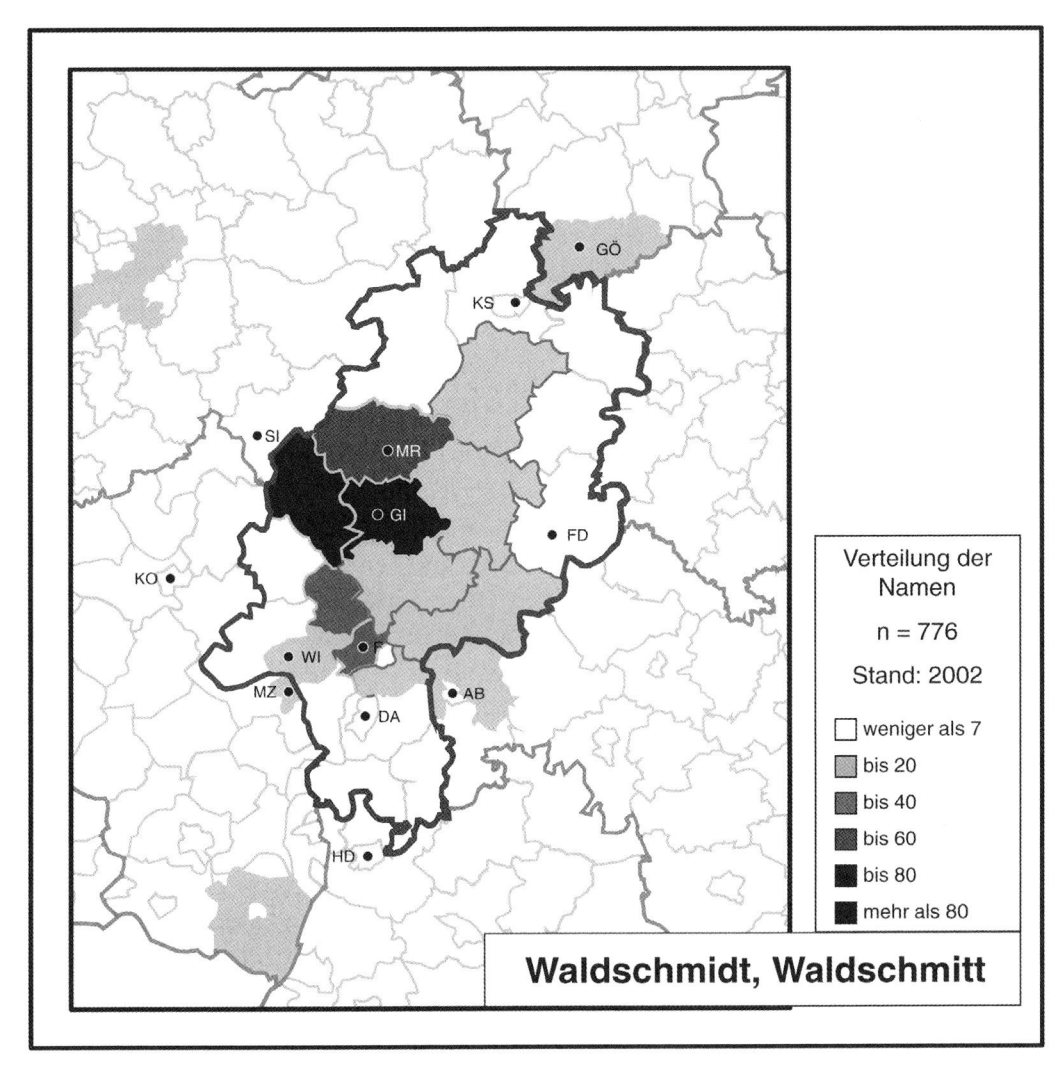

Abbildung 1b: Waldschmidt, Waldschmitt (nach geogen)

Wie das meistens so ist: Beide prinzipiellen Darstellungssysteme haben ihre Stärken und Schwächen; eine ideale Lösung des Darstellungsproblems gibt es nicht.

In diesem Buch werden bearbeitete Versionen der geogen-Darstellung verwendet, die für eine Schwarz-Weiß-Wiedergabe geeignet sind. Für die überarbeiteten Karten in diesem Band habe ich ein Mischverfahren entwickelt, durch das die Nachteile der beiden Darstellungsformen ein wenig gemindert werden. Grundlage sind die absoluten Zahlen der Verbreitung in den einzelnen Kreisen. Dafür wird ein unterer Grenzwert für die Vorkommenshäufigkeit in den Kreisen angesetzt, der in der Regel ca. ein Prozent der Gesamtvorkommenszahl beträgt. Dadurch treten die Häufigkeitsgebiete deutlich hervor, aber auch die Kreise, in denen der Name noch in nennenswerter Anzahl vorkommt.

Europa und USA

Mitteleuropa

Deutschland einbeziehend, aber darüber hinausgehend, ist die Projektseite des luxemburgischen Familiennamenatlasses

> http:/lfa.uni.lu/.

Sie zeigt (wahlweise einstellbar) auf einem Kartenausschnitt ganz Mitteleuropas die Verbreitung eines Familiennamens in Luxemburg, Belgien, den Niederlanden, Frankreich (ohne Südwesten), (Nord-)Italien und Deutschland; leider ohne die Schweiz und Österreich. Auf Kreissymbolkarten, die überdies in Ausschnitten herangezoomt werden können, sind auch mehrere Namen gleichzeitig abbildbar. Diese Seite stellt eine vorzügliche Ergänzung und Alternative zu Flächen-Kartierungen à la geogen dar. Sie gibt zudem gute Übersichten über Namenverbreitungen in den Benelux-Staaten.

Wenn der eigene Name auf Zuwanderung beruht, sind Verbreitungskarten aus den Herkunftsländern hilfreich. Für die Familiennamen in Hessen sind hier die Länder Polen, Schweiz, Frankreich und Österreich besonders wichtig. Glücklicherweise gibt es dafür (noch) funktionierende Seiten. Nur für Österreich muss man bei geogen eine Datei kostenpflichtig herunterladen.

Polen

Über

> http://www.verwandt.de/infocenter/namensherkunft/karte-zum-namen

kommt man auf eine Verbreitungskarte für Polen.

Schweiz

> www.verwandt.de

erlaubt auf seiner Deutschlandseite problemlos das Umschalten auf die Schweizer Seite

> www.verwandt.ch

und bietet dort eine gemeindegenaue Abbildung der Namenvorkommen in der Schweiz.

Frankreich

Für die vielen Hessen-Namen, bei denen die Namenträger eine französische Herkunft vermuten, gibt es eine hervorragende Überprüfungsmöglichkeit. Die Seite

> http://www.genealogie.com/

bietet, wenn auch schamhaft verborgen, einen Service für die Verbreitung von Namen in Frankreich. Sie müssen in der Menüzeile „Ressources" und dann „noms de famille" anklicken. Nach Eingabe des Namens zeigt die Karte die Vorkommen in den Départements, die Vorkommenshäufigkeit ist farblich gekennzeichnet. Die Daten beruhen auf den Geburtsregistern, und es wird eine zeitliche Differenzierung der Verbreitung zwischen 1891 und heute angeboten. Außerdem ist über Ortslisten Verbreitung und Häufigkeit von Namen auch unter historischen Gesichtspunkten zu verfolgen.

Italien

Wer italienische Vorfahren vermutet, ist mit der Seite

> http://www.gens.info/italia/it/

gut bedient.

USA

Diese italienische Seite bietet auch die Verbreitung eines jeden Namens in den USA an. So hat man hier leicht einen ersten Überblick darüber, ob etwa Vorfahren nach Amerika ausgewandert sind und wo deren Nachkommen sich heute aufhalten. Da hier die Bundesstaaten eingefärbt sind, bietet das System nur eine sehr grobe Orientierung. Aber bei Auswanderungen muss man ohnehin eher auf historische Recherchen setzen (s.u. Kap. 3.2).

Zugang zu diesen und weiteren Seiten findet man über

> https://de.wikipedia.org/wiki/Familienname.

Der Überblick über die derzeitigen kostenfreien Internetangebote zeigt die Vielfalt der Möglichkeiten, wie man die Verbreitung von Familiennamen darstellen kann. Bei aller Unterschiedlichkeit helfen sie aber sehr, der räumlichen Herkunft des eigenen Namens auf die Spur zu kommen und eine Vorstellung davon zu bekommen, wo und wie der Name heute verbreitet ist.

Die kostenlosen Internetangebote haben den Nachteil, dass sie nicht unbedingt auf Dauer im Netz gegenwärtig sind. Manchmal ändern sich auch die Zugänge. Es ist deshalb immer sinnvoll, bei Google durch Eingabe von Stichwörtern wie <familienname>, <verbreitung>, <land / name ...> nach den aktuellen Angeboten zu suchen.

Die Jahrtausendwende: Die Höchstzahl der Telefonanschlüsse

Alle deutschen und die meisten ausländischen Darstellungssysteme beruhen auf den Daten, die über Festnetzanschlüsse lokalisierbar sind. Es ist deshalb ein großer Glücksfall gewesen, dass alle wichtigen Kartierungssysteme in den Jahren um die Jahrtausendwende (gewöhnlich zwischen 1998 und 2002) entwickelt wurden und auf den damals aktuellen Daten gründen. Denn in dem Maße, indem sich gleichzeitig und verstärkt danach Mobiltelefone und Smartphones durchsetzten, nahm die Zahl der Festnetzanschlüsse rapide ab. Und damit die Zahl der lokalisierbaren Namensträger; denn ein Handy ist ja nicht an einen Ort gebunden. Wenn verschiedene Versionen eines Darstellungssystems nach den jeweils aktuellen Daten erstellt werden, wie es etwa bei geogen 2002 und 2004 (für die Softwareversion) der Fall war, kann man beobachten, dass – aufs Ganze gesehen –

2004 etwa 10% Daten weniger erfasst sind als noch 2002. Aus datenschutzrechtlichen Gründen dürfen keine Daten der Standes- und Einwohnerämterverwendet werden, wie es z.B. in Polen der Fall war. Daher stellen die Daten, die um die Jahrtausendwende aus den digitalen Angeboten der Deutschen Telekom erstellt wurden, den absoluten Höhepunkt dar, was an Verteilungsgenauigkeit in Deutschland erreichbar ist. Wenn wir Zahlenangaben machen, sind das also immer nur ungefähre Zahlen. Mehr als eine allerdings ziemlich genaue Ungenauigkeit kann nicht erreicht werden.

Man kann nach statistischen Verfahren auch hochrechnen, wie viele Namensträger an einem namentlich benannten Telefonanschluss hängen: Man rechnet mit 2,66 bis 2,8 Teilnehmern pro Anschluss. Wenn in diesem Buch Teilnehmerzahlen angegeben werden, liegt ihnen ein Multiplikationsfaktor von 2,7 Namensträgern pro Anschluss zu Grunde. Das ist natürlich eine fiktive Zahl. Gerade bei seltenen Namen verfangen solche statistischen Mittelmaße überhaupt nicht; es können sehr viel mehr oder sehr viel weniger Namensträger sein.

Eine ideale Ergänzung: Das digitale Telefonbuch der Deutschen Telekom

Bei einigermaßen seltenen Namen, für die Sie deshalb oft in keinem Nachschlagewerk eine Erklärung finden, kann das jeweils aktuelle digitale Telefonbuch der Deutschen Telekom eine wichtige und wertvolle Ergänzung sein:

> http://www.dastelefonbuch.de.

Niemand wird auf die Idee kommen, die über 200.000 Einträge für *Müller* zu durchforsten. Aber wenn es vielleicht höchstens 200 oder 300 Einträge sind, hat man sich doch schnell einen Überblick verschafft, ob der Name in einem bestimmten Ort oder bestimmten Orten des Umkreises auffällig oft vorkommt. Gibt man diesen Ort ein, stellt sich schnell heraus, ob die Vermutung richtig war oder nicht. Vergibt man zusätzlich beim Filter den Auftrag, die Vorkommen im Umkreis, am besten im 10-km-Umkreis, einzubeziehen, sieht man schon sehr deutlich, wo ggf. der Vorkommenshöhepunkt genau liegt; neuerdings liefert die Telekom praktischerweise sogar gleich ein Übersichtskärtchen mit.

Die meisten anderen Länder bieten auch digitale Telefonbücher im Netz an. Das kann man leicht googeln. Man gibt einfach <land> und <telefonbuch> ein. Viele ausländische Telefonbücher geben auch grobe Verbreitungsübersichten, so dass man sich einen ersten Überblick verschaffen kann.

Was uns Verbreitungskarten sagen

Wenn Sie Glück haben, haben Sie die Häufigkeit und die räumliche Verbreitung Ihres Namens jetzt einigermaßen genau herausgefunden, wissen auch, in welchen anderen (europäischen) Ländern er vorkommt. Welche Zusatzinformationen man noch bekommt, muss man einfach ausprobieren.

Kartenbild: diffus und allgemein verbreitet

Wenn Sie Pech haben, ist Ihr Name so häufig und/oder so allgemein (in Deutschland) verbreitet, dass Sie mit den beobachteten Verbreitungen nichts anfangen können. Wenn Ihr Name allgemein und diffus verbreitet ist, hat das meistens eine von zwei Hauptursachen:
- Der Name ist so oft an so vielen verschiedenen Orten entstanden, dass es keine spezielle räumliche Herkunft geben kann, so die vielen Berufsnamen *Müller, Schmidt, Wagner* usw. Hier wird die räumliche Verbreitung erst interessant, wenn es um die Verteilung einzelner Schreibweisen und Varianten des Namens geht wie *Müller, Miller, Möller* oder *Schmidt, Schmitt, Schmied* oder *Wagner, Weg(e)ner, Wehner* usw. Allgemein verbreitete Namen sind natürlich wegen ihrer Häufigkeit ohnehin in aller Regel in den Namenbüchern (s.u.) aufgeführt.
- Die diffuse Verbreitung ist dadurch entstanden, dass Zuwanderer an allen möglichen Orten angesiedelt wurden oder sich niedergelassen haben. Das gilt zuerst für die Flüchtlings- und Vertriebenenströme, die nach dem Zweiten Weltkrieg in die Besatzungszonen der Alliierten kamen. Es gilt aber auch für die zahllosen Immigranten aus Südeuropa und der Türkei seit den sechziger Jahren des 20. Jh.s, von denen hier viele Wurzeln geschlagen haben. Eine ganze Reihe dieser neuen Namen sind in Hessen mittlerweile so häufig, dass sie zu den 2.000 häufigsten Familiennamen in Hessen gehören (s. Kap. 8.6 und 8.7).

Namenverbreitungen, die auf Zuwanderung beruhen, geben natürlich keine Hinweise auf die ursprüngliche Herkunft des Namens. Aber sie sind manchmal doch aufschlussreich für die Wege der Zuwanderung.

Uns interessieren hauptsächlich die Namen, die entweder ihren Vorkommensschwerpunkt in Hessen oder einer seiner Regionen haben, sowie die Namen, die Teil eines überregionalen Verbreitungszusammenhangs sind. Hessen ist dann ein Teilgebiet, z.B. des südwestdeutschen Namenraums.

Die Suche nach dem Herkunftsraum: Zwischendurch zusammengefasst

Mittels Internet hat man zwei Verfahrensschritte, um die Herkunft des Namens räumlich festzustellen:
- Man nutzt die verschiedenen kostenlosen Internet-Angebote, um die Verbreitung eines Familiennamens zu erzeugen. Ausgangspunkt wird in der Regel geogen sein, bevor man systematisch die anderen Seiten nutzt, um möglichst viele Informationen über die Häufigkeit und räumliche Verteilung des Namens zusammenzutragen.
- Ist es von der Datenmenge her überschaubar, stellt man mithilfe der Einträge im digitalen Telefonbuch der Telekom fest, ob sich der über die Verbreitungskarten festgestellte Verbreitungsraum noch genauer eingrenzen, vielleicht sogar genau lokalisieren lässt.

Tragen Sie einen hauptsächlich in Hessen beheimateten Namen, wissen Sie jetzt – hoffentlich – ziemlich genau, in welcher Ecke Hessens der Name zu Hause ist und können mit der Suche gezielter fortfahren.

2. Wie ich historische Belege für (m)einen Namen finde

Stöbern im Internet

Im letzten Kapitel haben wir gesehen, wie wichtig es für die Deutung des Familiennamens ist, frühere Schreibweisen des Namens heranzuziehen. Dabei ist es natürlich günstig, wenn man die Familiengeschichte möglichst weit zurückverfolgen kann. Aber um es noch einmal zu betonen: Die Geschichte eines Familiennamens ist nicht die Geschichte einer Familie. Entscheidend ist vielmehr, dass die Belege so zusammenpassen, dass die sprachliche Entwicklung des Namens nachvollziehbar wird. Wie komme ich an solche frühen geschichtlichen Belege für meinen Familiennamen?

Als erstes ist hier der Verein für Computergenealogie e.V. zu nennen, der das Portal

http://wiki-de.genealogy.net

betreibt. Darin sind außerordentlich umfangreiche Datenmengen aus familienkundlichen Forschungen und Unternehmungen zusammengetragen, in verschiedener Weise aufbereitet und präsentiert. Für die Suche nach historischen Belegen für einen speziellen Familiennamen bietet sich aus dem vielfältigen Angebot die Seite

http://www.gedbas.genealogy.net

an, die bei einem eingegebenen Namen alle historischen Belege zusammenstellt ohne Rücksicht auf familiengeschichtliche Zusammenhänge. Bei kritischer Betrachtung der Listen kann man aber oft Vorkommensschwerpunkte, Entwicklungen oder sogar Herkunftsorte herausfinden. Vorsicht ist bei der Beurteilung der historischen Schreibungen geboten, weil es bei vielen verarbeiteten Daten offensichtlich nicht immer auf die historische Schreibung angekommen ist, sondern die gegenwärtige eingegeben ist.

Außerdem gibt es eine familiengeschichtliche Seite, die in vielen Fällen ersatzweise oder ergänzend weiterhilft; ausgerechnet eine US-amerikanische:

https://familysearch.org/search.

Sie stammt von den Mormonen, der Kirche Jesu Christi der Heiligen der letzten Tage, mit Hauptsitz in Salt Lake City und umfasst Milliarden von Daten von Einwanderern in die USA und deren Vorfahren. Über die Funktion „Suchen" kann man durch Eingabe des Familiennamens und die Auswahl von Suchkriterien sehen, ob und wo es historische Daten zum Namen gibt. Da auch immer eine Menge von ähnlich Lautendem mitgeliefert wird, muss man aber schon genau hinschauen und auswählen.

Vergleichbare Ergebnisse liefert das Portal

http://en.geneanet.org.

Ansonsten hilft, so blöd es klingt, am ehesten googlen weiter. Wenn man die Eingabe des gesuchten Namens mit Suchaufträgen wie „Familie", „Familienname", „Familiengeschichte" o.ä. kombiniert, erhält man zwar immer noch massenhaft Unbrauchbares, aber wenn man Glück hat, sind auch Perlen und verborgene Schätze dabei, die wirklich weiterhelfen. Dazu braucht es einfach Geduld und etwas Spürsinn. Dann merkt man beim Navigieren sehr schnell, ob es sich lohnt, einen Eintrag aufzurufen oder nicht. Vor allem wird man oft auf historische Spuren oder in ferne Länder geführt mit Nachrichten, die man nicht erwartet hat.

Ich möchte dazu von meinem eigenen Schlüsselerlebnis erzählen. Wenn ich heute (Juli 2016) meinen Familiennamen eingebe, erhalte ich – für diesen eher seltenen Namen – innerhalb von 0,51 Sekunden ungefähr 223.000 Ergebnisse. Gebe ich aber z.B. „ramge familienname" ein, sind es nur noch ungefähr 1.300, also gerade mal etwas mehr als ein halbes Prozent. Als ich mich vor über zehn Jahren mit meinem Namen beschäftigte, habe ich viele Stunden einfach nur gegoogelt. Da kam ich auf so – na ja – spannende Sachen wie die, dass im 18. Jh. Namensträger nach Russland ausgewandert sind, dort ihren Namen in <*Reimchen*> korrekt verhochdeutscht und ihn in dieser Form nach Deutschland zurückimportiert haben. Als Volksdeutsche wurden sie nämlich während des 2. Weltkriegs aus Russland geholt und letztendlich in Lagern u.a. bei Celle untergebracht. Heute kann man auf der Verbreitungskarte sehen, wie der Name <*Reimchen*> sich (von dort aus) in Deutschland verbreitet hat (und zahlenmäßig mittlerweile mehr Namensträger aufweist als die hessische Namensform <*Ramge*>).[2] Von der zusätzlichen Freude über das Auffinden von Namensverwandten, die in Australien wegen Gattenmords angeklagt waren, einmal ganz abgesehen.

Manchmal hat man, jenseits dieser mehr oder weniger heiteren Zugaben, das Glück, dass jemand schon eine Ahnentafel mit Ihrem Namen ins Netz gestellt hat oder darauf verweist.

Historische Quellen

Die klassischen und traditionellen Such- und Fundorte für historische Namenbelege sind natürlich gedruckte und ungedruckte historische Quellen, wie sie in Bibliotheken und Archiven lagern. Nun ist die Nutzung von deren Beständen nicht jedermanns Sache, und auch nicht jeder hat überhaupt Gelegenheit, sie ohne großen Aufwand zu besuchen. Die hessischen Staatsarchive arbeiten jedoch fortschreitend große Bestände für die digitale Präsentation auf. Es lohnt sich auf jeden Fall, in dem umfangreichen gemeinsamen Recherchesystem der Staatsarchive Darmstadt, Marburg und Wiesbaden

www.hadis.hessen.de

zu stöbern, ob etwas für Sie dabei ist.

Manchmal findet man schon beim Googeln einen frühen Beleg für seinen Namen in einer Urkunde oder einer anderen Quelle, deren Zusammenfassung ein großes Archiv, meist ein Staatsarchiv, ins Netz gestellt hat.

Auch eine Suche in den verschiedenen Themenangeboten des Landesgeschichtlichen Informationssystems des Hessischen Landesamts für geschichtliche Landeskunde

www.lagis-hessen.de

kann erfolgreich sein.

Wenn Sie Zugang zu gedruckten Quellen haben, kommen vor allem hessische Urkundenbücher und gedruckte Quellen zur Landes- und Stadtgeschichte und zur Geschichte von hessischen Klöstern und Orden in Frage. Diese hier im Einzelnen vorzustellen, führt zu weit. Sie finden Hinweise bei den Erläuterungen zum „Kleinen Lexikon" und im Literaturverzeichnis.

Falls Sie nur nach früheren Vorkommen Ihres Namens suchen, reicht in der Regel ein Blick in das Namenregister. Bedauerlicherweise sind manche Register unvollständig, gerade von älteren Quellenwerken wie den „Hessischen Urkunden" von Ludwig Baur. Oder sie fehlen ganz wie die zu den außerordentlich wichtigen und ergiebigen „Bürgerbüchern der Stadt Frankfurt" von Dietrich Andernacht u.a. (weil der letzte Band noch aussteht). Neuerdings bietet das von Wilhelm Alfred Eckhardt bearbeitete „Arnsburger Urbar" eine zentrale, vorbildlich erschlossene Quelle für frühe Namenbelege.

Es gibt unendlich viele gedruckte Quellen und historische Darstellungen zu einzelnen Orten, Herrschaften, hessischen Kleinräumen. Die sollte man heranziehen, wenn man den Ursprung seines Namens anhand der (heutigen) Verbreitung einigermaßen zuverlässig verorten kann. Den Kontakt zu den Stadt- und Gemeindearchiven oder den Stadt- und Gemeindebibliotheken finden Sie am leichtesten über die Anschriften der Stadt- und Gemeindeverwaltungen. Vielleicht finden Sie auch ein Mitglied der rührigen Familiengeschichtlichen Vereinigungen in Hessen als Ratgeber:

http://wiki-de.genealogy.net/Arbeitsgemeinschaft_der_familienkundlichen_ Gesellschaften_in_Hessen.

Kurz: Es gibt eine Fülle von Angeboten, wenn man sich ernsthaft für die geschichtliche Herkunft seines Namens interessiert. Und die Suche funktioniert auch (hoffentlich), wenn man über keine oder geringe spezielle Sachkenntnisse verfügt.

Namenbücher

Am günstigsten ist es natürlich, wenn man seinen Namen in einem Namenbuch findet und dazu auch gleich ein paar schöne alte Belege und eine Deutung frei Haus geliefert bekommt. Warum das – bei selteneren Namen – nur selten funktioniert, habe ich oben schon begründet. Aber Nachschlagen lohnt natürlich immer – wenn man Zugang zu einem Buchexemplar hat, in dem man nachschlagen kann. Das ist das gleiche Problem wie bei den gedruckten hessischen historischen Quellenwerken.

Ich nenne und beschreibe deshalb jeweils nur ganz knapp die wichtigsten Nachschlagewerke, die für Familiennamen in Hessen und ihre Deutung hauptsächlich in Betracht kommen.

Das aktuellste, wichtigste und am leichtesten zugängliche und glücklicherweise auch für den Laien ziemlich leicht verständliche Familiennamen-Lexikon ist

Duden. Familiennamen. Herkunft und Bedeutung. Bearb. von Rosa
und Volker Kohlheim. Mannheim /Leipzig / Wien / Zürich 2005.

Das wird man immer als Erstes zu Rate ziehen. Es enthält nur verhältnismäßig wenige historische Belege (aus ganz Deutschland).

Vergriffen, aber antiquarisch meist erhältlich ist

Horst Naumann: Das große Buch der Familiennamen.
Niedernhausen 1994 u.ö.

Es bietet in Kurzform neben zuverlässigen Deutungen auch eine möglichst frühe urkundliche Form des Namens, leider ohne Ortsangabe.

Zahlenmäßig die meisten Namen finden sich in

Max Gottschald: Deutsche Namenkunde. Unsere Familiennamen.
Berlin / New York, ⁵1982.

Die Angaben sind außerordentlich kompakt gefasst und dadurch nicht leicht zu benutzen. Historische Belege fehlen ganz.

Reich mit historischen Namen belegt ist das zweibändige Werk von

Josef Karlmann Brechenmacher: Etymologisches Wörterbuch der Deutschen Familiennamen. 2 Bde. Limburg ²1957–1960.

Sammelschwerpunkt sind Namen Südwestdeutschlands einschließlich Hessens.

Den gesamten an Nordhessen angrenzenden Raum deckt das materialreiche, auch an historischen Belegen reichhaltige, zweibändige Werk von

Rudolf Zoder: Familiennamen in Ostfalen. 2 Bde. Hildesheim 1968

ab. Es erfasst einen großen Teil des niederdeutschen Raums und reicht mit Nachweisen bis nach Nordhessen.

Manchmal hilfreich ist auch das immer wieder einmal billig auf den Markt geworfene Werk von

Hans Bahlow: Deutsches Namenlexikon. Bayreuth 1967.

Es berücksichtigt stärker den ostdeutschen Familiennamenbestand.

Speziell für Hessen

Für die hessischen Familiennamen und ihre frühen Belege gibt es leider nur wenige philologische Arbeiten, und die konzentrieren sich zudem stark auf den mittelhessischen Raum. Es sind fast durchweg Dissertationen (von sehr unterschiedlicher Qualität). Die mit Abstand materialreichste und verlässlichste Arbeit ist die historische Untersuchung von

Roland Mulch: Arnsburger Personennamen. Untersuchungen zum Namenmaterial aus Arnsburger Urkunden vom 13.–16. Jh. Darmstadt und Marburg 1974. (= http://geb.uni-giessen.de/geb/volltexte/2015/11262/pdf/SLK_GG_02_Mulch.pdf).

Das Zisterzienserkloster Arnsburg (bei Lich, Kr. Gießen) hatte umfangreiche Besitzungen zwischen Eder und Main, vor allem natürlich in der Wetterau, so dass sich die behandelten historischen Namen auf einen großen Teil Hessens beziehen. Die Benutzung der Arbeit wird leider dadurch erschwert, dass es kein Namenregister hat.

Die übrigen Hessen betreffenden größeren Arbeiten beziehen sich durchweg auf einzelne Orte (mit ihrem Umland):

> Allmann (Marburg), Arend (Friedberg); von der Au (Darmstadt); Fay (Grüningen), Hegel (Wetzlar); Knauß (Grünberg); Lerch (Gießen); Opper (Rumpenheim); Schöffl (Limburg).

Die genauen bibliographischen Angaben finden Sie im Literaturverzeichnis.

Nun sind Familiennamenbücher in der Regel ja nicht dazu da, um historische Belege für Ihren Namen zu liefern, sondern sie liefern historische Belege, um einen behandelten Namen historisch zu belegen oder zu illustrieren. Dann wird für Ihren Namen neben dem Beleg die Deutung gleich mitgeliefert, und die Sache ist erledigt. Bei historischen Familiennamenarbeiten, wie sie die hessischen Namenbücher darstellen, stehen die historischen Belege (aus einer oder mehreren historischen Quellen) im Mittelpunkt, und für sie wird eine Deutung gesucht. Dann müssen Sie prüfen, ob die gefundenen Belege und deren Deutung zu Ihrem Namen passen könnten. Zumindest haben Sie ein Deutungsangebot, das Sie Ihrer Materialsammlung zufügen können.

Zusammengefasst

Für die Namengeschichte gilt es, möglichst vielseitige und viele historische Belege zu finden. Familiengeschichtliche Portale im Internet bieten dazu eine Fülle an Informationsmöglichkeiten. Gedruckte historische Nachweise für seinen Familiennamen findet man durch möglichst vielseitiges Nachschlagen des Namens und ggf. ähnlicher Formen in Urkunden- und anderen Quellenwerken und/oder namenkundlichen Arbeiten, vor allem in regionalen und überregionalen Namenbüchern. Ausdauerndes Googeln hilft (manchmal). Wenn der Ursprungsort eingrenzbar ist, lohnt auch die Suche in der Orts- und Regionalliteratur.

Anmerkungen

1 Für die Herstellung und Überlassung der Karte danke ich Rita Heuser.
2 http://geb.uni-giessen.de/geb/volltexte/2008/5587/, S. 59.

KAPITEL 4
DAS KNACKEN DER NUSS – AUF DEM WEG ZUR DEUTUNG (M)EINES FAMILIENNAMENS

1. Auf der Suche

Wo finde ich die Deutung für meinen Namen?

Informationen über einen Namen zu sammeln, ist etwas Anderes, als direkt auf eine Deutung eines Namens zuzusteuern, wie wir in Kap. 3 gesehen haben. Aber natürlich ist genau das das Endziel der Bemühungen. Die Sammlung von Informationen ist dann scheinbar überflüssig, wenn man die Erklärung des Namens in Namenbüchern oder Internetforen sozusagen frei Haus geliefert bekommt.

Natürlich ist es sinnvoll, sogar notwendig, nach bestehenden Deutungen für (m)einen Namen zu suchen. Die Namenbücher, die am Ende von Kap. 3.2 als Lieferanten für historische Nachweise aufgeführt sind, sind ja durchweg darauf angelegt, vor allem Deutungen der besprochenen Namen zu geben. Deshalb wird man zuerst darin nach der Deutung seines Namens fahnden. Wenn man Zugang zu einer Bibliothek mit namenkundlichen Beständen hat, schaut man als Erstes in den Büchern von Kohlheim/Kohlheim und Naumann nach, zieht dann Gottschald und die Werke von Brechenmacher und Zoder heran und nutzt dann, soweit vorhanden, die speziell hessischen Arbeiten. Auf die materialreiche Arbeit von Mulch sei noch einmal verwiesen, weil sie mittlerweile im Internet zugänglich (allerdings nicht leicht nutzbar) ist.

Auch im Internet finden Sie natürlich eine ganze Reihe von Seiten, die Deutungen von Familiennamen anbieten. Sie finden sie leicht, wenn Sie Schlagwörter wie „Familienname", „Namenkunde" oder „Onomastik" googeln. Deren Qualität ist sehr unterschiedlich; ich verweise deshalb nur auf eine Seite, auf der Sie wissenschaftlich fundierte Namenerklärungen finden:

> http://www.namenforschung.net/dfd/woerterbuch/gesamtliste-veroeffentlichter-namenartikel/.

Hier werden fortlaufend die Arbeitsergebnisse des großen Arbeitsvorhabens „Digitales Familiennamenwörterbuch des Deutschen" veröffentlicht. Dieses wird als Nachfolgeprojekt zum vielbändigen „Deutschen Familiennamenatlas" an der Akademie der Wissenschaften und der Literatur in Mainz betrieben.

Wenn Sie eine Reihe von Untersuchungen eingesehen haben, werden Sie feststellen, dass es sehr oft unterschiedliche Deutungen gibt. Wo mehrere Deutungen in Frage kommen, bevorzugt der eine Autor die eine, der andere eine zweite usw.

Es ist deshalb überhaupt nicht unnütz, wenn Sie möglichst viele Informationen zur Geschichte und Verbreitung Ihres Namens gesammelt haben. Denn damit können Sie die unterschiedlichen Deutungen besser einschätzen und bewerten. Und Sie sehen schon daran, dass die Deutung von Familiennamen durchaus keine einfache und schon gar nicht eine sichere Sache ist. Das Spiel geht weiter!

Wann ist ein Familienname gedeutet?

Haben Sie in Namenbüchern lange gesucht und nichts Überzeugendes gefunden? Dann bleibt nur die eigene mühsame Suche nach einer Deutung. Meist findet man in Namenbüchern Namen, die dem eigenen mehr oder weniger ähnlich sind. Soweit das sehr ähnliche Formen sind wie z.B. <Schön> und <Schöne> oder <Höfer> und <Höffer>, ist das unproblematisch. Aber die Grenze ist rasch erreicht, bis zu der die Ähnlichkeit trägt: Vorsicht, Glatteis!

Als allgemeine Richtschnur kann gelten: Ein Name ist dann gedeutet, wenn seine wörtliche Bedeutung auf den Sachverhalt zurückgeführt ist, der für die Namengebung ausschlaggebend war. Das ist das namengebende Motiv. Dafür kommt fast alles aus den vergangenen und gegenwärtigen Lebenswelten in Frage, jedenfalls alles, was irgendwie sprachlich erfassbar ist. Das ist für die Suche nach dem namengebenden Motiv natürlich entmutigend. Sie wird aber dadurch ein wenig gezielter, dass man die Lebenswelten auf ein paar Hauptkategorien zurückführen kann. Mit der probeweisen Einordnung des Namens kann man genauer weiterforschen.

Für die Klärung des Namens muss dieser immer auf etwas anderes zu beziehen sein, entweder auf einen anderen Namen oder auf ein Wort. In den Wörtern und ihrem Gebrauch binden sich die Bedeutungen der Sachverhalte. Sie zeigen damit an, dass und warum jemandem eine Kennzeichnung als ein Name zugeschrieben wurde.

Das gilt auch, wenn ein anderer Name zu Grunde liegt. Wenn jemand z.B. <Wilhelm> heißt, geht das natürlich auf den Vor- oder Rufnamen *Wilhelm* zurück; wenn jemand <Frankfurt> heißt, auf den Namen der Stadt *Frankfurt*. Auch diesen Namen liegt ein namengebendes Motiv zugrunde, und das muss ebenfalls ein Wort oder eine Wortkombination gewesen sein (‚Wille'+‚Helm'; ‚Furt der Franken'). Letztlich gehen also alle Namen auf geschichtlich bekannte (mitunter auch nicht bekannte) Wörter zurück. Familiennamen, die auf andere Namen zurückgehen, sind aber im Prinzip schon dann erklärt, wenn der andere Name als namengebendes Motiv erkannt ist.

Das namengebende Motiv können wir also am ehesten bestimmen, wenn wir mit alten Belegen möglichst dicht an dem Wort (oder dem anderen Namen) sind. Dazu ist die Untersuchung der räumlichen und der zeitlichen Lagerung des Familiennamens wichtig. Wie man das macht, sollte Kap. 3 zeigen. Haben wir ein namengebendes Wort, können wir nach dessen (eigentlicher) Bedeutung fragen.

2. Die Hauptgruppen namengebender Motive

Hierbei ist es hilfreich, wenn wir die Namenbedeutung einem größeren Sach- oder Wissenskomplex zuordnen können. In der Namenforschung hat man sich weitgehend darüber verständigt, dass jeder Name einer von fünf Namengruppen angehört. Sie werden im Folgenden vorgestellt, verbunden mit Hinweisen zur eigenen Suche, tunlichst solchen, die über das Internet verfügbar sind.

2.1 Ruf- oder Taufname

Die Ruf- und Taufnamen stellen die zahlenmäßig umfangreichste Gruppe dar. Ganz viele der hierher gehörigen Familiennamen sind leicht erkennbar, z.B. *Wilhelm, Albrecht, Johannes*. Viele lassen sich mit ein wenig Nachschlagmühe leicht erklären, z.B. *Diehl, Rühl*. Aber viele – und das betrifft gerade eher seltene Namen – sind so hoffnungslos umgestaltet, dass man kaum eine Chance hat, den Ursprung zu erkennen. So ist (mir) der seltene, im Lahn-Dill-Kreis vertretene Name *Sarges* erst klar geworden, als ich (zufällig) sah, dass der Name ein im nördlich anschließenden Raum, vor allem in Waldeck-Frankenberg häufiges *Zarges* als eine Art Entsprechung hatte. *Zarges* lässt sich ziemlich problemlos auf den Heiligennamen *Zacharias* zurückführen. Von *Zacharias* direkt auf *Sarges* zu kommen, wäre sprach- und namengeschichtlich mehr als gewagt. Hier entscheidet also wirklich die räumliche Lagerung der Namenvarianten über die Deutung. Selbst ein so fremder Taufname wie *Zacharias* hat aber natürlich ursprünglich eine Wortbedeutung: Der über das Griechische aus dem Hebräischen stammende biblische Name bedeutet ‚Jahwe hat sich erinnert'.[1]

Das Beispiel zeigt etwas, was für die Familiennamengebung aus Rufnamen sehr charakteristisch ist. Die Herkunft der Rufnamen selbst ist sehr unterschiedlich, z.B. aus der Bibel (*Elisabeth*), der Antike (*August*), der germanisch-altdeutschen Namengebung (*Adalbert*), aus der mittelalterlichen Tradition (*Antonius*) besonders Heiligennamen. Die ursprünglichen vollklingenden fremden Namen wurden im Mittelalter zu Tauf- und damit Rufnamen. Im Gebrauch als Rufname wurden sie aber oft so verändert, dass der zu Grunde liegende volle Name kaum oder gar nicht mehr erkennbar ist. Das hängt damit zusammen, dass Eltern Koseformen im Umgang mit dem Kind bilden, dass Lallformen des kleinen Kindes fest werden, dass dialektale Einflüsse die Namensform beeinflussen usw.; also alles Dinge, die heute noch täglich genauso geschehen. Wenn daraus im Laufe der Zeit Familiennamen wurden, braucht man deshalb historische Belege für das Vorkommen des Rufnamens in mittelalterlichen Varianten. Erst dann kann man mit Sicherheit auf die Herleitung des Familiennamens aus einem Rufnamen schließen. Manchmal weiß man aber nicht einmal so recht, welcher eigentliche Name den mittelalterlichen Zersprechungen zu Grunde liegt. So geht der zwischen Main und Lahn recht häufige Familienname

Kaus(s) mit Sicherheit auf den in mittelalterlichen hessischen Quellen oft bezeugten Frauennamen *Kusa* zurück. Woraus dieser Frauenname aber entstanden ist, ist unklar; möglicherweise aus *Kunigunde*. Besonders biblische Namen und Heiligennamen wurden oft so umgemodelt und den heimischen Sprachgewohnheiten angepasst, dass ihr Ursprung kaum noch zu erkennen ist (z.B. *Debus, Kaletsch*).

Bei der Suche nach Familiennamen aus Rufnamen findet man eine Menge Seiten im Internet, wenn man bei Google „Vornamen Lexikon" o.ä. eingibt. Hübsch ist z.B. die Seite

http://www.onomastik.com/Vornamen-Lexikon/,

weil sie auch zu jedem Namen ein Diagramm mit Bewertungen zu Assoziationspaaren bietet.

An Büchern empfiehlt sich ein Nachschlagen im leicht zugänglichen Werk

Duden. Das große Vornamenlexikon. Bearb. von Rosa und Volker Kohlheim. Mannheim/Leipzig / Wien / Zürich 1998.

Für Nichtphilologen schwierig, aber durch ein angefügtes Familiennamenregister erschließbar, ist das klassische Werk von

Ernst Förstemann: Altdeutsches Namenbuch. Bd. 1: Personennamen. Bonn ²1900.

Es befasst sich mit den deutschen Personennamen germanischen Ursprungs.

2.2 Tätigkeitsnamen

Berufsbezeichnungen wie *Müller, Schmidt, Wagner, Weber, Schneider, Schäfer* usw. sind die am häufigsten vorkommenden Familiennamen in Deutschland überhaupt und natürlich auch in Hessen. Diese oft „Berufsnamen" genannten Namen weisen heute oft die Namensendung *-er* auf; aber das ist nur ein vages Indiz, weil etwa auch Namen nach der Herkunft des ersten Namensträgers oft so gebildet sind, z.B. *Dillenburger*.

Neben diesen meist einfach zu erkennenden unmittelbaren Berufsbezeichnungen gibt es aber jede Menge Berufsbezeichnungen in Familiennamen, die man heute nicht so klar erkennt oder deren Bedeutung man nicht mehr versteht.

Was ein *Gerber* ist, weiß jedermann und versteht den entsprechenden Familiennamen ganz leicht. Was ein *Weißgerber* ist, versteht sich nicht mehr unbedingt von selbst, und deshalb muss man sich als Namensträger u.U. über das Handwerk informieren und erfährt dann, dass es ein Gerber ist, der feine Felle so behandelt, dass das Leder am Ende hell (,weiß') ist – im Unterschied zum *Rotgerber*, der festes Leder bearbeitete, aber keine Familiennamentradition erzeugt hat. Dass ein *Löber* nichts Anderes ist als ein Gerber, sieht man dem Namen heute auch nicht an. So gibt es viele berufsbezogene Familiennamen, bei denen entweder die Tätigkeiten ausgestorben sind oder für die das namengebende Wort mittlerweile aus dem Wortschatz verschwunden ist. In manchen Fällen auch beides. Alle diese Namen sind aus einer Tätigkeits- oder Berufsbezeichnung entstanden.

Daneben gibt es aber eine Fülle an Namen, die aus der Tätigkeit irgendeinen Gesichtspunkt herausgreifen und daraus das namengebende Motiv ableiten. Sie sind oft so allgemein oder umgekehrt so speziell, dass es heute schwer ist, darin ein vernünftiges Motiv zu erkennen und es mit einer nachvollziehbaren Tätigkeit zu verbinden. Nehmen wir einen Namen wie *Hufnagel*. Das ist ein Name, der vom Zentrum in Franken bis an Main und Kinzig und nach Südhessen reicht. Man kann sich leicht denken, dass damit ein Schmied benannt wurde, dessen Spezialität das Schmieden von Hufnägeln zum Pferdebeschlag war. Schon das Mittelhochdeutsche Wörterbuch führt als Beleg für 1280 an: *Andreas faber, dictus Hufnagel*, d.h. ‚der Schmied Andreas, genannt Hufnagel'.[2] Auch z.B. bei *Spitznagel* kann man sich den namengebenden Vorgang leicht denken. Beim Familiennamen *Finkernagel*, dessen Schwerpunkt in der Wetterau liegt, ist das schon etwas schwieriger. Denn es ist nicht ohne Weiteres zu erkennen, dass der erste Namensteil sprachlich mit *Funken* zusammenhängt. Der Name bezieht sich deshalb auf einen Schmied, bei dem ‚die Funken sprühen'.[3] Wenn aber jemand nur *Nagel* genannt wurde: Was war dann das namengebende Motiv? War es ein Nagelschmied? Oder ein Nagelhändler? Oder noch etwas Anderes? Niemand kann bei so allgemeinen Ausdrücken entscheiden, was ursprünglich das namengebende Motiv war. Nur dass der Betreffende etwas mit Nägeln zu tun hatte, liegt auf der Hand. Und welche Nägel stellte jemand her, dessen Nachkommen den besonders im Vogelsberg verbreiteten Namen *Steuernagel* tragen? Gar keine, denn hier wird mit *Nagel* das Steuerruder eines Wassergefährts benannt! Kein Wunder, dass bei solch seltsamen Nagelungen eine junge Wiener Künstlerin ihren in Österreich häufiger vorkommenden Familiennamen *Sprengnagel* der Einfachheit halber als Künstlernamen in *Sargnagel* verwandelte: Da weiß man wenigstens, woran man ist (und assoziiert automatisch die Metapher für ‚Zigarette').

Denn mitunter fragt man sich schon, welche merkwürdigen Tätigkeiten das waren, die zu Familiennamen führten. Was machte jemand, der *Milchsack* genannt wurde? Und was ist überhaupt ein Milchsack? Das Wort ist historisch vereinzelt belegt und benennt den ‚Ranzen oder Rucksack eines Hirten'.[4] Benennt der Name damit ursprünglich bildlich verkürzt einen Hirten, indem er ein Accessoire für das Ganze nimmt? Oder bezieht sich der Name auf jemanden, der solche Milchsäcke herstellt? Oder hatte der erste Namensträger vielleicht nur die Figur eines Milchsacks? Oder ist es nur eine eher verächtliche Bezeichnung für bestimmte Leute, so wie heute noch *Pfeffersack* als verächtliche Benennung für Großkaufleute bekannt ist, die durch (Fern)handel reich (und fett und geizig) wurden? In der Gegenwart gibt es den Familiennamen *Pfeffersack nicht, aber im 14. Jh. ist er im Vogelsberg ein paarmal belegt, z.B. 1352 *Johanne Peffirsacke von Vlrichistein*.[5] Da ist der Name bestimmt schon aus der bildlichen Bezeichnung hervorgegangen. Es ist überhaupt erstaunlich, wie viele *Säcke in Hessen historisch nachgewiesen sind: 1261 *Herbordum dictum Roubesac* ‚Raubsack', 1268 *Wickilmannus dictus Crutsac* ‚Krautsack' (Worms),

1362 *Syfrid Birsag* ‚Biersack' in Frankfurt, 1525 *Heintz Harsag* ‚Flachssack'.⁶ Davon hat sich als Familienname nur *Biersack* bis heute gehalten, naheliegenderweise in Niederbayern. Bei einem 1339 in Frankfurt benannten *Heinrich Watsecker de Alsfeld*⁷ immerhin ist durch die Endung <-er> klar, dass er beruflich Reisetaschen und Mantelsäcke herstellte, mhd. *wâtsac*.⁸ Daraus entwickelte sich übrigens der heutige Familienname *Weizsäcker*.

Für in Hessen vorkommende historische Berufsnamen ist immer noch zu empfehlen

Karl Bücher: Die Berufe der Stadt Frankfurt a.M. Leipzig 1914.

Allgemein zu Berufsnamen:

Kaspar Linnartz: Unsere Familiennamen. Zehntausend Berufsnamen im Abc erklärt. Berlin und Bonn 1936.

2.3 Herkunftsnamen

Auch hier gibt es wieder die große Spannweite von ganz leichten und durchsichtigen Namen wie *Marburg* oder *Marburger*, *Darmstädter* und *Bergsträsser* bis hin zu Familiennamen, bei denen man zwar wegen der Namensform vermuten kann, dass es sich um Namen nach einem Herkunftsort handelt, wo man den Herkunftsort aber nur mit Mühe oder gar nicht erkennen kann. Mit *Runzheimer* hatten wir schon so einen Fall (Kap. 2.2.1).

Oft kommen mehrere gleich lautende Orte als Herkunft in Frage. So gibt es außer *Reinheim* im Odenwald (Kr. Darmstadt-Dieburg) auch noch ein *Reinheim* im Saarland (Gersheim, Saarpfalz-Kr.) dicht an der französischen Grenze. Schaut man sich die relative Verbreitung des Familiennamens *Reinheimer* an, sieht man sehr deutlich, dass sich die annähernd 1200 *Reinheimer* ganz überwiegend im Umfeld dieser beiden Gemeinden nachweisen lassen: Etwa 60% leben in Hessen, die meisten in Südhessen (mit einem ausgeprägten Schwerpunkt im Kr. Groß-Gerau); und etwa 20% leben im Saarland und den angrenzenden pfälzischen Kreisen. Da lässt sich also meistens ziemlich leicht auseinander nehmen, welcher *Reinheimer* seinen Namen welchem *Reinheim* verdankt. Deutlicher wird das noch bei der dialektal geprägten Form <*Reinemer*> (mit etwa dreihundert Namensträgern), die sich im Wesentlichen auf den Raum zwischen Worms und Wetterau verteilen.

Verdächtig als Herkunftsnamen sind alle Familiennamen, die ein für Ortsnamen typisches Namenelement wie *-heim, -ing, -rod(e), -hof, -burg, -au* enthalten, vielleicht noch verbunden mit der herkunftsbezeichnenden Endung *-er*: *-heimer, -inger* usw. Für die Suche nach dem (vielleicht) namengebenden Ort bietet sich zunächst eine Suchfunktion bei geogen an:

http://christoph.stoepel.net/geogen/v3/GeoNames.aspx.

Hier sind geographische Namen (nicht nur Ortsnamen) in Deutschland, Österreich und der Schweiz gelistet, die namengleiche oder namenähnliche Belege nachweisen und auf einer zoombaren Übersichtskarte verorten.

Wenn man hier keinen Erfolg hat, ist man wieder einmal auf Google und Wikipedia angewiesen. Hier wird man aber erstaunlich oft fündig. Mitunter führt die automatische Korrekturfunktion „Meinten Sie ..." auf die richtige Spur.

Ein besonderes Kapitel stellen die Herkunftsnamen dar, die auf Wüstungen zurückgehen, d.h. auf Orte, die heute vollständig oder fast vollständig verschwunden sind. Man kann sie natürlich in keinem Ortsverzeichnis finden und ist auf historische Ortsnamenquellen angewiesen. Vieles ist in den einschlägigen historischen Ortslexika nachgewiesen. Am leichtesten zugänglich, weil internetbasiert, ist

http://www.lagis-hessen.de/de/subjects/index/sn/ol.

Darin sind auch die regionalen Ortslexika eingearbeitet, die aber meist noch zusätzliche Informationen enthalten:

Heinrich Reimer: Historisches Ortslexikon für Kurhessen. Marburg 1926.

Wilhelm Müller: Hessisches Ortsnamenbuch Bd.I: Starkenburg. Darmstadt 1937.

C.D. Vogel: Beschreibung des Herzogthums Nassau.1843. (Reprint 1986).

Die Namen verschwundener Siedlungen haben sich oft in alten Flurnamen erhalten. Bei Verdacht auf einen in Hessen gelegenen Wüstungsnamen als Herkunftsangabe für den Familiennamen empfiehlt sich deshalb eine Suche in den bei www.lagis-hessen.de zugänglichen hessischen Flurnamenbüchern für Südhessen und Mittelhessen (Kr. Gießen), vor allem aber in der leider unbearbeiteten, aber für Suchzwecke hilfreichen Gesamtdatei der hessischen Flurnamen:

http://lagis.online.uni-marburg.de/de/subjects/index/sn/fln.

Geht man beispielsweise dem ziemlich undurchsichtigen Namen *Rexroth* nach, den auch ein ehemaliger Bundeswirtschaftsminister trug, sieht man auf der Verbreitungskarte, dass es sich um einen typisch hessischen Familiennamen handelt. Denn von den mehr als fünfhundert Namensträgern wohnt über die Hälfte in unserem Bundesland, vorzugsweise in Südhessen. An einen Siedlungsnamen als Herkunft lässt vor allem die Endung <-roth> denken. Das lässt auf den Ortsnamentyp auf *-rod(e)* schließen, also auf eine Rodung. Wegen des heutigen Schwerpunkts denkt man zuerst an eine Siedlung oder Wüstung in Südhessen. Die Suche danach, auch in Bezug auf Flurnamen in Südhessen, bleibt aber ergebnislos. Erst historische Ortslexika führen auf die Wüstung <*Rexrode, Recksrode*> bei Blankenbach, heute Stadtteil von Sontra (Werra-Meißner-Kr.), ab 1428 erwähnt.[9] Sucht man nun in der lagis-Datei der hessischen Flurnamen mithilfe der Registersuche nach *Rex-* und *Recks-* wird man auf einige Flurnamen dieses Raums verwiesen. Wenn die heutige Schwerpunktverteilung der *Rexroth*-Namen nicht zufällig ist, ließe sie sich dahingehend interpretieren, dass ein Mann aus Rexroth früh nach Südhessen ausgewandert ist, vergleichbar unserem Frankfurter *Sandrock*.

Bei Namen, die in Hessen konzentriert vorkommen, ist meist auch ein hessischer Ort namengebend gewesen, häufig sprachlich leicht verändert (z.B. *Biedenkapp* < *Biedenkopf*; *Hupfeld* < *Hopfelde* (Werra-Meißner-Kr.)) oft einer aus den Hessen umgebenden Regionen (z.B. *Dörsam*) und eher selten einer aus der Ferne wie bei den elsässischen *Runzheimer* und (vermutlich) *Bitsch*.

2.4 Wohnstättennamen

Der Familienname kann sich auf die ursprüngliche Wohnstätte des ersten Namensträgers beziehen. Hier muss man zunächst unterscheiden, ob der Wohnplatz oder die Wohnstätte innerhalb der Siedlung oder außerhalb davon liegt. Innerhalb der Siedlung können dann allgemein genutzte Einrichtungen wie das Tor (*Amthor*), die Kirche (*Kirch*), der Friedhof (*Kirchhof(f)*), der Brunnen oder Born (*Brunner, Born, Börner*), das Backhaus (*Backes*) für eine dort wohnende Familie namengebend werden. Aber auch die Wohnhäuser selbst trugen zumindest in den städtischen Siedlungen Namen, aufgrund derer die Bewohner identifiziert wurden (*Rothschild, Gutenberg*).

Bewohner von Wohnstätten außerhalb der Siedlungen wurden oft nach dem Namen der Stelle benannt, an der sie wohnten; im Prinzip also nach Flurnamen. Es gab viele sehr allgemeine und leicht durchschaubare Benennungsmotive: *Berg* und *Tal*, *Bach* und *Teich*, *Acker* und *Wiese*, *Feld* und *Au*, *Wald* und *Heide*. Die auf diesen und weiteren Ausdrücken beruhenden Familiennamen und ihre Zusammensetzungen sind leicht zu verstehen. Interessanter wird es bei Örtlichkeitsbezeichnungen, die heute nicht mehr verständlich sind wie z.B. *Driesch, Bracht* oder *Brühl*. Flurnamen sind vielfach allgemein verbreitet und kommen in vielen Gemarkungen vor. Deshalb kann man den Wohnstättennamen gewöhnlich nicht auf einen bestimmten Ort zurückführen. Aber sehr viele kommen auch nur in einem größeren oder kleineren Teil Hessens häufiger vor. Dann kann man u.U. aus der begrenzten Verbreitung oder der speziellen sprachlichen Form des Flurnamens Rückschlüsse auf die ursprüngliche Herkunft des Familiennamens ziehen.

Wer einen hessischen Familiennamen trägt, der vermutlich als Wohnstättenname letztlich auf einen Flurnamen zurückführt, hat umfangreiche Suchmöglichkeiten. Auf die bei www.lagis-hessen.de leicht zugänglichen Module des „Südhessischen Flurnamenbuchs" (auch gedruckt 2002), des „Mittelhessischen Flurnamenbuchs" (das die Flurnamen des Kreises Gießen bearbeitet) und der umfangreichen, allerdings unbearbeiteten „Gesamtdatei der hessischen Flurnamen" wurde bereits bei den Herkunftsnamen hingewiesen. Aus dieser Datei kann man sich – am besten über die Funktion „Registersuche" – alle in Frage kommenden Belege zusammenstellen und durch eine Zusatzfunktion sogar eine Übersichtskarte erzeugen, die die Verbreitung dieser Flurnamen in Hessen anzeigt. Als Namenatlas liegt vor

Hessischer Flurnamenatlas. Hrsg. von Hans Ramge unter Mitarbeit von Sonja Hassel-Schürg, Ulrich Reuling, Gerda Weigel und Bernd Vielsmeier. Darmstadt 1987.

Ein Beispiel: *Brühl,* mit leichter sprachlicher Veränderung auch <Bröhl> und <Briel, Briehl>, heißen in Deutschland etwa 8.000 Menschen; etwa 20 % davon leben in Hessen, typischerweise aber in den westlichen Landkreisen vom Kr. Marburg-Biedenkopf bis in den Rheingau. Typischerweise deshalb, weil der Schwerpunkt des Namenvorkommens in den westlich anschließenden Regionen liegt, vor allem im Westerwald. *Brühl* hießen ursprünglich Menschen, die an einem *Brühl* wohnten. Das war die Bezeichnung für eine große, reichen Heuertrag bringende, oft aber auch buschig-feuchte Wiese. Die alte Wiesenbezeichnung kam im Westen des deutschen Sprachgebiets auf, denn ihr liegt letztlich ein galloromanisches Wort *brogilos* ‚Grenzsumpf' zugrunde. Noch die heutige Verbreitung des in Hessen sehr häufigen Flurnamens zeigt das sehr deutlich: Es ist im Westen und Süden des Landes bis zu einer Grenze, die von der Kinzig über den Vogelsberg bis an die obere Lahn reicht, sehr dicht belegt, nordöstlich davon eher selten. Die heutige Hauptverbreitung des Familiennamens *Brühl* entspricht also ziemlich genau dem westlichen Teilbereich des hessischen Raums, in dem der Flurname *Brühl* bevorzugt vorkommt.[10]

Manche Flurnamen sind zu Ortsnamen geworden: *Brühl* allein ist für etwa zehn Orte in Deutschland namengebend geworden. Deshalb muss man in Betracht ziehen, dass der scheinbare Wohnstättenname auch ein Herkunftsname sein könnte. Die Übergänge zwischen Ortsnamen und Flurnamen sind ohnehin fließend.

2.5 Eigenschaftsnamen

Der Familienname bezieht sich auf eine Eigenschaft, eine Eigenheit oder eine Verhaltensweise des ersten Namensträgers. Hier finden wir die ganze Spannbreite dessen, was irgendwie mit einem Menschen in Verbindung zu bringen ist – außer seinem Ruf- oder Vaternamen, seinem Beruf, seiner Herkunft, seiner Wohnstätte. Und wir finden auch wieder die ganze Spannbreite von leicht verständlich und durchsichtig wie *Groß, Klein, Kurz, Lang(e), Fett* und *Mager, Dick* und *Dörr / Dürr* ..., auch *Dumm,* aber niemals **Doof* – das gibt es nicht, jedenfalls nicht als Familienname.

Es ist unglaublich, was seit frühesten Zeiten Mitmenschen alles eingefallen ist, um andere zu benennen. Die Familie *Rotzmaul* ist uns schon begegnet; bei den adeligen Ulrichsteiner Herren *Schleifraz* kann man sich aussuchen, ob sie lieber Schlehen oder Schleien ‚gefressen' haben. Da nimmt sich ein *Suppenesser* noch ganz manierlich aus, vor allem im Vergleich zum heute noch im Neckarraum verbreiteten *Schlicksupp.* Auch hübsche körperliche Eigenschaften werden gern zur Zielscheibe namengebenden Spotts, vom *Plattfuß* über den *Quellbauch* (Fulda) bis zum *Klapperzahn.*[11]

Menschliche Eigentümlichkeiten sind also ein außerordentlich weites Feld für die Namengebung: Nichts ist ihr fremd, nichts und niemanden lässt sie aus. So ist nicht verwunderlich, dass heute Vieles im Verborgenen von Familiennamen blüht und erst sorgfältig herausgeschält werden muss.

Nehmen wir den Familiennamen *Dersch*, einen hessischen Namen, denn von den etwa 1.500 Namensträgern deutschlandweit lebt annähernd die Hälfte in den Kreisen Marburg-Biedenkopf und Waldeck-Frankenberg. Der Name hat also mit hoher Wahrscheinlichkeit hier seinen Ursprung, und seine Deutung scheint klar zu sein. Der Familiennamen-Duden stellt den Namen zu mhd. *toerisch, toersch* ‚töricht'.[12] Das schien mir auch lange Zeit einleuchtend und bedauerlich für die Namensträger. Es war aber nur einleuchtend, bis die älteren Namensformen zu Tage traten, zeitlich ungewöhnlich frühe. Es gab nämlich an der Eder ein altes Adelsgeschlecht, das zuerst mit einem Heinrich von *Tyrse* 1261 belegt ist. Fast gleichzeitige Nennungen weisen Schreibungen wie *Terse, Therse* auf; 1528 finden wir mit *Volpert von Derss* einen Namensträger, der sprachlich den Übergang zum heutigen *Dersch* anzeigt.[13] Sprachlich ist das so einfach, wie im Hessischen die feine *Wurst* zur dialektalen *Worscht* wird. Zu ‚töricht' kommt man so also jedenfalls nicht, sondern eher zu mhd. *ters*, was ‚kühn, verwegen' bedeutet. Das passt natürlich viel besser zu einem nordhessischen Rittergeschlecht und seinen bürgerlichen Mitnamensträgern. Mit der neuen Deutung bleiben wir im Feld der menschlichen Eigenschaften, wobei offen sei, wo die Grenze zwischen Dummheit und Verwegenheit verläuft.

Wir sehen aber auch, dass der Blick ins Namenbuch nicht immer die richtigen Ergebnisse liefert, vor allem wenn die Verfasser aus der heutigen Form des Namens allein auf eine Bedeutung schließen mussten (s.u. Kap. 4.3.3). Wenn wir eine Namengeschichte haben, die dem erkennbar entgegensteht, müssen wir uns schon selbst auf die Motivsuche machen. Bei Namen, die auf Eigenschaften oder Eigenheiten des ersten Namensträgers schließen lassen, muss es – wie bei den berufsbezogenen Namen – immer ein Wort geben, mit dem die Eigenheit benannt wurde. Wenn das kein heute geläufiges Wort ist, sind wir auf die Suche in historischen Wörterbüchern und Dialektwörterbüchern angewiesen. Hier liefert das Internet unter der Adresse

http://woerterbuchnetz.de/

mittlerweile ein unglaublich reichhaltiges und stetig erweitertes Wörterbuchangebot, das für unsere Suche unentbehrlich ist. Denn hier sind die für unsere Zwecke wichtigsten sprachhistorischen Wörterbücher online aufbereitet, nämlich „der Grimm" und „der Lexer":

Jacob und Wilhelm Grimm: Deutsches Wörterbuch. Leipzig 1854–1960. Nachdruck 1984 (33 Bde).

Matthias Lexer: Mittelhochdeutsches Handwörterbuch, 3 Bde. Leipzig 1872–78. Nachdruck Stuttgart 1992.

Das „Mittelhochdeutsche Handwörterbuch" beginnt mit einem Wort in der mittelalterlichen Sprachform und gibt dann seine Bedeutung(en) an. Wenn man nicht geübt ist im

Umgang mit mittelalterlichen Sprachformen, ist es schwierig zu benutzen. Im Fall von *Tyrse* (> *Dersch*) war es hilfreich, weil man die mittelalterliche Namensform mit einem Eintrag im Wörterbuch abgleichen konnte. Manchmal ist auch der Blick in ein Wörterbuch, das die Herkunft von Wörtern erklärt, einfacher und hilfreich. Am leichtesten zugänglich ist

> Duden. Das Herkunftswörterbuch. Etymologie der deutschen Sprache. Berlin/Mannheim/Zürich ⁵2014.

Als wir uns mit den *Klohokern* (s. Kap. 1.2.3) beschäftigten, war für die Deutung entscheidend, dass wir einen Hinweis in einem hessischen Dialektwörterbuch fanden. Das gilt natürlich allgemein, und deshalb ist es wichtig, für die Deutung eines Familiennamens auch einmal in ein Dialektwörterbuch zu schauen.

Ein etwas kompliziertes, aber am Ende über Dialektwörterbücher verblüffend leicht auflösbares Beispiel ist der ausgesprochen hessische Name *Dingeldein*, auch <*Dingeldey*>. Von den etwa 1.200 Namensträgern leben über zwei Drittel in Hessen, die meisten davon in Südhessen; denn der Name ist im Odenwald entstanden. Er wurde in der Regel als sog. Satzname gedeutet, d.h. dass er aus einem Satz entstanden ist, also hier „Dengle den Degen!" als Berufsbezeichnung für einen Waffenschmied. Diese Deutung passt jedoch so schlecht mit der historischen Überlieferung des Namens zusammen, dass sie nicht richtig sein kann. Im Odenwald ist der Name seit 1426 mit *Hamman, Herman und Fritz Dingeldey* überliefert. Deshalb kann <-dein> nicht aus *degen entstanden sein: Es ist vielmehr das Zeichen der Abstammung von einer *Frau Dingeldey*, volkssprachlich eben einer *<*Dingeldey-en*>. Was aber ist ein *Dingeldei(n)*? Hierüber gibt uns überraschenderweise das „Südhessische Wörterbuch" einen Hinweis. Es führt *Dingeldein* als in einigen Orten vorkommendes Wort für ein ‚ungeschicktes Mädchen' an.[14] Dem Wörterbuch zufolge können wir ihr einen *Duddel-dei* als männliche Entsprechung zur Seite stellen, einen ‚einfältigen, ungeschickten Menschen, Tölpel'.[15] Damit erweist sich der Name (in seinen beiden Varianten) ursprünglich als Benennung für einen ungeschickten Menschen. So wird aus einem Degenschmied ein *Dabbes*.[16]

Wichtig für die Namendeutung sind also auch regionale umfangreiche Wörter-Sammlungen, wie sie in meist mehrbändigen Wörterbüchern veröffentlicht sind. Für Hessen derzeit am umfassendsten:

> Südhessisches Wörterbuch. Bearb. von Rudolf und Roland Mulch. 6 Bde. Darmstadt 1965 ff. – Auch in: http://woerterbuchnetz.de/ und bei http://www.lagis-hessen.de/de/subjects/index/sn/.

> Hessen-Nassauisches Volkswörterbuch. Bearb. von Luise Berthold, Hans Friebertshäuser, Heinrich J. Dingeldein. (bisher) 3 Bde. Marburg 1943 ff. – Auch in: http://www.lagis-hessen.de/de/subjects/index/sn/hnwb.

Das „Hessen-Nassauische Volkswörterbuch" umfasst bisher nur die Buchstaben L–Z. Für die Buchstaben A–K gibt es bei lagis-hessen.de eine Liste der im Arbeitsbereich des Wörterbuchs vorkommenden Dialektwörter, die noch bearbeitet werden sollen.

Weitere Wörterbücher wie das „Pfälzische" oder das „Rheinische Wörterbuch" sind im www.woerterbuchnetz.de zugänglich.

Geradezu unerschöpflich ist der Fundus an Namen, die durch bildliche Vergleiche auf Eigenschaften oder besondere Kennzeichen der ersten Namensträger verweisen. Dazu gehört u.a. der Zoo an Tieren, der in den Namen alter hessischer Adelsgeschlechter Eingang gefunden hat wie die *Kalb von Reinheim*, die *Gans von Otzberg*, die *Löw von Steinfurt*, die *Rietesel* in Lauterbach, die *Waldvogel*. Noch viel umfangreicher ist das Tierreich, das sich in den Namen von Bürgerlichen spiegelt und das nicht einmal die Zecke auslässt: 1322 *Heimannus Zecke*.[17] Hier nur eine kleine Auswahl aus den frühen Bürgeraufnahmen in Frankfurt: 1468 *Johan Esel*, 1354 *Henne Ferkeln*, 1387 *Herte Gurre* (‚lahmer Gaul', heute Familienname *Gorr, Gurr*), 1397 *Henne Frosch*, 1453 *Johan de Hond*, 1387 *Henchin Erthunchin* (‚Erdhühnchen'), 1377 *Henne Gensechin*, 1440 *Henne Halgans* (‚Schnee-, Wildgans', heute Familienname *Hehlgans*).[18] Bei solchen Namen können wir oft nur vage Vermutungen anstellen, was zu der bildhaften Namengebung geführt hat.

Oder: Wer heute einen der häufigen Namen wie *Pfaff, Pfaffe* o.ä. oder wie *Mönch, Münch* o.ä. führt, kann schon darüber nachdenken, ob das etwa in sehr direkter Beziehung zu dem geistlichen Stand seines namengebenden Vorfahren steht. Heiligenscheine waren auch in früherer Zeit nicht so häufig, wie man denken könnte. Aber es kann z.B. ebenso gut sein, dass dieser Vorfahr nur ein pfäffisches oder mönchisches Gehabe an den Tag legte und damit seine Umgebung nervte. Leute, die *Pabst* o.ä. heißen, können allerdings eher ausschließen, dass sie ihre Linie auf einen Papst zurückführen können. Hier wird das päpstliche Auftreten des ersten Namensträgers für den Namen gesorgt haben, vielleicht aber auch eine besondere (Geschäfts-)Beziehung zu einer kirchlich-päpstlichen Einrichtung.

Gerade bei den direkten und besonders den indirekten Benennungen nach einer Eigenschaft, einer Eigenheit, einem Verhalten herrscht also häufig eine große Unsicherheit darüber, was das namengebende Motiv konkret war. Nur dass der Name selbst mit einem (mittelalterlichen) Wort verbindlich zusammengebracht werden kann, ja muss, erlaubt uns die Vermutung, dass mit dem Namen eine besondere Eigenheit angesprochen werden soll.

Zwischendurch zusammengefasst

Jeder Familienname (auch der mit fremdsprachiger Herkunft) kann auf ein Wort oder einen anderen Namen zurückgeführt werden (der seinerseits ein Wort zur Grundlage hat). Ein Familienname ist dann gedeutet, wenn er mit hinreichender Sicherheit auf ein Wort mit bestimmbarer Bedeutung oder auf einen anderen eindeutig identifizierbaren Namen zurückgeführt werden kann.

Die Wörter und die Bezugsnamen lassen sich als namengebende Motive immer (mindestens) einer der folgenden Obergruppen zuordnen:

(1) einem anderen personbezogenen Namen (Ruf-, Tauf-, Heiligenname), kurz: Personenname;
(2) einem Wort, das einen Beruf oder eine Tätigkeit direkt oder indirekt bezeichnet, kurz: Tätigkeitsname;
(3) einem anderen Namen, der die Herkunft bezeichnet, kurz: Herkunftsname;
(4) einem Wort oder einem anderen Namen, das / der eine Wohnstätte bezeichnet, kurz: Wohnstättenname,
(5) einem Wort (oder – selten – einem anderen Namen), das direkt oder indirekt eine menschliche Eigenschaft, Eigenheit oder Verhaltensneigung bezeichnet, kurz: Eigenschaftsname.

Zur selbstständigen Deutung des Familiennamens gibt es eine Reihe von ziemlich leicht zugänglichen gedruckten Werken und eine Fülle von online-Angeboten: Namenbücher und Namensammlungen, sprachgeschichtlich ausgerichtete Wörterbücher und Dialektwörterbücher. Außer den hier besonders hervorgehobenen finden Sie weitere im Literaturverzeichnis.

3. Wenn es aus der Wolke tröpfelt

3.1 Deutungsregeln: Wie gehe ich überlegt vor?

Die vorangegangenen Abschnitte sollten eine Art Arbeitsanleitung bieten. Sie sollten Sie ermutigen, dass Sie sich selbst darauf einlassen, etwas über Ihren Namen zu erfahren. Oder über Namen in Ihrer Verwandtschaft oder Freundschaft. Oder über einen Namen, der Ihnen über den Weg gelaufen ist und der Sie aus irgendwelchen Gründen interessiert. Es sollte deutlich werden, dass man sich auch ohne große sprachwissenschaftliche oder historische Kenntnisse dazu auf den Weg machen kann und sich ganz unterschiedlich intensiv auf die Suche einlassen kann. Wenn man Vergnügen daran hat, macht es einfach Vergnügen (und man muss ja nicht gleich die ganze Umgebung damit bespaßen).

Es gibt aber keinen Königsweg, der gewissermaßen automatisch zu einer zuverlässigen Deutung des Namens führt. Oft muss man einfach mit Teilergebnissen zufrieden sein, mit einer genauen Analyse der Vorkommensräume des Namens, mit Einsichten in die geschichtliche Überlieferung des Namens. Oder aber auch mit der Erkenntnis, dass es verschiedene, unklare oder gar keine Angebote für die Deutung des Namens gibt.

Ich will deshalb abschließend auf ein paar Beschränkungen und Regeln hinweisen – ein bisschen Pädagogik muss sein –, die für alle gelten, die sich mit Namenforschung befassen. Dabei wird zugleich an ein paar etwas komplexeren Fällen vorgeführt, wie man mit den vorgeschlagenen Verfahrensschritten umgehen kann.

Verfahrensschritte

(1.) Die Gedanken sind frei

Phantasie ist gut, solange sie nicht ins Phantastische abgleitet. Nennen wir es also besser „kreativ", wenn Sie im Anblick Ihres Namens (oder eines anderen) Ihre Gedanken frei schweifen lassen, was der denn nun wohl bedeuten könnte. Lassen Sie sich anregen vom Duft der großen weiten Google-Welt. Aber verlieren Sie sich nicht darin: Es sollen schon manche im Cyberspace verloren gegangen sein! Und bedenken Sie bitte: Namen entstehen in aller Regel aus vernünftigen Motiven. Bleiben Sie deshalb auch vernünftig und suchen Sie nicht im Extremen, im Wundersamen: das funktioniert nicht!

(2.) Aktion Eichhörnchen

* Tragen Sie vielmehr systematisch entsprechend Kap. 3 alles zusammen, was Sie über
  – die Namenverbreitung und
  – die Namengeschichte
  in Erfahrung bringen können.
* Versuchen Sie, auf dieser Grundlage mögliche Wörter und/oder andere Namen zu finden, die als namengebendes Motiv in Frage kommen. Nutzen Sie dazu die Ihnen zugänglichen
  – Nachschlagewerke (Lexika, Namenbücher, online-Seiten).
* Ordnen Sie Ihren Namen versuchsweise einer oder mehreren der fünf Motiv-Hauptgruppen zu.

(3.) Die Nagelprobe

Versuchen Sie herauszufinden, ob sich die Namengeschichte Ihres Namens inhaltlich und sprachgeschichtlich einwandfrei und eindeutig mit der Bezeichnung des namengebenden Sachverhalts oder dem zu Grunde liegenden Namen verbinden lässt.

Falls etwas nicht passt, z.B. ein historischer Beleg: Versuchen Sie herauszufinden, ob sich die Abweichung begründet erklären lässt. Das Ziel muss immer sein, zu einer möglichst widerspruchsfreien Erklärung des Namens zu gelangen.

Wenn Ihnen das gelungen ist, haben Sie Ihren Namen in seinem Ursprung erklärt. Denn Sie erinnern sich: Ein Name ist immer dann sprachlich gedeutet, wenn er auf den Namen einer anderen Namengruppe oder ein Wort mit einer feststellbaren Bedeutung zurückgeführt werden kann. Also, wenn Ihnen das gelungen ist: Herzlichen Glückwunsch!

3.2 Wie sichere ich meine Deutung ab?

Fragen über Fragen

Auf dem Weg dahin, vor allem noch auf der Zielgeraden, gibt es bedauerlicherweise eine Menge Stolpersteine und Wegblockaden. Um sie zu umgehen, muss man sich mit einer Reihe von Fragen befassen:

1. Welche Belege gehören eigentlich zu meiner Namengeschichte? Was hat es zur Folge, wenn ich bestimmte Varianten ausschließe? Welche hat es, wenn ich bestimmte fälschlich hinzunehme? Das ist das Zentralproblem der Belegsammlung für die Namengeschichte. Bei seltenen und schwierigen Namen ist das für die Deutung oft entscheidend. Kurz: Was führt mich auf sprachliche Abwege oder inhaltliche Holzwege? Wie stelle ich einen schlüssigen Zusammenhang her? Welche Annahmen muss ich machen? Sind die begründbar?
2. Was mache ich, wenn ich am Ende auf der Zielgeraden zwei, drei, vier, fünf verschiedene Deutungsmöglichkeiten habe, die alle irgendwie begründbar sind? Wie finde ich Entscheidungskriterien, die die Wahrscheinlichkeit der Deutung abstufen?

Ein Musterfall: Hallstein

Die Probleme lassen sich am Namen *Hallstein* schön verdeutlichen. Der Name ist international durch ein Wort bekannt geworden: die „Hallstein-Doktrin". Sie besagte – lang, lang ist's her – dass Staaten, die mit der damaligen „DDR" (in Gänsefüßchen) diplomatische Beziehungen aufnahmen, von der Bundesrepublik Deutschland (ohne Gänsefüßchen) Sanktionen zu erwarten hatten. Diese von 1955 bis 1969 bestehende „Hallstein-Doktrin" der jungen Bundesrepublik war nach dem damaligen Staatssekretär Walter Hallstein benannt, einem gebürtigen Mainzer. Hallstein wurde dann von 1958–1967 erster Präsident der Europäischen Wirtschaftsgemeinschaft (EWG).

Die *Hallsteins* sind ein altes Odenwälder Geschlecht. Etwa 70% der über fünfhundert Namensträger leben in Hessen, allein ein Drittel im Odenwaldkreis. Dort ist der Name seit 1303 mit *Rucker genannt Halstein* in Klingen[19] und 1426 mit *Clesgin Halsten* und *Clesgin Halsteins frauwe* in Nieder-Kinzig vielfach belegt.[20] Schon 1298 wird ein Schöffe *dicto Haylstein* in Crumstadt (Riedstadt, Kr. Groß-Gerau) erwähnt.[21]

Die Deutung des Namens ist wegen des ersten Namensteils <Hall-> schwierig. Der Beleg von 1298 und dazu ein früher Beleg von 1410 *..tzu Muda (=Modau) des guts, das Gerlachs vnd Hermans Hailstein seligen was*[22] legen nahe, dass der Vokal in *hal-* ursprünglich lang gesprochen wurde (1. Annahme). Denn das <i> nach einem Vokal verweist in mittelalterlichen Schreibungen meist auf die Länge des Vokals, hier des <a>.

Eine Umdeutung aus **Hohlstein* ist unwahrscheinlich, obwohl es einen entsprechenden Familiennamen dazu in Ostdeutschland gibt und in Nordosthessen viele Menschen <Hollstein, Holstein> heißen (2. Annahme). Das sind dort Herkunftsnamen nach den Namen mehrerer Wüstungen²³, wobei die Namen der Siedlungen auf eine Siedlung an einem *hohlen Stein* zurückgehen. Ein Wechsel von (langem) <o> zu <a> ist jedoch in Hessen im 15. Jh. sprachgeschichtlich unwahrscheinlich.

Wenn der Vokal in *hal-* ursprünglich lang gesprochen war, kommen zunächst zwei Wörter in Betracht: *hal* als südhessisches Dialektwort für ‚trocken, ausgetrocknet'²⁴. Und, zusammengezogen verkürzt, mhd. *halde* ‚Abhang'. Der Familienname wäre als Wohnstättenbezeichnung nach einem Stein entweder an einer trockenen oder an einer abschüssigen Stelle benannt (3. Annahme). Ein solcher *Halstein* oder *Haldestein* sollte seine Spuren in einem Flurnamen hinterlassen haben: hat er aber nicht.

Hahl kann aber auch aus mhd. *hagel* ‚Hagel' zusammengezogen sein. So ist z.B. *Hahlgans* (aus *Hagelgans*) hessisch üblich für die Schnee- und Wildgans und als Schimpfwort für eine ‚dumme, furchtsame Frau'.²⁵ In diesem Fall wäre die Ausgangsform *Hagelstein* (4. Annahme). Eine Art Bestätigung für diese Annahme liefert schon die Urkunde von 1303, in der in der Zeugenliste neben unserem *Rucker genannt Halstein* auch ein *Johannes gen. Hufnal* erwähnt wird, zweifellos zusammengezogen für jemanden mit dem Beinamen *Hufnagel*.

Alles hängt dann davon ab, ob der seit dem 13. Jh. mehrfach belegte Rittername *Hagelstein*, zuerst 1244 *Cunradum Hagelstein*²⁶, zur Namengeschichte von *Hallstein* gehört oder nicht. Die *Hagelstein*s sind für die Wetterau nachgewiesen, so dass die Entfernung zum nördlichen Odenwald durchaus kein Hindernis gewesen ist. Deshalb ist es auch räumlich gut möglich, dass die *Hagelstein*s tatsächlich die ältesten Nachweise für den *Hallstein*-Namen darstellen (5. Annahme). Den Familiennamen *Hagelstein* gibt es übrigens bis heute in Hamburg und Schleswig-Holstein.

Aber was bedeutet ein ‚Hagelstein' als namengebendes Motiv? Hier beginnt das weite Feld der Spekulation, wie das oft bei Namen der Fall ist, wenn man auf der Zielgeraden angekommen ist.

Ein ‚Hagelstein', mhd. *hagelstein*, ist natürlich zunächst das Hagelkorn, die Hagelschloße und könnte namengebend für jemanden geworden sein, dem z.B. ein Unglück mit einem Hagelsturm zugestoßen ist (6. Annahme). Das wäre dann im weiteren Sinn ein Eigenschaftsname, weil dem ersten Namensträger das mehr oder weniger traurige Ereignis als Eigenschaft zugeschrieben worden ist.

Die Bedeutung ‚Hagelstein' ist aber auch ein Teil der Gesamtbedeutung von mhd. *kisel* ‚Kieselstein'. Die darauf zurückgehenden Familiennamen *Kiesel*, *Kissel* und die Ableitungen *Kießling*, *Kißling* u.ä. sind in Deutschland sehr häufig. Mit diesen Namen wird offenbar bildlich eine Charaktereigenschaft des Namensträgers bezeichnet: ein harter, unnachgiebiger Mensch (7. Annahme). Ob ein *Hagelstein* dann ein harter, doch letztlich dahinschmelzender Charakter sein mochte: wer kann das schon wissen?

Es könnte aber auch ein ‚Mensch von heftiger Gemütsart, Zornmütiger'²⁷ gewesen sein (8. Annahme). Jedenfalls ist *Hagelstein* bei dem mittelalterlichen Prediger Berthold von Regensburg der Name eines Teufels.

Schließlich wird der Augenstern, die Pupille, gelegentlich so genannt.²⁸ Auch das wäre eigentlich ein schönes namengebendes Motiv (9. Annahme); aber, bitteschön, wofür?

So hangeln wir uns bei der Deutung von Annahme zu Annahme. Jede davon kann mehr oder weniger ernsthaft bestritten oder doch in Frage gestellt werden. So ist der Schluss nicht zweifelsfrei, dass *Hallstein* auf einen mittelalterlichen *Hagelstein* zurückgeht. Doch selbst wenn das der Fall ist, hat man das Namenrätsel noch längst nicht gelöst. Für *Hagelstein* ist bloß ein Wort mit vielerlei Bedeutungen feststellbar.

Als kleiner Scherz: Dass ausgerechnet die Pupille das Namenmotiv abgegeben hat, vermutet eine Namensträgerin, weil bei männlichen Personen in ihrer Familie „immer wiederkommende stechend hellblaue Augen" charakteristisch seien. Wirklich beweiskräftig ist das aber natürlich nicht.

Das langwierige Lavieren mit unserem Musterfall sollte einmal genau vorführen, welche Entscheidungen bei einer komplizierten Namengeschichte getroffen werden müssen:

– Welche Belege gehören wirklich zur Namengeschichte? So kommt man zu verschiedenen sprachlichen Ausgangsformen, auf die der heutige Name zurückgeführt werden kann.
– Aber selbst wenn man sich auf eine sprachliche Ausgangsform festlegt: Die kann dann als Wort viele verschiedenartige Bedeutungen umfassen. Woher weiß ich, welches die „richtige" Bedeutung ist?

Die kurze Antwort zur kurzen Frage einer langen Überlegung: Es gibt keine. Höchstens: Eine Deutung ist wahrscheinlicher als eine andere. Die ist dann wahrscheinlich richtig (aber vielleicht auch falsch).

Deshalb brauchen Sie die Erklärungen in diesem Buch keinesfalls klaglos zu akzeptieren. Ich bin sicher, dass mir Fehldeutungen unterlaufen sind; leider weiß ich nicht, welche. Aber Nutzer werden es vielleicht aufdecken.

3.3 „... so irrt sich der"

Die drei Hauptfehlerquellen für eine fehllaufende Namendeutung will ich abschließend an konkreten Fällen aufzeigen. Es liegt auf der Hand: Je weniger Informationen Sie über Ihren Namen haben, umso größer ist die Gefahr, dass Sie sich über die wahre Herkunft und Bedeutung des Namens irren. Bei dem Bearbeitungsprozess kommt es immer darauf an, welche Daten Sie über den Familiennamen zusammenstellen konnten. Da gibt es drei Standardfälle:

(1) Sie haben nur den heutigen Namen und kennen seine Häufigkeit und seine Verbreitung.
(2) Sie haben den heutigen Namen, kennen seine Häufigkeit, seine Verbreitung und haben eine Reihe historischer Belege gefunden, die eine sprachliche Erklärung zulassen.
(3) Sie haben den heutigen Namen, kennen seine Häufigkeit, seine Verbreitung, die historischen Belege und eine sprachliche Erklärung aus einem Namenbuch, die aber auf verschiedene Bedeutungen als mögliche namengebende Motive verweist.

3.3.1 Der heutige Name: Fast nackt und bloß (wie Ecos Name der Rose)

Der überaus zuverlässige und gründliche Familiennamen-Duden bearbeitet ganz Deutschland und kann schon deshalb schlechterdings nicht alles wissen. Sehr oft kennen die Bearbeiter nur die heutige Namensform und müssen aus ihr auf eine sprachliche Herleitung schließen. Dann überlegt man, wie sich der heutige Name sprachgeschichtlich entwickelt haben könnte und kommt dann auch meist zu vernünftigen Ergebnissen. So liegt es in der Tat auf der Hand, dass der hauptsächlich in Mittel- und Nordhessen verbreitete Name *Dersch* sprachlich auf das mhd. Adjektiv *toerisch, toersch* zurückgeht, das unserem ‚töricht' entspricht.[29] Nur das Wissen darum, dass die in diesem Raum ansässigen Ritter von *Derse* namengebend waren, lässt die Fehldeutung aus der sprachgeschichtlichen Perspektive erkennen (s.o. Kap. 4.2.5). Möglicherweise trifft auf die im Passauer Raum lebenden *Derschs* genau die vom Familiennamen-Duden vorgeschlagene Namendeutung zu.

Manchmal zeigt aber auch das Bild der Namenverbreitung, dass die vom Namenbuch vorgeschlagene Deutung nicht richtig sein kann. So ist der Familienname *Klingelhöfer* ganz bestimmt kein „Herkunftsname zu dem Ortsnamen Klingenhof (Württemberg, Mittelfranken)"[30]; denn die <Klingelhöf(f)ers> konzentrieren sich in Mittelhessen so stark, dass hier der Herkunftsort zu suchen und zu finden ist (s. Kap. 10.3.4).

Manchmal enthält aber schon die heutige Namensform selbst mehr oder weniger verborgene Hinweise, die eine vorgeschlagene Deutung in Frage stellen.

Emich u.ä..
Das ging mir so, als ich las, dass der Familienname <*Emich, Emig, Ehmich, Ehmig, Emmich*> als eine verschliffene Form des Rufnamens *Emmerich erklärt wurde.[31] Denn über Jahrhunderte war *Emicho* z.B. der Leitname der Grafen von Leiningen. Und in der Tat: Weitaus die meisten der etwa 3.000, die den Namen in einer dieser Schreibvarianten tragen, nämlich über 40%, wohnen in Hessen, zumeist in Südhessen. Gemeinsam mit den im rheinhessisch-pfälzischen und im nordbadischen Raum ansässigen Namensgenossen stellen sie eine stattliche 75%-Mehrheit dar. Das ist übrigens der geographische Raum, in dem die Grafen von Leiningen tätig waren. *Emicho* ist ein häufiger und weit verbreiteter alter deutscher Personenname, der in Hessen schon im 14. Jh. mehrfach als Familienname nachweisbar ist, zuerst 1334 mit *Gilbracht Emeche* in Friedberg.[32] Kein Zweifel, dass *Emicho* der Ausgangsname für die heutigen Familiennamen ist.

Viele sprachgeschichtlich einwandfrei abgeleitete Namen kann und muss man also in Frage stellen, wenn man die historischen und die geographischen Verhältnisse kennt und in die Deutung einbeziehen kann. Nicht zuletzt deshalb weichen viele Deutungen im anhängenden „Kleinen Lexikon hessischer Familiennamen" von den Deutungen des Familiennamen-Dudens ab.

Blumör, Blumöhr
Der zweite Fall betrifft den Namen <*Blumör, Blumöhr*>, dessen etwa dreihundert Namensträger zu 80% in Hessen, und zwar ganz überwiegend in den Kreisen

Offenbach und Main-Kinzig leben. Obwohl er sich französisch anhört, ist er deutschen Ursprungs. Jürgen Udolph hat ihn in seiner hr4-Namensforschungssendung behandelt und als zusammengezogene Form von *Blumenröder* gedeutet, einem diffus verbreiteten seltenen Familiennamen, den er auf einen Herkunftsort oder eine Flurbezeichnung **Blumenrode* ‚Rodung, die etwas mit Blumen zu tun hatte' zurückführt.[33] Nun kann man sich leicht eine Zusammenziehung von *-röder* zu **-röhr* vorstellen. Den Familiennamen *Blumenröhr* gibt es tatsächlich (konzentriert im Kreis Soest); aber dass auch das erste *r-* weggefallen sein soll, kam mir doch fragwürdig vor.

Die Suche nach einem namengebenden Orts- oder Flurnamen bleibt für Udolph ergebnislos. Ein Blick in die lagis-Datei „Hessische Flurnamen" zeigt jedoch unter dem Eintrag <Blume-Röder> einen historischen Flurnamen von 1556 in Grebenhain (Vogelsberg-Kr.) *Inn Plumen rodern*.[34] Das passt von geographischer Lage und Zeit sehr gut. Zugleich legt aber die Schreibung des historischen Belegs nahe, dass die Rodung nichts mit Blumen zu tun hatte, sondern von einem Mann namens *Blum(e)* getätigt wurde.

Aber trotz dieser scheinbaren Bestätigung der Deutung bleibt (mir jedenfalls) das Unbehagen wegen des angeblich weggeschliffenen *r*. Wie, wenn gar nicht *-röder* der Grundteil des Namens ist, sondern ein anderes Wort, mit dem Orts- und Flurnamen gebildet werden, z.B. *-au*? Dann hätten wir eine **Blumenau*, eine ‚Au mit Blumen' als Ausgangsort. Einer, der aus oder von der *Blumenau* kommt, ist dann ein **Blumenäuer*. Dass das über **Blum-äuer* zu **Blumö(h)r* zusammengezogen werden kann, wirft dann wirklich keine sprachlichen Probleme auf. Nicht einmal, dass wir statt des erwartbaren **Blumenau-er* ein **Blumenäu-er* haben, braucht uns zu irritieren. Diese Variation kommt öfter vor, z.B. gibt es neben dem altbekannten *Adenauer* ‚einer, der aus Adenau (Eifel) kommt' auch die Varianten <Adeneuer> und <Adenäuer>. (Ein **Adenö(h)r* fehlt allerdings bedauerlicherweise in der Datei der Telekom). Bei **Blum(en)-äuer* gibt es Entsprechendes, nämlich den Familiennamen *Blumenauer*.

Von den etwa dreihundert Namensträgern *Blumenauer* wohnt ein Drittel im Schwalm-Eder-Kr. Das führt auf die historische Spur; denn dort, in den Gemarkungen Dittershausen und Allendorf an der Landsburg (beide Schwalmstadt, Schwalm-Eder-Kr.) gibt es die Hofwüstung *Blumenau*, zuerst 1300 als *Blumenouwe*, zuletzt 1580 erwähnt und vielfach in der Literatur behandelt.[35] Jetzt wird die Namengeschichte schlüssig: Spätestens als der Hof wüst fiel, ließen sich Bewohner in der Umgebung nieder und waren dort die *Blumenauer*. Andere zogen weiter nach Süden in den Main-Kinzig-Raum und wurden die **Blumenäuer*, dann – unverstanden – die <Blumö(h)r>.

Eine kleine Unsicherheit bleibt noch: In Eidengesäß (Linsengericht, Main-Kinzig-Kr.) gibt es heute eine Flur *Blumenau*. Dafür stehen keine historischen Belege zur Verfügung, so dass man nichts über das Alter und die etwaige ältere Bedeutung dieses Flurnamens aussagen kann. Er ist deshalb interessant, weil er genau im Herzen des Verbreitungsgebiets der *Blumö(h)r* liegt.

Jedenfalls leitet der Zweifel an der *-röder*-Veschleifung auf neue Spuren, die m.E. zu einer zutreffenderen Namendeutung und Herkunftsgeschichte führen.

3.3.2 Vertrackte historische Belege

Wenn wir Glück haben, weisen uns historische Nachweise des Familiennamens den Weg, wie der Name sprachlich erklärt werden kann. Das Problem ist, dass man oft nicht weiß, ob man die richtigen Belege gefunden hat und ob nicht vielleicht später aufgefundene Belege die Deutung schlicht über den Haufen werfen. Zwei Beispiele aus meiner eigenen Falschdeutungs-Praxis mögen das verdeutlichen.

Droß
Als ich Leseranfragen für die „Wetzlarer Neue Zeitung" beantwortete, war darunter auch die Frage nach dem Familiennamen <*Droß, Dross*>. Mehr als ein Drittel der über achthundert Namensträger lebt im Lahn-Dill-Kr. und davon der höchste Anteil in Daubhausen und Greifenthal (Ehringshausen) unterhalb der Burg Greifenstein. 1685 wurden hier von dem Grafen zu Solms-Greifenstein hugenottische Flüchtlinge angesiedelt. Daraus schloss ich, begrenzt scharfsinnig, kurzerhand, dass es sich um einen Namen französischer Herkunft handle. Bestärkt wurde ich dabei, dass <*Droz*> als Familienname häufig im französisch-schweizer Grenzbereich des Jura und Savoyens auftritt und auch in einem zuverlässigen Namenbuch als französisch erklärt wurde.[36] Also habe ich den Namen schlankerhand als hugenottisch gedeutet.

Stutzig hätte ich werden sollen, dass in Daubhausen nichts von einer französischen Herkunft des Namens bekannt war und dass auch das Hugenottenarchiv in Karlshafen nicht weiterhelfen konnte. Der Name ist außerdem für einen Hugenotten-Namen zu häufig und zu weit verbreitet.[37] Dass man den Namen auch mit dem *Troß*, d.h. mit der ‚Munitions- und Verpflegungsbegleitung ziehender Heerestruppen' verbinden könnte, hatte ich nur beiläufig in Erwägung gezogen. Zumal die mittelalterliche Bedeutung von *trosse* nur ‚Gepäck' ist. Ein *Droß* (und seine vielen Varianten) wäre dann jemand, der irgendwie mit Gepäck zu tun hatte, z.B. später als Trossknecht.

Zumindest war jetzt klar, dass man auch die <*T*>-Schreibungen des Namens wie <*Troß, Tross, Trohs, Trosse*> einbeziehen muss, immerhin zusammen auch über fünfhundert Namensträger, zudem mit starkem Schwerpunkt an Lahn und Dill. Hinzu kommen noch knapp fünfhundert Namensträger in Schreibweisen mit <*u*>: <*Truss, Trus, Druss, Drus*>. Sie leben in der Masse etwas nördlich von Lahn und Dill mit Schwerpunkt Kreis Waldeck-Frankenberg. Gerade diese starke Konzentration auf den nordwesthessischen Raum macht m.E. die Herleitung als Tätigkeitsname als Trossknecht dann aber wiederum schwierig.

Bei der Suche nach einem regionalen Dialektwort bin ich zuerst im 1800 erschienenen „Westerwäldischen Idiotikon", dann auch in hessischen Dialektwörterbüchern[38] auf das Verb *trossen* und dazu gehörige abgeleitete Substantive gestoßen. Aus dem weiten Bedeutungsspektrum lässt sich so etwas wie ‚(eilig) hin- und herlaufen' als Kernbedeutung erkennen. Die ist auch im verbreiteten Kinderreim „Troß, troß, trüll, der Bauern hat ‚n Füll" spürbar, der dem Hoppehoppereiter-Muster folgt. Das legt als Deutung das Verhalten eines ersten Namensträgers (oder -trägerin) nahe;

nämlich ‚eilig hin und her zu laufen', sei es gewohnheitsmäßig oder zielgerichtet, um etwas zu erledigen oder herauszufinden. Diese Deutung schien mir wegen der Gesamtlagerung der Befunde wahrscheinlicher als die Wagentross-Deutung.

Aber auch diese Deutung wackelt heftig, wenn der später gefundene Nachweis eines *Wernher Druße* im Jahre 1370[39] den ältesten Beleg in der Namengeschichte von *Droß* u.ä. darstellt, und das ist sehr wahrscheinlich. Dann kommen sprachlich auch andere Erklärungen in Frage; vor allem mhd. *drozze, drozzel, drüzzel* ‚Schlund, Kehle'[40] zur Kennzeichnung einer körperlichen Eigenheit.

Rebscher
Auch das zweite Beispiel zeigt, wie sich durch zusätzlich gefundene Belege die Namengeschichte und die Deutung ändern. Zu den heute konzentriert nur im Odenwald vorkommenden hessischen Namen gehört *Rebscher*. Als Vorläufer ist dort zuerst 1602 ein Maurer *Konrad Röb(e)scher* aus dem Vogtland belegt. Der Name schien damit durch einen Zuwanderer im 17. Jh. in den Odenwald gekommen zu sein. Es lag nahe, den Namen auf mhd. *repsen* ‚strafen, tadeln, schelten, züchtigen' zurückzuführen.[41] Dabei habe ich schlicht übersehen, dass schon 1357 ein *Hamman Ribscher* in Astheim (Trebur, Kr. Groß-Gerau) belegt ist[42] und in Friedberg in der Wetterau 1368 ein *Conrad Rybischer* auftaucht, der 1385 noch einmal als *Conce Ribscher* belegt ist.[43] Ein Mitglied der Familie ist später nach Frankfurt umgezogen, denn dort wird 1432 *Henne Ribscher von Frideberg korssener* (= Kürschner) eingebürgert.[44] Mit den Friedberger Belegen ist klar, dass meine ursprüngliche Deutung des Namens falsch ist. Vielmehr geht er auf mhd. *rebische* ‚Reisigbündel' zurück, das als Wort 1441 sogar im Frankfurter Bürgermeisterbuch genannt wird: „*orholz und ribschen machen*".[45] Ein *Rebscher* ist also eigentlich jemand, der mit Reisigbündeln seinen Unterhalt verdient. Und der Name ist ein urhessischer und durchaus kein eingewanderter.

3.3.3 Namengebendes Motiv: Was so alles möglich ist

Heutige Namensformen legen oft ganz einfache Deutungen nahe. Wer z.B. *Dichter* heißt, freut sich vielleicht darüber: Wenn man schon nicht von Karl dem Großen abstammt oder wenigstens einen Hugenottennamen hat, nimmt man auch schon gern einmal mit einem Dichter vorlieb. Aber möglicherweise hat man selbst damit Pech; denn das Wort *Dichter*, mhd. *tihter*, wird bis ins 18. Jh. nur selten verwendet, und es hat mit mhd. *diehter* als Bezeichnung des ‚Enkels' einen Konkurrenten, der als namengebendes Motiv in Betracht kommt. So ist die 1333 genannte Wetzlarer Begine und Bürgerin *Cysa dicta Dychterin begina*[46] bedauerlicherweise keine ‚Dichterin', sondern schlicht eine ‚Enkelin'. Das Wort ist in Hessen wohl seit dem 17. Jh. unbekannt.[47]

Auch die Träger der in Hessen häufigen Namen *Erb* und *Erbe* brauchen nicht zu betrauern, dass ein frühes Erbe mittlerweile verschleudert ist. Denn obwohl die Namenvarianten nahe legen, dass sie sich auf ‚Erbe' beziehen, ist das nur eine mögliche

Deutung. Als Alternative liegt ein altdeutscher vielfach belegter Personenname *Erbo* vor, der leicht mit dem gleichzeitigen Personennamen *Erpo, Erpfo* vermischt wird.[48] Das zeigen Namenbelege von 1396 aus dem Vogelsberg wie *Heintze Erpe* und *Heyncze Erpffe*.[49]

Mit Wahrscheinlichkeitserwägungen für den namengebenden Sachverhalt kommt man zwar ein Stück weiter. Aber das Ergebnis, man mag es drehen und wenden wie man will, kann nur eine mehr oder minder hohe Wahrscheinlichkeit beanspruchen.

Wo man nicht einmal Wahrscheinlichkeitskriterien finden kann, ist tatsächlich Hopfen und Malz verloren. Ob der in Mittelhessen, besonders im Kreis Gießen, konzentrierte Name *Dern* als Herkunftsname auf den Ort *Dehrn* (Stadt Runkel, Kr. Limburg-Weilburg) oder auf eine Kurzform des Personennamens *Matern(us)* zurückgeht, ist unklar. Läge der Verbreitungsschwerpunkt des Familiennamens am Niederrhein, brauchte man darüber nicht nachzudenken. Denn der namenstiftende hl. *Maternus* war in der frühen Christenheit der erste Kölner Bischof.

Bei vielen Namen kann man nicht entscheiden, ob der Name des Hauses den Ausschlag gegeben hat, in dem der erste Namensträger wohnte. Oder ob doch ein Sachverhalt den Namen verursacht hat. Wer will wissen, ob <Hase>, <Rabe>, <Schwan>, <Rose> auf ein mittelalterliches Hausschild verweisen oder nicht? Oder ob nur eine besondere Eigenheit des Namensträgers Anlass für eine bildliche Benennung war? Ob ein *Römer* nach einer Romfahrt, (Handels)Beziehungen nach Rom benannt ist oder nach einem Haus <Zum Römer>? Bei *Johannes Gutenberg, genannt Gensfleisch* (um 1400–1468) wird die Benennung nach dem elterlichen Haus <Zum Gutenberg> fassbar, nach dem sich die Familie *Gensfleisch* später benannte. Sonst hätte man ja auch auf einen Bergnamen als Wohnstättenname schließen müssen.

Beim Familiennamen *Schaaf* kann man gut begründet die Herleitung aus der Bibel ablehnen (s.o. Kap. 1.1.2). Aber ob der frühe Namensträger den Namen einer Schafzucht oder seinem Schafhandel verdankt, lässt sich schon nicht entscheiden. Immerhin kann man dann sagen, dass es sich um eine Tätigkeit handelt, die irgendwie mit Schafen zu tun hat. Dass ein früher Namensträger seines „Schafgesichts" wegen so genannt wurde, als bildlicher Vergleich, lässt sich methodisch nicht ausschließen, da vielfach Namen durch Vergleich mit Tieren entstanden sind (*Rehbein, Farrenkopf, Mockenhaupt*). Man könnte auch auf die Idee kommen, dass damit auf die mangelnde Intelligenz des Namensträgers angespielt werde. Für beides haben wir aber keine nachweisbaren Anhaltspunkte: Wir denken uns das nur aus. Das führt aber natürlich nicht weiter, ist sinn-los im wörtlichen Sinne. Doch dann stößt man gelegentlich auf Benennungsmotive, auf die man von selbst nie gekommen wäre. So hat eine in Hahn-Wembach, einer Waldenser-Kolonie im Odenwald, zugezogene Hugenottenfamilie Bertalot den örtlichen Namen *Schoof* erhalten, weil sie nach ihrer Ansiedlung zunächst neben einer Schafscheune kampieren musste.[50] Daraus ist in diesem Fall kein Familienname geworden, weil es schon einen französischen gab. Aber das Beispiel zeigt sehr schön, dass die Welt der möglichen Benennungsmotive unendlich ist, fast unendlich jedenfalls.

3.4 „Das Wahre ist, worüber man Einverständnis erzielt hat"

Für die richtige Namendeutung liegt also bei sehr vielen Namen eine Menge von Stolpersteinen auf dem Wege. Wir haben in vielen Fällen keine wirklich beweiskräftigen Argumente für die eine oder andere Richtung, die unsere Überlegungen nehmen. Ein wirklich hartes Kriterium ist eigentlich nur, dass die sprachgeschichtliche Überlieferung des Namens mit einem Wort oder einem anderen Namen so eindeutig übereinstimmt, dass kein vernünftiger Zweifel angebracht ist. Aber selbst da können wir nicht hundertprozentig sicher sein, weil Namengeschichten ja ihrerseits jede Menge Überlieferungsfallen bergen. Zudem umfassen Wörter, wie wir jetzt oft genug gesehen haben, vielfach ein weites und mitunter ziemlich diffuses Bedeutungsspektrum. Sie sind dann für die Klärung des ursprünglichen Benennungsmotivs nur begrenzt aussagekräftig.

Mitunter reichen alle Bemühungen nicht aus, eine nachvollziehbare Erklärung für einen Namen zu finden. Einen Namen wie *Kreß* z.B.[51] kann man natürlich leicht mit der Kresse zusammenbringen und an einen Kressezüchter oder -verkäufer denken. Wenn einem das nicht so gefällt, kann man auch das Wort mhd. *kresse* für einen Fisch, den Gründling, als Grundlage nehmen und den Namen auf einen Fischer beziehen. Beides sind aber doch sehr spezielle Benennungsmotive und führen unweigerlich zu der Frage, wieso etwa 10.000 Menschen, vor allem in Hessen, Württemberg und Franken, diesen Namen führen. Das passt nicht. Manche Namenbücher schlagen deshalb ersatzweise frühneuhochdeutsch *kreß* ‚Krause' (für einen Lockenkopf) vor, aber dieses Wort ist nicht belegt.[52] Ein frühneuhochdeutsches *kres* ‚Reisig' würde wieder auf einen Reisigsammler verweisen. Das hatten wir schon bei *Rebscher*. Dort passte das; aber passt das auch für einen so häufigen und verbreiteten Namen?

Nach der heutigen räumlichen Verbreitung gehören <Kreß> und <Kresse> als Varianten zueinander (vgl. Kap. 9.3.3). Falls die vorherrschende <K>-Schreibung der Namen in die Irre führte, wäre eher von einer Form **Gress(e)* auszugehen, der der sprachhistorische Wandel von *a > e* zu Grunde liegt. Dann geht der Name auf das mhd. Adjektiv *graz* ‚wütend, zornig' zurück[53], einen Charakterzug, der nun wirklich nicht ganz selten ist. Günther Grass (1927–2015) trug diesen Namen. Das Problem ist: Wir haben zwar frühe <G>-Schreibungen, so 1448 *Hermann Gresse* in Fulda. Wir haben aber keine Belegreihe, die den Wandel *a>e* aufzeigt.

Welche Deutung richtig ist, muss in vielen Fällen offen bleiben. Bei vielen Namen finden wir überhaupt keinen vernünftigen Erklärungsansatz, und es bleibt bei bloßem Mutmaßen, was der Fall gewesen sein könnte. Wenn der Namendeuter (sich) denkt, wie es gewesen sein könnte, denkt er sich das halt. Sie wird vielleicht von anderen übernommen und gilt dann als richtig oder wahr: „Das Wahre ist das, worüber man Einverständnis erzielt hat".[54] Was Wahrheit ist, lassen wir dahingestellt. Wir wären schon froh zu wissen, was richtig ist. Aber auch diese bescheidene Wahrheit steht immer unter dem Vorbehalt, dass die Deutung auch falsch sein könnte. Sie ist also jederzeit anfechtbar und ggf. korrigierbar. Erst wenn keine Einwände mehr vernünftig vorzubringen sind, ist der Deutungsprozess an ein Ende gekommen. Wir können dann sagen, dass die Erklärung für unseren Namen alleraller Wahrscheinlichkeit nach richtig ist. Dann ist sie wahr – bis auf weiteres. Irrtum (und Umtausch) vorbehalten!

Sie haben keine Mittel und Wege gefunden, um die Ursprungsbedeutung Ihres Namens einigermaßen gesichert herauszubekommen? Trösten wir uns damit: Es gibt Schlimmeres auf der Welt und im eigenen Leben als das. Die Beschäftigung mit dem eigenen Namen ist – Image hin, Image her – letztlich oft ein Rätselspiel, manchmal sogar ein spannendes kriminalistisches Vergnügen. Ernst ist das Leben, heiter sei die Deutungskunst.

Anmerkungen

1. Kohlheim / Kohlheim, Vornamen, S. 299.
2. Lexer 1, Sp. 1391.
3. Brechenmacher 1, S. 468.
4. Lexer 1, Sp. 2137.
5. Baur 1, Nr. 869.
6. Baur 1, Nr. 48; Baur 2, Nr. 236; Andernacht 1, S. 75; Löwenstein, S. 270.
7. Andernacht 1, S. 25.
8. Lexer 3, Sp. 706.
9. Reimer, Kurhessen, S. 376, 385; http://www.lagis-hessen.de/de/subjects/gsrec/current/1/sn/ol?q=rexrode.
10. Ramge, Flurnamenatlas, K. 16; http://www.lagis-hessen.de/de/subjects/index/sn/ol.
11. Eine Fülle von weiteren Namen in Hessen bei Demandt .
12. Kohlheim, S. 186.
13. Belege Franz 1, Nr. 350, 372, 628; Eckhardt, Klöster 3, Nr. 611; 2, VI, 64.
14. Mulch / Mulch, Südhessisches Wörterbuch 1, Sp.1530.
15. Mulch / Mulch, Südhessisches Wörterbuch 1, Sp. 1804.
16. Ausführliche Untersuchung des Namens in Ramge, Studien, Text C, S. 11ff.
17. Mulch, S. 258.
18. Alle Andernacht, in der Zitierfolge: 2, S. 317; 1, S. 61; 1, S. 168; 1, S. 139; 2, S. 247; 1, S. 163; 1, S. 100; 2, S. 148.
19. https://www2.landesarchiv-bw.de/ofs21/olf/struktur.php?bestand=15883&sprungId=2142715&letztesLimit=suchen
20. Wackerfuß, S.103, 108, 110; Ramge, Studien, Text C, S. 9f.
21. Baur 1, Nr. 217.
22. Baur 4, Nr. 36.
23. http://www.lagis-hessen.de/de/subjects/index/sn/ol, s.u. Hollstein, Holnstein
24. Mulch / Mulch, Südhessisches Wörterbuch 3, Sp. 52.
25. Mulch / Mulch, Südhessisches Wörterbuch 3, Sp. 44.
26. Baur 1, Nr. 1280.
27. Brechenmacher 1, Nr. 631.
28. Grimm, Wörterbuch 4,2; Sp. 148f.
29. Lexer 2, Sp. 1466.

30 Kohlheim, S. 381.
31 Kohlheim, S. 222.
32 Arend, S. 33; Mulch, S. 54.
33 http://www.hr-online.de/website/suche/home/mediaplayer.jsp?mkey=43811505&type=a&xtmc=blum%F6hr&xtcr=1.
34 http://www.lagis-hessen.de/de/subjects/gsearch/sn/fln?q=blume-roeder&submit=LAGIS-Suche.
35 Historisches Ortslexikon <http://www.lagis-hessen.de/de/subjects/idrec/sn/ol/id/4536> (Stand: 17.2.2014).
36 Gottschald, S. 161.
37 Darauf wies mich dankenswerterweise Jürgen Udolph hin; auch darauf, dass viele *Droß* katholisch seien.
38 Schmidt, Westerwald, S. 279; Crecelius, S. 302; Mulch / Mulch, Südhessisches Wörterbuch 1, Sp.1760, 1762; Berthold / Friebertshäuser / Dingeldein, Hessen-Nassauisches Volkswörterbuch 4, Sp.148.
39 Mulch, S. 51.
40 Lexer 1, Sp. 469 u. 473.
41 Ramge, Studien, Text C, S. 5.
42 Baur 3, Nr. 1579.
43 Arend, S. 49.
44 Andernacht 2, S. 98.
45 Lexer 2, Sp. 357.
46 Lexer 1, Sp. 424; Mulch, S. 233.
47 Vilmar, S. 71.
48 Förstemann 1, Sp. 142 u. 485.
49 Mulch, S. 233.
50 Brigitte Köhler: Haus- und Herkunftsnamen in der Waldenserkolonie Rohrbach-Wembach-Hahn. In: Der Odenwald 49 (2002), S. 37.
51 Kohlheim, S. 400.
52 Kein Hinweis in Goebel / Reichmann-Lobenstein / Reichmann 8, Sp. 1629f.
53 Lexer 1, Sp. 1075.
54 Hans-Jürgen Heringer: Deutsche Syntax. Berlin 1970, S.3.

Teil 2

Hessische Familiennamen in Zeit und Raum

KAPITEL 5
WIE DIE HESSISCHEN FAMILIENNAMEN ENTSTANDEN SIND

1. Wie wird etwas aus nichts?

Wie wird etwas aus nichts? Nein, durch einen Urknall sind unsere Familiennamen gewiss nicht entstanden. Doch immerhin: Zur Zeit des Stauferkönigs Friedrich Barbarossa (1152–1190) trug kein Mensch in Deutschland einen Familiennamen; aber zur Zeit Johannes Gensfleischs genannt Gutenberg (um 1400–1468) waren die meisten Deutschen damit ausgestattet. Obwohl: Ist *Barbarossa* nicht so etwas Ähnliches wie ein Familienname und *Rotbart* schon gar? Tatsächlich gibt es heute ganz vereinzelt Menschen in Deutschland, die *Barbarossa* heißen (und einen italienischen Vornamen tragen, also wohl aus Italien stammen). Und es gibt sogar ungefähr 700 Menschen, die *Rothbart* oder *Rothbarth* heißen. Obwohl: Was ist *Johannes Gensfleisch genannt Gutenberg* für ein merkwürdiger Familienname? Was denn nun? *Gensfleisch* oder *Gutenberg*? Was in diesen drei Jahrhunderten auch in Hessen geschehen ist, ist der Gegenstand des folgenden Kapitels. Kein Urknall, sondern eine ziemlich verwickelte, aber spannende Geschichte.

1.1 Warum der einfache Personenname nicht mehr ausreicht

Ausnahmsweise ist in diesem Fall die Warum-Frage, nämlich warum dem Personennamen ein weiterer Name zugefügt wird, fast einfacher zu beantworten als die Frage nach dem Wie. Denn es gibt eine ganz allgemeine Regel für die Verständigung von Menschen untereinander. Der Sprachgebrauch ändert sich, wenn man neu entstandene Verständigungsprobleme mit den vorhandenen Sprachmitteln nicht mehr so richtig bewältigen kann. Der einfachste Fall: Wenn etwas neu erfunden wird, muss auch eine neue Bezeichnung dafür gefunden werden, sei es für das *Telephon* oder den *Fernsprecher*, heute für das *Handy* oder das *smartphone*, sei es für die *Dampfmaschine* oder die oberhessische /rureroiwerobmaschien/ ‚die Roterübenrupfmaschine' (weil man natürlich auch Bezeichnungen für Dinge erfinden kann, die es gar nicht gibt).

In der Feudalgesellschaft des frühen und hohen Mittelalters herrschten Adel und Hohe Geistlichkeit und hatten Macht über mehr oder weniger Abhängige bis hinunter zu Leibeigenen. Da hatte es völlig ausgereicht, wenn jemand einen einzigen Personennamen trug; denn die Kommunikationsgemeinschaften waren überschaubar. Der Namensträger war damit für alle, die mit ihm oder ihr Umgang hatten, hinreichend gekennzeichnet.

Das änderte sich um die Mitte des 13. Jh.s mit einem kleinen Epochenwandel am Ende der Stauferzeit. Das „hohe Mittelalter" (seit der Mitte des 11. Jh.s) ging in das „späte Mittelalter" über (und dieses währte bis in die 2. Hälfte des 15. Jh.s).

Die Enge der Städte

Das Aufblühen der Städte seit dem ausgehenden 12. Jh. brachte gesellschaftlich und wirtschaftlich nicht nur die überlieferte Feudalordnung ins Wanken, sondern stellte auch neue kommunikative Anforderungen. Die Anzahl der Einwohner verdichtete sich, sie wuchs durch Zuzug vom Lande immer mehr an. So entstanden leicht Unklarheiten in der Identifizierung einzelner Personen und damit auch das Bedürfnis, sie besser durch Namen auseinander zu halten. Das erleichterte die Verständigung, zumal die Zahl der gebräuchlichen Personennamen ziemlich klein war und es vielerorts in den Städten von *Heinrichs* und *Konrads* nur so wimmelte. Daher kommt übrigens die Redensart von *Hinz und Kunz*.

Dieser Eintönigkeit hätte man ja nun leicht abhelfen können, indem man das Repertoire der Personennamen vollständiger ausschöpfte; indem man Doppelnamen bildete; indem man sich auf neue Personennamen einließ. Tatsächlich wurden seit dem hohen Mittelalter aus der Fülle des Namenangebots biblischen Ursprungs eine Reihe zu gebräuchlichen Namen wie *Johannes, Elisabeth, Katharina, Markus, Andreas ...* Aber das genügte offenbar nicht; die meisten gaben lieber ihre gewohnten Namen an die nächste Generation weiter. Darin symbolisierte sich Familientradition und trug damit zum familiären Image des Namensträgers bei. Erst ab der Mitte des 14.Jh.s werden in Frankfurt später so geläufige Vornamen wie *Peter* (ab ca. 1350), *Hans* (ab 1366) oder *Thomas* (ab 1387), auch *Adolf* (zuerst 1387) gebraucht. Andere Vornamen nach Heiligen wie *Bartholomäus* oder *Georg* treten auch erst zu Beginn des 14. Jh.s auf. Ein ausgesprochener Exot ist der 1398 eingebürgerte *Aristotiles von Wynden,*[1] der seinen bedeutsamen Namen schon mitgebracht hat.

Die Städte des späten Mittelalters waren allerdings eigentlich gar nicht so gewaltig groß, was die Einwohnerzahlen angeht. Es gab in Deutschland nur ein paar wirklich große Städte mit mehr als 20.000 Einwohnern; davon war Köln mit etwa 40.000 bei weitem die bevölkerungsreichste. Frankfurt, die mit Abstand größte Stadt in Hessen, hatte um 1300 gerade einmal etwa 10.000 Einwohner, eine Zahl, die gegen Ende des Mittelalters sogar auf 7–8.000 Bewohner schrumpfte. Das Bürgerverzeichnis der Stadt Frankfurt von 1387 umfasst knapp 3.000 Bürger der *gemeynde*.[2] In vielen der wirklich kleinen spätmittelalterlichen Städte Hessens mit ihren paar hundert Einwohnern wäre ein zusätzlicher Name von der mündlichen Verständigung her ohnehin nicht notwendig gewesen; es sei denn, ein ankommender Fremder sei auf der Suche nach einem *Heinrich*. Auf dem flachen Lande stellte sich das Problem ohnehin nicht. Man kannte sich noch. Nein, der Veränderungsdruck kommt zuerst aus den großen und mittelgroßen Städten.

Der Zweitname als Modeartikel

Es muss also noch andere Gründe gegeben haben, die Einnamigkeit durch eine Zweinamigkeit zu ersetzen. Woher kam die Idee der Zweinamigkeit? Vorbildcharakter hatten die großen oberitalienischen und französischen Städte, in denen sich die Zweinamigkeit im 12. Jh. herausgebildet hatte: Der Zweitname war modern, er war modisch. So ist die Zweinamigkeit als Mode zunächst in den südwestdeutschen oberrheinischen Städten übernommen worden und hat sich von dort immer weiter nach Norden und Osten ausgeweitet. In hessischen Städten finden wir die Zweinamigkeit erst gegen Ende des 13. und Anfang des 14. Jh.s in größerem Umfang. Wie das geschehen ist, betrachten wir im Folgenden.

Aber man muss eines gleich hinzufügen: Das Modell der Zweinamigkeit gab es längst. Seit dem 12. Jh. begegnen in den hessischen Quellen immer wieder Angehörige vor allem des niederen Adels, deren Benennung in der Form ganz unserer heutigen Namengebung entspricht. Auch das betrachten wir gleich genauer.

Die Obrigkeit schreibt auf

Erforderlich wird ein weiterer Name vor allem dann, wenn die Bürger von oben her erfasst werden sollen. Wo die Obrigkeit aufschreibt, wen oder was sie verwaltet, dafür braucht sie Personen, die eindeutig identifizierbar sind, unabhängig von den alltäglichen Gebräuchen der Verständigung. Im frühen und hohen Mittelalter waren nur wenige Sachverhalte oder Vereinbarungen schriftlich festgehalten worden. Im späten Mittelalter (ab ca. 1250) wurde immer mehr schriftlich festgelegt. Die zunehmende Schreibkultur ist damit ein wichtiger Grund, vielleicht sogar der Hauptgrund, warum es zur Festschreibung von Zweitnamen kam. Da Schriftliches etwas vom alltäglich-mündlichen Sprachgebrauch Abgehobenes, ja Fremdes ist, färbt das auf die gefühlsmäßige Bewertung der Familiennamen ab – bis auf den heutigen Tag. Auch das wollen wir noch genauer klären.

1.2 Ein Zweitname: ja oder nein, oder doch?

Ist es Ihnen aufgefallen? Im vorangegangenen Abschnitt war immer nur von „Zweinamigkeit" die Rede. Dabei bleibt nämlich offen, welche Funktion der zweite Name im Hinblick auf den Namensträger hat. Dient er dessen Charakterisierung, dient er dessen Identifizierung, dient er dessen Zuordnung zu einem Familienverband? Die Unsicherheiten werden deutlich, wenn man sich genauer anschaut, wie die neuen Namen sich an den eigentlichen Namen, den Rufnamen, anhängen.

Sprachliche Neuerungen pflegen sich erst in einem meist langwierigen Prozess mit schwankenden Sprachgebräuchen durchzusetzen. Auch in den Brutstätten der neuen Namenkultur, den Städten, bedurfte es einer mehr oder weniger langen Übergangszeit, bis jemand seinen Namen hatte, geschweige denn, bis alle einen zweiten Namen trugen. Nur selten kann man die Entstehungsumstände genauer verfolgen, weil die meisten Quellen in dieser Hinsicht wenig aussagen. Es gibt aber einen schönen erhellenden Rechtsfall aus der alten Reichsstadt Wetzlar.[3]

Waldschmidt und Waldschmied

Dort kam es nach dem Tode des obersten Stadtrichters, des Vogts Heinrich Waldschmidt, zu einem Erbstreit zwischen seinem Sohn Konrad und der Witwe seines zweiten Sohns, Demud. Dieser Streit wurde öffentlich und so lautstark ausgetragen, dass das Schöffengericht der Stadt Wetzlar sich ca. 1309 bemüßigt fühlte, ein Rechtsprotokoll über die Vorgänge anfertigen zu lassen. Es sollte dem deutschen König Heinrich VII. als oberstem Stadtherrn zur Entscheidung des Streites vorgelegt werden. Für unsere Frage nach dem Gebrauch eines Zweitnamens ist dieses Rechtsprotokoll deshalb so aufschlussreich, weil es zwei Fassungen davon gibt: ein vorläufiges und ein von den Schöffen schließlich gebilligtes und gesiegeltes Protokoll. Wenn man nämlich genauer hinsieht, bemerkt man, dass der Schreiber sehr genau überlegt, wie er die Beteiligten benennt. Der Text soll schließlich juristisch hieb- und stichfest sein und alle Unklarheiten vermeiden.

Das betrifft zunächst die Bezeichnung des Erblassers Heinrich. Der tritt – unabhängig von dem Protokoll – auch in anderen Wetzlarer Urkunden auf: zuerst 1282 als *Henricus Waltsmit*, 1295 als *Henricus advocatus*, 1297 gar als *magister Henricus advocatus*; d.h. gekennzeichnet als studierter Jurist. Er hatte in Wetzlar das Amt des Vogts inne, d.h. des obersten Stadtrichters. Entsprechend ist in der Vorfassung des Protokolls die Rede von

> ... *her heinrichis waltsmedis / des voitdis von wetflar / Conradis vadir* ('Herrn Heinrich Waldschmidts, des Vogts von Wetzlar, Konrads Vater').

In der Endfassung lautet aber die gleiche Stelle (im Zusammenhang):

> ... *vmme deylunge . des . Gůdes daz waiz by wylen . Her Henriches des voitdis . Conradis vadir Demude sveiher . vn(d) Henclen . ainchin* ... ('wegen Teilung des Guts, das früher Besitz war Herrn Heinrichs, des Vogtes, Konrads Vater, Demuds Schwiegervater und Henzles Großvater').

Überraschenderweise hat also der Schreiber in der Endfassung den offenbar seit mehreren Jahrzehnten (mindestens 1282) gebräuchlichen Namen weggelassen und sich auf die Nennung von Rufnamen und Amtsbezeichnung beschränkt. Da die Endfassung in sehr vielen Punkten präziser und juristisch ausgefeilter formuliert ist, muss es einen Grund dafür geben. Der Grund kann nur darin liegen, dass *Waldschmidt nicht als fester Bestandteil des Namens des Wetzlarer Advokaten betrachtet wurde. Obwohl sein Gebrauch ja üblich war, wie die Formulierung der Vorfassung und der Beleg von 1282 zeigen.

Dass der schon gar nicht mit einem Familiennamen in unserem Sinne zu vergleichen ist, zeigt sich in einer Urkunde von 1288, in der Heinrich als Bürge auftritt:

> *Henricum dictum Waltsmit et Gerhardum fratrem suum dictum Bisscof cives Wetflariensis* 'Heinrich genannt Waldschmidt und Gerhard, sein Bruder, genannt Bischof, Wetzlarer Bürger'.

Wenn sein Bruder den Zusatznamen *Bischof* trägt, zeigt das überdeutlich, dass der Zweitname hier kein Familienname ist. Es ist ein Beiname *(cognomen)* ausschließlich für den Namensträger und ohne weitere Verbindlichkeit. Das wird auch durch die lateinische Formulierung *dictum* ‚genannt' angedeutet, die uns in Quellen des 13. und frühen 14. Jh.s immer wieder begegnet (s.u. Kap. 5.3.3).

Jedoch wird Heinrichs Sohn Konrad im Rechtsprotokoll (und in einer Reihe weiterer Wetzlarer Urkunden) regelmäßig als *Konrad Waldschmidt* bezeichnet. D.h. hier ist *Waldschmidt fester Bestandteil des Namens. Doch ist der Fassungsvergleich des Rechtsprotokolls an einer Stelle jedoch höchst aufschlussreich. Da heißt es nämlich in der Vorfassung

daʒ Conrad / der waltsmeit / spreche wider Henclo (‚dass Konrad, der Waldschmied, spreche zu Henzle …)'

und in der Endfassung

daʒ . Conrad . waltsmeit . spreche . wider . Henclen.

Der Artikelgebrauch in der Vorfassung zeigt, dass der Schreiber den namengebenden Beruf des Waldschmieds im Hinterkopf hatte, als er den Namen schrieb. Diesen Fehler hat er in der Endfassung ausgebügelt, *Waldschmidt* wird jetzt als richtiger und regulärer Bestandteil des Eigennamens behandelt.

Waldschmiede waren Schmiede, die abseits der Siedlungen am Waldrand eine Eisenschmelze betrieben, in der im Wald gegrabenes Eisenerz zu Roheisen geschmolzen wurde, raue Gesellen also. Vater Waldschmidt, der Vogt von Wetzlar, ist unverdächtig, selbst diesem Berufsstand anzugehören, aber vielleicht sein Vater oder Großvater. Der Beinamen-Gebrauch bei Heinrich zeigt, dass der Beiname weder der persönlichen Charakterisierung noch der Benennung der Familienzugehörigkeit diente: Er war einfach für die vereindeutigende Kennzeichnung da und konnte deshalb gebraucht oder eben auch nicht gebraucht werden. Da die Wortbedeutung des Namens durchsichtig ist, muss dabei die Erinnerung an eine Familientradition mitgespielt haben.

Das Hofgericht Heinrichs VII. hat den Rechtsstreit übrigens zugunsten Konrads entschieden, damit aber so großen Unmut in der Stadt Wetzlar hervorgerufen, dass der König in einem Schreiben den Bürgern befehlen musste, Konrad nicht zu „bedrängen". Der war wohl kein besonders angenehmer Mitbürger.

Die genaue Betrachtung dieser merkwürdigen Rechtsquelle zeigt, wie unschlüssig man noch in der Bewertung dieser neuen Namen ist. Die schwankende Verwendung kann aber schon in der nächsten Generation zu einem festen Gebrauch werden, wie wir bei Konrad gesehen haben. Damit sind wir auf dem Wege zum Familiennamen. Die Notwendigkeit, schriftlich exakt zu formulieren, festigt die neuen Namengebräuche.

Die Geburt eines Zweitnamens

Manchmal kann man die Entstehung eines neuen Namens ziemlich genau in den Quellen verfolgen. Ein schönes Beispiel findet sich in der Überlieferung der Stadt Biedenkopf an der oberen Lahn.[4]

Giese
Dort wird

> 1296 ein *Gyso, scabinus* ‚Giso, Schöffe' erwähnt.

> 1334 taucht er als *Gyso senior* auf und dankenswerterweise wird im gleichen Jahr der passende Junior genannt: *Wernherus Gisonis* ‚Werner, (Sohn des) Giso'. Ob diese latinisierte Genitivform eine Gelegenheitsbildung oder schon ein fester Namenszusatz war, wissen wir nicht. Aber bereits wenige Jahre später,

> 1339, zeichnet sich ab, dass der Zusatz zum Namen gehört: *Wernhere Gisin*. Dabei erinnert das letzte <n> daran, dass *Gisin* eine alte Genitivform ist – ‚(Sohn) Gisos' –, dem der Vatername zu Grunde liegt. Die Erinnerung daran geht rasch (wenn auch nicht vollständig) verloren und

> ab 1357 begegnet uns unser Junior als *Wernher Gyse* und

> 1363 sogar als *Wenzel Gise*. Der Vorname hat nur scheinbar gewechselt. *Wenzel* ist hier nämlich nicht der Personenname, der auf den heiligen Wenzel zurückgeht, den tschechischen Nationalheiligen. Es handelt sich vielmehr um eine gleichlautende übliche Koseform von *Werner* (wie vergleichsweise *Dietzel* aus *Dietrich* oder *Heinzel* aus *Heinrich*, den wir gerade eben als <Hencle>, den Enkel Heinrich (!) Waldschmidts kennengelernt haben).

Damit ist sicher, dass es sich um dieselbe Person handelt, die drei Jahrzehnte zuvor erstmals erwähnt wurde. Die Namensformen haben kaum noch etwas miteinander gemein; der Vatername hallt nur noch ganz schwach im Sohnesnamen nach.

Zweifellos ist aus diesen Namensformen der heute allgemein verbreitete Familienname *Giese, Gieße, Giessen, Gießen* geworden (wobei die <-n>-Formen eben nichts mit der Stadt Gießen als namengebendem Motiv zu tun haben). Der Personenname *Giso* war im Mittelalter sehr verbreitet. Aus der Biedenköpfer Tradition lassen sich also keine Schlüsse auf den lokalen Ursprung der heutigen Namen ziehen. Jedoch lassen sich in Biedenkopf die einzelnen Schritte der Entstehung sehr schön aufzeigen.

Vergleichbare Fälle, die die Umwandlung eines Vaternamens in einen Zweitnamen beim Sohne aufzeigen, finden wir in aller Kürze z.B. in den Frankfurter Bürgerbüchern:

1387 *Heincze pluger, Plugers son*
1455 *Mertyn Michel, Michel des beckers burgers son*
1454 *Meister Johann Conradi arzt, meister Conrads son.*[5]

1.3 Vom Beinamen zum Familiennamen

Beiname

Die Entstehung der Zweinamigkeit ist also ein ziemlich komplexer Prozess, der sich (vermutlich) in jedem Einzelfall über einen längeren Zeitraum, meist wohl Jahrzehnte hinzog. Der Name, der jemandem beigelegt wurde und den man deshalb sehr treffend als „Beiname" bezeichnet, war nicht so fest mit der Person verbunden, dass er immer und überall verwendet werden musste. Er war kein fester Bestandteil des Eigennamens.

Ursprünglich diente der Beiname ausdrücklich und ausschließlich der Charakterisierung der bezeichneten Person. Solche Ehre war in alten Zeiten hochgestellten oder herausragenden Persönlichkeiten vorbehalten: Von *Eric dem Roten* über *Karl den Großen (Carolus Magnus)* bis zu *Philipp dem Schönen* und *Johanna der Wahnsinnigen*. Gelegentlich wurde sogar eine bevorzugte Redeweise zum kennzeichnenden Beinamen wie bei dem Bayernherzog *Heinrich Jasomirgott* (zu ergänzen: *helfe*) (1107–1177), der sein Herzogtum Friedrich Barbarossa verdankte. Und welcher Fügung der Stauferkönig seinen Beinamen *Rotbart* und italienisch *Barbarossa* zu verdanken hat, ist nicht schwer zu erraten. Ursprünglich war also der Name an die Person gebunden und verschwand mit deren Tod. Das sind die Beinamen im engeren und wörtlichen Sinne. Unsere Beinamen haben hier ihre historische Wurzel.

Im Laufe der Entwicklung konnten Beinamen aber auch auf Personen übertragen werden, auf die die Charakterisierung nicht zutraf (*Waldschmidt*). Wir haben gesehen, dass für die Festigung des Beinamens neben dem mündlichen Gebrauch hauptsächlich die zunehmende Schriftlichkeit verantwortlich ist. Schriftstücke sind meist auf Dauer angelegt, und die bezeichnete Person soll eben auf Dauer möglichst genau identifizierbar sein.

Der Beiname stellt die Zweinamigkeit her; damit ist die formale Grundlage für die Entstehung des Familiennamens gelegt. Denn wie der Ausdruck „Familienname" schon sagt, reicht es nicht, wenn eine einzelne Person den Zweitnamen trägt, sondern es muss seine Familie sein, die mit dem Namen gekennzeichnet ist, vor allem seine Nachkommen. Beinamen können sich ändern im Laufe eines Lebens. Wenn der Name aber auch auf die nächste Generation übertragen ist, ist der entscheidende Schritt für einen festen Familiennamen getan.

Nachname

Im Deutschen gibt es neben dem Ausdruck „Familienname", den ich in diesem Buch bisher konsequent verwendet habe, mindestens zwei weitere Bezeichnungen mit gleicher Bedeutung: „Nachname" und „Zuname". Sogar der „Familiennamen"-Duden spricht im Untertitel bedeutungsgleich von „Nachnamen". Wo es Nach-Namen gibt, muss es Vor-Namen geben. Die Bedeutung des Wortes spiegelt also eigentlich nur die formale Stellung des zweiten Namens. Historisch gesehen wird erst durch den Nachnamen der früher allein geltende „Personenname" (oder auch „Rufname") zum Vornamen, zum Vor-Namen. Vor- und Nachname zusammen bilden dann den „Eigennamen" eines Menschen.

In manchen Gegenden wird der „Nachname" aber zum Erstnamen: Bei der vollständigen Namensnennung wird zuerst der Familienname, dann der Vorname gesagt oder geschrieben. Das kann man z.B. schön beim *Thoma Ludwig* und seinen „Lausbubengeschichten" nachlesen. Die Schriftlichkeit der autoritären neuzeitlichen Verwaltungen und Ämter verstärkt diesen Prozess, und sei es bloß der ordentlich alphabetischen Ordnung wegen. Aber dieses Benennungsmuster hat eigene ältere Wurzeln, wie wir noch sehen werden: *Fischers Fritze* lebt auch in Hessen!

Zuname

Die immer noch gebräuchliche Bezeichnung „Zuname" für den Familiennamen deutet darauf hin, dass der Zweitname „da-zu" gekommen ist, nämlich „zu" etwas schon Bestehendem. Die Bezeichnung entspricht also in der Bedeutung ziemlich genau dem „Beinamen" und erinnert damit in der Wortbedeutung ein wenig an die frühe Entstehung der Familiennamen. Tatsächlich gilt der Familienname noch Jahrhunderte lang als mehr oder weniger künstlicher Zusatz zum eigentlichen und viel wichtigeren Personen- oder Rufnamen. Dass Albrecht Dürer um 1500 als Namenssignatur ein großes <A> schrieb, in das ein kleines <D> eingefügt wurde, symbolisiert sehr schön die Bewertung des Familiennamens als „Zu-Name".

Zwischendurch zusammengefasst

Die Entwicklung der Zweinamigkeit erweist sich als Teil eines gesellschaftlichen Modernisierungsprozesses. Die Festschreibung von Zweitnamen beginnt in Hessen im späten 12. Jh. über Beinamen. Die im 13. Jh. einsetzende allgemeine Verbreitung des Zweitnamengebrauchs hängt mit wirtschaftlich-gesellschaftlichen Veränderungen, vor allem aber mit der aufkommenden Schriftkultur zusammen. Der Zweitnamengebrauch bei Bürgern setzt in größerem Ausmaß im späten 13. und frühen 14. Jh. ein und ist erst im 15. Jh. in den wesentlichen Zügen abgeschlossen. Dabei ist der Übergang vom gelegentlichen kennzeichnenden Zusatz über den schon einigermaßen fest angedockten Beinamen zum festen Familiennamen in den Quellen nur schwer auszumachen. Denn dem in einer Urkunde auftauchenden Namen sieht man ja nicht an, ob er eine Gelegenheitsbildung, ein Beiname oder schon ein fester Familienname ist.

2. Die Entwicklung der Zweinamigkeit im späten Mittelalter

Um diese Entwicklung etwas genauer zu machen und die Vielschichtigkeit zu verdeutlichen, wählen wir kleine Ausschnitte aus Quellen zeittypischer Schreibsituationen. Wir beginnen

> mit einer Kaufurkunde des Klosters Eberbach um 1200, gewissermaßen als Vorspiel, vergleichen mit einer Kaufurkunde aus Ziegenhain aus der Mitte des 13. Jh.s, betrachten dann einen winzigen Ausschnitt aus den Bürgerbüchern der Stadt Frankfurt im 14. Jh. und
> schließen mit kleinen Ausschnitten aus Aufzeichnungen über ländliche Abgaben im 15. Jh. in Mittel- und Südhessen.

2.1 Vorspiel: Eine Zeugenliste vom Ende des 12. Jh.s

Wie man ein Waldstück erwirbt

Der großherzoglich-hessische Staatsarchivar Dr. Ludwig Baur in Darmstadt eröffnet 1860 den ersten Band seiner „Hessischen Urkunden" mit einer undatierten Urkunde, die er in die Zeit „um 1160" einordnet. Darin vergleicht sich der Abt Meffrid des Klosters Eberbach im Rheingau mit den Ortsbürgern in Leeheim (Kr. Groß-Gerau) über ein Waldstück neben dem dortigen Hofgut des Klosters. Dieses Geschäft wird in der in lateinischer Sprache verfassten Urkunde von einer Reihe Zeugen bestätigt:

> Testes: Gerhardus de Wolueskelen. Nibelungus filius suus. Wernherus scultetus suus cum quatuor filiis, Wolframo, Bunone, Wernhero et Heinrico. Wernherus de Alceta. *Heinricus cognomento Heimo. Otto Longus.* Reinherus, Burkardus et Getfradus filius suus. *Wolframus Surdus.* Cunradus et Hugo frater suus. Ludewicus scultetus regis. *Dimo qui cognominatur Stremmo*.[6]

Die gleiche Urkunde wird 1862 im ersten Band des „Urkundenbuchs der Abtei Eberbach im Rheingau" von K. Rossel mit einigen Verbesserungen veröffentlicht und auf das Jahr 1192 datiert.[7] In das Güterverzeichnis des Klosters von 1211, den „Oculus Memoriae", wird die genauer auf 1192–1202 zu datierende Urkunde ebenfalls mit einigen Textabweichungen aufgenommen.[8]

Die Namen der Zeugen

Die Zeugen gehören allesamt den gehobenen sozialen Schichten an, dem (niederen) Adel und den bürgerlichen Amtsträgern. Die Zeugenreihe wird eröffnet vom wichtigsten Gewährsmann, dem adeligen Herrn Gerhard von Wolfskehlen (Wolfskehlen ist ein Nachbarort von Leeheim) und seinem Sohn Nibelung. Es folgen der Schultheiß Werner mit seinen vier Söhnen und andere, darunter auch Ludwig, der königliche Schultheiß. Hier interessieren nur die kursiv gesetzten Namen.

Da wird es aber gleich schwierig; denn das *cognomento* in *Heinricus cognomento Heimo* heißt wörtlich übersetzt: ‚Heinrich mit Beinamen Heimo'. Ob *Heimo* wirklich ein Beiname sein soll oder eine gekürzte gebrauchsübliche Form von *Heinrich*, bleibt in der Schwebe. Denn *Heinrich* als Rufname kann u.a. auch aus *Haimi-rich* gebildet sein, einem Stamm, zu dem eben auch der häufige Rufname *Heimo* gehört.[9] Deutlicher wird die Bedeutung des lateinischen Worts *cognomen*, das genau unserem „Beinamen" entspricht, an der zweiten Stelle: *Dimo qui cognominatur Stremmo* heißt ‚Dimo, der genannt wird Stremmo'. Das bedeutet, dass *Stremmo* hier eindeutig Beiname zu *Dimo* ist. Leider ist die Bedeutung dieses Beinamens ziemlich unklar. Er scheint zum Personennamen *Stram* zu gehören und könnte dann so etwas wie ‚der Stramme' bedeuten.[10] (*Dimo* hingegen ist klar und gehört zu den zahllosen alten Personennamen, die auf *diot* ‚Volk' zurückgehen. Als *Timo* ist der Rufname noch heute gebräuchlich.) Im „Oculus Memoriae" heißt er übrigens einfach *Diemo Stremmo*.

In zwei Fällen erfolgt ein lateinischer Zusatz: *Otto Longus* bedeutet ‚Otto der Lange, der Große' und *Wolframus Surdus* ‚Wolfram der Taube'. Offenkundig dienen die Zusätze dazu, körperliche Eigenschaften von Otto und Wolfram zu kennzeichnen. Die lateinischen Zusätze als Beinamen haben eine lange Tradition. So hieß beispielsweise in karolingischer Zeit um 900 ein St. Galler Mönch *Notker Balbulus* ‚Notker der Stammler'; er war ein bedeutender frühmittelalterlicher Historiker und Lyriker und soll sich selbst diesen Beinamen gegeben haben. Otto und Wolfram hingegen waren offenbar Ortsbürger in Leeheim und wurden im örtlichen Sprachgebrauch gewiss nicht mit der lateinischen Form benannt, sondern hießen vermutlich *(der) Lange*, *(der) Taube*. Inwieweit der Schreiber unserer Urkunde dabei auf wirklich mündlich gebräuchliche deutsche Ausdrücke zurückgreift, wissen wir aber nicht.

Wir sehen: Wir sind hier noch ganz im Vorfeld der entstehenden Zweinamigkeit. Der Schreiber weiß noch nicht so recht, wie er die erwartete Eindeutigkeit der Personkennzeichnung herstellen soll, überformt manche Zusätze mit seinem eigenen Sprachwissen. Die eindeutige Identifizierbarkeit steht im Vordergrund. Indirekt zeigt sich das auch daran, dass die Sohnesnamen keine Zusätze tragen, wo die Vater-Sohn-Beziehung genannt ist.

2.2 Wenn Ritter Zeugen sind

Ein gräflicher Verkauf 1278

Wir müssen annähernd ein Jahrhundert lang warten, bis sich – für unsere Fragestellung – in den „Hessischen Urkunden" Baurs wieder etwas tut. Das ist zu der Zeit, in der auch erste deutschsprachige Urkunden auftauchen und damit auch ein neues Verständnis von Zwecken und Zielen einer Urkunde aufkommt. Der Gebrauch des

Deutschen bricht zugleich das Sprach- und Schreibmonopol der Kirche. Unsere Beispielurkunde von 1278[11] ist allerdings noch traditionell in Latein geschrieben.

Am gräflichen Hof zu Ziegenhain verkaufen die Gräfin Hedwig von Kastel und ihr Sohn Gottfried, Graf von Ziegenhain, in Treuhandschaft übernommene Güter in Grebenau (Guxhagen, Schwalm-Eder-Kr.) an die Brüder des Johanniter-Hospitals, umgeben von Adelsgenossen als Zeugen:

Henricus senior de Abenrode, Ortwinus Ritesel, Volpertus Swerzel et Arnoldus Waltvogel milites, serui autem armigeri Cunradus et Wigandus fratres dicti Vreze et Rudolfus de Lumutesfelt cum multis fide dignis aliis.

('Heinrich der Ältere von Appenrod (Homberg (Ohm), Vogelsberg-Kr.), Ortwin *Ritesel*, Volbert *Swerzel*, Arnold *Waltvogel*, Ritter; unterstützt auch von den Wäppnern ('Waffenträger'), den Brüdern Konrad und Wiegand, *dicti Vreze* und Rudolf von Leimsfeld (Frielendorf, Schwalm-Eder-Kr.), gemeinsam mit vielen anderen getreuen Würdigen').

Was hat sich geändert? Hier begegnen uns lauter ritterliche Zeitgenossen, und nur ein Teil heißt *von*: *von Appenrod, von Leimsfeld*. Andere begegnen mit scheinbar bürgerlichem Zweitnamen, obwohl sie eindeutig Ritter (*milites*) sind:

Die *Riedesel Freiherren zu Eisenbach* (bei Lauterbach, Vogelsberg-Kr.). Sie blühen als Adelshaus bis heute, waren seit dem frühen 15. Jh. Erbmarschälle von Hessen und sind es formell immer noch. Das alles hilft nichts gegen den komischen Namen: Der Esel ist folglich das Wappentier der Familie; der erste Namensteil gehört vermutlich zu mhd. *rîten* ,reiten', so dass der Name sich von einem ,Reitesel' herleitet.

Auch die *Schwerzel* gibt es noch als Freiherren von Schwertzell auf ihrem Schlosssitz in Willingshausen (Schwalm-Eder-Kr.). Der Name geht sehr wahrscheinlich auf mhd. *swarz* ,schwarz' in Verbindung mit der kosenden Verkleinerungsform *-el* zurück, d.h. der erste Namensträger wurde nach dem schwarzen Haar oder dem dunklen Teint benannt.

Schließlich die *Waldvogel*, ein ausgestorbenes Geschlecht. Sie tauchen in mittelalterlichen hessischen Quellen immer wieder einmal als Rittergeschlecht auf. Sie waren – wie die beiden anderen – hauptsächlich im Schwälmer Land und im Vogelsberg begütert. Ihr Name geht auf das mittelalterliche Wort *waltvogel* zurück, das eben auch nichts Anderes als einen ,Waldvogel' bezeichnet. So wurde möglicherweise ein sorglos dahin lebender Mensch genannt.[12]

Das sind schon merkwürdige Zweitnamen für stolze hochmögende Ritter. Es steht außer Frage, dass diese Namen in der Mitte des 13. Jh.s schon feste Benennungen für die Rittergeschlechter waren, also formal Familiennamen entsprechen. Zumindest für die Riedesel ist bereits um 1226, also ein halbes Jahrhundert zuvor, ein *Ditmarus Ridesil* belegt[13].

Dass der Geschlechtsname wie eine Art Familienname funktioniert, zeigt auch die Bezeichnung für die Edelknechte, die Brüder Konrad und Wiegand als *dicti Vreze*.

Denn das heißt, dass beide Brüder diesen Namen trugen. Die Deutung ihres Namens ist nicht ganz klar. Aber höchst wahrscheinlich gehört er zum Geschlechternamen der *Vraze von Ziegenhain*, zuerst 1301 *Wigand Fraz*[14]. Sprachlich entspricht das unserem Wort *Fraß* und bezeichnet entsprechend einen ‚Fresser'.

Adels- und Bürgernamen

Blickt man auf die heutigen Namenverhältnisse, stellt man überrascht fest, dass der Familienname *Riedesel* heute vornehmlich und häufig im Siegerland und im Hochsauerland vorkommt und der Familienname *Waldvogel* konzentriert und häufig zwischen Breisgau, südlichem Schwarzwald und der Ostschweiz. In beiden Fällen kann man keinen genealogischen Zusammenhang mit den mittelhessischen Rittern nachweisen. Für die alemannischen Waldvögel kann man ihn ausschließen, weil die dort seit dem frühen 14. Jh. belegt sind. Das bedeutet: Die Namen sind mehrfach unabhängig voneinander entstanden; nicht nur für ein Adelsgeschlecht, sondern auch als bürgerliche Familiennamen.

Schwertzell

Das sieht man sehr schön auch bei den *Schwerzels*. Die heutigen Willingshäuser Freiherren schreiben sich <*von Schwertzell*> und lassen so an eine Teilung des Namens in *Schwert-Zell denken (was immer das bedeuten mag). Sie befinden sich in Gesellschaft einer ganzen Reihe bürgerlicher Schreibformen des Namens, von denen <*Schwärzel*> mit etwa siebenhundert Namensträgern die häufigste ist. Alle *Schwerzels* u.ä. sind ohne besondere Schwerpunkte im ganzen deutschen Sprachraum verteilt. In Schwaben und Norddeutschland ist der Name schon im 14. Jh. belegt, so dass auch er offenbar an verschiedenen Orten entstanden ist. Ein sehr früher hessischer Beleg in Verkleinerungsform findet sich für Leeheim im „Oculus Memoriae", datierbar auf 1211 – ca.1240 *Henricus Swerzelin*.[15] Für andere bürgerliche Schwerzels in Hessen gibt es aber Hinweise, dass sie genealogisch mit dem Rittergeschlecht verbunden sind. 1263 taucht in Treysa (?) ein *(Volpert) Swercel* auf[16]; im Jahre 1439 wird ein *Engelbrecht Swerczel von Alszfelt* als Frankfurter Bürger aufgenommen.[17] Beider Herkunft legt diesen Zusammenhang nahe, zumal noch heute im Kr. Vogelsberg eine ganze Reihe <*Schwärzels*> leben.

In manchen Fällen haben bürgerliche Familiennamen und die Namen alter Adelsgeschlechter einen gemeinsamen genealogischen Ursprung. Ein solcher Fall wäre der Familienname *Löwenstein*, ebenfalls allgemein verbreitet. Ein Schwerpunkt in Nordhessen deutet jedoch darauf hin, dass eine Verbindung mit den Herren von Löwenstein besteht. Die Löwensteins sind ein altes, ebenfalls seit dem 13. Jh. bezeugtes Adelsgeschlecht in Nordhessen mit dem Stammsitz in Oberurff-Schiffelborn (Bad Zwesten, Schwalm-Eder-Kr.). Der bürgerliche Namensgebrauch soll hier im 16. Jh. durch die außereheliche Geburt eines Adelskindes eingeleitet worden sein.[18] Wahrscheinlich hat eher der Wohnsitz in der Nähe der Burg oder die Abhängigkeit von dem Herrengeschlecht den bürgerlichen Namen herbeigeführt. Löwensteins sind als Frankfurter Bürger mehrfach früh belegt, z.B. 1387 *Rule Lewenstein*, 1442 ein Schneider *Conrad*

Lewenstein und 1467 ein Scherer *Heincze von Lewensteyn*.[19] Die Personen, die in den mittelalterlichen Urkunden dieser Art als Zeugen immer wieder auftreten, gehören in den meisten Fällen den gleichen sozialen Milieus an: Es sind Ritter und andere Mitglieder des niederen Adels, Schultheißen und andere Amtsverwalter, angesehene Vertreter der örtlichen Bevölkerung, oft Schöffen, oft auch Mitglieder des Klerus. Insgesamt ein Gemenge derer, die Macht und Einfluss in den Städten und auf dem flachen Lande hatten und dort die Dinge regelten. Viele Adelsnamen wurden als Zweitnamen auch zur Grundlage von Familiennamen. Sehr viele Angehörige dieser führenden Schichten hatten aber auch in der 2. Hälfte des 13. Jh.s noch keinen Zweitnamen oder höchstens einen unverbindlichen und wandelbaren Beinamen.

Es fällt auf, dass ziemlich viele dieser frühen Rittergeschlechter merkwürdige und irgendwie unpassende Namen trugen: Die *Kalb* (von Reinheim), die *Gans* (von Otzberg), die *Strebekoz* und *Holzappel* oder z.B. die Herren *Hagelstein*, die wir schon kennengelernt haben. Das ist ein bisschen wie Richard Strauss' *Ochs von Lerchenau*.

Dass man einen Ritter *Vraz* ‚Fresser' nennt, wie wir gesehen haben, ist schon nicht besonders freundlich. Die Bewertung ist aber noch steigerungsfähig, wie der 1258 erwähnte Name des Ritters *(Rupert genannt) Sleivraz* zeigt, dem sich 1269 ein *(Heinrich) Slegevraz* beigesellt.[20] Trotz der vielfachen Namenbelege ist nicht ganz klar, was diese Ritter denn so gern ‚gefressen' haben. Zur Auswahl stehen Schleien (mhd. *slîe*) für Fischliebhaber und Schlehen (mhd. *slêhe*) für Hungerleider. Da die Wäppner auf der Burg zu Ulrichstein, hoch gelegen im Vogelsberg, zugange waren, liegt die letztere Deutung deutlich näher. Die Schlehe konnte durchaus ein namengebendes Motiv abgeben, wie Familiennamen wie *Schlehvogt* (so auch der Name des Malers Max Slevogt (1868–1932)) oder der in Mittelhessen verbreitete Name *Schleenbäcker*[21] zeigen. Die Familiengeschichte der Schleifraß bevorzugt, ebenfalls nahe liegend, allerdings die Schleien als Lieblingsgericht des ersten Namensträgers. Die Familie brachte es mit Adalbert Freiherr von Schleifras (1650–1714) immerhin zu einem Fürstabt von Fulda, sogar zu demjenigen, der den Fuldaer Dom errichten ließ. Seine Mutter war übrigens eine geborene Freifrau von Rotsmann. Sie trug damit einen Namen, der verhüllend aus einem ursprünglichen *Rotzmaul* umgebildet worden war (s. Kap.1.2.1).[22]

2.3 Frankfurter Bürger: Stadtluft macht frei

Wenn man einmal anfängt aufzuschreiben

In den hessischen Reichsstädten gab es für die Bürgerschaft schon früh eine eigenständige Stadtverwaltung, über der nur der König als oberster Stadtherr waltete. Die Ratskanzlei legte für die Verwaltung Stadtbücher und ähnliche Textsammlungen an, in denen unterschiedliche Rechtsangelegenheiten festgehalten wurden, u.a. mitunter auch die Neuaufnahme von Bürgern in die Stadt.[23] Dass diese „Bürgerbücher" in der Stadt Frankfurt erhalten sind, ist ein großes Glück, erlauben sie doch einen sehr genauen Einblick in die Bevölkerungsentwicklung und -struktur.[24] Für unsere Fragestellung: Sie lassen nachvollziehen, wie sich die Zweinamigkeit im Frankfurt des 14. Jh.s sozusagen zum Normalfall entwickelt.

Die Frankfurter Bürgerbücher weisen die ersten Einträge im Jahre 1311 auf (und reichen bis kurz vor 1500). Die Bürger, die 1311 aufgenommen werden, werden in den meisten Fällen nur mit Personennamen genannt mit dem Zusatz, von woher sie zugezogen sind. Von achtzehn Neubürgern ist nur in drei Fällen ein Beiname erkennbar:[25]

Bartolomeus dictus de Berne
Heynmannus dictus Monachus
Heyno de Sychenhusen dictus Unmezige

Sonst ist beim Personennamen stereotyp die Herkunftsangabe ... *de Minzenberc, de Aslar, de Petirwil* ... eingetragen. Auffällig ist bei den drei Einträgen der Zusatz *dictus* ‚genannt'. Er entspricht dem alten *cognominatur* der Urkunde von 1192–1202 und hat diesen Ausdruck abgelöst.

— Da zeigt dann der Zusatz *dictus de Berne* ‚genannt von Bern', dass Bartholomäus durchaus nicht direkt aus Bern zugezogen sein muss, sondern dass er ‚von Bern' genannt wird, aus welchen Gründen auch immer. Wahrscheinlich schon, weil er wirklich aus Bern zugewandert ist, aber das ist nicht sicher; jedenfalls ein früher Schweizer, von denen wir noch weitere kennenlernen werden (s. Kap. 8.3).
— Im Fall von Heinemann *dictus Monachus* ‚Mönch genannt' ist aber klar, dass er kein Mönch ist, jedenfalls kein aktiver, denn als echter Mönch wäre er nicht in eine Bürgerliste aufgenommen worden. Warum er also *Monachus* genannt wird, weiß man nicht: vielleicht ein entsprungener Mönch, dafür gibt es ja berühmte Beispiele. Vielleicht war sein Vater Mönch, das soll vorgekommen sein; vielleicht lebte er wie ein Mönch; vielleicht hatte er geschäftlich mit einem Kloster zu tun. Da gibt es viele mögliche Erklärungen.
— Der dritte Fall verbindet die Herkunftsangabe mit einem Beinamen: Heino stammt aus Sichenhausen (Schotten, Vogelsbergkr.), *dictus Unmezige*, d.h. ‚genannt der Unermessliche, Übermäßige, Maßlose'. Wobei wir leider nicht erfahren, auf welche Eigenschaft des Vogelsberger Urgewächses sich die Unmäßigkeit bezieht.

Übrigens ist gleich im ersten Jahr des Bürgerbuchs ein Jude unter den Neubürgern: *Samuel iudeus de Wunecke* ‚Samuel, Jude aus Windecken' (Nidderau, Main-Kinzig-Kr.). Juden werden ganz normal als Bürger aufgenommen.

Das Aufnahmeritual: Ein Ausschnitt aus dem Jahre 1361

Machen wir einen Sprung von genau fünfzig Jahren seit den ersten Einträgen im Frankfurter Bürgerbuch! Die Art der Eintragungen hat sich stark verändert. Die

Bürgeraufnahme vollzieht sich nach einem festen Ritual. Darüber wissen wir ziemlich genau Bescheid.

Der Kandidat beantragt im Rathaus der Stadt in der Ratskanzlei die Aufnahme als Bürger. Sein Antrag wird auf Rechtmäßigkeit, Zulässigkeit und Sicherheit in Bezug auf das zu entrichtende Bürgergeld, eine Art Aufnahmegebühr, geprüft. Wenn die Prüfung erfolgreich abgeschlossen ist, tritt er vor einen der Bürgermeister und wird aufgefordert, den Bürgereid zu sprechen. Für das Jahr 1398 ist der Text des Bürgereids erhalten, ein langer Text, dessen wesentlicher Teil am Anfang (übersetzt) wie folgt lautet:

> „Ein jeglicher, der Bürger zu Frankfurt werden will, soll getreulich geloben und zu den Heiligen schwören, unserem gnädigen Herrn König (Wenzel) getreu und dienstbar als seinem rechten natürlichen Herrn zu sein und Schöffen und Rat zu Frankfurt gehorsam und dauerhaft verbunden zu sein und die Stadt vor Schaden zu bewahren, sich um ihr Bestes zu bemühen und nichts gegen sie in irgendeiner Weise zu unternehmen."[26]

Danach folgt der Beschluss über das Bürgergeld, dessen Höhe von verschiedenen Faktoren abhängt.

Die Huldigung spiegelt sich höchst konzentriert in dem winzigen Ausschnitt, die Einbürgerungen vom 29. Juli bis 17. September 1361[27] betreffend, den wir genauer betrachten wollen:

> *Concze Blarog von Lydirbach hat gehuldit und hat eynis burgers dochter*
> *Heincze von Dypurg hat gehuldit und hat eynis burgers dochter*
> *Henne, Heylen Nasen swager des scherers, hat gehuldit und hat eynes burgers dochter.*
> *(…)*
> *Concze von Selginstad.*
> *Hans Elsezser von Sassinhusen; und hat sine ½ mr. geldes bewisit zu Sassenhusen uff eyme huse neben Roczen dem murerere, da Goswin Swertman iczund ynne wonet (…)*
> *Gyzsele Scheffern von nydern Erlebach.*

Durchweg wird der Herkunftsort angegeben: *Lydirbach* (was sich auf Ober- oder Unterliederbach westlich Frankfurt oder – eher unwahrscheinlich – auf Liederbach (Alsfeld, Vogelsbergkr.) beziehen kann), Dieburg, Seligenstadt, Sachsenhausen, Nieder-Erlenbach; alle im Einzugsbereich Frankfurts. Nur in einem Fall fehlt diese Angabe, bei Henne, dem Schwager des Scherers (Barbiers) Heile Nase. Denn er lebte offensichtlich bereits in Frankfurt, beantragte aber erst nach der Heirat mit einer Bürgerstochter das Bürgerrecht.

Man sieht auch bei Conze Blaurock und bei Heinz aus Dieburg, dass die Heirat mit einer Bürgerstochter ein beliebtes Verfahren war, das Frankfurter Bürgerrecht erleichtert zu erlangen (ein Einbürgerungsverfahren, das sich bis in die Gegenwart aus nahe liegenden Gründen großer Beliebtheit erfreut). Die Einheirat hatte den Vorteil, dass man nur einen kleinen Geldbetrag für den Eintritt in die Bürgerschaft erlegen musste, dazu musste man dem Bürgermeister einen Wein spendieren und den Schreiber mit einem Thurnos (= 1/12 Gulden) entlohnen.[28] Für den hohen Eintrittspreis von einer halben Mark musste hingegen Hans Elsässer aus Sachsenhausen sein Haus verpfänden. Das Haus steht neben *Roczen,* dem Maurer, und Goswin Schwertmann wohnt derzeit darin. Da weiß man doch Bescheid.

Was die Zweinamigkeit angeht, wird sie immerhin noch von *Heincze von Dypurg, Concze von Selginstad*, aber auch von Schwager *Henne* verfehlt. Die Herkunftsangabe bei den beiden ersten ist gewiss kein genügend kennzeichnendes Merkmal, zumal sie die Allerweltsnamen von „Hinz und Kunz" tragen. *Henne* wird durch seine Schwägerschaft mit *Heyle Nase* für die Obrigkeit hinreichend identifizierbar sein: Aber hat er wirklich keinen Zweitnamen? Sein Schwager verdankt den seinen sicher seiner (oder seiner Vorfahren) ausgezeichneten Nasenform. Schließlich: Auch Frauen werden als Neubürgerinnen aufgenommen, wie das Beispiel von Gisela Schäfer (*Gyszele Scheffern*) aus Nieder-Erlenbach zeigt.

Wir sehen, der Namengebrauch schwankt noch ziemlich hin und her. Für den Eintrag unabdingbar sind nur der Personenname und die Herkunftsangabe, wenn der Neubürger zugezogen ist. Der Rest ist Kür: Angabe der Berufstätigkeit, Angabe eines Verwandtschaftsverhältnisses und vor allem Angabe eines Zweitnamens. Dieser Zweitname wird nun allerdings längst nicht mehr durch ein *dictus* ‚genannt' als Beiname charakterisiert, den man auch weglassen kann.

Das hat übrigens bei Tätigkeitsnamen zur Folge, dass man bei einem zweinamigen Eintrag oft nicht entscheiden kann, ob der zweite Teil nur den Beruf benennt oder Beiname, bzw. Familienname ist. Ist in dem Eintrag von 1463 *Maderne lutensleger von Gynheim*[29] der mit Rufnamen *Madern* (aus dem Heiligennamen *Maternus*) Eingetragene von Beruf Lautenschläger, oder ist es sein Name? Bei dem 1432 eingebürgerten *Peter Lutensleger steindecker*[30] ist die Sachlage klar, weil der Beruf als Ziegeldachdecker angegeben ist. Für *Madern* haben wir schlichtweg kein Entscheidungskriterium. Wir können höchstens annehmen, dass es sich beim Zweitnamen wahrscheinlich um einen festen Namensteil handelt. So wie wir bei dem Odenwälder *Conczechin Lutensleher*, der schon 1401 genannt ist[31], deshalb einen festen Beinamen annehmen dürfen, weil der Familienname *Lautenschläger* noch heute im Odenwald blüht und hier eines der beiden Vorkommenszentren in Deutschland bildet.

Die Entwicklung zum festen Zweitnamen, die wir – wie man nicht oft genug betonen kann – nur in den schriftlichen Reflexen widergespiegelt finden, ist (spätestens) in der 2. Hälfte des 14. Jh.s abgeschlossen. Im Jahr 1387 lässt der Magistrat ein Einwohnerverzeichnis Frankfurts anlegen, in dem etwa 4.000 Bürger, geordnet nach Zünften und sonstigen sozialen Kriterien, genannt werden. Fast alle tragen jetzt wie selbstverständlich einen Zweitnamen, der in der Regel wohl zugleich der Familienname ist.

3. Bauernleben: Die Namen der Landbevölkerung im 15. Jh.

Während sich uns die Namenwelt der Städte aus Neubürgerlisten, aber auch durch Steuerverzeichnisse, Zunftgeschäfte und allerlei andere städtische Quellen erschließt, sind wir für die Beobachtung der Namen der Landbevölkerung auf dem flachen Lande auf andere Quellen angewiesen. Zum einen werden spätestens seit dem 14. Jh. von adeligen und geistlichen Grundherren Verzeichnisse über ihren Grundbesitz angelegt. Da bei den Grundstücksbeschreibungen in der Regel die Anrainer des Grundstücks namentlich genannt werden, erfahren wir so auch Namen von bäuerlichen Landbewohnern. Zum anderen sind es Registraturen der beginnenden Verwaltungs-Moderne: Aufzeichnungen über Einnahmen und Ausgaben; vor allem auch Auflistung der Abgaben, wann wo wie welche (hörigen) Bauern welche Leistungen oder Abgaben zu erbringen hatten. Die mussten natürlich mit Namen genannt werden. Wir kennen somit diese Namen, jedoch gebrochen durch die Schreibkultur und aus der Sicht der herrschaftlichen Schreiber.

3.1 Die Haferabgaben in einem hessischen Dorf und merkwürdige Namen

Nehmen wir als Beispiel wiederum einen winzigen Ausschnitt, der ziemlich genau einhundert Jahre später nach den betrachteten Frankfurter Bürgeraufnahmen von 1361 entstanden ist. In einem Rechnungsbuch für die Vierherren des Stifts Wetter finden wir um 1462 folgenden Eintrag bezüglich der Haferabgaben in Mittelrosphe (Wetter, Kr. Marburg-Biedenkopf):[32]

> *Hec est avena cinerum*
>
> *Primo* Deynhard *2 mesten Wesintfeld hob.* – *Item* Cunczigen Crancz *3 sester von der Slerren gude.* – *Item der scheyfer ein sester von des pastors quaden.* – *Item* Cuncze uff her Iohans hobe *2 mesten myn eyn fertel.* – *Item das fertel gibbet* Kunnhenn *von Bottenhorns gude.* – *Item* Rulenhennichen *unde sin swagher* Cuncze Heymeln *2 mesten myn eyn fertel.* – *Item* Ossenburgh *5 fertel von dem Knappengude und dem Soppengude.* – *Item* Richghard *eyn sester.* – *Item* Dylnheyncze *eyn mesten von des stiftes gude zu Wetter.* – *Item* Dypelchen *1 mesten von der Slerren gude.* – *Item* Fischer *1 fertel von siner frauwen erbe.*

Der Text ist außerordentlich dicht; nur kurz zur Erläuterung: Dem Stift zinspflichtige Landleute geben bestimmte Mengen Hafer (*avena*) von bestimmten Grundstücken (*gude*). Die Höhe der Abgabe ist in alten Hohlmaßen angegeben, in *mesten* und *sestern*. Überschlägig – bei großen lokalen und regionalen Schwankungen – dürfte das bei Hafer meist 1/10 Malter gewesen, d.h. in Oberhessen etwa 30 Liter.[33]

Wie steht es mit den Namen der Landleute, die die Abgabe zu leisten hatten? Wieder finden wir eine bunte Mischung verschiedenartiger Benennungsweisen. Oft reicht offenbar die Nennung des Rufnamens aus (*Deynhard* ‚Degenhart', *Richghard* (wohl) ‚Richard', *Dypelchin* ‚Dietbald-chen'), gelegentlich durch einen Zusatz verdeutlicht (*Cuncze uff her Iohans hobe* ‚Kunz auf Herrn Johanns Hof').

Dass es in Wetter im 15. Jh. auch ganz normale Familiennamen gegeben haben muss, zeigen die Nennungen von *Cunczigen Crantz* ‚Kunzchen Kranz' (wohl nach einem Kranz als Hausname), *Cuncze Heymel* ‚Kunz Heimel' (zum alten Personennamen *Heimo* mit Koseendung *-el*) und *Fischer*. Gerade der letzte Eintrag ist besonders interessant, weil er zeigt, dass identifizierende Nennungen auch ohne Rufnamen erfolgen können. Dass hier der Name und nicht die Kennzeichnung als Fischer gemeint ist, sieht man übrigens daran, dass der Artikel fehlt. Der ist nämlich weiter oben bei *der scheyfer* ‚der Schäfer' angegeben.

Eine andere Art der Namenbildung mit zwei Namen ist in diesem Text viel auffallender: *Rulenhennichen* etwa wird als ein Name geschrieben, umfasst aber zwei Namen: *Rule*, eine häufige Kurzform von *Rudolf*, aus der sich der typisch hessische Familienname *Ruhl*, *Rühl* entwickelt hat, und *Henn* (entstanden aus *Johann* oder *Heinrich*), dazu die Koseendung *-chen*. Das <*n*> in *Rulen-* ist eindeutig als Genitiv-Zeichen zu verstehen, so dass *Rulenhennichen* ‚Ruhls Henn-chen' benennt. Das wiederum lässt sich zweifelsfrei als ‚Hennchen, Sohn des Ruhl' verstehen, also eine Benennung nach dem Vater.

Dass *Rule* hier der Vatername des Zinspflichtigen ist, wird durch die vergleichbaren Namen in unserem Quellenausschnitt deutlich: *Kunnhenn* lässt sich leicht als **Kunenhenn* ‚Henn, Sohn des Kuno/Konrad' auflösen, *Dylnheyncze* als ‚Heinz, Sohn des Diel(o)', wohl auch *Ossenburgh* als ‚Burghard, Sohn des **Osso* (gekürzt aus *Oswald*)'. Die Zweinamigkeit folgt einem einfachen Muster: Zuerst kommt als Allgemeines der Vatername, dann als Spezielles der individuelle Rufname. Es handelt sich also um eine andere Form der Zweinamigkeit. Auch solche Namenbildungen können fest und im Laufe der Zeit zu richtigen Familiennamen werden. Wichtiger aber ist, dass hier ein ländliches Namenbildungsmuster mit weitreichenden Folgen aufscheint (s.u. Kap. 5.4).

-chen

Auf eine weitere sprachliche Eigenheit der Quelle sei noch aufmerksam gemacht: Die fast inflationäre Verwendung der Verkleinerungsform *-chen*, manchmal auch *-el* bei der Nennung von Personennamen: *Cunczigen Crantz, Rulenhennichen, Heymel, Dypelchen*. Die Funktion ist die gleiche wie heute: es ist eine Koseform wie *Hans* > *Hänschen*. Aber dass erwachsene Landleute in amtlichen Schreiben mit konstanter Boshaftigkeit ihre doch eher privat klingende Verkleinerungsform behalten, berührt merkwürdig. Der in Hessen allgemein verbreitete Gebrauch dieser Namensendung bei Rufnamen zeigt, dass nicht die Funktion als Koseelement im Vordergrund stand. *-chen* wird vielmehr als normaler Bestandteil des Namens ohne besondere Bedeutung betrachtet und geht so in die Struktur des Familiennamens.

Das erklärt, warum noch heute so viele Familiennamen die *-chen*-Endung aufweisen, meist übrigens in der alten Schreibweise -<*gen*>: *Diepgen, Herrgen, Röntgen,* so wie im

Alemannischen die -*le* und -*li*-Namen. Wie die Vater-Sohn-Namenbildung war die -*chen*-Endung ein charakteristischer Teil der bäuerlichen Namenbildungskultur im späten Mittelalter. In den städtischen Bürgerbüchern jedenfalls findet sie sich nur selten. Im Frankfurter Einwohnerverzeichnis von 1387 ist sie ausgesprochen spärlich vertreten.

3.2 Weitere Tendenzen der Namenbildung auf dem Lande

Scheinbare Familiennamen: Schreiberphantasien

Der untersuchte kleine Auszug zeigt also mit *Rulenhennichen* ein ziemlich typisches Benennungsmuster auf dem Lande, das sich in vielen frühen Quellen nachweisen lässt. Es ist aber beileibe nicht das einzige. Vielmehr zeigen die Quellen, dass Namenmuster von Ort zu Ort wechseln können. Allerdings kann man oft nicht erkennen, was örtlich wirklich gebrauchte Namen sind und was auf das Bedürfnis des Schreibers zurückgeht, eindeutig identifizierende Namen aufzuschreiben. So finden wir beispielsweise in der Güterbeschreibung des Klosters Arnsburg (bei Lich, Kr. Gießen) für den Ort Wohnbach in der Wetterau (Wölfersheim, Wetteraukr.) im Jahre 1370 bei siebzehn Namenangaben nicht weniger als vierzehn Herkunftsnamen vom Typ *Dyemar Aslaren* ‚Dietmar Aslarer'.[34] Dass das alles feste Zweitnamen oder gar Familiennamen gewesen sein sollen, kann man sich nicht recht vorstellen, zumal darunter sogar zwei *Wanebechir* ‚Wohnbacher' als Träger des Zweitnamens gewesen sein sollen. Eher scheint hier der Schreiber für seine Zwecke nachgeholfen zu haben. Die Nennung eines Zweitnamens in der Güteraufstellung wurde offensichtlich erwartet. Daraus kann man schließen: Vielfach sind die Zweitnamen (zumindest im mittelhessischen Raum) durchaus nicht überall schon gang und gäbe. Für die Zuordnung der Abgabenpflichten werden häufig noch allein die Rufnamen als ausreichend erachtet, sehr oft aber eben in Verbindung mit dem Vaternamen. Gerade wegen dieser häufigen Namenbildung kann man ausschließen, dass es bei den Landleuten in diesen Orten durchweg echte Familiennamen gegeben hat.

Ein Sonderfall? – Frühe Familiennamen in Trebur

Unsere bisherigen Beobachtungen zum ländlichen Namengebrauch im 14. und 15. Jh. lassen kaum vermuten, dass Familiennamen in unserem heutigen Sinn übermäßig verbreitet oder gar vorherrschend waren. Möglicherweise aber gibt es Ausnahmen; so gibt es einen merkwürdigen Fall in Trebur (Kr. Groß-Gerau).

Dort haben im 13. Jh. eine Reihe sehr umfangreicher Landverkäufe und Güterbeschreibungen stattgefunden, deren Urkunden erhalten sind. Bei den Lageschreibungen für die Grundstücke sind neben den Flurnamen auch die Namen der benachbarten Besitzer, der Anrainer, angegeben. Deshalb kann man[35] sehr genau untersuchen, in welchem verwandtschaftlichen Verhältnis die angeführten Namensträger mutmaßlich zueinander standen. Das wirklich verblüffende Ergebnis ist, dass für das Jahr 1277 mindestens 22 Namen als tradierte Familiennamen sicher auszumachen waren. Mit hoher Wahrscheinlichkeit könnten noch weitere gefunden werden.

Das Ergebnis ist verblüffend, weil es gewohnte Vorstellungen über das Festwerden von Familiennamen in Hessen scheinbar über den Haufen wirft. Wir haben gezeigt, dass bürgerliche Familiennamen im letzten Drittel des 13. Jh.s allmählich in den Städten entstanden sind und die Landbevölkerung zeitlich deutlich dahinter herhinkte. Denn auf dem Land in den kleinen Kommunikationsgemeinschaften der Dörfer und dem geringeren Einfluss der Schriftlichkeit gab es erst viel später einen echten Bedarf, sich eines Zweitnamens zu bedienen, als die Herrschaften ihre geordnete Wirtschaft schriftlich festhielten.

Die Treburer frühe – viel zu frühe! – Familiennamengebung wird zum Teil dadurch zu erklären sein, dass dort viele Grundstückseigner Bürger der nahe gelegenen Stadt Mainz waren. In Mainz war der Prozess des Zweitnamengebrauchs natürlich längst in vollem Gange. Aber man kann einen Gutteil der frühen Treburer Familiennamen so nicht erklären. Offenbar setzt der Prozess der Familiennamenentstehung auf dem flachen Lande mancherorts zeitlich auch nicht später oder jedenfalls nicht viel später ein als der in benachbarten Städten. Der starke Stadt-Land-Gegensatz war mancherorts im Bereich der Namenmoden nicht so ausgeprägt, weil das Umland von Städten auch personell sehr stark mit der Stadt verbunden war. Neben Trebur und Mainz beweisen das auch die Frankfurter Bürger-Eintragungen deutlich.

Ländliche Bandbreite

Wir müssen uns also von der nahe liegenden Vorstellung frei machen, dass die Entwicklung der Zweinamigkeit, die am Ende zu unseren Familiennamen führt, überall in hessischen Landen ziemlich gleichmäßig verlaufen sei. Sie kann auf engem Raum, fast von Ort zu Ort, wechseln. Andererseits finden wir auf dem flachen Lande im 15. Jh. bereits die ganze Brandbreite dessen, woraus schließlich der Eigenname im heutigen Sinne als Sieger hervorgeht. Es folgt deshalb abschließend noch eine kleine Liste, die ein weiteres Licht auf diese Bandbreite wirft.

In einem 1408–1426 geführten Landsteuer- und Beederegister (das ist ein Abgabenregister) der Grafen von Katzenelnbogen werden für die Hofsiedlung *Ulbach* (heute Hof Illbach bei Reinheim, Kr. Darmstadt-Dieburg) als Abgabenpflichtige, die das gräfliche Hofgut bewirtschaften, genannt:[36]

Metzchin Quellen und yr son
Hertwin
Peter von Ulbach
Reymchin
Wigel
Yrmel Strůnen
Huse Brůln
Gude Mollern von Spachbrucke.

Von den acht Hofleuten sind drei nur mit Personennamen genannt (*Hertwin, Reymchin, Wigel*), vier mit sicherer Zweinamigkeit (*Metzchin Quellen, Yrmel Strůnen, Huse Brůln, Gude Mollern von Spachbrucke*) und einer, bei dem die Grenze zwischen identifizierendem Zusatz und Zweitname unklar ist (*Peter von Ulbach*). Man fragt sich, warum der Schreiber bei sonst völlig gleichen Abgabebedingungen und gleich gestellten Hofleuten so unterschiedliche Namenangaben wählt. Dabei fällt zunächst auf, dass zu den Hofleuten vier Frauen gehören:

Metzchin Quellen ('Mechthildchen Quelle'; nach der Wohnstätte),

Yrmel Strůnen (Kurzform aus Irmen-trud o.ä. + Streun; zu mhd. *striunen* 'auf neugierige Weise nach etwas forschen' für einen neugierigen Menschen[37]),

Gude Mollern ('Gude Müller(in)'; aus dem Nachbarort Spachbrücken),

wohl auch *Huse Brůln* ('Huse Brühl(in)'; *Huse* kann ein männlicher Rufname *Huso* oder ein weiblicher Rufname *Husa* zugrunde liegen. Das <n> in *Brůln* deutet auf die weibliche Form des Namens hin).

In diesem Fall tragen seltsamerweise die Frauen einen Zweitnamen, die Männer nicht. Dass zumindest *Quelle* bereits auf dem Weg zu einem Familiennamen ist, geht aus einem etwas späteren Register von 1425/26 hervor, in dem *yr son* allein als Hofmann mit Namen *Henichin Quelle* genannt ist.

Liegt tatsächlich eine Differenzierung – einfacher Name für Männer, Zweitname bei Frauen – vor, ist der Schluss möglich, dass die drei männlichen Personennamen zu der Zeit bereits als Familiennamen funktionierten. Der Schreiber hat die Angabe eines Rufnamens in diesen Fällen deshalb als überflüssig erachtet. Zu erinnern ist in diesem Zusammenhang an *Fischer* in der Quelle für das Stift Wetter.

3.3 Exkurs: Die *dictus*-Formel

Ein äußerliches Zeichen für den Wandel vom Beinamen zum festen Zweitnamen / Familiennamen zeigt sich im Abbau der Formeln, die auf Beinamen weisen. Die lateinischen Ausdrücke *cognomento, cognominatur* 'mit Beinamen genannt', die wir in der Urkunde von ca. 1192–1202 kennengelernt haben, verschwinden nach 1200 ziemlich vollständig aus hessischen Urkunden und werden durch die ebenfalls lateinische Formel *dicto, dictus, dicitur* 'genannt' ersetzt. Auch da weiß man nicht immer, worauf sie sich genau bezieht. So wird 1228 in Wetzlar ein *Arnoldus Monetarius* erwähnt, also ein Münzer; 1269 ein *Hermannus dictus monetarius* und 1323 dessen Sohn *Hermanno monetarii* 'Hermann, des Münzers (Sohn)'. Der ist aber schon 1312 als *Hermannum dictum Mvnzer* ('Hermann genannt Münzer') belegt.[38] Wer war nun Münzer, und wer hieß nur so?

Mit dem Niedergang der lateinisch verfassten Urkunden verschwindet auch das *dictus* allmählich. Zu den späten Nachklängen gehört ein so schöner Beiname wie 1305 *Theodoricus dictus Dunebir* ('Dünnbier') in Grünberg (Kr. Gießen). Im Frankfurter Bürgerbuch hört die *dictus*-Formel kurz vor der Mitte des 14. Jh.s mit der Einbürgerung eines *Conradus dictus Stracke de Stirstad* 1341 auf.[39]

Mit dem Aufkommen der deutschsprachigen Quellen wird der lateinische Ausdruck ersetzt durch *genannt* oder eine Umschreibung dieses Ausdrucks. In Frankfurt wird der Ausdruck aber eher selten benutzt, z.B. 1377 *Jeckel gnand Kursener* ('Kürschner').[40] Gewöhnlich erfolgt die Identifizierung über Personennamen und Zweitnamen, Berufsangabe und/oder Herkunftsangabe. Wenn dann, ab dem Ende des 14. Jh.s, in Frankfurt eine *genannt*-Angabe erscheint, ist das eher die Ausnahme. Sie verweist darauf, dass der Namensträger neben seinem gewöhnlichen Zweitnamen außerdem noch einen Beinamen hat. Das kommt im 15. Jh. gar nicht so selten vor, z.B. 1426 *Johannes Fingerhut gnant Lore* oder 1440 *Johannes Isernhut gnant Leiderman*.[41] Diese Beinamen waren also so etwas wie inoffizielle Gebrauchsnamen für die alltägliche Verständigung. So zumindest kann man wohl den Eintrag von 1448 *Heincze Kotte von Herbstein gnant Herbst*[42] verstehen. Hier meint nämlich *Herbst* offenbar nicht die Jahreszeit, sondern ist eine verkürzte Form von *Herbstein*, dem Vogelsberger Herkunftsort von Heinz Kotte. Dafür sprechen auch gelegentliche ausführliche Umschreibungen wie 1468 *Hans Wiigant, den man nennet Francke, von Nuweheym furman*[43], 'den Fuhrmann Hans Wiegand aus Nauheim, den man Franke nennt'. Eine Ausnahme ist *Heincze von Kreilszheim gnant von alder Swager* von 1424[44], aber eine interessante, weil sie auf eine 'von alters her' bestehende Benennung als 'Schwager' verweist (womit im Mittelalter verschiedenartige Verwandtschaftsbeziehungen bezeichnet werden konnten). Wie der Beiname den überlieferten Zweitnamen ersetzen konnte, zeigt der Name *Johannes Gutenbergs*, dessen Familie den eigentlichen Familiennamen *Gensfleisch* durch den Hausnamen ihres Mainzer Hofes ersetzte. Dadurch entstand – vorübergehend – *Johannes Gensfleisch genannt Gutenberg*.

Solche Beinamen als Zusatz zu einem ansonsten vollständigen Eigennamen begegnen seit dem Ende des 14.Jh.s in hessischen Quellen häufiger, auch in Adelskreisen, wenn auch nicht immer schmeichelhaft-adelig:

1443 *Ich Conrad von Cone, den man nennet Reuber* ('Räuber') (bei Cleeberg, Kr. Gießen)[45],

1386 *Ich Lodewig von Honfelz den man nennet der durre bekenne* ...('der Dürre'; und in der Zeugenliste: *Eckard von Honfelz den man nennet der Wolf* ...[46] (Angehörige des Adelsgeschlechts *von Hohenfels*, begütert im Raum der oberen Lahn)[47],

1395 *Johan Holtzhusen eyn pryster den man ouch nennit der pastor* (Grünberg, Kr. Gießen).[48]

Man erkennt deutlich: Diese Beinamen sind Fremdzuschreibungen, die von den Betroffenen übernommen wurden. Der individuelle charakterisierende Beiname, der am frühzeitlichen Beginn der Zweitnamenbildung stand, kehrt so gelegentlich wieder, jetzt gewissermaßen als Drittname. Der mittlerweile mit zwei Namen ausgestattete Mensch wird noch einmal mit einem charakterisierenden Namen versehen. Wieder stempelt der Beiname den Menschen, verleiht ihm ein neues Image und strukturiert seine Identität.

Zusammengefasst

Überblicken wir die drei Jahrhunderte, aus deren Überlieferung wir ein paar winzige Überlieferungssplitter herausgezogen haben, so sehen wir – bei allen Unklarheiten und Verwerfungen – ein paar klare Entwicklungslinien. Sie führen von gelegentlich genannten Beinamen, die in den Quellen auftauchen, zu regulären Familiennamen in unserem heutigen Sinne.

Ganz grob gesprochen, beginnt die systematische Ausweitung des uralten Gebrauchs von Beinamen im 13. Jh. in den führenden Gruppen des hessischen Lehnswesens, vornehmlich bei den Rittern und dem niederen Adel mit Geschlechternamen. Er liegt zeitlich vor dem Zweitnamengebrauch in den Städten.

In den Städten kommen Zweitnamen wegen veränderter Kommunikationsbedingungen auf: mangelnde Unterscheidungskraft der Personennamen, Mode, Schriftlichkeit. Ihr Gebrauch blüht dort in den ersten Jahrzehnten des 14. Jh.s auf und führt in dessen 2. Hälfte dazu, dass Vorname und Nachname das allgemein übliche Eigennamenmuster abgeben.

Auch bei der bäuerlichen Bevölkerung auf dem flachen Lande ist das Muster Vorname + Nachname seit dem frühen 14. Jh. (in Einzelfällen sogar noch früher) bekannt, aber doch eher selten, sogar von Ort zu Ort unterschiedlich ausgeprägt. Wirklich üblich wird der Zweitnamengebrauch auf dem Lande erst um und nach 1400.

Je genauer man sich auf die Betrachtung dieser alten Quellen einlässt, um so stärker gewinnt man den Eindruck, dass es sich bei den Namen vielfach um Vexierbilder handelt, die einmal so, ein andermal so aussehen. Oft verschwimmen die Grenzen zwischen Einnamigkeit und Zweinamigkeit, zwischen Rufnamen, Personennamen, Beinamen und Familiennamen, zwischen Name und Bezeichnung. Am Ende des 15. Jh.s verfügen aber fast alle Hessen über einen mehr oder weniger festen Zweitnamen, außer einigen Bevölkerungsgruppen wie den Juden (s. Kap. 7). Er wird gewöhnlich an die nächste Generation weitergegeben, funktioniert also als Familienname in unserem heutigen Sinne.

In den Jahrhunderten der Entstehung der Familiennamen vom 13.–15. Jh. wirken sehr unterschiedliche Faktoren auf die Entwicklung ein. Der wichtigste Antrieb dabei ist zweifellos die immer einflussreichere Schreibkultur, in der sich die modernen Formen der Macht, der Verwaltung, der Herrschaft symbolisch binden.

4. Der umgedrehte Eigenname: Das Modell Erstname + Rufname in Stadt und Land

4.1 Ein Produkt vom Lande

Wir kommen noch einmal auf die zentrale Beobachtung bei der Entstehung ländlicher Zweinamigkeit zurück, nämlich dass dort bevorzugt ein anderes Namenmuster verwendet wird, der Typ *Rulenhennchen*. Entgegen unserem heutigen Eigennamenmuster

> Vorname (= Rufname) + Nachname (= Familienname)

haben wir die Folge

> Vatername (-> „Familienname") + „Vorname" (= Rufname).

Die Anführungszeichen deuten hier an, dass die Terminologie nicht mehr passt. Der Vatername steht an erster Stelle, ordnet bedeutungsmäßig *Hennchen* als Kind der Familie *Ruhls* zu, ohne dass *Ruhl* damit automatisch ein Familienname wäre. Unser *Rule* könnte ja seinerseits selbst nach seinem Vater benannt sein, z.B. **Kunzenrule,* usw. Wir sprechen deshalb, um Missverständnisse zu vermeiden, jetzt von „Erstname" und Rufname, betrachten also das Muster

> Erstname (Beiname) + Rufname.

Worin besteht nun der Unterschied zwischen einem *Hennchen Ruhl(en)* und einem *Rulenhennchen* oder – handlicher – zwischen *Fritz Fischer* und *Fischers Fritze*? Da gibt es viele Gesichtspunkte. Wir beschränken uns auf den wichtigsten formalen, der für die Entstehung von Familiennamen bedeutungsvoll ist. *Fischers Fritze* kann man zu einem Namen *Fischersfritze* zusammenziehen; das geht bei *Fritz Fischer* nicht. *Fischersfritze* kann so zu einem neuen Familiennamen werden, der sich dem üblichen Modell Vorname + Nachname (=Familienname) zuordnet, z.B. **Henne Fischersfritze*. Das Modell führt zu second-hand-Familiennamen.

Die Frage, ob dieses Erstnamen-Modell eine typisch ländliche Benennungsform ist, lässt sich anhand der städtischen Quellen leicht überprüfen. Da helfen wieder die Frankfurter Bürgerbücher weiter. Das Benennungsmuster ist in Frankfurt lange Zeit sehr selten; dort herrscht lange Zeit die bedeutungsgleiche Formel des Typs, z.B.

> 1345 *Concze Emichen son von Wern*[49]

vor, wenn man die Vater-Sohn-Beziehung benennen wollte. Gegen Ende des 14. Jh.s, besonders nach ca. 1410, beobachten wir aber in den Bürgerbüchern einen rasanten Anstieg des Typs Erstname + Rufname. Dass die Neubürger mit dieser Namenkennzeichnung in der Regel aus Dörfern der näheren oder weiteren Umgebung zuzogen, besagt natürlich nichts: das war immer so. Aber dass sie als Neubürger so identifiziert werden und sich selbst wohl so benennen, zeigt, dass der Namentyp um 1400 auf dem Lande üblich war. Wahrscheinlich war er es noch nicht viel länger, weil ihn sonst frühere Einwanderer schon längst eingeführt hätten.

Manche Einträge zeigen, dass es in der 1. Hälfte des 15. Jh.s mit der Festigkeit und eindeutigen Identifizierbarkeit mittels dieses Typs noch nicht so weit her ist. So wird im Einwohnerverzeichnis von Frankfurt von 1440

Henne von Margpurg (=Marburg), *den man nennet Menczer Henchin*

erwähnt, also ‚Mainzer Henne-chen'. Zwanzig Einträge später finden wir aber einen *Menczerhenne sniider* (=Schneider) und wieder eine Reihe Einträge später einen *Menczerhenne fischer* (=Fischer).[50] Das ist ein wenig verwirrend, weil man nicht genau erkennen kann, wie viele *Menczerhenne*s es 1440 in Frankfurt gegeben hat.

Manchmal wird der eingebrachte Name durch einen modernen Familiennamen erweitert. So folgt auf den Bürgereintrag

1441 *Wackenhenne von Mencze fischer ist burger worden*

als weiterer Eintrag

1447 *Wackenhenne, den man nennet Salmensniider.*

Wackenhenne ist der eingeführte Name, mit dem Henne aus Mainz gekommen ist. Dann wurde er durch seinen Berufsnamen (‚Lachsschneider') als Beiname ersetzt.[51]

4.2 Verallgemeinerung des Erstname-Rufname-Modells

Indem der Erstname mit dem Rufnamen sprachlich verschmolzen wird, entsteht ein neuer Familienname. Wenn ein Erstnamenverfahren erst einmal eingeführt ist, können auch andere Benennungsmotive als der Vatername an die erste Stelle treten, um diese Funktion zu erfüllen. So können Berufe, Eigenheiten, Herkünfte, Wohnstätten vorangestellt werden, d.h. grundsätzlich die ganze Palette der namengebenden Motive. Das zeigen Namen wie *Schmidtkunz* (‚Konrad/Kunz der Schmied'), der in Nordhessen öfter vorkommt.

Etwas anders ist die Lage, wenn eine Eigenschaft oder Eigenheit des ersten Namensträgers hervorgehoben wird, wie es z.B. im Einwohnerverzeichnis von Frankfurt von 1387 mit *Der arm Heinrich* geschieht.[52] Wenn *arm* zum Bestandteil des Eigennamens wird, tritt die charakterisierende Bedeutung des Adjektivs in den Hintergrund. Dabei verlagert sich auch die Betonung auf die erste Silbe. Am beliebtesten und häufigsten ist die Differenzierung nach *alt* und *jung* sowie *groß* und *klein*, meist ursprünglich bezogen auf Mitglieder der Familie in der Generationenfolge, aber auch auf der Ebene der Geschwister. Zwischen Lahn und Diemel finden wir (in unterschiedlicher Häufigkeit) *Althenn, Junghenn* und *Kleinhenn*. Nur *Großhenn* gibt es überhaupt nicht, obwohl ein *Groszehenne* auch 1387 im Frankfurter Bürgerbuch genannt ist.[53] Der alte Beleg zeigt übrigens sehr schön, wie hier das reine Adjektiv gewissermaßen unverändert im syntaktischen Zusammenhang in den neuen Namen gezogen wird. Erst dadurch wird *grosze* zum Namenbestandteil.

Gutberlet
Wissen Sie, wofür der Name der Supermarkt-Kette *tegut* steht? Sie wurde 1947 von dem Fuldaer Kaufmann Theodor Gutberlet gegründet und aus den Anfangsbuchstaben seines Namens zunächst *thegu* genannt. *Gutberlet* als Familienname geht auf die Benennung eines Menschen als ‚guter Berthold‘ zurück, ist also aus dem Erstname + Rufname-Modell entstanden. Die spätere Umbenennung der Kette in *tegut* war nicht nur verkaufspsychologisch ein genialer Schachzug.[54] *Gutberlet* als Name ist mit etwa 1500 Namensträgern gar nicht selten, zudem ein typischer Name des osthessischen Raums, wo allein etwa ein Drittel aller Gutberlets leben. In Fulda ist ein *Antonius Gutberlet* auch bereits 1586 nachgewiesen.[55]

Beispiel für einen Herkunftsnamen wäre unser Frankfurter *Menczerhenne*, wenn der erste Namensteil die Herkunft aus der Stadt Mainz anzeigt. Ein Wohnstättenname dieses Typs ist z.B. *Mühlhans* oder der typisch hessische, vor allem im Odenwald beheimatete Familienname *Hofferbert*. Die ältesten Belege von 1426 *Hoffherburt*, *Hoff Herbort* zeigen, dass in diesem heute einigermaßen undurchsichtigen Namen der alte Personenname *Her(i)burt* enthalten ist. Der erste Namensteil entspricht unserem *Hof*. Der Name bedeutet also so viel wie ‚Herburd von/auf einem (bestimmten) Hof‘.[56] Entsprechend ist der Familienname *Hofheinz* entstanden, der heute in Hessen hauptsächlich im Lahn-Dill-Kr. verbreitet ist.

4.3 Dorfnamen und Familiennamen

Das Erstnamen-Modell verdient auch zusätzliche Aufmerksamkeit, weil es bei einem ganz anderen Namengebungs-Verfahren eingesetzt wird.

Unterhalb der Ebene der amtlich-schriftlichen Familiennamen nämlich gibt es bis heute in weiten Teilen des ländlichen Hessens, besonders in Mittelhessen, die Gewohnheit, dass die Ortsgemeinschaft ihre Mitglieder nicht mittels des offiziellen Familiennamens identifiziert, sondern mittels der sog. Haus- oder Dorfnamen. Dann ist eben ein Bauer, der im Schriftverkehr *Arthur March* heißt, im dörflichen Sprachgebrauch der *Wisseartur*, weil nämlich sein Hof in den Wiesen am Ortsrand liegt. Die Benennung der Person Arthur erfolgt über seine Wohnstätte – seinen Hof, sein Haus, ‚(das Haus, der Hof in den) Wiesen‘. *Raiffeisensch* heißen die Leute, die in dem Haus leben, in dem einst eine Raiffeisenkasse untergebracht war, auch wenn sie damit überhaupt nichts zu tun haben. Die Bildung dieser Namen folgt genau dem Muster, das wir für ländliche Namengebung im späten Mittelalter beobachtet hatten: Der Rufname wird nachgestellt. Identifizierendes Erstnamenelement ist der Name des Hauses, dessen Bewohner alle nach diesem benannt werden. Dazu kommt der nachgestellte Rufname.

Am typischsten bei diesen dorfüblichen Namensgebräuchen waren aber die sog. Hausnamen. Bei diesen Hausnamen wird der häusliche Wohnsitz einer Familie nach einer Eigenschaft des Hauses oder eines Familienmitglieds benannt. Da der Hausname auf die Nachkommen übertragen wird, stellt er eine Art Familienname dar. Weil der Gebrauch dieser Namen im Wesentlichen auf die Dorfgemeinschaft beschränkt ist, spricht man oft auch von „Dorfnamen". Der Begriff „Hausname" bezieht sich also auf den Ort, an dem der Name haftet, der Begriff „Dorfname" bezieht sich auf den darauf beruhenden lokalen Gebrauch. An einigen Beispielen aus Fellingshausen (Biebertal, Kr. Gießen) kann man das verdeutlichen.[57]

Der Dorf- oder Hausname entsteht weitgehend unabhängig von dem amtlichen Familiennamen. Er geht oft auf einen Vorfahren des 18. oder 19. Jh.s zurück. So gibt es in Fellingshausen einen Hausnamen, der /hampelleps/ ausgesprochen wird. Da muss man erst einmal darauf kommen, dass das die Aussprache von *Hannphilipps* ist, einem Namen, der sich aus den Vornamen *Johann* und *Philipp* zusammensetzt. Der Hausname geht auf den 1781 geborenen *Johann Philipp Gerlach* zurück. Der hatte einen amtlichen Familiennamen (*Gerlach*), aber im Dorf wurde natürlich nur der Rufname gebraucht und auf das Haus übertragen. Seine heutigen Nachkommen heißen, dem Hausnamen entsprechend, z.B. *Hanphilipps Werner, Christel* und *Inge*.

Der Dorfname funktioniert von den Namenmotiven her wie der amtliche Familienname. Meist leitet er sich vom Rufnamen eines Vorfahren ab oder von seinem Beruf (*Scholdesse* ‚Schultheiß', geht zurück auf den Bürgermeister/Schultheiß *Johann Peter Weber*, geb. 1634). Auch amtliche Familiennamen können zu dörflichen Hausnamen umfunktioniert werden, so z.B. *Bengels*. Hier führt der Hausname auf *Johann Peter Bengel*, geb. 1773 zurück.

Neue Namen entstehen durch Zuzug und Einheirat. Nicht alle Dorfnamen sind zugleich Hausnamen. Der Dorfname *Bitsch* geht darauf zurück, dass verschiedene Fellingshäuser Bergleute im Bergbau von Bitsch (Elsass) gearbeitet haben und nach ihrer Rückkehr danach genannt wurden.

Die historisch belegten Vorformen der Hausnamen reichen bis ins 17. Jh. zurück. Es liegt also nahe, dass sie formal die Fortsetzer des spätmittelalterlichen ländlichen Namenbildungsmodells Erstname + Rufname darstellen. Sie hätten dann eine viel längere Tradition, als man bisher angenommen hat.

Für die Dorfgemeinschaft sind sie die eigentlichen Namen der Mitbürger: So heißen sie – und schreiben tun sie sich ganz anders. Beide Namensysteme existieren nebeneinander, aber das amtliche ist für die Ortsbewohner eher Nebensache. Ein schönes seltenes Beispiel für das Nebeneinander der beiden Namenbildungen findet sich in den historischen Verzeichnissen der Kirchenstühle im Kirchspiel Dautphe (Kr. Marburg-Biedenkopf).[58]

Die Sonderstellung der Familiennamen

Die mündliche Kommunikationskultur auf dem Lande führt die Sonderstellung unserer heutigen Familiennamen und ihres Gebrauchs vor Augen. Aufgrund ihrer Entstehung und ihrer historischen Entwicklung zeichnen sie sich durch drei Merkmale aus:
– Sie identifizieren in Verbindung mit dem Vornamen den Namensträger (ziemlich) eindeutig, indem sie ihn einer Familie zuordnen.

- Sie sind zunächst (dem Konzept nach) an die Schreibkultur gebunden.
- Sie unterliegen der dauerhaften Kontrolle durch die Obrigkeit.

Diese drei Merkmale geben den Familiennamen Dauer und stiften damit die generationenübergreifende Identität. Sie geben ihnen Bestimmtheit und verbinden damit mit der eigenen Identität. Sie entfernen ihn aber auch ein Stück weit aus der Lebenspraxis alltäglicher privater Verständigung. Wir beobachten bis heute, wie eng der Gebrauch des Familiennamens mit der *Sie*-Anrede und der gehobenen Umgangssprache in eher förmlichen Gesprächssituationen verbunden ist. Hingegen ist der Gebrauch des Vornamens mit der *Du*-Anrede, der alltäglichen Umgangssprache oder dem Dialekt und den eher privaten Gesprächssituationen verbunden.

Sprünge zwischen den beiden Ebenen aus bestimmten Gründen kommen uns immer ein wenig seltsam vor und unterliegen Wandlungen: Die Schüleranrede mit *du* und dem reinen Familiennamen, die noch in den fünfziger Jahren gang und gäbe war, ist längst verschwunden. Sie war, soweit von den Lehrern verwendet, symbolischer Ausdruck der Macht, zumindest der Distanz. Sie wurde von den Schülern untereinander gedankenlos übernommen. Abgelöst hat dieses Verfahren in den sechziger Jahren die *Sie*-Anrede des Lehrers in Verbindung mit dem Vornamen gegenüber Oberstufenschülern, ein Ausdruck der Höflichkeit und der (gebrochenen) Nähe. Irritierend ist immer noch die „Karstadt"-Anrede unter Verkäuferinnen: *„Frau Koch, kannst du mal ...?"*, weil für unser Sprachempfinden die formal-distanzierte Anrede das vertrauliche, Nähe signalisierende *Du* ausschließt.

Der Gebrauch von Familiennamen behindert bis heute vertrauliche Nähe, er stiftet Distanz – auch das ist Ergebnis seiner Geschichte.

Anmerkungen

1 Andernacht 1, S. 142.
2 Andernacht 1, S. 151–187.
3 Vollständiger Text und Fallanalyse in: Hans Ramge: Heinrich Waldschmidts Erbe. Ein Erbstreit in Wetzlar zu Beginn des 14. Jahrhunderts und die Anfänge des gerichtlichen Protokollierens. In: Walter Heinemeyer (Hrsg.): Hundert Jahre Historische Kommission für Hessen 1897–1997. Marburg 1997, S. 293–321; Belege in: Ramge, Studien, Text D, S. 11–13.
4 Elsa Blöcher: Beiträge zur Geschichte des Hinterlandes 1. Biedenkopf 1985, S. 241ff.
5 Andernacht 1, S. 167; 2, S.257; 2, S. 249.
6 Baur 1, Nr.1.
7 Karl Rossel: Urkundenbuch der Abtei Eberbach im Rheingau 1, Wiesbaden 1862, S.97f.
8 Heinrich Meyer zu Ermgassen (Bearb.): Der Oculus Memoriae, ein Güterverzeichnis von 1211 aus dem Kloster Eberbach im Rheingau. Teil 2, Edition, Wiesbaden 1984, S.95f.
9 Förstemann 1, Sp. 731ff.; Kaufmann, S. 166f.
10 Kaufmann, S. 329.
11 Baur 1, Nr. 244 (S. 165).

12 Kohlheim, S. 697.
13 http://de.wikipedia.org/wiki/Riedesel.
14 Franz, Haina 2,1, Nr. 2.
15 Meyer zu Ermgassen, Oculus Memoriae (Anm. 8), § 204.
16 Franz, Haina1, Nr. 390.
17 Andernacht 2, S. 126.
18 http://de.wikipedia.org/wiki/Löwenstein_(Adelsgeschlecht).
19 Andernacht 1, S. 181; 2, S. 191; 2, S. 313.
20 Franz, Haina 1, Nr. 284 u. 529.
21 Dazu Ramge, Studien, Text E, S. 285f.
22 https://de.wikipedia.org/wiki/Adalbert_von_Schleifras.
23 Braasch / Ramge (2000).
24 Karl Bücher: Die Bevölkerung von Frankfurt am Main im XIV. und XV. Jahrhundert. Tübingen 1886.
25 Andernacht 1, S.1.
26 Andernacht 1, S. 141 Anm. 132.
27 Andernacht 1, S. 73.
28 Andernacht 1, S. 92 u. S. 109.
29 Andernacht 2, S. 296.
30 Andernacht 2, S. 95.
31 Lachmann, S. 37.
32 Eckhardt, Klöster 2, V, 13; S.390.
33 Kunz, S. 429f.; http://de.wikipedia.org/wiki/Sester.
34 Arnsburger Urbar (i. Dr.), f. 146–152.
35 Gockel.
36 Ramge, Geschichte, S. 12.
37 Kohlheim, S. 653.
38 Wiese, Nrr. 1, 12, 147, 1012, 653.
39 Baur 1, Nr. 441; Andernacht 1, S. 29.
40 Andernacht 1, S. 97.
41 Andernacht, 2, S. 67 u.147.
42 Andernacht 2, S. 230.
43 Andernacht 2, S. 322.
44 Andernacht 2, S. 61.
45 Baur 4, Nr. 154.
46 Baur 1, Nr. 1167.
47 http://de.wikipedia.org/wiki/Hohenfels_(hessisches_Adelsgeschlecht).
48 Baur 1, Nr. 1233.
49 Andernacht 1, S. 37.
50 Andernacht 2, S. 156 u. 160.
51 Andernacht 2, S. 185; 211 u. Anm. 3.
52 Andernacht 1, S. 161.
53 Andernacht 1, S. 179.
54 http://de.wikipedia.org/wiki/Tegut.
55 Kartels, S. 96.
56 Ramge, Studien, Text C, S. 4.
57 Debus, Hausnamen; Willy Steinmüller: Fellingshäuser Haus- bzw. Dorfnamen und ihre Entstehung. In: Gemeinde Biebertal (Hrsg.): 750 Jahre Fellingshausen. Biebertal 2013, S. 131–136.
58 Debus, Hausnamen, S. 148f.

KAPITEL 6
LIRUM LARUM – VOM MEHRWERT DES LATEINISCHEN IN FAMILIENNAMEN

1. Neue Zeit – neue Namen (aber lateinische)

Die Familie Castritius

Zwischen Dithmarschen an der Nordsee und Waldshut am südlichen Schwarzwaldrand verstreut leben weniger als einhundert Menschen mit dem merkwürdigen Familiennamen *Castritius*. Wobei „verstreut" eigentlich der falsche Ausdruck ist; denn die Hälfte davon lebt in Hessen, genauer zwischen Taunus und Bergstraße. Der Name ist also mit hoher Wahrscheinlichkeit im südhessischen Raum entstanden.

Wie kommt es zu solchen lateinischen oder lateinisch klingenden Familiennamen? Was bedeuten sie, wie werden sie gebildet? Welche Rolle spielen sie im Reich der hessischen Familiennamen?

Castritius: Das klingt nicht nur lateinisch, das ist auch lateinisch – oder jedenfalls so etwas Ähnliches. Denn im klassischen Latein kommt nur das Verb *castrare* vor. Da bedarf es keiner großartigen Lateinkenntnisse um zu erkennen, dass dieses Wort nichts Anderes als unser Fremdwort *kastrieren* ist.

Deutschsprachige Benennungen für die eher unappetitliche Tätigkeit des Schweineverschneiders, die als Familiennamen vorkommen, sind: *Gelzenleuchter / Gölzenleuchter / Gelzenleichter* als typisch hessischer Familienname, *Gölz, Nonnenmacher* im Südwesten. Sollte hier ein lateinischer Ausdruck für jemanden erfunden worden sein, der sich des Schweineverschneidens befleißigt? Kaum. Da liegt es doch näher, dass der bereits bestehende Familienname *Gelzenleichter* (u.ä.) ins Lateinische übersetzt und dann als neuer Familienname gebraucht wird. Das setzt voraus, dass die Wortbedeutung des Familiennamens *Gelzenleichter* zum Zeitpunkt der Übersetzung noch bekannt war. Heute jedenfalls kennt niemand mehr die Bedeutung des Wortes.

Die heutige Verbreitung des deutschen Familiennamens spricht eindeutig dafür, dass es sich um eine Übersetzung des Familiennamens ins Lateinische handelt: Fast zwei Drittel aller *Gelzenleuchters / Gölzenleuchters* leben in Hessen, vorzugsweise in Südhessen. Allein im Landkreis Groß-Gerau wohnen etwa genauso viele *Gölzenleuchters* wie es *Castritiusse* insgesamt gibt. Also sollten wir im Blick behalten, in welchem Verhältnis die lateinisch klingenden Familiennamen zu ihren deutschen Entsprechungen stehen.

Die Familiengeschichte und die Familiennamengeschichte der *Castritiusse* sind gründlich erforscht. Wie ist der lateinische Name zustande gekommen?

> „Schrieb sich noch ein Johannes Geltzenleuchter aus Darmstadt im Jahre 1500 unter diesem Namen in die Matrikel der Universität Heidelberg ein, so nannte

sich ein anderer Darmstädter aus derselben Familie bei der Immatrikulation an der Philipps-Universität Marburg/L. Matthias Castratorius. Als Matthias C. einige Zeit später an die Universität Heidelberg überwechselte, um sein Jurastudium abzuschließen …, nannte er sich jetzt und fortan Matthias Castritius, eine Latinisierung des ursprünglichen Namens Geltzenleuchter, die dessen Bedeutung und Herkunft von dem ursprünglichen Beruf des Gelzenlichter = ‚Schweinekastrierer, Sauschneider' (lat. castrare = beschneiden) kaum noch oder überhaupt nicht erkennen ließ. Der Name Castritius ließ vielmehr eher an eine Ableitung von lat. castra bzw. castrum (Militärlager, befestigte Siedlung) denken."[1]

Man erkennt sehr schön, dass mit der Etablierung des neuen Namens die Absicht verbunden war, die Erinnerung an den Beruf des ersten Namensträgers zu übertünchen, zu verschleiern. Der mit dem Studium verbundene soziale Aufstieg sollte sich auch sprachsymbolisch widerspiegeln und das Image verbessern. Der akademische Erfolg hielt viele Generationen lang an, da zahlreiche Namensträger als Pfarrer und Juristen wirkten.

Der Segen der Kirchenbücher

In der 2. Hälfte des 15. Jh.s, so hatte das letzte Kapitel abgeschlossen, hatten die meisten Hessen einen ordentlichen Zweitnamen, der in der Regel als Familienname galt. Dank der städtischen und der ländlichen herrschaftlichen Verwaltungseinrichtungen und des darin geronnenen Schreiberfleißes wissen wir über ganz viele Landesbewohner des späten Mittelalters und der frühen Neuzeit ein bisschen Bescheid: wer sie waren, was sie hatten, was sie taten. Wir erkennen winzige Splitter aus längst vergangenen Leben. (Erinnern Sie sich an den Schluss in Ecos „Name der Rose" aus dem 1. Kapitel?) Größere, übergreifende Familienzusammenhänge, so sie denn bestanden, müssen wir mühsam und versuchsweise aus diesen Splittern zusammenbauen, von den Stammbäumen der alten hessischen Adelsgeschlechter einmal abgesehen.

Das ändert sich in Hessen mit Einführung der Reformation durch den Landgrafen Philipp den Großmütigen (auch jemand mit einem schönen Beinamen, den man nicht allzu wörtlich nehmen sollte!) Die Homberger Synode von 1526 verpflichtete nämlich die evangelischen Pfarrer, Kirchenbücher anzulegen und zu pflegen, in denen Geburt, Taufe, Heirat, Kindstaufen und Tod der anvertrauten Seelen einzutragen waren. Natürlich dauerte es Jahrzehnte, bis sich die Neuerung durchgesetzt hatte. Doch spätestens Ende des 16. Jh.s waren sie in Hessen flächendeckend für den größten Teil des heutigen Bundeslandes angelegt – mit Ausnahme der fuldischen und mainzischen Herrschaftsgebiete; denn für die Katholiken war die Neuerung natürlich erst einmal lutherisches Teufelszeug.

Mit der Aufnahme der Lebensdaten in den Kirchenbüchern kommen aber auch die Familiennamen hinein, und sie sind jetzt erstmals auf breiter Front als solche erkennbar. Jetzt erst wird der Ausdruck „Familienname" als Bezeichnung des Nachnamens / Zweitnamens üblich. Familiengeschichten lassen sich seitdem über Generationen verfolgen, exakte genealogische Forschung ist möglich. Dass sehr viele alte Kirchenbücher vernichtet sind, oftmals durch die Raubzüge und Brandschatzungen des Dreißigjährigen Krieges, ist ein unersetzlicher Verlust. Grundsätzlich gehen ab der Mitte des 16. Jh.s Familiengeschichte und Familiennamengeschichte Hand in Hand.

Für die weitere Entwicklung der Familiennamen in Hessen ist es von entscheidender Bedeutung, dass ihre Schreibung und Weitergabe jetzt weitgehend in den Händen – ganz wörtlich: in den Schreibhänden – der evangelischen Pastoren lag. Denn das waren, jedenfalls dem Anspruch nach, hochgebildete studierte Theologen, die zu schreiben gewohnt waren und die in ihrer Ausbildung ausgiebig mit der Philologie, mit dem Studium des Lateinischen, des Griechischen, des Hebräischen vertraut waren. Von ihnen konnte man erwarten, dass sie ein Ohr und ein Auge für die Namen der ihnen anvertrauten Schäfchen hatten. Als deren Hirten waren sie aber zugleich die Herren der Namen. Und sie wussten ihre Macht zu nutzen, besonders gegenüber der Überzahl derer, die des Lesens und Schreibens unkundig waren. Sie schrieben und modelten die Namen so, wie sie es richtig hielten.

Unter den städtischen und ländlichen Schreibern des späten Mittelalters und der frühen Neuzeit hat es viele studierte Leute gegeben, Juristen gewöhnlich. Die Verwaltungsschreiber hatten aber wohl nur selten ein gesteigertes Interesse an den Namen, an ihrer Schreibung, an ihrer Kontinuität. Diese Schreiber waren den Schreibgewohnheiten ihrer Zeit verhaftet, und da es sich um Gewohnheiten, nicht um Normen handelte, blieb viel Raum für individuelle Schreibweisen.

Die Aufnahme von Familiennamen in Verwaltungsakten setzte sich auch nach Einführung der Kirchenbücher fort. Aber die überragende Wirkungsmacht der Kirchenbücher beeinflusste die Form und Schreibung unserer Familiennamen bis auf den heutigen Tag entscheidend, fußend auf einer (günstigenfalls) Jahrhunderte überdauernden Folge von Eintragungen. So verdanken sich die meisten der heutigen Schreibvarianten den Schreibgewohnheiten wechselnder Zeiten, wie sie von den Pfarrern umgesetzt wurden.

Die Wiederentdeckung der Antike

Auch die Pastoren waren Kinder ihrer Zeit. Sie folgten nicht nur den religiösen, sondern auch den kulturellen Werten ihrer jeweiligen Gegenwart. Diese wurden seit dem Ende des 15. Jh.s von Humanismus und Renaissance geprägt, von der Wiederentdeckung antiker Werte, Denkweisen und Sprachen. Latein war nicht länger nur die Sprache des religiösen Kultus und des Rechtsverkehrs, sondern die Sprache der gebildeten Eliten schlechthin. Latein war geradezu Kennzeichen der Zugehörigkeit zur Elite, ein „must have" (sic!) wie das Französische in der Neuzeit bis zur Wende zum 20. Jh. oder wie heute – unter den veränderten Bedingungen der Globalisierung und der Medienkultur – das Englische.

Deshalb war es auch ein Bedürfnis der Angehörigen der geistig-kulturellen und der sozialen Eliten der Zeit, den eigenen Namen in eine sprachsymbolische Form zu bringen, die dem neuen Selbstverständnis entsprach. Wer eine Lateinschule besucht hatte, wusste, wie man den eigenen oder auch einen fremden Zweitnamen in eine lateinische Form bringen konnte. Im günstigsten Fall konnte man ihn eins zu eins „übersetzen". Aber man kann nicht einen Namen übersetzen, sondern nur das Wort, das dem Namen zu Grunde liegt. Also musste man die wörtliche Bedeutung erkennen, bevor man ihn übersetzen oder „latinisieren" konnte. War der Name in dieser Hinsicht durchsichtig, konnte man ihn selbst übersetzen oder übersetzen lassen, ihn vollständig latinisieren und damit aufwerten, wie wir am Beispiel *Castritius* gesehen haben

Eine solche wörtliche Bedeutung herauszufinden ist aber in vielen Fällen nicht einfach, oder es ist sogar unmöglich. Dann behalf man sich, indem man den deutschen Namen einfach in einen lateinisch klingenden umwandelte. Dazu bedurfte es nur einiger einfacher lateinischer Formen, am allereinfachsten nur ein angehängtes *-us*, wie es in sehr vielen lateinischen Wörtern und Namen vorkommt.

Das Vorbild der Reformatoren

Manch besonders kluger Kopf setzte noch eins drauf und wählte das Griechische als Bezugssprache. Das berühmteste Beispiel ist zweifellos der engagierte Mitarbeiter Martin Luthers in Sachen Reformation, *Philipp Melanchthon* (1497–1560). Er wurde als Philipp *Schwartzerdt* in Bretten (Kr. Karlsruhe) geboren. Sein Onkel Johannes Reuchlin verlieh ihm die ins Griechische gewandelte Übersetzung seines Namens, wobei der Name als ‚Schwarz-erde' verstanden und deshalb in *schwarz-* = *melan-* und *-erde* = *chthon* (i.S. von ‚Bodenerde') getrennt wurde. Das war zwar ein Missverständnis, eine Fehldeutung, weil der Name wohl aus **Schwarzer* (zu ‚schwarz' nach der Haarfarbe oder dem dunklen Teint) und zugefügtem <t> (vgl. Kap. 9.3.4) entstanden ist. Aber das tut hier nichts zur Sache.

Entscheidend ist vielmehr, dass die Umbenennung in eine andere, vornehmere Sprache vollzogen wird auf der Grundlage des bereits bestehenden deutschen Familiennamens. Die Urkundenschreiber des 12. und 13. Jh.s, die wir im letzten Kapitel kennengelernt haben, haben Beinamen in Latein wie *longus* ‚der Lange' oder *surdus* ‚der Taube' geschrieben, weil sie die kennzeichnende Eigenschaft benennen wollten. Die Benannten sollten nicht **Longus* oder **Surdus* heißen. Genau diesen Namenwechsel streben jedoch die Latinisierungen (und Gräzisierungen) seit dem Ende des 15. Jh.s an. Da die Übersetzung zunächst nur für einen Namensträger und ggf. dessen Familie gilt, bleibt der deutsche Ausgangsname bei anderen Namensträgern davon unberührt. Das erklärt zunächst, warum es heute meistens nur ziemlich wenige Namensträger des fremdsprachigen Namens gibt. *Schwartzerdts* o.ä. gibt es jedoch heute übrigens gar keine (mehr), eine Ausnahme, obwohl annähernd 10.000 Menschen *Schwarzer* heißen.

Wie wichtig die Symbolkraft der neu gewonnenen alten Sprachen für die Träger wird, zeigt sich am Namen des Oberreformators selbst. Martin Luther (1483–1546)

wurde in Eisleben als <Martin Luder> geboren und verwendete auch lange Zeit bis in die Zeit des reformatorischen Kampfes diese Schreibweise. Ab 1517 legte er sich einen neuen informellen Namen zu, eine Art Pseudonym, wie es auch bei italienischen Humanisten Mode war. Als *Eleutherios* (griechisch ,der Freie, der Befreite, der Befreier') unterschrieb er zwischen 1517 und 1519. Danach verzichtete er auf den ziemlich unverständlichen griechischen Namen, schrieb sich aber hochdeutsch <Luther>. Das war eine weise Entscheidung, denn die Lutheraner hätten sich als Anhänger des *Ludertums wohl durchaus Missverständnissen ausgesetzt gesehen.

Heute sind die einst in Thüringen weit verbreiteten *Luder* bis auf geringfügige Reste ausgestorben, während sich die *Luthers* (mit ca. 6.000 Namensträgern) und die unlutherisch geschriebenen *Lutters* (mit ca. 4.000 Namensträgern und einer Berliner Restaurant-Kette) eines fröhlichen Fortlebens des Namens erfreuen. Ein Schwerpunkt der <Luther>-Schreibung ist übrigens immer noch Thüringen.

Die Reformatoren, das Land der Griechen mit dem Namen suchend, haben uns scheinbar aus Hessen fortgeführt. Aber ihr Vorbild war für Hessen als einem der Kernländer der Reformation maßgeblich; die evangelischen Pastoren setzten auch hier das Werk der Namenverfremdung mittels Einträgen in die Kirchenbücher erfolgreich fort. Zugleich war es für die aufblühenden Hohen Schulen und Universitäten als Kommunikationsraum des Lateinischen selbstverständlich, dass z.B. neu aufgenommene Studenten sofort mit einem latinisierten Namen immatrikuliert wurden.

2. Latinisierungen in Hessen: Eine schleichende Entwicklung

Frühe Ansätze

Längst vor Humanismus und Reformation gab es erste Ansätze von Latinisierungen in Hessen. Den Übergang von den frühen mittelalterlichen mönchischen Latinisierungen zu den frühneuzeitlich humanistisch beeinflussten Latinisierungen kann man z.B. deutlich am Aufkommen des Familiennamens *Schwarz* beobachten, der sich auf Schwarzhaarige oder auf Menschen mit dunklem Teint beziehen kann. Früh ist in hessischen Urkunden ein Rufname nachzuweisen, der mit dem Zweitnamen *Niger* verbunden ist, dem lateinischen Wort für ,schwarz, dunkel'; zuerst 1223 ein *Hermannus Niger*[2]. Ungefähr ein Jahrhundert später verschwindet *Niger* und wird durch *Schwarz* ersetzt. Die Einträge 1338 *Hermannus Niger* und 1332 *Heinricus Swarcze* im Frankfurter Bürgerbuch[3] veranschaulichen zeitlich den Übergang. *Niger* steht also in der Tradition lateinischer Beinamengebung durch geistliche Schreiber. Danach verschwindet *Niger* völlig, taucht auch nach 1500 nicht mehr auf und ist heute nur noch scheinbar im Namen des früheren Mainzer Dachdeckers und Fastnachters

Ernst Neger und seiner etwa vierhundert Namensgenossen erhalten. Scheinbar, denn dieser Familienname geht auf mhd. *naehaere* zurück, die Berufsbezeichnung für einen Schiffer, der eine *naehe*, d.i. ein kleines Schiff führt.[4] Oder einfach auf mhd. *naejer* ‚Näher', also in jedem Fall auf eine Berufsbezeichnung. Das <g> füllt die Stelle zwischen zwei Vokalen wie das <b> im Namen <Debus> (s.u. Kap. 6.3).

Auch bei lateinischen Namen sind die Übergänge von der Wortbedeutung über den Beinamen bis zum festen Zweitnamen / Familiennamen oft nicht genau auszumachen. So kann man bei einem Siegfried *Pastor*, 1254 Schöffe zu Treysa[5], schon seines Schöffenamtes wegen ausschließen, dass er Pastor i.S. von ‚Pfarrer' war. *Pastor* ist vielmehr die lateinische Bezeichnung für einen Hirten, hier handelt es sich also um eine Berufsangabe oder bestenfalls einen darauf beruhenden Beinamen. Bei den 1383 genannten *Walther vnd Clays Pastoir* aus Oberhessen hingegen[6] kann man wegen des gemeinsamen Elternnamens eine Berufsbezeichnung ausschließen und darf einen Familiennamen annehmen. Dabei bleibt offen, ob der Beruf als Hirte oder dessen übertragene Bedeutung für einen geistlichen Hirten, einen Pfarrer, namengebend war. Nur selten wird der letztere Bezug nachweisbar: 1395 *Her Johan Holtzhusen eyn pryster, den man ouch nennit der pastor* (Grünberg, Kr. Gießen).[7] Selbst da ist nicht ganz klar, ob der Priester den Beinamen *Pastor* trug oder ob das nur seine Amtsbezeichnung war.

Immerhin sieht man schon an diesen wenigen Beispielen: Die nach 1500 förmlich explodierende Neigung zu lateinischen Namen konnte durchaus auf eine schwach ausgeprägte Tradition zurückgreifen. Denn auch viele Schreiber der spätmittelalterlichen Welt, die deutschsprachige Urkunden verfassen, hatten die Lateinschule besucht. Für einfache Latinismen wie für die Herkunftsangabe *de X* ‚von/aus X' oder unser viel genanntes *dictus* musste man nun auch nicht gerade Latein studiert haben. So kann man einen schleichenden Prozess der Latinisierung von Namen beobachten, der sich aus den seit alters überlieferten Lateinschreibungen entwickelte.

homo faber: Der Massenstart der Latinisierung

An der Benennung eines Frankfurter Neubürgers von 1424 (Wenings, Gedern, Wetteraukr.) lassen sich die beiden Hauptformen der Latinisierung beispielhaft aufzeigen: *Conradus Fabri von Weniges*[8].
(1) Der Zweitname tritt in einer lateinischen Sprachform auf. Zu Grunde liegt lateinisch *faber*.
(2) Leichte Latinisierungen begegnen im deutschen Rufnamen durch Anhängen eines *-us* und im Zweitnamen durch die Verwendung des lateinischen Genitivs mit *-i*: ‚Konrad, (Sohn des) Faber'.

Der „Homo Faber", berühmt vor allem durch Max Frischs zuerst 1957 erschienenen Roman, das ist ‚der tätige, schaffende Mensch', der ‚Handwerker'. Im alten Rom und vor allem im Sprachgebrauch des lateinischen Mittelalters bezeichnet *faber* aber in der Regel den Schmied und nicht den Handwerker allgemein. (Das hallt, modernisiert, noch ein wenig im Roman Frischs nach: Walter Faber ist Ingenieur.) *Faber* ist heute mit ca. 13.000 Namensträgern ein sehr häufiger Name, im westlichen Deutschland deutlich häufiger als in den übrigen Landesteilen. Auch in Mittelhessen begegnet der Name ziemlich oft.

Bis in die Zeit um 1500 tauchen lateinische Familiennamen selten auf. Man kann sich fragen, was gerade bei dem Schmied-Nachkommen aus dem ein wenig hinterwäldlerischen Wenings dazu geführt haben mag, dass sein Bürgereintrag in Frankfurt so perfekt latinisiert aussieht. In weitem zeitlichen Umfeld ist er dort einzigartig. Deutet sich hier eine Haltung an, die Überlegenheit, Elitegefühl sprachsymbolisch ausdrücken will?

Vielleicht spiegelt der Eintrag aber auch nur die Tatsache darin, dass *faber* seit etwa 1300 wohl die üblichste Latinisierung eines Berufs und des häufigsten darauf aufbauenden Zweitnamens ist. In den Urkunden des Klosters Arnsburg in der Wetterau kommen bis 1400 dreizehn *faber*-Belege gegen vierundzwanzig deutschsprachige *Schmied*-Belege vor,[9] ein ganz ungewöhnliches Verhältnis von ungefähr 1:2. Denn andere häufige und wichtige Berufe wie etwa die Weber, die ebenfalls oft ihren Zweitnamen danach erhielten, wurden erst sehr viel später in den Prozess der Latinisierung ernsthaft einbezogen: Sie hießen dann *Textor*.

Textor

Diese lateinische Bezeichnung taucht im 14. Jh. nur vereinzelt als Name auf, so (vielleicht) 1331 ein *(Rorich) Textor* in Weilburg und 1387 ein *Clese textur* in Frankfurt.[10] Dabei ist der Eintrag im Frankfurter Einwohnerverzeichnis von 1387 deshalb verdächtig, Familienname zu sein, weil in den Bürgerbüchern sonst die Berufsbezeichnung stets in der deutschen Form *weber, wober, wuber* vorkommt. Auch im 16. und 17. Jh. kommen die *Textors* im Unterschied zu den Fabers nicht so recht in Latinisierungsschwung, auch wenn wir z.B. in Gießen 1542 einen *Ruel Textor* finden.[11]

Der Name hat durch die Frankfurter Juristenfamilie *Textor*, die ursprünglich aus dem Hohenlohischen stammt, ein hessisches Flair. Sie stellte im 18. Jh. führende Mitglieder der Frankfurter Stadtverwaltung, unter denen der Bürgermeister Johann Wolfgang Textor (1693–1771) herausragte. Aus dessen Ehe mit der Wetzlarerin Anna Margaretha Lindheimer ging als älteste Tochter Katharina Elisabeth Textor hervor. Sie heiratete den gebildeten und wohlhabenden, beruflich leider eher gescheiterten Johann Caspar Goethe und wurde so zur Mutter Johann Wolfgangs. Dieser verdankt, wie man sieht, seine Vornamen dem Großvater Textor.

Die etwa 1.000 heute lebenden Textors wohnen schwerpunktmäßig einesteils zwischen Wetterau und Siegerland, andernteils im südwestlichen Teil Baden-Württembergs.

Die Welle

Die Mode, den deutschen Familiennamen durch einen lateinischen zu ersetzen, breitete sich besonders im 16. Jh. aus, machte bald vor nichts und niemandem halt. Die elitebewussten Stadtbürger und die lateinkundigen Pfarrer machten sich ein Vergnügen daraus, allem und jedem ein lateinisches Korsett überzustülpen, mal mit mehr, mal mit weniger Erfolg. Auch einfache Leute, denen nichts ferner als das lag, fanden sich plötzlich dank pfarramtlichen Eifers mit einem latinisierten Namen im Kirchenbuch wieder.

Leicht war es vor allem, Familiennamen, die erkennbar auf Berufsbezeichnungen zurückgingen wie *Faber* und *Textor*, mit der lateinischen Entsprechung der Berufsbezeichnung zu ersetzen:

Schuhmacher, Schuster > Sutor; Schneider > Sartor, Sartorius; Sämann > Sator, Satorius; (Fass)Bender > Vietor (lat. *vietor* ist eigentlich der ‚Korbflechter'); *Fischer > Piscator; Müller > Molitor.*

Pistor
Die lateinische Bezeichnung für den Bäcker lautet *pistor*. Entsprechend sind die Familiennamen *Pistor* und *Pistorius* mit jeweils etwas über 1.000 Namensträgern in Deutschland lateinische Übersetzungen aus der Zeit des Humanismus. Sie treten damit in Konkurrenz zu dem häufigen Namen *Pfister*, der mit über 10.000 Namensträgern vor allem in Bayern, aber auch – wenn auch deutlich schwächer – in Hessen vertreten ist. *Pfister* entstand in Süddeutschland als alte Bezeichnung für den Bäcker. Das Wort aus lateinisch *pistor* war schon zur Zeit der römischen Besiedlung in den Jahrhunderten nach Christi Geburt als Lehnwort zu den Germanen gekommen. Es hat deshalb die große Lautverschiebung in althochdeutscher Zeit von /p/ > /pf/ am Wortanfang (wie lat. *pipa* > dt. *Pfeife*) mitgemacht. Das gleiche lateinische Wort ist also im Abstand von weit über tausend Jahren zweimal nach Deutschland gekommen: einmal als Bezeichnung für den Beruf, aus dem später der Familienname *Pfister* (auch *Fister*) wurde, und einmal als Latinisierung des bestehenden Familiennamens <*Bäcker, Becker*>.

3. Latinisierung light

Einfach ein -(i)us anhängen!

Leicht war auch die Übersetzung eines Namens nach einem Tier: *Rabe > Corvinus* (lat. *corvus*), *Fuchs > Vulpius*. Wenn man es sich einfacher machen wollte, hängte man ein –ius an den deutschen Namen, und schon entstand z.B. ein (1621 in Gießen verstorbener) *Arnoldus Wolfius*.[12]

Das war natürlich überhaupt die einfachste Methode, den Namen zu latinisieren: ein *-us* oder *-ius* anhängen! Deshalb wurde vielfach davon Gebrauch gemacht, als sich die Mode der Latinisierung im 17. Jh. gewissermaßen verselbstständigte und alle erfasste, die auch nur ein wenig auf bürgerliches Ansehen Wert legten. So wurde aus einem *Hampel* 1572 ein <*Hampelius*>. Einer, der den Leibarzt Prof. *Gregor Horst* (1578–1636) zum Vater hatte, wurde selbst als Dr. *Joh. Daniel Horstius*, Prof. zu Marburg (1616–1685) im Gießener Kirchenbuch geführt und taufte seinen ersten Sohn nach dem Großvater, aber natürlich nicht *Gregor*, sondern *Gregorius*.[13] Und nach einem 1587 getrauten *Hans Runckel* erfolgt achtzig Jahre später 1667 die Trauung eines offenbar familiär verwandten Doktors beider Rechte *Joh. Hartmann Runckelius*.[14] Namengebend war in beiden Fällen der Ort *Runkel* an der Lahn.

Buderus
Die Schlichtheit dieser Art von Latinisierung verblüfft und führt im Nachhinein leicht in die Irre. Als ich die Anfrage von Frau *Buder* aus dem Kr. Marburg-Biedenkopf erhielt, die ihren Namen mit dem der berühmten Eisenwerke *Buderus* in Mittelhessen in Verbindung bringen wollte, fand ich das erst einmal ziemlich abwegig. Und doch, letzten Endes hatte sie Recht, und ich stand etwas verwirrt da.

Die Erklärung: *Buder* heißen über 2.500 Menschen, die ganz überwiegend im Raum von Oder und Neiße leben. Als namengebendes Wort liegt letztlich mhd. *buode* ‚Bude, Hütte' zu Grunde, so dass ein *Buder* jemand ist, der in einer Hütte lebt (ein **Hüttler* eben, aus dem auch ein *Hitler* werden konnte). Das mhd. Wort wurde auch in die slawischen Nachbarsprachen entlehnt und kehrte von dort als *Baude* zurück, den schlesischen von Rübezahl und Touristen aufgesuchten Berghütten.[15]

Der Name *Buderus* hingegen kommt nur zwischen zweihundert- und dreihundertmal vor, kein einziges Mal in Ostdeutschland. Weitaus die meisten Namensträger leben in Hessen und Nordrhein-Westfalen. Wie also sollen da *Buder* und *Buderus* zusammenkommen?

Durch Zuwanderung. Ein 1635 in Soldin in der Neumark geborener David Buderus wirkte dort als lutherischer Pfarrer, bevor er nach Dornholzhausen (Nassau, Rhein-Lahn-Kr., Rheinland-Pfalz) übersiedelte. Sein Enkel Johann Wilhelm Buderus war Direktor und dann Pächter der solms-laubachschen Friedrichshütte bei Laubach (Kr. Gießen) und wurde so zum Stammvater der Eisenhüttenbesitzer-Familie der Buderus.

Die Familie ist also aus der Neumark zugewandert. Die Neumark war die preußische Provinz in dem Gebiet, in dem der Name *Buder* seit jeher verbreitet war. Die latinisierte Form *Buderus* wurde offenbar schon in der Neumark verwendet, sei es von dem ausgewanderten Pfarrer oder bereits einem seiner Vorgänger. Die hessisch-westdeutschen Buderus-Namensträger stammen dann vermutlich alle von dem nassauischen Einwanderer aus der Neumark ab. Von *Buder* zu *Buderus*: Das ist, wie sich zeigt, ein Weg von Hütte zu Hütte.

Fresenius
Dem Konzern mit Namen *Fresenius*, Hessen durch den Firmensitz in Bad Homburg (hoffentlich) auch als Steuerzahler verbunden, liegt der gleich lautende Familienname zu Grunde. Denn Dr. Eduard Fresenius, Apotheker, Chemiker und Mitglied einer alteingesessenen Frankfurter Familie, gründete von der Frankfurter Hirsch-Apotheke aus 1912 das Pharmaunternehmen Dr. E. Fresenius, das 1933/34 nach Bad Homburg verlagert wurde. Das Unternehmen wuchs mit unglaublicher Geschwindigkeit

von dreißig Beschäftigten 1946 auf derzeit weltweit über 200.000 Mitarbeiter und Mitarbeiterinnen.[16] Der Name ist selten, in Frankfurt entstanden und über ganz Deutschland verteilt. Er geht auf eine Latinisierung des Personennamens *Friso* (entstanden aus dem Stammesnamen der Friesen) zurück.

Hornivius
Manchmal ist man ein wenig auf Mutmaßungen angewiesen, worauf eine Latinisierung zurückzuführen sein könnte. Es gibt etwa einhundert Menschen mit dem Familiennamen *Hornivius*, fast alle in Hessen, fast die Hälfte im Lahn-Dill-Kreis, so dass die Entstehung des Namens dort vermutet werden darf. Das hilft leider wenig bei einer Erklärung, worauf der lateinisch klingende Name fußt (es sei denn, ein Familienforscher könnte eine Grundlage nachweisen). So lange das nicht der Fall ist, kann man nur eine Vermutung wagen.

Ein lateinisches Wort, das die Grundlage für *Hornivius* abgeben könnte, gibt es nicht. Dann muss, wie so oft, ein ähnlich lautender deutscher Familienname Ausgangspunkt sein. Dafür bietet sich von der Lautform her der Familienname *Hornaff* oder *Horneff* an. Diese Namen sind auch recht selten; *Hornaff* ist auf den Wartburgkreis konzentriert, d.h. an der hessisch-thüringischen Grenze; *Horneff* ist in Südhessen verbreitet. Dazu gibt es im Raum Hannover den ähnlichen Namen *Horneffer*. Der deutsche Name ist immerhin schon 1387 im Einwohnerverzeichnis von Frankfurt mit einem Bäcker namens *Kune Harnaffer* belegt.[17] Aus *Hornaff/Horneff* kann ohne Weiteres die Latinisierung *Hornivius* gebildet werden. Diese Namensform ist zuerst 1644 mit *Anton Hornivius* in Hohensolms (Hohenahr, Lahn-Dill-Kr.)[18] belegt, also in dem Raum, in dem auch heute die meisten Namensträger leben.

Was mag wohl jemand tun, der sich mit **Hornaffen* befasst? Nun, der Beruf des dahingegangenen Frankfurter Bäckers bietet uns die Lösung: Seine namengebende Backspezialität waren nämlich Hornaffen, eine Art Hörnchen mit zwei zipfeligen Enden, Vanillekipferl aus Hefeteig gewissermaßen. Das Wort an sich hört sich ganz lustig an; der Familienname begeistert die Namensträger vielleicht nicht so sehr. *Hornivius* aber klingt richtig gut. Der sprachsymbolische Mehrwert des Lateinischen kommt damit in doppeltem Maße dem Image des Namensträgers zugute.

Wenn Vornamen zu latinisierten Familiennamen werden

Ein letzter großer Bereich, aus dem lateinisch klingende Familiennamen entstanden sind, sind Ruf- und Taufnamen.

So ist der alte deutsche Personenname *Dietbald* im Laufe des Mittelalters zum Rufnamen *Diebel* abgeschwächt und daraus zum gleich lautenden Familiennamen geworden. Die etwa 1.500 in Deutschland lebenden Namensträger haben einen deutlichen Vorkommensschwerpunkt in Hessen, und hier vor allem in Osthessen. Dazu gehört die dialektbedingt im Vokal kurz gesprochene Form <Dippel>, die sogar doppelt so häufig ist und einen noch ausgeprägteren Schwerpunkt in Ost- und Mittelhessen hat.

Aus Südhessen ist ergänzend der im „Datterich" genannte *Dippelshof* (Traisa, Nieder-Ramstadt, Kr. Darmstadt-Dieburg) bekannt.

Dibelius
Zu *Diebel* wurde wohl in der Zeit des Humanismus die latinisierte Form *Dibelius* gebildet. Der Name ist vor allem durch den Berliner Bischof Otto Dibelius (1880–1967) bekannt, der nach dem Zweiten Weltkrieg zudem viele Jahre Ratsvorsitzender der evangelischen Kirche war. Diese latinisierte Form ist heute sehr selten, und die wenigen Namensträger leben in ganz Deutschland verstreut. Mit dem hessischen Schwerpunkt der <*Diebel, Dippel*>-Namen ist jedenfalls keine Verbindung erkennbar. Sie ist aber dadurch gesichert, dass Träger der sehr ähnlichen Namensform *Debelius* mehrheitlich im Kreis Marburg-Biedenkopf wohnen.

Vigelius
Das ist ein wenig anders bei dem ähnlich klingenden Namen *Vigelius*. Er geht auf den auch in Hessen sehr häufig gebrauchten mittelalterlichen Rufnamen *Wigel* zurück, der aus alten Namen wie *Wigbert* u.ä. gebildet ist. Im Namenanfang liegt das alte Wort für ‚Kampf' (*wîc*) vor. Aus *Wigel* sind die heute weit verbreiteten Familiennamen *Wiegel* und in Hessen besonders *Weigel* entstanden. Hierzulande sind sie vorwiegend in den mittleren und nördlichen Landesteilen vertreten. Während das heutige <*Wiegel*> den alten Lautstand bewahrt, hat sich bei <*Weigel*> der frühneuzeitliche Lautwandel *i:* > *ei* niedergeschlagen. Bei der Latinisierung *Vigelius* kann man deshalb vermuten, dass sie entstanden ist, als dieser Lautwandel noch nicht stattgefunden hatte. Tatsächlich finden wir *Heintz Vigelius son* schon 1403 in Stockstadt (Kr. Groß-Gerau)[19], also zu einer Zeit, als Latinisierungen noch außerordentlich selten waren. Heute gibt es nur noch wenige Telefonanschlüsse mit diesem Namen, darunter aber einige im Main-Kinzig-Kreis.

Wieder fällt auf, dass die meisten dieser latinisierten Namen heute vergleichsweise selten vorkommen, während sich ihre deutschen Entsprechungen einer fröhlichen Vermehrung erfreuen.

Es ist auch selten, dass die heutige Konzentration eines latinisierten Namens auf die Entstehung in Hessen hindeutet. So ist das zwar bei *Castritius*; aber sonst ist mir nur noch *Bernius* aufgefallen. Von den über zweihundert Trägern dieses Namens lebt mehr als die Hälfte im Kreis Darmstadt-Dieburg, so dass die lateinische Form des Namens wohl hier entstanden ist. Der erste Namensteil geht auf eine Form des aus dem Rufnamen *Bern-* (+ *hard*) o.ä. gewordenen Familiennamens zurück. Im wörtlichen Sinne am Hessen-Rande liegen *Crecelius* (wohl aus dem Heiligennamen *Pankratius*[20]) mit insgesamt etwas über dreihundert Namensträgern, die meisten an der unteren Lahn ansässig, sowie *Bockius* (< *Bock*). Die ebenfalls etwa dreihundert Namensträger leben vorzugsweise im Mainzer Raum, greifen von da aus aber auch auf das Rhein-Main-Gebiet aus.

Der lateinische Genitiv

Das andere Verfahren einer leichten Latinisierung bestand in der Verwendung des lateinischen Genitivs auf -i. Damit kann man ganz leicht und gut hörbar die Ableitung des Sohnesnamens aus dem Vaternamen kennzeichnen.

Ein frühes Beispiel ist der Limburger *Nikolaus Wolframi* von 1332[21], d.h. ‚Nikolaus, Sohn des Wolfram'. Dabei ist der springende Punkt, dass man sich eine aus dem Personennamen *Wolfram* latinisierte Form **Wolframus* hinzudenken muss. Solche Latinisierungen des Rufnamens waren seit Beginn der mönchischen und später auch der weltlichen Schreibtradition gang und gäbe, gehörten gewissermaßen zum Standard lateinisch geschriebener Urkunden etwa in den Zeugenlisten (s.o. Kap. 5.2.1). Das war also nichts Besonderes und hatte mit den Latinisierungen der Humanismus-Zeit nichts zu tun. Auch nicht die Übertragung eines deutschen Rufnamens in eine übliche lateinisch klingende Form wie z.B. *Friedrich >Fridericus*. Mit *Helwig Friderici von Hohenberg* beginnt 1358 die Frankfurter Überlieferung von Zweitnamen mit lateinischem Genitiv[22]: ‚Helwig, (Sohn) des Fridericus'. Aus *Heinrich* wird *Heinricus* und daraus der Genitiv *He(i)nrici*. <Henrici> ist übrigens der einzige Name mit dieser Genitivbildung, dessen Vorkommensschwerpunkt in Hessen liegt.

Dieser -i-Genitiv aus -us-Grundformen ist auch deshalb ein ganz einfacher Latinismus, weil er allen Menschen der Zeit aus dem religiösen Kultus vertraut ist: *Christus / Christi, dominus / domini*. Für die hessischen Verhältnisse ist der Bezug zu den sehr häufigen Heiligennamen von Bedeutung. Seit dem hohen Mittelalter wird eine Fülle an Namen von Heiligen aus der Bibel und aus der kirchlichen Tradition als Taufname und damit als Rufname verwendet. Bei der Eindeutschung erfuhren sie oft drastische Veränderungen: Sie klangen für deutsche Ohren häufig sehr fremdartig; und das waren sie ja auch, wenn sie aus dem Lateinischen, Griechischen, Hebräischen stammten. Sie wurden deshalb oft deutschen Aussspracheregeln und -gewohnheiten angepasst. Dazu gleich mehr. Vorerst stellen wir fest, dass weitaus die meisten Heiligennamen traditionell auf die lateinische Endung -us endeten und viele Rufnamen durch ein angehängtes -us leicht latinisiert werden konnten (z.B. *Konrad > Conradus*).

Wenn der Vater einen Rufnamen nach einem Heiligen trug wie z.B. *Martin* (nach dem hl. *Martin(us)*) oder *Paul* (nach dem Apostel *Paulus*), konnte der Sohn als ‚(Sohn) des Martins' benannt werden und dann *Martens, Mertens* o.ä. heißen. Aber eben auch mit dem lateinischen Genitiv *Martini*.

Als Familiennamen entstanden dann daraus z.B. <*Martini / Martiny, Petri / Petry, Pauli / Pauly, Jakobi / Jakoby / Jacobi / Jacoby*>. In Deutschland tragen über 60.000 Menschen einen dieser Namen. Davon leben etwa 60% in einem geographischen Dreieck, das sich vom Niederrhein bis in die Pfalz einerseits und bis in die Wetterau andererseits zieht. Insgesamt gehört also Hessen, bevorzugt mit seinen südlichen und mittleren Landesteilen, zu einem großen Raum, in dem die Familiennamenbildung mit dem lateinischen Genitiv besonders populär war.

So kommt es zu vielen Namenbildungen auch mit deutschen Personennamen wie 1440 *Johannes Heilmanni*, 1459 *Nicolaus Mongoldi* (< *Mangold*) oder 1454 *Meister*

Johann Conradi arczt, meister Conrads son.[23] Von den mit deutschen Rufnamen gebildeten *-i*-Namen sind heute <*Conradi, Conrady*> und <*Wilhelmi, Wilhelmy*> mit jeweils über 4.000 Namensträgern die häufigsten. Sie weisen leichte Konzentrationen im Westen auf, aber bei weitem nicht so starke wie bei den Heiligennamen.

Mitunter begegnen im Frankfurter Bürgerbuch auch merkwürdig latinisierte Namen wie 1457 *Meister Conradus Homerii, doctor in geistlichen und werntlichen rechten*, in einem Schreiben des Mainzer Erzbischofs auch *der ersam doctor Humery* genannt.[24] Den Namen wagt man nicht mit dem Dichter der „Ilias" und der „Odyssee" in Verbindung zu bringen. Aber womit sonst? Wo ein *Aristoteles* aufgenommen wird (s.o. Kap. 5.1.1), darf (vielleicht) ein *Homer* nicht fehlen.

Scheinlatinisierungen und die Heiligen dieser Welt

Der allumfassende Einfluss der Kirche mit ihrer biblischen Figurenwelt und den zahllosen Heiligen aus der kirchlichen Tradition sorgte dafür, dass auch dem letzten Christenmenschen Lateinisches aus dem Gottesdienst geläufig war. Von den vielen hebräischen, griechischen und lateinischen Namen, die auf diese Weise unters Volk kamen, interessieren uns hier die, die auf *-us* oder *-ius* enden wie z.B. *Markus* oder *Antonius*. Die (mehr oder weniger) Heiligen der Kirchengeschichte vom hl. *Augustinus* bis zum hl. *Ioannes Paulus* zeichnen sich dadurch aus, dass sie neben einem kirchenoffiziellen Heiligennamen, der auf *-(i)us* endet, meist einen gemeinsprachlich vereinfachten deutschen (besser: eingedeutschten) Namen trugen. Das haben wir schon bei *Martinus > Martin* und *Paulus > Paul* gesehen. Ebenso wird *Augustinus* gekürzt zu *Augustin* (und weiter gekürzt zu *August*, dann *Augst, Aust* und sogar *Gust*).

In den meisten Fällen verschwindet das *-(i)us* sozusagen spurlos: Der hl. *Maternus* gibt die Vorlage ab für den mittelalterlichen Taufnamen *Mader(n)*, aus dem dann u.a. die häufigen Familiennamen *Mattern* (Schwerpunkt Südwestdeutschland) u.ä. entstehen. Manchmal bleibt *-us* in abgeschwächter Form erhalten, wie im ebenfalls auf *Maternus* zurückgehenden, im Moselraum konzentrierten Familiennamen *Ternes*. Dafür ist hier die erste Silbe des lateinischen Heiligennamens *Ma-* verschwunden. Das hängt damit zusammen, dass *Matérnus* auf der zweiten Silbe betont wird, so dass die unbetonte erste Silbe in der Aussprache leicht verloren gehen kann. Wenn außer der ersten Silbe auch noch die lateinische Endung *-us* verloren geht, entsteht ein Rufname *Dern*, der die Grundlage für den hessischen Familiennamen *Dern* abgeben kann (vgl. aber Kap.4.3.3). Entsprechend wird aus dem hl. *Pankrátius* der unspektakuläre Familienname *Kratz*, auch hauptsächlich im westmitteldeutschen Dreieck mit einem starken Schwerpunkt in Hessen verbreitet.

Um bei der Abschwächung des *-us* zu bleiben: Sie führt zu *-s* wie bei *Marks*, nach dem Namen des Apostels *Markus*. Wenn der dann als <*Marx*> geschrieben wird, wie das mehrheitlich und vor allem in Westdeutschland der Fall ist, denkt man schon gar nicht mehr an die lateinisch-biblische Herkunft des Namens, erst recht nicht in Bezug auf Karl Marx.

Ganz undurchsichtig wird es bei dem seltenen, fast nur an Lahn und Dill vorkommenden Namen *Ciliox*. Er geht auf den hl. *Cyriacus* (griechisch ‚zu dem Herrn gehörend') zurück, einem der vierzehn Nothelfer. Der Taufname stand in diesem Fall entweder mit einer der Cyriacus-Kirchen im Marburger Land in Zusammenhang oder mit dem Ort *Cyriax-Weimar*, südwestlich von Marburg, der 1258 als *Ciliacis Wymare* belegt ist. Der Familienname weist nicht nur die Verschmelzung von <-cus> zu <x> auf, sondern auch einen sprachgeschichtlich-dialektalen Wechsel von /r/ > /l/. Der parallel belegte Familienname *Cyriax* weist diesen Wechsel nicht auf. Er kommt auch einige Male an Lahn und Dill vor, häufiger aber in Thüringen.

Insgesamt kann man sagen, dass im Lateinischen regulär vorhandene -*us*-Endungen kirchlicher Namen bei der Übernahme ins Deutsche, zunächst als Rufname, entweder verschwinden oder sozusagen unkenntlich gemacht werden.

Wiederbelebungen

Es gibt aber einzelne Fälle, in denen das dem Deutschen fremde -*us* gewissermaßen wiederbelebt wurde. Zwei Namen sind typisch hessische Varianten: *Möbus* und *Debus*. Beiden sieht man nicht ohne Weiteres an, dass sie eigentlich auf Apostelnamen zurückgehen, *Möbus* auf *Bartholomäus* und *Debus* auf *Matthäus* (manchmal vielleicht auch auf *Matthias*). In beiden Fällen kommt die heutige Verfremdung zunächst dadurch zustande, dass auch diese Heiligennamen auf der vorletzten Silbe betont werden und dadurch in der volkstümlichen Aussprache die ersten unbetonten Silben wegfallen konnten. Die verbleibenden Silben **-mäus* und **-thäus* weisen nun die Besonderheit auf, dass die beiden Vokale /ä/ und /u/ getrennt hintereinander gesprochen werden (/ä-u/). Das ist in der deutschen Wortbildung unüblich; deswegen wurde zwischen beide Vokale ein Gleitlaut eingeschoben, meist ein *w* oder ein *b*.

Möbus

So entstanden Namen wie *Mewes*, *Mebes* (hauptsächlich in Nordostdeutschland), *Möbius* (mit Schwerpunkt in Sachsen) und *Möbus*. Von den annähernd 3.000 Trägern dieser Namensform lebt ein gutes Viertel in Hessen, vorwiegend zwischen Waldeck-Frankenberg und Wetterau. An der Form *Möbius* erkennt man gut, dass mit dem -*ius* eine echte Latinisierung beabsichtigt ist, die sich dem Muster einfügt.

Debus

Auch aus dem **thä-us*-Rest von *Matthäus* sind eine Fülle von Familiennamen entstanden, von denen für uns *Dewes*, *Debes* und *Debus* am wichtigsten sind. Dabei ist nämlich interessant, dass *Dewes* (Schwerpunkt Saarland) und *Debes* (Schwerpunkt Unterfranken) vergleichsweise seltene Varianten gegenüber der Hauptform *Debus* sind. Dabei waren *Debes*, *Dewes* eigentlich die Normalformen für den Rufnamen, aus dem der Familienname geworden ist. Denn die Namenendung spricht sich mit einem unbetonten /ə/ natürlich leichter aus als mit einem /u/.

Der Ruf- oder Taufname *Debes* ist in Mittelhessen anscheinend erst in der zweiten Hälfte des 15. Jh.s üblich geworden, z.B. gibt es 1492 einen *Smetz Debes* (,Schmidts Debes') in Leihgestern (Pohlheim, Kr. Gießen).[25] Der Vorname tritt in vielfältigen Schreibungen auf, darunter gelegentlich auch mit vollen Formen, denen die Herkunft noch anzumerken ist; so ist in Niederkleen (Langgöns, Kr. Gießen) 1547 ein *Mathebes* nachgewiesen. Bloß in der Schreibweise <Debus> begegnet er nicht. Erst mit einem Familiennamen <Debus> 1571 in Marburg und 1576 in Gießen beginnt die *-us-*Familiennamentradition, die sich dann im 17. Jh. als hessische Normalform herausbildet. Diese geschichtliche Entwicklung zeigt in aller Deutlichkeit, dass das lateinisch klingende /u/ in *Debus* keineswegs nur einfach ein Überbleibsel aus dem Apostelnamen *Matthä-us* ist, sondern eine bewusste Latinisierung aus dem volkstümlichen Vornamen *Debes* u.ä. darstellt.

Heute leben annähernd 5.000 *Debus*' in Deutschland, davon über ein Drittel zwischen Rothaargebirge-Waldeck und Wetterau mit einem starken Schwerpunkt im Marburger Raum; insgesamt belebt etwa die Hälfte das Hessenland. Es steht damit außer Frage, dass diese Namensform im mittelhessischen Raum entstanden ist und dann zu einem hessischen Namen geworden ist.

Bei *Möbus* verlief die Entwicklung übrigens sehr ähnlich, nur dass die *-us*-Form bereits oder schon im 15. Jh. vereinzelt begegnet. In Frankfurt wird 1440 *Peter Mewus gnant Slymchin winknecht* als Einwohner genannt[26]; die deutlicher latinisierte Form <Möbius> tritt in älteren hessischen Quellen aber nicht auf.

Zusammengefasst

Die Umwandlung eines deutschen Familiennamens in einen lateinischen oder einen lateinisch klingenden kennzeichnet die Entwicklung der Familiennamen vom 16. bis ins 18. Jh. Wer sich zur Elite zählt, wandelt seinen Namen oder lässt ihn wandeln, steigert damit sein Image, gewinnt zusätzliches Prestige und signalisiert seine Zugehörigkeit zur gehobenen, besonders der gebildeten, durch die kulturellen Werte des Humanismus geprägten sozialen Schicht. Neben mehr oder weniger gelungenen Übersetzungen des in seiner Wortbedeutung erkannten Familiennamens sind es vor allem formale Elemente, die dem Namen hinzugefügt werden, besonders *-(i)us* als Endung und *-i* als Genitivendung. Damit wird die Latinisierung seit dem 17., vor allem aber im 18. Jh. zu einer Namenhülse, die ihren humanistischen Mehrwert verloren hat.

Die kirchliche Tradition, die schon immer die Ausbildung lateinischer Namensformen gefördert hatte, trägt besonders mit der Führung der Kirchenbücher durch die lateinkundigen Pfarrer zur Entstehung der latinisierten Familiennamen bei. Auch Namen einfacher Leute können so unerwartet eine lateinische Wendung bekommen.

Angesichts der Flut an latinisierten Namenschreibungen, fortschreitend bis ins 18. Jh., ist es verblüffend, wie wenig davon heute übrig geblieben ist. Die meisten Latinisierungen sind verschwunden; es gibt heute keine Namensträger mehr. Bei vielen anderen ist die Zahl der heutigen Namensträger außerordentlich gering (*Fresenius, Buderus, Castritius, Dibelius, Vigelius*), jedenfalls im Vergleich zu der Zahl der Namensträger mit dem entsprechenden deutschen Familiennamen. Das hängt zunächst damit zusammen, dass oft nur der Name eines Familienzweiges latinisiert wurde. Aber auch die Akzeptanz des Namens war in vielen Fällen auf Dauer doch eher gering. Denn diese Namen sind in der Schriftlichkeit gleich zweifach vom alltäglichen Namengebrauch abgehoben. Einmal dadurch, dass ihre Entstehung schon mit der Bindung an die Schrift verknüpft war, und zum anderen, dass sich über dieser Verfremdung durch das Lateinische eine zweite aufbaute. Da schafften nur verhältnismäßig wenige Latinismen den Sprung zurück in den alltäglichen Sprach- und Namengebrauch, solange Familiennamen ohnehin eher als Fremdkörper wahrgenommen wurden.

Dass man heute seinen lateinischen Namen möglicherweise für schick hält, ist eine ganz andere Sache. Das führt letztlich aber auf den Imagegewinn zurück, der durch den Schmuck mit fremden Federn zu gewinnen ist. Diese Einstellung bindet zurück an die Zeit des Humanismus, der Reformation und übrigens auch der Gegenreformation.

Anmerkungen

1   Helmut Castritius: Castritius. In: AFA. Arbeitsgruppe Familienforschung Arheilgen (Hrsg.), Selbstverlag 2004, S. 101. – Helmut Castritius danke ich für die Hinweise und Auskünfte.
2   Mulch S. 210.
3   Andernacht 1, S.22 u. 11.
4   Lexer 2, Sp.18 u. 42.
5   Franz 1, Nr. 237.
6   Baur 1, Nr. 696.
7   Knauß, S. 45.
8   Andernacht 2, S. 60.
9   Mulch, S. 153ff.
10 Eckhardt, Klöster 2, Nr. 3; Andernacht 1, S. 168.
11 Lerch, S. 43.
12 Stumpf, Familienbuch, Nr. 4952a.
13 Stumpf, Familienbuch, Nr. 1841f.
14 Stumpf, Familienbuch, Nr. 3558 f.
15 Wolfgang Pfeifer: Etymologisches Wörterbuch des Deutschen. Berlin 1989, 1, S. 133.
16 https://de.wikipedia.org/wiki/Fresenius_(Unternehmen).
17 Andernacht 1, Nr. 177.
18 Hinweis von Frau Maria-Anna Hornivius.
19 Baur 4, Nr. 13.
20 Steffens, S. 175.
21 Schöffl, S. 145.
22 Andernacht 1, S. 66.
23 Andernacht 2, S. 149 u. 273 u. 2, 249.
24 Andernacht 2, S. 267.
25 Belege: Stumpf, Amt, S. XLVIII; Ramge, Studien, Text E, S. 291.
26 Andernacht 2, S. 145.

KAPITEL 7
JÜDISCHE FAMILIENNAMEN?
NAMEN JÜDISCHER FAMILIEN!

1. Im Netz der Namen

Die Gedankenverbindung ist fast zwangsläufig: Denken wir an eine hessische, eine Frankfurter jüdische Familie, fällt uns unweigerlich der Name *Rothschild* ein. Der Name steht für unermesslichen Reichtum, für weltweites Handeln, und dem Weinliebhaber steht er für Weine wie den *Château Lafite*.

Weniger zwangsläufig und auch nicht weltbekannt ist die Erinnerung an *Itzichs Hirsch* aus meinem Wohnort Rodheim an der Bieber (Biebertal, Kr. Gießen):

> „Der 1925 verstorbene … Rodheimer Jude mit bürgerlichem Namen Hirsch Rosenbaum wird auf seinem Grabstein in der hebräischen Inschrift *Zwi bar Menachem* (Zwi, Sohn des Menachem) genannt. Sein Vater wiederum hieß bürgerlich Mendel Rosenbaum und in der Inschrift seines Grabsteins *Menachem bar Jizchak* (Menachem, Sohn des Jizchak/Isaak). Neben diesen beiden Namen – bürgerlichem und hebräischem (heiligem) Namen – benutzten die Rodheimer noch den Dorfnamen (Hausnamen) für die Familie: *Itzichs* (=Isaaks). Der obige Hirsch Rosenbaum war also innerhalb der Dorfbevölkerung auch noch unter dem Namen *Itzichs Hirsch* bekannt."[1]

Itzichs Hirsch als ländlicher Hausname also, soso. Klingt das nicht arg antisemitisch? War *Itzich* nicht einer der beliebtesten Schmähnamen für Juden, wenn sich Dumpfbacken abfällig äußern wollten? „Schau dir den Itzig an!"

Und doch ist er hier, im dörflichen Zusammenhang, ganz normal nach den Regeln der hessischen Hausnamenbenennungskunst benannt (s. Kap. 5.4.3): Hirsch gehört zu dem Haus, das ursprünglich sein Großvater *Jizchak* (entspricht *Isaak*) bewohnt hat. Dessen hebräischer Name wurde deutschen Aussprachegewohnheiten angepasst. Das ist allerorten so geschehen und ein durchaus üblicher Vorgang. Der Träger des Namens ist damit aber zugleich auf die Zugehörigkeit zum Judentum festgelegt: „Deutsche" heißen nicht so. Oder doch? Zwar gibt es derzeit nur einen einzigen Telefonanschluss für *Itzig;* aber immerhin tragen heute etwa 1.500 Menschen, vorwiegend in Westfalen, den Familiennamen *Isaak*, entstanden aus dem biblischen Rufnamen.

Die hebräische Inschrift *Zwi bar Menachem* verweist auf den eigentlichen, den religiösen Namen, den das neugeborene Kind bei der Aufnahme in die jüdische Kultusgemeinde erhielt. Die Namenstruktur in der Bildung hebräischer Namen ist einfach: Rufname + Rufname des Vaters. Der Vater seinerseits trägt einen Rufnamen und wiederum den Rufnamen seines Vaters. Es gibt also keine Namenkontinuität über Generationen, sondern die hebräischen Namen hängen wie Glieder einer Kette aneinander.

Itzichs Hirsch, wie das? *Hirsch* ist kein deutscher Name, jedenfalls nicht als Vorname. Es ist auch nicht ein hebräischer, vielleicht lautlich angepasster Name, sondern die freie Übersetzung seines hebräischen Rufnamens *Zwi,* der eigentlich ‚Gazelle' bedeutet. So steht es auch auf dem Grabstein. Die wörtliche Bedeutung von *Zwi* wird derjenige gekannt haben, der ihm *Hirsch* als Vornamen in der deutschsprachigen Umwelt zugeordnet hat. Aber der deutsch-oberhessischen Umwelt muss der Ausdruck als Vorname fremd, unverständlich, eben „jüdisch" vorgekommen sein, verstärkt durch den eigentlichen Hausnamen *Itzichs*.

Der bürgerliche Name *Hirsch Rosenbaum* wurde dem Neugeborenen in einer kleinen nicht-religiösen Feier gegeben und galt für den Gebrauch in Staat und Gesellschaft. Woher der öffentliche Name *Rosenbaum* für die jüdische Familie stammt, lässt sich zurückverfolgen.[2] Großvater Jizchak, der auch für den Hausnamen verantwortlich ist, wird auf seinem Grabstein hebräisch als *Jizchak, Sohn des Elieser* benannt und amtlich auch als *Jud Isak Löser* bezeichnet. Das ist nichts anderes als eine dem Deutschen sprachlich angepasste Form des hebräischen Namens und entspricht dem geläufigeren *Lazarus*. Als nach 1808 in großen Teilen des heutigen Hessens die Juden einen erblichen Familiennamen annehmen mussten, wählte Jizchak für sich und seine Familie den Namen *Rosenbaum*.

Der folgt deutschen Sprachregeln und ist als Wort leicht zu durchschauen. Es ist ein seit dem Mittelalter (spärlich) belegtes Wort für den Rosenstrauch (und gelegentlich auch für den Oleander).[3] Trotzdem klingt und klang der Name bei manchen „jüdisch". Denn es gehört zu verbreitetem Wissen, dass Juden bei der Wahl ihres Familiennamens gern auf poetisch anmutende Namenbildungen zurückgegriffen haben. Tatsächlich finden wir bei Juden allein im osthessischen Rotenburg / Fulda (und Umgebung):[4]

*Rosen*baum, *Rosenberg, Rosent(h)al, Rosenblüth, Rosenzweig, Rosenblatt, Rosenbusch, Rosenkranz, Rosenstiel, Rosenstock, Rosenberg, Rosenmeier, Rosenhaupt, Rosengarten, Rosenstein, Rosenbach, Rosenmund …*

Rosen*baum, Tannenbaum, Mandelbaum, Feigenbaum, Grünbaum, Blaubaum, Nußbaum, Birnbaum, Lebensbaum, Loewenbaum, Lindenbaum, Barbaum, Buxbaum, Blumenbaum…*

Doch schon die Zahl der jetzt in Deutschland allgemein verbreitet lebenden *Rosenbaums* straft die Vermutung Lügen, es könne sich um einen „jüdischen Namen" handeln. Annähernd 3.000 Namensträger gibt es davon, zu schweigen von den noch sehr viel häufiger vorkommenden *Rosenbergs* und *Rosentals* (auch <-*thals* / -*da(h)ls*>). Das sind ganz normale deutsche Familiennamen. *Rosenbaum* stammt als Name von den einstigen Bewohnern eines Hauses, das einen Rosenstock als Kennzeichen trug, z.B. 1293 *Jacob zum Rosenbaume* in Mainz[5], hat also als Benennungsmotiv mit dem Judentum zunächst nichts zu tun.

Itzichs Hirsch ist eindeutig ein jüdischer Name aus hebräischen Sprachwurzeln; (*Hirsch*) *Rosenbaum* hingegen nicht. Namen dieser Art wurden im 18./19. Jh. jedoch in der Tat vielfach von Juden angenommen. Insofern konnte er von der Mehrheitsgesellschaft als „typisch jüdisch" aufgefasst und eingeordnet werden. Bei antisemitischen Einstellungen wirkten hebräisch-jüdische und als jüdisch wahrgenommene Namen für die Namensträger als Brandmal, als Stigma.

Aus der Betrachtung des Grabsteins von *Hirsch Rosenbaum* folgt für die Betrachtung des historischen Namengebrauchs jüdischer Familien in Hessen:
– Wie können und wollen jüdisch-deutsche Bürger zwischen dem hebräischen Namen und den Anforderungen an einen zivilen Namen einen Ausgleich herstellen?
– Wie gehen die christlich-deutschen Bürger mit den von Juden getragenen Familiennamen um?

Mit diesen Fragen befassen wir uns jetzt genauer. Dabei richten wir ein besonderes Augenmerk auf die unterschiedliche Namenentwicklung bei städtischen und bei ländlichen Judenfamilien in Hessen.

2. Zwei berühmte jüdische Familien in Hessen

2.1 Rothschild

Das Haus zum roten Schilde

Ist nicht *Rothschild* geradezu das Musterbeispiel eines „typisch jüdischen" Familiennamens? Doch gibt das der Name *Rothschild* wirklich her? Nach dem aktuellen Verzeichnis der Deutschen Telekom bestehen dreißig bis vierzig Telefonanschlüsse mit diesem Namen, einigermaßen gleichmäßig über ganz Deutschland verteilt. Damit scheint eines schon klar zu sein: Weitaus die meisten Namensträger werden bedauern müssen, nicht am sagenhaften Reichtum „der Rothschilds" beteiligt zu sein. Dass die drei *Rotschilds*, denen das altbackene <h> abhanden gekommen ist, nicht dazu gehören, liegt ohnehin auf der Hand.

Der Name *Rothschild* geht ursprünglich auf einen roten Schild zurück, der als Wappen ein Haus schmückte und dem Haus und seinen Bewohnern den Namen gab (wie ursprünglich ein *Rosenbaum* als Wappenzier). Die Sitte war in den mittelalterlichen Städten üblich und kann noch heute in manchen Orten wie z.B. der Altstadt von Zürich anschaulich nachempfunden werden. Diese städtischen Hausnamen weisen vom Benennungszugriff Ähnlichkeiten mit den ländlichen Hausnamen auf (s. Kap. 5.4.3), unterscheiden sich aber in der Namensstruktur von diesen. Die städtischen Hausnamen folgten von Anfang an dem Benennungsmuster Rufname + Zweitname (Familienname). Die früh belegten Namen dieser Art enthielten oft noch eine

Präposition (*zum, im* …), so dass der Hinweis auf das namengebende Hauswappen auch sprachlich noch deutlich erkennbar ist.

Es wäre erstaunlich, wenn es nur in Frankfurt ein Haus mit einem roten Schilde gegeben hätte. Tatsächlich gab es auch zu Anfang des 14. Jh.s in Halle an der Saale ein Haus, „*daz dar genannt ist czum roten schilde*"[6]; und in Speyer heißt 1296 ein Bürger und Schultheiß, also gewiss kein Jude, *Hartmud von deme roten Schilde*.[7] *Rothschild* geht also nicht auf einen einmaligen Benennungsvorgang zurück.

Selbst in Frankfurt hat der Hausname *zum roten Schilde* schon lange vor den Rothschilds bestanden, allerdings nicht für ein Haus in der Judengasse. Das Frankfurter Bürgerbuch verzeichnet nämlich 1353 eine Bürgschaft *uff eyme huse und uff einer schuren vor dem Ramhofe in der Nuwenstad genant zum rodin Schilde*.[8] Die *Rahmhofstraße* besteht noch heute (zwischen Hauptwache und Eschersheimer Tor) in der ehemaligen Neustadt.[9] Ob es einen Zusammenhang mit dem Haus „Zum roten Schilde" in der Judengasse gegeben hat, ist unbekannt. Selbst den Familiennamen *Rothschild* gibt es längst vor „den" Rothschilds in Frankfurt; 1459 schwört *Heincz Rotschilt messersmyd* den Bürgereid.[10] Als Handwerker war er sehr wahrscheinlich kein Jude.

Der Aufstieg der Rothschilds

Die Geschichte der jüdischen Familie Rothschild[11] begann erst im 16. Jh., als ein Zweig der Familie *Hahn*, die seit 1530 im Haus *Zum roten Hahn* lebte, in das Haus *Zum roten Schilde* umzog und den Hausnamen übernahm. Sie lebte dort zwei Jahrhunderte lang in eher bescheidenen Verhältnissen. Der unaufhaltsame Aufstieg der Familie im 18. Jh. war mit Mayer Amschel Rothschild (1744–1812) verbunden. Der wurde zunächst als Hoffaktor reich. Hoffaktoren, auch Hofjuden genannt, handelten für Landes- und Reichsfürsten als selbstständige Beschaffer von Geld und Luxusgütern sowie als Finanziers. Amschel Rothschild diente dem Landgrafen und späteren Kurfürsten Wilhelm I. von Hessen-Kassel. Mit seinen Söhnen baute er eine europaweit tätige Finanzorganisation auf, die mit Häusern in London, Paris, Wien, Neapel die damalige Finanzwelt beherrschte. Dabei wurden die Fäden weiter von Frankfurt aus gezogen. Eine wichtige Grundlage für den anhaltenden Erfolg war eine besonders ausgeprägte innere Familienbindung einschließlich der religiösen Verankerung im Judentum.

Seinen Namen behielt Amschel Rothschild auch bei, als er 1780 den Stammsitz in das Haus *Zum grünen Schilde* in der Frankfurter Judengasse verlegte. Er hätte sich, den noch geltenden Namen-Spielregeln entsprechend, dann auch in *Grünschild* umbenennen können. Aber für diese Farbänderung war der Name anscheinend schon zu fest geworden. Allerdings hätte die Familie damit auch ein Alleinstellungsmerkmal gewonnen; denn den Familiennamen *Grünschild* gibt es sonst nicht.

Der Name *Rothschild* findet sich nicht nur bei der Frankfurter Bankiersfamilie im engeren Sinne. In mehreren Orten Hessens taucht der Name um 1800 auf, wobei (mir) meist nicht klar ist, in welchem Verhältnis diese Namensträger zur Frankfurter Familie stehen. Der Judenvorsteher *Herz Kalman Rothschild* in Homburg v.d.H. gehörte sicher dazu; aber es gab auch Namensträger z.B. in Neustadt (Odenwaldkr.), Michelstadt (Odenwaldkr.), Hattersheim a. M. (Main-Taunus-Kr.), Rotenburg/F. (Kr. Hersfeld-Rotenburg).

2.2 Oppenheim / Oppenheimer

Während die Rothschilds ihren Familiennamen mit eiserner Strenge durch die Jahrhunderte trugen, zeigt die Betrachtung[12] der weit verzweigten jüdischen Familie *Oppenheim / Oppenheimer* vor allem, wie wandlungsfähig der Namengebrauch in jüdischen Familien bis zum Ende des 18. Jh.s sein konnte.

Bekannte Oppenheimer

Das beginnt mit den ersten Nachweisen für den Beinamen zu Beginn des 16. Jh.s in Worms mit dem Stammvater Lewe Oppenheim und dem nach 1505 dort gestorbenen Amschel Oppenheim. Der Zweitname geht auf die Herkunft aus der Reichstadt Oppenheim zurück, zwischen Worms und Mainz gelegen. Der Herkunftsname wird (fast) durchgängig beibehalten, aber in der Folgezeit schwankt die Namensform zwischen *Oppenheim* und *Oppenheimer*. So gehörte die 2010 im Konzern der Deutschen Bank aufgegangene ehemals größte deutsche Privatbank *Sal. Oppenheim* in Köln zur Verwandtschaft; sie war 1789 von Salomon Oppenheim in Bonn gegründet worden.

Noch im 16. Jh. zogen Wormser *Oppenheims* über Heidelberg nach Frankfurt. Im 17. Jh. wurde dann auch die *Oppenheimer*-Variante gebräuchlich, zuerst mit Samuel Wolf Oppenheimer (1630–1703). Der war Hoffaktor des kaiserlichen Hofs zu Wien und dessen Hauptgeldgeber. Mit seinen Mitteln wurde auch der Krieg gegen die Türken 1683 hauptsächlich finanziert. Er war der erste bedeutende und einflussreiche Bankier der Familie. Weil er in Heidelberg geboren war, nannte er sich auch *Samuel Heidelberg*.

Aus der Heidelberger Linie stammte auch Joseph Süß Oppenheimer (1698–1738), besser bekannt und verkannt unter der diskriminierenden Benennung *Jud Süß*. Er hatte als Hoffaktor des Herzogs von Württemberg maßgeblichen Einfluss auf dessen Politik, war deshalb verhasst und wurde nach dem plötzlichen Tode des Herzogs hingerichtet. Als Thema eines Romans des (jüdisch-deutschen) Schriftstellers Lion Feuchtwanger (1925), vor allem aber durch den antisemitischen Propagandafilm „Jud Süß" von Veit Harlan (1940) ist er ins kollektive Gedächtnis der Deutschen eingegangen.

Der tragisch wirkungsmächtigste *Oppenheimer* stammt (wohl) aus den Frankfurter Zweigen der Familie. Er führt uns damit wieder nach Hessen zurück, dann aber gleich wieder hinaus in das Land der (in diesem Fall: leider) unbegrenzten Möglichkeiten. Dorthin wanderte 1888 nämlich der in Hanau geborene Julius Oppenheimer aus. In den USA wurde er wohlhabend und zudem Vater zweier Söhne, die sich beide zu bedeutenden Physikern entwickelten. Der ältere, Julius Robert Oppenheimer (1904–1967), übernahm im 2. Weltkrieg 1942 die wissenschaftliche Leitung des geheimen „Manhattan-Projekts" und wurde damit für die Entwicklung der Atombombe maßgeblich verantwortlich. Als „Vater der Atombombe" genoss er einen bedenklichen Ruhm. Unter dem Eindruck der Bombenabwürfe über Hiroshima und Nagasaki distanzierte er sich von seinem fürchterlichen Werk und wurde daraufhin von der amerikanischen Regierung kalt gestellt.

Übertritt zum Christentum und Namenwechsel

Bei den Oppenheims / Oppenheimers fällt nicht nur der schwankende Namengebrauch auf, sondern auch eine gewisse Neigung, zum Christentum zu konvertieren, sich jedenfalls taufen zu lassen. Das beginnt schon im 16. Jh., indem sich ein Enkel des ältesten Wormser Oppenheims, der Frankfurter Gastwirt Leib Oppenheim taufen ließ und sinnigerweise den neuen Namen *Paulus Renatus* (,der Wiedergeborene') erhielt. Anfang des 17. Jh.s konvertierte in Frankfurt Meir Oppenheim gegen den erbitterten Widerspruch seiner Frau und nahm den hübschen deutschen Namen *Johann Daniel Lichtenstein* an, den auch seine Kinder und Nachfahren trugen.

Zu einer über den Hamburger Zweig der Familie ins ferne Ostpreußen verschlagenen Linie gehörte Moses Oppenheim (1793–1861). Er ließ sich 1822 als *Georg Moritz Oppenheim* taufen, bevor er sich 1827 nach Erwerb eines Ritterguts *Georg Moritz von Oppenfeld* nennen durfte. Man erkennt an seiner Namengeschichte deutlich das Bestreben, bei der Wahl des neuen Namens die Identifizierbarkeit als Jude auszulöschen, ohne sich aber sprachlich ganz vom alten Namen zu verabschieden: Der Vorname *Moses* wird zu *(Georg) Moritz*, der durch die allgemein bekannte Familie als „typisch jüdisch" gebrandmarkte Familienname durch das unverfängliche *Oppenfeld* ersetzt.

3. Von den Namen in den Städten und auf dem Lande

3.1 Die Namen in der Frankfurter Judengasse

Es ist kein Zufall, dass wir mit *Rothschild* und *Oppenheim(er)* zwei Typen namengebender Motive haben, die ganz leicht einzuordnen sind. Der eine ist ein städtischer Hausname, der andere ein Herkunftsname. Nicht zufällig ist auch, dass beide Namen zuerst im 16. bzw. 17. Jh. auftreten. Beide Eigenschaften sind nämlich kennzeichnend für den Namengebrauch jüdischer Familien in den Städten. Da war es für den gesellschaftlichen und wirtschaftlichen Verkehr mit den christlichen Mitbürgern hilfreich, über einen leicht nachvollziehbaren Namen zu verfügen. Der sollte dann aber besser nicht den ererbten Namenregeln der jüdischen Tradition entsprechen, sondern sich in der Form an den Gewohnheiten der Mehrheitsgesellschaft ausrichten; also Rufname + Zweitname (wobei der Zweitname lange Zeit eher Beiname war). Damit holt das städtische Judentum eine Entwicklung nach, die in der christlichen Umgebung mindestens ein Jahrhundert früher zum Abschluss gekommen war.

Trotz der Neigung zu dauerhaften Zweitnamen wurden Namen in den Städten bis zum Ende des 18. Jh.s dennoch häufig gewechselt; in Frankfurt z.B. beim Umzug einer Familie oder eines Familienteils in ein anderes Haus, dessen Hausnamen man dann übernahm. Aber auch der Herkunftsname konnte ausgetauscht werden, wie wir am Namenwechsel *Samuel Oppenheimer* zu *Samuel Heidelberg* gesehen haben. Diese Formen des Namenwechsels unterschieden sich jedoch nicht grundsätzlich von denen der christlichen Umwelt. Auch hier war Namenwechsel bis in die Neuzeit geläufig.

Bei der mengenmäßigen Verteilung der namengebenden Motive gibt es allerdings schwerwiegende Unterschiede im Vergleich mit der deutschen Namengebung. Als wichtiges Beispiel betrachten wir die Namen der Bewohner der Frankfurter Judengasse. Dafür nehmen wir die schön gestaltete Website des Jüdischen Museums Frankfurt als Grundlage.[13] Darin sind 88 einschlägige Familien mit ihren Familiennamen behandelt. Befragen wir diese auf das namengebende Motiv, so stellt sich heraus, dass 38 davon auf den Herkunftsort und 28 auf einen Hausnamen in der Judengasse zurückgehen; d.h. tatsächlich gehören drei Viertel aller Namen einer dieser beiden Gruppen an. Den bescheidenen Rest teilen sich deutschsprachige namengebende Motive (14). Gerade einmal sechs Namen stammen aus dem Hebräischen (und zwei sind unklar). Mag auch die Deutung und Zuordnung im einen oder anderen Fall unsicher sein, so ist das Gesamtbild doch überraschend klar. Mit gerade einmal 7% machen die Namen mit hebräischer Wurzel nur eine verschwindende Minderheit aus.

Die Herkunftsnamen zeichnen ein buntes Bild der ursprünglichen Herkunft von *Emden* und *Hamburg* im Norden bis *Nürnberg* und *Günzburg* im Süden, von Schlesien *(Schlesinger)* und *Horowitz* (heute *Horowice* in Tschechien) im Osten bis *Metz* im Westen. Kein einziger Ort außerhalb des damaligen deutschen Sprachgebiets wird namengebend. Über die Hälfte der Herkunftsorte liegt, nicht ganz überraschend, in einem Radius von maximal etwa einhundert Kilometern um Frankfurt, z.B. *Aschaffenburg, Bacharach, Bing* (= Bingen), *Darmstädter, Epstein, Flörsheim, Friedberg, Fuld* (= Fulda), *Gelhäuser* (= Gelnhausen), *Homburg, Hanau, Landau, Mainz, Oppenheimer, Reinganum* (= Rheingönheim, St. Ludwigshafen), *Urschel/Ursel* (= Nieder-, Oberursel), *Weisenau, Wertheimer, Wetzlar, Wimpfen, Worms*. Meist sind es Orte mit alten Judengemeinden, oft großen und wichtigen wie Mainz, Worms oder Friedberg.

Bei den Hausnamen in der Frankfurter Judengasse findet man die ganze Palette dessen, was man auf Hausbildern abbilden kann: Tiere (*Adler, Gans, Haas, Hahn, Ochs, Rapp, Rindskopf, Schwarzadler*) einschließlich Fabelwesen (*Drach, Lindwurm*),

Pflanzen (*Buchsbaum, May (?), Strauß*), Gerätschaften (*Kann* (= Kanne), *Flesch* (= Flasche)), *Leiter, Reiß* (= Reuse), *Rost, Rothschild, Schuh, Schwarzschild, Sichel, Stiefel*), Bauwerke (*Scheuer, Schiff, Schloß*) und schließlich einen *Stern*.

Darunter sind einige, die auch später oft Juden als Namensträgern zugeordnet wurden, obwohl weder Bedeutung noch Sprachform dafür einen Anlass geben (z.B. *Adler, Strauß, Stern*) und es jede Menge nichtjüdischer Namensträger gab und gibt. Denn der Name ging ja von dem Haus aus und nicht von seinen Bewohnern.

Von den verbleibenden Namen gehen die meisten auf deutsche Wörter zurück, überwiegend Berufsbezeichnungen wie *Geiger, Honig* (‚Honigbäcker'), *Knoblauch, Koch* (für koschere Speisen), *Schreiber*. Auffällig sind *Schuster* und *Goldschmidt*, weil sie sich auf Handwerke beziehen. Handwerke zu lernen und auszuüben war Juden gewöhnlich verboten. Es gab aber Ausnahmen für die Hersteller von Luxuswaren und typisch jüdischen Waren, auch von koscheren Speisen. Auch die Goldschmidts gehörten übrigens zu den großen Bankiersfamilien, wozu vor allem Benedikt Moses Baruch Goldschmidt (um 1575–1642) beitrug, der als Hoffaktor dreier hessischer Landgrafen in Kassel großen Einfluss gewonnen hatte.

Gerade einmal sechs Familiennamen kann man mit Sicherheit auf hebräischen Sprachursprung zurückführen: *Beer* (Vorname), *Cahn / Co(h)en* (‚Priester'), *Katz* (‚der gerechte Priester'), *Levi* (Stammesname der Leviten), *Mayer / Meyer* (Vorname), *Schames* (‚Gemeindediener').

3.2 Namen jüdischer Familien auf dem Lande

Ziehen wir zum Vergleich Namen heran, wie sie auf dem Lande lebende Juden trugen. Dabei fällt zunächst auf, wie schwierig es ist, eine vergleichbare Menge an Namen zusammenzustellen, wie wir sie in der Frankfurter Judengasse versammelt finden. Hilfreich ist z.B. eine Liste von 1846 für die Juden des damals preußischen Altkreises Wetzlar, in der die dort lebenden Juden (mit ihren angeordneten Namenwechseln) aufgeführt sind.[14] Es sind genau zweihundert, und sie trugen genau vierzig verschiedene Zweitnamen, wenn man leichte Varianten wie *Löb/Löw* zusammennimmt. Von diesen Namen sind zwei Drittel eindeutig rein hebräisch-jüdischen Ursprungs. Es sind vielfach hebräische Rufnamen wie *Mose(s), Bär, David, Abraham, Nathan*, die nicht selten noch auf den rotierenden Namenwechsel der jüdischen Namentradition zurückgehen. Dazu kommen aber natürlich auch Namen wie *Kahn, Katz, Löb / Löw, Juda*. Der Rest besteht aus deutschsprachigen Namen unterschiedlicher Namenmotive; aber nur ein einziger Herkunftsname (*Schlesinger*) ist dabei.

Man sieht: Die Namen auf dem Lande sind viel stärker von der jüdisch-hebräischen Namentradition geprägt als etwa in Frankfurt. Im Grunde sind zwei verschiedene Namenwelten entstanden: eine weltoffenere städtische gegen eine konservativere ländliche. Es sind offenkundig die verschiedenartigen Lebensverhältnisse und Kommunikationsbeziehungen, die diese Unterschiede herbeiführen.

4. Namenwechsel in jüdischen Familien

4.1 Namenwechsel durch Konvertierung bis ca. 1800

Warum Juden im 16., 17., 18. Jh. sich im Einzelfall taufen ließen, darüber kann man nur spekulieren. Dass bekenntniseifernde und missionsehrgeizige Pfarrer und Honoratioren dabei eine zentrale Rolle einnahmen, steht außer Frage. Der Bekenntniswechsel war mit einem Namenwechsel verknüpft, wie wir bei den Oppenheim(er)s gesehen haben. Da entsteht auf einmal ein *Lichtenstein* (und bringt wenige Generationen später einen protestantischen Pastor hervor). Ob der Täufling den neuen Namen immer aus freien Stücken übernommen hat, ist zumindest fraglich. Denn dass ein Gastwirt sich freiwillig den Namen *Renatus* zulegt, ist ziemlich unwahrscheinlich. Eher wird der Taufpfarrer ihn für einen zu latinisierenden „Wiedergeborenen" gehalten haben. Auch der mittelhessische Jude *Samuel Eleasar* wird nur begrenzt begeistert gewesen sein, als er 1723 bei der Taufe den schönen Namen *Johann Jeremias Christmann* erhielt. Wenig erbaut von der Aktion war besonders seine Frau *„die Er gern bei sich in dem Christenthum behalten wollen, ist aber halßstarrig mit denen Kindern von ihm außgangen."*[15]

Namenwechsel beim Übertritt zum Christentum: Das war zumindest aus christlicher Sicht sinnvoll, war die Taufe doch eine Art Wiedergeburt (*Renatus*). Auch mit „Heiden" anderer Herkunft wurde so verfahren, z.B. mit Türken, die im Zusammenhang mit den Türkenkriegen zurückgeblieben waren. Dahinter steht die Vorstellung, dass der Mensch durch die Taufe zu einem neuen Menschen wird, also seine bisherige Identität aufgibt.

4.2 Judenemanzipation und die Erblichkeit der Familiennamen

Grundlagen

Der ganz große Namenwechsel erfolgte aber im Zuge der Judenemanzipation zu Anfang des 19. Jh.s. Die zuvor in jeder Hinsicht benachteiligten Juden wurden formal zu gleichberechtigten Staatsbürgern. Dazu sollten und mussten sie sich auch mit ihren Namen den staatlichen Regeln anpassen: Sie mussten erbliche Familiennamen annehmen. Entsprechend heißt es in einem Edikt Napoleons von 1808, dass

> „die Juden nicht ferner eine getrennte Gesellschaft im Staate ausmachen dürfen, sondern … sich in die Nation, deren Glieder sie sind, verschmelzen müssen."

Was die Namenwahl angeht, wird in der entsprechenden Ordnung für das Großherzogtum Hessen lediglich festgelegt,

> „dass jeder Familienvater für sich und seine Nachkommen einen bestimmten deutschen Familiennamen wähle."¹⁶

Im napoleonischen Dekret von 1808 für das Königreich Westphalen, zu dem Kurhessen gehörte, heißt es allerdings einschränkend:

> „Die Mairen haben darauf zu achten, dass sie weder die Namen von Städten, noch solche, welche bekannten Familien zugehören, annehmen."¹⁷

Nun war diese Auflage für viele jüdische Familien kein echtes Problem. Vor allem bei vielen Stadtbewohnern hatte sich, wie wir gesehen haben, spätestens seit dem 18. Jh., oft auch schon im 17. und gelegentlich sogar bereits im 16. Jh. die Gewohnheit herausgebildet, neben dem eigentlich jüdisch-hebräischen Namen einen deutschsprachigen Beinamen zu führen. Der wurde allmählich von Generation zu Generation weitergetragen, so dass er wie ein Familienname funktionierte. Dass darunter Namen hebräischen Ursprungs waren, auf dem Lande mehr als in den Städten und dass auf dem Lande auch das jüdische Rotationsprinzip teilweise weitergeführt wurde, behinderte die Anpassung nicht ernsthaft.

Die meisten jüdischen Familien schrieben einfach ihren bisherigen Namen fest, den sie im Umgang mit den Christen hatten. Wenn er ihnen nicht gefiel oder wenn sie keinen üblichen hatten, dachten sie sich eben einfach einen aus. Das war jedenfalls die Idee.

Namenwechsel auf dem Lande

Dazu blicken wir noch einmal auf das Verzeichnis der Juden im Altkreis Wetzlar von 1846. Hier ist nämlich neben dem bisherigen Namen auch der „angenommene oder als nunmehr festbestimmt und erblich beibehaltene Name" verzeichnet. Dabei fallen ein paar Tendenzen auf:
- Ungefähr die Hälfte der Namensträger behält schlicht ihre bisher geführten Namen: Isaak, Salomon und Gerson Süskind heißen einfach weiter *Süskind*. Es fällt auf, dass es oft die Namen hebräischen Ursprungs sind, die uneingeschränkt weiter getragen werden: *Moses, Katz, Isaak, Kahn, Aaron* u.ä.
- Die andere Hälfte benennt sich um. Dabei werden meistens mehr oder weniger phantasievolle neue Namen angenommen: *Thalberg < Moses, Rosenbaum < Liebmann, Lilienfeldt < Katz, Löwenstein < Abraham, Lindenbaum < Isaak, Blumenthal < Görtz, Sonnenberg < Süßmann, Hohenberg < Feist, Sternberg < Sussmann, Rosenthal < Joseph, Löwenberg < Löb, Strauß < Abraham, Sternberg < Moses, Stern < Abraham, Blumenthal < Nathan, Rosenthal < Salaman.*
- Nur selten liegt ein Ortsname als neuer Name zu Grunde: *Posener < Moses, Weisenbach < Herz*. Doch bei *Weisenbach* trügt der Schein. Ausgangspunkt ist zwar wohl ein Ort *Weisenbach* im Kr. Rastatt (Baden-Württemberg), aber das Motiv für die Namenwahl

ist offensichtlich ein ganz Anderes: Die bisher *Brendel Herz* genannte ledige Mutter erfreute sich fünfer Kinder im Alter zwischen 2 und 22 Jahren, deren Vater der ledige *Joseph Weisenbach* aus einem Nachbarort war. Die Namenwahl von Madame Herz erzeugte damit wenigstens im Hinblick auf die Nameneinheit eine glückliche Familie.

- In manchen Fällen wurde in anderer Weise bereinigt. *Heimann Bösmann* wollte verständlicherweise dann lieber nur *Heimann* heißen und ein *Löb Isaak* den unverfänglicheren (?) Vornamen *Löb* zum Familiennamen machen. Dabei wurde mitunter der alte Name hebräischen Ursprungs um ein Element erweitert: *Hirschfeldt* < *Hirsch*, *Herzberg* < *Herz*, damit zugleich aber auch ein Moment der Identitätswahrung verwirklicht. Warum *Salomon Kaufmann* den wackeren Namen *Heldenmuth* annimmt, erschließt sich erst, wenn man weiß (was auch ich erst lernen musste), dass *Kaufmann* ein nicht ganz seltener jüdischer Rufname ist; er ist – wie *Hirsch* – die deutsche Übersetzung eines hebräischen Namens.
- In der Regel kam es damit zu einer Vereinheitlichung innerhalb des Familiensystems. Die Söhne nahmen den Vaternamen an, oder sie verständigten sich alle gemeinsam auf einen Phantasienamen. Beispielsweise hießen Vater *Isaak Salaman* und sein selbstständiger Sohn *Moses Isaak* (hier hebräische Namentradition!) fortan gemeinsam *Rosenthal*. Nur vereinzelt triftete bei der Neubenennung die familiäre Namenwahl auseinander, so wenn von den Söhnen der Witwe Abraham Katz der Sohn *Meyer Katz* den Namen beibehielt, während sein Bruder *Levi Katz* ihn in *Lilienfeldt* umwandelte.

Namenwechsel in der Stadt

Wie anders sich die Namenfestlegung auf dem Lande gegenüber den Entwicklungen in den Städten vollzog, wird im vorliegenden Fall besonders deutlich, wenn man mit den Namen der Juden in der ehemaligen Reichsstadt Wetzlar vergleicht.[18] In Wetzlar wurde der amtliche Namenwechsel 1811 vorgenommen. Hier hatte sich, wie in Frankfurt, die Zweinamigkeit in vielen Fällen schon im Laufe des 18. Jh.s verstetigt. Etwa die Hälfte der fünfundzwanzig jüdischen Familien in Wetzlar trug Herkunftsnamen, die andere hebräische Rufnamen. Nach der Reform trugen drei Viertel Herkunftsnamen, nur ein einziger behielt den hebräischen Namen (*Löb*) als erblichen Familiennamen bei; kein einziger wählte einen Phantasienamen; als Hausnamen treten *Stern* und *Stiefel* auf. Auch hier bestätigt sich: Jüdische Familien in der Stadt bevorzugen deutlich andere namengebende Motive als auf dem Land lebende.

Tendenzen des Namenwechsels in Hessen

Sind diese Einzelbeobachtungen für Stadt und Umland Wetzlar zu verallgemeinern? Im Internet sind die verfügbaren Daten für viele Orte Hessens zusammengestellt[19], von Birkenau im Kreis Bergstraße bis Karlshafen im Kreis Kassel. Sieht man die dort verzeichneten unterschiedlichen Listen durch, findet man natürlich das ganze Repertoire der bekannten namengebenden Motive, aber in vielen Orten ist es bunt gemischt. Es ist verblüffend, wie ziemlich eintönig immer wieder die gleichen Namenneuschöpfungen neben den ererbt-alten gewählt werden. Die Stadt-Land-Unterschiede sind meist nicht so ausgeprägt wie zwischen Stadt und Umland Wetzlar.

Aber es gibt doch große örtliche Unterschiede. So verwenden im Amt Braunfels die Juden an der Dill ganz überwiegend phantasievolle Neuschöpfungen, während unfern davon die Juden an der mittleren Lahn um Leun meistens bei ihren alten Namen bleiben. In Homburg v.d.H. wählen 1809 nur wenige der zahlreichen jüdischen Bewohner einen Phantasienamen; in Rotenburg an der Fulda finden wir hingegen 1808 einen ganzen Namen-Wald: *Grünbaum* (dazu *Grünheit*), *Blaubaum* (dazu *Blaustein*), *Tannenbaum* (dazu einen *Tannenwald*), *Bierbaum, Nußbaum, Rosenbaum* und sogar einen *Blumenbaum*, vermutlich entstanden aus einem *Blumenkorn*, versehen mit *Blumenstiel* und *Blumenkron* und gewachsen auf einem *Blumenfeld* in einem *Blumenthal*.[20] Viele osthessische Juden schwelgen bei der Namenwahl in Namen, die Naturidylle spiegeln. Der Griff in die Natur wird durch zahlreiche Namen bereichert, die sich auf Früchte und Pflanzen (*Apfel / Appel, Birk, Hafer, Korn, Schirling* (!)), Anpflanzungen (*Weinberg, Weingarten, Kleeberg*) und Tiere (*Adler, Fuchs, Gans, Hecht, Hirsch, Katz, Ochs, Wallach, Wolf*) beziehen. Erkennbar sind eine Reihe dieser Namen dem Deutschen angepasste Umsetzungen hebräischer Namen.

Mitunter finden sich auch Anpassungen an das Französische wie bei *Dellevie* (zu *Levi*). Besonders in Kassel hatten bei der Namenfestlegung 1808 einige jüdische Familien offenbar mit einer längerfristigen Herrschaft von Napoleons Bruder Jérôme als „König Lustik" des Königreichs Westphalen gerechnet, indem sie französische Namen annahmen. So hieß beispielsweise *Susmann Gumpert* fortan *Honete* (wohl zu franz. *honnête* ‚ehrlich'), *Moses Levi* veredelte sich zu *Leviseur*.

Insgesamt gewinnen die Namen jüdischer Familien in Hessen seit dem Anfang des 19. Jh.s ein charakteristisches Gepräge, weil sich die Masse der Namen aus drei Quellen speist:
– den angepassten alten Traditionsnamen mit hebräischer Wurzel,
– dem hohen Anteil von Herkunfts- und Hausnamen,
– den phantasievollen, aber vielfach wiederkehrenden Neuschöpfungen.

Die Namengruppen insgesamt wurden deshalb leicht als „jüdische Namen" wahrgenommen. Die Erblichkeit der Namen jüdischer Familien war, wenn man so will, Teil eines (staatlichen) Integrationsprogramms: Juden sollten den gleichen Familiennamenmustern folgen, wie sie in der christlichen Mehrheitsgesellschaft galten, und die Namen sollten tunlichst nicht schon von weitem als „jüdisch" erkennbar sein. Diskriminierungen und Imageschädigungen wegen des Namens sollten dadurch vermindert werden. Das charakteristische Gepräge hat genau das verhindert.

Denn es ist auch überraschend und betrifft ganz Hessen, dass nur vergleichsweise selten wirklich „neutrale" Namen aus dem deutschen Familiennamenbestand genommen wurden. Natürlich gibt es gelegentlich auch Namen für jüdische Familien wie *Binding, Flach, Heinemann, Sauer, Blaut*. Dass das Untertauchen im Bestand deutscher Familiennamen eher vermieden wurde, zeigt sich auch daran, dass die geläufigsten und häufigsten Familiennamen wie *Schmidt, Müller, Schneider, Fischer, Wagner, Groß, Klein* usw. überhaupt nicht gewählt werden. Einzig *Meier* wird häufig neuer Familienname, aber der ist ja bloße Anpassung des hebräischen Rufnamens *Meir*. Und auch der gelegentliche *Kaufmann* hat, wie wir gesehen haben, hebräische Wurzeln. Nein, die hessischen Juden machen sich nicht unkenntlich mit ihren Namen.

Es gibt Besonderheiten. Juden in Hessen verzichten auf „typische" (und der eigenen Namentradition angemessene) Namenbildungen wie die auf *-sohn, -son* (*Levisohn, Mendelsohn*), die etwa in Norddeutschland häufig sind. Sie vermeiden aber auch persönlich gefärbte Neubenennungen. Eine berührende Ausnahme bildet die Witwe *Beer Ruben Levy* in Kassel, wenn sie sich seit 1808 *Vergissmeinnicht* nennt.

Auch von der identitätswahrenden Teilanpassung bei der Namenwahl machen hessische Juden nicht besonders oft Gebrauch. Dass z.B. der häufige jüdische Name *Moses* in den nahe liegenden, häufig-geläufigen westhessischen Familiennamen *Moos* gewandelt wird, kommt nur einmal vor (Johannisberg 1841). Meist bleibt es bei Pseudo-Verschleierungen vom Typ *Herz > Herzfeld*. Oder *Katz > Katzenstein* (Zierenberg 1812), gewissermaßen der Schrumpfausgabe eines *Löwenstein*.

5. Namenvermischung, Namenverwischung

5.1 Individuelle Namensänderungen

Auch in der Zeit nach der Einführung der erblichen Familiennamen konnten Anträge auf Namensänderung gestellt werden, und das geschah vielfach. Sie hatten dann aber, im Unterschied zur ersten Zeit der Namenannahme, oft das klar erkennbare Ziel, sich durch einen neutralen Namen nicht gleich als Jude kenntlich zu machen. Häufig war damit der Wechsel zu einem christlichen Bekenntnis verbunden, um Zugang zu Ansehen und Privilegien der bürgerlichen Gesellschaft zu erhalten; bei geschäftlich erfolgreichen Juden führte das oft bis zum Erwerb eines Adelstitels. Dafür ist Paul Julius Reuter ein schönes Beispiel. Paul Julius Reuter?

Reuter
Im Jahr 1845 konvertierte in London Israel Beer Josaphat zum Christentum und nahm den Namen *Paul Julius Reuter* an.[21] Das wäre weiter nicht erwähnenswert, hätte der Neuchrist nicht mit „Reuter's Telegraphic Comp. Incorporated" ab der Mitte des 19. Jh.s die weltweit größte und wichtigste Nachrichtenagentur gegründet und entwickelt. Sie steht als *reuters*[22] bis heute weltweit an der Spitze zahlreicher Agenturmeldungen. Das wäre aber erst recht nicht erwähnenswert in einer Arbeit über

Familiennamen in Hessen, wäre nicht Israel Beer Josaphat 1816 in Kassel geboren (und 1899 als englischer Baron und deutscher *Freiherr von Reuter* in Nizza gestorben). Er ist damit zweifellos der weltweit bekannteste Jude aus Kassel. Kassel und Witzenhausen hatten die bedeutendsten jüdischen Gemeinden in Nordhessen. In jungen Jahren hatte er in Göttingen Kontakt mit Carl Friedrich Gauß und mit ihm die Grundlagen der Telegraphie studiert. Mit seinem weltweiten Nachrichtennetz könnte man ihn durchaus als Dritten an Daniel Kehlmanns „Vermessung der Welt" (2005) beteiligen.

Mit seinem neuen neutralen deutschen Namen hat er alle Andeutungen an seine Herkunft vermieden. Denn die nationalbürgerliche Erfolgsmoral setzt seit dem Anfang, dann stärker seit der Mitte des 19. Jh.s (mit der Entstehung der frühindustriell-kapitalistischen Weltordnung) die Juden bei aller offiziellen Befreiung einem immer stärkeren Anpassungsdruck aus. Der Name darf nicht zum Stigma werden. Wobei im Getuschel der bürgerlichen Wohlanständigkeit „der Jude" doch immer „der Jude" bleibt.

Dieser stetig steigende Anpassungsdruck, aber auch die zunehmende Anpassungsbereitschaft vieler Juden führte in der Folge bis zum Beginn der Nazizeit zu zahlreichen Namenänderungsanträgen. Am häufigsten beziehen sie sich auf Namen, die offenkundig der jüdischen Namentradition entsprechen wie *Kohn, Levi, Moses, Isaak*. Aber auch Namen wie *Abraham, Heimann, Hirsch* werden geändert, obwohl sie nur dann „typisch jüdisch" sind, wenn man sie in einen jüdischen Kontext stellt.

Überhaupt stellt sich die Vorstellung von „typisch jüdischen Familiennamen" sehr schnell als reines Phantom heraus, allein wenn man sich die heutigen Vorkommenszahlen vergegenwärtigt. Als Folge des Holocausts sind mit den Namensträgern auch die Namen weitgehend vernichtet, kommen mit dem zaghaften Wiederaufleben jüdischen Lebens höchstens selten vor. Wenn es also in Deutschland etwa 1.500 Menschen gibt, die *Moses* heißen, kann man ganz sicher sein, dass weitaus die meisten nicht dem Judentum angehören. Diese Feststellung gilt für fast alle entsprechenden Namen wie *Isaak, Abraham, Salomon*. Es gilt zunächst für die vielen Namen, denen sowohl eine hebräische als auch eine deutsche Herkunft zu Grunde liegen kann wie die aus Priesterbezeichnungen entstandenen *Katz* (auch zu ‚Katze') oder *Kohn, Kahn* u.ä. (auch zu ‚Konrad' und ‚Kahn'), geschweige denn *Hirsch* und *Herz*. Selbst *Levi* hat (mit seinen Schreibvarianten) etwa achthundert Namensträger. Kurz gesagt: Es gibt schlicht und einfach keine eindeutig „jüdische Familiennamen" mehr.

Das gilt umso eher, wie gezeigt, auch für die konventionellen Namenwahlen vom Typ *Rosenbaum, Rosenthal, Rosenberg*, die in Deutschland heute vieltausendfach verbreitet sind. Natürlich waren manche dieser Neubildungen keine Erfolgsmodelle. Von unseren Namenschöpfern im Wetzlarer Land blieben ziemlich erfolglos *Thalberg* (was auch verständlich ist, wenn man die wörtliche Bedeutung bedenkt; andererseits gibt es tatsächlich mehrere Orte dieses Namens) und *Lilienfeldt* (wohingegen *Lilienthal* ein geläufiger Name ist). Ganz aus dem Rennen geschieden ist bedauerlicherweise der mittelhessische Einzelkämpfer *Heldenmuth*.

5.2 Verwischung des Indikators

Es gibt also praktisch überhaupt keine Namen, die man ethnisch eindeutig zuordnen könnte: Weitaus die meisten Namen jüdischer Familien waren deutsche Familiennamen. Weil aber viele dieser Namen im Geruch stehen, auf jüdische Herkunft zu verweisen, bestehen bis heute oft Unsicherheiten. So hatte ich einmal eine Anfrage, ob der Familienname *Rosenkranz* jüdischen Ursprungs sei. Diese Vermutung ist schon des offenkundigen namengebenden Motivs wegen und zudem angesichts von etwa 6.000 Namensträgern einigermaßen abwegig. (Wobei allerdings einschränkend hinzugefügt werden muss, dass der Name in manchen Fällen vielleicht auch vom Tragen eines festlichen Rosenkranzes auf dem Haupt oder aber von einem Hausnamen hergeleitet werden kann.)

Die völlige Verwischung der ethnischen Herkunft ist von vornherein bei den Herkunfts- und Hausnamen gegeben, die hauptsächlich von den in Städten lebenden Juden als Familiennamen getragen wurden. Auch die *Rothschilds* und *Oppenheim(er)s* haben, wie wir gesehen haben, immer auch Namensträger, die nicht zur jüdischen Verwandtschaft gehören. Dass trotzdem viele als tendenziell „jüdische Namen" betrachtet werden, hängt in diesen Fällen mit der Bekanntheit der jüdischen Namensträger zusammen. Bei den Herkunftsnamen mussten es dann aber schon größere Orte mit größeren Judengemeinden sein, die auf diese Weise im Gedächtnis gekennzeichnet wurden: *Oppenheim(er), Worms(er), Frankfurt(er), Bamberg(er)*.

Bamberger
A propos *Bamberger*: Herr Bamberger aus dem Kr. Marburg-Biedenkopf wollte von mir gerne wissen, „ob er (= sein Name) einen jüdischen Ursprung hat oder ob es ein typisch jüdischer Name ist." Wie kommt man überhaupt auf eine solche Idee? Schon die Häufigkeit des Vorkommens schließt die Vermutung eindeutig aus. Etwa 3.000 *Bambergers*, davon allein etwa vierhundert im Kreis Marburg-Biedenkopf, lassen eher die Frage aufkommen, warum sich gerade von diesem Städtenamen so viele Namensträger herleiten. (Es wären sogar noch etwa 2.400 *Bamberg* hinzuzuzählen.)

Für die Verdichtung im Kr. Marburg-Biedenkopf gibt es einen kleinen, möglicherweise erklärenden Hinweis: Der erste *Bamberger* taucht hier – ungewöhnlich früh – in einem Zinsverzeichnis aus dem Jahre 1324 im spätmittelalterlichen Stadtbuch von Biedenkopf auf als *bobinberg(er)*, der für einen *rame* zinst.[23] *Babenberch* ist der alte Name für Bamberg, eigentlich ‚Berg/Burg eines Babo'. Und die Zinsabgabe für einen *rame*, d.i. ein Web- oder Stickrahmen, zeigt, dass der Mann von Beruf Weber war. Das wiederum lässt darauf schließen, dass er kein Jude war, denn Juden durften im Mittelalter in der Regel kein Handwerk betreiben. Dank der frühen Einwanderung an die Lahn hatte das Geschlecht viele Jahrhunderte Gelegenheit, sich ungestört und stillvergnügt zu vermehren.

Dennoch ist die Anfrage von Herrn Bamberger nicht sinnfrei oder gegenstandslos. Denn *Bamberger* ist, wie das oft angesprochene *Oppenheim(er)*, Familienname vieler jüdischer Familien, auch in Hessen. Zu den bekanntesten gehören Rudolph Bamberger

(1821–1900) und sein Sohn Franz Bamberger (1855–1926), beide rheinhessische Abgeordnete im Landtag des Großherzogtums Hessen-Darmstadt. Franz Bamberger war der einzige jüdische Abgeordnete, der jemals der 1. Kammer des Landtags angehört hat.[24]

Das Aufgehen jüdischer Identität in einem allgemein verbreiteten namengebenden Motiv beschwört also bis heute erkennbar gelegentlich Unsicherheiten in der deutschen Gesellschaft. Sie sind unterschwellig vermutlich aufs Engste mit der tragisch-katastrophalen Geschichte der Juden in Deutschland verknüpft.

Wolfskehl
Ein Beispiel für die eben angesprochenen Zusammenhänge bietet abschließend der Name *Wolfskehl*. Gerade einmal drei Telefonanschlüsse weist das aktuelle Telefonbuch für diesen Namen aus, keinen davon in Hessen. Dennoch handelt es sich um eine ausgesprochen hessische und jüdische Familiengeschichte. Nach dem Dreißigjährigen Krieg (1618–48) wurden nämlich die Darmstädter Juden in die umliegenden Landgemeinden zwangsausgesiedelt. Als sie im 18. Jh. zurückkehren konnten, behielten sie teilweise die Ortsnamen ihrer Exilorte als Nachnamen bei. So auch die Bankiersfamilie *Wolfskehl*, die in Wolfskehlen (Riedstadt, Kr. Groß-Gerau) gelebt hatte.[25]

Ihr angenommener Name ist kaum als Herkunftsname zu erkennen, er lässt eher an das Wort *Wolfskehle* denken. So stellt auch der Familiennamen-Duden den Namen zu einem erschlossenen mittelalterlichen Wort **wolves-kel* ,Wolf-Schlund' als Benennung für einen gierigen Menschen und führt sogar einen Namenbeleg aus dem 12. Jh. aus Köln an.[26] Für die Darmstädter Familie muss man diese Deutung ausschließen.

Bekanntestes Mitglied der Familie ist der Dichter Karl Wolfskehl (1869–1948), Mitglied des Kreises um Stefan George. Er emigrierte unmittelbar nach der Machtergreifung 1933 und starb in Neuseeland. Während seines Germanistik-Studiums in Gießen hat er, wanderfroh wie die Studentenschaft damals war, gewiss auch die nahe gelegene Burg Vetzberg erwandert. In dieser Burg hatten einst eine Reihe Ganerbengeschlechter gelebt, darunter seit 1260 Emmercho von Wolfskehlen, wohl ein Sohn jenes Gerhard von Wolfskehlen, den wir schon als Zeugen in einer frühen Urkunde des Klosters Eberbach aus der Zeit um 1200 kennengelernt haben[27] (Kap. 5.2.1). So schließt sich ein Hessenring, der jüdische Bankiers und deutsche Ritter gleichermaßen namentlich umschließt. In Vetzberg ist der Name *Wolfskehl* um 1650 ausgestorben. Wo sich die wenigen heutigen Namensträger einordnen, muss und darf offen bleiben. Sie können ihr genealogisches Puzzlespiel sogar noch erweitern, indem sie *Simon Wolf* einbeziehen, der sich in Limburg 1829 in *Wolfskehl* umbenannte, aus welchen Gründen auch immer.

Zusammengefasst

Die Namen der jüdischen Familien in Hessen haben sich aufgrund der jüdisch-hebräischen Namentradition verspätet, aber im Grundsatz in gleicher Weise entwickelt wie die der deutschen Gesellschaft; in den Städten seit dem 16. / 17. Jh. Ab 1808 wird in Verbindung mit der Judenemanzipation die Annahme eines erblichen Familiennamens verbindlich. Bei den bevorzugten namengebenden Motiven unterscheidet sich die jüdische Bevölkerung in den großen Städten von den auf dem Lande lebenden namenkonservativeren Juden. Die meisten von jüdischen Familien angenommenen Namen haben hebräische Wurzeln, sind Herkunfts- oder Hausnamen oder entspringen der eigenen Phantasie. Sie kommen fast allesamt mehr oder weniger allgemein verbreitet in deutschen Familiennamen vor. Die Namen geben deshalb durchweg keinen Aufschluss über die ethnisch-religiöse Herkunft. Vermutungen beruhen auf Zuschreibungen, und es kommt daher leicht zu Verunsicherungen.

Anmerkungen

1   Andreas und Manfred Schmidt: Ein Beitrag zur Geschichte der Juden in Rodheim an der Bieber. In: Heimatverein Rodheim-Bieber (Hrsg.): Rodheim im Biebertal. Biebertal 2008, S. 157.
2   ebd. – Manfred Schmidt danke ich für weitere Hinweise.
3   Grimm, Wörterbuch 8, Sp. 1184.
4   http://www.mikwe.de/. s.u. ancestry. – Heinrich Nuhn danke ich für kritische Hinweise und Ergänzungen.
5   Brechenmacher 2, S. 430.
6   Zoder 2, S. 446.
7   Brechenmacher 2, S. 440.
8   Andernacht 1, S. 60.
9   Eine Stadtansicht von 1552, s.http://upload.wikimedia.org/wikipedia/commons/8/87/Frankfurt_Am_Main-Faber1552-Komplett.jpg.
10 Andernacht 2, S. 274.
11 Daten nach www.judengasse.de und den Wikipedia-Seiten Rothschild.
12 Daten nach den Wikipedia-Seiten Oppenheim, Oppenheimer, Jud Süß, Robert Oppenheimer.
13 http://www.judengasse.de/dhtml/findex.htm.
14 Beilage zum Amtsblatt der Königlichen Regierung zu Coblenz Nr. 42, 1846 (Bibl. HStA Wiesbaden): XXX, 25, Jg. 1846).
15 Andreas und Manfred Schmidt, Geschichte der Juden (Anm. 205), S. 158.
16 Franz, Jüdische Namengebung, S. 190f.
17 Freundlicher Hinweis von Heinrich Nuhn.
18 Karl Watz: Geschichte der jüdischen Gemeinde in Wetzlar: von ihren Anfängen bis zur Mitte des 19. Jahrhunderts (1200–1859). In: Mitteilungen des Wetzlarer Geschichtsvereins 1988, S. 239 ff.
19 http://www.a-h-b.de/AHB/links_e.htm.
20 http://www.mikwe.de/. s.u. ancestry.
21 https://de.wikipedia.org/wiki/Paul_Julius_Reuter.
22 https://de.wikipedia.org/wiki/Reuters.
23 Debus, Biedenkopf, S. 586.
24 Klaus-Dieter Rack / Bernd Vielsmeier (Hrsgg.): Hessische Abgeordnete 1820–1933. Darmstadt 2008, S. 138 f.
25 Franz, Jüdische Namengebung, S. 193.
26 Kohlheim, S. 732.
27 Hans Heinrich Kaminsky: Burg Vetzberg und ihre Ritter im 13. Jahrhundert. In: Hessisches Jahrbuch für Landesgeschichte 52 (2002), S. 1–17; hier S. 6f.

KAPITEL 8
AUS DER FREMDE

1. Das Wandern ist des Müllers Lust?

Der schmucke Müllersbursch auf Wanderschaft, der sich fern der Heimat in die schöne Müllerstochter verliebt, sie freit, die angeheiratete Mühle bis an sein seliges Ende dank des klappernden Mühlrads stetig lohnendes Mehl mahlen lässt: Das gibt es nicht nur im Märchen. Das soll es auch in Wirklichkeit gegeben haben. Denn zweifellos veranlassen oft ganz friedliche Motive, in der Ferne sesshaft zu werden – vor allem, wenn man im Bedarfsfall wieder zurück in die angestammte Heimat kann.

Wenn Familien und Gruppen gleicher oder ähnlicher Herkunft die Heimat verlassen, haben sie hingegen in aller Regel bittere Gründe dafür. Das Flüchtlingselend während und nach dem Zweiten Weltkrieg, der gegenwärtige Zustrom ungezählter Asyl suchender Flüchtlinge lassen uns sensibler auf die Zuwanderung früherer Zeiten blicken. Anders als die individuelle freiwillige Zuwanderung war die unfreiwillige, ungefähr gleichzeitige Auswanderung vieler Ankömmlinge aus einem Herkunftsbereich stets problembelastet.

Alle großen Zuwanderungsbewegungen in geschichtlicher Zeit umfassen ganz Deutschland oder doch weite Teile davon. An ihnen ist der hessische Raum in unterschiedlicher Weise beteiligt. Die Veränderung des Namenbestands in Hessen erfolgt in vier großen Schüben der Zuwanderung:

- Die Einwanderung aus den Alpenländern, vor allem aus Tirol und der Schweiz, teils aus religiösen Gründen, häufiger aus wirtschaftlicher Not; hauptsächlich im 17. Jh.
- Die Einwanderung französischsprachiger Reformierter aus religiösen Gründen, zuerst im 16. Jh. aus Frankreich und den südlichen Teilen der spanischen Niederlande. Das sind die sog. Wallonen; dann am Ende des 17. Jh.s Zuwanderung der Hugenotten und Waldenser aus Frankreich und dem Herzogtum Savoyen wegen Bedrohung und Vertreibung.
- Die Eingliederung von Flüchtlingen und Vertriebenen aus den deutschen Ostgebieten und Osteuropa seit dem Ende des Zweiten Weltkriegs durch Verlust des Staatsgebiets und Vertreibung, sowie durch Aussiedlung bzw. (seit 1993) durch Spätaussiedlung.
- Der Zuzug von südeuropäischen und türkischen Gastarbeitern und deren Familien seit Mitte der fünfziger Jahre des 20. Jh.s aus wirtschaftlichen Gründen, gefolgt von Immigrationsbewegungen aus Asien und Afrika, die bis heute andauern.

Welche Folgen hatten diese Zuwanderungen auf den Bestand an Familiennamen in Hessen? Gemessen an den meist traurigen Motiven der Zuwanderer ist das eine banale Fragestellung. Aber wenn man Familiennamen betrachtet, gehört auch die nur anscheinend absurde Frage dazu, ob z.B. *Kaya* ein „hessischer Familienname" ist. Immerhin leben hierzulande etwa achthundert Türken dieses Namens; er nimmt damit Position 857 unter den 2.000 häufigsten Familiennamen in Hessen ein, gleichauf mit *Bäcker, Lohr* oder *Gies*. Schon dieses einfache Beispiel zeigt, dass Zuwanderer die heimische Namenwelt vielleicht nicht gerade umstürzen, aber doch um erstaunliche Tupfer verändern.

2. Zuwanderungen Einzelner in Mittelalter und früher Neuzeit

Die Zuwanderung im mittelalterlichen und frühneuzeitlichen Hessen beschränkte sich im Wesentlichen auf Einzelpersonen, die allein oder mit ihrer Familie nach Hessen kamen und hier sesshaft wurden (oder auch weiterzogen; da geben die Quellen meist keine Auskunft). Bis zum Ausgang der frühen Neuzeit im 16. Jh. waren die Adelshöfe und die Städte die wichtigsten Orte, um Ein- und Auswanderer aufzunehmen. Oft waren es Handwerker, die nach ihrer Wanderzeit in einem anderen Ort sesshaft wurden; die günstigstenfalls mittels des Witwensprungs in eine gut gehende Werkstatt eingeheiratet und damit (hoffentlich) ihr kleines hessisches Glück gefunden haben.

Wieder sind die Frankfurter Bürgerbücher eine unschätzbare Quelle, geben sie doch regelmäßig Auskunft darüber, von wo die Neubürger kamen. Da eröffnet sich ein weiter geographischer Raum. Schon gleich zu Beginn der Eintragungen wird 1330 ein *Margwardus dictus Warschou* eingebürgert.[1] Andere Herkunftsorte sind beispielsweise Straßburg, Bern, Konstanz, Landshut, Nürnberg, Magdeburg, Maastricht. Die Wanderbeziehungen, das fällt auf, sind sehr viel stärker vom Süden des deutschen Sprachraums bestimmt.

Einen wichtigen Hinweis auf die Herkunft geben oft die Zweitnamen selbst. Denn in diesen Fällen kann man vernünftigerweise annehmen, dass der Namensträger (oder einer seiner unmittelbaren Vorfahren) aus dem namengebenden Ort stammt. Das stimmt zwar nicht immer; so finden wir 1360 einen *Hans Molsheymer von Strayspurg*[2] neu aufgenommen und hätten wohl ohne die Ortsangabe vermutet, dass er aus *Molsheim* stammt. Da aber Molsheim ganz in der Nähe von Straßburg liegt, wäre der Fehler erträglich gewesen. Vorsicht ist also geboten, bevor man Herkunftsnamen als Bei- oder Familiennamen unkritisch für die Herkunft der benannten Person in Anspruch nimmt.

Trotzdem liegen wir sicherlich nicht falsch, wenn wir den Namen <Zurcher> als Verweis auf die Zuwanderung aus der Schweiz, aus Zürich, betrachten. Ob allerdings die Frankfurter Neubürger 1380 *Iohan Zorcher eyn snyder* (‚Schneider'), 1432 *Henne Zurcher* und 1448 *Peter Zurcher kursener* (‚Kürschner')[3] verwandtschaftlich verbunden waren oder nicht, wissen wir nicht.

Herkunftsländer

Nur selten verweist die Sprachform des Namens auf fremde Herkunft wie 1446 bei *Johan Cardinale barchenweber* (‚Barchent', ein Mischgewebe aus Leinen und Baumwolle).[4] Er stammte sicher aus Italien, wo der Name noch heute weit und allgemein verbreitet ist. Wegen der Zuwanderung aus Italien seit den fünfziger Jahren des 20. Jh.s weist er auch in Deutschland eine Reihe von Telefonanschlüssen auf. Den Älteren ist er noch durch die Erinnerung an die Filmkünstlerin Claudia Cardinale gegenwärtig. Stutzig macht aber der deutsche (oder eingedeutschte?) Vorname *Johan*.

Auch aus Frankreich werden früh Zuwanderer vermeldet. So hat sich 1325 eine *domina dicta Parisern* nach Osthofen (Kr. Worms-Alzey) verirrt[5], und in Limburg treffen wir 1352 *Johann Schaloyn*[6], offensichtlich benannt nach der Herkunft aus einem der zahlreichen *Châlons* in Frankreich. Der Familienname *Schalon* kommt noch heute vor, wenn auch selten.

Aurand

Manchmal weiß man nicht so recht, ob es sich um einen fremdsprachigen oder einen einheimischen Namen handelt. Ein deutsch klingender Name ist beispielsweise *Aurand*, von dessen etwa zweihundertfünfzig Namensträgern die Hälfte im Lahn-Dill-Kreis und in dessen Nachbarkreisen lebt. Man kann ihn, wenn auch mit einiger Mühe, von dem (eher ungebräuchlichen) deutschen Pflanzennamen *Orant* herleiten, einer Bezeichnung für das Ackerlöwenmäulchen.[7] Näher liegt m.E. die Entsprechung mit dem französischen Familiennamen *Aurand*, dessen Vorkommensschwerpunkt im Département Haute-Loire (Auvergne) liegt, und hier äußerst verdichtet in dem Dorf Saint-Arcons-de Barges. Der französische Name geht auf einen germanischen Rufnamen *Alahramn* zurück.[8] Schon 1560 wird in den Matrikeln der Universität Marburg ein *Gerlacus Vrandus Hesselnbachensis* genannt, dessen Herkunftsangabe auf Hesselbach (Bad Laasphe, Kr. Siegen-Wittgenstein) verweist.[9] Da er Student ist, werden zumindest seine Eltern schon im Wittgensteiner Land ansässig gewesen sein, also bereits in der 1. Hälfte des 16. Jh.s.

Nicht selten wird ein Zuwanderer einfach mit einem Beinamen nach seinem Heimatland benannt wie z.B. 1338 der Ritter *Iacobus Fleming* (‚der Flame').[10] Richten wir den Blick über die Frankfurter Bürgerbücher hinaus, finden wir eine ganze Reihe von Namensträgern, die mithilfe eines solchen Beinamens benannt worden sind, z.B. 1306 in Mainz *Wilhelmus dictus Engelendere*, 1495 in Fulda *Simon der Bollack* (‚der Pole'). Die Kirchenbücher verzeichnen seit dem 17. Jh. den Zuzug und die Einheirat zahlreicher Fremder, z.B. 1660 *Jonas der Schwed zu Lollar hat sich daselbst verheurathet u. niedrgelasen*.[11]

Schweizer

Von den Herkunftsnamen nach (heutigen) Ländernamen ist *Schweizer / Schweitzer* in Deutschland mit großem Abstand der häufigste – mit über 25.000 Namensträgern,

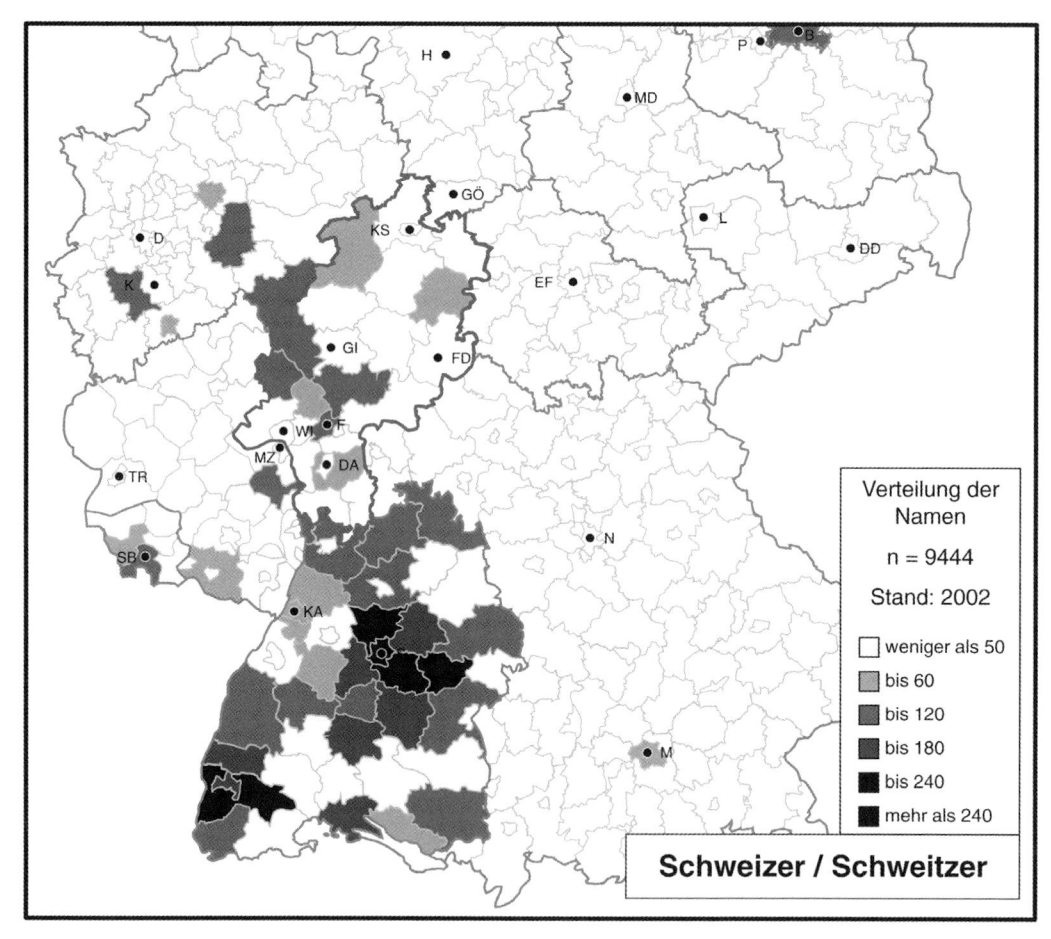

Abbildung 2: Schweizer, Schweitzer

wovon etwa 3.000 in Hessen leben. Hauptverbreitungsgebiet ist bis heute der badisch-württembergische Südwesten. Das ist wegen der räumlichen Nähe zur Schweiz weiter nicht verwunderlich. Jedoch ziehen sich außerdem einerseits starke Vorkommen bis nach Nordhessen und weiter ins Bergische Land und andererseits über die Pfalz bis ins Saarland hinein (wohin es auch die *Honeckers* verschlagen hatte. Kap. 1.1.2). Nur nebenbei sei erwähnt, dass die zahlenmäßig etwas schwächere Schreibform <*Schweitzer*> vorzugsweise in Hessen und Nordrhein-Westfalen vorkommt.

Der Name findet sich im ganzen Hessenland seit dem frühen 14. Jh. bemerkenswert oft; zuerst wieder einmal in Frankfurt 1332 *Berchtoldus dictus Swiczer institor* (‚Krämer')[12], aber bald danach auch in Limburg, Gießen, Marburg und anderen Orten.

3. Zuwanderung aus den Alpenländern, besonders aus der Schweiz

Es gibt also eine lange Tradition individueller Zuwanderung, bevorzugt aus dem Süden, bevor es im 17. Jh. zu einem sprunghaften Anstieg der Zuwandererzahlen kommt.

Weite Teile des deutschen Reichs lagen am Ende des Dreißigjährigen Kriegs wüst und leer. Kein Ereignis seit den Pestepidemien des Mittelalters, vor allem seit dem „Schwarzen Tod" in der Mitte des 14. Jh.s, hat zu einer solchen Ausrottung von Menschenleben geführt wie die Schrecknisse dieses Krieges durch Gewalt, Terror, Hungersnot, Pest, Seuchen und tödliche Krankheiten. Große Teile Hessens waren besonders schlimm betroffen; in manchen Gegenden lebte gerade noch einmal ein Viertel der ursprünglichen Bevölkerung. Den Landesherren, besonders auch den kleineren und mittleren Herrschaften, war sehr daran gelegen, möglichst rasch möglichst viele arbeitsfähige Menschen der unterschiedlichsten Qualifikation und Berufe anzulocken und in das Land zu bringen. Das half dem Land auf, schuf Einnahmen und förderte die eigene Herrschaftsentfaltung.

Zuwanderung aus Bayern und Österreich

Die Alpenländer, vor allem die Schweiz, waren von den grausamen Ereignissen des Dreißigjährigen Kriegs nicht in gleichem Maße betroffen. Hier waren vor allem die Nahrungsgrundlagen zu spärlich, um eine wachsende Bevölkerung ernähren zu können. Hinzu kamen mancherorts religiös-konfessionelle Probleme. So ist im 17. Jh. eine Gruppe Tiroler in das katholische Herbstein im Vogelsbergkreis gekommen. Sie sollen dort die bis heute an jedem Rosenmontag durchgeführte Springerprozession eingeführt und damit die Fastnachtsfolklore im hessischen Regionalfernsehen um eine jährlich wiederkehrende Geschichte bereichert haben. Dass sie auch Spuren im Herbsteiner Familiennamenschatz mit auffälligen Namen hinterlassen haben, ist bis auf Ausnahmen nicht so sicher. Der Name *Leinberger* gehört nachweislich dazu. Er ist besonders häufig im Vogelsbergkreis und zwischen Wetterau und Osthessen. In Österreich kommt der Name auch heute häufig vor. Auch *Staubach* (s. Kap. 10, 1.1) gehört vielleicht dazu; allerdings ist der Name in Österreich heute nur mit einem einzigen Telefonanschluss vertreten.

Breitwieser
Der vor allem im Darmstädter Raum verbreitete Familienname *Breitwieser* soll als Wohnstättenname auf den Darmstädter Flurnamen 1521 *in der breidt wiessenn* zurückgehen.[13] In der Tat ist 1575 in Darmstadt ein *Georg Breitwißer* belegt; andererseits aber fast gleichzeitig 1568 ein *Breitwieser* in Groß-Umstadt.[14] Von der Namenbildung her klingt der Name eher süddeutsch. Und in der Tat ist der Name *Breitwieser* in Österreich massenhaft verbreitet. Man kann deshalb eine frühe Zuwanderung aus dem Alpenraum nicht ausschließen.

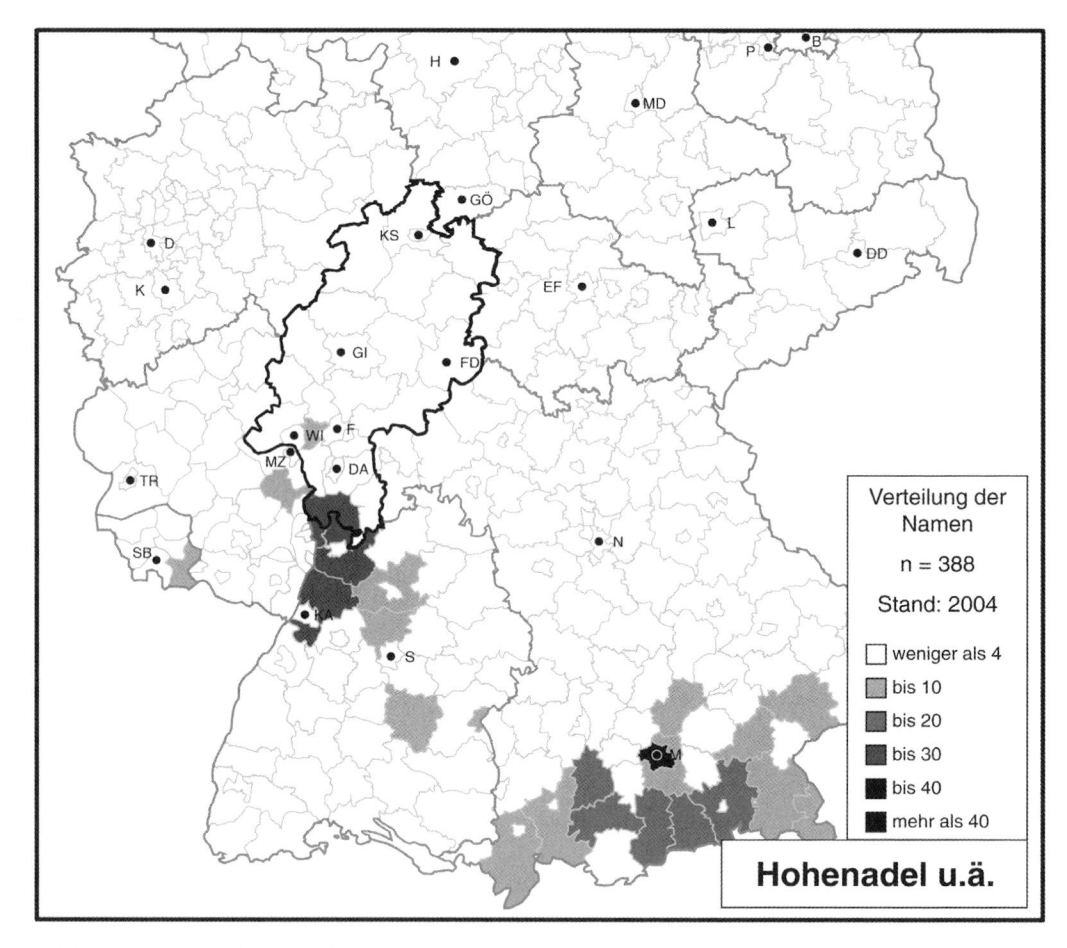

Abbildung 3: Hohenadel u.ä.

Hohenadel
Denn es gibt viele Beispiele, die die Namen-Einfuhr aus den Alpenländern überzeugend belegen. Sie haben manchmal zu zwei geographisch ganz verschieden gelagerten Namenräumen geführt. Zur Veranschaulichung betrachten wir das Vorkommen des schönen Namens *Hohenadel*. Der kommt im Kreis Bergstraße und im südlich anschließenden Rhein-Neckar-Kr. gehäuft vor, ergänzt durch eine hauptsächlich im Kr. Karlsruhe vorkommende und noch edlere Variante *Hochadel*. Nun gibt es zwar *Herzogs*, *Kaisers*, *Grafs*, sogar *Barons* massenhaft, aber dass ein so verallgemeinernder Begriff wie *Hochadel* namengebend wird, mutet doch merkwürdig an. Verändern wir den Namen ein klein wenig zu *Hohenadl*, beobachten wir ein ebenso verdichtetes Vorkommen im Allgäu und im bayrischen Alpenvorland. Hinzu gesellt sich dort eine Variante *Hohenadler*.

Das Vorkommen der am Neckar lebenden *Hohenadels* erklärt sich sehr einfach als Zuwanderung aus dem Alpenvorland. Wir können sie sogar zeitlich dingfest machen, denn 1666/68 ist mit „*Barthel Hohenadel, einem Bayern in Ober-Mossau* (Odenwaldkr.)"[15] der Zuwanderer genannt. Die alpenländische Herkunft legt auch eine prosaische Namendeutung nahe: -*ad(e)l* ist eine Kurzform von Personennamen wie *Adalbert* u.ä. und *Hohen-* bezeichnet einfach ‚hoch gelegen'; der Name erinnert also an einen Menschen namens ‚Adel, der auf einem höher gelegenen Hof o.ä. lebt'. Dass daraus durch Umdeutung sogar ein alpiner *Hohenadler* werden kann, ist ein hübscher Schlenker: Ein Name für echte Über-Flieger.

Schweizer Namen in Hessen

Wenden wir den Blick auf die Schweizer Zuwanderer[16], die über den Kraichgau nach Südhessen bis an den Main und darüber hinaus zu uns gekommen sind. Wir finden zahlreiche Spuren schweizerdeutscher Familiennamen in ganz Hessen. Der Schweizer Name *Hotz* (wohl aus mhd. *hotzen* ‚schnell laufen, schaukeln') zeigt diesen Zuwanderungsweg sehr deutlich: Stärker verbreitet in Nordbaden und Südhessen, läuft er in Mittelhessen gewissermaßen aus.

Oft haben sich lokale Verdichtungen herausgebildet wie etwa durch die Ansiedlungen von Schweizer Mennoniten in der Pfalz. So kam der in der Schweiz allgemein verbreitete Name *Stauffer* dorthin. Das ist auch deshalb erwähnenswert, weil uns der Name in der Familie des US-Präsidenten Dwight D. Eisenhower wieder begegnen wird (s. Kap. 10.1.3).

Die meisten Namen sind heute eher selten, aber umso auffälliger, weil sie sprachliche Merkmale aufweisen, die als „typisch schweizerdeutsch" gelten. Im Falle der Namen, die auf einen schweizerdeutschen Personennamen, verbunden mit der Koseform *-i* zurückgehen, stimmt das ja auch in der Regel: *Egli / Egly* (zu *Eigolf* u.ä.), *Welti* (zu *Walter*), *Flori / Flory* (zu *Florian*), *Mohri* (zu *Morhard* u.ä.), hingegen auch *Spory* (‚Sporenmacher'). Auch andere Namen sind Schweizer Herkunft wie *Tobler* (Wohnstättenname zu mhd. *tobel* ‚Waldtal, Schlucht').

Manche Namen wurden den hessischen Sprachverhältnissen ein wenig angepasst. So wird der Schweizer Name *Hürlimann* zu *Herlemann*. Der in der Schweiz überaus häufige Name *Studer* (zu mhd. *stude* ‚Staude, Strauch, Busch', nach der Wohnstätte) wird zu *Stauder* verhochdeutscht. *Peter Stauder* heißt schon 1661 ein Zuzügler aus dem Berner Gebiet, als er in Höchst (Odenwaldkr.) heiratet. Sprachlich umgekehrt erging es den in der Schweiz häufigen *Laubers* (zu mhd. *loup* ‚Laub' oder mhd. *loube* ‚Laube'). So heißen sie heute auch in Mittelhessen und im Siegerland. In Südhessen (und Nordbaden) herrscht hingegen die Namensform *Laber*, die im Odenwald seit 1670 belegt ist. Hier hat sich der Name an den hessischen Dialekt angepasst, in dem mhd. *ou* zu *a:* geworden ist (z.B. *boum* ‚Baum' > /ba:m/). In Mittelhessen ist hingegen die Schweizer Form erhalten geblieben.

Einige süddeutsche Massennamen wie *Brunner, Amann, Burger, Hofstädter, Gruber* reichen mit ihrem verdichteten Vorkommensraum bis nach Hessen hinein. Man kann aber nicht entscheiden, ob das auf die allgemeine Ausbreitung des Namens oder auf die Zuwanderung im 17. Jh. aus den Alpen- und Voralpenräumen zurückzuführen ist. Ein *Thomas Bronner von Linsz usz Osterich, monczmeister der herschaft von Winszperg* wird z.B. schon 1470 als Frankfurter Bürger erwähnt.[17]

Ein merkwürdiger Einwanderer: Schermuly

Im Kirchenbuch von Mengerskirchen (Kr. Limburg-Weilburg) findet sich für 1617, also kurz vor Beginn des Dreißigjährigen Krieges, ein Eintrag über die Heirat von „*M. Jacob Schermeli von Büren aus dem Schweitzerland, Berner gepiets, ein Steinhauer und Wittmann.*" Meister Schermeli war fruchtbar: Er und seine Nachkommen vermehrten sich bis heute auf stattliche sieben- bis achthundert Namensträger. Zu denen darf man vermutlich noch weitere etwa einhundert Namensträger rechnen, die sich <*Schirmuly, Schirmuli*> schreiben. Die meisten leben im Bereich der mittleren Lahn, so dass man wohl von einem hessischen Familiennamen sprechen darf. Doch was ist daran hessisch? So richtig hessisch klingt er ja nicht.

Aus der emsigen Familienforschung über die Schermulys geht hervor, dass ein Verwandter des hiesigen Stammvaters, vielleicht sein Vater, 1584 als *Sebald Schermüli uß Fryberg* Neubürger in einem Ort bei Solothurn wurde, eine offenbar wanderfrohe Familie also. Doch woher kam sie, und was bedeutet der in hessischer Umgebung so merkwürdige Name? Ich begab mich, unfreiwillig, auf einen Deutungs-Rückmarsch.[18]

Eigentlich – so schien mir – kann man den Namen ganz gut aus dem Schweizer Wortschatz erklären: Eine *Schärme* ist ein ‚Schutzstall, Unwetterschutz', *-li* die bekannte Schweizer Kose- und Verkleinerungsform. Schweizer Kollegen redeten mir das aus: Wegen des <*ü*> im ältesten Beleg müsse man von *-müli* ‚Mühle' ausgehen. Dazu passe aber kein **Schär*. Meine nächste Überlegung, es könne sich um einen Herkunftsnamen nach einem französischen Ort *Charmoille* handeln, wurde von einem Romanisten zurückgewiesen. Eine ersatzweise erwogene Verbindung mit dem italienischen Familiennamen *Germogli* schien mir selbst ein bisschen fragwürdig.

Da schien die Erforschung der Familiengeschichte selbst[19] eine überraschende Lösung anzubieten: Die ursprüngliche Herkunft sei Ungarn, der Name über die Schweiz an die Lahn gekommen. In Ungarn gibt es in der Tat den Familiennamen *Csermely*, wobei der Name von einem Flüsschen stammt, das heute zur Slowakei gehört. Das Wort wurde in der Bedeutung ‚Bächlein' ins Ungarische übernommen. Das klingt plausibel. Wir haben dann aber das gleiche sprachliche Problem wie bei der Herleitung vom schweizerdeutschen *Schärme + li*, nämlich das <*ü*> im ältesten Beleg und das <*u*> im heutigen Namen. Wenn man beide jedoch als überkorrekte Schreibungen für ein gesprochenes einfaches und unbetontes /e/ versteht, sind sowohl die ungarische wie die schweizerdeutsche Deutung möglich.

Zusammengefasst

Die Zuwanderung aus dem Alpenraum, besonders aus der Schweiz, in den hessischen Raum ist dadurch gekennzeichnet, dass sie seit dem Mittelalter kontinuierlich stattfindet, mehr in Form eines Einsickerns als einer großen Welle. Im 17. Jh., hauptsächlich nach dem Dreißigjährigen Krieg, kamen jedoch so viele Schweizer, dass sie einen wesentlichen Beitrag zum Wiederaufbau des Landes leisteten. Viele ihrer Namen verwurzelten hier, wurden sprachlich oft angepasst und erinnern nur noch spurenhaft an die alte Heimat.

4. Die Hugenotten und weitere französischsprachige Einwanderer

4.1 Wie sie nach Hessen kamen

Hugenotten: Das ist der Alltagsbegriff für alle, die ursprünglich als französischsprachige Flüchtlinge nach Hessen gekommen sind und noch heute als solche bevorzugt an ihren Familiennamen erkennbar sind. In Wirklichkeit war die Einwanderung aus Frankreich viel gefächerter.

Hugenotten und Waldenser

Zumindest eines haben Christentum und Islam gemeinsam: Man kann ihnen gewiss nicht nachsagen, dass sie in der Welt Friedensstifter wären, und schon gar nicht im Umgang mit ihren eigenen konfessionellen Unterschieden. Was wir heute geneigt sind, dem Islam zuzuschreiben, bestimmt vergleichbar die Geschichte Europas in der Neuzeit zwei Jahrhunderte lang. Die reicht vom Auftreten der kirchlichen Reformatoren um 1500 bis in den Anfang des 18. Jh.s, mit dem traurigen Höhepunkt des Dreißigjährigen Krieges 1618–1648, der nicht nur, aber auch ein Religionskrieg war. Die europaweit nachhaltigste Vertreibung aus konfessionellen Gründen betraf die Protestanten in Frankreich und in den spanischen Niederlanden. Es betraf sie im Übrigen nicht nur in einer durch Krieg verwahrlosten Zeit, sondern zudem in einer Zeit, in der der Hexenwahn in Europa seinen Höhepunkt erreichte: flammende Zeichen eines zutiefst verunsicherten Europas. Und dann war auch noch das Wetter in Europa so schlecht, dass man – hinterher – von einer „kleinen Eiszeit" sprach. Verschärfte Bedingungen also für Flucht und Zuflucht.

In Frankreich hatten die meist dem Genfer Reformator Calvin anhängenden Protestanten im 16. Jh. immer mehr an Zulauf und an machtpolitisch wichtigen Anhängern gewonnen. Im Verlaufe der dadurch bedingten innerfranzösischen Auseinandersetzungen, den Hugenottenkriegen, kam es 1572 zur blutigen Bartholomäusnacht, in der auf Befehl der Königinmutter Tausende von Protestanten abgeschlachtet wurden. Erst 1598 beendete König Heinrich IV. (*le bon roi Henri*) die Kämpfe mit dem Edikt von Nantes, das den Hugenotten Toleranz und eine beschränkte Autonomie gewährte.

Das Toleranzedikt von 1598 wurde 1685 von König Ludwig XIV., dem „Sonnenkönig", durch das Edikt von Fontainebleau widerrufen. Es setzte die Hugenotten neuer Verfolgung aus und veranlasste die Flucht von etwa einer viertel Million, meist ins protestantische Ausland. Erst 1801 kam es unter Napoleon in Frankreich zu einer anerkannten Reformierten Kirche, der heute etwa 350.000 Franzosen angehören.

Die Bedeutung der Bezeichnung *Hugenotten* ist ungeklärt: Manchmal wird sie als Verballhornung von *Eidgenossen* verstanden, manchmal mit dem Personennamen *Hugo* in Verbindung gebracht. Die Flüchtlinge (die „Réfugiés") wurden nur von Außenstehenden so genannt; sie selbst bezeichneten sich bis ins 19. Jh. nur als Angehörige der Reformierten Kirche.

Im allgemeinen Bewusstsein werden die Waldenser oft den Hugenotten zugerechnet, weil sie in der Masse zur gleichen Zeit kurz vor 1700 in Hessen angekommen sind wie die geflüchteten Hugenotten. Sie flohen aber aus den Waldensertälern in den Cottischen Alpen, die zum Herzogtum Savoyen gehörten. Die Waldenser waren bereits im 13. Jh. durch die reformatorischen Bestrebungen des Lyoner Kaufmanns Petrus Valdes (Waldus) als Glaubensrichtung entstanden. Stets als Häretiker verfolgt, siedelten diese Franzosen – toleriert – schließlich in den savoyischen Hochalpen, bis sie auch von dort vertrieben wurden.

Zuwanderung nach Hessen

Die Zuwanderung der Hugenotten nach Hessen erfolgte in zwei Schüben: Zuerst während der Hugenottenkriege in der 2. Hälfte des 16. Jh.s. Damals kamen hauptsächlich Hugenotten aus Nordfrankreich nach Hessen, aber auch aus den französisch sprechenden südlichen Teilen der spanischen Niederlande, der Wallonie (heute Belgien). Dort kam es unter dem katholischen spanischen Regime ebenfalls zu heftigen Vertreibungen. Diese Flüchtlinge waren meist beruflich hoch qualifiziert und nicht selten auch vermögend.

Seit der Mitte des 16. Jh.s gab es in Frankfurt eine ständig wachsende französische calvinistische Gemeinde, die jedoch unter dem Druck des lutherischen Stadtregiments zu leiden hatte. Deshalb zogen etwa 1.000 Frankfurter Calvinisten seit 1597 nach Hanau, wo der reformierte Graf von Hanau-Münzenberg zur Ankurbelung der Wirtschaft und des Handels eine durchgeplante Neustadt neben der Hanauer Altstadt errichten ließ. Zunächst waren die meisten Bewohner vertriebene Wallonen und Niederländer.[20] In Kassel gab es 1615 eine französische Gemeinde, die sogar auch unter dem Namen „Église française-wallonne" auftrat und deren Mitglieder teils französische, teils niederländische Familiennamen trugen.[21]

Die zweite, stärkere Welle kam nach der Aufhebung des Toleranzedikts von Nantes durch Ludwig XIV. im Jahr 1685: In den letzten Jahren des 17. Jh.s suchten zeitgleich viele Hugenotten und Waldenser im hessischen Raum, meist in größeren oder kleineren Trupps, eine neue Heimat. Die meisten Flüchtlinge waren zuerst in der calvinistischen Schweiz eingetroffen, wurden dort mit dem Nötigsten versehen und auf den Weg nach Norden geschickt, wo sie ihr neues Glück suchen sollten. Frankfurt war der zentrale Umschlagplatz, von dem aus durch Verhandlungen mit den großen und kleinen Landesherren, den Gesetzen von Angebot und Nachfrage folgend, eine Verteilung der Flüchtlinge erfolgen sollte. Es ist hauptsächlich diese Zuwanderung um 1700, die sich im kollektiven Gedächtnis der Hessen (und der Deutschen) festgesetzt hat.

Ansiedlungen

Die großen und kleinen Landesherren hatten durchaus weiterhin ein lebhaftes Interesse an der Ansiedlung qualifizierter Arbeitskräfte, Handwerker und Kleinunternehmer der verschiedensten Art (vor allem die zahlreichen kunstfertigen Strumpfwirker erlangten wirtschaftliche Bedeutung); aber auch an Bauern zur Bearbeitung der brachliegenden Flächen. Wüst liegendes Land gab es in den meisten Landesteilen seit dem Dreißigjährigen Krieg noch reichlich. Zuwandern und sesshaft werden sollten am besten nur jene, die man brauchen konnte.

Die Ansiedlung erfolgte teils in den (Residenz-)Städten wie Homburg v.d.H. oder Kassel. Am erinnerungsstärksten sind aber die zahlreichen Neugründungen von Siedlungen auf dem Lande, die oft an landesherrliche Güter anschlossen. So wird Walldorf (Walldorf-Mörfelden, Kr. Groß-Gerau) am wüst gefallenen Gundhof gegründet, Rohrbach-Wembach-Hahn (Ober-Ramstadt, Odenwaldkr.) auf Hofgütern der Landgrafen von Hessen-Darmstadt. Dabei tun sich gerade die kleineren Landesherren hervor. Neben der bereits erwähnten Landgrafschaft Hessen-Homburg, die in Friedrichsdorf Hugenotten und im benachbarten Dornholzhausen Waldenser ansiedelt, ist es z.B. der Graf von Isenburg, der Neu-Isenburg im Wald roden lässt; sind es die Grafen von Solms-Braunfels mit Ansiedlungen in Daubhausen und Greifenthal (Lahn-Dill-Kr.). Am eindrücklichsten ist aber die Wiederbesiedlung der Landschaft am Reinhardswald zwischen Kassel und Hofgeismar bis an die Weser um Bad Karlshafen. Karlshafen wird 1699 als Hugenottenstadt angelegt, um der Landgrafschaft Hessen-Kassel reichsweiten Handel und damit dem Land wirtschaftlichen Aufschwung zu bringen; der Erfolg war allerdings mäßig. Die landwirtschaftliche Wiedererschließung dieses Raumes geht maßgeblich auf hugenottische und waldensische Siedlungen wie Kelze und Gottstreu zurück.

So wurden insgesamt über 10.000 französische Zuwanderer in den protestantischen Gebieten Hessens sesshaft, in Städten, in neu gegründeten Dörfern, in Kolonien, in denen sie neben ihrer Religion auch ihre Sprache und Kultur weiter pflegen konnten. Das gelang mancherorts bis ins 20. Jh.

4.2 Französische Familiennamen in Hessen

Die mitgebrachten Familiennamen blieben natürlich erhalten, meist in der mitgebrachten Schreibform; sie wurden nur selten an deutsche Schreibgewohnheiten angepasst. Sie sind genauso vielgestaltig und im Prinzip durch die gleichen namengebenden Motive bedingt wie die deutschen. Man braucht deshalb, in aller Kürze, nur einige Gesichtspunkte anzuführen, die für französische Namen in Hessen charakteristisch sind.

Dazu gehört als Erstes die Beobachtung, dass die Zahl der Träger eines bestimmten französischen Familiennamens in Deutschland bis heute in der Regel ziemlich klein und diffus gestreut ist. Selten geht die Zahl der heutigen Namensträger über zwei-, dreihundert hinaus; meist sind es sogar nur höchstens um die hundert. Das gilt auch für so bekannte Namen wie *Lafontaine* (Oskar) oder *Fontane* (Theodor, der höchsten Wert darauf legte, dass sein Name französisch ausgesprochen wurde /fõ:tan/.) Für Hessen ist *Bouffier* ein prominentes Beispiel (s.o. Kap. 1.2.1).

Namenverdichtungen und Ansiedlungsorte

Einige Namen sind aber in Hessen sogar ziemlich häufig und in bestimmten Regionen konzentriert.

Cezanne

Dazu gehört der eher anderweitig bekannte Familienname *Cezanne*. In Deutschland schreibt er sich heute – mit Ausnahme eines *Cézanne* und eines *Cèzanne* (!) – durchweg ohne Akzent. Er ist nicht nur mit über fünfhundert Namensträgern für einen französischen Namen überdurchschnittlich häufig, zwei Drittel davon leben dazu noch in einem einzigen Landkreis, nämlich dem Kreis Groß-Gerau. Weil fast 90% aller Cezannes in Hessen leben, gehört ausgerechnet er sozusagen zu den typischsten aller typisch hessischen Familiennamen. Die Konzentration im Kr. Groß-Gerau erklärt sich dadurch, dass hier die 1699 von Waldensern gegründete Siedlung Walldorf liegt. In Frankreich kommt der Name, trotz des berühmten Namensträgers in Aix-en-Provence, eher selten vor, hauptsächlich im Südosten. Er hat wohl seinen Ursprung im Département Hautes-Alpes (an der Grenze zu Italien). Das namengebende Motiv ist unklar; es scheint sich um einen Wohnstättennamen nach einem dortigen Flurnamen zu handeln.[22]

Manchmal zeigen auch seltenere Namen, dass die Namensträger über die Zeiten vorzugsweise sesshaft geblieben sind. Schöne Beispiele dafür sind etwa der Familienname *Badouin*, von dessen etwa zweihundertfünfzig Namensträgern über die Hälfte im Kr. Marburg-Biedenkopf lebt, fast drei Viertel in Hessen. Oder der Familienname *Bourdon* aus Kassel, dessen etwa einhundert Namensträger zur Hälfte in Stadt und Kreis Kassel wohnen.

Jourdan

Ebenfalls wegen der Ansiedlung in Walldorf und ähnlich verdichtet findet sich im Kreis Groß-Gerau und darüber hinaus in Südhessen der Name *Jourdan*, die französische Form des in Deutschland verbreiteten Namens *Jordan*. Das war ursprünglich ein mittelalterlicher Taufname nach dem Fluss, in dem Jesus getauft wurde. Der Familienname *Jordan* ist auch in Hessen verbreitet, vor allem in den nordöstlichen Landesteilen. Die *Jourdans* hingegen gehören offensichtlich zu den hugenottisch-waldensischen Zuwanderern um 1700. Von den etwa 1.000 Namensträgern lebt die eine (kleinere) Hälfte in Südhessen, die andere im nördlichen Schwarzwald. Die ziemlich hohe Zahl an Namensträgern und die heutige Verteilung deuten darauf hin, dass mehrere Familien dieses Namens aus Frankreich eingewandert sind.

Racky

Im Taunus und seiner weiteren Umgebung leben ungefähr drei Viertel der etwa sechshundert Menschen mit Namen *Racky*. Der erste *Racky* stammt aus dem Bistum Lüttich und ist mit seiner Familie nach dem Ende des Dreißigjährigen Krieges in dem fast ausgestorbenen Ort Lenzhahn (Idstein, Rheingau-Taunus-Kr.) als Zimmermann ansässig geworden. Vermutlich gehört er zu den zahlreichen wallonischen Flüchtlingen der Zeit. Die Auswanderung scheint aber nicht aus konfessionellen Gründen erfolgt zu sein; denn seine Nachkommen sind durchweg katholisch, obwohl er sich in der evangelischen Grafschaft Nassau-Usingen angesiedelt hat.[23]

Eine interessante Frage ist, ob der Familienname *Racky* (manchmal auch *Racki*) identisch ist mit dem besonders in Rheinland-Pfalz vorkommenden Namen *Racke* (mit betont ausgesprochenem *e* am Ende, manchmal auch <*Racké*> geschrieben) und vor allem mit dem in der Pfalz verbreiteten Namen *Raquet*. Ältere Schreibweisen des Namens legen dies nahe.[24] Besonders klar macht das auch die heutige Verteilung der Namen in den Herkunftsräumen. *Raquet* (auch *Racquet*) findet sich konzentriert in Nordfrankreich und im südlichen Belgien, *Racké* in Luxemburg; die Schreibung *Racky* hat ihren Ursprung im Taunus; das früh auftretende <*y*> soll vermutlich die betonte Aussprache des letzten Lautes verdeutlichen. Die drei Hauptschreibformen und die Verankerung in Frankreich bzw. in der Wallonie führen auf eine gemeinsame Wortbedeutung zurück. In der Pikardie gab es nämlich ein altes Wort *raque* für ‚Sumpf‘, so dass die ersten Namensträger nach der Wohnstätte am Rande eines Sumpfes benannt sind.[25] Die Wohnstättenbezeichnung wurde verbunden mit der französischen Koseform -*et*, die auch als <-*é*> (bzw. in unserem Fall als <*y*>) auftreten konnte. – Von dieser Herkunft fern zu halten ist der deutschstämmige allgemein verbreitete, in Hessen vor allem in der Wetterau häufige Familienname *Rack*. Er geht entweder auf den alten Rufnamen *Racco* oder (wahrscheinlicher) auf das mittelalterliche Wort *rac* ‚straff, gespannt, steif; rege, beweglich, los, frei‘ zurück.[26] Er bezieht sich dann auf eine Eigenschaft des ersten Namensträgers.

Besier

Zahlenmäßig die größte Truppe stellen die hessischen *Besiers*. Über achthundert gibt es in Deutschland, davon etwa zwei Drittel in Hessen, allein die Hälfte im Rheingau und Wiesbaden. Wenn man den Namen hört, weiß man nicht, ob er deutschen oder französischen Ursprungs ist: Manche Namensträger sprechen ihn /*besi:r*/ aus, manche französisch /*besjé:*/. Die Unsicherheit ist groß, und das hängt auch damit zusammen, dass man den Namen schlecht erklären kann.

Jürgen Udolph erklärt den Namen aus dem Deutschen[27] und bemüht dazu den Berufsnamen des *Zichners*; das ist ein Handwerker, ‚der Ziechenleinwand webt‘[28], d.h. eine feste Leinwand, aus der man u.a. Bettbezüge herstellt. Aus einem **Bettziechner* sei ein *Besier* geworden. Diese Herleitung ist sprachlich schwierig. Aber auch die Herkunft aus dem Französischen bereitet Probleme. Es gibt den Namen heute weder in Frankreich noch im wallonischen Teil Belgiens; nur noch ein paarmal in den

Niederlanden. Wenn man in die Vergangenheit geht, wird man allerdings spurenhaft fündig. Vor allem im Norden Frankreichs gab es eine Reihe Namensträger. Die Namenbelege gehen bis ins 16. Jh. zurück[29], ohne dass sich an der Namensschreibung etwas ändert.

Es gibt also guten Grund zu der Annahme, dass die hessischen Besiers aus Frankreich in den Rheingau gekommen sind, ohne dass wir den Zuzug zeitlich einordnen können (auf jeden Fall vor dem 18. Jh.). Es ist keinesfalls sicher, dass sie zu den hugenottischen Flüchtlingen gehörten; denn offensichtlich sind viele Besiers katholisch (wie die *Rackys*).

Die Namendeutung aus dem Französischen führt aber ebenfalls zu Schwierigkeiten. Da die historischen Belege durchweg eine <*s*>-Schreibung aufweisen, ist eine Herleitung vom Namen der südfranzösischen Stadt *Béziers* unwahrscheinlich.

Einen möglichen Ausweg zeigen uns dialektale Ausdrücke im Norden Frankreichs auf. In Frage kommt zunächst ein bretonisches Wort *bezier*, das einen Totengräber bezeichnet.[30] Wahrscheinlicher scheint (mir) wegen der Verbreitung der historischen *Besier* eine Verbindung mit der Bezeichnung *besie, bsie, bzie* für eine ‚Schicht von krümeligem Schiefer' bzw. *béziers* (Plur.) für ‚Steinkohle von schlechtester Qualität, gemischt mit nierenförmigen Steinen'.[31] Diesen Ausdruck gab es im Sprachgebrauch der nordfranzösischen und wallonischen Kohleabbaureviere. Der Familienname könnte sich dann von einem Bergmann ableiten, der beruflich mit solchen minderwertigen Abbauprodukten befasst war.

Hugenottennetze

Gerade seltenere Namen verweisen aber auch mitunter auf hessische Binnenwanderungen. Durch die hohe Anzahl von Ansiedlungsorten war in Hessen ein ziemlich dichtes Netz von französischen Siedlungen entstanden, die untereinander durch Zuwanderung, Einheirat, Verwandtschaft, Übernahme eines Amtes usw. Verbindungen pflegten. Die Verteilung mancher Namen spiegelt noch heute etwas von diesem Austausch.

Lantelme

So leben von den etwa einhundertfünfzig *Lantelmes* in Deutschland etwa 80% in Hessen, davon etwa die Hälfte im Kr. Darmstadt-Dieburg. Das ist nicht verwunderlich, weil die Lantelmes zu den Gründungsfamilien der landgräflichen Kolonie Rohrbach-Wembach-Hahn gehörten. 1820 lebten dort sogar dreißig Namensträger. Aber auch in Raunheim gab es von Beginn an den Namen.[32] Die Waldenserfamilie stammt ursprünglich aus der Dauphiné; nur dort und in der Provence ist der Name vorhanden, aber nicht häufig. Er geht auf den altdeutschen Personennamen *Lanthelm* zurück.[33] Die heutige Verbreitungskarte des Namens zeigt, dass er außer in Südhessen in Mittelhessen und im Kasseler Raum mehrfach vorkommt, d.h. dort, wo ebenfalls Siedlungen für die Flüchtlinge entstanden waren.

Rambaud
Für Angehörige der Familie *Rambaud* lässt sich das sehr schön detailliert nachweisen.[34] Auch diese stammt aus der Dauphiné. *Rambaud* geht ebenfalls auf einen altdeutschen Personennamen zurück, auf *Ragin-bald*.[35] Nach langen Wanderungen und Irrfahrten ließ sich einer der Rambauds in Daubhausen (Lahn-Dill-Kr.) nieder, ein anderer, vermutlich sein Bruder, in der Waldenserkolonie Rohrbach im Odenwald. Die Beziehungen verdichteten sich in den Folgegenerationen durch Heiraten unter Einbeziehung der Siedlungen Dornholzhausen und Friedrichsdorf. Dadurch schwand auch das Gefühl der konfessionellen Differenz zwischen calvinistischen Hugenotten und den evangelikalen Waldensern. Sie verstanden sich allesamt als Angehörige der Reformierten Kirche. Eine letzte Erinnerung an das Geschlecht der Rambauds in Mittelhessen ist übrigens die „Maison Rambaud" in Daubhausen, wo eine Nachfahrin ausgewählte Kochkurse zur gehobenen französischen Küche anbietet.

Herkunftsräume

Nur selten ist die Herkunft der in Hessen sesshaft gewordenen französischen Flüchtlinge über das (heutige) Vorkommen der Namen in Frankreich festzustellen. In der Regel sind die Namen dort entweder ausgegangen oder so diffus verteilt, dass man keine vernünftigen Schlüsse ziehen kann. Am ehesten lassen sich Namen aus der Zuwanderung aus dem Süden verorten, d.h. häufig von Waldensern. Dabei zeigt sich, dass der Herkunftsbereich im Wesentlichen die (heutigen) Regionen Languedoc-Roussillon, Rhône-Alpes und besonders Provence-Alpes-Côte d'Azur umfasst.

5. Romantisch und märchenhaft: Eine hessisch-französisch-italienische Kulturepisode

Die Savignys und die Brentanos

Savigny
Wer in Berlin offenen Ohres mit der S-Bahn vom Bahnhof-Zoo Richtung Westen fährt, zuckt vielleicht ein wenig erschrocken zusammen, wenn ihm als Ansage für die nächste Haltestelle /savínjə/-Platz entgegendröhnt. Das hört sich ein bisschen nach einem slawischen Wort an. Aber als Tourist aus Hessen und nach vorherigem Studium der Fahrtroute ahnt er, dass hier vom *Savigny-Platz* die Rede ist. Er weiß, dass der Namensgeber Friedrich Carl von Savigny sich eigentlich /savinjí/ ausspricht und natürlich ein waschechter Hesse ist. Er macht sich kundig: 1779 in Frankfurt geboren und 1861 in – wo wohl? – in Berlin gestorben; dort auch begraben, jedoch 1875 auf den heimischen Hof Trages (Freigericht, Main-Kinzig-Kr.) überführt und dort beigesetzt. Wie passt das alles zusammen?

Friedrich Carl von Savigny gilt als Begründer der historischen Rechtsschule. Recht und die Rechtsprechung werden aus ihren historischen Bedingungen und aus den Entwicklungen des „Volksgeistes" abgeleitet. Diese Auffassung stellt sich dem damals geltenden lateinischen Recht entgegen, das auf formal-logischen Prinzipien der Vernunft und ihrer Kritik beruht. Sie fragt vielmehr nach den stillschweigenden Annahmen der Gemeinschaft, was Recht ist und was nicht und wie man mit den Regeln umgehen soll, die sich historisch herausgebildet haben. Die historische Denkrichtung wirkte stark auf das Rechtsempfinden der Romantik als kulturgeschichtlicher Epoche ein – aus durchaus biographischen Gründen. Denn Friedrich Carl von Savigny lehrte an der Universität Marburg; bei ihm studierten die Brüder Grimm; er war eng mit Clemens Brentano befreundet. Nachdem er 1810 an die neu gegründete Universität Berlin berufen war, wurde er auch zum Erzieher des Kronprinzen bestellt, übernahm Regierungsämter im preußischen Staat und wurde 1842 Minister. Das erklärt das Begräbnis in Berlin (und den Namen des Platzes), aber nicht die Überführung auf das Hofgut Trages im Main-Kinzig-Kreis.

Dieses Hofgut war 1787 auf dem Erbweg an den Vater Friedrich Carls gekommen.[36] Die Savignys stammten aus der Nähe von Toul (im französischen Département Meurthe-Moselle), benannt nach einer Burg im Moseltal. Es gibt allerdings eine ganze Reihe von Orten in Frankreich, die *Savigny* heißen, denn der Ortsname geht auf ein galloromanisches *Sabiniacum* zurück, das ‚Gut eines Römers namens *Sabinus*'.[37] Die Savignys sind seit 1630 in der Pfalz ansässig, scheinbar eine Zuwanderung fern von Flucht und Vertreibung. Wiewohl: protestantisch waren sie doch, was in Frankreich, wie wir gesehen haben, ein ernsthaftes Problem war.[38] Vermutlich war es – sehr viel später – immer noch ein nur mühsam zu umschiffendes Problem, dass der wohlhabende protestantische Adelsmann Friedrich Carl von Savigny die aus dem erzkatholischen Handelshaus Brentano stammende Kunigunde heiratete. Obwohl das Arrangement, wenn es denn eines war, für beide Familien vorteilhaft war.

Brentano
Denn auch die Brentanos[39] waren reich. Seit dem 13. Jh. am Comersee nachweisbar, leitet sich der Name als Herkunftsname nach dem Ort *Brenta* in der Provinz Varese (Lombardei) ab.[40] Als lombardische Adelsfamilie gewannen sie großen Einfluss und verbreiteten sich in mehreren Linien. Einige dieser Linien kamen im 17. Jh. in Frankfurt zusammen und betrieben dort mehrere große Handelshäuser mit italienischen und exotischen Spezialitäten. Da sie katholisch blieben, konnten sie erst seit 1740 das Bürgerrecht in Frankfurt erwerben. In Deutschland bildete sich eine ganze Reihe von Linien heraus, aus denen bis in die Gegenwart bekannte Persönlichkeiten erwachsen sind; am bekanntesten wohl Heinrich von Brentano (1904–64), Außenminister der Bundesrepublik Deutschland 1955–61 unter Konrad Adenauer.

Für unsere hessische Familiengeschichte ist aus dieser weit verzweigten bedeutenden Familie ein Patriarch hervorzuheben: Peter Anton Brentano (1735–1797) in Frankfurt. Er ist zunächst dadurch in die Weltliteratur eingegangen, dass er Goethe gröblich seines Hauses verwiesen hat, als dieser zu intensiv mit Brentanos zweiter Frau flirtete, der jungen Maximiliane von Laroche. (Maximiliane, das ist die mit den schwarzen Augen, die Goethe literarisch hinterher Werthers Lotte andichtete.) Ferner aber vor allem dadurch, dass er mit eben dieser zwölf Kinder zeugte, darunter den Sohn Clemens, der als Dichter der Romantik berühmt wurde, und Bettine, die Achim von Arnim heiratete und in Berlin einen einflussreichen literarischen Salon unterhielt. Weltläufige Schöngeister, engstens eingebunden in den kulturellen Aktivitäten der Zeit. Dazwischen nun Kunigunde, die Savigny heiratete.

Die waren nun allesamt, in jungen Jahren, gern und oft auf Hof Trages beisammen, dazu die unglückliche Caroline von Günterrode und öfters auch die Brüder Grimm. Ein Kreis, der die kulturelle Bewegung der Romantik anregte und von ihr angeregt war. So wurde das fernab gelegene Hofgut für einige Jahre zu einem verwunschenen Königshof deutschen Geisteslebens.

An früh vollständig integrierte Familien wie die adelige und wohlhabende Familie von Savigny denken wir eher nicht, wenn wir uns französische Zuwanderer nach Hessen vorstellen. Da rufen wir regelmäßig das Stereotyp „Hugenotten" ab. Und doch bindet ein kleines Streiflicht auch sie in den kulturellen Gesamthorizont ein, der hessisches Geistesleben mit dem französischen verbindet. Verbindungsglied ist die enge Freundschaft, die die Brüder Jacob und Wilhelm Grimm als Weggenossen mit Savigny dauerhaft pflegten, über Marburg und Hof Trages bis hin zur gemeinsamen Zugehörigkeit zur Berliner Universität.

Die Grimms und die Märchen

Ihren frühen Weltruhm verdanken die Brüder Grimm bis heute den zuerst 1812 erschienenen „Kinder- und Hausmärchen". Das Sammeln und Veröffentlichen der Märchen, dann auch der Sagen entsprang der gleichen romantischen Idee vom Wirken des deutschen Volksgeistes, die auch Savignys Rechtstheorie auszeichnet. Viele Märchen „aus dem Volksmunde" wiederum verdanken sie einer Märchenerzählerin, Dorothea Viehmann, der *Viehmännin* in Nieder-Zwehren bei Kassel. Sie entstammt einer Hugenottenfamilie, ist eine geborene *Pierson*. Der Name ist eine Nebenform zum französischen Rufnamen *Pierre* ‚Peter'[41] und kommt übrigens noch heute ein paarmal in Hessen vor. Und sie erzählt natürlich (auch) Märchen, die sie ihrer hugenottischen Familienherkunft verdankt.

Weniger bekannt, aber viel bedeutender ist der Beitrag der Schwestern Marie, Jeanette und Amalie Hassenpflug.[42] Die tragen zwar, dank ihres Vaters, einen ausgesprochen hessischen Namen. Noch heute leben über die Hälfte aller etwa 1.000 *Hassenpflugs* in Hessen, vor allem in den nordöstlichen Landesteilen. Der Name geht übrigens auf die bittere Klage des ersten Namensträgers zurück: ‚(Ich) hasse den Pflug!' Der war also ein Bauer, wiewohl wahrlich kein begeisterter.

Statt des Vaternamens ist die Herkunft der Mutter für unseren Zusammenhang wichtig: Sie stammt aus einer französischen Familie aus der Dauphiné namens

Droume, die seit 1740 in der hugenottischen Hanauer Neustadt lebte und streng an ihrer französischen Herkunft festhielt. Die Hassenpflug-Schwestern lernten 1808 die ebenfalls aus Hanau stammenden Brüder Grimm in Kassel kennen und übermittelten ihnen aus ihrer Erinnerung eine ganze Reihe der bekanntesten Märchen, darunter z.B. auch „Dornröschen". Die Beziehungen mit den Grimms gingen so weit, dass ihr Bruder Ludwig die Schwester der Brüder Grimm heiratete. Es ist der gleiche Ludwig Hassenpflug, der später nach 1830 und 1848 als kurhessischer Minister und Ministerpräsident jahrelang eine derart reaktionäre Politik verfocht, dass er von den Liberalen nur der „Hessenfluch" genannt wurde.

Deutsche Märchen aus französischer Erinnerungskultur? Die Märchenforschung hat die übernationalen Beziehungen dieser Erzähltraditionen längst geklärt. Was an unserer märchenhaften Romantikgeschichte beeindruckt, ist die lebensgeschichtliche Verknüpfung von Zuwanderung und heimatlichem Volksleben in aufgewühlter hessischer Zeit. 1812, beim Erscheinen der „Kinder- und Hausmärchen", herrscht noch Napoleons Bruder Jérôme in Kassel, der „König Lustik": ein bald darauf verlöschender Komet. Über die Zeiten erhalten aber bleibt in dieser Geschichte die kulturelle Verschmelzung der französischen Zuwanderung seit dem 16. Jh. mit hessischen Traditionen.

6. Flüchtlinge, Vertriebene, Aussiedler nach dem Zweiten Weltkrieg

Ein ganz neues Ausmaß erreichte die Zuwanderung in den Jahren nach dem Zweiten Weltkrieg. Der Zuzug zahlloser Flüchtlinge und Vertriebener unmittelbar nach dem Ende des Zweiten Weltkriegs, später auch der Flüchtlinge aus der sowjetisch besetzten Zone, bzw. darauf folgend aus der DDR und weiterhin der von deutschstämmigen Aussiedlern aus ganz Osteuropa musste organisiert werden. Er stellte die einheimische Bevölkerung und die zunächst schwach ausgeprägten kommunalen und staatlichen Institutionen vor außerordentliche Aufgaben der Aufnahme, Unterbringung und Eingliederung. Im zeitlichen Abstand von zwei Generationen muss man sich wundern, wie bereits nach etwa zehn Jahren der intensive Wiederaufbau- und Eingliederungsprozess in den wesentlichen Leistungen zu einem gedeihlichen Ende gekommen war.

Das bereits 1945 als „Groß-Hessen" neu gebildete Bundesland Hessen hatte knapp vier Millionen Einwohner. Dazu kamen nun insgesamt etwa 650.000 Flüchtlinge und Vertriebene, davon etwa 400.000 Sudetendeutsche. Bezogen auf unser Thema bedeutete das natürlich einen gewaltigen Zuwachs an neuen Familiennamen. Flüchtlinge aus den verloren gegangenen deutschen Ostgebieten brachten eine Fülle neuer und neuartiger Namen ein. Da diese Neubürger weit in den Westgebieten verstreut angesiedelt wurden oder dorthin zogen, ist es bis heute ein Kennzeichen der meisten dieser Namen, dass sie über Deutschland verstreut sind und keine Schwerpunkte bilden.

Aus Böhmen und Mähren Vertriebene

Anders war es mit den aus Böhmen und Mähren geflohenen und vertriebenen sog. Sudetendeutschen, die zum größten Teil in Bayern und – an zweiter Stelle – in Hessen Zuflucht fanden. Immerhin stellten sie hier mit etwa 10% einen erheblichen Bevölkerungsanteil; bei der Verteilung in die ländlichen Räume nahmen sie in vielen Dörfern noch einen viel höheren Anteil ein. Dass dies für den Familiennamenbestand verhältnismäßig folgenlos blieb, hängt natürlich zunächst damit zusammen, dass es die meisten der sudetendeutschen Familiennamen auch schon vorher in Hessen gegeben hat. Die Sudetendeutschen ihrerseits hatten ja im Übrigen schon ihre Familiennamen über die jahrhundertelange Zuwanderung aus dem alten Reichsgebiet mit nach Böhmen und Mähren genommen. Dort entwickelten sich nur wenige Besonderheiten.

Prägend sind vor allem die zahlreichen Namen mit dem Koseelement *-l* am Ende, bei dem das sonst übliche *-el* der dialektalen Aussprache entsprechend um das *–e–* gekürzt wurde: <*Riedel*> > <*Riedl*>, so auch *Dietl* u.ä., *Gössl*, *Brandl* u.v.a. Diese Form der <*-l*>-Namen ist allerdings in einem Großraum üblich, der Ostbayern, Österreich und eben das Sudetenland umfasst. Die heutige Verbreitung der <*Riedl*>-Vorkommen zeigt, dass diese Schreibung auch in Hessen Fuß gefasst hat: Außer in Bayern kommt sie nur in unserem Bundesland gehäufter und allgemein verbreitet vor. Dies ist zweifellos auf den Zuzug der Sudetendeutschen zurückzuführen.

Einzelne Namen, die es zuvor nicht in Hessen gegeben hat, gehen auf den Zuzug der Sudetendeutschen zurück. Ein Beispiel ist der Familienname *Gareis / Gareiss*, der im (Nordwest-)Sudetenland verbreitet war und heute deutschlandweit ca. 2.500 Namensträger zählt. Die meisten leben, wie nicht anders zu erwarten, in Ostbayern, aber auch zwischen ein- und zweihundert in Hessen. Weitaus die meisten hessischen Namensträger werden aus Flüchtlingsfamilien hervorgegangen sein. Der Name geht als Taufname auf den hl. Gregorius zurück, wobei *Gareis* durch die Betonung des Namens auf der zweiten Silbe (/(gre:)górius/) entstanden ist.[43]

Der Familienname *Stanzel* ist eine Variante von *Stenzel* und geht auf den tschechischen Rufnamen *Stanislaus* zurück. Die meisten *Stanzels* lebten bis zum 2. Weltkrieg im Raum nördlich von Ölmütz. Heute wohnt über ein Drittel der etwa 1.500 Namensträger in Hessen.

Schließlich ist der Familienname <*Pleyer*> (auch <*Pleier*>) durch sudetendeutschen Zuzug nach Hessen gekommen. Er geht ursprünglich auf jemanden zurück, der beruflich mit Blei zu tun hatte, und kommt in Süddeutschland hauptsächlich als <*Bleier*> vor.

7. Arbeitsmigration und Asylflüchtlinge

Während sich die deutschen Nachkriegsflüchtlinge mit ihren Familiennamen vergleichsweise selbstverständlich in das bestehende hessische Familiennamenmeer einfügten wie seinerzeit die Zuwanderer aus den Alpenländern, bedeutet die Zuwanderung der Arbeitsmigranten und Asylflüchtlinge aus aller Welt eine grundsätzliche Ausweitung des vorhandenen Familiennamenbestands. Wie früher bei den Zuwanderern vor allem aus Frankreich sind ihre Namen in aller Regel „ganz anders", teils vertraut-nachvollziehbar wie italienische oder spanische Namen, teils fremdartig und von ungewohnter sprachlicher Struktur. Wenn wir heute mit etwa einer Million verschiedener Familiennamen in Deutschland rechnen, geht davon ein großer Anteil auf die Namen von Zugewanderten des letzten halben Jahrhunderts zurück. Ganz viele dieser Namen sind nur mit einem einzigen oder ganz wenigen Telefonanschlüssen vertreten. Wenn Namen häufiger vorkommen, sind sie fast immer deutschlandweit diffus gestreut.

Derzeit leben über 800.000 Ausländer in Hessen, was einem Bevölkerungsanteil von 13,4 % entspricht; der Anteil der Bewohner mit Migrationshintergrund ist sogar doppelt so hoch und beträgt 25,5%.[44] Die Ansiedlung der vielen Arbeitsmigranten seit Mitte der fünfziger Jahre verändert und beeinflusst den Familiennamenbestand in Hessen absehbar viel stärker als es die französischen Namen vor zwei-, dreihundert Jahren getan haben. Bereits jetzt sind sieben Gastarbeiter-Namen unter den 1.000 häufigsten Familiennamen in Hessen[45] vertreten, davon sechs türkische:

Yilmaz (Rang 493; 466 Anschlüsse, gleich häufig wie *Reimann*),

Sahin (Rang 849; 295 Anschlüsse, gleich häufig wie *Stenzel*),

Kaya (Rang 857; 292 Anschlüsse, gleich häufig wie *Lohr*),

Yilderim (Rang 935; 272 Anschlüsse, gleich häufig wie *Späth, Fornoff*),

Aydin (Rang 975; 263 Anschlüsse, gleich häufig wie *George*),

Yildiz (Rang 996; 258 Anschlüsse, gleich häufig wie *Arend, Lapp*).

Hinzu kommt der vietnamesische Name

Nguyen (Rang 928; 273 Anschlüsse, gleich häufig wie *Buch, Schild*).

Die vergleichend genannten deutschen Familiennamen sollen nur verdeutlichen, dass die Zuwanderernamen auf einer Ebene mit ganz geläufigen und bekannten Namen liegen, in dieser Hinsicht also durchaus keine Exoten sind. Kein einziger französischer Name hat es übrigens unter die Top 1000 geschafft; einige finden sich auf den hintersten Rängen der Liste mit den 2.000 häufigsten: An der Spitze *Besier* (Rang 1431) und *Cezanne* (Rang 1683), dann *Racky* (Rang 1907) und *Jourdan* (Rang 1996). Von den früh aus Südeuropa zugewanderten Gastarbeitern mitgebracht, hat das nur der spanische Name *Garcia* mit 151 Anschlüssen geschafft, auf Rang 1871. Man sieht: Die türkischen Namen sind die einzigen Zuwanderer-Namen, die das Namenbild in Hessen wirklich verändern. Bei den häufiger vorkommenden Familiennamen der türkischen Einwanderer lassen sich, die Verbreitung betreffend, fast immer zwei gleichartige Beobachtungen machen:

– Die Vorkommen weisen Verdichtungen in den wirtschaftlichen und industriellen Zentren der Republik auf: z.B. im Münchener, Stuttgarter, Kölner Raum und eben auch im Rhein-Main-Gebiet mit Frankfurt als zentralem Ort. Das hängt natürlich mit den Arbeitsmöglichkeiten zusammen, deretwegen die Gastarbeiter nach Deutschland gekommen sind.
– Eher kurios, aber ebenso mit der Arbeitssituation zu erklären, ist die Tatsache, dass noch die Verbreitung um die Jahrtausendwende ziemlich genau die jahrzehntelange Grenze zwischen der alten Bundesrepublik und der DDR nachvollzieht. Weitaus die meisten dieser Anschlüsse befinden sich im Westen und in Berlin.

Außer in den neuen Bundesländern fehlen diese Namen nur in den strukturschwachen Regionen der alten Bundesrepublik oder sind dort selten vertreten. Daran hatte sich auch fünfzehn Jahre nach der Wiedervereinigung nichts Wesentliches geändert. Umgekehrt zeigt die Verbreitung des vietnamesischen Namens *Nguyen*, dass er im Gebiet der ehemaligen DDR noch häufig ist. Er ist verbunden mit Namensträgern, die seinerzeit als Arbeiter aus Nordvietnam von der DDR angeworben worden waren und nach deren Auflösung dort geblieben sind. Dennoch ist der Name heute in den alten Bundesländern sehr viel häufiger. Wahrscheinlich kommen hier Binnenzuwanderung aus dem Osten und Ansiedlung südvietnamesischer Flüchtlinge aus der Zeit des Vietnam-Krieges zusammen.

Anmerkungen

1   Andernacht 1, S. 9.
2   Andernacht 1, S. 70; ähnlich 1421 *Hans Strasburg von Hagenau* (ebd. 2, S.27).
3   Andernacht 1, S. 107; 2, S. 98 u. 2, S. 230.
4   Andernacht 2, S. 208.
5   Baur 5, Nr. 276.
6   Schöffl, S. 113.
7   Heinrich Dittmaier: Name und Wort. In: Dietrich Hofmann (Hrsg.): Gedenkschrift für William Foerste. Köln/Wien 1970, 201–214. Jürgen Udolph danke ich für diesen und weitere wertvolle Hinweise.
8   Morlet, S. 59.
9   http://dspace.utlib.ee/dspace/bitstream/handle/10062/24872/g_1876.pdf?sequence=1, S. 13. Diesen Hinweis verdanke ich Manfred Aurand.
10 Andernacht 1, S. 24.
11 Baur 5, Nr. 206; Baur 1, Nr. 1128; Kartels, S. 62; Stumpf, Amt, S. 372.

12 Andernacht 1, S. 11.
13 v.Hahn, S. 26; http://www.lagis-hessen.de/de/subjects/idrec/sn/fln/id/15982/tbl/flurname?camefrom=xsrec
14 Stephan, S. 2.
15 Debor, Zuwanderungen, S. 91.
16 Ramge , Studien, Text B, S. 58f.
17 Andernacht 2, S. 328.
18 Ramge, Studien, Text F, S. 32 u. F, S. 45.
19 Willi Schermuly: Die Familie Schermeli – Schermuly seit 375 Jahren im Nassauer Land. In: Wetzlarer Neue Zeitung. Heimat an Lahn und Dill. Beilage vom 27.2.1993, S. 3.
20 Hans Reuther: Hugenottensiedlung und Städtebau in Deutschland. In: 300 Jahre Hugenotten in Kassel. Kassel 1985, S.175–199, hier S. 196f.
21 Fritz Wolff: Die erste französische Gemeinde in Kassel (1615). In: 300 Jahre Hugenotten in Hessen. Kassel 1985, S.61–83, hier S. 68f.
22 Morlet, S. 994.
23 Für Hinweise und Materialien danke ich Michael Geisler und Wilfried Wohmann.
24 http://www.geneal-forum.com/phpbb/phpBB3/viewtopic.php?t=1088.
25 Morlet, S. 834; vgl. Steffens, S. 185.
26 Kohlheim, S. 524; Lexer 2, Sp. 331.
27 http://www.hr-online.de/website/suche/home/mediaplayer.jsp?mkey=45996083&type=a&xtmc=besier&xtcr=1.
28 Heintze-Cascorbi, S. 529.
29 http://gw.geneanet.org/didbom?lang=de;pz=didier;nz=beaume;ocz=1;m=N;v=besier.
30 Albert Deshayes: Dictionnaire des noms de famille bretons. 1995. Er vermutet einen Zusammenhang mit bretonisch *bezier* (= *fossoyeur* ,Totengräber'). Den Hinweis verdanke ich Otto Winkelmann.
31 Walther von Wartburg (Hrsg.): Französisches Etymologisches Wörterbuch. Bd. 22/2, 244b. Den Hinweis verdanke ich Max Pfister.
32 Brigitte Köhler: Die Waldenserkolonie Rohrbach-Wembach-Hahn im 18. Jahrhundert. Ober-Ramstadt 1974. – Brigitte Köhler verdanke ich viele wertvolle Hinweise über die Zuwanderung der Waldenser.
33 Morlet, S. 583 s.u. Lanthaume.
34 Brigitte Köhler: Die Rambauds in Rohrbach und Greifenthal, in: Hessische Familienkunde 35/2012, S. 1–6.
35 Morlet, S. 830.
36 https://de.wikipedia.org/wiki/Hof_Trages.
37 Morlet, S. 889.
38 https://de.wikisource.org/wiki/ADB:Savigny,_Carl_von.
39 Umfangreiche historische und genealogische Informationen bei https://de.wikipedia.org/wiki/Brentano.
40 Kohlheim, S. 156.
41 Morlet, S. 784.
42 Heiner Boehncke / Phoebe Alexa Schmidt: Marie Hassenpflug. Eine Märchenerzählerin der Brüder Grimm. Darmstadt/Mainz 2013.
43 Kohlheim, S. 266.
44 https://de.wikipedia.org/wiki/Hessen#Zuwanderung.
45 Die Angaben beruhen auf einer Auflistung der 2.000 häufigsten Familiennamen in Hessen, die Christoph Stöpel (geogen) mir freundlicherweise zusammengestellt hat.

KAPITEL 9
VON DER FREUDE AN DEN VERSCHIEDENHEITEN

1. „variatio delectat": Erfreut Abwechslung wirklich?

Die drei <f>s

„Variatio delectat!" (‚Abwechslung erfreut') lautet ein klassischer Spruch. Das gilt auch, vielleicht eingeschränkt, für die vielen Varianten, die uns bei Familiennamen begegnen. Am handgreiflichsten sind die Varianten bei verschiedenen Schreibungen des gleichen Namens. Manchmal erfreut die Abwechslung tatsächlich. (Fast) jedermann steht Heinz Rühmann als Feuerzangenbowlen-Primaner vor Augen, der seinen Namen mitteilen muss:

„Sä heißen?"
„Pfeiffer, Johann."
„Met einem oder met zwei äff?"
„Mit drei, Herr Professor."
„??"
„Eins vor dem ei und zwei hinter dem ei."[1]

Es ist aber auch klar: Der running gag funktioniert nur im mündlichen Gespräch. Wir kennen alle die Erfahrung, dass man sagen oder fragen muss, „wie sich der Name schreibt". Um die Unklarheit der Schreibung aufzulösen, muss man immer zu einer Hilfskonstruktion greifen. Das Buchstabieren ist die einfachste Lösung: Die <*Meier, Maier, Meyer, Mayer*> können ein Lied davon singen. Wenn die fraglichen Buchstaben lautlich zu eng beieinander liegen, muss man ein Wort zur Verdeutlichung einsetzen: „*Becker / Bäcker* – mit e oder ä?" – „Mit e wie *Emil*". Oder man gibt die Zahl der fraglichen Buchstaben an. Wer wirklich <*Pfeiffer*> heißt, wird sich als Antwort „mit zwei f" begnügen oder scherzhaft die Antwort der „Feuerzangenbowle" zitieren, einen passenden Fragenden vorausgesetzt.

Was heißt hier schon „derselbe Familienname"?

Die grundlegende Frage, mit der wir uns in diesem Kapitel beschäftigen wollen, ist also die: Woher kommen die oft sehr unterschiedlichen Schreibungen und sprachlichen Formen für ein- und denselben Familiennamen? Aber ist das dann überhaupt „ein- und derselbe" Familienname, wie wir als scheinbar ganz selbstverständlich unterstellen? Oder sind das nicht zwei verschiedene Familiennamen? Jedes Computerprogramm sortiert <*Pfeifer*> und

<*Pfeiffer*> ganz selbstverständlich als zwei Namen. Denn was verschiedene Gestalt hat, ist auch etwas Verschiedenes. Aber warum wirkt das irgendwie unbefriedigend? Wodurch wird die Einheit eines Namens in seinen verschiedenen Ausprägungen hergestellt?

Bei <*Pfeifer*> und <*Pfeiffer*> käme es uns sehr komisch vor, wenn wir sagten: „Das sind zwei verschiedene Namen." Genauso ist es bei <*Schmidt*> und <*Schmitt*>, <*Meier*> und <*Meyer*> oder <*Diel*> und <*Diehl*>. Für uns ist bei vielen Namen selbstverständlich, dass sie ein wenig unterschiedlich geschrieben werden. Aber ganz so einfach ist das nicht: Gehört <*Schmied*> genauso selbstverständlich dazu? Oder <*Thiel*> zu <*Die(h)l*>?

Das ist nur scheinbar eine eher belanglose Frage. Denn außer bei ganz seltenen kommt kaum ein Familienname vor, zu dem es nicht mindestens eine und meistens sogar mehrere Varianten gibt. Die unglaublich hohe Anzahl an Familiennamen im Deutschen hängt auch mit dieser Erscheinung zusammen. Das heißt natürlich umgekehrt, dass sich die Zahl der eigentlichen Familiennamen drastisch verringert, wenn man diese Varianten zusammennimmt und als einen einzigen Familiennamen betrachtet. Das wird dadurch erleichtert, dass es oft eine Hauptvariante gibt, der man die mehr oder weniger seltenen Varianten zuordnen kann. Das ist dann die Leitform oder Leitvariante. Auch in diesem Buch werden meist nur die Leitformen angeführt und die Nebenvarianten nur da, wo sie eine Rolle spielen. Aber das ist nur eine praktische Entscheidung; theoretisch bleiben eine Menge Probleme.

Die Familie Pfeifer

Bleiben wir bei *Pfeifer*, der Einfachheit halber begnügen wir uns mit dem einfachen <*f*>, obwohl das ja noch gar nicht ausgemacht ist. Pfeifer sind mit ihrer Pfeife, zusammen mit Trommeln, Trompeten und anderen Instrumenten, noch heute Bestandteil jedes Musikzuges. Im Mittelalter und der frühen Neuzeit waren solche Musiker Berufstätige, die bei vielerlei Gelegenheiten spielten.

Im mittelalterlichen Deutsch hieß der Pfeifer *phîfer*, wobei das <*ph*> als /pf/ zu sprechen ist. In den meisten Dialekten des westlichen Mitteldeutschlands heißt der Pfeifer jedoch /peifer/, genau wie es /di: peif/ für *die Pfeife* heißt. Wenn der Pfeifer bei den Hessen /peifer/ hieß, warum wurde er dann hierzulande in Familiennamen nicht auch so geschrieben? Linksrheinisch ist das vom Niederrhein bis in die Pfalz ziemlich oft geschehen: Dort gibt es über 1.000 Telefonanschlüsse mit <*Peifer*> oder <*Peiffer*>, in Hessen aber nur ganz wenige. Eine Erklärung ist: Weil wir wissen, dass der hochdeutsche /pfeifer/ im Dialekt der /peifer/ ist, sagen wir natürlich, dass der Familienname <*Peif(f)er*> auch „derselbe" Familienname ist wie <*Pfeif(f)er*>. Aber so ganz selbstverständlich wie bei den beiden <*f-ff*> ist das jetzt schon nicht mehr. In jedem Fall ist <*Peif(f)er*> erkennbar eine Variante zu <*Pfeifer*>. Dieser ist hochdeutsch und jener ist aus dem Dialekt gekommen.

Aber würde man auch sagen, dass <*Piper, Pieper*> derselbe Familienname ist wie <*Pfeifer*>? Wohl kaum! Das ist doch ein ganz anderer Familienname! Er ist im gesamten Gebiet des Niederdeutschen sehr verbreitet, in Mittel- und Süddeutschland hingegen wenig. Diese heutige Verbreitung hat sprachgeschichtliche Gründe. Es lohnt, einen Blick darauf zu werfen.

Die ursprüngliche Form des Wortes im vordeutschen Germanischen war *pîper 'Pfeifer', enthielt also in der Wortmitte ein *p*, das in althochdeutscher Zeit im Mittel- und Oberdeutschen zu *f* „verschoben" wurde, und ein *p* am Wortanfang, das jedoch nur im Oberdeutschen zu *pf* wurde. (Das ist ein Teil der sog. 2. oder althochdeutschen Lautverschiebung.) So entstanden in der westlichen Mitte Deutschlands */pi:fer/ und im Süden */pfi:fer/. Im Niederdeutschen blieb das *p* in beiden Positionen jedoch unverändert erhalten (/pi:per/).

Außerdem wurden im Spätmittelalter die langen Vokale *i:*, *u:*, *ü:* in weiten Teilen Süd- und Mitteldeutschlands zu den Zwielauten (Diphthongen) *ei, au, eu* umgewandelt, nicht aber in Norddeutschland. (Das ist ein Teil der sog. neuhochdeutschen Diphthongierung). So entstand durch das Zusammenwirken von zwei grundlegenden Sprachwandelprozessen des Deutschen in den meisten mitteldeutschen Dialekten /peifer/ und in den meisten oberdeutschen Dialekten /pfeifer/, und in den niederdeutschen blieb es bei /pi:per/. Deshalb entsprechen sich die Familiennamen <Pi(e)per> und <Pfeifer> lautgeschichtlich in jeder Hinsicht; es sind sprachgeschichtlich Namenvarianten.[2] Und doch haben wir den Eindruck, dass es sich um verschiedene Familiennamen handelt. Denn gewöhnlich hat man die sprachgeschichtliche Verwandtschaft der beiden Namen nicht im Kopf. Die Distanz ist so groß, dass wir sie im heutigen Sprachgebrauch als zwei Namen betrachten.

Wir verstehen jetzt, warum es in Hessen keine *Pieper* gibt, obwohl auch diese Namensform historisch vereinzelt vorkommt. So finden wir 1348 einen Schöffen in Heldenbergen (Nidderau, Main-Kinzig-Kr.) namens *Conradus Piper*.[3] Aber man versteht nicht so recht, warum in Hessen durchweg der Familienname <Pfeif(f)er> vorkommt, wo er doch nach der sprachgeschichtlichen Entwicklung <Peifer> lauten müsste und auch der vereinzelt nachzuweisen ist, so 1403 *Heynczchen pyffer wy man en nennit*.[4] Offensichtlich spielt auch die Beziehung der dialektal-sprachgeschichtlichen Varianten zum alles überwölbenden Hochdeutschen eine wichtige Rolle.

Zwei Variantentypen

Im Ergebnis verweist uns die weitläufige Untersuchung des *Pfeiffer*-Primaner-Scherzes aus der alt-kultigen „Feuerzangenbowle" darauf, dass es grundsätzlich zwei Sorten von Varianten bei Familiennamen gibt:
- Varianten in der Schreibung, wobei die Aussprache des Namens gleich (oder mindestens fast gleich) bleibt (<Pfeifer>/<Pfeiffer>). Die nennen wir Schreibvarianten. Sie sind Ergebnis der Schreibgeschichte des Deutschen.
- Varianten in der Aussprache, der Lautung oder der sprachlichen Form (<Pfeif(f)er> vs. <Peif(f)er>, <Pi(e)per>). Die nennen wir Sprachvarianten. Sie sind Ergebnis der Sprachgeschichte des Deutschen, insbesondere des komplizierten Verhältnisses

der deutschen Dialekte zueinander und ihres Verhältnisses zum Hochdeutschen, der Standardsprache.

Beide Variantentypen treten oft gemeinsam auf (<*Peifer*>/<*Peiffer*>; <*Piper*> / <*Pieper*>). Auch bei Sprachvarianten ist die Zusammengehörigkeit oft leicht erkennbar, weil die Abweichungen gering und durchsichtig sind (z.B. <*Eckhardt / Eckert / Eckehart*> usw.; <*Müller / Möller*>; <*Rühl / Riehl / Ruhl*>. Oft sind die Distanzen aber beträchtlich: So nimmt man leicht <*Kunz*> und <*Kunze*> zusammen und erkennt vielleicht auch die Verbindung mit Konrad; aber beim hessischen Namen <*Keiner*> hält man eine Verbindung zu *Konrad* eher für ausgeschlossen (s. „Kleines Lexikon"). Und dass die hessischen Namen *Weil* und *Weigel* sprachhistorische Varianten sind, ist selbst in der Familiennamen-Literatur unbemerkt geblieben (s.u. Kap. 10.3.4).

Als Faustregel mag gelten, dass
– Schreibvarianten gewöhnlich leicht als zusammengehörig zu erkennen sind, weil sie in der Regel die äußerliche Einheit des Familiennamens nicht ernsthaft berühren. Aber sie haben auch viele eigene Eigenschaften. Einige davon betrachten wir im folgenden Abschnitt 2.
– Im Unterschied dazu werden Varianten, die sich aus der sprachgeschichtlichen und / oder dialektalen Entwicklung heraus gebildet haben, in vielen Fällen als verschiedene Familiennamen wahrgenommen, auch wenn sie ganz eng miteinander verwandt sind. Dazu Abschnitt 3.

2. Schreibbedingte Varianten von Familiennamen

2.1 Haben Variantenschreibungen eine Bedeutung?

Noch einmal etwas aus dem ff: *Hofmann* und *Hoffmann*

Warum sich Johannes Pfeiffer mit drei *f-ff* schrieb statt sich mit zweien zu bescheiden, können wir nicht vernünftig erklären. Für die Aussprache des Namens ist das letztlich auch gleichgültig. Anders ist das, wenn wir die hauptsächlichen Schreibvarianten des verbreiteten Familiennamens <*Hofmann*> / <*Hoffmann*> ins Auge fassen.

Unverkennbar haben beide die gleiche sprachliche Wurzel; das ist das mhd. Wort *hoveman*. Das Wort bezeichnete einen ‚zu einem Hof gehörigen Bauern', in späterer Zeit oft auch einen ‚Bauern, der mit einem grundherrlichen Hof oder einem Teil davon belehnt ist'. Heute ist die Verbreitung der beiden Namenvarianten so, dass <*Hofmann*> in einem großen geschlossenen Block vom Rhein bis nach Sachsen und Niederbayern vorherrscht. Entsprechend ist der hessische Anteil mit annähernd 20% aller <*Hofmanns*> überdurchschnittlich hoch, während der Anteil an allen deutschen

<Hoffmanns> mit etwa 7% gerade noch im Bereich des statistisch durchschnittlichen Vorkommens liegt. Lässt sich dieser Befund sprachgeschichtlich erklären?

Dabei hilft uns die heutige Aussprache von <Hofmann> und <Hoffmann>. Die meisten <Hofmanns> sprechen ihren Namen mit einem langen *o*: aus, die meisten <Hoffmanns> mit einem kurzen. Dazu gibt die einheitliche Namensherkunft sprachlich keinerlei Anlass. Das Wort *Hofmann* ist noch heute so durchsichtig, dass normalerweise beide Namen mit einem langen *o*: gesprochen werden müssten. Für die kurze Aussprache des Vokals sind also die beiden <ff> verantwortlich. Denn im Deutschen gilt die Regel: Vor Doppelkonsonanten wird der vorangehende Vokal kurz gesprochen. Aber wie kann der Vokal im gleichen Wort einmal kurz und einmal lang gesprochen sein?

Tatsächlich wurde im Mittelalter das *o* in *hoveman* kurz ausgesprochen und erst im späten Mittelalter durch einen Sprachwandelprozess lang gesprochen, gedehnt (die sog. Dehnung in offener Silbe) wie heute im Hochdeutschen. In vielen Dialekten unterblieb aber diese Dehnung. So sagen wir auch in den meisten hessischen Dialektgebieten /di: hosse/ für ‚die Hose(n)'. Der Hof aber hieß in den hessischen Dialekten /ho:f/ oder /ho:b/ mit langem /o:/. Das erklärt, warum sich so überdurchschnittlich viele <Hofmanns> in Hessen finden.

Die heutzutage übliche unterschiedliche Aussprache von <Hofmann> und <Hoffmann> ist klar durch die Schreibung bedingt. Durch sie wissen wir im Deutschen nämlich meistens, wie ein Name richtig ausgesprochen wird. Auch wenn das der aus der Überlieferung stammenden sprachgeschichtlich korrekten Aussprache zuwider läuft. Ursache der <Hoffmann>-Schreibung ist, dass in der Schreibgeschichte des Deutschen zeitweise die Tendenz vorherrschte, möglichst oft Doppelkonsonanten, auch ohne Lautfunktion, zu schreiben, Diese Schreibungen wurden dann in den Familiennamen immer fortgeschrieben. In unserer von Schriftlichkeit geprägten Zeit passt sich die Aussprache eines Familiennamens immer eindeutiger seiner Schreibung an.

Warum alle *Schmitts* katholisch sind – oder auch nicht

Wir Heutigen verbinden also mit Variantenschreibungen bestimmte Entscheidungen, wie der Name auszusprechen ist; aber manchmal auch weitergehende Annahmen. So kenne ich aus meiner Jugend in Worms den Spruch, dass „alle <Schmitt> mit <tt> katholisch, alle <Schmidt> mit <dt> evangelisch" seien. Man darf den Wahrheitsgehalt in dieser allgemeinen Formulierung sehr in Frage stellen; aber eine Voraussagewahrscheinlichkeit zumindest entsprechend der bei Wetterprognosen gibt es schon. Wo eine Mischung der Konfessionen herrscht wie am Mittelrhein, konnte es allein durch Schreibgewohnheiten bei Eintragungen in die Kirchenregister zu konfessionell bedingten Differenzierungen kommen, die in der Tendenz bis heute nachwirken.

Ein schönes Beispiel in Hessen dafür ist die Schreibweise <Rhiel>. Sie sieht aus wie ein Schreibfehler für den häufigen hessischen Namen *Riehl*; vielleicht war es aber eine absichtliche Verdrehung, um die familiäre Besonderheit in der imagefördernden exotischen <Rh>-Schreibung hervorzuheben. Wie auch immer: Der springende Punkt in unserem

Zusammenhang ist die Tatsache, dass die gerade einmal knapp dreihundert Mitglieder zählende <Rhiel>-Gemeinde zu zwei Dritteln im Kreis Marburg-Biedenkopf und hier vorzugsweise im Amöneburger Becken wohnt. Die Kleinlandschaft um die Amöneburg war und ist überwiegend katholisch. Denn sie war Jahrhunderte lang noch im Besitz des Erzbistums Mainz, als das hessische Umland seit der Mitte des 16. Jh.s längst evangelisch war. Deshalb gilt bis heute in der Region die Einschätzung, dass „alle <Rhiels> katholisch" seien (was ebenfalls, wenngleich mit Einschränkungen, sicher auch ein bisschen richtig ist).

2.2 Historische Schreibungen

Rechtschreibung in der Schreibgeschichte

Viele heutige Schreibvarianten sind schlicht dadurch bedingt, dass schreibgeschichtlich ältere und jüngere Namenschreibungen nebeneinander stehen. Seit dem 16. Jh. hat sich die Schreibung von Familiennamen allmählich verfestigt, wiewohl die Schreiber, Amts- und Kirchenleute, in der Verschriftlichung die größte Freiheit hatten. Denn es gab bis ins 19. Jh. keine amtlich geregelte Rechtschreibung, obwohl die ersten Rechtschreiblehren bereits im 15. Jh. erschienen waren. Wo es keine allgemein geltende Norm gab, konnte man auch nicht falsch schreiben.

Es ist deshalb eher erstaunlich, dass viele der erkennbar älteren, historischen Schreibweisen von heutigen Familiennamenvarianten gleiche oder ähnliche Schreibmerkmale aufweisen. Es gab allerdings zu jeder Zeit in der Schreibgeschichte des Deutschen Schreibtraditionen und Schreibgewohnheiten, zumindest in Großlandschaften, nach denen sich die Berufs-Schreiber richteten. Wobei die Familiennamen oft noch einer Sonderbehandlung unterzogen wurden, wie wir z.B. im Kap. 6 bei den Latinisierungen gesehen haben. Zu diesen über die Jahrhunderte gehenden Schreibgewohnheiten gehört beispielsweise, dass die Verkleinerungssilbe -/chen/ bis gegen Ende des 18. Jh.s meist als -<gen> geschrieben wurde. Noch Goethe schrieb *Mädgen, Mädgen, wie lieb' ich dich,* ... (und er schrieb sich ja auch manchmal <Göthe>). Die <g>- Schreibung findet sich noch heute in vielen Familiennamen wie *Herrgen* oder *Dittgen*. Die müssten eigentlich alle am Ende /-chen/ ausgesprochen werden (vgl. Kap. 5.3.1). Aber mittlerweile folgt, wie wir gesehen haben, die Aussprache der Schreibung.

„Buchstabenhäufelung"

Eine auffallende Tendenz in der Rechtschreibung, beginnend im 16. Jh., sich steigernd in der Barockzeit im 17./ 18. Jh., hat sich in sehr vielen Namenvarianten bis heute erhalten: Die Anhäufung von Buchstaben in Wörtern weit über das zum Verständnis Notwendige hinaus. <Pfeiffer> mit seinen zwei <ff> in der Mitte war schon ein einfaches Beispiel dafür. Da ging es ja nicht um die Kennzeichnung von Länge oder Kürze des vorangehenden Vokals, wie man das bei *<Hof(f)mann>* immerhin vermuten könnte.

Ein vergleichbarer Fall betrifft die Kennzeichnung eines langen Vokals durch ein folgendes *<h>*, z.B. *Strahl, zehn*. Manchmal dient dieses *<h>* auch dazu, unterschiedliche Bedeutungen gleich lautender Wörter zu kennzeichnen: z.B. *malen* vs. *mahlen*, *Wal* vs. *Wahl*. Wenn aber die Länge des Vokals schon hinreichend durch ein *<ie>* gekennzeichnet ist, ist ein dann noch folgendes *<h>* schlicht überflüssig wie z.B. bei *<Diehl>* und *<Riehl>*.

Ein besonderes Augenmerk richteten die Schreiber auf das Wort- oder Namenende; es wurde oft besonders aufwändig mit mehreren Buchstaben geschrieben. Dafür gab es sogar eine Art schreibästhetischen Grund, vor allem bei einsilbigen Namen. Da der Vokal meist in der Mitte des Wortes bzw. Namens steht, sollte die Zahl der Buchstaben vor der Namenmitte und nach der Namenmitte tunlichst etwa gleich sein, so dass eine Art Gleichgewicht entsteht. Oder das Namenende sollte sogar noch etwas auffallender ausgestaltet sein. *<Schwarz>* (als Wort und als Name) wirkte dann einfach attraktiver, wenn das Ende ein wenig erweitert wird: *<Schwartz>*. Und wenn man eine Koseform *<Schwärzel>* hat, sieht die gleich viel imposanter aus, wenn sie – gleich lautend – *<Schwertzell>* geschrieben wird. Die Namen werden aufgebläht, sie spreizen sich wie ein barocker Pfau („Spreizschreibung"). So wird in Beerfelden (Odenwaldkr.) aus einen schlichten *Lippert* a. 1507 ein aufgeblasener *Leonhart Lipffthart* .[5]

Die Verdoppelung wird besonders häufig verwendet, wenn der vorangehende Laut ein /n, l, r/ war. So erklären sich viele alte Schreibungen als durchaus durchdacht; auch wenn der Leitgedanke, der dahinter steht, längst verschwunden ist:

– <f> > <ff>: *Lambsdorff, Wolff < Wolf, Dieffenbach < Tiefenbach, Dönhoff < Dönhof.*

– <k> > <ck>: *Bismarck, Senckenberg, Schenck < Schenk.*

Bei der hessischen Adelsfamilie *Schen(c)k zu Schweinsberg* ist bemerkenswert, dass ein Teil der ältesten Linie die *Schenk*-Form verwendet, während alle übrigen *<Schenck>* schreiben.[6]

– <t> > <tz>: *Heintz < Heinz, Hintz < Hinz, Hartz < Harz, Kurtz < Kurz.*

Die einfache *<z>*-Schreibung ist aber bei diesen Varianten sehr viel häufiger.

– <t> > <th>: *Hormuth, Rath, Hellmuth < Helmut.*

Bei Wörtern und Namen auf /t/ wurde *<th>* geschrieben. Bei einsilbigen Familiennamen blieb dieses *<th>* in der Regel erhalten: *Rath, Muth*. So stehen über 12.000 *<Rath>*-Namensträgern gerade einmal wenig mehr als zweihundert *<Rat>* gegenüber. Beispielsweise ist aber auch der Familienname *< Hellmuth>* zehnmal häufiger als das einfache *<Helmut>*. Das <h> als Zeichen für den langen Vokal wurde sogar am Wortanfang geschrieben (<*Thal, Thür*>) und ist so in vielen Namen erhalten, z.B. <*Thielmann*>.

Schmuckfunktion

Das <*y*>, das wir statt eines <*i*> oft am Ende eines Familiennamens finden, hat die Funktion, die Namengestalt markanter zu schließen als mit dem einfachen Vokal. Der Name wirkt dadurch insgesamt eindrucksvoller und abgeschlossener, aber auch ein wenig fremdländischer, z. B. *Egli > Egly, Schermuly, Petri > Petry , Racky*.

Aber auch sonst wurde das <*y*> in der Schreibung fast inflationär verwendet, besonders gern im Diphthong <*ei*>, der dann <*ey, ay*> geschrieben wird (*Meyer, Mayer, Heyl*). Auch das <*y*> wurde wie die häufige <*th*>-Schreibung erst durch die Orthographiefestlegungen gegen Ende des 19. Jh.s aus dem üblichen Schreibverkehr gezogen. Damals war die Schreibung der Familiennamen aber schon amtlich geworden.

So gibt es eine Fülle von historischen Schreibungen, die in manchen Familienüberlieferungen bis heute erhalten blieben, während sie in anderen Familien im Laufe der Zeit modernisiert und den geltenden Schreibgewohnheiten angepasst wurden; dazu haben sich jede Menge Mischformen gebildet.

2.3 Wilde Schreibungen: Wenn das Benennungsmotiv unklar wird

Sich an Schreibgewohnheiten zu orientieren, fällt und fiel jedem Schreiber beim Schreiben eines Familiennamens umso leichter, je einfacher, vertrauter und üblicher ein Name war oder je besser man ihn mit einem anderen bekannten Namen oder mit einem Wort in Verbindung bringen konnte. Umgekehrt: Je fremdartiger der Name in den Ohren eines Schreibers klang, je weniger er damit verbinden konnte, umso leichter kam es zu verfremdeten Schreibungen. Die wurden als Varianten oftmals fest, wenn auch meist mit einer geringeren Zahl an Namensträgern. Neben der zeitlichen gibt es also auch gewissermaßen eine räumliche Schiene für die Entstehung von Namenvarianten.

Trageser
Als ich für die Zeitungsserie in der Wetzlarer Neuen Zeitung eine Anfrage nach der Bedeutung des Namens <*Dragässer*> erhielt, habe ich lange darüber gerätselt, was wohl eine *Dragasse sei, nach der der erste Namensträger offenbar benannt war. Bis mir klar wurde: Das war ja gar keine Bezeichnung nach der Wohnstätte in einer Gasse, sondern nur eine andere Schreibweise für den in Hessen verbreiteten Familiennamen *Trageser* (mit Betonung auf der ersten Silbe). Den tragen etwa 1.200 Menschen; die Hälfte davon lebt im Main-Kinzig-Kreis, ein weiterer großer Anteil im Kreis Aschaffenburg. Bei dieser Verbreitung muss man über die Namendeutung nicht mehr lange nachdenken: Erinnern Sie sich an das Hofgut *Trages* in der Gemeinde Freigericht im

Main-Kinzig-Kreis, dem romantischen Rückzugsort für Romantiker (s.Kap. 8.5) und heutzutage für Golfspieler? Ganz offensichtlich war der Hof namengebend.

Das würde als Erklärung eigentlich schon reichen. Aber wenn man der Geschichte dieses Hofes nachgeht, erfährt man, dass die zuerst 1317 als *Tragez* erwähnte Siedlung in der frühen Neuzeit wüst gefallen ist. Erst mit der Neuvergabe 1639 beginnt die neuzeitliche Geschichte des Hofes.[7] Es ist deshalb wahrscheinlich, dass es Bewohner der wüst fallenden Siedlung waren, die in die Fremde zogen und dort als **Trages-er* bezeichnet wurden.

Die Namengeschichte geht mit seinen Varianten jedoch noch ein Stückchen weiter. Wo man den Namen noch leicht mit der Hofsiedlung verbinden konnte, wurde der Name so geschrieben, dass er mit dem Namen des Hofs übereinstimmte. Je weiter weg sich Namensträger (oder ihre Nachkommen) vom Herkunftsort entfernten, umso weniger verstand der den Namen aufnehmende Schreiber die Bedeutung und richtete sich nur nach der gehörten Aussprache. Die Variante <Dragässer> gibt es fast nur im Kreis Limburg-Weilburg, allerdings hat sie gerade einmal neunzehn Telefonanschlüsse. Vermittelndes Glied ist eine andere seltene Variante <Dragesser>, die sich mit einzelnen Namensträgern vom Main-Kinzig-Kreis über ganz Mittel- und Westhessen bis in den Kreis Limburg-Weilburg zieht, wo sich wieder die meisten Anschlüsse finden. Die unterschiedliche Schreibung mit <e> und <ä> kennzeichnet die entscheidende schreibsprachliche Abkopplung von <Dragässer> vom Hofnamen, weil jetzt die Anlehnung an eine ‚Gasse' nahe liegt. Vergleichbar abgekoppelt hat sich eine kleine Variante <Tragesser>. Sie kommt wiederum fast ausschließlich in einem Landkreis vor, hier dem Kreis Groß-Gerau.

Seltene Varianten entstehen also eher in Randgebieten des ursprünglichen Verbreitungsraums; und sie entfernen den Namen bei gleichem Lautbild von der Leitform.

Kreiling und Konsorten
In die Schreibvarianten schleichen sich oft Schreibungen ein, die sich Unsicherheiten in Bezug darauf verdanken, wie mündlicher, dialektal bestimmter Sprachgebrauch und hochdeutsch angemessene Schreibung sich miteinander verbinden lassen. Manchmal kann auch ein lautlich geschultes Hessen-Ohr nicht zwischen den „harten" Lauten *p, t, k* und den entsprechenden „weichen" Lauten *b, d, g* unterscheiden, wenn darauf ein *r* oder *l* folgt: Ob man *Trageser* oder **Drageser* schreiben soll, kann man nur sicher entscheiden, wenn man weiß, wie der namengebende Ort gewöhnlich geschrieben wurde. Denn im Unterschied zu den Norddeutschen hören wir Hessen keinen lautlichen Unterschied zwischen *Kreis* und *Greis*.

So kommt es bei vielen Namen zu ganzen Sippschaften von Schreibvarianten. Da wird es mitunter schwierig herauszufinden, was die eigentliche Ausgangsform ist. So klagte ein Träger des Namens <Kräling>, dass er „verzweifelt", aber vergeblich nach der Bedeutung seines Namens suche. Der Familienname ist in Hessen schon früh belegt: 1359 (Konrad) *Kreling* in Frankenau (Kr. Waldeck-Frankenberg) und 1398 *Heinz Krelunge* in Wohnbach (Wölfersheim, Wetterau-Kr.) und noch einmal derselbe 1406 als *Heintz Kreylunge*.[8] In der Tat wird eine Deutung schwierig, wenn man sowohl das <k> wie das <ä> gewissermaßen für bare Münze nimmt. Wenn man nach ganz gleich klingenden Varianten sucht, findet man (mit unterschiedlichen Häufigkeiten) eine ganze Menge: <*Krähling, Grähling, Grehling, Greling, Gräling*>. Somit sehen wir, dass zumindest auch <g> als erster Laut für das namengebende Wort in Frage kommt. Aber auch damit kommen wir auf keine zufriedenstellende Deutung. Die finden wir erst, wenn wir daran denken, dass in Hessen nördlich der Wetterau der hochdeutsche Diphthong *ei* im Dialekt *e:* lautet, also wird z.B. /eimer/ zu /e:mer/ ‚Eimer' (südlich davon zu /a:mer/). Die hochdeutsche Form von *Kräling* wäre also *Kreiling, und das ist tatsächlich die häufigste Variante des Namens. Dazu gibt es vielfach <*Greiling*>, gelegentlich <*Krailing*>. Aber auch *Kreiling* enthält schon ein dialektales Element. Denn so wie unser Wort *heute* in den meisten hessischen Dialekten zu /heit/ wird, so ist *Kreiling / Greiling* aus *Greuling* entstanden. Das ist eine Namenvariante, die in Westhessen vorkommt.

Damit bietet sich endlich eine Anknüpfung an ein mittelalterliches Wort an, das als namengebendes Motiv in Frage kommt: mhd. *griuwelinc* ‚einer, der Grauen erregt'.[9] Das Wort ist nur ein einziges Mal in der mittelalterlichen Literatur belegt und scheint auf so etwas wie einen Nachtmahr anzuspielen.

Bestätigt wird die Grauen erregende Deutung durch den (seltenen) Familiennamen <*Grauling*>, der ganz überwiegend in der Wetterau vorkommt. Diese Variante spiegelt eine spezielle sprachgeschichtliche Entwicklung im Mitteldeutschen, wo dem mhd. *ü:* ein heutiges *au* entspricht, wenn auf den Vokal ein *w* (oder ein *r*) gefolgt war; z.B. wird mhd. *niuwe* ‚neu' zu *nau* (wie z.B. im Ortsnamen *Bad Nauheim*). So erschließt sich aus unserem Ausgangsnamen ein ganzes Feld an Sprach- und Schreibvarianten, die nicht nur alle auf das gleiche namengebende Motiv zurückgehen, sondern die insgesamt schwerpunktmäßig in Mittel- und Nordhessen verbreitet sind, wo etwa die Hälfte aller deutschen Namensträger beheimatet sind. Man könnte das fortsetzen, indem man Namen wie <*Greulich*>, <*Greilich*>, <*Graulich*> heranzieht, die vergleichbare Varianzen im Vokal aufweisen und auf das entsprechende mittelalterliche Eigenschaftswort mhd. *griuwelich* ‚Schrecken oder Grauen erregend'[10] zurückgehen. Man mag sich die Urahnen unserer Namensträger gar nicht so recht vorstellen.

2.4 Wenn uns die Schreibung aufs Glatteis führt

Der vertrackte spitze Akzent <é>

Zum Abschluss der Betrachtung hessischer Schreibvarianten betrachten wir zwei Spezialfälle, die uns auf Fragen des Imagegewinns durch Schreibvarianten führen. Vielleicht ist es noch heute ein wenig imagefördernd, zumindest mit einem Hauch von

Exotik versehen, wenn man den Familiennamen mit historischen Schreibelementen ausgestattet findet. Um wieviel schöner ist es dann, wenn man sich den Hautgoût (ein Wort, das es übrigens im heutigen Französisch nicht gibt) eines französischen Akzents gönnen darf.

Thome
Wenn in öffentlichen Medien von dem aus Biedenkopf stammenden Schriftsteller Stefan Thome die Rede ist, wird sein Nachname immer mit einem unbetonten *e* am Ende ausgesprochen, wie z.B. in /tonn-ə/. Mich hat das gewundert, weil ich bis dahin den Namen nur so kannte, dass am Ende ein deutlich gesprochenes /e(:)/ erklingt und dass er oft auch so geschrieben wird, nämlich mit einem Akzent: <*Thomé*>. (Allerdings hätte sich diese Verwunderung nicht ergeben, wäre Thome bei seinem ursprünglichen Familiennamen Schmidt geblieben; leider ist dieser Name für einen Schriftsteller natürlich nicht besonders attraktiv.)

Wer seinen Familiennamen <*Thomé*> schreibt, verweist damit sozusagen automatisch auf französischen Ursprung, legt die Zuwanderung einer Hugenotten-Familie nahe. In der Tat kommt <*Thomé*> in Nordost- und Südost-Frankreich häufiger vor. In Deutschland schreiben sich etwa siebenhundert Namensträger mit Akzent, annähernd fünfmal so viele aber ohne. In beiden Fällen liegt das Schwergewicht im Saar-Mosel-Raum und reicht bis Hessen. Das bestätigt scheinbar die französische Herkunft.

<*Thomé*> erhält aber mit der Schreibform <*Thomä, Thomae*> eine räumliche Konkurrenz. Die kommt hauptsächlich in Thüringen und Sachsen vor und trifft in Hessen auf die <e>-Formen. Nimmt man beide Schreibungen zusammen, handelt es sich um ein ziemlich einheitliches mitteldeutsches Gebiet mit verschiedenen Schreibvarianten.

Thomae ist der Genitiv des Personennamens Thomas, der auf den entsprechenden, aus dem Hebräischen stammenden Heiligennamen zurückgeht. Ein <*Thomae*> ist also nur ‚der Sohn eines Thomas', und <*Thome / Thomé*> ist deshalb nichts Anderes wie *Petri* ‚Sohn des Petrus / Peter'. In der Aussprache besteht zwischen *e:* und *ä:* nur ein geringfügiger Unterschied; entscheidend ist, dass beide Laute betont und nicht verschliffen ausgesprochen werden. Denn damit ist das <é> gut erklärbar: Es verweist auf die klare Aussprache als /e/ und keineswegs auf die Herkunft aus dem Französischen. Der Akzent verhindert, dass <*Thome*> als /to:mə/ (und damit wie *Tonne*) ausgesprochen wird. Dass einzelne hessische *Thomés* trotzdem aus Frankreich gekommen sind, ist damit nicht ausgeschlossen; ich habe aber keine Hinweise gefunden. Die <*Thome*>-Schreibung ist in Hessen früh belegt: 1345 gibt es einen *(Konrad) Thome* ganz im Norden Hessens, in Ober-Marsberg[11], und 1414 wandert ein *Mathias Thome von Berlin brandenborger bischtum*[12] aus Berlin und keineswegs aus Paris zu.

Dass man in der Nähe zu Frankreich häufiger die Akzentschreibung bevorzugt, liegt nahe. Damit konnte man einerseits leicht, mit dem Französischen vertraut, die Betonung des Endlauts abbilden. Andererseits führte das zugleich zu einer Imageaufwertung, die mit französischen Familiennamen ohnehin allgemein verbunden wird.

In Einzelfällen wurden sogar echte französische Namen entsprechend umfunktioniert: So wurden aus einigen *Raquets* geschriebene <*Rackés*>. (s.Kap. 8.4.2). Deutsche Auswanderer nach Frankreich verfahren entsprechend. So übernimmt *Eduard Werler* aus Wetzlar als <*Éduard Werlé*> die Champagnerfirma der Veuve Cliquot-Ponsardin in Reims.[13]

Das gilt auch für den Familiennamen *Karle*, der in dieser Schreibung, aber auch als <*Carle*> vorkommt. Er wird meist regulär als /karlə/ ausgesprochen und benennt ursprünglich ein **Karl-le*, einen ‚kleinen Karl'. Selten, aber hauptsächlich in Hessen, gibt es die Schreibung <*Carlé*>, vereinzelt *Karlé*. Nur ist hier kein lateinischer Genitiv die Ursache, sondern (vermutlich) die betonte Aussprache der Verkleinerungsform *-le*. Der Akzent und das <*C*> am Anfang unterstreichen symbolisch die scheinbar französische Herkunft und dienen der Imagesteigerung. Das vornehm aussehende <*C*> als Anlaut für <*K*> findet sich als Variante auch heute noch z.B. bei <*Cramer, Crombach, Cromm, Clemm, Clos, Clees, Corell*>. In Hessen taucht der Name früh auf. Zwar ist *Karl* in Frankfurt ein ganz ungewöhnlicher Personenname, aber immerhin finden wir dort 1363 mit *Concze Karle von obern Erlebach*[14] einen Neubürger dieses Namens, und auch im Odenwald, in Dorf Erbach, ist der Name mit *Adam Carle* schon 1557 belegt.[15]

Scharf betont mit dem Skalpell

Wir sehen an diesen Fällen sehr schön, wie leicht wir durch Namenschreibungen in die Irre geführt werden, wenn sie uns eine exotische Fremdartigkeit vorgaukeln oder wir so etwas hineindeuten. Das ist nicht nur bei der Akzentschreibung offenkundig. So nehmen wir fast automatisch an, dass die geschriebene Silbe <*-ell*> immer betont wird – der zwei <*l*> wegen: *Forélle, Kapélle, Skalpéll, Bordéll*. Es ist deshalb kein Wunder, sondern eher normal, dass auch der Name des schwedischen Autors und Wallander-Erfinders Henning Mankell meist auf der zweiten Silbe betont wird, wenn er ausgesprochen wird. Wegen der <*ll*>-Schreibung am Schluss denkt man an fremdartige Herkunft des Namens. (Erinnern Sie sich an Detlev Spinell in Thomas Manns „Tristan"? (Kap. 1.2.2))?

Mankell / Mankel
Die Schweden betonen den Namen *Mankells* durchaus nicht auf der zweiten Silbe. Sie sagen /mánkel/ und setzen uns damit auf die richtige Spur. Denn *Mankel* hört sich nicht nur gut deutsch an; der Name ist es auch, dazu ist er sogar ein typisch hessischer Name. Von den knapp 1.000 Namensträgern lebt gut die Hälfte in Hessen, hauptsächlich zwischen Main und Waldeck. Ein weiteres Drittel wohnt im Siegerland und in Westfalen, so dass sich ein ziemlich geschlossenes Vorkommensgebiet ergibt. *Mankel* nimmt unter den häufigsten Familiennamen in Hessen immerhin einen ehrenvollen 1568. Rang ein. In Hessen ist der Name am häufigsten

im Kr. Marburg-Biedenkopf, und von hier stammen die unmittelbaren Vorfahren von Henning Mankell:

Der älteste bekannte Vorfahr, Johan(n) Herman(n) Mankel, wurde 1763 in Niederasphe (Münchhausen, Kr. Marburg-Biedenkopf) als Bauernsohn geboren, erlangte Bedeutung als Musiker und Komponist und kam über Dänemark, wo er in einer Herrnhuter Gemeinde als Organist angestellt war, nach Schweden. Dort starb er 1835 in Karlskrona. Die Gemeinde der böhmischen Brüder in Dänemark musste er wegen Ehebruchs verlassen. Die Änderung der Namensschreibung hat sich gegen Ende seines schmählichen Abgangs 1814 vollzogen.[16]

Auch wenn die eigenwillige Schreibung auflösbar ist, ist der Name *Mankel* damit noch nicht erklärt. Da Belege vor dem 18. Jh. fehlen, ist die Ausgangsform des Namens nicht feststellbar. Wahrscheinlich handelt es sich um eine verschliffene Form des häufigen altdeutschen Personennamens *Mangold*, der als Familienname auch in Süd- und Mitteldeutschland häufig ist. In Kirch-Göns (Butzbach, Wetteraukr.) ist 1326 ein *Eberhardus dictus Manke* belegt, auf den der heute in Mittelhessen verbreitete Name *Mank* zurückgeht. Das ist eine Kurzform zu *Mangold*[17], aus der durch Zufügung der Koseform *-el* leicht *Mankel* werden konnte.

3. Sprachgeschichtlich bedingte Varianten in Familiennamen

Die Schreibvarianten stellen die Einheitlichkeit des Familiennamens gewöhnlich nicht in Frage. Wir wissen immer: Das ist der Familienname X. Bei den Sprachvarianten ist das nicht der Fall. Die einzelnen Namen weichen in ihrer sprachlichen Form voneinander ab; manchmal geringfügig, manchmal so sehr, dass wir den Zusammenhang auf den ersten Blick gar nicht mehr sehen. In der Regel gehen die so entstandenen sprachlich bedingten Namenvarianten auf Einflüsse des dialektalen Sprachgebrauchs zurück. Dabei müssen wir zwei Stoßrichtungen unterscheiden:
– Auf der räumlichen Ebene entstehen Varianten dadurch, dass der Name in verschiedenen Räumen mit unterschiedlichen Dialekten zu Hause ist. Dadurch nehmen die Namen unterschiedliche dialektale Merkmale auf (z.B. *Seibel / Sippel*).
– Auf der Stufenleiter der Sprachebenen von den Grunddialekten über die Regionalsprachen bis zur Hochsprache entstehen Varianten, die verschiedenen Sprachebenen angehören (z.B. *Riehl / Rühl*).

Dass da wieder alle möglichen Mischformen, vor allem mit den Schreibvarianten, denkbar sind, versteht sich. Im Folgenden zeichnen wir an Beispielen nach, wie die sprachgeschichtliche Entwicklung in Hessen verschiedene Typen an Varianten erzeugt hat.

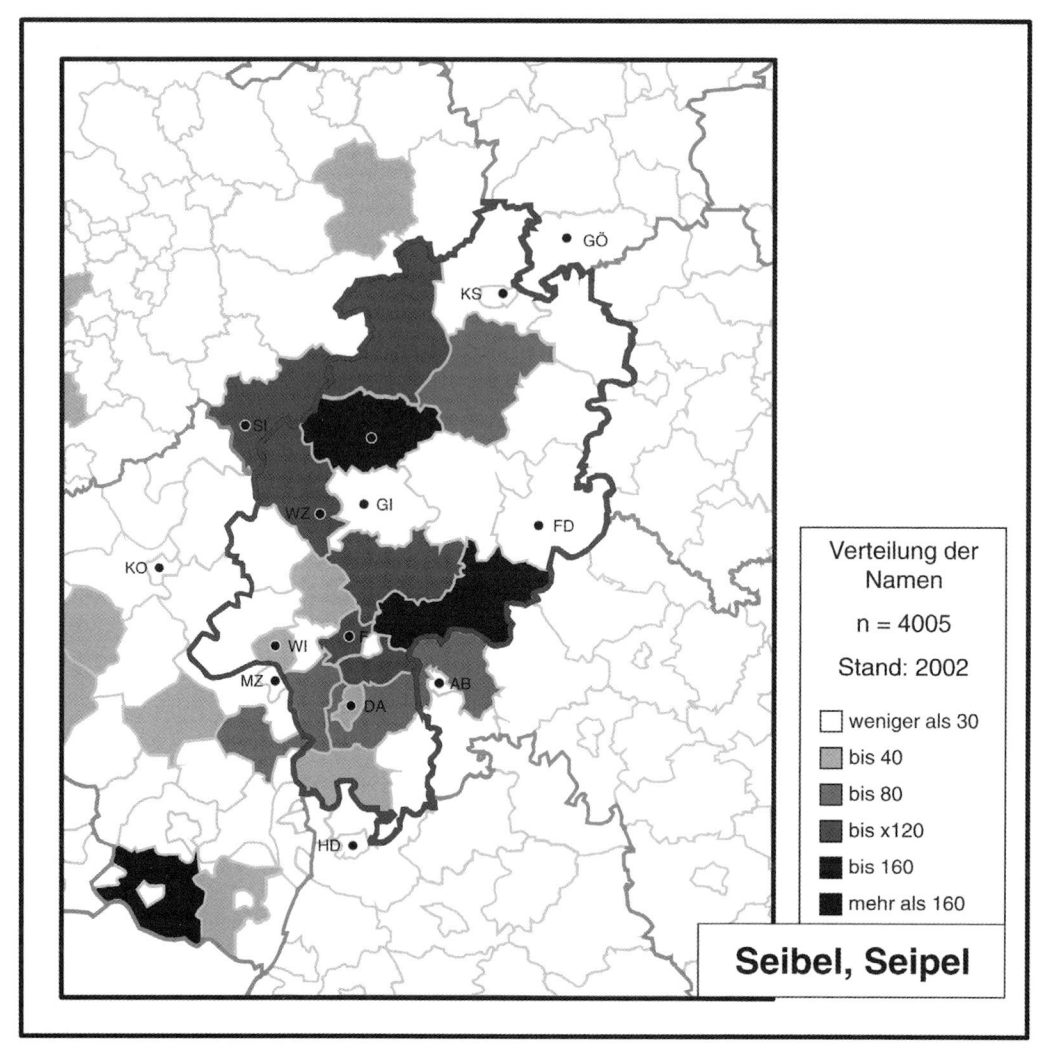

Abbildung 4a: Seibel, Seipel

3.1 Lautgeschichten

Aus eins mach zwei: Seibel *und* Sippel

Kehren wir für einen kurzen Augenblick zur <*Pfeiffer*>-Geschichte zurück. Spontan kommt man nicht auf die Idee, dass der Name <*Piper*> nur eine Variante ist. Für uns sind das klar zwei verschiedene Namen.

Solche Verhältnisse finden wir aber auch mitunter innerhalb Hessens. In Hessen häufig und allbekannt sind die Namen *Seibel* und *Sippel*. Wären Sie auf die Idee gekommen, dass das einfach Varianten zueinander sind? Das wird augenfällig, wenn man sich die räumliche Verbreitung der Namen anschaut:

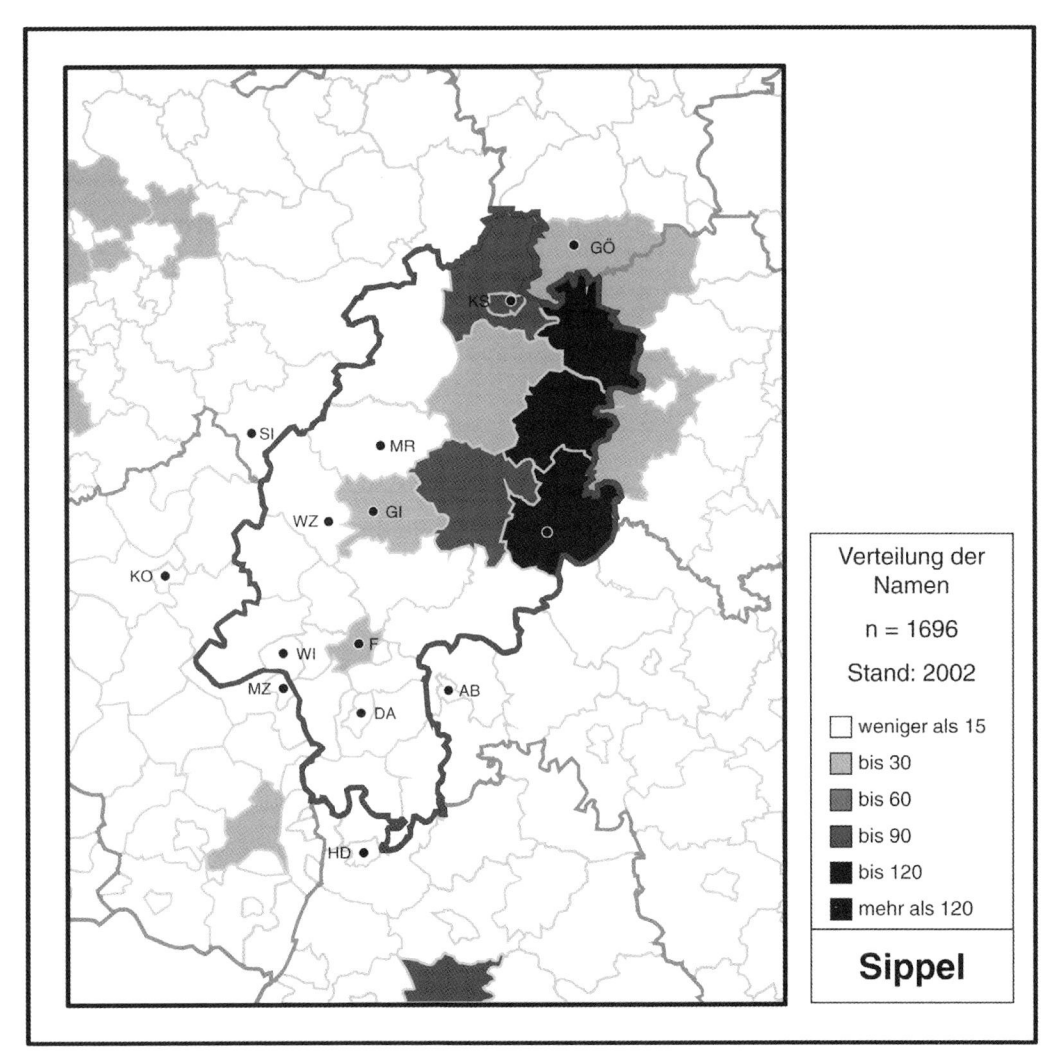

Abbildung 4b: Sippel

Seibel ist mit seinen Schreibvarianten <*Seibel*> und <*Seipel*> mit über 10.000 Namensträgern ein häufiger Name. Sein Hauptverbreitungsgebiet umfasst neben Hessen den Raum von Hunsrück und Pfalz. <*Sippel*> hingegen (auch dazu außerhessische Schreibvarianten) hat nur halb so viele Namensträger und ist sehr stark in Osthessen an Fulda und Werra vertreten.

Beides sind für Hessen charakteristische Namen. Man kann ziemlich leicht erklären, dass und wie die beiden Namen zusammenhängen. Ausgangsform ist die Kurzform eines der vielen Rufnamen, die in althochdeutscher Zeit mit dem ersten Namenbestandteil *Sieg-* und einem zweiten, der mit *b* anfing, gebildet wurden, z.B. **Sieg-bald*. In Hessen entstand aus der Kurzform **/si:b/* der Familiennamen *Seip* u.ä. (s.u. Kap. 10.2.1). In Verbindung mit der Koseendung *-el* wurde die Form **/si:bel/*

gebildet. Von ihr aus starten unsere Namen. Denn am Ende des späten Mittelalters passieren in Hessen zwei verschiedene sprachgeschichtliche Vorgänge:

– In Süd- und Mittelhessen wurde, wie im größten Teil des süd- und mitteldeutschen Sprachgebiets, das lange *i:* durch einen Lautwandelprozess (der sog. neuhochdeutschen Diphthongierung) zu *ei* verändert, und so entstand die heutige Namensform <*Seibel*>. Sie entspricht zugleich der hochdeutschen Sprachnorm.
– In Osthessen hingegen war das lange *i:* durch einen anderen Lautwandelprozess bereits einige Zeit zuvor zu einem kurzen *i* geworden. Der Vokal konnte also gar nicht mehr zu *ei* werden. In der Schreibung wurde die Vokalkürze durch die folgenden Doppelkonsonanten gekennzeichnet; es entstand die Schreibung <*Sippel*>.

In der sprachgeschichtlichen und dialektalen Wirklichkeit sind die Verhältnisse noch vertrackter. So ist im Siegerland und Bergischen Land die Variante <*Siebel*> verbreitet, weil hier die osthessische Kürzung des Vokals nicht stattgefunden hat. Aber auch der Wandel von *i:* > *ei* hat sich hier nicht durchgesetzt. Das Beispiel zeigt, wie man sich auseinander getriftete Sprachvarianten in hessischen Familiennamen erklären kann.

Wiegand / Weigand
Ähnlich verhält es sich übrigens mit der Erklärung der Familiennamenvarianten <*Wiegand*> und <*Weigand*>. Diese Namen stehen ebenso zueinander wie die eben besprochenen *Seibel / Sippel*, nur dass hier das /i/ als langer Vokal erhalten ist. *Wigant* ist ein altes germanisches Wort und bedeutet ‚der Kämpfer'. Deshalb ist es auch früh zu einem beliebten altdeutschen Personennamen geworden und von da aus zu einem Familiennamen. Nimmt man <*Wiegand*> und <*Weigand*> zusammen (etwa 25.000 Namensträger insgesamt), erstreckt sich der Vorkommensschwerpunkt in einem breiten Feld von der oberen Weser über die Fulda und die Kinzig bis an den fränkischen Main. <*Wiegand*> nimmt bis heute den breitesten Raum da ein, wo der Wandel von *i:* > *ei* nicht stattgefunden hat: im Osten und Nordosten Hessens.

Die doppelte Sophie: *Fey und Figge*

Den im Mittelalter beliebten Frauennamen *Sophie*, auch *Sophia* (zu griech. *sophía* ‚Weisheit') trug schon Sophie von Brabant (1224–1275), Tochter der hl. Elisabeth und Mutter Heinrichs I., des ersten hessischen Landgrafen. Der Taufname wurde, da auf der zweiten Silbe betont, üblicherweise zu /fi:/ oder, wenn das End-*e* erhalten blieb, zu /fi:ə/ verkürzt. Als dann in der frühen Neuzeit der Sprachwandel von *i:* zu *ei* auch Hessen erfasste, wurde aus /fi:/ zwangsläufig */fei/. Das schlug sich in einer Fülle von Familiennamen nieder, die sich nur in der Schreibweise unterscheiden: <*Fay*> mit einem Schwerpunkt in Frankfurt, <*Fey*> mit Schwerpunkt im Kr. Hersfeld-Rotenburg, <*Vay*> mit Schwerpunkt im Odenwaldkreis und <*Vey*> mit Schwerpunkt

Fulda. Nimmt man die Verbreitung dieser Schreibvarianten zusammen, zeigt sich zunächst, dass von den insgesamt etwa 10.000 Namensträgern knapp 40 % in Hessen leben, dass er hier also sein Verbreitungszentrum hat. Er reicht von hier bis an die Saar und die Eifel im Westen, im Osten bis weit nach Mainfranken hinein.

Wo das End-*e* erhalten blieb, geschah das, was meistens geschah, wenn zwei Vokale aneinander stießen: Es wurde ein Konsonant zur Aussprachererleichterung dazwischen geschoben. So entstanden historische Namenbelege vom Typ *<Fige>. Wo das /i:/ lang gesprochen wurde, entstand daraus der Familienname *Feick*, auch ein schwerpunktmäßig hessischer Name mit Hauptvorkommen vom Vogelsberg bis nach Südhessen. Wo das *i* aber kurz geworden war, konnte es nicht von dem Sprachwandel erfasst werden: Es entstand der Familienname *Figge* mit Schwerpunkt in Waldeck und Ausstrahlung nach Westfalen. Der Name schließt sich unmittelbar nördlich an das Hauptvorkommen der anderen aus *Sophie* entstandenen Varianten an und erweitert damit dessen Hauptverbreitungsraum. Das ist m.E. ein starkes Argument dafür, dass *Figge* nicht aus *Friedrich* o.ä. abzuleiten ist (vgl. Kap. 1.2.3),[18] sondern tatsächlich zum Variantenspektrum der *Sophie*-Namen gehört. So viel sophistische Weisheit hätten die *Figges* in ihrem Namen wohl nicht vermutet. Und es ist ein schönes Beispiel dafür, dass die räumliche Verbreitung von Varianten zur Deutung einer besonderen Variante beiträgt.

Das Fell gerben: Löber, Leber, Löhr, Lehr

Hört man den Familiennamen *Leber*, erinnert man sich dabei vielleicht an den hessischen Politiker und früheren Verteidigungsminister Georg („Schorsch") Leber. Man denkt vermutlich, dass der Name vom einschlägigen menschlichen Körperteil herrühre – wie es ja auch viele Leute gibt, die *Herz* oder *Galle* heißen. Aber auch diese Namen haben gewöhnlich nichts mit dem entsprechenden Organ zu tun. Georg Leber stammt aus dem Kr. Limburg-Weilburg, und dort ist der Name auch heute besonders häufig. Aufs Ganze gesehen, ist er aber eher diffus im deutschen Südwesten und Westen verbreitet.

Nimmt man allerdings die fast gleich klingenden Familiennamen *Löber* und *Löwer* hinzu, ändert sich das Bild für den hessischen Raum. Da finden wir nämlich ein geschlossenes Gebiet der drei Namen vom Mittelrhein bis in den Kreis Kassel. An der Lahn um Limburg und Weilburg (und südlich davon) herrscht <Leber> vor, nordwestlich davon <Löber, Löwer>. Es handelt sich offenbar um zwei Varianten. Sie unterscheiden sich nur dadurch, dass das mit rund gespitzten Lippen gesprochene *ö:* mit breiter gezogenen Lippen als *e:* ausgesprochen wird. Das ist ein Vorgang, der in den meisten hessischen Dialekten vielfach vorkommt (die sog. Entrundung). Bei vielen Namen können wir Vergleichbares beobachten, z.B. auch bei dem Familiennamenpaar <Löhr> / <Lehr>. <Löhr> kommt konzentriert in einem großen Raum vor, der von der Eifel bis an Lahn und Dill reicht; die <Lehr>-Formen südlich anschließend, in Hessen hauptsächlich in Süd- und Mittelhessen bis an Kinzig und Main.

Alle Namen gehen auf das gleiche Benennungsmotiv zurück: die Berufsbezeichnung des Rotgerbers (im Unterschied zum Weißgerber; vgl. Kap. 4.2.2). Diese

Gerber bearbeiteten das Leder mit Eichenlohe als Gerbstoff. Die Lohe hieß im Mittelhochdeutschen einfach *lô*. Ein Gerber, der mit *lô* arbeitete, war ein **lo-er*. Da stoßen wieder zwei Vokale aufeinander, und es wird wieder ein Zwischenkonsonant eingeschoben, und zwar entweder ein *b*, ein *w* oder ein *h/* (wie auch heute im Wort *Lohe*). So entstehen die Berufsnamen **Löb-er*, **Löw-er* und **Löh-er*. <Löhr> ist dann über eine dieser Zwischenformen oder direkt aus **lö-er* zusammengezogen.

Dass Namen mit den runden Vokalen *ü* und *ö* dialektal Varianten ohne Rundung bilden, kommt häufiger vor, vgl. z.B. *Rühl* vs. *Riehl*, *Dönges* vs. *Dinges*. Dabei ist die gerundete meist die hochdeutsch beeinflusste Leitform.

Die Namengeschichten zeigen: Namengeschichte und Dialekt- bzw. Sprachgeschichte laufen in vieler Hinsicht parallel; daraus entstehen viele Varianten. Aber die dialektal-sprachgeschichtlich verursachten Namenvarianten sind auch von anderen Faktoren in ihrer Namengeschichte geprägt. Echte Namensträger sind mobil, bewegen sich unvorhersehbar im Raum und nicht so wie historische Sprachbewegungen, die sich im Dialekt widerspiegeln. Zudem sind Familiennamen von Anfang an durch die Schriftlichkeit geprägt, und deshalb sind auch die dialektalen Varianten oft mit Formen des überregionalen Sprachgebrauchs, des Hochdeutschen, vermischt.

3.2 Wo sich *Heim*-liches verbirgt und der *Hamm*-er hängt

Dörsam

Zum Familiennamen *Dörsam* bemerkt der Familiennamen-Duden, dass es ein „schwer zu deutender südwestdeutscher Familienname sei", der vielleicht wie der Name *Rübsam*[19] als Bezeichnung für einen Bauern entstanden sei. In der Tat zeigt *Rübsam* zusammen mit seiner Variante <Rübsamen>, dass der Same von Rüben das namengebende Motiv für einen Bauern abgab, der auf diesem Gebiet wohl besonders erfolgreich war. Von *Rübsam(en)* gibt es etwa 2.000 Namensträger, von denen weitaus die meisten in einem Gebiet zwischen Westerwald und dem westlichen Thüringen leben. Ein hessischer Name also, der die Besonderheit aufweist, dass der Schwerpunkt für die Variante <Rübsamen> jenseits des hessischen Westrands und der Schwerpunkt für die Variante <Rübsam> jenseits des hessischen Ostrands liegen. Das zeigt übrigens zugleich, dass die beiden Varianten an (mindestens) zwei verschiedenen Orten entstanden sein müssen.

Dörsam ist noch ausgeprägter ein hessischer Familienname. Von den über 1.000 Dörsams lebt fast die Hälfte im Kreis Bergstraße, die meisten anderen nicht weit davon in Nachbarregionen. Offensichtlich ist der Name in diesem Raum entstanden. Damit wissen wir aber natürlich noch lange nicht, was er ursprünglich bedeutet. Auch die seltene Schreibvariante <Dörrsam> in Ludwigshafen und der Pfalz hilft uns nicht weiter, legt höchstens nahe, dass der Name etwas mir ,dürr' zu tun haben könnte.

Wirklich weiter führt erst eine mit nur sechs Telefonanschlüssen ganz seltene Variante <Dorsam> in Darmstadt und Umgebung. In dieser Form ist der Name nämlich 1659 auch für einen Einwohner in Groß-Umstadt (Kr. Darmstadt-Dieburg) belegt und entspricht offensichtlich einem dort wenige Jahr zuvor (1650) genannten *Dorßheim*, der aus dem nahe gelegenen Reinheim zugezogen ist.[20] Damit entpuppt sich, dass <Dörsam> gar nicht als *Dör-sam* aufzulösen ist, sondern als *Dörs-am*. Dabei ist -(h)am nichts Anderes als eine mundartlich abgeschwächte und verschliffene Form von -heim.

Gehen wir dieser Spur nach, finden wir zu unserer Überraschung etwa einhundert Menschen, die *Dorsheimer* heißen, weitaus die meisten wiederum im Kreis Bergstraße und in Südhessen. Damit ist das Namenrätsel gelöst, vorausgesetzt, wir finden noch einen Ort *Dorsheim*, aus dem der erste *Dörsam* gekommen ist. Der findet sich tatsächlich bei Langenlonsheim (Kr. Kreuznach).

Die Zuwanderung nach Südhessen muss früh stattgefunden haben, denn schon 1426 leben in Wersau (Brensbach, Odenwaldkr.) *Hartmut Dirsem* und *Hartman Dorsem / Dorsin*;[21] sie tragen also mundartliche Namensformen, die lautlich schon weit vom Ausgangsnamen entfernt sind. <-am>-Schreibungen treten seit dem Ende des 15. Jh.s häufig auf, daneben auch Schreibungen auf -um wie z.B. 1554 *Lenchen Dörsum*.[22] Der Witz bei dieser Namenherleitung besteht darin, dass wir erst über heute seltene Namenvarianten auf die Spur gesetzt wurden, die sich dann durch vielerlei weitere Belege bestätigte.

Holzamer
In den hessischen Dialekten wird das Wort *Heim*, das ja auch in vielen Ortsnamen auftaucht, unterschiedlich gesprochen: Ganz grob gesagt, heißt es in der Wetterau und südlich davon /ha:m/, nördlich davon /he:m/. Das spielt bei Familiennamen nach der Herkunft manchmal eine Rolle wie bei *Dörsam*, manchmal nicht. Schließlich ist die Aussprache von Ortsnamen auf -heim meist weiter zu -em abgeschwächt: *Bensheim* > /bensəm/, *Heppenheim* >/heb(ə)rəm/. Aber manchmal kommt man mit der -am / -heim-Vermutung doch weiter.

So ist auch der Familienname *Holzamer* erst einmal ziemlich undurchsichtig. Er ist auch mit kaum über einhundert Namensträgern selten und wäre deshalb kaum erwähnenswert, gäbe es nicht mit dem Schriftsteller Wilhelm Holzamer (1870–1907) und dem späteren ersten ZDF-Intendanten Karl Holzamer (1906–2007) zwei bekannte Namensträger. Und wäre der Name mit etwa der Hälfte der Namensträger nicht im Kreis Offenbach so stark vertreten, dass hier der Ursprung vermutet werden darf. Entsprechend unserer -am-Beobachtung bei *Dörsam* gehen wir von *holz-am-er* aus, d.h. einem *Holzheimer*. Dieser Familienname existiert ebenfalls, mit einem Schwerpunkt östlich der Rhön. Aber das nützt uns nichts; denn den Ortsnamen *Holzheim*, den man für die Ableitung des Familiennamens heranziehen muss, gibt es so häufig, dass eine Ortswahl zu einem reinen Ratespiel würde. Der Ortsname *Holzheim* ist übrigens deshalb so häufig, weil *holz* im Mittelalter auch ‚Wald' bedeutete; die Orte wurden einfach nach der Lage benannt.

Wehrum / Wehrheim
Neben -am wird -heim mitunter auch zu -um abgeschwächt. Es gibt den merkwürdigen Namen *Wehrum* mit Schwerpunkt im Kr. Gießen und weiteren Vorkommen

rundum. Der scheinbar schwer verständliche Name erklärt sich sehr schnell, wenn man ihn als Namen nach der Herkunft aus dem Ort *Wehrheim* im Hochtaunuskreis versteht. Dieser Ortsname hat auch zu dem völlig gleich lautenden Familiennamen *Wehrheim* geführt, dessen ebenso eindeutiger Vorkommensschwerpunkt passenderweise im Hochtaunuskreis liegt. Hier haben sich also zwei Varianten gebildet, von denen die eine den Regeln der Standardsprache folgt, während die andere sich an der mundartlichen Aussprache des Ortsnamens ausrichtet. Auch hier müssen sich also mindestens zwei Familienstämme herausgebildet haben.

Mit einem Blick auf den gesamten deutschen Sprachraum kann man sagen, dass -*heim* im Süden eher zu -*ham* abgeschwächt wird (dazu Familiennamen wie z.B. *Forchhammer*), während im Norden -*heim* meist zu -*um* wird, z.B. *Husum*. Hessen ist auch hier, wie so oft, Weltkind in der Mitten: in Südhessen eher -*am*, wie wir bei *Dörsam* und *Holzamer* sehen, nördlich des Mains eher -*um* wie bei *Wehrum* oder dem mittlerweile ausgestorbenen Familiennamen *Bellersum*, der in Gießen ab 1577 belegt ist[23] und auf die ursprüngliche Herkunft aus Bellersheim (Hungen, Kr. Gießen) verweist. Das zeigen z.B. auch Wüstungsnamen wie *Ursulum* ‚Urselheim' oder *Hegum* ‚Hegheim' im Kreis Gießen.[24] Andererseits ist der (mit weniger als zweihundert Namensträgern eher seltene) Familienname *Stockum* vor allem in Südhessen verbreitet. Von den zahlreichen *Stockheim*-Orten in Deutschland kommt damit zuerst Stockheim (Michelstadt, Odenwaldkr.) als namengebender Herkunftsort in Betracht.

-heim / -heimer

Die für Familiennamen wichtigste Variation in diesem Bereich ist die sprachgeschichtliche Kennzeichnung der Herkunftsnamen. Die wichtigste Differenz, die uns bei den Familiennamen jüdischer Familien schon begegnet ist, betrifft die Verwendung der Ableitungsform -*er* zur Kennzeichnung der Herkunft oder der Verzicht darauf, so dass der reine Ortsname zum Familiennamen wird. So war das bei *Oppenheim / Oppenheimer*, und so ist das unterschiedlich ausgeprägt bei *Dörsam* und *Holzamer*.

Der Herkunftsort muss keine Stadt (*Darmstädter*) oder ein Dorf (*Dutenhöfer*) sein. „Herkunftsorte", nach denen benannt wird, sind oft auch wüst gefallene Siedlungen (*Trageser*), Höfe (*Klingelhöfer*), Landschaften (*Bergsträsser, Vogelsberger, Weller*), Fluren (*Breitwieser, Berger, Kaffenberger*); allesamt Orte also, an denen jemand gelebt haben kann, und die in der Regel selbst schon einen Namen trugen.

Wiederum auf den ganzen deutschen Sprachraum bezogen, besteht die Tendenz, dass im Norden die -*er*-losen Namen vorherrschen, im Süden die mit -*er*-Ableitung. Hessen liegt wieder einmal in der Übergangszone. Das führt zu allerlei Durcheinander in der Namenvariation von Herkunftsnamen mit und ohne -*er*. Es lohnt wirklich nicht, nach klaren Regelmäßigkeiten zu suchen. Es gibt nämlich keine.

Bei sehr vielen Herkunftsnamen bestehen beide sprachlichen Varianten nebeneinander. Wenn sich die großräumige Verbreitung in den konkreten Namenvarianten widerspiegelt, sollte man vermuten, dass die -*er*-losen Formen sich nördlich und die

-er-Formen südlich vom Herkunftsort finden. Nehmen wir z.B. Familiennamen, die sich als Herkunftsnamen auf eine hessische Landschaft beziehen. Für die in der Mitte Hessens liegende *Wetterau* sollten danach benannte Menschen als *Wetterauer* südlich der Wetterau leben, einfach *Wetterau* heißende hingegen nördlich davon. So ist es auch: Die meisten *Wetteraus* leben in Nordosthessen und den angrenzenden Kreisen, die meisten *Wetterauers* hingegen im Neckarraum. Der Befund ist jedoch oft einigermaßen verworren. Schon bei *Odenwald / Odenwälder* u.ä. oder *Vogelsberg / Vogelsberger* stimmt das nur sehr ungefähr.

3.3 Deutschlandweites: Das lutherische -e

Es gibt bei vielen deutschen Familiennamen eine unscheinbare, aber immer wiederkehrende Variation, wie sie z.B. die Namenpaare <*Stark / Starke*>, <*Groß / Grosse*>,

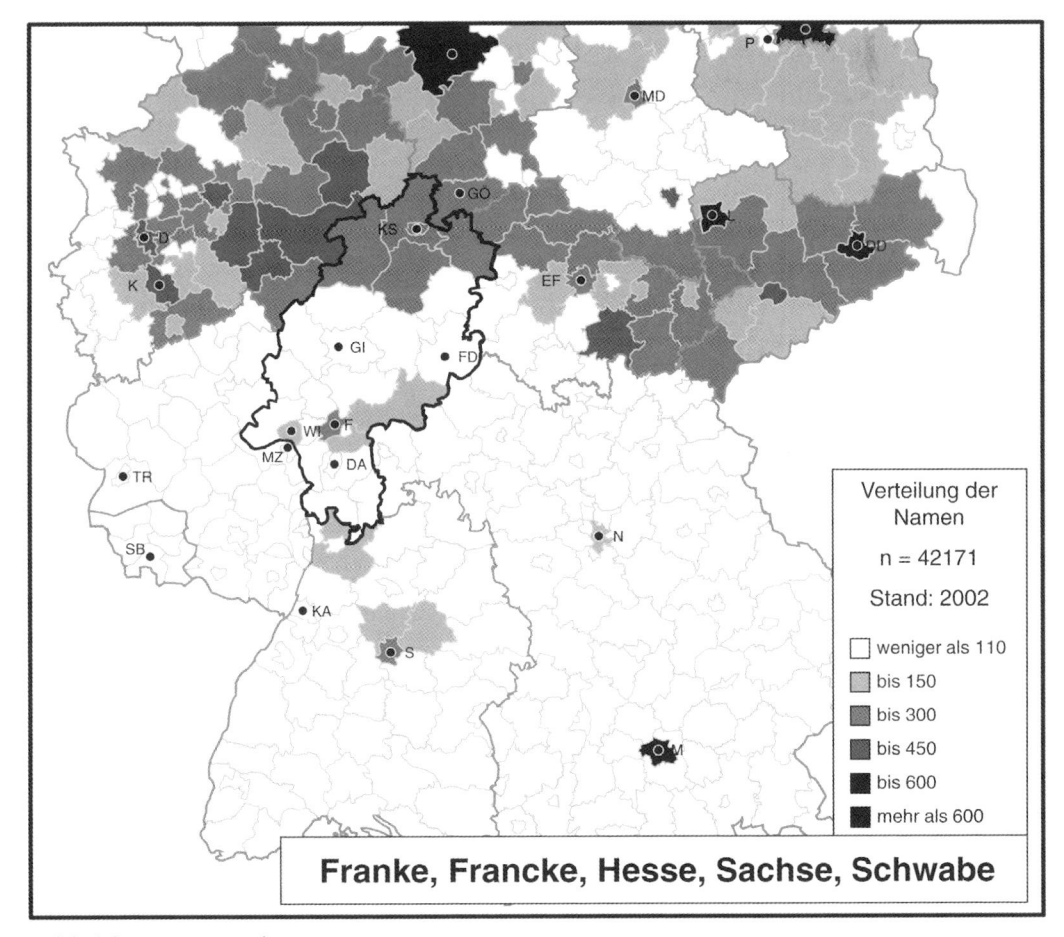

Abbildung 5: Franke usw.

<Lang / Lange>, <Klein / Kleine>, <Klug / Kluge>, <Fromm / Fromme>, <Schön / Schöne> aufweisen: Der ansonsten identische Name hat am Ende ein <e> oder eben nicht. Ursprünglich sind die Formen mit <e>. Weil das /ə/ unbetont war, ist es in vielen Gegenden dann in einem Lautwandelprozess sozusagen abgefallen. Dieser Lautwandelprozess vollzog sich in den süddeutschen und den meisten westmitteldeutschen Mundarten und hatte zur Folge, dass wir heute oft unsicher sind, ob es *die Tür* oder *die Türe* heißt. Im Sprachgebrauch des Niederdeutschen und vor allem des Ostmitteldeutschen, d.h. im Thüringischen, Sächsischen und deren angrenzenden Regionen ist das End-*e* zu Hause. Das war im Kernland der lutherischen Reformation. Im katholischen Süden Deutschlands mit seinen *e*-losen Formen war es deshalb verhasst und wurde als „lutherisches *e*" verteufelt und bekämpft.

Die Familiennamen hat das wenig geschert, ihnen aber eine relativ gleichmäßige räumliche Verbreitung gesichert. Legt man die oben genannten -*e*-haltigen Namen zusammen, summiert sich das auf ungefähr 150.000 Namensträger, natürlich über ganz Deutschland verstreut, aber mit starker Betonung Norddeutschlands. Sogar eine Art Häufigkeitsgrenze ist erkennbar: Vom Rhein bei Bonn über das Hochsauerland und Kassel ins Eichsfeld und weiter nach Osten nach Sachsen. Das zeigt, dass Nordhessen gerade noch von dem *e*-Bereich erfasst ist.

Vielleicht ist Ihnen aufgefallen, dass unsere Beispielnamen sich allesamt auf menschliche Eigenschaften als namengebendes Motiv bezogen hatten. Eine andere kleine Gruppe, bei denen *e*-haltige und *e*-lose Varianten sprachlich leicht möglich sind, sind Stammesnamen: Legt man *Hesse, Schwabe, Franke, Sachse*, zusammen, ergeben sich annähernd 110.000 Namensträger, und es entsteht ein noch geschlosseneres Hauptvorkommensgebiet, dessen Südgrenze etwas südlicher verläuft und in Hessen zudem den Kreis Waldeck-Frankenberg und den Schwalm-Eder-Kr. einschließt. Daran ändert sich auch nichts, wenn man einige häufige Familiennamen hinzufügt, die aus alten gängigen Personennamen entstanden sind: *Hin(t)ze, Hein(t)ze, Kun(t)ze* mit zusammen etwa 70.000 Namensträgern. Das -*e* ist also von dem namengebenden Motiv unabhängig. Es ist reine Formsache im wörtlichen Sinne (und war doch einst in den Wörtern ein Glaubensartikel).

Hessen hat in seinen nördlichen Gebieten Anteil an der im Norden bevorzugten Form. Wir werden sehen, dass das genau der Haupteigenschaft der nordhessischen Familiennamen(teil)räume entspricht (Kap. 10). Der Rest Hessens stellt sich zum südlichen Namengebrauch.

3.4 Besonderheiten

Es gibt einige Besonderheiten bei der Variantenbildung von Familiennamen, die sich nicht so recht aus den Regeln für Schreibvarianten ableiten lassen, aber auch nicht recht aus Regeln für Sprachvarianten. Sie sind deshalb nicht leicht zu erklären und werden hier wenigstens angesprochen, weil sie ziemlich viele Familiennamen, auch in Hessen, betreffen.

Blüm und Konsorten

Dass aus einer *Blume* ein *Blümchen* wird und damit aus dem *u:* ein *ü:*, überrascht niemanden; wir kennen das aus unserem täglichen Sprachgebrauch, ohne darüber nachzudenken. Es handelt sich um einen regelgeleiteten Wechsel, den sog. Umlaut, der sprachgeschichtlich erklärt werden kann. Dann nehmen wir natürlich an, dass auch die Familiennamenvarianten <Blum(e)> und <Blüm> ebenso sprachgeschichtlich voneinander abgeleitet werden können. Das ist aber nicht so: Die sprachgeschichtlichen Regelbedingungen greifen hier nicht. <Blüm> kann aber auch nicht auf ein anderes namengebendes Motiv zurückgeführt werden (Kap. 1.1.2).

Versuchsweise kann man vermuten, dass ein Mensch namens **Blum* oder seine Anverwandten das *u* im Mund so weit vorne ausgesprochen haben, dass andere Hörer oder Schreiber ein *ü* hörten und dass der Name deshalb so aufgeschrieben wurde. Ein Schwerpunkt der *Blüm*-Namen ist Rheinhessen; von dort strahlt er auch nach Hessen aus.

Besonders auffällig und leicht beobachtbar ist die Sprachverrenkung nach vorn im Sprechen Erwachsener, wenn sie mit ganz kleinen Kindern umgehen: /dudududüdüdü/. Möglicherweise liegt hier die Quelle der Besonderheit. Denn zumindest der hessische Parallelfall <Ruhl> und <Rühl> zeigt, dass auch alte Personennamen betroffen sind. Beide Varianten gehen auf den häufigen Personennamen *Rulo* zurück, eine Kurzform von *Rudolf*. So mag im spielerischen Umgang mit dem Kleinkind aus einem **/ru:le/* ein **/rü:le/* geworden sein. Das wird sich zuerst als Rufname verfestigt haben, bevor daraus der Familienname geworden ist. Schade, dass es keinen altdeutschen Personennamen gibt, der zu *Blum / Blüm* führt.

Ein angehängtes <t>

Im „Kleinen Lexikon hessischer Familiennamen" gibt es eine Reihe von Familiennamen, die auf <t> enden. Das ist bei Namen wie z.B. *Eckhardt, Reinhardt, Siebert* kein Problem. Da ist nämlich klar, dass ein alter Rufnamensteil (-hart, -bert) zu Grunde liegt. Aber bei einigen anderen ist unklar, woher das <t> stammt. *Losert* geht auf ein mhd. Wort *losaere* oder *lôsaere* zurück, ohne dass man das *t* sprachgeschichtlich als Regel erklären könnte. Bei manchen Namen gibt es nebeneinander <t>-haltige und <t>-lose Formen, z.B. *Sehrt* neben *Sehr, Dechert* neben *Decher* oder *Schombert* neben *Schomber*. Je nachdem, ob das <t> am Schluss des Namens von der Namenentstehung dahin gehört oder nicht, hängt u.U. die Deutung des Familiennamens ab. Das ist z.B. beim Familiennamen *Bickert* der Fall. Wenn das *t* ursprünglich ist, geht der Name auf einen alten Rufnamen zurück; wenn nicht, hängt er mit mhd. *bicke* ‚Spitzhacke' zusammen und bezeichnet einen Bergmann.

Dass an Namen ein <t> „antritt", obwohl es gar nicht dahin gehört, kommt häufig vor, *Steiner > Steinert, Weigel > Weigelt*.[25] Es hat die Funktion, das Ende des Namens akustisch zu kennzeichnen und findet sich gelegentlich auch in hessischen Dialekten: /ki:s/ ‚Kies' > /kist/. So ist das eben-*t*.

Bickelhaupt
Manchmal spielen auch Besonderheiten eine Rolle. So ist der seltsame Name *Bickelhaupt* das Ergebnis einer Umdeutung. Er ist entstanden aus dem mhd. Wort *beckenhube*[26], wörtlich ‚Haube in Form eines Beckens'. Gemeint ist damit ein geschmiedeter Helm; der Familienname bezeichnet damit also ursprünglich einen auf die Herstellung von Helmen spezialisierten Schmied. Das Wort wurde früh mit der militärischen *Pickelhaube* verbunden und die Haube dann noch in ein -*haupt* umgedeutet. Einige außerhessische Ausreißer erfreuen sich deshalb sogar der Schreibweise <*Pickelhaupt*>. Dass man den Namen überhaupt mit seinem ursprünglichen namengebenden Motiv deuten kann, verdankt sich übrigens vor allem der Tatsache, dass der Familienname <Beckenhaub> als Variante im südhessischen Raum immer noch, wenn auch sehr selten, existiert und dass wir entsprechende historische Belege haben, in Südhessen zuerst 1383 *Contze Bickinhube*, Schultheiß zu Alsbach (Kr. Darmstadt-Dieburg), aber schon viel früher im Raum südlich von Mainz: 1289 *Cristina dicta Beckenhuben* und 1297 *Conradus dictus Beckenhube*.[27]

Zusammenfassung

Die Vielfalt der Familiennamen im Deutschen ist zum guten Teil bedingt durch die Ausbildung von Namenvarianten. Sie gehen auf verschiedenartige Schreibungen eines Namens oder auf Differenzierungen in der Sprachform der Namen zurück. In jedem Fall sind sie Ergebnis der Sprachgeschichte des Deutschen, die in Zeit und Raum zu sehr unterschiedlichen Sprach- und damit letztlich auch Namenformen geführt hat. Die Schreibvarianten von Familiennamen spiegeln Phasen der Schreibgeschichte des Deutschen, in der unterschiedliche Schreibweisen fest geworden sind. Die Sprachvarianten spiegeln unterschiedliche sprachgeschichtliche Entwicklungen, die sich häufig in der räumlichen Verteilung niederschlagen. Hierbei spielen die Einflüsse der Dialekte und ihr Verhältnis zur neuzeitlichen Hochsprache eine wichtige Rolle. Für Hessen entstehen dadurch oft Verteilungen, die auf die Mittellage Hessens zwischen Norden und Süden zurückzuführen sind. Aber auch Faktoren wie Imagegewinn spielen oft hinein, so dass oft auch abgehobene Varianten entstehen und weitergetragen werden.

Anmerkungen

1. Heinrich Spörl: Die Feuerzangenbowle. (zuerst) 1933.
2. Kartographische Darstellung der Variantenverbreitung bei Kohlheim, S. 506f. (nach Kunze, dtv-Atlas).
3. Mulch, S. 171.
4. Mulch, S. 171.
5. Höreth, Erbach, S. 43.
6. http://www.deutsche-biographie.de/pnd11880474X.html.
7. Reimer, Kurhessen, S. 469f.
8. Franz, Haina 2,1, Nr. 661; Schilp, Nr. 630 u. Nr. 802.
9. Lexer 1, Sp. 1091.
10. Lexer 1, Sp. 1090.
11. Eckhardt, Klöster 3, Nr. 242.
12. Mulch, S. 50.
13. Zeit-Magazin Nr. 5 / 2014, S.28.
14. Andernacht, 1, S. 77.
15. Höreth, Erbach, S. 56.
16. http://mankell.org/jhmankell.html; http://www.spiegel.de/panorama/hessische-autorenwurzeln-das-dorf-der-mankells-a-431471.html.
17. Baur 1, Nr. 351; Brechenmacher 1, S. 232.
18. Kohlheim, S. 244.
19. Zoder 1, S. 487; abwägend Kohlheim, S. 199.
20. Stephan, S. 2.
21. Wackerfuß, S. 72 u.ö.
22. Debor, Odenwald, S. 54.
23. Stumpf, Kirchenbuch, Nr. 276.
24. Reichardt, S. 374; Ramge, Hans: Wüstungsflurnamen im Kreis Gießen. In: Albrecht Greule / Stefan Hackl (Hrsg.): Der Südwesten im Spiegel der Namen. Stuttgart 2011, S. 175f.
25. Kempf, Luise / Nowak, Jessica: Neubert, Grunert, Taubert: Die Erweiterung von *-er* zu *-ert* im Licht der Familiennamengeographie. In: Rita Heuser / Damaris Nübling / Mirjam Schmuck (Hrsgg.): Familiennamengeographie. Berlin / New York 2011, S. 305–320.
26. Lexer 1, Sp. 264 s.u. bickel-hûbe.
27. Baur 1, Nr. 699; 2, Nr. 450 u.538.

KAPITEL 10
HESSISCHE FAMILIENNAMENRÄUME

1. Die Ausbildung von Namenräumen

Wir haben immer wieder beobachtet, dass viele Namen in bestimmten Gegenden stark verbreitet sind, in anderen nicht oder selten vorkommen. Daraus lässt sich oft auf den Entstehungsbereich des Namens und damit auch auf die Herkunft der ersten Namensträger schließen, bzw. auf die Ankunft der ersten Zuwanderer. In diesem Kapitel betrachten wir, wie diese Ausbreitungsformen funktionieren und welche Folgen sie für die Verbreitung von Namen im hessischen Raum haben. Damit lässt sich am ehesten die Frage beantworten, was hessische Familiennamen ausmacht.

1.1 Wie man dem Kartenbild auf den Leim geht

Die Art der graphischen Wiedergabe in den Verbreitungskarten hat Folgen für die Interpretation des Kartenbildes. Wenn sich beispielsweise Familiennamen in einem Ort ungewöhnlich häufen, erscheint das in unserem Kartierungsverfahren (nach geogen) in der verstärkten Einfärbung eines Landkreises. Dabei ist eigentlich nur ein einziger Ortspunkt verantwortlich dafür. Deshalb muss man gelegentlich genauer nachhaken.

Staubach
So vermittelt die geogen-Karte für den Familiennamen *Staubach*, dass der Vogelsbergkreis das relativ am dichtesten besiedelte Gebiet für diesen Namen sei. Das ist objektiv richtig, verschweigt aber, dass fast alle Vogelsberger Staubachs im Städtchen Herbstein wohnen. Dass außerdem im Kreis Fulda zahlenmäßig sogar mehr Staubachs leben als im Vogelsbergkreis, geht bei der Darstellung nach der relativen Häufigkeit wegen der höheren Einwohnerzahl des Kreises Fulda ebenfalls unter. Nimmt man die beiden verborgenen Informationen zusammen, könnte man z.B. auf die Idee kommen, dass Staubach ein „typisch" katholischer Name sei wie *Rhiel* (s.o. Kap. 9.2.1). Denn Herbstein war fuldisch-katholische Enklave im lutherisch-riedeselschen Umfeld.[1] Aber das ist nur eine wackelige Hypothese, denn family search.org hat eine ganze Reihe historischer Belege für evangelische Staubachs in Hessen. Ein Stück weit vermitteln solche Verbreitungsbilder also einen falschen Eindruck und müssen ggf. genauer aufgedröselt werden. Unbeschadet dessen, bleibt eines: Die Verdichtung des Namenvorkommens im Raum Vogelsberg / Fulda ist so ausgeprägt, dass wenig Zweifel bestehen, dass sie hier ihren Ursprung hat, vermutlich sogar in Herbstein selbst. Dann stellt sich die Frage nach der Herkunft des Namens.
    Der Familienname *Staubach* wird als Wohnstättenname gedeutet, als ‚jemand, der an einem Staubbach wohnt'. Als Staubbach wird ein Bach mit einem Wasserfall

bezeichnet, dessen Verwirbelungen zu staubartigen Nebelschleiern führen.[2] Die Bezeichnung kommt nur im süddeutschen und alpenländischen Sprachraum vor; im Hessischen ist der Ausdruck nicht nachgewiesen. Der Name könnte also gut mit Tiroler Zuwanderern nach Herbstein gekommen sein (s.o. Kap. 8.3). Allerdings gibt es dafür keine historischen Anhaltspunkte[3], und auch in Österreich gibt es nur einen einzigen Telefonanschluss auf diesen Namen. Das ist jedoch kein Ausschlussgrund. Auch französische Zuwanderernamen sind oft in Frankreich nicht mehr vorhanden. Alternativ könnte der Name auf einen *Stau-bach, d.h. einen ‚Bach mit einem Stau(wehr)‘ zurückgehen. Einige *Stau*-Flurnamen in Hessen und der Hofname *Die Staue* in Veckerhagen (Reinhardshagen, Kr. Kassel)[4] sprechen für diese Herleitung des Namens.

Eine konzentrierte Namenverbreitung besagt also nicht mit Sicherheit, dass der Name auch hier entstanden ist. Sie besagt aber, dass von diesem Raum die allgemeine Verbreitung in Hessen ausgegangen ist.

1.2 Wie entstehen Namenräume?

Die heutige Verbreitung eines Familiennamens geht im Grunde, vereinfacht gesprochen, immer auf eine von drei Möglichkeiten zurück.

(1) Ein Bezugspunkt

Sehr viele Familiennamen sind nur ein einziges Mal (oder jedenfalls nur wenige Male) gebildet worden. Sie sind dann mit hoher Wahrscheinlichkeit in dem Raum entstanden, in dem sie besonders häufig vorkommen. Manchmal kann man das direkt am namengebenden Motiv ablesen.

Launspach
Zur Verdeutlichung sei der Familienname *Launspach* herausgegriffen, der auf den Ort Launsbach (Wettenberg, Kr. Gießen) zurückgeht:
Von den weniger als dreihundert *Launspachs* wohnt heute noch etwa ein Viertel im 10-km-Umkreis von Launsbach. Eine solche Verteilung von Herkunftsnamen ist kein Einzelfall, sondern für die Region geradezu charakteristisch.[5] Das spricht für ein ausgeprägtes Sesshaftigkeitsbedürfnis derer, die aus den Dörfern abgewandert sind. Auch bei Wanderbewegungen aus wüst gefallenen Orten kann man das oft beobachten. Mitunter haben sich Träger von Herkunftsnamen in ihrer Sesshaftigkeit so vermehrt, dass der Name für die Region charakteristisch geworden ist (z.B. *Klingelhöfer*, s.u. Kap. 10.3.4). Manchmal lässt sich schon aus der Namenbildung ablesen, dass (mindestens) zwei verschiedene Familienstämme ihren Namen nach dem Herkunftsort erhalten haben, z.B. <Willershausen> und <Willershäuser>, <Marburg> und <Marburger>.

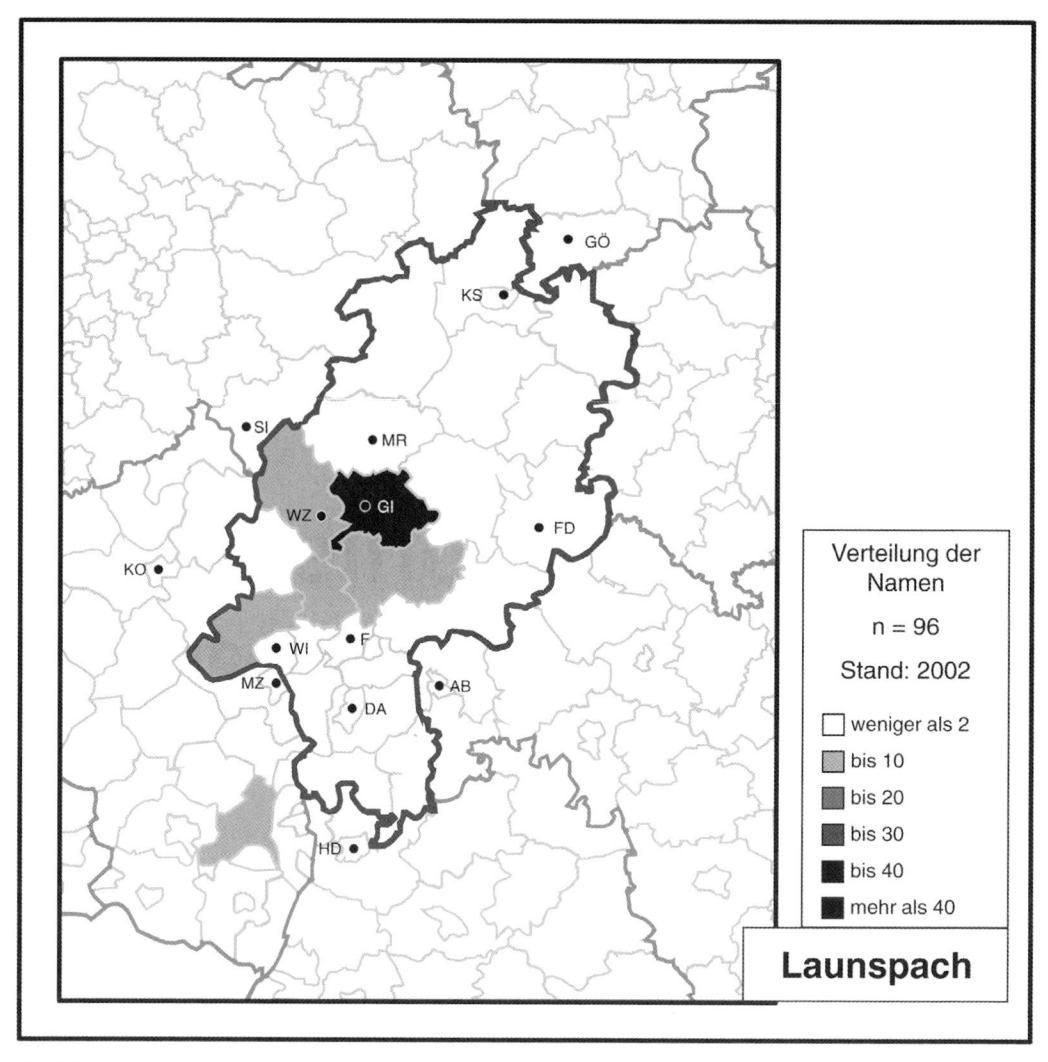

Abbildung 6: Launspach

Runkel
Manchmal lässt sich aus historischen Verhältnissen erklären, wie Namenkonzentrationen in kleinen Räumen zustande kommen. Ein schönes Beispiel ist das häufige Vorkommen des Familiennamens *Runkel* am Rhein in Neuwied und Umgebung. *Runkel* ist mit weit über 3.000 Namensträgern ein erstaunlich häufiger Familienname, mit einer verdichteten Verbreitung in einem Dreieck zwischen Eifel, Main-Kinzig und Worms. Mittendrin und da im weiten mittelhessischen Umkreis mit nur vereinzeltem Vorkommen liegt das Städtchen Runkel an der Lahn (Kr. Limburg-Weilburg). Der Familienname hat also erkennbar nichts mit der Runkelrübe zu tun, sondern geht auf den Ortsnamen zurück. Es gibt zudem noch eine vergleichsweise seltene Variante *Runkler* mit etwa zweihundert Namensträgern, verdichtet im Westerwald.

Es gibt eine plausible Erklärung für diese auffallend hohe Zahl und die merkwürdige Verteilung der Runkelaner um Neuwied. In Runkel an der Lahn residierten die Fürsten von Wied (und tun es im Übrigen immer noch) mit Stammsitzen und Nebenlinien im Westerwald. Wie der Ortsname *Neuwied* schon andeutet, war Neuwied eine Neugründung, und zwar am Ende des Dreißigjährigen Krieges (1646 / 1653) durch den Grafen Friedrich III. Der erhoffte sich von der neu angelegten Siedlung am Rhein wirtschaftlichen Aufschwung und neue Einnahmen für sein darbendes Fürstenhaus. Die alte Grafschaft Wied war geteilt worden, in eine „niedere" Grafschaft (mit Neuwied) und eine „obere" mit Runkel als Sitz der anderen Linie.[6] Dass bei der Neugründung Bürger der verschiedensten Profession aus Runkel an den Rhein zogen, um ihr Glück zu machen, versteht sich, und dass die dort einfach *Runkel* genannt wurden, liegt auf der Hand. Die heutige Verbreitung der Namen zeigt, dass es sich bei den Runkelern offensichtlich darüber hinaus um ein wanderfrohes Völkchen handelt.

(2) Ein regionaler Ausdruck

Nicht selten gibt es einen speziellen regional begrenzten Ausdruck für einen Sachverhalt oder z.B. eine Berufstätigkeit. Nach denen kann ein Mensch, können aber auch mehrere Menschen in einer Region benannt werden. Der Namenraum entsteht dann durch die besondere Häufigkeit des Namens in dieser Region. Ein Beispiel dafür war der typisch mittelhessische Name <*Waldschmidt*> (s. Kap. 3.2 und 5.1.2). Ein weitläufigeres Beispiel ist der Familienname *Eisenhauer*.

Eisenhauer

Dass die Auswanderer in die Neue Welt im 18. und 19. Jh. ihre deutschen Namen unter der Vorherrschaft des Englischen in Nordamerika schriftlich oft anpassten, ist sattsam bekannt. Ein berühmtes Beispiel ist der Name des Kriegshelden (naja) und republikanischen Präsidenten *Dwight D. Eisenhower* (1890–1969). Seine ältesten bekannten Vorfahren in direkter Linie stammen aus Heddesbach (Schönau, Rhein-Neckar-Kr.) bzw. dem benachbarten Eiterbach (Heiligkreuzsteinach, Rhein-Neckar-Kr.), unmittelbar an der hessischen Südgrenze bei Wald-Michelbach. Sie sind dort in der 1. Hälfte des 17. Jh.s belegt. Noch heute bilden die Kreise Bergstraße, Odenwald und Rhein-Neckar den Vorkommensschwerpunkt des Familiennamens *Eisenhauer*. Dass es einen zweiten schwächeren Schwerpunkt in Ostfriesland gibt, ist merkwürdig. Denn dass man dort am Nordseestrand Eisenerz ergraben haben sollte, ist einigermaßen unwahrscheinlich. Die Familiengeschichte zeigt, dass es sich um Nachfahren von auswanderungswilligen pfälzischen Namensträgern (wohl aus dem Hunsrück) handelt. Sie wurden aber bei Goch am Niederrhein (Kr. Kleve, Nordrhein-Westfalen) im 18. Jh. angesiedelt. Von dort wanderten 1802 zwei Brüder nach Ostfriesland aus und erzeugten den dortigen *Eisenhauer*-Raum.[7] Ostfriesen und ein amerikanischer Präsident: eine skurrile Mischung! Pfälzer und ein amerikanischer Präsident: Das haben wir ja schon. Otto for president.

Die Mutter Eisenhowers übrigens war eine geborene *Stover*. Der Name ist die amerikanisierte Form von *Stauffer*. Ihre Vorfahren entstammen einer pfälzischen Mennoniten-Familie, die aus der Schweiz zugewandert war. Dort ist *Stauffer* noch heute ein sehr häufiger Familienname.

(3) Ein regional namengebendes Motiv

Schließlich kann ein spezielles Wort für eine Sache oder einen Sachverhalt in einem mehr oder weniger großen Sprachraum gelten und dort auch für die Benennung von Menschen herangezogen werden, z.B. eine Berufsbezeichnung oder eine Eigenschaft. Damit können dann viele Menschen versehen werden, und der Geltungsraum des Namens ist dann entsprechend groß. Musterbeispiel ist der später genauer betrachtete Name *Bender*. Das gleiche gilt, wenn die Variante eines Rufnamens, oft aus einem Heiligennamen, als Taufname großräumig, aber durchaus begrenzt verbreitet ist.

So entstehen sehr unterschiedlich gelagerte und sehr unterschiedlich große Verbreitungsräume einzelner Familiennamen. Noch häufiger jedoch sind Familiennamen, die entweder so allgemein üblich sind (wie *Müller*) oder sich so diffus im deutschen Sprachraum ausgebreitet haben, dass keine auffälligen Verdichtungen zu erkennen sind.

1.3 Familiennamenräume

In vielen Fällen lässt sich aber auch beobachten, dass die Ausbreitungsräume gar nicht so zufällig sind, wie man eigentlich annehmen möchte. Denn viele Familiennamen haben ziemlich ähnliche Verbreitungsmuster im Raum. Wenn man die Verbreitungen solcher Familiennamen miteinander kombiniert, kommen ziemlich geschlossene Einheiten heraus – mit einem dichten Vorkommensraum im Zentrum und Übergangsräumen bis zur Peripherie, wo das häufige Vorkommen der Namen einfach aufhört.

Man kann das sehr schön sehen, wenn man neun typische Odenwälder Familiennamen miteinander kombiniert. Sie sind typisch, weil jeweils 30 oder mehr Prozent aller Namensträger in Deutschland dort heimisch sind. Das sind *Arras, Dingeldein, Fornoff, Hallstein, Kaffenberger, Olt, Rebscher, Schnellbacher, Trumpfheller*. Fasst man ihre Verbreitung auf einer Karte zusammen, ergibt sich folgendes Bild (s. S. 223):

Es schälen sich ein Kernbereich heraus, der (natürlich außer dem Odenwald) die Kreise Bergstraße und Darmstadt-Dieburg umfasst, starke Vorkommen in den anderen südhessischen Kreisen und dann jenseits der natürlichen Grenzen von Rhein, Main, Neckar eine rasche Abnahme.

Einen solchen Raum mit einer Anzahl von Familiennamen relativ gleicher Verbreitung kann man einen „Familiennamenraum" nennen. In diesem Kapitel untersuchen wir, wie solche Räume in Hessen aussehen, wieweit Namen dadurch hessisch oder regional typische Namen werden und wie man diese Strukturen wenigstens teilweise erklären kann.[8]

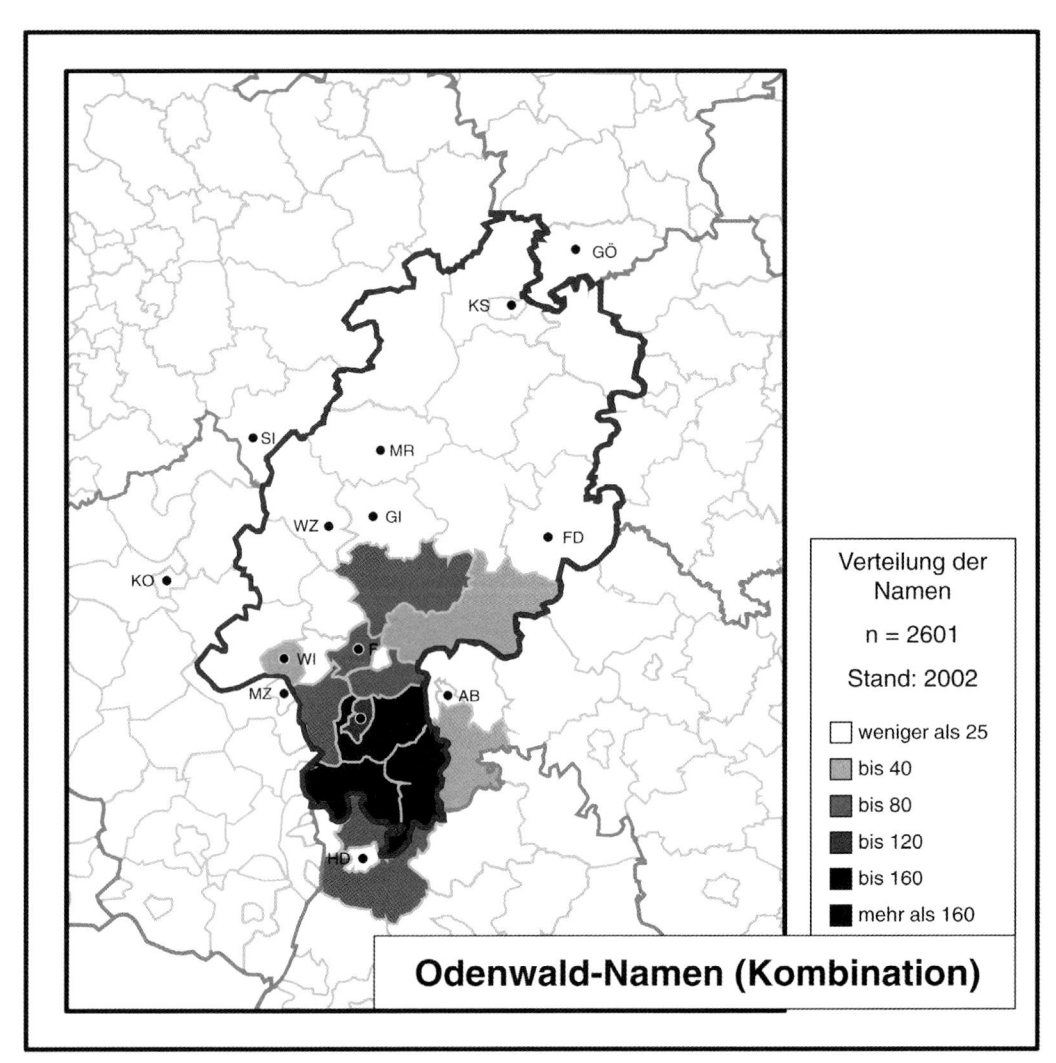

Abbildung 7: Odenwald-Namen (Kombination)

So wirken namengebende Motive, die vielfach vergeben werden können, und solche zusammen, die nur einmal (oder jedenfalls selten) zu einem Familiennamen geführt haben: Es entstehen dadurch einerseits überregionale Namenräume mit hessischer Beteiligung (Kap. 10.2), andererseits regionale hessische Familiennamenräume (Kap. 10.3).

Um einen brauchbaren Anhaltspunkt für die räumlichen Schwerpunkte zu erhalten, habe ich bei geogen (aus der Funktion Beta-Labor) aus allen hessischen Kreislisten mit den jeweils 75 in einem Stadt- oder Landkreis häufigsten Familiennamen[9] alle auffälligen Namen herausgesucht und ihre Verbreitung mittels geogen überprüft. Hinzu kommen regional beschränkte Namen aus dem „Kleinen Lexikon der hessischen Namen".

2. Brisen aus Südwest

2.1 Der unauffällige Kern eines hessischen Familiennamenraums

Seib / Seip / Seipp
Auch als Namenforscher kommt man nicht ganz leicht auf den Gedanken, dass ein so harmloser und eher unauffälliger Familienname wie *Seib* ein typisch hessischer Familienname sein soll. Aber so ist es. Der Name geht auf eine alte Personennamensform zurück, in der der Namenbestandteil **Sigi-* (mit der Bedeutung ‚Sieg') und ein mit einem *b-* anlautender zweiter Namenbestandteil verschmolzen sind.

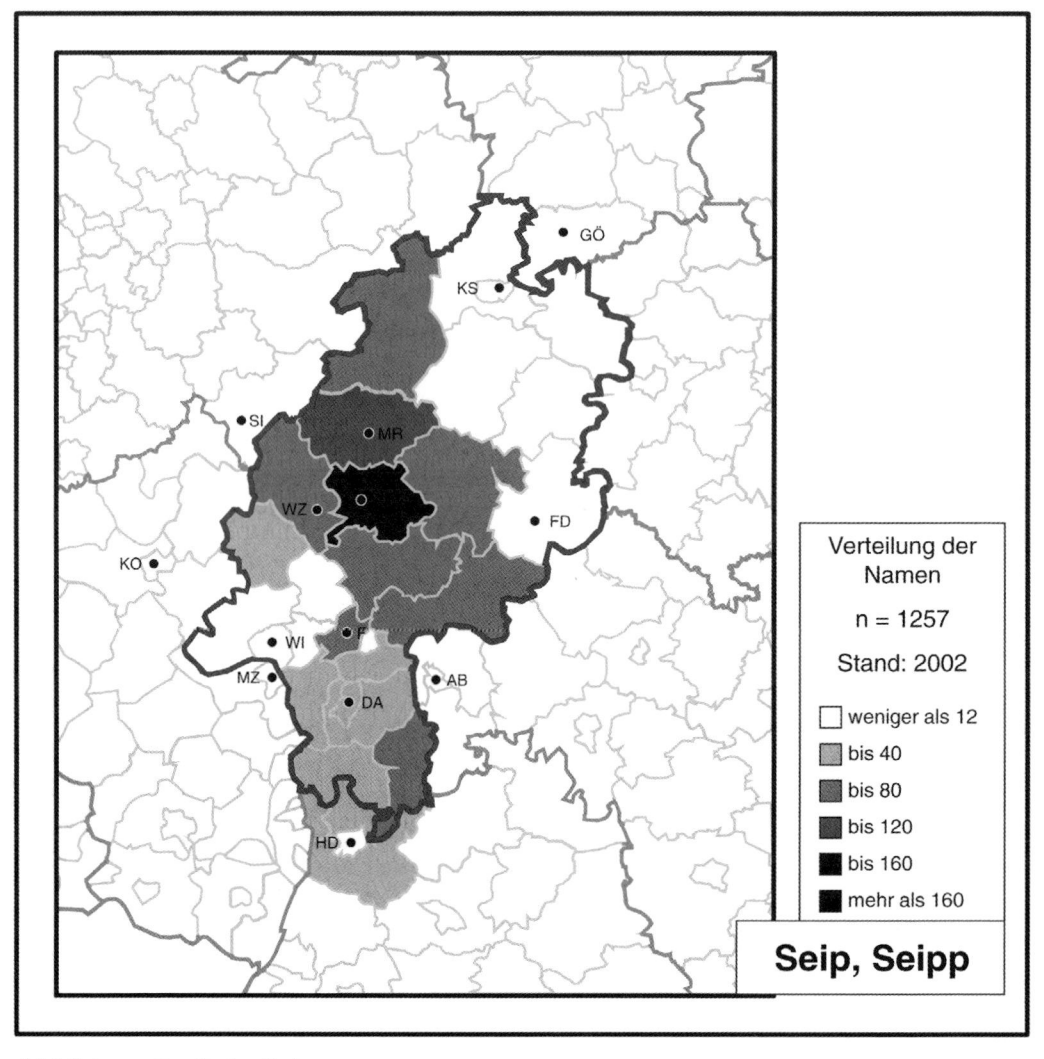

Abbildung 8a: Seip, Seipp

Der Familienname weist eine Fülle von Schreibvarianten auf. Die häufigsten sind <Seib>, <Seip> und <Seipp> mit zusammen etwa 5.500 Namensträgern, von denen etwa 60% in Hessen leben: ein echt hessischer Name also. Das spiegelt sich auch im Verbreitungsbild.

Es zeigt ein ausgesprochen dichtes Vorkommen ausschließlich in Hessen von Waldeck-Frankenberg bis in den Kreis Bergstraße, jedoch mit Ausnahme des östlichen Teils von Fulda bis in den Kasseler Raum. Bemerkenswert ist auch, dass sich die Namenschreibungen im hessischen Raum deutlich voneinander unterscheiden. Die Schreibung <Seib> ist ganz stark im südhessischen Raum vertreten und reicht von da aus bis in die Wetterau (und nur wenig weiter nördlich).

Zu den abgeleiteten Namenformen *Seibel* und *Sippel* s. Kap. 9.3.1.

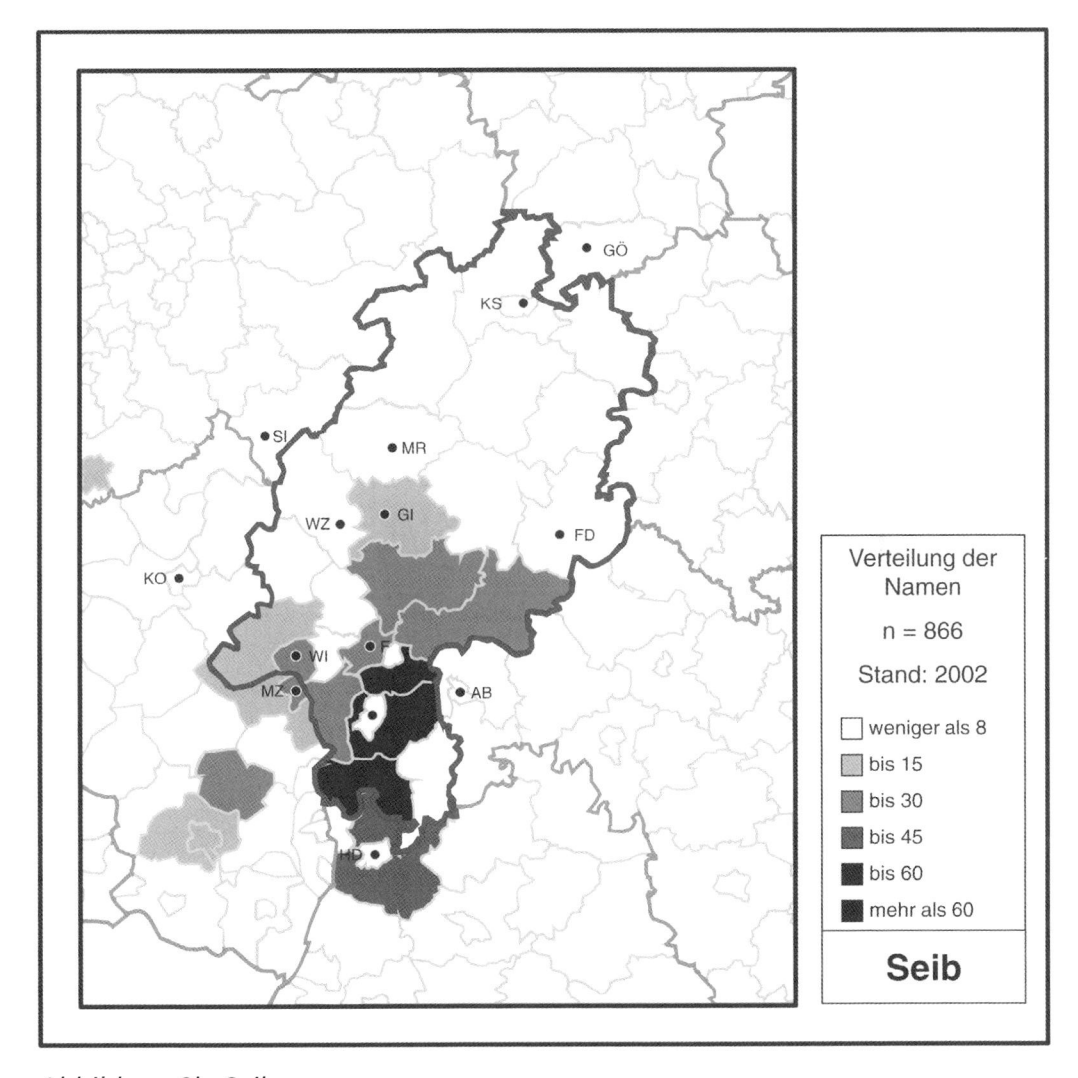

Abbildung 8b: Seib

Rühl
Ein sehr ähnliches Verbreitungsbild bietet der Familienname *Rühl* mit seinen hessischen Hauptvarianten: der mundartlich entrundeten Form <Riehl> (<Rhiel>) und der umlautlosen Form *Ruhl*. (Die in Hessen kaum belegten nordostdeutschen Varianten <Röhl(e)> u.ä. lassen wir außer Betracht.) *Rühl* ist aus einer Kurzform von *Rudolf* abgeleitet und kommt als Vorname *Rule* im Mittelalter oft vor.

Nimmt man die drei Hauptvarianten zusammen, gibt es deutschlandweit über 16.000 Namensträger, von denen zwischen 6.000 und 7.000 allein in Hessen leben. Im Vogelsberg fällt die Vorherrschaft der Form *Ruhl* auf. Der Schwerpunkt von *Rühl* liegt in Mittelhessen, die Hauptvarianten füllen aber – wie *Seib* – präzise den hessischen Raum mit Ausnahme der osthessischen Ränder aus. Obwohl der Name auch noch im bayrischen Franken häufig ist, kann man ihn deshalb durchaus als hessisch werten.

Es gibt weitere hessische Familiennamen, die man getrost als „gesamthessisch" bezeichnen darf, weil sich ihr Vorkommen im Wesentlichen im größten Teil des Bundeslandes verdichtet. In ähnlicher Weise auf Hessen beschränkt sind z.B. noch die Namen *Eckhardt, Eckert, Eckehart, Euler, Happel, Henß, Knöß, Lotz, Muth, Opper, Schellhaas / Schellhase* und *Weil*.

Euler
Euler ist deshalb ein bemerkenswerter Name, weil er sich fast peinlich genau auf Hessen konzentriert (mit Ausnahme der Kreise Marburg-Biedenkopf und Waldeck-Frankenberg) und nur schwach bis ins Rheinland reicht. Der Familienname geht auf den Beruf des *Eul(n)ers*, des Topfmachers, zurück. Für diesen Beruf war in Hessen im Norden die Bezeichnung *Pötter*, in Südhessen die Bezeichnung *Häfner* üblich. *Eul(n)er* ist als Berufsbezeichnung zugunsten von *Töpfer* heute verschwunden. Schwerpunkt der hessischen Verbreitung ist der Main-Kinzig-Raum, „in welch letzterer Gegend noch jetzt die meisten Töpfer den Familiennamen *Euler* führen."[10] Die Berufsbezeichnung geht auf die Herstellung von Töpfen zurück, mhd. *ûle*. Dieses Wort stammt ursprünglich aus dem Galloromanischen und hat sich im Trierer und Kölner Sprachraum erhalten. Obwohl es nur in Teilen Hessens üblich war,[11] hat sich die daraus abgeleitete Berufsbezeichnung weiträumig durchgesetzt, während sie im Westen vergleichsweise selten ist.

Dass sich eine Reihe von Namen ziemlich eng im gesamthessischen Raum verdichten, ist natürlich Zufall. Denn das Bundesland ist in seinen heutigen Grenzen erst nach dem 2. Weltkrieg entstanden. Gleichwohl gibt es seit dem Mittelalter intensive soziale, wirtschaftliche und politische Beziehungen im Großraum zwischen Reinhardswald und Odenwald, zwischen Diemel und Neckar, nicht zuletzt bedingt durch die Geschichte der hessischen Landgrafschaft(en) und dank der Anziehungskraft der Metropole Frankfurt am Main.

Auffällig dabei ist jedoch – und das wird uns im Folgenden noch beschäftigen –, dass dabei die osthessischen Ränder weitgehend ausgespart bleiben. Warum ist das so? Eine Erklärung finden wir, wenn wir die Verbreitung einiger weiterer hessischer

Familiennamen betrachten, die sich nicht streng innerhalb Hessens konzentrieren. Dabei machen wir uns die Beobachtungen zur räumlichen Verbreitung von *Euler* zunutze.

2.2 Eine leichte Brise aus Südwest

Diehl
Ein solcher Fall ist die Verbreitung von <*Diel*> und <*Diehl*>. Das <*h*> hat als historische Schreibung (Kap. 9.2.2) hier erkennbar nur die Funktion, den kurzen Familiennamen ein wenig aufzublähen. Der Familienname geht auf den alten Rufnamen

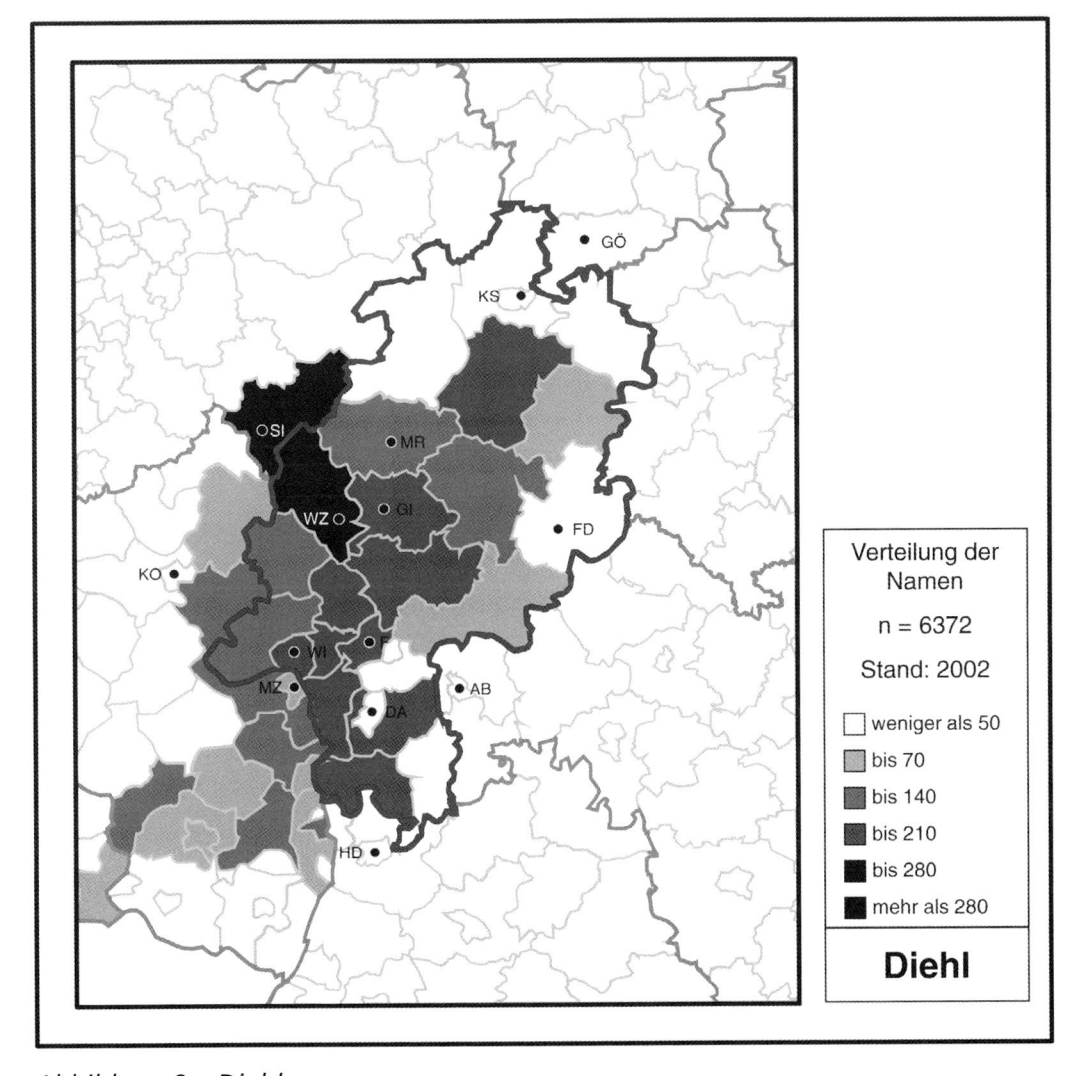

Abbildung 9a: Diehl

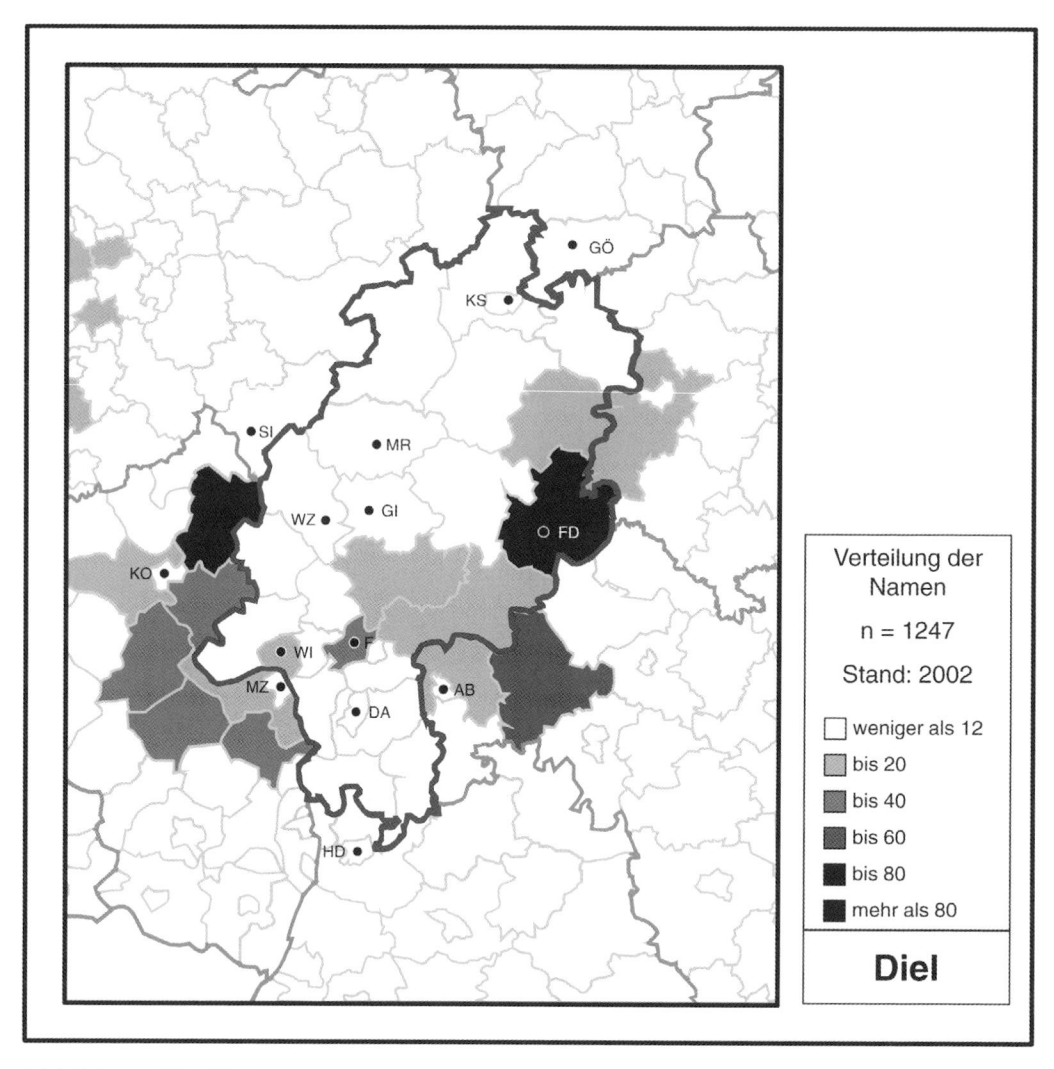

Abbildung 9b: Diel

T(h)ilo zurück und ist mit über 20.000 Namensträgern in Deutschland ein sehr häufiger Name. Es ist aber auch ein sehr charakteristischer hessischer Name, denn fast 40% aller <*Die(h)l*>s leben in Hessen und viele weitere unmittelbar in den östlichen, westlichen und südlichen Randgebieten Hessens. Die <*Diel*>-Schreibungen konzentrieren sich merkwürdigerweise an den westlichen und östlichen Rändern (einschließlich Fuldas). Vor allem im mittleren Hessen, in der Tendenz aber wie die Namen *Seip* und *Rühl* verteilt, herrscht die ohnehin sehr viel häufigere <*Diehl*>-Variante stark vor:

Eine mögliche Erklärung dafür wäre, dass sich in Hessen die optisch eindrucksstärkere <*Diehl*>-Variante in Konkurrenz zu <*Diel*> durchgesetzt hat. <*Diel / Diehl*> ist, mit und ohne Schreibdifferenz, ein überzeugendes Beispiel, wie ein Name für den größten Teil Hessens zu einem charakteristischen werden kann. Darüber hinaus ist er aber auch ein Beispiel dafür, wie sich eine regionale Schreibung durchsetzt und die Variante buchstäblich an den (hessischen) Rand drückt.

Doch ein weiterer Gesichtspunkt ist in unserem Zusammenhang wichtig. *Diehl* geht über Hessen hinaus, umfasst nicht nur noch Rheinhessen, sondern reicht in einem Keil weit in die Pfalz und bis ins Saarland hinein. Das ist eine Eigenschaft der räumlichen Verteilung, die wir bei vielen Namen finden, die man ansonsten als charakteristisch für Hessen bezeichnen würde wie z.B. *Seibel* (Kap. 9, Abb. 4a): *Bill, Bohrmann, Fey, Georg, Heil, Helfrich, Henrich, Jäckel / Jeckel / Jockel, Kissel, Lind, Petri, Schaum, Seibert, Theiß, Zipp.*

Wir müssen aber noch einen Schritt weiter gehen. Dann sehen wir, dass das Bild von einem „Südwest-Keil" in die Pfalz nicht überstrapaziert werden darf. Denn auch wenn man es intuitiv vielleicht gar nicht so empfindet, so gehört doch der Familienname *Thiel* als sprachgeschichtliche Variante ganz eng zu *Diehl*. Die Namen unterscheiden sich ja nur in der Aussprache des anlautenden Konsonanten. Nimmt man die *Die(h)l*- und die *Thiel*-Varianten zusammen, bildet sich ein ziemlich geschlossener Raum der Hauptverbreitung. Es entsteht nämlich eine Fläche, die im Kölner Raum beginnt, von dort bis Mittelhessen reicht und über das südwestliche Hessen wieder in der Pfalz endet. Ein aufgefächerter westdeutscher Namenraum umfasst die Hauptgebiete Hessens mit Ausnahme des Ostens und Nordens. Je nachdem, wie man die Varianten-Verwandtschaft *Diehl / Thiel* auflöst, entsteht also ein kleinerer Südwestzusammenhang in Richtung Pfalz oder ein größerer westdeutscher. In den umfassenderen westdeutschen Zusammenhang ordnet sich z.B. auch das Vorkommen der hessischen *Brücks* zwanglos ein, zudem Namen wie *Velten* oder *Häuser*. Wir verfolgen diese Beobachtung noch ein wenig weiter.

Dönges, Donges, Dinges

Denn das Wissen um die räumlichen Zusammenhänge mit dem Westen hilft mitunter bei der Namendeutung. So stellt der Familiennamen-Duden den Namen *Dönges* mitsamt seiner Variante *Donges* mit Recht zu dem Heiligennamen *Antonius*, leitet den Namen *Dinges* hingegen zu Unrecht aus „einer niederrheinisch-westfälischen Form des Heiligennamens *Dionysius*" her.[12] (Denn Prophete links, Prophete rechts: Das hessische Weltkind in der Mitten führt die wahre Wahrheit vor.)

Dönges (mitsamt seiner kleineren Variante *Donges* und einer hauptsächlich in der Wetterau vorkommenden kleinen Variante *Thönges*) zeigt mit seinen etwa 2.500 Namensträgern wieder einmal, was ein echter hessischer Name ist. Nicht nur, dass etwa 60% aller Namensträger im Lande wohnen, sie konzentrieren sich zudem stark auf den mittelhessischen Raum (Abb. 10a, S. 230).

Stellen wir nun *Dinges* mit etwa der gleichen Zahl an Namensträgern dazu (von denen etwa 45 % Hessen sind), sehen wir, dass sich das Hauptverbreitungsgebiet des Namens südwestlich anschließt – mit Überschneidungen z.B. in der Wetterau, und bis weit über Rheinhessen in die Nordpfalz reicht (Abb. 10b, S. 231):

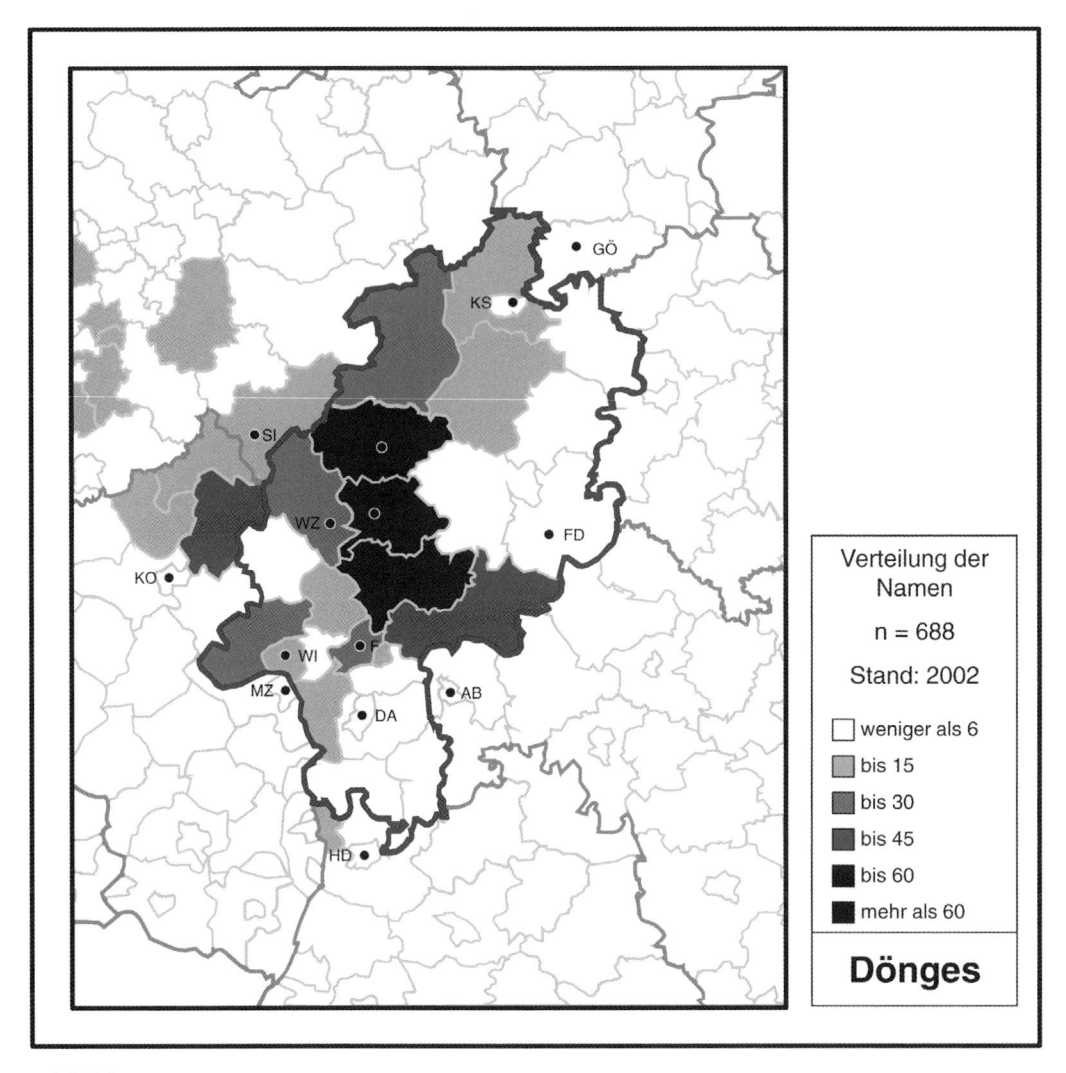

Abbildung 10a: Dönges

Von Vorkommen am Niederrhein oder in Westfalen, die nach der Duden-Deutung ja zu erwarten wären, keine Spur. Da liegt es doch näher, *Dinges* als eine mundartlich entrundete Form von *Dönges* zu verstehen und damit alle drei Namen als Varianten, die ursprünglich aus dem Namen des hl. Antonius hervorgegangen sind.

2.3 Starke Brise aus Südwest (und Gegenlüftchen)

Die bisherigen Beispiele bezogen sich auf Familiennamen, die aus Personen- (bzw. Heiligen-)Namen entstanden sind. Wie das großräumig auch in Bezug auf Berufsbezeichnungen funktioniert, wollen wir an einem gut erforschten Beispiel[13] betrachten.

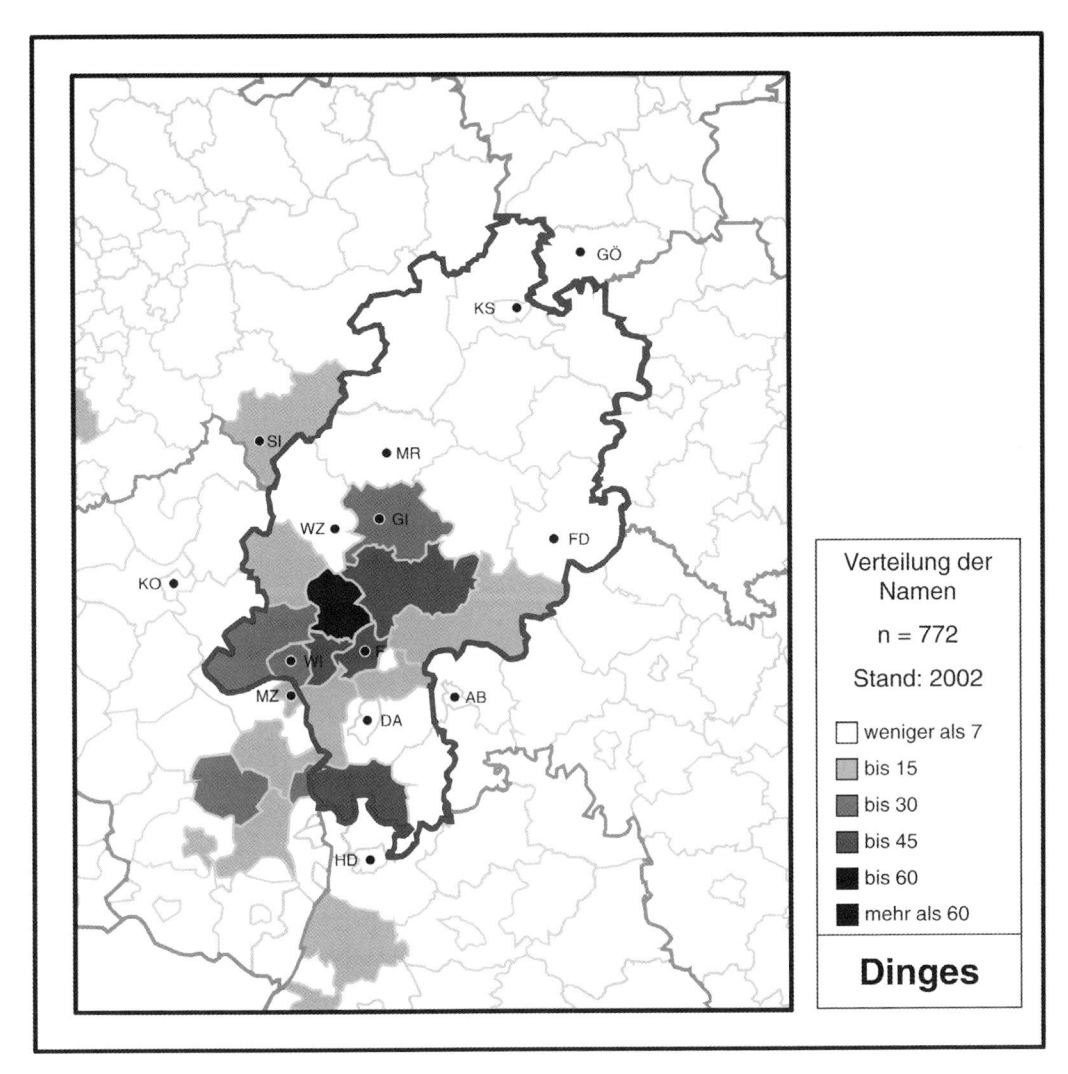

Abbildung 10b: Dinges

Bender
Für den Beruf des Fassbinders gibt es im deutschen Sprachraum eine ganze Reihe von Bezeichnungen, die von *Fassbinder, Fassbender* über *Binder* und *Bender* bis zu *Böttcher* und *Büttner, Küfer* usw. reichen. Die Bezeichnungen waren (und sind es z.T. noch heute) jeweils in bestimmten Sprachräumen des Deutschen gebräuchlich, *Böttcher* etwa im Niederdeutschen, *Büttner* im Ostmitteldeutschen. Im ganzen Westen und Südwesten galt als alte Bezeichnung *Bender*, daran räumlich anschließend in Schwaben und Bayern *Binder*. Wohl schon seit dem späten Mittelalter wurde von Westen her in Südwestdeutschland die alte Bezeichnung *Bender* allmählich durch die neue Bezeichnung *Küfer* ersetzt, die jetzt uneingeschränkt auch in Hessen gilt. Heute ist das Wort *Bender* für den Beruf ausgestorben und lebt nur noch in den Familiennamen fort.

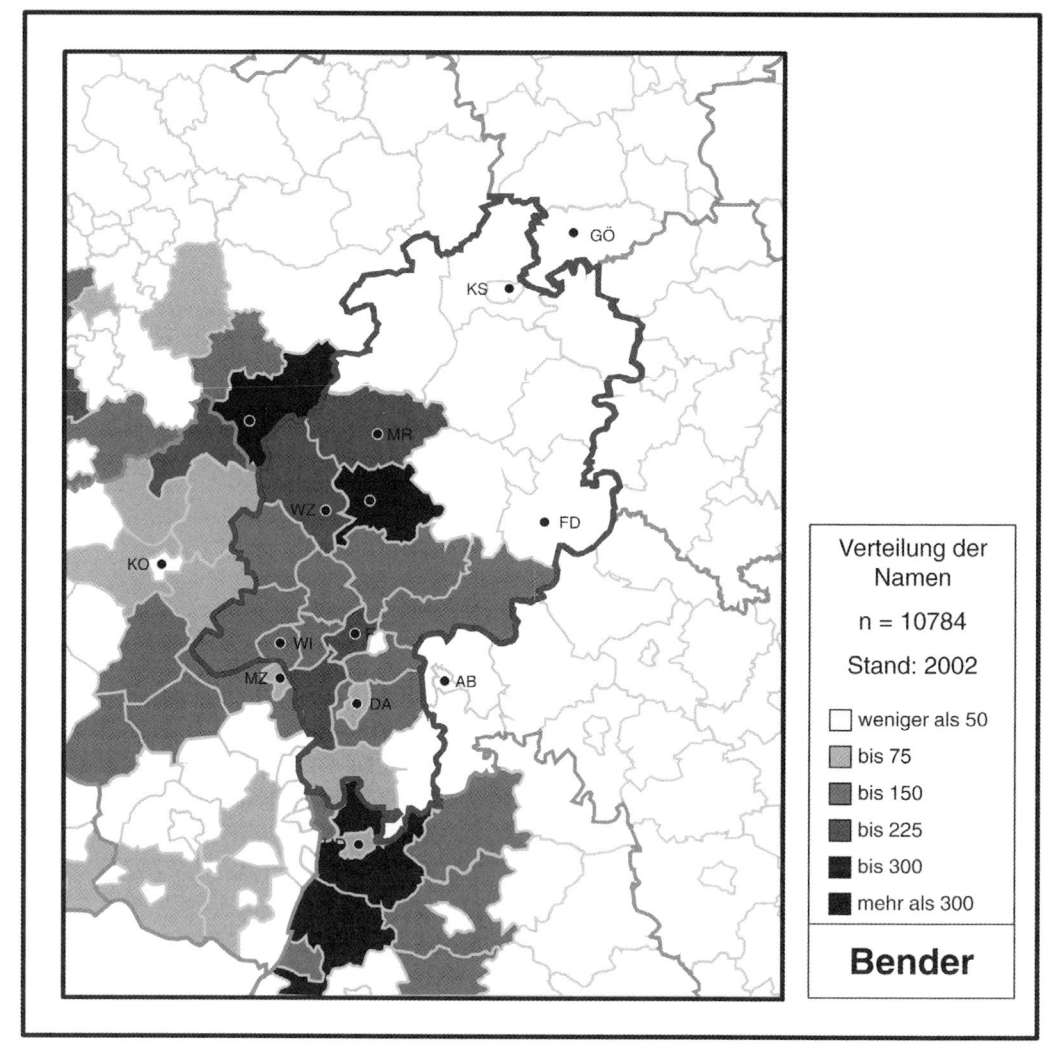

Abbildung 11: Bender

In Hessen stießen die alten drei Hauptbezeichnungen für den Beruf aufeinander: Im größten Teil Hessens hieß es *Bender*, in Nordhessen *Böttcher* und in Osthessen *Büttner*. Die Orientierung des gesamten südlichen und mittleren Hessen nach Südwesten und Westen, wie sie sich im Sprachgebrauch spiegelte, führte dazu, dass auch die Familiennamen sich daran orientierten.

Bender ist ein außerordentlich häufiger Familienname; annähernd 30.000 Menschen heißen so, davon etwa ein Viertel in Hessen. Betrachten wir die Verbreitung des Familiennamens:

Sie entspricht ziemlich genau der historischen Verbreitung des Wortes für die Berufsbezeichnung. Das heutige Vorkommen des Familiennamens *Bender* zeigt damit die Ostgrenze der Verbreitung des Wortes in Hessen an. Nimmt man die verdichteten Familiennamen-Vorkommen in den Blick, sieht man, dass eine ziemlich scharfe

Grenze vom Siegerland über den Kreis Marburg-Biedenkopf und den Vogelsberg bis an die Kinzig und den Main reicht. Das Verbreitungsbild des Familiennamens ist aus zwei weiteren Gründen interessant:
– Der mit Abstand stärkste Schwerpunkt liegt in Westerwald, Siegerland, Lahn-Dill-Gebiet und westlichem Mittelhessen. Die Verdichtung wird noch erheblich eindrucksvoller, wenn man die gerade hier überaus häufige Variante *Benner* hinzunimmt. Diese beruht auf einer dialektal verbreiteten Lautangleichung /nd/ > /nn/ (wie in /hinter/ > /hinner/).
– Die fränkisch-ostmitteldeutsche Variante *Büttner* erreicht gerade noch den Ostrand Hessens mit häufigeren Namenvorkommen; *Böttcher* u.ä. bleibt in Hessen in seinem Vorkommen unauffällig. Hinzuweisen wäre höchstens noch auf die auffällige Lagerung des Familiennamens *Bodenbender* mit seinen verschiedenen Varianten[14] in Mittelhessen und auf die bemerkenswerte Sonderform *Faßhauer* im Werra-Meißner-Kreis (mit Ausstrahlung nach Osten).

2.4 Hessen: Fest im westlichen Bündnis verankert

Wir verstehen jetzt besser, warum es im mittleren und südlichen Hessen so viele *Benders* gibt und in Ost- und Nordosthessen so (verhältnismäßig) wenige. Der Raum des heutigen Bundeslandes ist in seinen südlichen und mittleren Landesteilen historisch eindeutig nach West- und Südwestdeutschland hin orientiert, teilt sprachliche Neuerungen und Besonderheiten. Vom Neckar über den Main bis an die Lahn ist Hessen Bestandteil dieses großen Kulturraums mit dem Rhein als dem wichtigsten Verkehrsweg für Handel und Wandel. In diesem Großraum fand ein Gutteil des sozialen Verkehrs statt, aus Süden und Westen kamen Menschen nach Hessen, bevorzugt nach Frankfurt. Und umgekehrt wandten sich Menschen, die Hessen verlassen haben, bevorzugt nach Westen und Süden. Eine ganze Reihe von Familiennamen zeigen die starke Bindung vor allem der südlichen und mittleren Landesteile Hessens an den deutschen Südwesten: *Becht, Bechthold, Bitsch, Dörr, Erb, Gölz, Keim, Mink, Ochs, Schaub*. Manche dieser südwestlich verbundenen Familiennamen enden ziemlich abrupt an der Namengrenze Lahn-Kinzig, z.B. *Haub, Herzberger, Geiß, Kissel, Knöll, Lehr, Löw, Menges, Schuchmann*.

Hingegen findet sich keine auch nur annähernd vergleichbare Ausrichtung von Familiennamenverbreitungen nach Franken, Thüringen oder Sachsen. Während wir in Hessen sehr viele Familiennamen haben, deren Vorkommen sich im Westen und Südwesten fortsetzt, ist es geradezu verblüffend, wie wenige Grenzüberschreitungen es nach Osten hin gibt.

Der Osten und Nordosten Hessens von der Rhön bis in den Kaufunger Wald ist vom (süd)westdeutschen Kultur- und Wirtschaftsraum weitgehend abgekoppelt. Das spiegelt sich darin, dass selbst bei charakteristisch hessischen Namen hier oft weiße Flecken bleiben. Das alles wird genauer erkennbar, wenn wir uns jetzt die regionalen hessischen Familiennamenräume ansehen.

3. Regionale Familiennamenräume

Wenn man lange genug in Hessen gelebt hat, weiß man, dass die meisten *Dingeldeins* und *Kaffenbergers* in Südhessen, die meisten *Klingelhöfers* und *Debus'* in Mittelhessen, die meisten *Hohmanns* in Osthessen und die meisten *Figges* in Waldeck leben. Namensträger ordnet man diesen Regionen zu, ob das nun stimmt oder nicht. Solche Namen machen einen Teil des Images aus, das einer Region zugeschrieben wird.

Bei den einzelnen Familiennamen, die in Frage kommen, muss man größere regionale und kleinere Vorkommensräume unterscheiden. Bei kleinen Vorkommensräumen lässt sich vielfach – besonders unter Einbeziehung der historischen Namenüberlieferung – deutlich machen, dass der Name nur ein einziges Mal – in der Region oder auch darüber hinaus – entstanden ist, und oft lässt sich sogar eine Art Stammvater familiengeschichtlich benennen.

3.1 Südhessen

Südhessen ist durch Rhein, Main und Neckar an drei Seiten scharf begrenzt und weist nur im Osten, beim Übergang vom hinteren Odenwald ins Bauland und weiter in die Main-Tauber-Region keine scharfe geographische Grenze auf. Der Kernbereich des südhessischen Familiennamenraums wird von den Kreisen Darmstadt, Darmstadt-Dieburg, Bergstraße und dem Odenwaldkreis gebildet. Hier bestanden von jeher die stärksten sozialen Beziehungen der Bewohner der Region untereinander. Die Kreise Stadt und Land Offenbach und zumindest die nördlichen Teile des heutigen Kreises Groß-Gerau sind stark zur Main-Region mit und um Frankfurt hin ausgerichtet.

Kaffenberger
Ein Musterbeispiel für die Verdichtung eines Familiennamens auf den Kernbereich bietet der Familienname *Kaffenberger*, auf den immerhin etwa 1.000 Menschen hören. Davon leben drei Viertel in unserem Bundesland, allein die Hälfte in den drei genannten Kernkreisen.

Der Name geht auf den Hof *Kaffenberg* bei Lindenfels zurück, der seinerseits nach dem Berg benannt ist, an dem er liegt. Der Bergname wiederum geht auf das mhd. Wort *kapfen* zurück, das in unserem heutigen *gaffen* noch weiterlebt, im Mittelalter aber stärker ,schauen, Ausschau halten' bedeutete.[15] Von der Berghöhe wurde Ausschau gehalten nach heranziehendem Verkehr, ggf. auch nach heranrückenden Feinden. Die hessischen Kaffenbergers gehen also auf ein altes Odenwälder Bauerngeschlecht zurück. Dieses ist seit 1461/64 mit *Contz am Kaffenberg*[16] belegt.

Interessant ist nun das Verbreitungsbild der Kaffenbergers über diesen Kernbereich hinaus:
Es zeigt sich nämlich, dass sich der Name einerseits ein Stück weit nach Süden, in den nordbadischen Raum, verbreitet hat und andererseits nach Norden bis zum Main

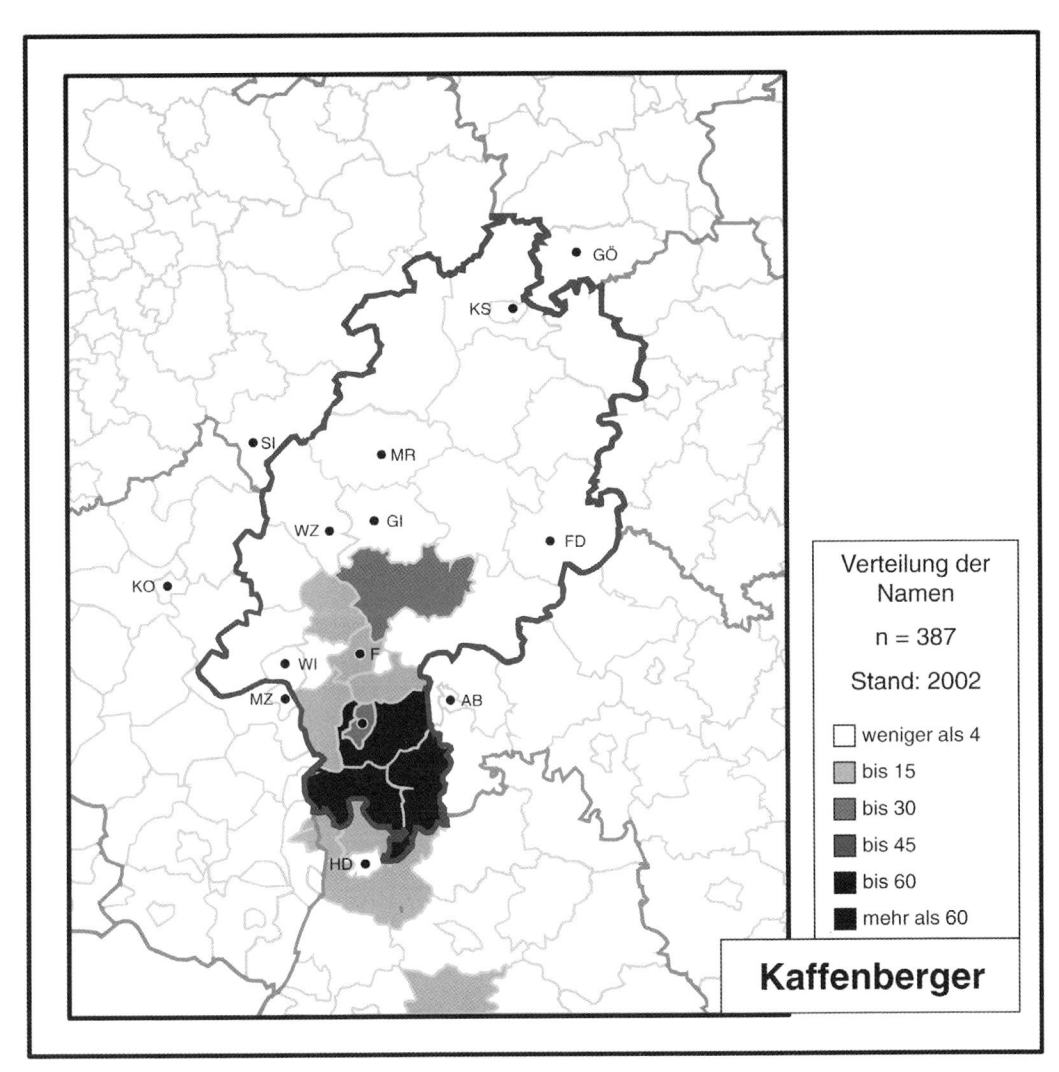

Abbildung 12: Kaffenberger

und darüber hinaus bis in die Wetterau. Dort endet sein Vorkommen. Weder nach Westen und schon gar nicht nach Osten gibt es nennenswerte Grenzüberschreitungen.

Eine südhessische Namenlandschaft

Insgesamt können wir über die historischen Kommunikationsstrukturen ziemlich gut erklären, wie die Verdichtungen heutiger Familiennamen im südhessischen Raum zustande gekommen sind und wie sie in die verschiedenen Himmelsrichtungen auch wieder auseinander gedriftet sind. Daraus entstand ein ausgeprägter südhessischer Familiennamenraum, wie er in Abb. 7 abgebildet ist.

Eine letzte Himmelsrichtung in Südhessen wurde bisher aber nur beiläufig erwähnt: der Osten. Der Ostrand des Odenwaldkreises bildet die schärfste Namengrenze ab, die nicht nur in Südhessen sondern überhaupt in ganz Hessen zu beobachten ist. Dafür gibt es keinen besonderen geographischen oder historischen Grund. Nördlich anschließend, im Main-Kinzig-Bereich, gehen wieder viele Namenbeziehungen nach Osten, vor allem in den Aschaffenburger Raum; aber der hintere Odenwald hat, was die Familiennamen angeht, mit dem östlich anschließenden Bauland nur wenig zu tun. Darin spiegelt sich offensichtlich die allgemeine Orientierung der südhessischen, besonders der Odenwälder Lebens- und Kommunikationsverhältnisse: Sie sind seit jeher nach Westen ausgerichtet: zur Bergstraße, in die Rhein- und Mainebene.

Charakteristisch für die südhessische Familiennamenlandschaft sind viele Namen. So kommen außerdem noch hinzu z.B. *Anthes, Arras, Breitwieser, Daab, Delp, Dingeldein, Dörsam, Fornoff, Hechler, Herd, Hitzel* (Kr. Offenbach), *Jährling, Krichbaum, Lautenschläger, Löbig, Massoth, Ofenloch* (Kr. Bergstraße), *Plößer, Reeg, Reinheimer, Ripper, Schader, Schaffner, Schrod, Schulmeyer, Schwebel, Schwinn, Seib, Trumpfheller, Wesp.*

Vielfältig sind die Übergange in den Neckarraum und damit in den historischen Raum der Kurpfalz, z.B. *Emig, Eisenhauer, Ihrig, Jöst, Kadel, Rothermel, Schork, Schwöbel, Uhrig.*

3.2 Osthessen: Fulda und die „Fuller"

Kerngebiet des hessischen Ostens, der sich von der Kinzig bis an die Werra zieht und nach Westen vor allem durch den Vogelsberg vom mittelhessischen Raum geschieden ist, ist der alte Siedlungsraum um Fulda. Sprachgeschichtlich-dialektgeographisch nimmt der osthessische Raum eine Sonderstellung ein, der ihn in vielen Merkmalen von dem kultur- und wirtschaftsgeographisch nach Südwesten hin orientierten hessischen Hauptraum zwischen Neckar und Lahn mit dem Maingebiet als Dreh- und Angelpunkt trennt. Am Beispiel des unterbliebenen Sprachwandels bei *Sippel* gegenüber *Seibel* (Kap. 9) haben wir das schon gesehen. *Sippel* ist insoweit ein typisch osthessischer Name, allerdings eine sprachgeschichtlich bedingte Variante.

Hohmann
Betrachten wir einen Massennamen, der zumindest für mein Namenbewusstsein der osthessische Name schlechthin ist, *Hohmann*. Wenn von den etwa 16.000 Namensträgern deutschlandweit annähernd 2.000 im Kreis Fulda leben, ist das schon ein ungewöhnlich hoher Anteil; dazu viele vom Main bis nach Nordosthessen und wenige im übrigen Hessen. (Da muss man den Schönheitsfehler in Kauf nehmen, dass es auch in Nordrhein-Westfalen, besonders im Bergischen Land und im Sauerland, überdurchschnittlich viele Hohmanns gibt.)

Die heutige Verbreitung von *Hohmann* in Hessen zeigt beispielhaft ein Hauptkennzeichen in der Verbreitung osthessischer Namen, nämlich den Weg die Kinzig abwärts an den Main mit Ziel Frankfurt. Das ist das Ziel vieler „Fuller", der Arbeit suchenden Pendler und Leiharbeiter seit alten Zeiten bis in die Gegenwart: Am Maine hängt, zum Maine drängt doch alles!

Die Verbreitung der *Hohmanns* ist zu großräumig, um die Besonderheiten des osthessischen Fuldaraums zu erkennen. Namen Fuldaer Ursprungs zeigen, dass zwischen der Ausbreitung in den Main-Kinzig-Raum einerseits und in den Hersfelder und thüringisch-fränkischen Raum andererseits unterschieden werden muss. Betrachten wir deshalb einige weitere typisch osthessische Namen, die den Raum und seine Ausbreitungstendenzen charakterisieren.

Mihm
Der Familienname *Mihm* (mit knapp 1.400 Namensträgern) hat seinen Schwerpunkt im Kreis Fulda; hier lebt ein Drittel aller *Mihms*. Der Familienname geht mit hoher Wahrscheinlichkeit auf den altdeutschen Personennamen *Mimo* zurück.[17] Der

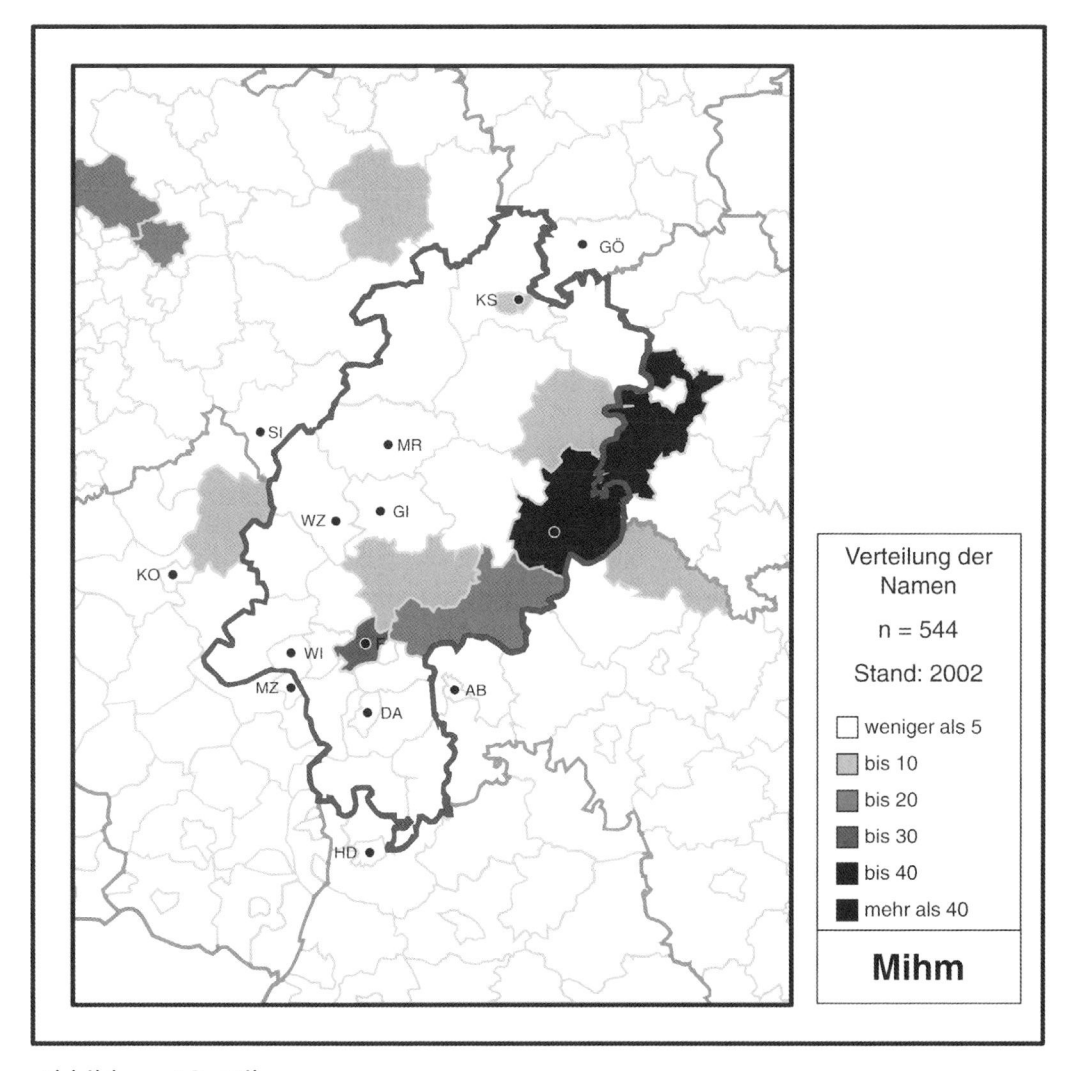

Abbildung 13: Mihm

Familienname ist zuerst 1468 in Gießen mit einem bis 1502 mehrfach erwähnten *memenhenne* belegt, in Fulda erstmals 1569 mit *Veit Miehm*.[18]

Dieser typische Fuldaer Name wiederholt in verkürzter Weise das Muster, das wir eben bei *Hohmann* kennengelernt haben: den Weg ins Maingebiet nach Südwesten einerseits und den Weg nach Norden unter Einschluss des grenznahen thüringischen Wartburg-Kreises andererseits. Zugleich erkennt man, wie sich dort eine Erweiterung des Vorkommens nach Nordwesten, vor allem in den Schwalm-Eder-Kreis, abzeichnet.

Auth / Uth
Interessant ist die Verbreitung des typisch fuldischen Namens *Auth*. Von den über 2.000 *Auths* deutschlandweit leben knapp 1.000 im Kreis Fulda, viele weitere im Main-Kinzig-Raum, wie fast nicht anders zu erwarten. Der Name geht entweder auf die Tätigkeit eines Bewachers von Nachtweiden zurück, mhd. *uhte* (mit Ausfall des /ch/) oder (was ich für wahrscheinlicher halte) auf den gekürzten und deshalb im Familiennamen unverstandenen alten und häufigen Personennamen *Uto, Utto*[19]. Bemerkenswert ist der Name deshalb, weil es eine Variante *Uth* gibt. Sie ist zwar deutlich seltener, hat sich aber, bei ziemlich diffuser Streuung in Deutschland, von Fulda aus erkennbar nach Nordosten bis in den Werra-Meißner-Raum ausgebreitet. Hier ist, dem regionalen osthessischen Sprachgebrauch folgend, der Wandel von *u:* > *au* unterblieben (wie dialektal /lutterbach/ für *Lauterbach* (Vogelsbergkr.)), während er sich in der Südausbreitung vollzogen hatte. Dort hat sich *Auth* durchgesetzt.

Die Ausrichtung in den Main-Kinzig-Raum und darüber hinaus ist das auffälligste Merkmal des Fuldaer Namenraums. Es gibt eine ganze Reihe von Namen, die von Fulda aus über den Main-Kinzig-Raum nach Frankfurt und teils nach Mittelhessen, teils in den Aschaffenburger Raum, in den Henneberger Raum, selten nach Thüringen streuen.

Zentgraf
Das ist etwa beim Familiennamen *Zentgraf* der Fall. Ein Zentgraf war im Mittelalter der Vorsitzende eines Gerichtsbezirks; das Wort war hauptsächlich im Mitteldeutschen üblich. Als Familienname mit etwas über 2.000 Namensträgern kommt er am häufigsten im Kreis Fulda mit etwa einem Viertel aller Namensträger vor, erstreckt sich dann mit seinen Hauptvorkommen vom Aschaffenburger Raum bis weit nach Thüringen hinein.

Vorkommenszentrum und in vielen Fällen auch Ursprung vieler Namen liegen im engeren Umfeld von Fulda z.B. bei *Brähler, Bug, Fladung, Goldbach, Grösch, Gutberlet, Gutermuth, Jestädt, Kalbfleisch, Klüber, Klüh, Krönung, Larbig, Pappert, Reith, Seng, Staubach, Trabert, Vey*.

3.3 Nordhessen

In Nordhessen werden die Verhältnisse etwas unübersichtlicher. Der Übergang zu den mittleren Landesteilen ist fließend; er reicht etwa bis an die obere Lahn und den nördlichen Vogelsberg. Dadurch entsteht für viele Namen ein großer, verhältnismäßig geschlossener nordhessischer Familiennamenraum. Ansonsten sind nordhessische Randregionen stark mit ihren außerhessischen Nachbarregionen verbunden.

3.3.1 Nordhessen und seine Verbindungen mit Mittelhessen

Vaupel
Die Funktion des Schwalm-Eder-Raums als eine Art Scharnier zwischen Mittelhessen und Nordhessen zeigt sich in der Verbreitung des hier häufigen Familiennamens *Vaupel*, der mit den Hauptschreibvarianten <*Vaupel*> (1252 Anschlüsse), <*Faupel*> (467 Anschlüsse), <*Faubel*> (222 Anschlüsse) und <*Vaubel*> (64 Anschlüsse) vorkommt.

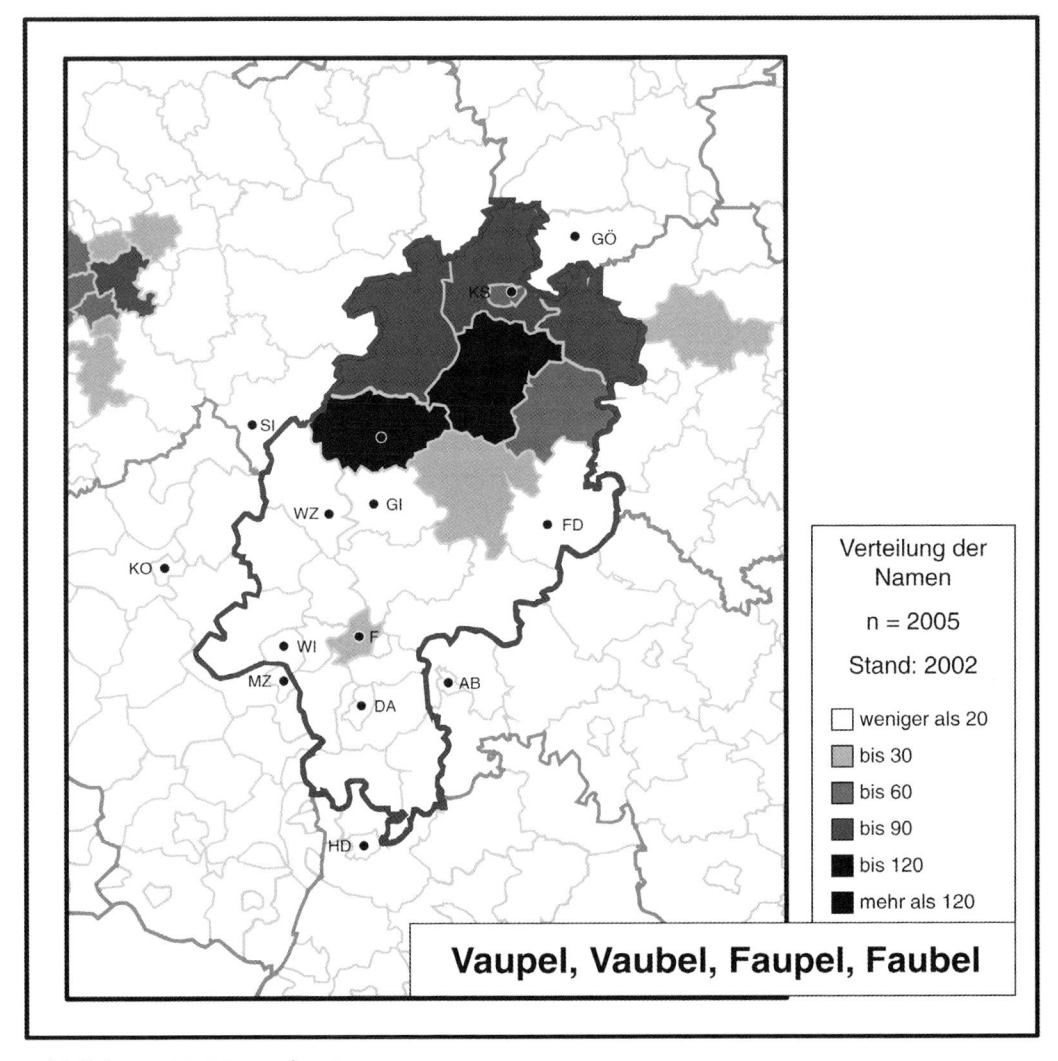

Abbildung 14: Vaupel u.ä.

Es gibt deutschlandweit etwa 5.500 Menschen, die diesen Namen tragen; annähernd die Hälfte davon lebt in Hessen, konzentriert in Nord- und Mittelhessen, besonders viele im Schwalm-Eder-Kr.

Die Deutung des Namens liegt nicht unbedingt auf der Hand. Manchmal entstehen aus dialektalen Aussprachegewohnheiten Familiennamen, die man mit dem Ausgangsnamen und auch mit anderen Namen der gleichen Ausgangsform gar nicht oder nur schwer in Verbindung bringen würde. Oder kämen Sie auf die Idee, den Namen *Vaupel* u.ä. mit dem in Norddeutschland verbreiteten Namen *Vollbrecht* zu verbinden? Und dennoch gehen *Vaupel* und seine Schreibgenossen ebenfalls auf den altdeutschen Personennamen *Folcbrecht* zurück, der ursprünglich sogar eine richtige Bedeutung hatte; er bedeutete nämlich ‚der im Volk Berühmte'. Als Rufname war er in Hessen durchaus gebräuchlich, taucht aber auch bereits 1398 mit *Kunz Volpracht* in Röllshausen (Schrecksbach, Schwalm-Eder-Kr.)[20] als Familienname auf. Im Namengebrauch schrumpft dieser vollklingende Name aber gewaltig und wird dafür mit einem verkleinernd-kosenden *–el* versehen, so dass die Form <*Vopel*> entsteht. Sie ist in Löhlbach, ebenfalls im Schwalm-Eder-Kreis und nahe dem Kloster Haina, schon 1452 nachgewiesen[21] und hat sich im Familiennamen *Fabel* fortgesetzt, der auch in Mittelhessen vorkommt. Fast gleichzeitig begegnet in der Mitte des 15. Jh.s mehrfach die merkwürdige Schreibung <*Foupil, Foupel*> zwar meist noch als Vorname[22]; aber lautlich erkennbar unserem heutigen *Vaupel* entsprechend. Der Diphthong *au* hat sich in der Region sprachgeschichtlich aus *o* entwickelt und ist resthaft noch heute im Dialekt einiger Gegenden an Werra und Jossa/Fulda erhalten.[23] Es ist offensichtlich kein Zufall, dass die frühen *Vaupel*-Formen sich fast allesamt im Grenzbereich zwischen dem mittleren und dem nördlichen Teil Hessens finden. Dort ist diese Form zum Familiennamen geworden.

Nuhn
Am Familiennamen *Nuhn* lassen sich die Weisen der Ausbreitung in diesem Raum recht gut nachzeichnen. Die Zahl der Namensträger liegt bei etwa 1.200, der Vorkommensschwerpunkt ist im Kr. Hersfeld-Rotenburg mit einem Viertel aller Nuhns. Der Familiennamen-Duden hält den Namen für „einen Übernamen … für ein Mitglied eines Ausschusses von neun Männern."[24] Das klingt ein bisschen an den Haaren herbeigezogen, und die Lösung liegt (vermutlich) wieder einmal viel näher. Namengebend war nämlich die *Nuhne*, ein Bach, der im Rothaargebirge entspringt und bei Schreufa (Stadt Frankenberg, Kr. Waldeck-Frankenberg) in die Eder mündet. Dort findet sich eine Wüstung, möglicherweise eine Hofwüstung, die durch eine seit 1250 genannte Familie *von der Nuhne* nachgewiesen ist und die in den Schreibweisen 1250 *Nona*, 1308 *Nuene*, 1332 *Nunne* auftritt.[25] Die Adelsfamilie ist erst im 17. Jh. ausgestorben; doch ausgewanderte Bewohner der Wüstung werden den Namen nach Nordosthessen mitgenommen haben; vereinzelt vielleicht auch nach Mittelhessen, wo die Adelsfamilie über Güter verfügte.

Mit *Nuhn* und *Vaupel* vergleichbare Verbreitungsbilder zeigen etwa die Namen *Battenberg, Bornmann, Dingel, Dippel, Fenner, Gleim, Grebe, Hassenpflug, Herbold, Hilgenberg, Höhle, Holzhauer, Riemenschneider, Röse, Schönewolf, Schwedes, Siebert, Wicke.*

In Nordhessen im engeren Sinne müssen wir als Teilräume den Nordosten mit Werra-Meißner, die Mitte mit Kassel und den Nordwesten mit Waldeck(-Frankenberg) unterscheiden.

3.3.2 Nordosthessen

Brandau

Die nordosthessischen Verhältnisse lassen sich exemplarisch an einem Familiennamen vorführen, der aus einem Herkunftsort hervorgegangen ist. Der heutige Ort *Brand* (Hilders, Kr. Fulda) in der Rhön, seit 1282 als *Brandau* belegt, war in der 2. Hälfte des 15. Jh.s wüst gefallen und wurde erst später wieder besiedelt.[26] Einwohner von

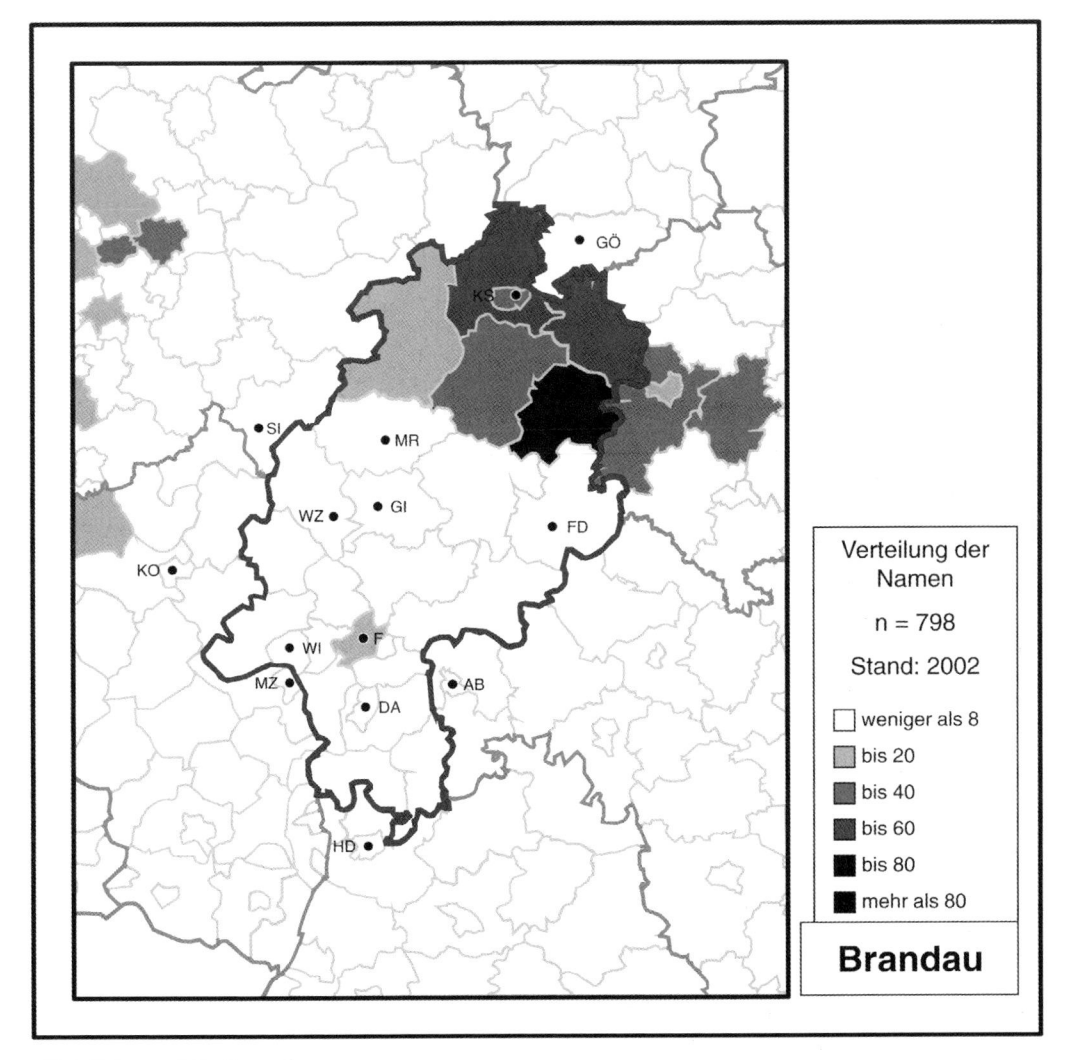

Abbildung 15: Brandau

dort wanderten offensichtlich ein Stück nach Norden und fanden dort eine neue Heimat. Das führte zu einem ziemlich geschlossenen Namenraum für viele der etwa 2.000 *Brandau*-Namensträger in Deutschland. Diese müssen nicht alle nach der Rhön-Siedlung benannt sein, da es mehrere Orte dieses Namens gibt; aber die Namensträger im hessischen Schwerpunktbereich sind es bestimmt. Man erkennt ein nordosthessisch geschlossenes Gebiet, das sich nur nach Thüringen ein Stück weit öffnet.

Knierim
Dass solche Konzentrationen für den Nordosten charakteristisch sind, sieht man etwa auch an der Verbreitung des Familiennamens *Knierim*, auch <*Knieriem*>. Von den annähernd 3.000 Namensträgern wohnen zwischen 40 und 50% in Hessen, meist eben im Nordosten. In Eschwege ist der Name mit *Hanße Knyrymen* schon 1488 belegt.[27] Der Name geht auf ein Werkzeug der Schusters zurück, auf den ‚Knieriemen', bezeichnet also indirekt einen Schuhmacher. Hier greift die Hauptverbreitung nur einmal über die Landesgrenze hinaus, in den niedersächsischen Kreis Göttingen.

Es gibt zahlreiche weitere Namen, die auffallend ähnliche Verbreitungsbilder aufweisen, z.B. *Allendorf, Blumenstein, Buchenau, Deist, Diebel, Fahrenbach, Faßhauer, Freudenstein, Gundlach, Herwig, Höhmann, Hupfeld, Küllmer, Leimbach, Lipphardt, Luckhardt, Mühlhausen, Ötzel, Rimbach, Sandrock, Schindewolf, Trieschmann, Wenderoth, Wiederhold, Wittich, Wollenhaupt, Zeuch*. Auffallend stark in Nordosthessen, aber wegen der wörtlichen Bedeutung nahe liegend, ist die Verbreitung des Namens *Döring*; er geht auf die Herkunft aus dem benachbarten Thüringen zurück.

3.3.3 Nordhessen: Kassel

Die Sprachgrenze zwischen dem Niederdeutschen und den mitteldeutschen Dialekten, hier den hessischen, verläuft mitten durch das ehemalige Fürstentum Waldeck knapp nördlich des heutigen Edersees, streift den Nordzipfel des Kreises Kassel und verlässt bei Witzenhausen im Werra-Meißner-Kr. Hessen in Richtung Niedersachsen. Der sprachliche Einfluss des Nordens (und Ostens) auf Nordhessen reicht nur wenig südlich über diese Sprachgrenze hinaus. In Bezug auf die Familiennamen haben wir diese wichtigste aller binnendeutschen Sprachgrenzen bei den Namenvarianten mit und ohne End-*e* kennen gelernt (*Schön / Schöne* usw.) und gesehen, dass die *e*-Namen rasch abnehmend noch bis in den Schwalm-Eder- und den Hersfeld-Rotenburg-Raum reichen (Kap. 9.3.3; Abb. 5). Auch sonst ist der Einfluss niederdeutscher Namen auf Nordhessen bemerkenswert gering.

Nur im Kasseler Raum gibt es konzentriert ein paar Namen, deren Nordbezug unverkennbar ist, am auffälligsten vielleicht *Brede*. Der Name wird als Wohnstättenname mit dem Flurnamen *Breite* verbunden[28], im Norden eine allgemein verbreitete Bezeichnung für ein Ackerstück. Der Flurname ist auch in Nordhessen häufig.[29]

Typische Kasseler Namen mit Nordbezug sind z.B. *Gerhold, Klapp, Landgrebe, Reitze, Schaumburg, Thöne, Umbach*.

3.3.4 Nordhessen: Waldeck

Die Namenbeziehungen mit dem niederdeutsch-westfälischen Raum sind im Gebiet des ehemaligen Fürstentums Waldeck, das (als Freistaat) aus Geldmangel 1929 seine Selbstständigkeit aufgab und sich Preußen anschloss, ziemlich intensiv, viel intensiver jedenfalls als die Kasseler Bezüge nach Niedersachsen oder die nordosthessischen nach Thüringen.

Behle
Nehmen wir den im Kr. Waldeck-Frankenberg sehr verbreiteten Namen *Behle*, sehen wir, dass von den etwa 1.800 Namensträgern immerhin ein knappes Viertel im eher bevölkerungsarmen Kreis Waldeck-Frankenberg lebt, und hier vor allem im waldeckischen Teil. Der Großteil der *Behles* verteilt sich in einem Gebiet, das vom anschließenden Sauerland bis in den Düsseldorfer Raum reicht.

Dass der Name sich von einem der zahlreichen Ortsnamen *Behl(e)* u.ä. ableitet, wie der Familiennamen-Duden mutmaßt,[30] ist bei dieser Lagerung unwahrscheinlich. Vielmehr trifft mit hoher Wahrscheinlichkeit die auch als „vereinzelt" erwogene Herleitung von einem Frauennamen *Bele* zu, der im Niederdeutschen außerordentlich verbreitet ist. Eine Vielzahl von historischen Belegen zeigt *Bele* als eine fest gewordene Nebenform von *Elisabeth*.[31] (Seitdem ich einmal eine Familie gekannt habe, deren drei kleine Töchter auf die Namen *Ele, Mele, Bele* (mehr oder weniger) hörten, habe ich keinen Zweifel, dass aus *Elisabeth* ganz leicht *Be(h)le* werden kann.)

Für dieses Verbreitungsmuster von Namen des Waldecker Raums ist sehr charakteristisch, dass es gerade nicht in den hessischen Raum streut, bestenfalls gerade noch den Kasseler Raum erfasst, im Übrigen aber eine strikte Westorientierung bis an den Rhein im Köln-Düsseldorfer Raum aufweist. Wie diese Verbindungen über Wanderbewegungen entstanden sind, lässt sich am Familiennamen *Emde* verdeutlichen.

Emde
Emde ist ein (im Internet schlecht) bezeugter Wohnplatz in der Nähe der Gemeinde Erwitzen (St. Nieheim, Kr. Paderborn, Nordrhein-Westfalen), ein Ort nur wenige Kilometer von der Grenze zu Waldeck entfernt. Es liegt nahe, den Namen dieser heutigen Wüstung, die mit *Emder Bach* lokalisierbar ist, als Grundlage des heutigen Familiennamens anzusetzen.[32] Damit haben wir einen Herkunftsnamen, der uns die Ausrichtung des Waldecker Raums anschaulich vor Augen führt:

Wir sehen, dass die Ausbreitung dieses Namens teilweise den nordhessischen Raum, vor allem aber die Schiene hin zum Rhein umfasst. Vergleichbar verteilen sich *Bracht, Figge, Finger, Kesper, Kesting, Knoche, Sauerwald, Schüttler, Schweinsberg, Waßmuth*. In allgemeinerer Form sind an die Verbreitung niederdeutscher Familiennamen in Waldeck beispielsweise gebunden *Pohlmann* und *Wilke*.

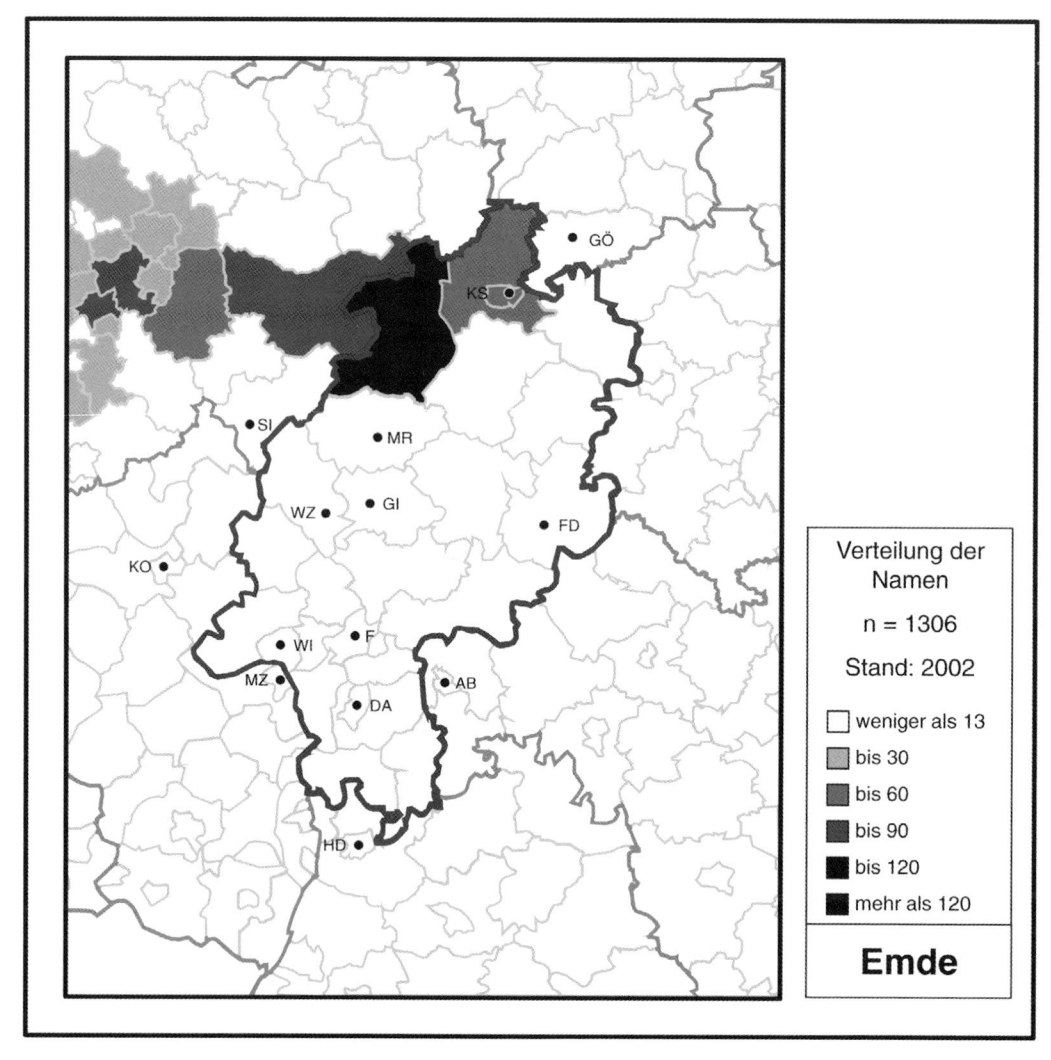

Abbildung 16: Emde

3.4 Mittelhessen

Scheld
Auch für die Betrachtung des mittelhessischen Namenraums können wir einen Herkunftsnamen gewissermaßen als Leitnamen heranziehen: *Scheld*. *Scheld*, dazu ganz wenige <*Schelt*>, hat etwa 1.300 Namensträger, von denen deutlich über die Hälfte in den Kreisen Lahn-Dill, Marburg-Biedenkopf und Gießen leben. Das ist der mittelhessische Kernraum.

Der Name geht zurück auf Bewohner des *Schelderwaldes*, einer bewaldeten Kleinlandschaft zwischen Dillenburg und Bad Endbach im Lahn-Dill-Gebiet, durchflossen von der *Schelde* und mit den Orten *Ober-* und *Nieder-Scheld*. Die Gegend hatte wirtschaftliche Bedeutung durch Eisenerzabbau. Ob der Gewässername, der Ortsname oder gar der Waldname für den Familiennamen herhalten musste, ist unklar. (Immerhin gab es sogar den mittlerweile ausgestorbenen Familiennamen *Schelderwald*.) Ursprünglich namengebend für die Örtlichkeitsnamen war zweifellos das Gewässer, dessen Benennung auf ein germanisches Wort zurückgeht.[33] Der Herkunftsname ist seit 1285 in Limburg durch einen *Heinrich de Schelte*[34] belegt.

Klingelhöfer
Am Familiennamen *Klingelhöfer*, manchmal auch <*Klingelhöffer*> mit seinen deutschlandweit weit über 2.000 Namensträgern kann man zeigen, wie sich die Verbreitung im Raum von einem Kern aus vollzogen hat.

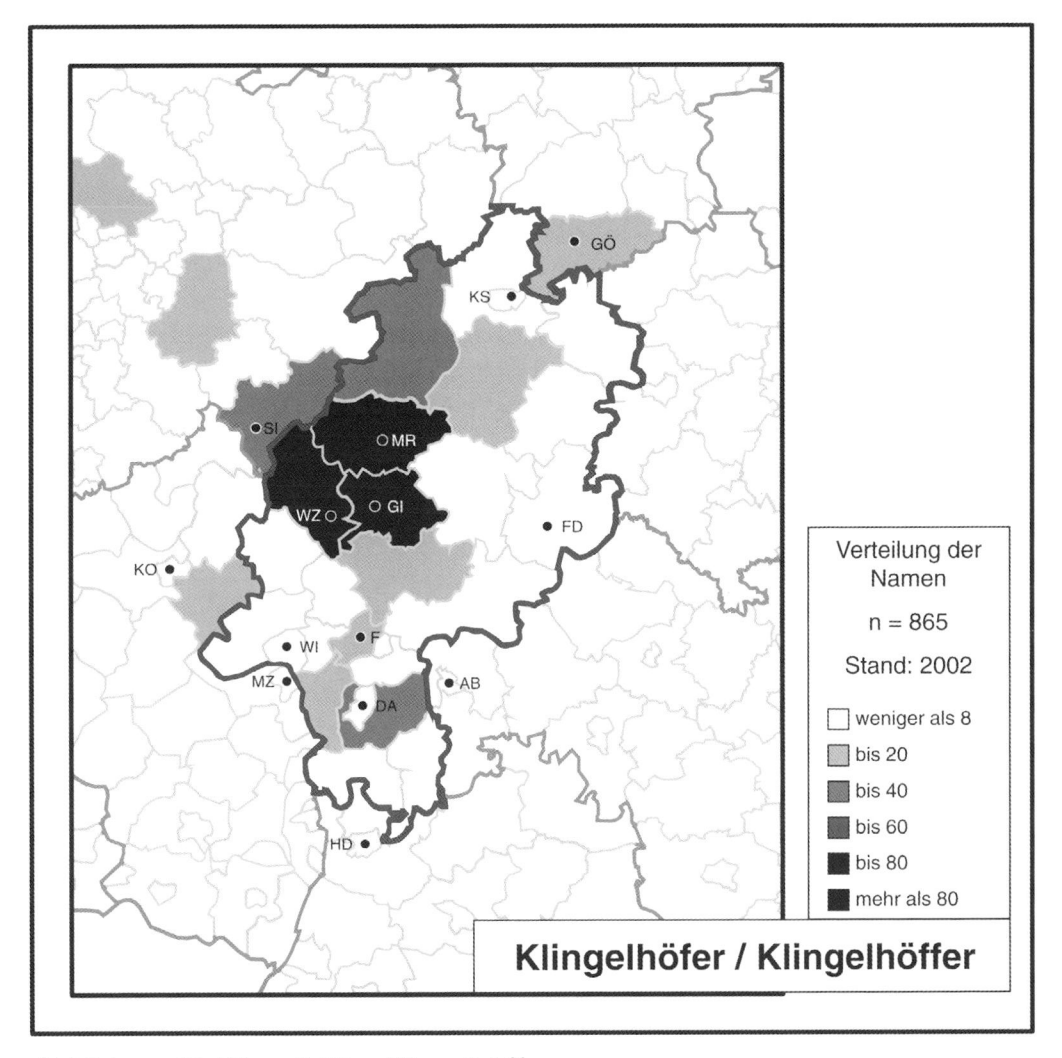

Abbildung 17: Klingelhöfer, Klingelhöffer

Alle Namensträger gehen zurück auf die Bewohner des längst wüst gefallenen *Klingelhofs*, dessen Lage in der Gemarkung von Damshausen (Dautphetal, Kr. Marburg-Biedenkopf) mittels eines Flurnamens identifizierbar ist.[35] Älteste bezeugte Bewohnerin ist 1523 *Grethe im Klingelhobe*. Die Familiengeschichte der Klingelhöfers zeigt, wie sich die Verbreitung des Namens aus der Differenzierung der Familienstämme ergibt, die sich an verschiedenen Orten Mittelhessens niedergelassen haben.[36]

Das Musterbeispiel für Familiennamen des mittelhessischen Raums ist *Waldschmidt*, weil der vom Beruf des Waldschmiedes hergeleitete Name unverdächtig ist, sich nur auf einen Herkunftsort zu beziehen. Er wurde schon mehrfach als Beispiel herangezogen (s. Kap. 3.1 und 5.1.2; Abb. 1). An seiner Verbreitung ist darüber hinaus interessant, dass er zusammen mit seiner Schreibvariante <*Waldschmitt*> das räumliche Ausgreifen eines mittelhessischen Namens bis nach Südhessen und sogar bis in die Pfalz verdeutlicht.

Darüber hinaus sind typische Namen des mittelhessischen Kernraums, teilweise unter Einschluss von Randgebieten z.B. *Agel, Balser, Benner, Bepler, Bingel, Blöcher, Bodenbender, Burk, Cloos, Debus, Decher, Dönges, Gath, Gombert, Graulich, Hasselbach, Kaletsch, Kehm, Keiner, Kimpel, Klös, Kreiling, Künkel, Langsdorf, Luh, Linker, Mandler, Pitzer, Rinker, Runzheimer, Schepp, Schermuly, Schleenbäcker, Steuernagel, Thielmann, Wege, Weyel*.

Der mittelhessische Kernraum und seine Fliehkräfte

Kernraum des mittelhessischen Familiennamenraums sind die Kreise Marburg-Biedenkopf und Gießen sowie der Lahn-Dill-Kreis. Konzentriert auf diese Region findet sich eine Fülle von Familiennamen, die oft nachweisbar hier entstanden sind.[37] Das ist deshalb besonders bemerkenswert, weil die Geschichte der Teilräume lange Jahrhunderte hindurch wenige Gemeinsamkeiten aufwies:

– Der Lahn-Dill-Raum war nassauisch und gehörte politisch und wirtschaftlich eng zum Siegerland. Das spiegelt sich in der Verbreitung vieler Namen bis heute darin, dass hessische Namen auch den heutigen Kreis Siegen-Wittgenstein mit umfassen oder von dort aus Mittelhessen erreicht haben (vgl. z.B. *Blecher / Blöcher*, Kap. 2.1.2). Nassau reichte mit der Herzogslinie Nassau-Weilburg auch weit in den heutigen Kreis Limburg-Weilburg, so dass dieser über die Nassauer auch zum Einflussgebiet des Kernbereichs gehört.

– Marburg und sein Raum sind hingegen traditionell eher nach Norden und Osten hin orientiert dank der gemeinsamen Geschichte innerhalb der Landgrafschaft Hessen-Kassel. Das spiegelt sich auch darin, dass der Schwalm-Eder-Kr. als eine Übergangslandschaft zwischen Nord-/Ost-Hessen und der Mitte vielfach im Bereich der Familiennamen Anteil an beiden Regionen hat; aus der Sicht des mittelhessischen Kernraums eine von diesem beeinflusste Randlandschaft. Dass auch der Kreis Waldeck-Frankenberg in diesem Zusammenhang öfter als

Übergangslandschaft erscheint, liegt (bei der Größe dieses Kreises) allerdings an der Bewohnerschaft des Altkreises Frankenberg, die von jeher stark nach Süden, nach Marburg hin, orientiert war.
– Der Raum Gießen hingegen gehörte seit den hessischen Teilungen von 1557 zur Landgrafschaft Hessen-Darmstadt und war schon von daher nach Süden und Südwesten orientiert. Er teilt diese gemeinsame Geschichte mit großen Teilen des Vogelsbergs, so dass dieser als Übergangslandschaft zwischen Mittel- und Osthessen auch zum Einflussbereich des mittelhessischen Kernraums gehört, zugleich aber auch Anteil am Fuldaer Raum hat.

Die Wetterau und die Achse Frankfurt-Gießen/Wetzlar/Marburg

Am schwierigsten ist die Stellung der Wetterau in diesem Spiel mit Familiennamen-räumen zu bestimmen. Denn einerseits hat sie, wie der Main-Kinzig-Kreis und die Gegenden am unteren Main und des vorderen Taunus seit jeher die engsten sozialen und wirtschaftlichen Beziehungen zur Reichsstadt Frankfurt. Sie gehört, wie auch die Frankfurter Bürgerbücher zeigen, zum Haupteinzugsbereich der mittelalterlichen Metropole. Andererseits gehört sie von der geographischen Lage her auch noch zu Mittelhessen. Sie ist in dieser Hinsicht eher Übergangsgebiet zwischen dem mittelhessischen Kernraum und Frankfurt. Sie weist vielleicht deshalb kaum eigene Namenschwerpunkte auf.

Weil
Es gibt, soweit ich sehe, nur einen einzigen Fall, wo die Wetterau systematisch und gewissermaßen federführend sich zum mittelhessischen Kernbereich stellt: der Familienname Weil. Das ist ein ausgesprochen hessischer Name. Von den insgesamt über 6.000 Weils lebt ziemlich genau die Hälfte in Hessen, vorzugsweise im mittleren Hessen zwischen Main und Lahn, am häufigsten in der Wetterau.

Weil bietet einen der seltenen Fälle, in denen sich ein eigenständiger Namenraum zwischen Lahn, Rhein und Main abzuzeichnen scheint; ähnlich, aber doch eher verschwommen, gehören etwa *Kaus(s), Kilb, Wintermeyer* dazu. Insgesamt gehört *Weil* wegen der Schwerpunkte in Wetterau und Lahn-Dill aber doch zum mittelhessischen Raum.

Dass der Name sich in dieser Region herausgebildet hat, darf man also wohl annehmen. Man ist deshalb überrascht, u.a. im Familiennamen-Duden als Erklärung zu finden, der Name leite sich von dem Ortsnamen *Weil* einerseits her oder sei eine aus dem jüdischen Namen *Levi* durch eine Buchstabenumstellung entstandene neutrale Namensform andererseits.[38] Denn dazu passt nun der hessische Befund überhaupt nicht. Wir tun gut daran, uns nach einer anderen Erklärung umzusehen.

Dabei stoßen wir auf einen im wörtlichen Sinne nahe liegenden Namen mit etwas eigenartigen Schreibweisen: <Weyel> (322 Anschlüsse), dazu seltener <Weyell> (70 Anschlüsse) und <Weiel> (22 Anschlüsse), zusammen deutlich mehr als 1.000

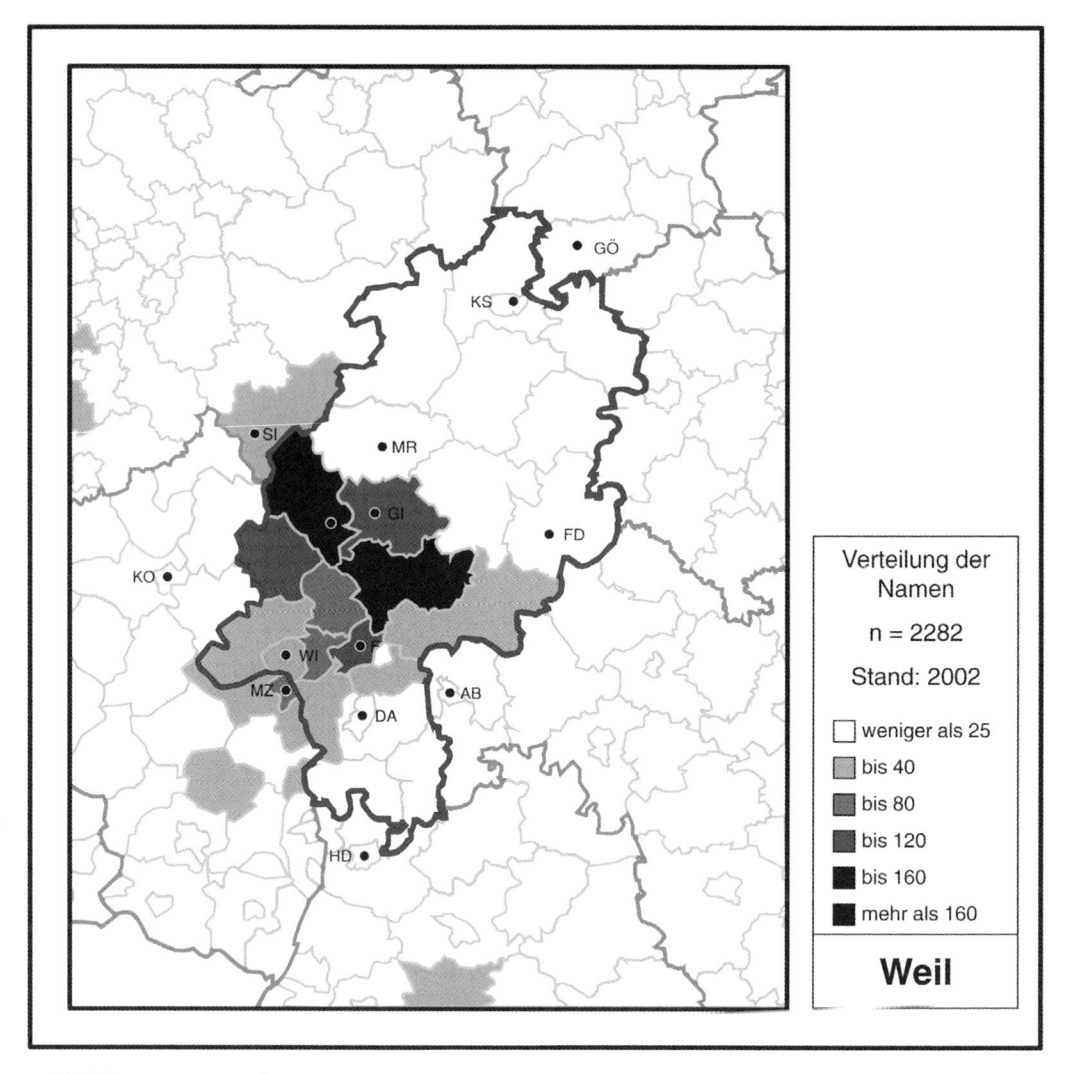

Abbildung 18: Weil

Namensträger. Sie wohnen vorzugsweise im Lahn-Dill-Kreis, dem Westerwald und dem Siegerland; die <Weyells> vorwiegend im Raum Mainz-Bingen. Der Name ist deshalb merkwürdig, weil er eine Vokalfolge von Diphthong + Vokal aufweist, verbunden durch einen gesprochenen /j/-Laut.

Deshalb ist es ziemlich sicher, dass Ausgangsform der gerade im mittleren Hessen sehr häufige Familienname *Weigel* ist. Wenn das /g/ halbvokalisch als /j/ ausgesprochen und <Weyel> geschrieben wird, kann es auch ganz ausfallen. Dann ist die Aussprache und Schreibung <Weil> vollzogen. *Weigel* geht auf den altdeutschen Personennamen *Wigilo* zurück, in dem von der Bedeutung her das alte Wort *wîc* ‚Kampf' steckt wie in *Wiegand*. *Wigel* kommt als Rufname in alten hessischen Quellen häufig vor, aber auch schon früh als Familienname; zuerst 1364 *Heinkel Wigeln*.[39] Ob schon in dieser frühen Phase der Name durch Ausfall des <g> zusammengezogen werden konnte, geht aus den Belegen nicht klar hervor.

3.5 Und kein Namenraum: Frankfurt und das Rhein/Main-Gebiet

Bei der Skizzierung regionaler hessischer Familiennamenräume haben wir um Frankfurt mit dem Rhein-Main-Gebiet gewissermaßen einen großen Bogen gemacht. Und dies aus gutem Grund: Für Frankfurt und das Rhein-Main-Gebiet lassen sich keine vergleichbaren Strukturen ausfindig machen wie für die meisten anderen hessischen Landesteile. Namen, die hier entstanden sind, gibt es zweifellos in großer Anzahl, aber sie schließen sich nicht zu einer halbwegs einheitlichen Fläche zusammen. Das hängt mit der Metropolfunktion Frankfurts zusammen. Frankfurt ist der hessische Schmelztiegel, in den von allen Seiten Menschen strömten: So war es in den mittelalterlichen Anfängen, so ist es bis in die Gegenwart.

Die Sogwirkung Frankfurts wird greifbar in den Kartenbildern aus Südhessen, aus Osthessen, aus Mittelhessen, auf denen sich immer wieder Übergangszonen in den Rhein-Main-Raum abzeichnen. Man erkennt auch eine Reihe Verbreitungsbilder, in der sich Namen vorherrschend in diesem Raum finden. *Kaus(s), Kilb, Wintermeyer* wurden schon genannt. Namen wie *Bös, Buhlmann, Dauth, Disser, Fay, Föller, Frischkorn, Kemmerer, Merget, Reutzel, Spahn, Westenberger* kann man hinzurechnen, obgleich sie aus ganz verschiedenen Himmelrichtungen kommen; auch Zuwanderernamen wie *Besier, Bonifer, Cezanne.*

Zusammengefasst

Seit man im Internet ganz leicht die Verbreitung von Familiennamen feststellen kann, und das ist nicht einmal zwei Jahrzehnte her, lässt sich auch untersuchen, ob es räumliche Strukturen in den Familiennamenverbreitungen gibt, die über den Einzelfall hinausgehen. Für Hessen zeichnen sich zwei grundsätzliche Ergebnisse ab:
– Typisch hessische Familiennamen, die hauptsächlich nur im gesamthessischen Raum verbreitet sind, gibt es kaum, wohl aber großräumige Orientierungen, die weit über die Grenzen des Bundeslandes hinausreichen. Am wichtigsten ist dabei die Verbindung vieler Familiennamen mit Südwest- und Westdeutschland. Diese Verbindung erfasst in Hessen aber nur die südlichen und mittleren Landesteile und lässt die östlichen und nordöstlichen Bereiche außen vor. Diese sind auch mit ihren Familiennamen gewissermaßen abgekoppelt, so wie das auch in sprachgeschichtlicher und dialektgeographischer Hinsicht der Fall ist.
– Unterhalb dieser Großgliederung schälen sich regionale Familiennamenräume heraus, die durch jeweils für die Region charakteristische Familiennamen bestimmt sind. Diese Teilräume sind unterschiedlich deutlich ausgeprägt: Klar treten ein

südhessischer, ein osthessischer und ein mittelhessischer Raum hervor. Auch Nordhessen bildet insgesamt einen großen Raum, der in sich aber wieder differenziert ist. Für die hessische Zentralregion um Frankfurt / Wiesbaden einschließlich der westlichen Landesteile und der Wetterau finden sich jedoch keine klaren Konturen.

Die Gesamtheit regional charakteristischer Namen trägt, in Verbindung mit vielen sehr kleinräumig, aber konzentriert vorkommenden Namen zur Identität der jeweiligen Region bei: „Mir sin mir!".

Anmerkungen

1   https://de.wikipedia.org/wiki/Riedeselsches_Junkerland.
2   Kohlheim, S. 639; Grimm, Wörterbuch 10,2,1, Sp. 1092.
3   Narz.
4   Die Staue, Landkreis Kassel", in: Historisches Ortslexikon <http://www.lagis-hessen.de/de/subjects/idrec/sn/ol/id/2231> (Stand: 23.7.2012).
5   Ramge, Studien, Text E, S. 260f.
6   https://de.wikipedia.org/wiki/Fürstentum_Wied.
7   http://richtstein.com/busemann/nachfahren-harms-eisenhauer.
8   Genauer: Ramge, Studien, Text E.
9   Dieses Angebot gibt es bei geogen leider nicht mehr.
10 Vilmar, S. 96.
11 Ramge, Flurnamenatlas, K. 106.
12 Kohlheim, S. 192, 198.
13 Steffens, S. 124–129; Ramge, Studien, Text A, S. 212–215.
14 Ramge, Studien, Text E, S. 280.
15 Lexer 1, Sp. 1512.
16 Ramge, Studien, Text C, S. 7.
17 Kohlheim, S. 462; Förstemann 1, Sp. 1124.
18 Lerch, S. 24; Kartels, S. 98.
19 Kohlheim, S. 99; Förstemann 1, Sp. 1472f.
20 Franz, Haina 2,1, Nr. 862.
21 Franz, Haina 2,1, Nr. 1005.
22 Eckhardt, Klöster 2, Nr. V, 37 u. 106.
23 Wiesinger, S. 90.
24 Kohlheim, S. 484.
25 Nuhn, Landkreis Waldeck-Frankenberg, in: Historisches Ortslexikon <http://www.lagis-hessen.de/de/subjects/idrec/sn/ol/id/1347> (Stand: 26.7.2010); Reimer, Kurhessen S. 356.
26 Reimer, Kurhessen S. 60.
27 Eckhardt, Rechtsgeschichte, Nr. 217.
28 Kohlheim, S. 155; Zoder 1, 295.
29 Ramge, Flurnamenatlas, K. 17.
30 Kohlheim, S. 118f.
31 Zoder 1, S. 211.

32 Zoder 1, 436; http://www.onomastik.com/emde.php. – Für freundliche Hinweise danke ich Birgit Meineke.
33 Albrecht Greule, Deutsches Gewässernamenbuch. Berlin/Boston 2013, S. 467.
34 Schöffl, S. 115; Ramge, Studien, Text E, S. 264f.
35 Ramge, Studien, Text E, S.263f.
36 www.klingelhoefer-klingelhoeffer.com
37 Im Einzelnen Ramge, Studien, Text E.
38 Kohlheim, S. 707.
39 Eckhardt, Klöster 2, Nr. 162.

Anhang:

Kleines Lexikon hessischer Familiennamen

Einleitung

1. Welche Familiennamen sind im Kleinen Lexikon zu finden?

Das Kleine Lexikon folgt, im Unterschied zu den Textkapiteln, in der Darstellung ziemlich strengen Regeln und Konventionen, die auf den ersten Blick vielleicht nicht immer durchsichtig sind. Die Einleitung erklärt deshalb, warum welche Informationen auf welche Weise in den Namenartikeln aufgeführt werden.

Bei der Auswahl der aufgenommenen Namen bin ich ganz formal vorgegangen. Zu Grunde liegt eine Liste der 2.000 häufigsten Familiennamen in Hessen, die mir vom Betreiber der geogen-Seite Christoph Stöpel freundlicherweise erstellt wurde. Sie reicht von Namen wie *Müller* mit 24.512 Telefonanschlüssen bis hinunter zu Namen wie *Berner* mit 143 Anschlüssen in den letzten Rängen der Liste, d.h. bis zu Namen, die in Hessen etwa 400 Menschen tragen. Alle diese Namen kommen natürlich auch im übrigen deutschen Sprachraum vor.

Wenn ein hoher Anteil aller Namensträger in Hessen wohnt, kann man den Namen als einen hessischen Namen auffassen, unbeschadet ob er hier im Lande entstanden ist oder nicht. Auswahlkriterium ist also das deutlich überdurchschnittliche Vorkommen im Lande Hessen. Ungeachtet der Diskussion, was typisch hessische Familiennamen sein mögen (s. Kap. 1, 10), kann man bei stark verdichtetem Vorkommen zumindest davon sprechen, dass es spezifisch hessische Familiennamen sind.

Weitaus die meisten der 2.000 Namen der Rang-Liste weisen kein besonders verdichtetes Vorkommen in Hessen auf. Die Frage, ab wann von einem „verdichteten Vorkommen" gesprochen werden kann, lässt sich nicht exakt beantworten. Ein Anhaltspunkt ist jedoch, dass nach dem Bevölkerungsanteil von Hessen an der deutschen Bevölkerung im Durchschnitt 7,6% der Träger eines Namens in Hessen leben. Jeder darüber liegende Namenanteil wäre überdurchschnittlich. Aber ein kleiner Prozentsatz darüber besagt natürlich nichts. Die Entscheidung, welche Untergrenze man ansetzt, ist (in Grenzen) beliebig. Nach meinem Eindruck liegt sie wohl irgendwo zwischen 20 und 40%. Um einen klaren Schnitt zu haben, habe ich mich für 25% entschieden, also den etwa dreifachen Wert des durchschnittlichen Vorkommens.

In das Lexikon wurden also alle hessischen Familiennamen aufgenommen, die zwei Bedingungen erfüllen:
- Sie gehören zu den nach der geogen-Liste 2.000 häufigsten Familiennamen in Hessen.
- Ihr Vorkommen in Hessen umfasst mindestens 25% aller Namensträger in Deutschland.

Aufgrund dieser Regeln kommen genau 414 Namen in das Kleine Lexikon. Das führt im Ergebnis mitunter zu eher unerfreulichen Einzelartikeln wie im Extremfall für

Seib, Seip, Seipp oder zu zwei Artikeln bei Namen, die offensichtlich nur geringfügige Varianten sind wie *Ruhl* und *Rühl*. Aber ohne diesen Formalismus wäre man nicht nur in unauflösbare Schwierigkeiten beim Festlegen des Ranges gekommen, sondern hätte auch manchmal beim Ansetzen des Hauptnamens Probleme bekommen wie z.B. bei *Reitz* und *Reitze, Schwebel* und *Schwöbel*. Nimmt man die faktischen Dubletten heraus, kommt man auf knapp 400 „echte" in Hessen verdichtete Namen, also etwa 20% unter den 2.000 häufigsten.

Die Abfolge der Artikel folgt strikt dem Alphabet, wobei die Umlaute <ä, ö, ü> nicht aufgelöst werden (also z.B. *Rühl* nach *Ruhl*).

Die vielen spezifisch hessischen Familiennamen mit verdichtetem Vorkommen, die im Textteil behandelt sind, sind im abschließenden Namenregister aufzufinden.

2. Wie sind die Namenartikel aufgebaut?

Jeder Namenartikel ist nach dem gleichen Schema aufgebaut. Am folgenden Musterartikel kann man die Hauptelemente verdeutlichen:

Verbreitungsteil:

> **Weil** – Rang 707: 45% (1026 von 2282 TA). Top: Wetteraukr. ◊ Dazu: *Weigel* (Rang 318), *Weigelt* (Rang 1264). □

Rang:
– Rangplatz unter den 2.000 häufigsten Namen in Hessen
– prozentualer Hessen-Anteil
– Zahl der hessischen und der deutschen Telefonanschlüsse

Top:
hessischer Kreis mit höchster Vorkommensdichte; ggf.
(abs.): in absoluten Zahlen
(rel.): im Verhältnis zur Einwohnerzahl

◊ Dazu:
Namengeschichtlich zum Leitnamen gehörige Namen aus der 2.000-Liste mit Rangplatz, die weniger als 25% hessische Namensträger aufweisen.

Deutungsteil:

> Der in ganz Hessen verbreitete, in Mittelhessen aber besonders häufige Name ist hier sprachlich aus dem häufigen Familiennamen *Weigel* zusammengezogen. Dieser ist aus dem geläufigen mittelalterlichen Rufnamen *Wigel* entstanden. *Wigel* liegt ein alter Rufname zu Grunde, der aus *wîg* ‚Kampf' mit Koseendung *-el* gebildet ist.□

enthält Informationen über
– die Verbreitung des Namens
– die sprachgeschichtlich zu Grunde liegende Form und ihre Bedeutung
– ggf. die Erklärung der namengeschichtlichen Entwicklung

Belegteil:

> 1518 *Thielmann Wyl;* 1563 *Wilhelm Weyel* (beide Mulch, S. 95); 1633 *Philips Weygel* = 1640 *Philiß Weyhell* = 1660 *Philips Weyhl* [Gießen-Wieseck] (Stumpf, Amt, S. LVI).□

Auswahl:
– ältester (gesicherter) Nachweis des Namens
– ausgewählte historische Belege zur Namenentwicklung, ggf. -verbreitung

Belegstruktur:
– Jahreszahl
– Beleg
– Vorkommensort (soweit bekannt)
– Quelle (in Kurzform)

Verweisteil:

> Vgl. anders Kohlheim, S. 707; Stumpf, Amt, S. LVf.
> → *Weyel*
> ▶ s. S. 247

Vgl.: Bezugsliteratur; zuerst Standardliteratur, dann Spezialliteratur; ggf. Quellennachweise für den Deutungsteil
→ : Verweis auf andere Namenartikel
▶: Verweis auf weiterführende Behandlung des Namens im Textteil

3. Wenn Sie es genauer wissen wollen

Erläuterungen zum Verbreitungsteil

RANG: Der Rangplatz des Namens ist durch die Anzahl der Telefonanschlüsse (= TA) in Hessen bestimmt. Dahinter folgt der prozentuale Anteil Hessens an der Gesamtzahl aller Anschlüsse in Deutschland. In Klammern werden die absoluten Zahlen der Anschlüsse in Hessen und in Deutschland angegeben. Dadurch kann man einschätzen, auf welchen Größenordnungen der spezifisch hessische Name beruht und wie der prozentuale Anteil zu gewichten ist.

TOP: Bei den meisten Namen gibt es einen hessischen Land- oder Stadtkreis, in dem deutschlandweit das höchste Namenvorkommen zu verzeichnen ist; in der Regel sowohl in absoluten Zahlen wie im relativen Wert zur Einwohnerzahl. Wo das unterschiedlich ist, wird durch die Zusätze (abs.) und (rel.) differenziert. Wenn kein hessischer Kreis den Top-Wert erreicht, wird das durch einen Strich gekennzeichnet.

◊ *Dazu:* Varianten des behandelten Namens werden hier mit ihrem Rangplatz angeführt, wenn sie in der Liste der 2.000 häufigsten Namen in Hessen vertreten sind. Sie werden aber nicht besonders behandelt. Auf Namenvarianten, die im Kleinen Lexikon als eigene Einträge behandelt werden, wird am Ende des Artikels durch einen Pfeil (→) verwiesen.

Erläuterungen zum Deutungsteil

Allgemeines

Für die Deutung eines Familiennamens wird der Name auf ein Wort, meist ein mittelalterliches, mit feststellbarer Bedeutung oder auf einen anderen Namen, z.B. einen Rufnamen oder einen Örtlichkeitsnamen zurückgeführt. Bei auf altdeutsche Rufnamen zurückgehenden Namen werden die germanisch-ahd. Namenwörter so weit wie möglich aus dem Familiennamen-Duden übernommen.

Die Deutung wird verfehlt, wenn kein klärendes Sprachzeichen aufzufinden ist; wenn es mehrere gibt, aus denen auszuwählen es keine vernünftigen Kriterien gibt; oder wenn die Bedeutung unklar oder so weitläufig ist, dass man keine klare Zuordnung zum Namen herstellen kann.

In vielen Fällen hilft die Feststellung der räumlichen Verbreitung und die damit verbundene sprachgeschichtlich-dialektale Entwicklung bei der Erklärung des Namens. Hinweise zu Namenraum und Namengeschichte gehören deshalb da, wo sie erklärend sind (oder wenigstens sein können), in den Deutungsteil. Mitunter werden auch Varianten des behandelten Namens genannt oder einbezogen. Aber grundsätzlich steht der Name in der Form, wie er in der hessischen Rangliste auftaucht, im Zentrum der Deutung.

Deutungsalternativen

Bei nicht-eindeutigen Deutungen liste ich nicht auf, was alles möglich und denkbar ist, sondern lege mich in der Regel auf ein oder höchstens zwei Deutungsmöglichkeiten fest und formuliere die Wahrscheinlichkeit der Geltung. Namendeuter entwickeln in der Regel gewisse Vorlieben für bestimmte namengebende Motive. Im Familiennamen-Duden besteht eine leichte Neigung, Dinge aus der realen Welt, für die es ein mittelalterliches Wort gibt, zu bevorzugen. Bei mir ist es, im Vergleich zu anderen Lexika, der Name der Wohnstätte, weil ich sie mit Sicherheit (z.B. *Klapp*) oder doch hoher Wahrscheinlichkeit (z.B. *Löbig*) als das namengebende Motiv einschätze.

Erläuterungen zum Belegteil

Entstehung der Belegsammlung

Dem Sinn und Zweck des Buchs entsprechend sollten die historischen Belege ursprünglich eher der Illustration dienen oder zur Betrachtung exemplarischer Fälle herangezogen werden. Deshalb waren Erhebungen in Archiven nicht vorgesehen; es sollte eine kursorische Durchsicht von gedruckten Quellen genügen. Dieses Belegesammeln hat sich dann aber, ein bisschen unfreiwillig, gewissermaßen verselbstständigt, so dass am Ende doch eine stattliche Belegsammlung zustande gekommen ist, aus der bei manchen Namen kräftig ausgewählt werden musste.

Belegauswahl

Der Belegteil soll den Deutungsteil ergänzen und unterstützen, aber nicht mit einer Belegfülle überlagern. Deshalb ist im Prinzip immer nur der älteste brauchbare Beleg aus Hessen aufgenommen, den ich gefunden habe. Das ist mit Sicherheit nicht immer der wirklich älteste für den Namen im deutschen Sprachraum. Für die Regionen außerhalb Hessens zeigen großlandschaftliche Namenbücher wie die besonders reichhaltigen von *Brechenmacher* und *Zoder* oft ältere Belege. Dennoch ist es überraschend, wie viele frühe Belege sich in hessischen gedruckten Quellen finden.

Soweit vorhanden und sinnvoll, sind außer dem ältesten (oder einem etwa gleich alten) aufgefundenen Namenbeleg Belege aufgenommen, die die regionale Verortung und / oder die Entwicklung der Namengeschichte verdeutlichen. Denn der Belegteil soll die räumliche und zeitliche Entstehung der heutigen Namen wenigstens andeuten. Das führt oft zu Konkurrenzen: Hätte ich mich ganz streng an das Prinzip des Erstbelegs gehalten, hätten die Belege aus den Frankfurter Bürgerbüchern (*Andernacht 1, 2*) mit ihrer unglaublichen Fülle an spätmittelalterlichen Erstnachweisen die Belegteile noch viel stärker beherrscht, als sie es ohnehin schon tun.

Sammlung der Belege

Auf der Suche nach geschichtlichen Belegen wurden hessische namenkundliche Arbeiten und historische Quellenwerke (s. Kap. 3) in unterschiedlicher Intensität ausgewertet. Auch da wurde auf eine regionale Ausgewogenheit, soweit möglich, Rücksicht genommen. Nordhessen ist allerdings in namenkundlichen Quellen deutlich schlechter dokumentiert als Mittel- und Südhessen. Für den Raum zwischen Wetter und Fulda bieten die reichhaltigen Klostereditionen von *Eckhardt* und *Franz* einen gewissen Ausgleich. Überaus ergiebig waren nicht nur die Bürgerbücher von Frankfurt, sondern auch die Ratslisten für Kassel (*Stölzel*) und Fulda (*Kartels*). Von den großen hessischen Urkundenwerken wurden nur Baurs „Hessische Urkunden" genauer durchgesehen; andere hauptsächlich auf der Suche für Namen, für die ich noch nichts Überzeugendes gefunden hatte.

Wo ich in den gedruckten Quellen bei einzelnen Namen nicht fündig wurde, habe ich es ansatzweise mit genealogischen Zusammenstellungen versucht. Ich bin sicher, dass man hier noch viele wertvolle Belege finden kann, wenn man die mühevolle Sucharbeit auf sich nimmt. Ich habe das nur in Einzelfällen getan; allerdings häufig die für Familiennamen ergiebige Seite *http://gedbas.genealogy.net/* genutzt, um ins 16./17. Jh. zurückzukommen. Damit kann man oft die Familienherkunft eingrenzen; auf die oft wichtige ältere Schreibweise achten Familienforscher jedoch leider meistens nicht.

Insgesamt haben die lockeren und durchaus unvollständigen Recherchen jedoch einen erstaunlich umfangreichen Bestand an alten und aufschlussreichen Familiennamenbelegen erbracht. Es gibt im Kleinen Lexikon nur wenige Namen, die nicht mit mindestens einem mittelalterlichen oder wenigstens frühneuzeitlichen Beleg ausgestattet werden konnten.

Schreibkonventionen

Bei der Belegdokumentation folgt nach der Jahreszahl des Belegs die Belegform in kursiver Schrift. Wo Quellenwerke nur den Namen selbst in Kursive schreiben, bin ich dem gefolgt und habe den Namenkontext in Normalschrift (recte) geschrieben.

Wenn der Herkunftsort des Namensträgers angegeben ist, habe ich das meistens übernommen, allerdings im Beleg in der überlieferten Form stehen lassen; in den anderen Fällen in eckiger Klammer hinzugefügt.

Die Quelle des Belegs folgt in runden Klammern. Ich habe dabei grundsätzlich den Namen des Verfassers, Herausgebers oder Bearbeiters der Quelle gewählt. Wenn mehrere seiner Werke benutzt wurden, folgt hinter dem Namen ein Kurztitel. Die genauen Literaturangaben stehen im Literatur- und Quellenverzeichnis, wobei die zitierten Verfassernamen und ggf. der Kurztitel kursiv markiert sind.

Erläuterungen zum Verweisteil

Vgl.: Forschungsliteratur zur Deutung des Namens

Der Verweisteil beginnt immer mit dem Verweis auf die bestehende Forschungsliteratur. Bei weitaus den meisten Namenartikeln wäre es wenig zielführend gewesen, alle einschlägigen Namenlexika anzuführen: Das ist in den meisten Fällen die Wiederkehr des Ewig-Gleichen oder Fast-Gleichen. Da aber für die meisten interessierten Leser der vorzügliche Familiennamen-Duden von Rosa und Volker *Kohlheim* am leichtesten zugänglich sein dürfte und er mit Recht als das derzeitige Standardwerk gilt, habe ich auf ihn (in allen möglichen Fällen) verwiesen und andere Standardwerke wie *Brechenmacher, Zoder, Gottschald,* manchmal *Socin, Bahlow, Naumann* nur herangezogen, wenn sie wichtige Änderungen gegenüber *Kohlheim* aufweisen oder der Name im Familiennamen-Duden gar nicht auftaucht. Hessische Autoren (vor allem

Mulch) sind dann genannt, wenn sie davon abweichende Deutungen vorschlagen, denen ich mich angeschlossen habe.

Weil der Familiennamen-Duden der *Kohlheims* die zentrale Bezugsliteratur ist, schien es mir angemessen, auch meine zahlreichen von Kohlheim abweichenden Deutungen indirekt zu kennzeichnen. Durch den Zusatz *anders* bzw. *(anders)* soll ausgedrückt werden, dass ich eine andere Deutung des Namens entweder im Ganzen oder in Teilen (durch Klammerung angedeutet) für richtig halte. Dann kann sich der Leser im Zweifelsfall ein eigenes Bild machen.

Der Hauptgrund für die Differenzen dafür liegt darin, dass man einzelne Namen in einem überschaubaren Raum wie dem Bundesland Hessen natürlich sehr viel genauer erheben und in ihren Zusammenhängen analysieren kann, als wenn man vor dem Riesenberg der deutschen Familiennamen steht. Hier muss man in den meisten Fällen rein auf der Grundlage der heutigen Namensform deuten.

Vgl.: Weitere Nachweise zur Unterstützung der Namendeutung

Der namenhistorische Nachweis wird durch den regelmäßigen Hinweis auf den mittelalterlichen Wortschatz (*Lexer*) bzw. die altdeutschen Personennamen (*Förstemann*, ggf. *Kaufmann*) erbracht, sofern sich das nicht durch die Nachweise bei *Kohlheim* erübrigt. Wo die Deutung weitere Nachweise notwendig macht, vor allem bei Namen nach der Herkunft oder Wohnstätte, wird die Bezugsliteratur angegeben; ebenso auch der Quellennachweis für Zitate und Belege, die im Deutungsteil angeführt sind.

Binnenverweise

→ : Durch Pfeil wird ausschließlich auf solche Namen verwiesen, die einen eigenen Artikel im Kleinen Lexikon haben.

Verweise auf Textteil

▶ : Hier wird auf Passagen im Textteil verwiesen, in denen der im Artikel behandelte Name ausführlicher besprochen oder in weitere Zusammenhänge gestellt wird.

Namenartikel

A

Achenbach – Rang 548: 30% (426 von 1425 TA). Top: Kr. Marburg-Biedenkopf.□
Der gleichermaßen im Raum Biedenkopf und Siegen häufige Name bezieht sich auf die Herkunft aus *Achenbach*. Als Namengeber in Frage kommen Achenbach (Breidenbach, Lahn-Dill-Kr.) und Achenbach (Stadt Siegen).□
1559 *Hermannus Achenbach Caß.* [Marburg] (Caesar, S. 10).□
Vgl. Kohlheim, S. 79.

Agel – Rang 1934: 71% (147 von 207 TA). Top: Lahn-Dill-Kr. □
Der mittelhessische Familienname ist aus dem häufigen Rufnamen *Eigel* (entstanden aus dem ahd. Rufnamen *Agilo*) hervorgegangen. *Eigel* unterliegt dem hessischen Lautwandel *ei > a:*. Sehr früh zeigt sich in Friedberg der Übergang zum Zweitnamen. □
1264 *Heinricus Egelo* = 1266 *Heinricus dicitur Eigel* [Friedberg] (Arend, S. 35); 1530 *Aegell Wygell* (Mulch, S. 319). □
Vgl. Kohlheim, S. 216 s.u. *Eigel*; Förstemann 1, Sp. 28.
▶ s. S. 25.

Ahmad – Rang 1098: 28% (240 von 873 TA). Top: Kr. Groß-Gerau (rel.).□
Der allgemein im Gebiet der alten Bundesrepublik verbreitete Name ist arabischen Ursprungs und bedeutet ‚der Preiswürdigste' (als Name für Mohammed).□
Vgl. Kohlheim, S. 84.
→ *Ahmed*

Ahmed – Rang 1537: 25% (183 von 1537 TA). Top: Kr. Groß-Gerau (rel.).□
Variante von *Ahmad*.□
→ *Ahmad*

Allendorf – Rang 1666: 40% (168 von 417 TA). Top: Kr. Hersfeld-Rotenburg.□
Der Name geht auf die Herkunft aus einem der zahlreichen Orte *Allendorf* in Hessen zurück. Sogar im nordosthessischen Schwerpunktbereich des Familiennamens kommen mehrere Allendorfs in Frage.□
1324 *Heinmann von Allendorf* [Limburg] (Schöffl, S. 10); 1577 *Johannes Alendorf*, aber: 1576 *Hen von Allendorf bei Biedenkopf* [Gießen] (Stumpf, Familienbuch, Nr. 42 u. 39a).□
Vgl. Kohlheim, S. 87.

Amend – Rang 590: 30% (400 von 1336 TA). Top: - .□
Der Name bezieht sich auf die Wohnstätte: jemand, der *am Ende* der Siedlung wohnt. Dann wurden die Namensteile miteinander verschmolzen. Die Beschreibung erkennt man leicht an frühen lateinischen Übersetzungen.□
1298 *Jacobo dicto in fine* [Gernsheim] (Baur 1, Nr. 217); 1335 *Reinhardus de Koychen* [= Kaichen] *filius Conradi an dem ende* [Frankfurt] (Andernacht 1, S. 17).□
Vgl. Kohlheim, S. 89f.

Anthes – Rang 856: 61% (293 von 478 TA). Top: Stadt Darmstadt (rel.) / Kr. Offenbach (abs.). □
Der südhessische Name ist gekürzt aus dem Heiligennamen *Antonius*. □
1485 *Anthes* [Berkach, Stadt Groß-Gerau] (http://gedbas.genealogy.net); 1578–1635 *Hans Anthes* [Groß-Gerau] (http://gedbas.genealogy.net). □

Vgl. Kohlheim, S. 93.
→ *Dinges*   → *Dönges*

Arras – Rang 1220: 59% (222 von 374 TA). Top: Odenwaldkr.□
Der südhessische Name hat sich vermutlich aus dem ungewöhnlichen Taufnamen *Arrosius* im Geschlecht der Herren von Breuberg entwickelt.□
1426 *Peter und Claus Arras* [Gersprenz] (Wackerfuß, S. 68).□
Vgl. anders Kohlheim, S. 96; Ramge, Studien, Text C, S. 8.
▶ s. S. 49.

Auth – Rang 399: 63% (557 von 880 TA). Top: Kr. Fulda.□
Der auf den Raum Fulda konzentrierte Name bezieht sich vielleicht auf die Wohnstätte, nämlich die Nachtweide, auf der die Weidetiere nachts zusammengetrieben wurden, mhd. *uhte, uohte*; oder auf den alten Personennamen *Uto*.□
1455 *Fritz Uth* [Fulda] (Kartels, S. 43), 1633 *Auth* [Groß-Umstadt] (Stephan, S. 1).□
Vgl. Kohlheim, S. 100; Lexer 2, Sp. 1720, Förstemann 1, Sp. 1472f.
▶ s. S. 238.

B

Balser – Rang 685: 69% (359 von 520 TA). Top: Kr. Gießen. ◊ Dazu: *Baltzer* (Rang 342).□
Aus dem Heiligennamen *Balthasar* entstand im Mittelalter der sehr häufige Taufname *Baltzer* u.ä. Nur in Gießen kam die lautlich leicht veränderte Form *Balser* auf, zuerst als Vorname.□
1615 *Balser Fetzberger* (=Rufname); 1658 *Joh. Balthasar* (!) *Balser* [Gießen] (Stumpf, Familienbuch, Nr. 4569 u. Nr. 118).□
Vgl. Kohlheim, S. 105.

Bangert – Rang 517: 35% (448 von 1273 TA). Top: Kr. Waldeck-Frankenberg. ◊ Dazu *Baumgart* (Rang 1072), *Baumgarten* (Rang 1232).□
Der in Hessen ohne Schwerpunkt verbreitete Name rührt von der Wohnstätte an einem Baumgarten her, mhd. *boumgarte*. Das Wort wird in Hessen gekürzt zu *Bangert* (*Bongert*) und so zum Familiennamen.□
1328 *Eckelo Bomgerter de Minczenberg* [Frankfurt] (Andernacht 1, S. 8); 1497 *Bamgartshenn* (Eckhardt, Klöster 3, Nr. V, 31).□
Vgl. Kohlheim, S. 106; Ramge, Flurnamenatlas, K. 21.

Becht – Rang 835: 30% (299 von 984 TA). Top: Stadt Wiesbaden (abs.). ◊ Dazu *Bechtel* (Rang 1018).□
Die in Südwestdeutschland verbreitete Namensform stellt eine Kurzform des Rufnamens *Berthold* dar (aus ahd. *beraht* ‚berühmt' + *walt* ‚herrschen').□
1411 *Bechtenhenne* [Frankfurt] (Andernacht 2, S. 27); 1527 *Hentz Becht* [Rotenburg] (Löwenstein, S. 319).□
Vgl. Kohlheim, S. 116.
→ *Bechthold*   → *Berz*   → *Döll*   → *Gutberlet*

Bechthold – Rang 1078: 38% (247 von 652 TA). Top: Kr. Gießen. ◊ Dazu *Bechtold* (Rang 750).□
Die zusammen mit *Bechtold* in Südwestdeutschland verbreitete Namensform ist wie *Becht* aus dem Rufnamen *Berthold* entstanden.□
1388 *Cuntze Bechtult* [Niederroßbach] (Baur 1, Nr. 792); 1420 *Friderich Bechtold* [Frankfurt] (Andernacht 2, S. 45).□
Vgl. Kohlheim, S. 102 s.u. *Bächtold*.
→ *Becht*   → *Berz*   → *Döll*   → *Gutberlet*

Behle – Rang 399: 30% (199 von 655 TA). Top: Kr. Waldeck-Frankenberg. ◊ Dazu *Böhle* (Rang 1913).□

Der waldeckisch-westfälische Name geht vermutlich auf die vor allem im niederdeutschen Sprachraum verbreitete Kurzform des Rufnamens *Elisabeth* zurück.□
1492 *Henn Belle* (?) [Lcihgestern] (Worm, S. 12); 1699 *Anna Catharina Behle* [Usseln] (http://gedbas.genealogy.net).□
Vgl. (anders) Kohlheim, S. 118f.
▶ s. S. 243.

Bellinger – Rang 1803: 50% (156 von 314 TA). Top: Kr. Fulda.□
Der Name bezieht sich auf den Herkunftsort. Wegen der genealogischen Konzentration auf den Raum Steinau a.d.Str. (Main-Kinzig-Kr.) ist in Osthessen namengebend *Bellings* (Steinau a.d.Str.), 1167 *Beldinges*. Die Vorkommen im Raum Limburg deuten hingegen auf die Herkunft aus *Bellingen* (Westerburg, Westerwald-Kr.) hin.□
1658 *Johann Bellinger* (http://gedbas.genealogy.net).□
Vgl. (anders) Kohlheim, S. 120; http://www.lagis-hessen.de/[Historisches Ortslexikon, s.u. *Bellings*].

Benner – Rang 356: 28% (611 von 2142 TA). Top: Lahn-Dill-Kr. (abs.). ◊ Dazu *Bender* (Rang 49).□
Der Name ist eine in Mittelhessen und Westerwald sehr häufige Variante zur Berufsbezeichnung *Bender* für den Fassbinder mit dialektalem Wandel -nd- > -nn-.□
1502 *Konrad Benner* [Grünberg] (Eckhardt, Klöster 3, Nr. 737).□
Vgl. anders Kohlheim, S. 122.
▶ s. S. 233.

Berghäuser – Rang 1676: 53% (167 von 313 TA). Top: Lahn-Dill-Kr.□
Der Name geht auf den häufigen Herkunftsort *Berghausen* zurück; beim Namenschwerpunkt im Lahn-Dill-Kr. vermutlich auf Berghausen (Aßlar, Lahn-Dill-Kr.), 12. Jh. *Berhhusen*; beim Namenschwerpunkt im Rheingau auf Berghausen (Einrich) (Katzenelnbogen, Rhein-Lahn-Kr.).□
1692 *Anne Margarethe Berghäuser* [Oberndorf, Solms] (http://gedbas.-genealogy.net).□
Vgl. Kohlheim, S. 124; www.lagis-hessen.de./ [Historisches Ortslexikon, s.u. *Berghausen*].

Berz – Rang 1846: 34% (153 von 445 TA). Top: Kr. Groß-Gerau (abs.)□
Der allgemein verbreitete Name geht wie *Becht* auf eine Koseform des Rufnamens *Berthold* zurück.□
1387 *Heile Bercz* [Frankfurt] (Andernacht 1, S. 180).□
Vgl. Kohlheim, S. 128.
→ *Becht* → *Bechthold* → *Döll* → *Gutberlet*

Besier – Rang 1431: 64% (194 von 303 TA). Top: Rheingau-Taunus-Kr.□
Der in Wiesbaden und im Rheingau konzentrierte Name ist ein durch Zuwanderung aus Wallonien nach Hessen gekommener franz. Familienname.□
(1601 *Marie Suzanne Besier* [Rethondes, Dép. Oise, Picradie, Frankreich] (http://gw.geneanet.org/didbom?lang=de&pz=didier&nz=beaume&ocz=1&p=marie+suzanne&n=besier)).□
▶ s. S. 183.

Best – Rang 353: 29% (615 von 2101 TA). Top: (Westerwaldkr.).□
Der Name ist zwischen Westerwald und Südhessen verbreitet. Er ist durch Verkürzung aus dem Heiligennamen *Sebastian* entstanden und früh als Taufname beliebt.□
1524 *Best Peter* [Darmstadt] (v. Hahn, S. 23); 1568 *Claus Best* [Heuchelheim] (Stumpf, Amt, S. 102).□
Vgl. Kohlheim, S. 128.

Bickert – Rang 1538: 39% (183 von 472 TA). Top: Kr. Fulda.□

Die Namendeutung ist unsicher. Der Familienname geht entweder auf einen alten Rufnamen (aus den ahd. Wortstämmen *bicchan* ‚stechen, stoßen' + *hard* ‚hart, kühn') zurück. Diese Herleitung ist wahrscheinlich, wenn die Namensformen von 1644 die sprachgeschichtlich zutreffenderen sind. Oder er gehört zu mhd. *bicke* ‚Spitzhacke' für einen Bergmann, einen *Bicker, erweitert durch *t*-Antritt.□
1644 *Anton Pickard* (aus Nanzhausen); *Dietrich Bickhard / Pickard* [beide Gießen] (Stumpf, Familienbuch, Nr. 360); 1675 *Martin Bickert* [Fulda] (http://gedbas.genealogy.net).□
Vgl. Kohlheim, S. 131 s.u. *Bicker* u. S. 509 s.u. *Pickert*; Gottschald, S. 112f.; Zoder 2, S. 300 s.u. *Picker(d)t*; Förstemann 1, Sp. 300f.; Kaufmann, S. 60.

Bill – Rang 1217: 36% (222 von 621 TA). Top: Lahn-Dill-Kr. (abs.).□
Der von Mittelhessen bis ins Saarland verbreitete Name geht wohl auf den Rufnamen *Bille* zurück, entstanden aus dem alten Personennamen *Billo, Billung*.□
1368 *Engel Bille* [Friedberg] (Arend, S. 34); 1495 Peter *Bil* (Eckhardt, Klöster 2, Nr. 419).□
Vgl. Kohlheim, S. 133f.; Brechenmacher 1, S. 141; Förstemann 1, Sp. 304.

Bingel – Rang 1021: 49% (253 von 520 TA). Top: Wetteraukr. (abs.).□
Der besonders in Mittelhessen häufige Familienname geht auf den im Mittelalter in Hessen gebräuchlichen Frauennamen *Bingel* zurück, z.B. 1314 *Bingela* (Friedberg). Die Herkunft des vornehmlich hessischen Rufnamens ist unklar, vielleicht aus *Benigna* (‚die Gütige, Milde').□
1452 Heinrich *Bingeln* [Rauschenberg] (Eckhardt, Klöster 2, Nr. 460, Anm. VIII).□
Vgl. anders Kohlheim, S. 134; Arend, S. 15; Seibicke 1, S. 306.

Birkenstock – Rang 1795: 33% (157 von 474 TA). Top: - .□
Der zwischen Rhein und Fulda verdichtet vorkommende Name entstand nach der Wohnstätte an oder in einem abgeholzten Birkengehölz. (*Stock* ist die Bezeichnung für einen Baumstumpf.)□
1508 *Heinz Birckestůg* (Eckhardt, Klöster 3, Nr. 129).□
Vgl. Kohlheim, S. 135.

Bitsch – Rang 980: 33% (262 von 787 TA). Top: Kr. Bergstraße.□
Der südwestdeutsche Name geht teils auf Zuwanderer aus der Stadt *Bitsch* (Elsass) oder der Gemeinde *Bitsch* (Schweiz) zurück, teils auf eine Koseform des Rufnamens *Burkhard*.□
1610 *Peter Bitsch* [Niedernhausen] (Debor, Odenwald S. 30); 1644 *Bitsch* [Dornberg] (Stephan, S. 2).□
Vgl. (anders) Kohlheim, S. 136; Ramge, Studien, Text B, S. 76.
▶ s. S. 135.

Blecher – Rang 1815: 38% (155 von 411 TA). Top: (Kr. Siegen-Wittgenstein).□
Blecher und *Blöcher* sind Namenvarianten mit einem zusammenhängenden Verbreitungsraum zwischen Sieg und Lahn. Eine klare Deutung der Namen ist nicht möglich.□
1624 *Henricus Blecher* [Breidenbach] (familysearch.org.results).□
Vgl. anders Kohlheim, S. 138.
→ *Blöcher*
▶ s. S. 47.

Bleuel – Rang 1784: 57% (158 von 279 TA). Top: Kr. Fulda.□
Der Name des Fuldaer Raums geht vermutlich auf mhd. *bliuwel* ‚Holz zum (Wäsche) klopfen' zurück und bezieht sich dann auf jemanden, der damit zu tun hatte. Bildlich

nach dem Objekt werden auch ‚ungehobelte' Menschen so benannt.◻
1645 *Anna Bleuel* [Langenbieber] (http://gedbas.genealogy.net).◻
Vgl. Kohlheim, S. 139; Lexer 1, Sp. 310.

Blöcher – Rang 1126: 56% (236 von 420 TA). Top: Kr. Marburg-Biedenkopf.◻
Blöcher und *Blecher* sind Namenvarianten. Eine klare Deutung ist nicht möglich.◻
1623 *Anmari Bloecher* [Stadt Siegen] (familysearch.org.results).◻
Vgl. anders Kohlheim, S. 140.
→ *Blecher*
▶ s. S. 47.

Blumenstein – Rang 957: 42% (268 von 686 TA). Top: Werra-Meißner-Kr. (rel.) / Kr. Kassel (abs.).◻
Die nordosthessischen Namenvorkommen beziehen sich auf die Herkunft, die Burg *Blumenstein* (Zierenberg, Kr. Kassel).◻
1265 *Dietrich von Blomenstein* (Franz 1, Nr. 451); 1382 *Henne Blumensteyn snyder* [Frankfurt] (Andernacht 1, S. 116).◻
Vgl. anders Kohlheim, S. 141; www.lagishessen.de/[Historisches Ortslexikon, s.u. *Blumenstein*].

Böcher – Rang 762: 62% (326 von 523 TA). Top: Kr. Limburg-Weilburg. ◊ Dazu: *Becher* (Rang 1475).◻
Der Name geht in Hessen vermutlich auf die von *e* zu *ö* gerundete Form von *Becher* zurück. Die heutige Verbreitung schließt die Lücke zwischen der westlichen und der ostmitteldeutschen Verbreitung von <Becher>. Ein *Becher* ist jemand, der Pech (mhd. *bech*) verarbeitete, oder jemand, der Becher (mhd. *becher*) drechselte.◻
1432 *Henne Becher* [Frankfurt] (Andernacht 2, S. 88).◻
Vgl. anders Kohlheim, S. 140; vgl. aber Kohlheim, S. 115 s.u. *Becher(er)*; Lexer 1, Sp. 137.

Bohrmann – Rang 1577: 30% (178 von 598 TA). Top: Stadt Wiesbaden. ◊ Dazu: *Bornemann* (Rang 1517) und *Bornmann* (Rang 1845).◻
Der Name rührt von der Wohnstätte an einem Born ‚Quelle, Brunnen' mit Ausfall oder Angleichung des *n* an das folgende *m*. Dadurch wurde aus dem kurzen Vokal von /born/ ein langer. Diese Namensform kommt vorwiegend zwischen Main und Pfalz vor.◻
1510 *Hermann Boermann* [Sebbeterode] (Eckhardt, Klöster 2, Nr. 774); 1640 *Wilhelm Borrmann* [Gießen] (Stumpf, Familienbuch, Nr. 440).◻
Vgl. Kohlheim, S. 145.
→ *Bornmann*.

Bonifer – Rang 1601: 72% (175 von 243 TA). Top: Kr. Offenbach.◻
Der heute im Rhein-Main-Gebiet konzentrierte Familienname ist aus dem franz. Namen *Bonnivard* umgestaltet. Er ist in Frankreich selten, hat seinen Ursprung in Savoyen, wo er seit Anfang des 18. Jh.s vielfach belegt ist. Der franz. Name ist ungedeutet. – Vermutlich handelt es sich um frühe Glaubensflüchtlinge. In Hessen hat sich der Name von der Kurpfalz aus verbreitet.◻
1584 *Marie Boniver* [Frankfurt] (http://gedbas.genealogy.net]; 1618 *Bonafer von Franckenthal* [Wetzlar] (Schroeter, S. 170); 1657 *Daniel Samuel Bonifer* [Heidelberg] (https://familysearch.org); 1727–1784 *Anna-Regina Bonifer* und 1770–1798 *Anton Bonifart* [Abenheim (Kr. Worms-Alzey)] (http://gedbas.genealogy.net).◻

Bornmann – Rang 1845: 32% (153 von 482 TA). Top: Kr. Waldeck-Frankenberg.◻
Der nordhessische Name rührt von der Wohnstätte an einem Born ‚Quelle, Brunnen' her. ◊ Dazu: *Bornemann* (Rang 1517).◻
1313 *Heynmannus dictus Borneman de Steynheym* [Frankfurt] (Andernacht 1, S. 2).◻

Vgl. Kohlheim, S. 148.
→ *Bohrmann*

Bös – Rang 1016: 38% (253 von 658 TA). Top: Main-Kinzig-Kr. (abs.).◻
Der am Main häufige Name bezieht sich auf eine Charaktereigenschaft des Namensträgers, mhd. *boese* ‚böse, schlecht'.◻
1335 *Petrus de Petirwil, Johan Bosen eyden*; 1387 *Gocze Boesze von Petterwyl* [beide Frankfurt] (Andernacht 1, S. 17 u. S. 127).◻
Vgl. Kohlheim, S. 149; Lexer 1, Sp. 330.

Bott – Rang 380: 26% (582 von 2239 TA). Top: Kr. Fulda (abs.). ◊ Dazu: *Bode* (Rang 528), *Both* (Rang 1724).◻
Der Name geht entweder auf die Tätigkeit des Boten, mhd. *bote*, oder auf den alten Rufnamen *Botho* zurück.◻
1357 *Herman Bode* [Astheim] (Baur 3, Nr. 1579); 1423 *Hans Bote* [Eschwege] (Eckhardt, Rechtsgeschichte, S. 168); 1621 *Hans Peter Bott* [Gießen] (Stumpf, Familienbuch, Nr. 442a).◻
Vgl. Kohlheim, S. 149.

Brähler – Rang 818: 63% (306 von 487 TA). Top: Kr. Fulda.◻
Der Name ist – wie auch die ebenfalls im Raum Fulda verbreitete Schreibvariante *Brehler* – nicht sicher zu deuten. Wenn der Beleg für Neuenhaßlau im Main-Kinzig-Kr. der älteste Nachweis ist, scheidet die Herleitung als Wohnstättenname zu mhd. *brüel* ‚Hofwiese' aus. Das <ch> kann durch Zusammenziehung des Namens ausfallen. Dann geht der Name auf mhd. *bregler* ‚Schwätzer' zurück und somit eine Eigenschaft.◻
1387 *Heincze Brecheler* (?) [Neuenhaßlau] (Reimer, Hanau 4, Nr. 433); 1617 *Wilh. Brehler*; 1631 *Dr. Johann Bröler* [beide Fulda] (Kartels, S. 116 u. 125).◻
Vgl. (anders) Kohlheim, S. 155 s.u. *Brehl, Brehler*; Lexer 1, Sp. 346.
→ *Briel*

Brandau – Rang 808: 39% (309 von 798 TA). Top: Kr. Hersfeld-Rotenburg.◻
Der Name geht wegen der Namenkonzentration in Osthessen auf die Herkunft aus Brand (Hilders, Kr. Fulda) zurück, das 1258 *Brandau* heißt.◻
1660 *Lorenz Brandau* [Ransbach] (http://gedbas.genealogy.net).◻
Vgl. (anders) Kohlheim, S. 152; www.lagis-hessen.de/[Historisches Ortsnamenbuch, s.u. *Brand*].
▶ s. S. 241.

Brede – Rang 669: 35% (365 von 1033 TA). Top: Kr. Kassel.◻
Der in Nordhessen verbreitete Name erinnert an die Wohnstätte an einer *Breite* ‚Ackerfläche', mittelniederdeutsch *brede*.◻
1377 *Wernher Bredin* [Wahlershausen] (Schultze, Nr. 1538).◻
Vgl. Kohlheim, S. 155; Ramge, Flurnamenatlas, K. 17.

Breitwieser – Rang 1289: 46% (212 von 458 TA). Top: Kr. Darmstadt-Dieburg.◻
Der in Südhessen verbreitete Name geht auf die Wohnstätte an einer ‚breiten Wiese' zurück.◻
1568 *Breitwieser/ Bratwiser* [Richen] (Stephan, S. 2); 1575 *Georg Breitwißer* [Darmstadt] (v.Hahn, S. 26).◻
Vgl. Kohlheim, S. 156.
▶ s. S. 175.

Bretthauer – Rang 1653: 35% (169 von 478 TA). Top: Kr. Kassel (rel.) / Main-Kinzig-Kr. (abs.).◻
Der in den mittleren und nördlichen Landesteilen Hessens vorkommende Name benennt jemanden, der Bretter zubereitet, also z.B. einen Sägemüller oder Tischler.◻
1636 *Joh. Henrich Bredhauer, Dr. med.* [Gießen] (Stumpf, Familienbuch, Nr. 459).◻
Vgl. Kohlheim, S. 156.

Briel – Rang 1628: 32% (172 von 534 TA). Top: Kr. Waldeck-Frankenberg. ◊ Dazu: *Brill* (Rang 508), *Brühl* (Rang 785). ◻
Der Name bezieht sich auf die Wohnstätte an einem *Brühl*, ursprünglich ‚Hofwiese', dann ‚große Wiese, Aue' allgemein, mhd. *brüel*. Der Name wurde lautlich von ü: > i: entrundet. Als Flurname ist *Brühl* mit vielen Lautvarianten in Hessen sehr häufig. ◻
1364 *Heintze Bruwel* (Baur 1, Nr. 979); 1421 *Hartmann Brelle* [Gelnhausen] (Franz 2, 1, Nr. 920a); 1643 *Joh. Ludwig Brüel / Briel* [Gießen] (Stumpf, Familienbuch, Nr. 496). ◻
Vgl. Kohlheim, S. 160 s.u. *Brühl(er)*; Ramge, Flurnamenatlas, K. 16.
→ *Brähler*

Buchenau – Rang 1814: 46% (155 von 336 TA). Top: Werra-Meißner-Kr. ◻
Der Name erinnert an die Herkunft aus *Buchenau*. Von den verschiedenen Orten dieses Namens kommen nach der heutigen Verbreitung des Familiennamens in Nordosthessen besonders Buchenau (Eiterfeld, Kr. Fulda) und Buchenau (Mihla, Wartburgkr.) in Frage. ◻
1508 *Henchen von Buchenau* (Eckhardt, Klöster 2, Nr. 805). ◻

Bug – Rang 1515: 53% (186 von 351 TA). Top: Kr. Fulda. ◻
Der im Fuldaer Raum konzentrierte Name ist nicht sicher zu deuten. Die historischen Belege schließen eine Verbindung mit *Buch o.ä. aus und legen eher einen Bezug zu mhd. *boge* ‚Bogen' nahe für jemanden, der mit Bogen als Waffe zu tun hatte. – Auch die Entstehung als eine Kurzform von *Burkhard* wie *Burk* (s.d.) ist nicht auszuschließen. ◻
1364 *Herman Bog* (Mulch, S. 282); 1489 *... unde Petern Bugk* [Freiensen] (Eckhardt, Klöster 3, IV, 20). ◻
Vgl. Kohlheim, S. 162 s.u. *Buck*; Lexer 1, Sp. 322; Mulch, S. 282.

Buhlmann – Rang 1422: 43% (195 von 452 TA). Top: Hochtaunus-Kr. ◊ Dazu: *Buhl* (Rang 1181). ◻
Der im Taunus verbreitete Name geht auf mhd. *buole* ‚(naher Verwandter;) Geliebter, Liebhaber' + *mann* zurück. ◻
1679 *Buhlmann / Bullmann* [Nieder-Rosbach] (See, S. 26). ◻
Vgl. Kohlheim, S. 163.

Burk – Rang 458: 36% (491 von 1367 TA). Top: Kr. Marburg-Biedenkopf. ◊ Dazu: *Burkard* (Rang 855), *Burkert* (Rang 1581), *Burkhardt* (Rang 572). ◻
Der besonders in Mittelhessen häufige Name geht auf den alten Rufnamen *Burkhard* (zu ahd. *burg* ‚Burg' + *harti* ‚hart') zurück. Die Kurzform *Burk* ist als Taufname in Hessen verbreitet und wird so zum Familiennamen. ◻
1489 *eyne wiese an Burgk Syffert* [Londorf] (Eckhardt, Klöster 3, IV, 27) (Rufname); 1547 *Cuntz Burck* [Nieder-Cleen] (Stumpf, Amt, S. 359). ◻
Vgl. Kohlheim, S. 166.

C

Cezanne – Rang 1683: 86% (166 von 194 TA). Top: Kr. Groß-Gerau. ◻
Der noch heute auf Walldorf und Umgebung konzentrierte Name ist franz. Ursprungs und durch die Ansiedlung von Hugenotten und Waldensern um 1700 dorthin gekommen. ◻
1672–1714 *Jean Cezanne* [Walldorf] (http://gedbas.genealogy.net). ◻
▶ s. S. 182.

Cloos – Rang 1618: 55% (173 von 313 TA). Top: Lahn-Dill-Kr. ◊ Dazu: *Klaas* (Rang 1500), *Klaus* (Rang 377), *Kloos* (Rang 1519), *Klos* (Rang 1108), *Klose* (Rang 449), *Kloss* (Rang 1966), *Nickel* (Rang 123). ◻

Die hauptsächlich in Mittelhessen verbreitete Schreibvariante *Cloos* entspricht der Kurzform *Kloos*, die sich als Taufname aus dem Heiligennamen *Nikolaus* entwickelt hat.□
1374 *Cunze Clas* [Wetzlar] (Mulch, S. 74); 1589 *Jacob Cloßen* Witwe [Lützellinden] (Worm, S. 19).□
Vgl. Kohlheim, S. 382.
→ *Klös*   → *Nix*

D

Dauth – Rang 1754: 40% (160 von 396 TA). Top: Main-Kinzig-Kr. (abs.).□
Dem hessisch vorwiegend im Rhein-Main-Gebiet vertretenen Namen liegt der alte Rufname *Dudo* zu Grunde.□
1321 *Emerichus dictus Dude* [Worms-Leiselheim] (Baur 2, Nr. 856); 1610 *Johann Dauth* [Eckenheim] (http://gedbas.genealogy.net).□
Vgl. Kohlheim, S. 180.

Debus – Rang 258: 48% (818 von 1703 TA). Top: Kr. Marburg-Biedenkopf.□
Debus entstand durch Kürzung des Heiligennamens *Matthäus* und Einfügung eines Konsonanten in die Vokalfolge *(t)ä-us*. Aus dem in Hessen häufigen Rufnamen *Debes* u.ä. ist dann der Familienname geworden, der hier hauptsächlich in Mittel- und Nordwesthessen vorkommt.□
1571 *Debus* [Marburg] (Allmann, S. 29).□
Vgl. Kohlheim, S.180; Debus, Matthäus, S. 267f.
▶ s. S. 151.

Decher – Rang 1172: 66% (229 von 349 TA). Top: Vogelsbergkr.□
Der mittelhessische Name geht auf mhd. *decher* ‚zehn Stück Leder' zurück und bezeichnet jemanden, der mit Lederherstellung oder -verkauf befasst war.□
1497 *Bertold Decher* [Alsfeld] (Eckhardt, Klöster 3, Nr. 107).□
Vgl. Kohlheim, S. 180; Lexer 1, Sp. 413.
→ *Dechert*

Dechert – Rang 1118: 49% (238 von 488 TA). Top: Vogelsbergkr.□
Der Familienname *Decher* ist hier durch einen *t*-Antritt erweitert.□
1654 *Hermann Dechert* [Lehnheim] (http://gedbas.genealogy.net).□
Vgl. Kohlheim, S. 180.
→ *Decher*

Dehler – Rang 1446 : 31% (193 von 616 TA). Top: Kr. Fulda.□
Der osthessisch-nordfränkische Name ist durch Entrundung von *ö* > *e* aus der Hauptform *Döhler* entstanden. Zu Grunde liegt die Herkunft aus einem der verschiedenen *Döhlen*-Orte in Sachsen oder Thüringen.□
1595 *Hans Döler*; 1611 *Joh. Kircheim gen. Döler* [beide Fulda] (Kartels, S. 102, 111).□
Vgl. Kohlheim, S. 182 u.195f.

Deist – Rang 1918: 57% (148 von 260 TA). Top: Werra-Meißner-Kr.□
Der nordosthessische Name geht auf den Heiligennamen *Matthias* zurück. Daraus wurde gekürzt der Rufname *Thies, Dies* u.ä. und daraus durch den Lautwandel *i:* > *ei* der Familienname *Deis*. Der wurde dann durch *t*-Antritt zu *Deist* erweitert.□
1496 *Ytel Dies* [Fulda] (Kartels, S. 65); 1605 *Johannes Deist* [Wicker] (http://gedbas.genealogy.net/).□
Vgl. Kohlheim, S. 183 s.u. *Deis*.
→ *Theis* → *Theiß*

Delp – Rang 1514: 73% (186 von 254 TA). Top: Odenwaldkr. (rel.) / Kr. Darmstadt-Dieburg (abs.).□
Der südhessische Name bezieht sich vielleicht auf eine körperliche Eigenschaft oder

ein ungeschicktes Verhalten, falls er auf mhd. *talpe* ‚Pfote, Tatze' zurückgeht. Möglich ist auch die Kürzung aus einem (schwach belegten) alten Rufnamen *Dalbert*. □
1647 *Johann Wilhelm Delp* [Klein-Bieberau] (http://gedbas.genealogy.net).□
Vgl. (anders) Kohlheim, S. 183; Lexer 2, Sp. 1399; Förstemann 1, Sp. 400; Kaufmann, S. 90.

Dersch – RANG 825: 52% (303 von 580 TA). TOP: Kr. Marburg-Biedenkopf.□
Wie die heutige Namenverbreitung im Marburger Raum zeigt, entstand der Familienname in Abhängigkeit vom Namen des Adelsgeschlechts *von Dersch*, das bei Battenberg-Frankenberg ansässig war.□
1261 *Heinrich von Tyrse* (Franz 1, Nr. 350).□
Vgl. anders Kohlheim, S. 186.
▶ s. S. 92.

Desch – RANG 763: 55% (326 von 594 TA). TOP: Main-Kinzig-Kr.□
Der mainfränkische Name geht auf die Tätigkeit als Hersteller von Taschen zurück, mhd. *tasche, tesche* ‚Tasche'.□
1344 *Fritze vnd Herman Taschen gebrudere* [Kr. Fulda] (Baur 1, Nr. 829); 1476 *Henne Desch* (Mulch, S. 278).□
Vgl. Kohlheim, S. 186; Lexer 2, Sp. 1406.

Diebel – RANG 1282: 36% (214 von 591 TA). TOP: Kr. Hersfeld-Rotenburg.□
Der Familienname ist eine Variante von *Dippel* und vorwiegend in Nordosthessen heimisch. Beide Formen gehen auf einen mittelalterlichen Rufnamen zurück, der aus dem Personennamen *Diebald* (aus *thiot* ‚Volk' + *bald* ‚mutig'), gelegentlich auch aus *Dietmar*, entstanden ist.□
1600 *Johannes Diepel* [Leihgestern] (Worm, S. 21).□
Kohlheim, S. 188; Arend, S. 5.
→ *Dippel*
▶ s. S. 147.

Diefenbach – RANG 362: 50% (603 von 1214 TA). TOP: Kr. Limburg-Weilburg.□
Der Name bezieht sich auf die Herkunft aus einem der zahlreichen Orte *Diefenbach / Tiefenbach*.□
1316 *... des dicti Dieffenbechereres* [Wetzlar] (Wiese, Nr. 879).□
Vgl. Kohlheim, S. 188.

Diegel – RANG 1574: 41% (178 von 434 TA). TOP: Werra-Meißner-Kr.□
Nach den Belegen zu urteilen, geht der von der Wetterau bis zum Meißner verbreitete Name vermutlich auf das Wetterauer Rittergeschlecht der *Dugel, Dügel* (von Karben) zurück. Grundlage des Namens ist dann ein alter Rufname zum Stamm **Dug-* wie *Tugil* o.ä. Er kann durch Umlaut *u > ü* mit folgender Entrundung *ü > i* zu *Diegel* werden und vermengt sich dann mit Namen wie *Diegel* und *Dickel*. Diese sind ursprünglich aus alten mit *Diet-* (zu ahd. *thiot* ‚Volk') gebildeten Rufnamen entstanden.□
1274 *Fridericus Dugel de Bergen milites* (Mulch, S. 52); 1339 *Cune Dugel pastor de Carben* [Frankfurt] (Andernacht 1, S. 24); 1350 *Ruprecht und Conrat Dugele ... Ruprecht Dügel* (Reimer, Hanau 3, Nr. 12); 1352 *Fryderich Dógel ritter von Karben* (Reimer, Hanau 3, Nr. 49).□
Vgl. anders Kohlheim, S. 188; Förstemann 1, Sp. 432.
→ *Diegelmann*

Diegelmann – RANG 927: 83% (273 von 331 TA). TOP: Kr. Fulda.□
Da der Name östlich an *Diegel* anschließt, handelt es sich wohl um eine Erweiterung dieses Namens durch *-mann*. – Unklar ist die Deutung des Namens, falls die beiden Fuldaer Belege des 15. Jh.s die Erstbelege für *Diegelmann* sind.□
1457 *Henne Duschelmann* (?); 1474 *Duschelmann, Duschelin* (?) [beide Fulda] (Kartels, S. 45 u. 53); 1665 *Josef Adam Dückelmann*

(http://gedbas.genealogy.net); 1777 *Constant. Diegelmann* [Fulda] (Kartels, S. 211.)□
Vgl. Kohlheim, S. 207 s.u. *Duschl*.
→ *Diegel*

Diehl – RANG 44: 39% (2473 von 6372 TA). TOP: Lahn-Dill-Kr. (rel.). ◊ Dazu: *Diel* (Rang 965), *Dill* (Rang 1978), *Dillmann* (Rang 832), *Thiel* (Rang 173), *Thielemann* (Rang 1964).□
Der hessisch-pfälzische Familienname führt auf den alten Rufnamen *Thilo* u.ä. (zu ahd. *thiot* ‚Volk') zurück.□
1392 *Contze Dyle* [Rodenbach] (Mulch, S. 49).□
Vgl. Kohlheim, S. 188; Ramge, Studien, Text E, S. 292f.
→ *Thielmann*
▶ s. S. 227.

Dienst – RANG 1455: 28% (192 von 681 TA). TOP: Kr. Limburg-Weilburg (rel.). ◊ Dazu: *Diener* (Rang 1247).□
Der allgemein verbreitete Name benennt jemanden, der eine Dienstleistung erbringen musste; mhd. *dien(e)st* ‚(Lehns)dienst, Abgabe, Zins; Diener'.□
1429 *Henne Dienst von Selgenstat* [Frankfurt] (Andernacht 2, S. 75).□
Vgl. Kohlheim, S. 189; Lexer 1, Sp. 426.

Dieter – RANG 955: 30% (269 von 893 TA). TOP: -.□
Der schwerpunktmäßig von Südhessen bis Schwaben reichende Familienname ist aus dem alten Rufnamen *Diether* (aus *thiot* ‚Volk' + *heri* ‚Heer') entstanden.□
1336 *Heinrich Dithir* (Mulch, S. 49).□
Vgl. Kohlheim, S. 190.

Dingeldein – RANG 1004: 71% (256 von 363 TA). TOP: Odenwaldkr.□
Der Namensteil *Dingel* gehört in ein Bedeutungsfeld mit dem Kern ‚unbeholfen, ungeschlacht'; der Namensteil *-dei* hat etwas mit ‚Knecht, Diener' zu tun. *-n* weist darauf hin, dass es sich um die weibliche Form des Namens handelt. (Daneben gibt es die Varianten *Dingeldey* u.ä). Als Wort ist der Odenwälder Name in Südhessen als Koseausdruck für ein ungeschicktes, tapsiges Mädchen erhalten.□
1426 *Hamman, Herman, Fritz Dingeldey* [Wersau] (Wackerfuß, S. 71, 73.)□
Vgl. anders Kohlheim, S. 192; Ramge, Studien, Text C, S. 11–14; Mulch / Mulch, Südhessisches Wörterbuch 1, Sp. 501.
▶ s. S. 93.

Dinges – RANG 768: 42% (325 von 772 TA). TOP: Hochtaunuskr. (abs.).□
Der mittelrheinische Name ist durch die Entrundung ö, ü > i aus *Dönges* entstanden. Deshalb liegt auch hier der Heiligenname *Antonius* zu Grunde.□
Belege s. *Dönges*.□
Vgl. anders Kohlheim, S. 192.
→ *Anthes* → *Dönges*
▶ s. S. 229.

Dippel – RANG 304: 54% (702 von 1313 TA). TOP: Werra-Meißner-Kr. (rel.) / Schwalm-Eder-Kr. (abs.).□
Dippel ist die häufigere, besonders in Nordhessen, aber auch in der Mitte vertretene Variante von *Diepel*.□
1490 *Contz Dippel* [Zwehren] (Schultze, Nr. 1222).□
Vgl. Kohlheim, S. 193.
→ *Diebel*
▶ s. S. 147.

Disser – RANG 1718: 85% (163 von 191 TA). TOP: Kr. Offenbach.□
Der Name beruht auf der Herkunft aus *Dissen* (Gudensberg, Schwalm-Eder-Kr.).□
1612 *Kaspar Disser* [Dipperz, Kr. Fulda] (http://gedbas.genealogy.net).□

Ditzel – Rang 1236: 49% (220 von 448 TA). Top: Main-Kinzig-Kr. ◊ Dazu: *Dietz* (Rang 74), *Dietzel* (Rang 792). □
Die von Mainfranken bis Nordhessen reichende Verbreitung der Schreibvariante *Ditzel* (neben *Dietzel*) geht auf den Rufnamen *Dietz* mit der Koseendung *-el* zurück. Dieser ist als Kosename aus *Dietrich* (aus *thiot* ‚Volk' + *rîhhi* ‚mächtig') entstanden. □
1397 *Heintze Detzel* [Butzbach] (Mulch, S. 48); 1407 *Richwin Dieczel* [Frankfurt] (Andernacht 2, S. 16). □
Vgl. Kohlheim, S. 194.

Döll – Rang 525: 32% (441 von 1372 TA). Top: -. ◊ Dazu: *Doll* (Rang 1504). □
Der von Mittelhessen bis Thüringen und Mainfranken verbreitete Name ist in Hessen vermutlich durch Umlautung von *o > ö* aus *Doll(e)* entstanden. *Doll* geht auf den häufigen Rufnamen *Dolde, Dulde* zurück, einer Kurzform von *Berthold*. □
1387 *Henne Dolde* [Frankfurt] (Andernacht 1, S. 162); 1484 *Hermann Dolle* [Muschenheim] (Mulch, S. 52). □
Vgl. Kohlheim, S. 197.
→ *Becht* → *Bechthold* → *Berz* → *Gutberlet*

Dönges – Rang 620: 56% (386 von 688 TA). Top: Kr. Marburg-Biedenkopf (rel.) / Wetteraukr. (abs.). ◊ Dazu: *Thöne* (Rang 1260). □
Der von Waldeck bis zum Main häufige Familienname ist zunächst als Rufname aus dem Heiligennamen *Antonius* entstanden. □
1324 *Fredericus dictus Duenguz* [Seligenstadt] (Baur 1, Nr. 396); 1440 *Peder Thongis* [Frankfurt] (Andernacht 2, S. 179). □
Vgl. Kohlheim, S. 198.
→ *Anthes* → *Dinges*
▶ s. S. 229.

Dörr – Rang 109: 25% (1517 von 6155 TA). Top: -. ◊ Dazu: *Dürr* (Rang 1109). □
Die südwestdeutsche Namensform benennt einen ‚dürren', mageren Menschen. Mhd. *dürre* ‚dürr' wird in hessischen Dialekten zu *dörr*. □
1361 *Heinrich Durre* [Ostheim] (Baur 1, Nr. 646); 1361 *Konrad Dirre* [Grünberg] (Eckhardt, Klöster 3, Nr. 292); 1420 *Peder Dorre sedeler* [Frankfurt] (Andernacht 2, S. 45). □
Vgl. (anders) Kohlheim, S. 199, vgl. ebd. S. 206 s.u. *Dürr*.

Dörsam – Rang 1211: 52% (223 von 432 TA). Top: Kr. Bergstraße. □
Der am unteren Neckar häufige Name geht auf die Herkunft aus *Dorsheim* (Langenlonsheim, Kr. Kreuznach) zurück. □
1426 *Hartmut Dirsem, Grete Dorsen / Dorsin, Clesgin Dorsin* [Wersau] (Wackerfuß, S. 70–73); 1525 *Linhart Dersam*, 1650 *Dorßheim*, 1659 *Dorsam* [alle Groß-Umstadt] (Stephan, S. 2 u. 6). □
Vgl. anders Kohlheim, S. 199; Ramge, Studien, Text C, S. 6.
▶ s. S. 210.

E

Eckel – Rang 542 : 30% (432 von 1460 TA). Top: Kr. Waldeck-Frankenberg (abs.). □
Der von Nordhessen bis ins Saarland verbreitete Name geht auf eine Kurzform von *Eckhard* mit der Koseendung *-el* zurück. □
1345 *Else Eckeln von Rumpinheim* [Frankfurt] (Andernacht 1, 37). □
Vgl. Kohlheim, S. 210.
→ *Eckhardt*.

Eckhardt – Rang 121: 32% (1418 von 4491 TA). Top: Schwalm-Eder-Kr. ◊ Dazu: *Eckardt* (Rang 1520), *Eckert* (Rang 145) und *Eggert* (Rang 1354). □

Der vor allem in Hessen häufige Name entspricht dem alten Rufnamen *Eckhard* (aus *ekka* ‚Ecke' + *hard* ‚hart'). □
1367 *Henrich Echard* (Mulch, S. 53); 1425 *Curd Eghardis* [Eschwege] (Eckhardt, Rechtsgeschichte, S. 169). □
Vgl. Kohlheim, S. 211.
→ *Eckel*.

Eichenauer – RANG 1094: 53% (242 von 458). TOP: Vogelsbergkr. □
Der Name verweist auf die Herkunft aus *Eichenau* (Großenlüder, Kr. Fulda). □
1478 Peter *Eychenawe* [Alsfeld] (Eckhardt, Klöster 3, Nr. 85). □

Eisenbach – RANG 1859: 38% (152 von 399 TA). TOP: Kr. Limburg-Weilburg (rel.) / Stadt Frankfurt (abs.). □
Der vom Mittelrhein bis Westthüringen häufiger vorkommende Name bezieht sich auf die Herkunft aus einem der Orte *Eisenbach;* davon gibt es allein in Hessen vier (in den Kreisen Limburg-Weilburg, Marburg-Biedenkopf und Vogelsberg). □
1370 *Conraid Ysenbecher von obir Steden*; 1377 *Concze Isenbach von Hoemberg* [beide Frankfurt] (Andernacht 1, S. 89 u. 96). □
Vgl. Kohlheim, S. 218.

Eisenhauer – RANG 1001: 29% (257 von 878 TA). TOP: Odenwaldkr. (rel.) / Kr. Bergstraße (abs.). □
Der besonders am unteren Neckar verbreitete Name geht auf die Tätigkeit als Bergmann in Erzgruben zurück. □
1454–58 *Heintze Ysenhauer* [Momart] (Höreth, Breuberg, S. 33). □
Vgl. Kohlheim, S. 219.
▶ s. S. 221.

Ellenberger – RANG 1799: 42% (157 von 373 TA). TOP: Kr. Hersfeld-Rotenburg. □

Der nordosthessische Name verweist auf die Herkunft aus *Ellenberg* (Guxhagen, Schwalm-Eder-Kr.). □
1450 *Johannes Ellenberger* [Homberg/Efze] (http://gedbas.genealogy.net). □
Vgl. Kohlheim, S. 221.

Emde – RANG 486: 36% (470 von 1306 TA). TOP: Kr. Waldeck-Frankenberg. □
Der Name bezieht sich auf die Herkunft aus der Wüstung *Emde* (Erwitzen, Kr. Höxter). □
1647 *Jacob Emde / Embde* [Grebenstein] (http://gedbas.genealogy.net). □
Vgl. Kohlheim, S. 222.
▶ s. S. 243.

Emig – RANG 737: 47% (333 von 705 TA). TOP: Odenwaldkr. (rel.) / Kr. Bergstraße (abs.). □
Dieser Name des Neckarraums geht auf den alten und in Hessen häufigen Rufnamen *Emicho* u.ä. zurück. □
1334 *Gilbracht Emeche* [Friedberg] (Arend, S. 33). □
Vgl. anders Kohlheim, S. 222.
▶ s. S. 100.

Emmel – RANG 1096: 37% (242 von 655 TA). TOP: Stadt Frankfurt (abs.). □
Der Name ist aus einem alten Rufnamen entstanden, vermutlich aus *Immo* mit Koseendung *-el* oder dem entsprechenden Frauennamen *Imma*. Dieser war als *Emmel*, *Immel* im Vogelsberg gebräuchlich. Bei *Emmel* wurde der Anlaut früh von *i* > *e* gewandelt. Die Namen haben einen ungefähr gleichen Vorkommensraum zwischen Rhein und Fulda. □
1483 *Adam Emmel* [Limburg] (Schöffl, S. 30); 1521 *Joannem Emel* [Marienberg] (Mulch, S. 54). □

Vgl. anders Kohlheim, S. 222; Förstemann 1, Sp. 949; Stumpf, Amt, S. XII.
→ *Immel*

Erb – R‍ang 373: 27% (595 von 2232 TA). T‍op: Kr. Fulda.◻
Der südwestdeutsche Name geht in Hessen meist auf den alten Rufnamen *Arbo*, *Erbo* (,Erbe') zurück. Damit sind aber die historischen <p, ph>- Schreibungen nicht zu erklären. Diesen Namensformen liegt ein anderer alter Rufname zu Grunde, nämlich *Erp*, *Erpo* (,dunkel').◻
1375 *Herman Erphe* (Reimer, Hanau 3, Nr. 698); 1396 *Heintze Erpe von Grebenhen* (Mulch, S. 233); 1576 *Hans Erb* [Gießen] (Stumpf, Familienbuch, Nr. 919).◻
Vgl. Kohlheim, S. 226; Förstemann 1, Sp. 142 u. Sp. 485f.
▶ s. S. 103.

Euler – R‍ang 192: 49% (1004 von 2039 TA). T‍op: Vogelsbergkr. (rel.) / Main-Kinzig-Kr. (abs.).◻
Der in Hessen konzentrierte Name bezieht sich auf den Beruf des Töpfers, mhd. *ûlner*: ,jemand der Aulerde (= Tonerde) verarbeitet'.◻
1303 *Wilhelmus Vlnere* [Heldenbergen] (Baur 1, Nr. 431); 1594 *Joh. Jacob Euler* [Gießen] (Stumpf, Familienbuch, Nr. 943).◻
Vgl. Kohlheim, S. 231; Lexer 2, Sp. 1721; Ramge, Flurnamenatlas, K. 106.
▶ s. S. 226.

F

Faulstich – R‍ang 880: 42% (287 von 683 TA). T‍op: Kr. Fulda.◻
Der eher osthessisch-thüringische Name geht auf die abwertende Bezeichnung für einen faulen Schneider oder Schuster zurück, aus mhd. *vûl* ,faul' und mhd. *stich* ,Stich'.◻
1489 *Contze Fuelstich* [Londorf] (Eckhardt, Klöster 3, Nr. IV, 27).◻
Vgl. Kohlheim, S. 236; Lexer 2, Sp.1186 u. 3, Sp. 560.

Fay – R‍ang 1177: 45% (228 von 503 TA). T‍op: Main-Taunus-Kr. (rel.) / Stadt Frankfurt (abs.).◻
Fay ist eine um Frankfurt verbreitete Schreibvariante von *Fey*, einer Kurzform von *Sophie*.◻
Belege s. *Fey*.◻
Vgl. Kohlheim, S. 243.
→ *Fey* → *Feick* → *Vey*
▶ s. S. 208.

Fehl – R‍ang 1563: 51% (180 von 350 TA). T‍op: Main-Kinzig-Kr.◻
Der Name geht wohl nicht auf *Feld*, sondern auf den Namen eines Herkunftsorts zurück. Sprachlich liegt *Vöhl* (Kr. Waldeck-Frankenberg) nahe, zumal sich die Verbreitungsräume der beiden Familiennamen *Vöhl* und *Fehl* verbinden. Räumlich näher für die Hauptverbreitung von *Fehl* zwischen Main und Vogelsberg liegt allerdings *Groß-Felda* (Feldatal, Vogelsbergkr.), das ab 1190 als *Velle(n)* u.ä. überliefert ist.◻
1433 *Johann von Felle* (?) (Schultze, Nr. 385); 1437 *Felhenne* [Grünberg] (Eckhardt, Klöster 3, Nr. 372); 1611 *Ulrich Fehl* [Wallroth, Schlüchtern] (http://gedbas.genealogy.net).◻
Vgl. Brechenmacher 1, S. 439; www.lagis-hessen.de/[Historisches Ortslexikon, s.u. *Groß-Felda*].

Feick – R‍ang 1426: 42% (195 von 460 TA). T‍op: Vogelsbergkr. ◊ Dazu: *Figge* (Rang 1093).◻
Die heutige Schwerpunkt-Verbreitung in Hessen und historische Belege legen nahe, dass *Feick* wie *Fey* auf den Rufnamen *Fye* (aus *Sophie*) zurückgeht, mit eingeschobenem <g> zwischen den Vokalen und späterem Wandel *i:* > *ei*.◻

1471 *von fyenhanse* = *von hans figen;* 1521 *hensel veige* [beide Kassel] (Stölzel, S. 33 u. 202); 1508 Johann *Figh* = (?) 1527 Johann *Feyhe* (beide Eckhardt, Klöster 2, Nr. 70 u. 805).□
Vgl. anders Kohlheim, S. 238.
→ *Fay* → *Fey* → *Vey*
▶ s. S. 209.

Fey – Rang 268: 27% (789 von 2898 TA). Top: Kr. Hersfeld-Rotenburg.□
Der Familienname geht aus dem im Mittelalter häufigen weiblichen Rufnamen *Fye* hervor. Dieser ist aus dem Heiligennamen *Sophie* wegen der Betonung auf der zweiten Silbe entstanden und unterliegt dem Wandel *i:* > *ei*.□
1470 *Fyen Hen* [Heuchelheim] (Stumpf, Amt, S. 94); 1518 *Fyen Hans* (= Rufname), 1542 *Petter Fey* (= Familienname) [beide Darmstadt] (v. Hahn, S. 24).□
Vgl. Kohlheim, S. 243.
→ *Fay* → *Feick* → *Vey*
▶ s. S. 208.

Feuerbach – Rang 1351: 45% (205 von 458 TA). Top: Wetterau-Kr.□
In Hessen verweist der Name eindeutig auf die Herkunft aus einem der drei *Fauerbach*-Orte in der Wetterau (Stadtteile von Butzbach, Friedberg, Nidda). Die Ortsnamen enthalten im ersten Teil mhd. *viur, vûr* ‚Feuer', das in weiten Teilen Hessens dialektal zu *fauer* wird. Daher kommt in der Wetterau auch der Familienname *Fauerbach* vor.□
1667 *Feuerbach* [Burgholzhausen] (See, S. 53).□
Vgl. anders Kohlheim, S. 242.

Fingerhut – Rang 1679: 28% (167 von 607 TA). Top: Kr. Waldeck-Frankenberg.□
Das Werkzeug steht stellvertretend für den Beruf des Schneiders.□
1387 *Henne Fingerhut und zwene sone* [Frankfurt] (Andernacht 1, 172).□
Vgl. Kohlheim, S. 245.

Fladung – Rang 1230: 53% (221 von 415 TA). Top: Kr. Fulda.□
Aus der räumlichen Nachbarschaft des heutigen Verbreitungsraums des Familiennamens ergibt sich, dass er auf die Herkunft aus *Fladungen* (Kr. Rhön-Grabfeld, Bayern) verweist.□
1712 *Fladung* [Marburg] (Allmann, S. 58).□
Vgl. Brechenmacher 1, S. 474.

Föller – Rang 1696: 50% (165 von 328 TA). Top: Hochtaunus-Kr. (rel.) / Main-Kinzig-Kr. (abs.). ◊ Dazu: *Füller* (Rang 1588).□
Wegen des Verbreitungsschwerpunkts im Rhein-Main-Gebiet und in Osthessen gehört der Name in Hessen wohl nicht zum Rufnamen *Volker*, sondern bezieht sich auf die Herkunft aus *Fulda*. Ausgangspunkt ist die Variante *Füller* mit Wandel *ü* > *ö*.□
1248 *Cunradus Vulder* [Fulda] (Kartels, S. 19); 1620 *Margaretha Föller* [Flieden] (http://gedbas.genealogy.net).□
Vgl. anders Kohlheim, S.691 s.u. *Volker.*

Fornoff – Rang 937: 83% (272 von 329 TA). Top: Odenwaldkr. (rel.) / Kr. Darmstadt-Dieburg (abs.).□
Der südhessische Name bezieht sich auf die relative Lage der Wohnstätte ‚in dem vorderen Teil von etwas'; denn der Familienname entspricht dialektal dem Wort *vorn-auf*.□
1492 *Cunrad Fornoff* [bei Fränkisch-Crumbach] (Debor, Odenwald, S. 87).□
Vgl. Ramge, Studien, Text C, S. 3.

Freudenstein – Rang 1333: 46% (207 von 449 TA). Top: Schwalm-Eder-Kr.□
Da der nordhessische Name erst seit der Mitte des 17. Jh.s im Ederbereich nachgewiesen ist, ist nicht klar, ob der Name auf Fernzuwanderung aus einem der zahlreichen *Freudenstein*-Orte herzuleiten ist. Der Ortsname geht meist auf eine Burg oder ein Schloss zurück. Bei der Konzentration des Familiennamens im

Schwalm-Eder-Kr. liegt es aber auch nahe, an die Wohnstätte an einem *Freudenstein als namengebendes Motiv zu denken. Einen entsprechenden Flurnamen gibt es in Niederlistingen (Breuna, Kr. Kassel), der 1767 als *bey dem freudenstein* belegt ist.
1641 *Johannes Freudenstein* [Holzhausen / Hahn] (http://gedbas.genealogy.net).
Vgl. http://www.lagis-hessen.de/[Flurnamen (Hessen), s.u. *Freude-Stein*].

Frischkorn – Rang 1938: 51% (147 von 289 TA). Top: Main-Kinzig-Kr.
Der vorwiegend im Rhein-Main-Gebiet vorhandene Name bezeichnet jemanden, der mit frischem (,jungem') Korn (Saatgut?) arbeitet, also wohl einen Bauern.
1615 *Georg Frischkorn* [Fulda] (Kartels, S. 114).
Vgl. Brechenmacher 1, S. 510.

G

Ganß – Rang 1747: 42% (161 von 381 TA). Top: Vogelsbergkr. (rel.) / Kr. Darmstadt-Dieburg (abs.).
Der allgemein in Mitteldeutschland verbreitete Name benennt jemanden, der etwas mit Gänsen zu tun hat, als Halter, als Zinspflichtiger der Martinsgans, als Bewohner eines Hauses mit einem Gans-Hauszeichen usw. Bekannt ist das Adelsgeschlecht der *Gans von Otzberg*, denen sich wohl auch der Odenwälder Namenschwerpunkt verdankt.
1361 *Diether Ganse* [Amtmann zu Otzberg] (Baur 1, Nr. 646 Anm.); 1362 *Henne genant Gans* [Darmstadt] (Baur 1, Nr. 647); 1427 *Henne Gans* [Frankfurt] (Andernacht 2, S. 71).
Vgl. Kohlheim, S. 265.

Gath – Rang 1464: 64% (191 von 298 TA). Top: Lahn-Dill-Kr.
Der stark auf den Raum an Lahn und Dill beschränkte Name ist unklar, weil es keine sicher zuzuordnenden historischen Belege gibt. Wahrscheinlich liegt ein alter Rufname zu Grunde, entweder eine Kürzung wie z.B. in Norddeutschland *Gode / Gade* aus *Gottfried*. Oder der Familienname ist aus dem alten Rufnamen *Gaddo* (,Gatte, Genosse') hervorgegangen.
1522 *Goth Hensel* (?) [Momart] (Höreth, Erbach, S. 138).
Vgl. Zoder 1, S. 540; Gottschald, S. 200; Förstemann 1, Sp. 563.
→ *Göttmann*

Geiss – Rang 1472: 28% (190 von 672 TA). Top: Main-Taunus-Kr. (rel.) / (Rhein-Neckar-Kr.) (abs.). ◊ Dazu: *Geis* (Rang 453).
Gemeinsam mit den Schreibvarianten *Geis* und *Geiß* benennt *Geiss* jemanden, der mit Ziegen zu tun hat. Die Wort- und Namengrenze zwischen *Geiß* und *Ziege* verläuft durch Mittelhessen. Das spiegelt sich auch in der heutigen Verbreitung des Familiennamens, der verdichtet in Mittel- und Südhessen vorkommt.
1368 *Rulen genant Geyshen*; 1528 *Eckart Geiße* (beide Mulch, S. 243).
Vgl. Kohlheim, S. 270.
→ *Geiß*.

Geiß – Rang 496: 26% (465 von 1779 TA). Top: - .
Hauptschreibvariante für Namen, die auf mhd. *geiz* ,Ziege' zurückgehen.
Belege s. *Geiss*.
Vgl. Kohlheim, S. 270; Lexer 1, Sp. 800.
→ *Geiss*.

Georg – Rang 312: 32% (678 von 2154 TA). Top: Lahn-Dill-Kr. ◊ Dazu: *George* (Rang 931), *Georgi* (Rang 1477).
Der Familienname ist über den Rufnamen aus dem Heiligennamen *Georg* entstanden.

Die Verbreitung erstreckt sich vom mittelhessischen Hauptraum bis an die Saar.□
1525 *Henne George* (Eckhardt, Klöster 3, Nr. 837).□
Vgl. Kohlheim, S. 272.

Gerbig – Rang 668: 49% (365 von 748 TA). Top: Odenwaldkr.□
Der Name geht auf den alten Rufnamen *Gerwig* (*ger* ‚Wurfspieß' + *wîg* ‚Kampf') zurück.□
1426 *Gerwig* [Kainsbach] (Wackerfuß, S. 100); 1626 *Lenhart Gerwiekh* [Ernsbach]; 1674 *Hans Gerwich* [Erlenbach] (beide Höreth, Erbach, S. 125 u. 132).□
Vgl. Kohlheim, S. 275 s.u. *Gerwich*.

Gerhold – Rang 721: 42% (341 von 813 TA). Top: Kr. Kassel.□
Der nordhessische Name ist durch eine Umdeutung (zu *hold*) des Rufnamens *Gerold* (aus *ger* ‚Wurfspieß' + *walt* ‚herrschen') entstanden.□
1634 *Margretha Gerhold* [Oberorke] (http://gedbas.genealogy.net).□
Vgl. Kohlheim, S. 274.

Gies – Rang 860: 27% (292 von 1098 TA). Top: Kr. Marburg-Biedenkopf (abs.). ◊ Dazu: *Giese* (698).□
In Hessen ist der Name wohl meist aus dem alten Rufnamen *Giso* (zu *gisal* ‚Geisel') entstanden. ◊ Dazu: *Giese* (Rang 698).□
1363 *Heincze Gise*; 1432 *Heincz Gisz von Cleberg pauper* [beide Frankfurt] (Andernacht 1, S. 78 u. 2, S. 97).□
Vgl. Kohlheim, S. 277.
▶ s. S. 114.

Gilbert – Rang 752: 32% (329 von 1046 TA). Top: Kr. Gießen (rel.) / Vogelsbergkr. (abs.).□
In Hessen geht der Name auf den alten Rufnamen *Gilbrecht* (aus *gisal* ‚Geisel' + *beraht* ‚berühmt') zurück.□
1406 *Elsegin Gilbracht* (Mulch, S. 60); 1610 *Gilbert* [Groß-Umstadt] (Stephan, S. 3).□
Vgl. Kohlheim, S. 277.

Gimbel – Rang 1081: 42% (243 von 582 TA). Top: Kr. Marburg-Biedenkopf.□
Die Namen *Gimbel* und *Kimpel* bilden mit ihren Schreibvarianten einen gemeinsamen Verbreitungsraum mit dem Schwerpunkt in Hessen. Sie gehören deshalb zusammen und gehen auf das gleiche Benennungsmotiv zurück: mhd. *gümbel* ‚(der Vogel) Gimpel'; auch ‚einfältiger Mensch'.□
1403 *Cuntze Gompel* [Wickstadt] (Mulch, S. 63); 1435 *Johann Gŏmpel* [Dautphe] (Eckhardt, Klöster 3, Nr. 1397); 1571 *Kempel, Compel, Konbell* [Umstadt] (Stephan, S. 5).□
Vgl. (anders) Kohlheim, S. 278 u. 375; Lexer 1, Sp. 1118.
→ *Kimpel*.

Gleim – Rang 1313: 41% (209 von 524 TA). Top: Kr. Hersfeld-Rotenburg.□
Der nordhessische Name *Gleim* (auch <*Kleim*>) geht vermutlich auf mhd. *glîme* ‚Glühwürmchen' zurück und bezieht sich dann auf ‚funkelnde' Eigenschaften des Namensträgers.□
1294 *Adelheid Glime* [Großenenglis] (Franz 1, 836); 1387 *Wenczel Glyme* [Frankfurt] (Andernacht 1, S. 158).□
Vgl. Kohlheim, S. 279; Lexer 1, Sp. 1034.

Glock – Rang 732: 27% (336 von 1251 TA). Top: - .□
Der Name geht entweder auf die Tätigkeit als Glöckner oder auf den Hausnamen des ersten Namensträgers zurück.□
1337 *Gerlacus dictus Glocke* [Frankfurt] (Andernacht 1, S. 20); 1525 *Clos Glocke* [Fulda] (Kartels, S. 79).□
Vgl. Kohlheim, S. 279.

Goldbach – Rang 586: 26% (401 von 1565 TA). Top: Kr. Fulda.□

Der Name geht auf einen der zahlreichen Ortsnamen *Goldbach* zurück. Die Familie ist um 1600 aus dem Raum Mettmann in den Fuldaer Raum gekommen. Hier entstand dann auch die seltenere Variante *Gol(l)bach*. □
1568–1635 *Daniel Friedrich Goldbach* (http://gedbas.genealogy.net); 1775 *Caspar Gollbach* [Fulda] (Kartels, S. 211). □
Vgl. Kohlheim, S. 281.

Gölz – RANG 874: 27% (288 von 1076 TA). TOP: Kr. Bergstraße. □
Der von Südwestdeutschland bis nach Südhessen reichende Familienname geht auf die Tätigkeit des Schweinekastrators zurück, zu mhd. *galze, gelze* ‚verschnittenes Schwein'. □
1425/26 *Henchin Geltze* [Reinheim] (Debor, Odenwald, S. 100); 1768 *Göltz* [Homburg] (See, S. 66). □
Vgl. anders Kohlheim, S. 282; vgl. aber ebd. S. 270 s.u. *Gelzer*.
▶ s. S. 138.

Gombert – RANG 1662: 38% (168 von 443 TA). TOP: Schwalm-Eder-Kr. □
Dem mittelhessischen Namen liegt der alte Rufname *Gumbert* u.ä. (aus *gund* ‚Kampf' + *beraht* ‚berühmt') zu Grunde. □
1568 *Gombert* [Gießen] (Lerch, S. 23). □
Vgl. Kohlheim, S. 297 s.u. *Gumbert*.

Goßmann – RANG 1506: 27% (186 von 680 TA). TOP: -. □
Der Name geht auf den Rufnamen *Gosse* (aus *gôz* ‚Gote') zurück und ist durch *-mann* erweitert. – Denkbar ist auch ein Zusammenhang mit mhd. *gôz* ‚Guss', das sich sowohl auf einen ‚Regenguss' wie etwas ‚Gegossenes' beziehen kann. □
1357 *Johann Gosmann* (Mulch, S. 62). □
Vgl. Kohlheim, S. 284; Lexer 1, Sp. 1063.

Gotta – RANG 1668: 89% (168 von 188 TA). TOP: Kr. Offenbach. □
Der stark auf den Offenbacher Raum konzentrierte Name geht auf Zuwanderer aus Piemont wohl zu Beginn des 19. Jh.s zurück. Dort ist der Name noch heute verbreitet. Er geht wahrscheinlich auf den alten Personennamen *Gottardo* (= Gotthard) zurück. □
1825 *Gioanni Battista Gotta* (http://gedbas.genealogy.net). □
Vgl. Enzo Ceffarelli / Carla Marcato: I cognomi d'Italia, Torino 2008, S. 881.

Göttmann – RANG 1249: 56% (218 von 393 TA). TOP: Odenwaldkr. □
Der mit *-mann* gebildete Familienname geht im ersten Teil auf die Kurzform eines Rufnamens zurück, der aus *Gottfried* o.ä. entstanden ist. □
1425 *Clas Getman* [Fränkisch-Crumbach] (Debor, Odenwald, S. 106). □
Vgl. Kohlheim, S. 285.
→ *Gath*

Graulich – RANG 1452: 52% (192 von 371 TA). TOP: Vogelsbergkr. □
Der mittelhessische Name *Graulich* entstand aus mhd. *griuwelich* ‚Schrecken oder Grauen erregend' und bezieht sich damit auf eine Eigenschaft des ersten Namensträgers. Während das Adjektiv in Namen gewöhnlich zu *Greulich / Greilich* wird, weist *Graulich* den besonders in Mittelhessen erhaltenen Wandel *ü:* > *au* vor *w* (und anderen Konsonanten) auf. □
1557 *Lenhardt Greulich* [Schöllenbach]; 1623 *Nickel Graulich* [Lautern] (beide Debor, Odenwald, S. 109). □
Vgl. Kohlheim, S. 290 s.u. *Greulich*; Lexer 1, Sp. 1090.
→ *Kreiling*
▶ s. S. 202.

Greb – RANG 695: 30% (354 von 1197 TA). TOP: Vogelsbergkr. ◊ Dazu: *Graf* (Rang 148), *Gräf* (Rang 724). □

In Hessen bezeichnete *Greb /Grebe* (sprachlich entstanden aus *Graf*) in der Regel das Amt des Dorfvorstehers und wurde daraus zum Familiennamen. Der Name ist hauptsächlich vom Westerwald bis nach Mainfranken verbreitet.□
Belege s. *Grebe*.□
Vgl. Kohlheim, S. 288.
→ *Grebe* → *Landgrebe*

Grebe – Rang 324: 33% (667 von 2053 TA). Top: -.□
Der Name stellt die nördlich von *Greb*, besonders auch in Nordhessen, verbreitete Variante dar. Beide zusammen bilden einen geschlossenen Verbreitungsraum.□
1334 *Gozwin dictus Grebe de Rendele* [Frankfurt] (Andernacht 1, S. 15); 1359 *Herman Grebe von Brunstad* (Baur 1, Nr. 935).□
→ *Greb* → *Landgrebe*.
▶ s. S. 240.

Grein – Rang 887: 32% (285 von 886 TA). Top: -.□
Der Name geht ursprünglich entweder auf mhd. *grîn* ‚lautes Geschrei' oder (vielleicht) auf den Heiligennamen *Quirin* zurück.□
1459 *Henne Gryn(n)* [Marburg] (Eckhardt, Klöster 2, Nr. 308); 1555 *Peter Grein* [Leihgestern] (Worm, S. 34).□
Vgl. Kohlheim, S. 289; Lexer 1, Sp. 1086.

Griesel – Rang 1562: 54% (181 von 337 TA). Top: Schwalm-Eder-Kr.□
Der Name ist aufgrund der Wohnstätte entstanden: jemand, der an einem sandigen oder kieseligen Gelände oder Ufer wohnt, mhd. *griez* (dazu eine *-el-*Ableitung).□
1472 *hans krosel* [Kassel] (Stölzel, S. 38); 1522 *Folgman Griessel* [Kassel] (Schultze, Nr.1179).□
Vgl. Kohlheim, S. 290 s.u. *Gries*; Brechenmacher 1, S. 592.

Groos – Rang 1075: 35% (245 von 693 TA). Top: -. ◊ Dazu: *Gros* (Rang 1474), *Groß* (Rang 83), *Gross* (Rang 395), *Große* (Rang 1549).□
Die Namen beziehen sich auf die Körpergröße. *Groos* ist eine vornehmlich zwischen Sieg, Dill und Lahn vorkommende seltene Schreibvariante von *Groß*, mit der die Vokallänge betont werden soll. Diese wird oft schon früh gekennzeichnet, dann aber mit dem Längenzeichen <i> oder <y> nach dem Vokal. 1326 *Gerhardus dictus Groyse* [Dornheim] (Baur 1, Nr. 404).□
Vgl. Kohlheim, S. 292.

Grösch – Rang 1498: 54% (187 von 348 TA). Top: Kr. Fulda.□
Die Schreibung des Fuldaer Namens wechselt beim gleichen Namensträger binnen weniger Jahre von *Grosch* über *Grösch* zu *Grisch*. Falls bei <Grosch> nur die Kennzeichnung des Umlauts <ö> fehlt, liegt deshalb vermutlich mhd. *grüsch* ‚Kleie' zu Grunde als Benennung für jemanden, der damit zu tun hatte.□
1611 *Balthasar Grosch;* 1628 *Velten Grosch;* 1631, 1633 und 1636 *Valentin Grösch;* 1648 *Valentin Griesch* [alle Fulda] (Kartels, S. 111, 125, 127, 130 u. 139).□
Vgl. anders Zoder 1, S. 622.

Gunkel – Rang 513: 30% (453 von 1537 TA). Top: -. ◊ Dazu: *Kunkel* (Rang 400).□
Der Familienname benennt jemanden, der mit dem Spinnrocken, mhd. *kunkel*, frühnhd. *gunkel*, beschäftigt war. Die Schreib- und Lautvarianten des Namens haben heute verschiedene Verbreitungsschwerpunkte. Während *Kunkel* seinen Schwerpunkt in Mainfranken hat, strahlt *Gunkel* vom Eichsfeld bis nach Nordhessen aus, findet sich aber auch in Südhessen häufig.□
1368 *…Heintzen Kunkels* [Leihgestern]; *Johann Gungell* [Bellersheim] (beide Mulch, S. 273).□

Vgl. Kohlheim, S. 297; Lexer 1, Sp. 1777.
→ *Kinkel*   → *Künkel*

Gutberlet – Rang 1017: 44% (253 von 571 TA). Top: Kr. Fulda.□
Der Fuldaer Name setzt sich aus dem Adjektiv *gut* und dem Rufnamen *Berlet* (aus *Berthold*) zusammen.□
1586 *Antonius Gutberlet* [Fulda] (Kartels, S. 96).□
Vgl. Kohlheim, S. 298.
→ *Becht*   → *Bechthold*   → *Berz*   → *Döll*
▶ s. S. 134.

Gutermuth – Rang 1257: 57% (217 von 383 TA). Top: Kr. Fulda.□
Der Name des Fuldaer Raums benennt einen Menschen, der ‚guten Muts' ist, zu mhd. *guot* ‚gut' und *muot* ‚Gesinnung'.□
1701 *Georg Gutermuth* [Gundhelm] (http://gedbas.genealogy.net); 1780 *Peter Gutermuth* [Fulda] (Kartels, S. 215).□
Vgl. Kohlheim, S. 299.

H

Habermehl – Rang 1130: 49% (236 von 487 TA). Top: Vogelsbergkr.□
Der Name benennt jemanden, der beruflich mit Hafermehl zu tun hat.□
1427 *der alte Konz Hebbermel* (Eckhardt, Klöster 3, Nr. 67).□
Vgl. Kohlheim, S. 76.

Hahl – Rang 1824: 45% (155 von 343 TA). Top: Kr. Bergstraße.□
Der Name ist nicht sicher zu deuten. Möglich sind als Ausgangsform der alte Rufname *Heilo* (mit hessischem Lautwandel *ei > a:*), eine zusammengezogene Form aus mhd. *hagel* ‚Hagel' oder als Wohnstättenname eine dialektal gekürzte Form des Flurnamens *Halde* ‚Abhang'.□

1321 *Hartmanno dicto Hael* [Wetzlar] (Wiese, Nr. 983); 1583 *Philipp Hahl* [Fulda] (Kartels, S. 94).□
Vgl. Kohlheim, S. 317 s.u. *Heil*.
→ *Heil*
▶ s. S. 98 (*Hallstein*).

Hahner – Rang 1198: 33% (225 von 680 TA). Top: Kr. Fulda.□
Der Name beruht auf der Herkunft aus einem der zahlreichen Orte *Hahn, Hain-*.□
1473 *Dolle Heyner* [Fulda] (Kartels, S. 52).□
Vgl. Kohlheim, S. 303.
→ *Heun*

Happ – Rang 866: 34% (291 von 868 TA). Top: Kr. Fulda.□
Der osthessisch-westthüringische Name geht auf eine Kurzform des alten Rufnamens *Hadebert* (aus *hadu* ‚Kampf' + *beraht* ‚berühmt') o.ä. zurück.□
1373 *Hartmud Happe* [Frankfurt] (Andernacht 1, S. 92); 1700 *Leonhard Happ von Neuenhof* [Fulda] (Kartels, S. 170).□
Vgl. Kohlheim, S. 307.
→ *Happel*

Happel – Rang 349: 55% (621 von 1123 TA). Top: Kr. Marburg-Biedenkopf.□
Zu Grunde liegt der Rufname *Happ(e)* mit der Koseendung *-el*. Der Name kommt verdichtet in Hessen vor.□
ca. 1380 *Clays Happel von Alsfeldt* [Friedberg] (Arend, S. 36).□
Vgl. Kohlheim, S. 307.
→ *Happ*.

Hasselbach – Rang 1494: 26% (187 von 730 TA). Top: Kr. Gießen (rel.).□
Der besonders zwischen Mittelrhein und Mittelhessen vertretene Name bezieht sich auf die Herkunft aus einem der Orte *Hasselbach* oder auf die Wohnstätte an einem *Hasselbach* ‚Bach mit Haselsträuchern'. Nach

der Schwerpunkt-Verbreitung des Familiennamens kommen als Orte am ehesten Hasselbach (Kr. Altenkirchen, Westerwald) oder Hasselbach (Weilburg) in Frage.
1422 *Hen Hasselbach* [Limburg] (Schöffl, S. 48).
Vgl. Kohlheim, S. 311.
▶ s. S. 63.

Hassenpflug – Rang 1386: 54% (200 von 374 TA). Top: Schwalm-Eder-Kr.
Der nordhessische Name bezieht sich auf einen Bauern, der von sich selbst sagt: **(Ich) hasse (de)n Pflug*.
1578 *Hellwigk Hassenpflugk* [Oberaula] (Boehncke / Schmidt, S. 40); 1743 *Hastenpflug* [Marburg] (Allmann, S. 97).
Vgl. Kohlheim, S. 311.
▶ s. S. 187.

Haub – Rang 1611: 47% (174 von 368 TA). Top: Hochtaunus-Kr. (rel.) / Wetteraukr. (abs.).
Der Name geht auf den Hersteller (oder Träger) von Hauben zurück, mhd. *hûbe* ‚Haube, Mütze, Helm'. Er kommt hauptsächlich in Mittel- und Südhessen sowie in Mainfranken vor.
1452 *Hermann Hube* [Limburg] (Schöffl, S. 57); 1542 *Haup* [Gießen] (Lerch, S. 40).
Vgl. Kohlheim, S. 311
▶ s. S. 216 (*Bickelhaupt*).

Haus – Rang 602: 34% (394 von 1171 TA). Top: Lahn-Dill-Kr. (abs.).
Der Name bezieht sich auf die Wohnstätte, ursprünglich wohl besonders ein Steinhaus.
1427 *Peter Huysz von Heidelberg* [Frankfurt] (Andernacht 2, S. 71).
Vgl. Brechenmacher 1, S. 669.
→ *Häuser*.

Häuser – Rang 460: 35% (491 von 1396 TA). Top: Kr. Gießen. ◊ Dazu: *Hauser* (Rang 828), *Heuser* (Rang 289).
Der Name geht auf die Herkunft aus einem der zahlreichen *Hausen*-Orte (allein dreizehn in Hessen) oder auf die Wohnstätte, bzw. die Nutzung oder Verwaltung eines Hauses zurück. Die Varianten <*Häuser, Heuser*> herrschen in Westdeutschland einschließlich Hessen vor; die Variante <*Hauser*> ist süddeutsch.
1326 *Heinricus dictus Husere de Wizenkirchen* [Frankfurt] (Andernacht 1, S. 6).
Vgl. Kohlheim, S. 313.
→ *Haus*

Heberer – Rang 1572: 63% (179 von 283 TA). Top: Kr. Offenbach.
Der Name bezeichnet, wie *Habermehl* (s.d.), jemanden, der mit Haferanbau oder -handel zu tun hatte.
1386 *Gerhard Heberer* [Frankfurt] (Andernacht 1, S. 126).
Vgl. Kohlheim, S. 300 s.u. *Haberer*.

Hechler – Rang 596: 40% (395 von 978 TA). Top: Kr. Bergstraße (rel.) / Kr. Darmstadt-Dieburg (abs.).
Der südhessische Name bezieht sich auf jemanden, der den Flachs mit der *Hechel* bearbeitete. Die Flachsfasern wurden zur Reinigung durch die Hechel gezogen.
1560 *Christoph Hechler* [Dietzenbach] (http://gedbas.genealogy.net); 1667 *Johann Wilhelm Hechler* [Gießen] (Stumpf, Familienbuch, Nr. 1582).
Vgl. Kohlheim, S. 314.

Hedderich – Rang 1139: 42% (235 von 557 TA). Top: Kr. Marburg-Biedenkopf. ◊ Dazu: *Hedrich* (Rang 1044).
Der in Hessen verbreitete Familienname geht auf den alten Rufnamen *Hadurich* (aus *hadu* ‚Kampf' + *rîhhi* ‚mächtig') zurück.
1436 *Jon Hedderich* [Eschwege] (Eckhardt, Rechtsgeschichte, S. 183).
Vgl. Kohlheim, S. 314.

Heep – Rang 906: 47% (278 von 586 TA). Top: Kr. Limburg-Weilburg. ◊ Dazu: *Hepp* (Rang 1451).◻
Der an der mittleren Lahn verbreitete Name geht auf mhd. *hepe* ‚Messer von sichelartiger Gestalt für Gärtner und Winzer' zurück.◻
1298 Hermann gen. *Heppe* (Franz 1, Nr. 878); 1567 *Hep, Heep, Heppe* [Umstadt] (Stephan, S. 4).◻
Vgl. Kohlheim, S. 314; Lexer 1, Sp. 1250.
→ *Kohlhepp*

Heil – Rang 66: 36% (2016 von 5631 TA). Top: Kr. Fulda.◻
Dem zwischen Osthessen und Saar konzentriert vorkommenden Namen liegt der alte Rufname *Heilo* (zu *heil* ‚gesund, heil') zu Grunde.◻
1364 *Metze Heilin* (Mulch, S. 216); 1429 *Lenhart Heile von Aschaffenburg* [Frankfurt] (Andernacht 2, S.76).◻
Vgl. Kohlheim, S. 317.
→ *Hahl*

Heldmann – Rang 1029: 43% (251 von 580 TA). Top: - .◻
Der Familienname ist aus mhd. *helt* ‚Held' und *-mann* gebildet oder aus dem alten Rufnamen *Hiltiman* (aus *hiltja* ‚Kampf' + *man* ‚Mann') entstanden. Er hat zwei Verbreitungsräume: Hessen und Niederbayern.◻
1542 *Hiltman*; 1568 *Heltman* [beide Gießen] (Lerch, S. 26).◻
Vgl. Kohlheim, S. 320; Förstemann 1, Sp. 832.

Helfrich – Rang 412: 37% (539 von 1463 TA). Top: Kr. Bergstraße (abs.).◻
Dem Namen, vorwiegend zwischen Osthessen und Pfalz, liegt der alte Rufname *Helfrich* (aus *helf* ‚Hilfe' + *rîhhi* ‚mächtig') zu Grunde.◻
1367 *an Wigel Helfferiche* [Frankfurt] (Andernacht 1, S. 84).◻
Vgl. Kohlheim, S. 320.

Henrich – Rang 195: 34% (998 von 2926 TA). Top: Lahn-Dill-Kr. (abs.). ◊ Dazu: *Hein* (Rang 293), *Heine* (Rang 469), *Heinemann* (Rang 262), *Heinisch* (Rang 1502), *Heinrich* (Rang 179), *Heinz* (Rang 114), *Heinze* (Rang 523), *Henke* (Rang 677), *Henkel* (Rang 108), *Henkelmann* (Rang 1750), *Henze* (Rang 1002), *Hinz* (Rang 497).◻
Gemeinsam mit zahlreichen Varianten gehört *Henrich* zum verbreiteten alten Rufnamen *Heinrich* (aus *heim* ‚Heim' + *rîhhi* ‚mächtig'). *Henrich* ist auf den Raum zwischen Mittelhessen und der Pfalz konzentriert.◻
1315 *Emercho dictus Henrich de Marpisheim* (Mulch, S. 69); 1580 *Hans Henrich* [Gießen] (Stumpf, Familienbuch, Nr. 1660).◻
Vgl. Kohlheim, S. 323 u. 318.
→ *Henrici*

Henrici – Rang 1902: 43% (149 von 344 TA). Top: Hochtaunus-Kr.◻
Der Name stellt eine latinisierte Form von *Heinrich*, lat. *Henricus*, als Vatername im Genitiv dar (‚x, Sohn des Heinrich').◻
1491 *Henritzen hentz* (Odenhausen) [Mulch, S. 69]; 1613 *Henrice* [Umstadt] (Stephan, S. 4).◻
Vgl. Kohlheim, S. 323.
→ *Henrich*

Henß – Rang 1370: 62% (202 von 326 TA). Top: Main-Kinzig-Kr. (rel.) / Lahn-Dill-Kr. (abs.). ◊ Dazu: *Hanisch* (Rang 1440), *Hanke* (Rang 429), *Hannappel* (Rang 1920), *Hansel* (Rang 1950), *Hansen* (Rang 516), *Hansmann* (Rang 1544), *Henn* (Rang 1275), *Henne* (Rang 1359), *Hennemann* (Rang 1417), *Hennig* (Rang 618), *Henning* (Rang 285), *Hensel* (Rang 417), *Hentschel* (Rang 875), *Jahn* (Rang 175), *Jahnke* (Rang 1460), *Jansen* (Rang 638), *Janssen* (Rang 1182), *Janz* (Rang 1435), *Janzen* (Rang l911), *Jensen* (Rang 1922), *John* (Rang 371).◻
Der Name gehört zu den zahlreichen Varianten von Familiennamen, die über den mittelal-

terlichen Taufnamen auf den alten biblischen Namen *Johannes* zurückgehen. *Henß* ist aus dieser Gruppe der einzig typisch hessische. ◻
1356 *Hartman Hensche* [b. Romrod] (Baur 1, Nr. 910); 1494 *Thomas Henctz* [Annerod] (Worm, S. 41). ◻
Vgl. Kohlheim, S. 323.

Herbert – Rang 231: 36% (903 von 2495 TA). Top: Main-Kinzig-Kr. (abs.). ◻
Der Name entspricht den alten Rufnamen *Herbert* (aus *heri* ‚Heer' + *beraht* ‚mächtig') oder, in Hessen häufiger, *Herbord* (mit unklarer Bedeutung des zweiten Namensteils). ◻
1320 *Gyplo Herbordi* (Mulch, S. 70); 1387 *Heincze Herburt* [Frankfurt] (Andernacht 1, S. 185). ◻
Vgl. Kohlheim, S. 324; Förstemann 1, Sp. 328f. u. 766f.; Kaufmann, S. 68; Ramge, Studien, Text C, S. 4.

Herbold – Rang 1255: 25% (217 von 855 TA). Top: Kr. Kassel (rel.). ◻
Dem nordhessischen Namen liegt der alte Rufname *Herbold* (aus *heri* ‚Heer' + *bald* ‚kühn') zu Grunde. ◻
1521 *Heinrich Herbolden* [Kassel] (Stölzel, S. 239). ◻
Vgl. Kohlheim, S. 324.

Herd – Rang 1888: 54% (150 von 280 TA). Top: Kr. Darmstadt-Dieburg. ◊ Dazu: *Herdt* (Rang 1458), *Hirt* (Rang 1681), *Hirth* (Rang 1767). ◻
Vermutlich ist der überwiegend südhessische Name aus der Berufsbezeichnung mhd. *hirt(e)* ‚Hirte' entstanden (mit dialektalem Wandel *i* > *e*). Allerdings ist eine Herleitung von mhd. *herte* ‚hart, grob' als Benennung nach einer Eigenschaft nicht auszuschließen. ◻
1290 *Conrad Herd* [Fulda] (Kartels, S. 21); 1484 *Friederich Hert* [Büdesheim] (Mulch, S. 70). ◻

Vgl. Kohlheim, S. 324; Lexer 1, Sp. 1304 u. 1265.
→ *Herth*.

Herget – Rang 531: 37% (438 von 1180 TA). Top: Kr. Fulda. ◻
Der Name geht auf den alten Frauennamen *Hergart* (aus *heri* ‚Heer' + *gart* ‚Garten') zurück. ◻
1496 *Claus Herget* [Fulda] (Kartels, S. 64). ◻
Vgl. Kohlheim, S. 324.

Herth – Rang 1501: 51% (187 von 370 TA). Top: Kr. Offenbach. ◻
Der Name ist eine Schreibvariante von *Herd*. ◻
Belege s. *Herd*. ◻
→ *Herd*

Herwig – Rang 518: 28% (448 von 1578 TA). Top: Werra-Meißner-Kr. ◻
Zu Grunde liegt der alte Rufname *Herwig* (aus *heri* ‚Heer' + *wîg* ‚Kampf'). Der Name ist im Raum Nordhessen, Westthüringen, Südniedersachsen verhältnismäßig am häufigsten. ◻
1507/1527 *Hans Herwick zu Ibe* [Rotenburg] (Löwenstein, S. 311). ◻
Vgl. Kohlheim, S. 326.

Herzberger – Rang 1007: 58% (255 von 442 TA). Top: Kr. Gießen. ◻
Der mittel- und südhessische Name beruht auf der Herkunft aus *Herzberg*, vermutlich von Burg Herzberg (Breitenbach, Kr. Hersfeld-Rotenburg). ◻
1522 *Johann Hertzberg* = 1525 *Johann Hirczberger* [Grünberg] (Eckhardt, Klöster 3, Nr. 838). ◻
Vgl. Kohlheim, S. 326.

Heun – Rang 631: 52% (383 von 741 TA). Top: Kr. Limburg-Weilburg. ◊ Dazu: *Hain* (?) (Rang 432). ◻

Der am dichtesten an der mittleren Lahn vorkommende Name kann auf mhd. *hiune* ‚Riese' zurückgehen und damit auf die Körpergröße anspielen. Der Name kann aber auch eine gerundete Form des in der Region häufigen Namens *Hain* darstellen und damit auf die Wohnstätte an einem *Hain* verweisen, d.h. einem ehemals gehegten Waldstück meist in Ortsnähe.◻
1620 *Heun* [Umstadt] (Stephan, S. 5).◻
Vgl. Kohlheim, S. 328.
→ *Hahner* → *Hühn*

Hilgenberg – Rang 1565: 39% (180 von 464 TA). Top: Schwalm-Eder-Kr.◻
Der Name im nördlichen Hessen entstand nach der Wohnstätte an einem *Hilgenberg*, dialektal für ‚Heiligenberg'. Der Flurname ist besonders in Nordosthessen häufig.◻
1480 *Hans Hilgenberg* [Welzbach] (www.lagis-hessen.de./[Historisches Ortslexikon, s.u. *Welzbach*]).◻
Vgl. Kohlheim, S. 329; www.lagis-hessen.de/[Flurnamen (Hessen), s.u. *Heilige-Berg*].

Hillenbrandt – Rang 647: 28% (375 von 1346 TA). Top: Kr. Fulda. ◊ Dazu: *Hildebrand* (Rang 366), *Hildebrandt* (Rang 326), *Hillebrand* (Rang 1624).◻
Der Name geht auf den alten Rufnamen *Hildebrand* (aus *hiltja* ‚Kampf' + *brant* ‚Brand') zurück.◻
1347 *Heintze Hildebrant* (Mulch, S. 71).◻
Vgl. Kohlheim, S. 329.

Hitzel – Rang 1231: 68% (221 von 325 TA). Top: Kr. Offenbach.◻
Nach Verbreitung und Belegen ist der wohl im Offenbacher Raum entstandene Name *Hitzel* eine lautliche Variante des im Südwesten und in Franken häufigen Familiennamens *Hetzel*. Dieser Name ist mit der Koseendung *-el* aus *Hetz* entstanden. *Hetz* wiederum ist eine mit *-z* gebildete Kurzform des alten Rufnamens *Hermann* (aus *heri* ‚Heer' + *man* ‚Mann').◻
1393 *Heintz Hetzel* [Wald-Amorbach] (Debor, Odenwald, S.140); 1522 *an Hanse Hetzel* [Eschwege] (Eckhardt, Rechtsgeschichte, S. 230).◻
Vgl. anders Kohlheim, S. 332 u. 327.

Hofacker – Rang 1473: 35% (190 von 547 TA). Top: Main-Kinzig-Kr.◻
Der Name entstand nach der Wohnstätte an einem besonderen zum Hof gehörigen Acker. Als Flurname ist *Hofacker* in ganz Hessen (außer dem Bereich nördlich der Eder) sehr häufig.◻
1536 *Maximin Hobecker* [Wetzlar] (Mulch, S. 114).◻
Vgl. Kohlheim, S. 332; www.lagis-hessen.de/[Flurnamen (Hessen), s.u. *Hof-Acker*].

Höhl – Rang 759: 40% (328 von 816 TA). Top: Kr. Fulda.◻
Der in Hessen verbreitete Name entstand nach der Wohnstätte an oder in einer *Höhle*, mhd. *hüle* (mit dialektaler Senkung *ü > ö*).◻
1562 *Daniel Höhl* [Fulda] (Kartels, S. 87).◻
Vgl. (anders) Kohlheim, S. 334.
→ *Höhle* → *Höhler*

Höhle – Rang 1533: 26% (184 von 701 TA). Top: Kr. Waldeck-Frankenberg.◻
Höhle ist die nordhessische Variante von *Höhl* (s.d.).◻
1323 *Hartlieb Hole* [Limburg] (Schöffl, S. 56); 1600 *Ludwig Höele* [Fulda] (Kartels, S. 105).◻
→ *Höhl* → *Höhler*

Höhler – Rang 1213: 39% (223 von 573 TA). Top: Kr. Limburg-Weilburg.◻
Der Name zwischen Limburg und dem Rhein benennt wie *Höhl(e)* jemanden, der an oder in einer Höhle wohnt.◻
1356 *Lotze Hoelre* [b. Romrod] (Baur 1, Nr. 910).◻

Vgl. Kohlheim, S. 334.
→ *Höhl*   → *Höhle*

Hohmann – Rang 84: 28% (1716 von 6226 TA). Top: Kr. Fulda.□
In der Regel ist der Name aufgrund einer höher gelegenen Wohnstätte entstanden.□
1486 *petern homanne* (Dativ) [Kassel] (Stölzel, S. 90); 1498 *Hans / Kuntz Homann* [Fulda] (Kartels, S. 67); 1511 *Herman Hoeman* [Eschwege] (Eckhardt, Rechtsgeschichte, S. 228).□
Vgl. Kohlheim, S. 334f.
→ *Höhmann*
▶ s. S. 236.

Höhmann – Rang 1356: 38% (204 von 544 TA). Top: Kr. Kassel.□
Höhmann ist eine seltenere, auf Nordosthessen konzentrierte Variante von *Hohmann* (s.d.) mit Umlaut *o > ö*.□
Belege s.d.□
→ *Hohmann*

Holzhauer – Rang 867: 33% (290 von 892 TA). Top: Kr. Hersfeld-Rotenburg.□
Der in Nordhessen verbreitete Name geht auf die Berufstätigkeit des Holzhauers zurück.□
1300 *Wigandi dicti Holzhůeris* [Wetzlar] (Wiese, Nr. 464); 1387 *Henne Holczhauwer* [Frankfurt] (Andernacht 1, S. 183).
Vgl. Kohlheim, S. 337.

Homburg – Rang 1331: 29% (208 von 714 TA). Top: Kr. Kassel.□
Da *Homburg* und *Humburg* (s.d.) den gleichen Verbreitungsraum und die gleichen historischen Vorkommen haben, gehen beide auf den gleichen Herkunftsort als Namengeber zurück. Es liegt nahe, dass dies *Homberg/Efze* (aus *Hohenberg*) ist, obwohl der Ortsname nur selten mit *-burg* überliefert ist.□
1370 *Rudulff Hoenberg von Treyse* [Frankfurt] (Andernacht 1. S. 89); 1471 *Jo. Humburg, hennchen homburg* [Kassel] (Stölzel, S. 55, 59); 1687 *Homburg* (See, S. 91).□
Vgl. Kohlheim, S. 337.
→ *Humburg*

Hoos – Rang 1725: 32% (163 von 516 TA). Top: Schwalm-Eder-Kr.□
Der Name ist eine Variante zu dem hauptsächlich in Ost- und Nordosthessen verbreiteten Namen *Hose* für den Zubereiter von Beinbekleidung.□
1485–1555 *Althenn Hoos* [Leimbach] (http://gedbas.genealogy.net).□
Vgl. Kohlheim, S. 340.
→ *Hose*

Hörr – Rang 1276: 48% (214 von 449 TA). Top: Odenwaldkr.□
Der Name mit Zentren im Odenwald und im Raum Gießen ist keine Nebenform von *Herr*, aber wegen der historischen Belege schwierig zu erklären. Im Odenwald lassen die Belege auf eine Ausgangsform **Hurr (Hürr)* schließen, im Raum Gießen auf *Hir(r)*. Beiden gemeinsam könnte eine umgelautete Form des Verbs mhd. *hurren* ‚sich schnell bewegen' zu Grunde liegen, also **hürren*. Der Name verweist dann auf eine Eigenschaft des Namensträgers. Die Belege aus dem Kr. Gießen allein genommen, läge mhd. *hir* ‚Heftigkeit' als Erklärung zu Grunde; es würde also nach einer anderen Eigenschaft des Namensträgers benannt.□
Odenwald: 1422 *Henne Hurre* [Balkhausen] (Debor, Odenwald, S. 145); 1426 *Peter Hurr* [Vielbrunn] (Wackerfuß, S. 41); um 1450–1516 *Hen Hür* [Reichelsheim]; 1605 *Jörg Hörr* [Ohrenbach] (beide Debor, Odenwald, S. 146). Kr. Gießen: 1482 *Hirheintz*; 1494 *Else Hirre* [beide Launsbach] (beide Stumpf, Amt S. 140); 1629 *Tobiaß Hörr* [Heuchelheim] (Stumpf, Amt, S. 108).□
Vgl. anders Kohlheim, S. 340; Lexer 1, Sp. 1397 u. Sp. 1302.

Horz – Rang 1939: 42% (147 von 349 TA). Top: Kr. Limburg-Weilburg.◻
Der an der mittleren Lahn verbreitete Name geht entweder auf einen alten Personennamen mit *Hart-* (wie z.B. *Hartmann*) zurück, der mit dem Koseelement *-z* verbunden wurde; oder er gehört zu mhd. *hurzen* ‚stoßen, jagen, hetzen'.◻
1347 *Wernher Horschs* (?) [Frankfurt] (Andernacht 1, S. 46); 1686 *Anna Margaretha Horz* [Ballersbach] (http://gedbas.genealogy.net).◻
Vgl. Zoder 1, S. 780; Lexer 1, Sp. 1399.

Hose – Rang 1881: 32% (151 von 473 TA). Top: Werra-Meißner-Kr.◻
Der Name geht, wie *Hoos*, auf die Berufsbezeichnung für den Hosenmacher zurück.◻
1405 *Contzchin Hose* [Heuchelheim] (Mulch, S. 267).◻
Vgl. Kohlheim, S. 340.
→ *Hoos*

Hühn – Rang 1117: 28% (238 von 838 TA). Top: Kr. Marburg-Biedenkopf (abs.).◻
Hühn und *Heun* (s.d.) bilden einen gemeinsamen Verbreitungsraum in Mittelhessen und Thüringen. Es ist deshalb gut möglich, dass beiden Namen mhd. *hiune* ‚Riese' zu Grunde liegt.◻
1367 *gein Sypeln Hunen uber* [Frankfurt] (Andernacht 1, S. 84); 1375 *Dile Hune* [Limburg] (Schöffl, S. 58).◻
Vgl. Kohlheim, S. 342.
→ *Heun*

Humburg – Rang 1904: 39% (149 von 380 TA). Top: Kr. Kassel.◻
Der Name stellt eine frühe lautliche Variante zu *Homburg* (s.d.) dar und bezieht sich auf die Herkunft aus einem Ort *Homburg / Homberg*.◻
Belege s.d.◻
→ *Homburg*

Hupfeld – Rang 1263: 55% (216 von 394 TA). Top: Werra-Meißner-Kr.◻
Der nordosthessische Name geht auf die Herkunft aus *Hopfelde* (Hessisch-Lichtenau, Werra-Meißner-Kr.) zurück.◻
1661 *Friedrich Hopfeld,* Student v. Salzungen/Thür. [Gießen] (Stumpf, Familienbuch, Nr. 1837a).◻
Vgl. Kohlheim, S. 344.

I

Ickler – Rang 1485: 55% (188 von 342 TA). Top: Kr. Hersfeld-Rotenburg.◻
Da die Familie offenbar zunächst im nördlichsten Teil Hessens und damit im niederdeutschen Sprachraum heimisch war (Wolfhagen), hängt der Name vermutlich mit dem mittelniederdeutschen Wort *ike* als Bezeichnung für spitze Instrumente und Eichinstrumente zusammen. Ein *Ickler* ist dann jemand, der mit solchen Instrumenten zu tun hatte. Für die Deutung spricht, dass auch der Familienname *Icke* seinen Schwerpunkt in Nordhessen hat.◻
1635–98 *Jost Ickler* [Wolfhagen] (http://gedbas.genealogy.net); 1714 *Ickeler* [Marburg] (Allmann, S. 7).◻
Vgl. Kohlheim, S. 346 s.u. *Icke*; anders Zoder 1, S. 807.

Ihrig – Rang 707: 45% (348 von 781 TA). Top: Odenwaldkr.◻
Dieser Name des unteren Neckarraumes geht nicht auf den alten Rufnamen *Iring* zurück, sondern ist eine Lautvariante von *Uhrig*. Bei diesem Namen wurde das *u:* > *ü:* umgelautet; durch Entrundung *ü:* > *i:* im Dialekt entstand /i:riç/. Die Verbreitung von *Ihrig* ist im (größeren) Vorkommensraum von *Uhrig* u.ä. eingeschlossen.◻
1511 *Hans Irich* [Hetzbach] (Debor, Odenwald, S. 156).◻

Vgl. anders Kohlheim, S. 347.
→ *Uhrig*

Immel – Rang 942: 33% (271 von 827 TA). Top: Lahn-Dill-Kr.□
Wie *Emmel* ist der im westlichen Mittelhessen häufige Name *Immel* aus dem alten Rufnamen *Immo* mit *el*-Koseendung entstanden.□
1426 *Henn Imelin* (Wackerfuß, S. 77); 1574/79 *Claus Peters Immelt* [Rainrod] (Prätorius, S. 315).□
Vgl. Kohlheim, S. 347.
→ *Emmel*

J

Jährling – Rang 1773: 42% (158 von 377 TA). Top: Kr. Bergstraße.□
Ein *Jährling* ist in der Regel ein einjähriges Tier, meist ein Schaf. Bezogen auf Menschen ist die Deutung des südhessischen Namens unsicher. Vielleicht bezieht sich der Name nur auf den bildhaften Vergleich eines Halbwüchsigen mit einem einjährigen Tier.□
1602–1681 *Johannes Jährling* [Alsbach] (http://gedbas.genealogy.net).□
Vgl. Zoder 1, S. 803f.

Jeckel – Rang 1930: 37% (147 von 401 TA). Top: Main-Kinzig-Kr. (abs.). ◊ Dazu *Jäckel* (Rang 659).□
Jeckel bildet zusammen mit den Varianten *Jöckel* und *Jockel* einen dichten Verbreitungsraum in Süd- und Mittelhessen aus. Die Namen gehen auf den biblischen Namen *Jakob* zurück mit der Koseendung -*el*.□
1410 *Jekilnhenne*; 1519 *Johann Jeckel* [Frankfurt] (beide Mulch, S. 73).□
Vgl. Kohlheim, S. 349 s.u. *Jäckel*.
→ *Jockel* → *Jöckel* → *Koob*

Jestädt – Rang 1655: 74% (169 von 230 TA). Top: Kr. Fulda.□
Der Name bezieht sich auf die Herkunft aus *Jestädt* (Meinhard, Werra-Meißner-Kr.).□
1620–1669 *Bartholomäus Jestädt* [Niederrode, Fulda] (http://gedbas.genealogy.net).□

Jockel – Rang 1868: 36% (152 von 421 TA). Top: Kr. Groß-Gerau (abs.).□
Wie *Jeckel* (s.d.) eine Ableitung vom Rufnamen *Jakob*.□
1586 *Valtin Jockels Wwe* [Ilbeshausen] (Weber, Nidda, S. 36).□
Vgl. Kohlheim, S.355.
→ *Jeckel* → *Jöckel* → *Koob*

Jöckel – Rang 633: 59% (382 von 648 TA). Top: Vogelsbergkr.□
Wie *Jeckel* (s.d.) eine Ableitung vom Rufnamen *Jakob*.□
1732 *Georg Lucas Jöckel* [Fulda] (Kartels, S. 189).□
→ *Jeckel* → *Jockel* → *Koob*

Jourdan – Rang 1996: 37% (143 von 389 TA). Top: Kr. Groß-Gerau.□
Der in Südhessen und Nordbaden verbreitete Name kam durch hugenottische Zuwanderer um 1700 nach Walldorf (Walldorf-Mörfelden, Kr. Groß-Gerau). Der französische Name entspricht dem häufigen und früh belegten deutschsprachigen Namen *Jordan*, ist zunächst Rufname, dann Familienname. Namengebend ist der biblische Fluss *Jordan*.□
(1680–)1749 *Marie Jourdan* [Walldorf] (http://gedbas.genealogy.net); 1580 *Severin Schordan* [Witzenhausen] (Eckhardt, Bürgerschaft, S. 20) (früher Zuwanderer?).□
Vgl. Kohlheim, S. 358.
▶ s. S. 182.

Jöst – Rang 1336: 46% (207 von 448 TA). Top: Kr. Bergstraße. ◊ Dazu: *Jost* (Rang 116).□
Der südhessische Name bildet die Variante von *Jost* mit Umlaut *o* > *ö* und geht wie dieser

auf den Heiligennamen *Jodocus* zurück. Daraus entsteht die Kurzform *Joos* mit frühem *t*-Antritt. ☐
1380 *Clawes Iost von Aschaffinburg* [Frankfurt] (Andernacht 1, S. 108). ☐
Vgl. Kohlheim, S. 358; Brechenmacher 1, S. 779.

Jungermann – Rang 1503: 44% (187 von 429 TA). Top: Schwalm-Eder-Kr. ◊ Dazu: *Jungmann* (Rang 1316). ☐
Der Name entspricht der heutigen Wortbedeutung und benennt einen ‚jungen Mann'. ☐
1331 *Henricus dictus Jungerman* [Münzenberg] (Mulch, S. 234). ☐
Vgl. Kohlheim, S. 359.

K

Kadel – Rang 1752: 50% (160 von 319 TA). Top: Kr. Bergstraße. ◊ Dazu: *Keidel* (Rang 1634). ☐
Der Familienname schließt sich in Südhessen an die in Osthessen verbreitete Variante *Keidel* an (wobei der Gesamtraum der Namenvarianten durch in Unterfranken häufiges *Keitel* erweitert wird). *Kadel* unterliegt also dem dialektalen Wandel *ei > a:*. Der Name geht auf den seltenen Rufnamen *Keidel* zurück, der z.B. 1346 in Rotenburg belegt ist: *Johan Elyas und Keydele, siner tochter kinde, burgmannen czu Spangenberg*. Der Rufname ist möglicherweise aus einer Koseform von *Konrad* entstanden. ☐
1362 *Kuse Kedil* [Gelnhausen] (Franz 2,1, Nr.675.); 1436 *Reinhard Keudell* [Eschwege] (Eckhardt, Rechtsgeschichte, S. 183). ☐
Vgl. anders Kohlheim, S. 369 s.u. *Keidel*; Brechenmacher 2, S. 2; Löwenstein, Nr. 43.

Kaffenberger – Rang 921: 71% (275 von 387 TA). Top: Odenwaldkr. ☐
Der südhessische Name geht auf die Wohnstätte am *Kaffenberg* bei Lindenfels zurück. ☐
1461/64 *Contz am Kaffenberg*; 1507 *Leonhart Kaffenberg* [beide Ober-Ostern] (Höreth, Erbach S.49) ☐
Vgl. anders Kohlheim, S. 361; Ramge, Studien, Text C, S. 7.
▶ s. S. 234.

Kalbfleisch – Rang 1224: 68% (221 von 325 TA). Top: Vogelsbergkr. (rel.) / Main-Kinzig-Kr. (abs.). ☐
Der Name bezieht sich auf den Beruf des Metzgers und seine Spezialisierung. ☐
1526 *2 fl. de molendino* (= von der Mühle) *kalbfleischs* [Wallersdorf] (Franz 2,2, Nr. IV, 48). ☐
Vgl. Kohlheim, S. 362.

Kaletsch – Rang 1656: 62% (169 von 272 TA). Top: Kr. Marburg-Biedenkopf. ☐
Der Name des Marburger Raumes geht wohl auf den hl. *Calixt* (auch *Callist*), Bischof von Rom 217–222, zurück, der u.a. in Fulda verehrt wurde. ☐
vor 1444 ... *der Kaletiz kinde*; 1456 ... *wo die Kaletschen eine wiese anstoßen haben*; 1508 *Jost Calitz* [alle Nieder-Walgern] (Eckhardt, Klöster 2, Nr. 294 u. 459); 1725 *Johannes Kaletsch* [Gießen] (Stumpf, Familienbuch, Nr. 1941). ☐

Kaltwasser – Rang 1741: 29% (161 von 554 TA). Top: Rheingau-Taunus-Kr. ☐
Der Name bezieht sich auf die Herkunft aus einem der mehrfach vorkommenden Orte *Kaltwasser*. ☐
1605 *Georg Kaltwasser* [Stierbach] (Debor, Odenwald, S. 164); 1694 *Andreas Kaltwasser von der Newstatt aus dem Eichsfeldt* [Wetzlar] (Schroeter, S. 18). ☐
Vgl. Kohlheim, S. 363.

Kaus – Rang 1195: 36% (225 von 629 TA). Top: Main-Taunus-Kr. ☐

Der zwischen Main und Lahn verbreitete Name leitet sich von dem in Hessen häufig und früh vorkommenden Frauennamen *Kusa* ab, dessen Herkunft aber unklar ist; vielleicht eine Koseform aus *Kunigunde*.□
1247 *Cunradus Gusen* (hierher?); 1388 *Kusinhenne* (beide Mulch, S. 77); 1532 *Keußen Anna* = 1547 *Kaußen Anna* [Lützellinden] (Stumpf, Amt, S. 281f.).□
Vgl. (anders) Kohlheim, S. 369; Brechenmacher 2, S.138 s.u. *Kuse*.

Kehm – Rang 1345: 53% (206 von 389 TA). Top: Wetteraukr.□
Das gehäufte Vorkommen des Familiennamens *Kehm* schließt die Verbreitungslücke zwischen nordhessischem und südlichem *Keim*, ist also sehr wahrscheinlich eine Lautvariante davon.□
1591 *Georg Kehm* [Fulda] (Kartels, S. 100).□
Vgl. Kohlheim, S. 369.
→ *Keim*

Keim – Rang 363: 27% (603 von 2211 TA). Top: Schwalm-Eder-Kr. (rel.) / Kr. Offenbach (abs.).□
Der aus Südwestdeutschland bis nach Nordhessen reichende Name geht auf mhd. *kîme* ‚(Pflanzen-) Keim' zurück, hier wohl im Sinne von ‚Sprössling, Nachkomme'.□
1346 *Conrad Kyme* [Frankfurt] (Andernacht 1, S. 44); 1522 *Hans Kymen* (Schultze, Nr. 1650).□
Vgl. Kohlheim, S. 369; Lexer 1, Sp. 1571.
→ *Kehm*

Keiner – Rang 824: 39% (303 von 787 TA). Top: Lahn-Dill-Kr. ◊ Dazu: *Conrad* (Rang 361), *Conradi* (Rang 1052), *Konrad* (Rang 339), *Kuhnert* (Rang 1794), *Kunz* (Rang 85), *Kunze* (Rang 375), *Künzel* (Rang 1699), *Kunzmann* (Rang 1916).□
Der Familienname stellt eine lautliche Umgestaltung des Namens *Konrad* dar.□
1701 *Johann Otto Keiner* [Werdorf] (www.online-ofb.de (Aßlar)).□
Vgl. Kohlheim, S. 370; Ramge, Studien, Text E, S. 269f.

Kemmerer – Rang 1788: 53% (157 von 294 TA). Top: Kr. Offenbach. ◊ Dazu: *Kämmerer* (Rang 1034).□
Kemmerer ist die auf das Maingebiet konzentrierte Schreibvariante des häufigen Familiennamens *Kämmerer*, der von der Pfalz über Hessen bis Thüringen verbreitet ist. Er geht auf die Tätigkeit eines mhd. *kameraere* ‚Kämmerer, Schatzmeister' zurück.
1259 *Fridericus Cammerarius;* 1314 *Fridebertus dictus Kemere* [beide Friedberg] (Arend, S. 64); 1337 *Conradus Kemmerere de superiori Erlebach* [Frankfurt] (Andernacht 1, S. 19).□
Vgl. Kohlheim, S. 364 s.u. *Kämmerer*; Lexer 1, Sp. 1501.

Kesper – Rang 1893: 42% (150 von 358 TA). Top: Kr. Waldeck-Frankenberg. ◊ Dazu: *Kasper* (Rang 823).□
Der Name ist aus dem Rufnamen *Kaspar* durch den Umlaut *a > e* entstanden. Wegen der Verbreitung des Namens im Westfälischen ist ein Zusammenhang mit dem (seltenen) westfälischen Dialektwort *kesper* für ‚Kirsche, Kirschbeere' allerdings nicht auszuschließen.□
1430 *… den erbern Hanß Kespern* [b. Bickenbach] (Baur 4, Nr. 116).□
Vgl. Gottschald, S. 282 u. 289; Woeste, S. 121 s.u. *Karsberte*.

Kilb – Rang 806: 59% (311 von 524 TA). Top: Main-Taunus-Kr.□
Der auf den Taunusraum konzentrierte Familienname geht auf das südhessisch-rheinische Dialektwort *Kilb(e), Külpe* ‚Dreschflegelkolben' zurück. Er bezieht sich damit entweder auf die Tätigkeit des Namensträgers oder seine körperliche Form. Das Wort gehört sprachlich zu mhd. *kolbe* ‚Kolben'.□

1670 *Kilbe* [Marburg] (Allmann, S. 10).□
Vgl. anders Kohlheim, S. 375; Mulch / Mulch, Südhessisches Wörterbuch 3, Sp. 1288 u. 4, Sp. 33f.; Lexer 1, Sp. 1663f.

Kimpel – Rang 852: 48% (294 von 609 TA). Top: Vogelsbergkr.□
Die vom Rheingau bis Nordosthessen verbreitete Namenvariante *Kimpel* wird nördlich und südlich ergänzt um die Varianten *Gimbel*, *Gimpel*. Beide gehen auf den Vogelnamen bzw. (wahrscheinlicher) auf die übertragene Bedeutung ‚einfältiger Mensch' zurück.□
Belege s. *Gimbel*.□
Vgl. (anders) Kohlheim, S. 375.
→ *Gimbel*

Kinkel – Rang 1567: 36% (180 von 496 TA). Top: - .□
Der Name fußt auf mhd. *kunkel* ‚Spindel' als Benennung eines Menschen, der sich mit dem Spinnrocken befasst. Daraus entsteht eine Variante mit Umlaut *u > ü* (*Künkel*). Durch dialektalen Wandel *ü > i* bildet sich *Kinkel*.□
1441 *bij Hennen Kynkel* [Rotenburg] (Löwenstein, S. 188).□
Vgl. Kohlheim, S. 376.
→ *Gunkel*

Kircher – Rang 549: 25% (424 von 1694 TA). Top: Kr. Fulda. ◊ Dazu: *Kirchner* (Rang 160).□
Kircher, mhd. *kirchenaere*, ist eine alternative Bezeichnung für den Küster, der im nördlichen Teil Hessens *Oppermann* hieß.□
vor 1444 *Kircherris* [Göttingen] (Eckhardt, Klöster 2, Nr. V, 43); 1450 *Contz Kircher* [Fulda] (Kartels, S. 41).□
Vgl. Kohlheim, S. 376; Lexer 1, Sp. 1581.

Kissel – Rang 637: 33% (379 von 1142 TA). Top: Kr. Bergstraße.□
Der in Pfalz, Süd- und Mittelhessen häufige Name geht auf mhd. *kisel* ‚Kieselstein' zurück, wobei das Benennungsmotiv unsicher ist: nach der Wohnstätte an einer Kiesgrube, nach der Tätigkeit oder nach einer Eigenschaft.□
1334 *Heilemann Kysil von Birgil* [Frankfurt] (Andernacht 1, S. 14).□
Vgl. Kohlheim, S. 377; Lexer 1, Sp. 1589.

Kister – Rang 1843: 26% (153 von 595 TA). Top: - . ◊ Dazu: *Köster* (Rang 534), *Küster* (Rang 687).□
Nach der heutigen Namenverbreitung in Nordosthessen (und Thüringen) ist *Kister* eine Lautvariante von *Küster*, *Köster* als niederdeutsche Bezeichnung des Kirchendieners (mit dialektalem Wandel von *ü, ö > i*). Die Namenvariante hat anscheinend erst in der Neuzeit in Hessen Fuß gefasst.□
1736 *Joh. Kister von Burckhaun* [Fulda] (Kartels, S. 194).□
Vgl. Kohlheim, S. 377.

Klapp – Rang 989: 48% (260 von 541 TA). Top: Kr. Kassel.□
Da sich im Kasseler Verbreitungsraum auch der Flurname *Klapp* konzentriert findet, ist Benennung nach der Wohnstätte an einer *Klappe* sehr wahrscheinlich. Eine *Klappe* ist im nördlichsten Hessen (und in Niedersachsen) eine Bezeichnung für ein Falltor, durch das das Vieh früher gehindert wurde, in den bewohnten Siedlungsbereich zu gelangen.
1745 *Klapp* [Marburg] (Allmann, S. 29).□
Vgl. anders Kohlheim, S. 377; Zoder 1, S. 892; Grimm, Wörterbuch 5, Sp. 958; www.lagis-hessen.de/[Flurnamen (Hessen), s.u. *Klappe*].

Klingelhöfer – Rang 421: 65% (534 von 823 TA). Top: Kr. Marburg-Biedenkopf.□
Der mittelhessische Name geht auf die Herkunft vom *Klingelhof* (Damshausen, Dautphetal, Kr. Marburg-Biedenkopf) zurück.□
1523–1529 *Grethe im Klingelhobe* [Damshausen] (www.klingelhoefer-klinghoeffer.com).□

Vgl. anders Kohlheim, S. 381; Ramge, Studien, Text E, S.263f.□
▶ s. S. 245.

Klös – Rang 1186: 69% (227 von 330 TA). Top: Kr. Gießen.□
Die vorwiegend in Mittelhessen vorkommende Namenvariante ist aus der Kurzform *Klos* des Heiligennamens *Nikolaus* durch Umlaut o > ö entstanden.□
1440 *Cresten Clese ein beder* [Frankfurt] (Andernacht 2, S. 142).
Vgl. Kohlheim, S. 383 s.u. *Klos*.
→ *Cloos*

Klüber – Rang 918: 48% (275 von 572 TA). Top: Kr. Fulda.□
Der Name benennt vermutlich einen Holzhacker; zu mhd. *klieben, klüben* ‚Holz spalten'.□
1356 *Conrat Kluber* [Strebeldorf / Romrod] (Baur 1, Nr. 910); 1525 *Asmus Klüber* [Fulda] (Kartels, S. 82).□
Vgl. Kohlheim, S. 383.

Klüh – Rang 1245: 68% (219 von 323 TA). Top: Kr. Fulda.□
Der Name ist nicht sicher zu deuten. Er gehört vielleicht zu mhd. *glüejen, glüen* ‚glühen' und bezieht sich auf das Glüheisen des Schmieds; eher aber zu mhd. *kliuwe* ‚Knäuel, Kugel' und beschreibt dann die Figur des Namensträgers.□
1525 *Heinz Klue* [Fulda] (Kartels, S. 78).□
Vgl. Brechenmacher 1, S. 571 s.u. *Glüheisen*; Zoder 1, S. 918 s.u. *Kluwe*.

Knieling – Rang 1942: 27% (147 von 539 TA). Top: Schwalm-Eder-Kr.□
Der Name geht auf die Tätigkeit eines Harnischherstellers zurück, dessen Spezialität wohl die Anfertigung von Knieharnischen war, mhd. *kniewelinc*.□
1526 *Peter Knyling* [Holzhausen] (Franz 2, 2, Nr. IV, 11).□
Vgl. Kohlheim, S. 385; Lexer 1, Sp. 1649.

Knierim – Rang 611: 49% (388 von 790 TA). Top: Kr. Hersfeld-Rotenburg.□
Ein *Knieriemen* gehört zu den Arbeitsmitteln des Schuhmachers. Damit wurde der Schuh auf dem Knie befestigt. Der in dieser Schreibung hauptsächlich nordosthessische Name geht deshalb auf den Beruf zurück.□
1488 *Hanße Knyrymen* [Eschwege] (Eckhardt, Rechtsgeschichte S. 217).□
Vgl. Kohlheim, S. 385; Grimm, Wörterbuch 5, Sp. 1432.
▶ s. S. 242.

Knöll – Rang 1584: 30% (176 von 589 TA). Top: - . ◊ Dazu: *Knoll* (Rang 554).□
Der südlich der Lahn bis in die Pfalz und Württemberg verbreitete Name ist eine Variante (mit dem Umlaut o > ö) zu dem häufigen und allgemein verbreiteten Namen *Knoll*. Der Name bezieht sich in der Regel auf einen plumpen, ‚knolligen' Menschen; denn zu Grunde liegt mhd. *knolle* ‚Erdscholle, Klumpen'. – *Knoll / Knüll* ist in Hessen auch ein häufiger Bergname. Deshalb kann auch die Wohnstätte an einem solchen Berg namengebend gewesen sein.□
1346 *Johan Knolle* [Alten-Buseck] (Baur 1, Nr. 836); 1628 *Hanß Knell* [Heppenheim-Erbach] (http://www.bergstrasse.de/geschichtsverein-hp/[Sippenbuch 1 Bd. 1, S. 35.pdf]).□
Vgl. Kohlheim, S. 386; Ramge, Flurnamenatlas, K. 77.
→ *Noll*

Knöß – Rang 1175: 74% (228 von 308 TA). Top: Vogelsbergkr. (rel.) / Kr. Offenbach (abs.).□
Obwohl die frühen Belege einen Familiennamen *Knoß* erwarten lassen, gibt es diesen heute nicht mehr in Hessen und auch anderswo nur noch sehr selten. Als Dialektwort hingegen ist *Knos* belegt: es bezeichnet einen ‚kleinen, unansehnlichen Menschen', einen ‚Knorzen'.

In der sprachlichen Entsprechung in Hessen für ‚knorrige' Berge kommt die Variation zwischen *Knoß* und *Knöß* nachweislich vor. Der vornehmlich hessische Familienname *Knöß* beruht also auf dem Umlaut *o > ö*. ◻
1247 *Ortone Knosse* (Mulch, S. 218); 1369 *Johan Knosse* [Lich] (Baur 1, Nr. 1024); 1534 *hen Knessen* [Gießen] (Lerch, S. 126). ◻
Vgl. Mulch, S. 218; Vilmar, S. 212; Ramge, Flurnamenbuch, S. 587 und Flurnamenatlas, K. 75.

Kohlhepp – Rang 1713: 40% (164 von 410 TA). Top: Main-Kinzig-Kr. ◻
Der mainfränkische Name geht auf ein sichelartiges Messer zurück, mit dem Kohlköpfe geschnitten wurden. Er benennt jemanden, der mit dieser Tätigkeit befasst war. ◻
1635 *Johann Kohlhep* [Heppenheim] (http://www.bergstrasse.de/geschichtsverein-hp/[Sippenbuch 1 Bd. 1, S. 139.pdf]). ◻
Vgl. anders Kohlheim, S. 389.
→ *Heep*

Koob – Rang 1006: 34% (256 von 752 TA). Top: Kr. Bergstraße (abs.). ◊ Dazu: *Kopp* (Rang 220). ◻
Der Name geht – wie die sehr viel häufigere und allgemein verbreitete Variante *Kopp* – meist auf den Heiligennamen *Jakob* (mit Kürzung des ersten Namensteils) zurück. Ob bei den frühen Belegen auch die Herleitung von mitteldeutsch *Kopp* ‚Kopf' in Betracht zu ziehen ist, kann nicht entschieden werden. ◻
1261 *Reinhardus Coppe* [Eschwege] (Eckhardt, Rechtsgeschichte, S. 29); 1366 *Dulde Kopp*, aber: 1396 *Herman Koph von Birgel* [beide Frankfurt] (Andernacht 1, S. 82 u. 137); 1428 *Heile Koppe*; 1655 *Philipp Koop* [beide Heppenheim] (http://www.bergstrasse.de/geschichtsverein-hp/[Sippenbuch 1 Bd. 1, S. 140f.pdf]). ◻
Vgl. Kohlheim, S. 392.
→ *Jeckel*   → *Jockel*

Korell – Rang 1557: 33% (181 von 547 TA). Top: Vogelsbergkr. (rel.) / Schwalm-Eder-Kr. (abs.). ◻
Der Familienname geht auf eine verkürzte Form des Heiligennamens *Cornelius* zurück. ◻
1526 *Hentze Korell* [Treysa] (Franz, Haina 2, 2, Nr. IV, 48). ◻
Vgl. Kohlheim, S. 394.

Krack – Rang 1447: 31% (193 von 620 TA). Top: Main-Kinzig-Kr. (rel.) / Kr. Fulda (abs.). ◻
Wahrscheinlich ist der Name eine Variante zu *Krah*. Beide Namen, weiträumig verbreitet, treten gemeinsam und gehäuft im osthessischen Raum auf. Als Variante geht *Krack* dann auf mhd. *krâ* ‚Krähe' (mit Nebenformen wie *krâe, krawe, krêg(e)* u.ä.) zurück. Das *-ck* ist somit der fest gewordene Rest des Gleitlautes *g* zwischen zwei Vokalen. *Krack* benennt dann einen zänkischen Menschen, da diese Eigenschaft der Krähe zugeschrieben wurde. ◻
1596–1690 *Hans Krack* [Oberkalbach] (http://gedbas.genealogy.net); 1712 *Krag* (See, S. 109). ◻
Vgl. anders Kohlheim, S. 397; Lexer 1, Sp. 1699.
→ *Krah*

Krah – Rang 1008: 24% (255 von 1063 TA). Top: Kr. Fulda (abs.). ◊ Dazu: *Kroh* (Rang 1711), z.T. *Groh* (Rang 369). ◻
Der Name geht in der Regel auf mhd. *krâ* ‚Krähe' zurück und benennt einen zänkischen Menschen. ◻
1288 *Cunradus dicto Crawe* [Wetzlar] (Wiese, Nr. 327); 1363 *Sipel genant Kra* (Mulch, S. 247); 1383 *Clawes Grahe* [Frankfurt] (Andernacht 1, S. 118). ◻
Vgl. Kohlheim, S. 397.
→ *Krack*

Krauskopf – Rang 1571: 27% (179 von 672 TA). Top: Lahn-Dill Kr. ◻

Der Name bezieht sich auf einen Menschen mit lockigem Haar, einem ‚krausen Kopf'. □
1576 *Hanns Krausskopf* [Gießen] (Lerch, S. 111). □
Vgl. Kohlheim, S. 399.

Kreiling – Rang 1286: 67% (213 von 320 TA). Top: Kr. Gießen. □
Der mittelhessische Name bezeichnet einen Menschen, ‚der Grauen erregt', mhd. *griuwelinc*. □
1359 Konrad *Kreling* [Frankenau] (Franz 2, 1, Nr. 661); 1568 Michael *Kreyling* [Wieseck] (Stumpf, Amt, S. 50). □
Vgl. Kohlheim, S. 290 s.u. *Greulich*; Lexer 1, 1091; Ramge, Studien, Text F, S. 54.
→ *Graulich*
▶ s. S. 202.

Krenzer – Rang 926: 51% (274 von 534 TA). Top: Kr. Fulda. □
Der Name geht auf den Träger oder Hersteller eines auf dem Rücken getragenen Tragkorbs zurück, mhd. *krenze*. □
1400 *Crynczer* / *Krenczher, Siegfried* [Limburg] (Schöffl, S. 73). □
Vgl. anders Kohlheim, S. 400; Lexer 1, Sp. 1723 s.u. *kretze (1)*.

Kreß – Rang 433: 25% (498 von 1985 TA). Top: Kr. Fulda. ◊ Dazu: *Kress* (Rang 450). □
Der in Osthessen, in Württemberg und Franken, auch in ganz Süddeutschland häufige Name ist nicht sicher zu erklären. Der Bezug zur Pflanze *Kresse* oder zu einem Gründlingsfisch *Kresse* ist als namengebendes Motiv für einen so verbreiteten Namen etwas dürftig. Möglich ist eine Herleitung von mhd. *graz* ‚wütend, zornig' (mit Wandel von *a* > *e*) als Eigenschaft der ersten Namensträger. □
1448 Hermann *Gresse*; 1676 *Thomas Kress v. Neidenau* [beide Fulda] (Kartels, S. 39 u. 155). □

Vgl. anders Kohlheim, S. 400; Zoder 1, 977; Lexer 1, Sp. 1075.
▶ s. S. 105.

Kreuter – Rang 1516: 25% (185 von 735 TA). Top: Lahn-Dill-Kr. (abs.). □
Der Name geht auf jemanden zurück, der mit Kräutern und Gemüse zu tun hat, mhd. *krûter* mit einer umgelauteten Nebenform **kriuter*. □
1387 *Henne Cruder* [Frankfurt] (Andernacht 1, S. 168). □
Vgl. Kohlheim, S. 399; Lexer 1, Sp. 1759.

Krichbaum – Rang 1587: 72% (176 von 246 TA). Top: Kr. Darmstadt-Dieburg (rel.) / Odenwaldkr. (abs.). □
Der südhessische Name bezieht sich auf die Wohnstätte an einem Pflaumenschlehenbaum oder auf dessen Pflege, mhd. *kriechboum*. □
1439 *Hans Krichbaum* [Reichenbach] (Debor, Odenwald, S. 189). □
Vgl. Brechenmacher 2, S. 113; Lexer 1, Sp. 1727.

Krönung – Rang 1960: 62% (146 von 234 TA). Top: Kr. Fulda. □
Der Name ist, wie die historischen Belege zeigen, eine Umgestaltung von *Grüning*, indem der Name volksetymologisch umgedeutet wurde. *Grüning* geht auf das mittelniederdeutsche Wort *gröninge* ‚Grünland' zurück. Die Wohnstätte an Grünland ist also namengebendes Motiv. – Diese Deutung ist wahrscheinlicher als die Herleitung von einem der Orte *Gröningen* oder *Grüningen*, weil hier als Familienname *Gröninger* zu erwarten wäre. Dieser Name hat in der Wetterau (Ockstadt) seinen Vorkommensschwerpunkt. □
1392 *Johan Grunyng* [Eschwege] (Eckhardt, Rechtsgeschichte, S. 112); 1620 *Johannes Grüning* [Fulda] (Kartels, S. 118). □
Vgl. Zoder 1, S. 629 s.u. *Grüning*.

Küllmer – Rang 1046: 65% (249 von 386 TA). Top: Werra-Meißner-Kr.□
Der Name geht auf einen von mehreren Herkunftsorten *Kulm* zurück; der nächstgelegene gehört zu Saalburg-Ebersdorf (Saale-Orla-Kr.).□
1597 *Josten Küllmer* [Reichensachsen] (http://gedbas.genealogy.net).□
Vgl. Kohlheim, S. 407.

Künkel – Rang 1965: 36% (145 von 401 TA). Top: Kr. Marburg-Biedenkopf.□
Die hauptsächlich in Mittelhessen vorkommende Namensform *Künkel* stellt die durch den Umlaut *u > ü* bedingte Variante von *Gunkel, Kunkel* dar und benennt jemanden, der mit dem Spinnrocken beschäftigt war.□
Belege s. *Kinkel*.□
Vgl. Kohlheim, S. 407.
→ *Gunkel* → *Kinkel*

L

Landau – Rang 812: 36% (308 von 847 TA). Top: Kr. Waldeck-Frankenberg (abs.).□
Der Name bezieht sich auf den Herkunftsort *Landau*, im nordhessischen Raum wohl auf Landau bei Bad Arolsen (Kr. Waldeck-Frankenberg).□
1527 *Hen Landa, schult(heiß) zu Ruckenß(üß)* [Rotenburg] (Löwenstein, S. 322).□
Vgl. Kohlheim, S. 414.

Landgrebe – Rang 1586: 60% (176 von 296 TA). Top: Kr. Kassel.□
Landgrebe, mit Schwerpunkt in Nordhessen, ist die vornehmlich hessische Form für *Landgraf* und benennt ursprünglich einen im Auftrag des Landgrafen handelnden Beamten.□
1326 *H(ermannus) gen. Lantgreve* [Allendorf] (Huyskens, Nr. 969); 1345 *Hermann Lantgrebe* [Harleshausen] (Schultze, Nr. 178); 1355 *Hanczeln Lantgraffen selgen* [Frankfurt] (Andernacht 1, S. 62).□
Vgl. Kohlheim, S. 414.

Langendorf – Rang 1637: 42% (171 von 410 TA). Top: Kr. Groß-Gerau (rel.). / Kr. Waldeck-Frankenberg (abs.).□
Der Name bezieht sich auf die Herkunft aus einem der mehrfachen Orte *Langendorf*. In Hessen kommt davon nur Langendorf (Wohratal, Kr. Marburg-Biedenkopf) in Frage. Das ist aber wegen der – genealogisch bedingt – weit auseinander liegenden Vorkommenszentren unsicher.□
1283 *Heinrich von Langendorf* (Franz 1, Nr. 717); 1619–1666 *Gabriel Langendorf* [Beedenkirchen] (http://gedbas.genealogy.net).□
Vgl. Kohlheim, S. 415.

Langsdorf – Rang 1566: 81% (180 von 221 TA). Top: Wetteraukr.□
Der mittelhessische Name bezieht sich auf die Herkunft aus *Langsdorf* (Lich, Kr. Gießen).□
1445 *Henne von Langstorff zum Rodenkopp* [Frankfurt] (Andernacht 2, S. 204).□
Vgl. Ramge, Studien, Text E, S. 261.

Lapp – Rang 998: 29% (258 von 902 TA). Top: Main-Kinzig-Kr. (abs.).□
Der Name geht auf mhd. *lappe* zurück. Das Wort bezeichnete (auch) einen ‚einfältigen Menschen'.□
1349 *Wigant Lappe* [Buseck] (Mulch, S. 219).□
Vgl. (anders) Kohlheim, S. 416; Lexer 1, Sp. 1833.

Larbig – Rang 1818: 69% (155 von 218 TA). Top: Kr. Fulda.□
Der Name geht auf die Herkunft aus *Lorbach* (Büdingen, Wetteraukr.) oder auf die Wohnstätte am gleichnamigen Bach zurück. Gewässer- und Ortsname sind historisch

mehrfach mit <Lar-> belegt, der Bach ist dialektal *die lowiche bach.*
1680 *Johannes Larbig* [Dietershan] (http://gedbas.genealogy.net).
Vgl. www.lagis-hessen.de/ [Flurnamen (Hessen), s.u. *Lorbach*].

Laubach – RANG 1597: 28% (176 von 633 TA). TOP: Main-Kinzig-Kr. (abs.).
Der Name bezieht sich auf die Herkunft aus einem der zahlreichen *Laubach*-Orte; in Hessen am ehesten auf Laubach (Kr. Gießen).
1370 *Contze Loupecher von Frideberg*; 1387 *Hirman zu Laupach* [beide Frankfurt] (Andernacht 1, S. 88 u. 165).
Vgl. Kohlheim, S. 417.

Laun – RANG 1535: 34% (183 von 537 TA). TOP: Kr. Groß-Gerau.
Der Name tritt, genealogisch bedingt, sowohl in Nordosthessen wie in Südhessen verdichtet auf. Er geht nicht auf den Ortsnamen *Leun* (Leun, Kr. Limburg-Weilburg) zurück, weil die Belege durchweg <u> mit Wandel zu *au* aufweisen. Der Name ist deshalb eher von einem alten Rufnamen zum Stamm *Lun- abzuleiten (wie in *Launsbach*, Kr. Gießen). Möglich ist aber auch, dass der Name durch einen frühen Zuwanderer aus dem nordböhmischen Ort *Laun* (heute Louny, Tschechien) nach Hessen gekommen ist.
1330 *Henne Lune* [Wolfsanger] (Schultze, Nr. 128); 1608 *Laun, Drennfeld unter Ansbach* (= Trennfeld, Main-Spessart-Kr.) [Groß-Umstadt] (Stephan, S. 6).
Vgl. (anders) Kohlheim, S. 418; Förstemann 1, Sp. 1064.

Lautenschläger – RANG 511: 31 % (456 von 1493 TA). TOP: Odenwaldkr.
Der in Hessen hauptsächlich im Süden verbreitete Name geht auf die mittelalterliche Bezeichnung für den Lautenspieler zurück, mhd. *lûtenslaher.*

1401 *Conczechin Lutensleher* (Lachmann, S. 37); 1520 *Luttenschleyers Ewaldt* [Darmstadt] (v. Hahn, S. 49).
Vgl. Kohlheim, S. 418; Lexer 1, Sp. 1995.

Lehr – RANG 290: 26% (735 von 2795 TA). TOP: -. ◊ Dazu: *Lohr* (Rang 859), *Löhr* (Rang 561).
Die häufige südwestdeutsche, bis Mittelhessen reichende Namensform geht auf den Gerber zurück, der mit Hilfe von *Lohe* ‚Eichenrinde' arbeitet, danach mhd. *lôwer* ‚Gerber'. Das Wort unterliegt dem Umlaut *o* > *ö* und wird zusammengezogen. Das *ö* wird in Südwestdeutschland dialektal zu *e* entrundet, während es bei der Hauptvariante *Löhr* in Westdeutschland erhalten bleibt.
1385 *Heincze gnand Loher von Rendel eyn snyder* [Frankfurt] (Andernacht 1, S. 125); 1426 *Alheyt Loerin* (Wackerfuß, S. 77); 1691 *Lehr* [Marburg] (Allmann, S. 43).
Vgl. Kohlheim, S. 420; Lexer 1, Sp. 1972.
→ *Löber* → *Löwer*
▶ s. S. 209.

Leimbach – RANG 899: 33% (280 von 838 TA). TOP: Kr. Hersfeld-Rotenburg.
Der nordosthessische Name bezieht sich auf die Herkunft aus einem der zahlreichen Orte *Leimbach*. Allein im hessischen Hauptverbreitungsraum des Familiennamens kommen in Betracht: die (Teil-)Wüstungen Leimbach (Morschen) und Leimbach (heute Ortsteil von Willingshausen, beide Schwalm-Eder-Kr.) sowie Leimbach (Heringen, Kr. Hersfeld-Rotenburg) und Lembach (Homberg/Efze, Schwalm-Eder-Kr.).
1279 *Heinrich von Leymbach* (Franz 1, Nr. 685); 1455 *Else Leymbach* [Fulda] (Kartels, S. 44).
Vgl. Kohlheim, S. 421.

Leinweber – RANG 546: 38% (427 von 1136 TA). TOP: Kr. Fulda.

Der in Ost- und Mittelhessen häufige Name geht auf den Beruf des Leinwebers, mhd. *lînweber*, zurück.◻

1347 *Rolo Lyninwebir* (Mulch, S. 163); 1374 *Johannis Lynenwebir* [Herbstein] (Baur 1, Nr. 1077); 1475 *Claus Lynweber* [Grünberg] (Knauß, S. 32).◻

Vgl. Kohlheim, S. 422; Lexer 1, Sp. 1930.

Lepper – RANG 1151: 29% (233 von 811 TA). TOP: Kr. Gießen.◻

Der in Mittelhessen verbreitete Name benennt einen Flickschuster, mittelniederdeutsch *lepper*.◻

1329 *Henricus dictus Leppir* (Mulch, S. 161).◻

Vgl. Kohlheim, S. 424.

Lind – RANG 570: 28% (413 von 1472 TA). TOP: Wetteraukr. (abs.). ◊ Dazu: *Lindemann* (Rang 706), *Lindner* (Rang 234).◻

Nach mittelalterlichen Belegen zu urteilen, geht der südwestdeutsche Name in Hessen in der Regel auf die Wohnstätte bei einer Linde zurück.◻

1345 *Gerlach under der lynden zu Heckestad* [Frankfurt] (Andernacht 1, S. 39); 1582 *Philipp Lindt* [Gießen] (Stumpf, Familienbuch, Nr. 2425.)◻

Vgl. Kohlheim, S. 429.

Linker – RANG 1315: 49% (209 von 430 TA). TOP: Kr. Marburg-Biedenkopf (rel.) / Vogelsbergkr. (abs.). ◊ Dazu: *Lenk* (Rang 1742), *Link* (Rang 213), *Linke* (Rang 492).◻

Der mittelhessische Name geht mit einer *-er*-Ableitung auf mhd. *linc* ‚links; linkisch, unwissend' zurück. Er benennt deshalb entweder einen Linkshänder oder einen linkischen Menschen.◻

1399 *Henne Luncker scholtheiße zu Durnheym* (Baur 1, Nr. 1274); 1569 *Adam Lincker* [Gießen] (Lerch, S. 120).◻

Vgl. Kohlheim, S. 430; Lexer 1, Sp. 1924.

Lipphardt – RANG 1697: 54% (165 von 304 TA). TOP: Kr. Hersfeld-Rotenburg. ◊ Dazu: *Lippert* (Rang 446).◻

Die in Nordosthessen konzentrierte Namenvariante hat sich aus dem alten Rufnamen *Liebhard* (aus *liob* ‚lieb' + *harti* ‚hart') entwickelt.◻

1426 *Hamman Liephart* [Hummetroth] (Wackerfuß, S. 49); 1569 *Peter Liphardt* [Umstadt] (Brenner, S. 21).◻

Vgl. Kohlheim, S. 427 s.u. *Liebhard*.

Litzinger – RANG 1657: 48% (169 von 352 TA). TOP: Kr. Limburg-Weilburg.◻

Der Name geht auf einen Herkunftsort *Litzing* o.ä. zurück. Wenn es sich dabei um Litzing (Pitzenberg, Bez. Vöcklabruck, Oberösterreich) handelt, ist der Name durch einen weit entfernten Zuwanderer nach Hessen gekommen.◻

1730–1785 *Johann Valentin Litzinger* [Offheim] (http://gedbas.genealogy.net).◻

Löber – RANG 652: 40% (374 von 926 TA). TOP: Kr. Kassel. ◊ Dazu: *Leber* (Rang 1116).◻

Der Name stellt eine der Hauptvarianten für die Berufsbezeichnung des Gerbers, mhd. *lôwer* dar.◻

1386 *Hanczel Lobir* [Friedberg] (Arend, S. 55); 1393 *Gerlach Lobers Eckere* [Gießen] (Baur 1, Nr. 1215).◻

Vgl. Kohlheim, S. 432; Lexer 1, Sp. 1972.

→ *Lehr*   → *Löwer*

▶ s. S. 209.

Löbig – RANG 1140: 64% (235 von 367 TA). TOP: Kr. Darmstadt-Dieburg.◻

Das Vorkommen von *Löbig* ist stark auf den Darmstädter Raum konzentriert. Der Name könnte eine Variante des in Deutschland (vor allem östlich des Rheins) häufigen Namens *Liebig* sein. Dieser kommt in Südhessen auch vielfach vor und ist vor allem durch den aus Darmstadt stammenden Justus Liebig

bekannt. Wahrscheinlich rührt der Name aber von der Wohnstätte an einem *Lohbach*, dialektal *lobich / löwich*, her. Davon gibt es allein im Kr. Darmstadt-Dieburg zwei, die in Flurnamen bezeugt sind: in Asbach (Modautal) *die Löwig* und in Babenhausen (Kr. Darmstadt-Dieburg) 1582 *vff die Lohebach*.□
1580 *Michael Lobig*; 1709–1756 *Anton Löbig* [Münster] (beide http://gedbas.genealogy.net).□
Vgl. anders Kohlheim, S. 427 s.u. *Liebich*; Zoder 2, S. 69; Ramge, Flurnamenbuch, s.u. *Lohbach* u. *Löwig*.

Losert – RANG 1536: 27% (183 von 690 TA). TOP: Main-Taunus-Kr. (abs.).□
Der Name bezieht sich auf eine menschliche Eigenschaft, wobei zwei alte Wörter zur Deutung herangezogen werden können: mhd. *lôsaere* ‚Heuchler, Schmeichler' oder mhd. *losaere* ‚Horcher, Lauscher, Aufpasser'. Das *-t* ist durch *t*-Antritt hinzugekommen.□
1323 *Conradus Loßer* [Grünberg] (Knauß, S. 58).□
Vgl. Kohlheim, S. 435; Lexer 1, Sp. 1956.

Lotz – RANG 81: 45% (1786 von 3991 TA). TOP: Main-Kinzig-Kr. (abs.). ◊ Dazu: *Lutz* (Rang 203).□
Der schwerpunktmäßig gesamthessische Name ist mit der Koseendung -z aus dem alten Rufnamen *Ludwig* (aus *hlut* ‚laut, berühmt' + *wig* ‚Kampf') gekürzt und erfährt in Hessen den Wandel *u > o*.□
1349 *Else Loczen von Rympbrücken* [Frankfurt] (Andernacht 1, S. 50).□
Vgl. Kohlheim, S. 435.

Löw – RANG 276: 29% (775 von 2645 TA). TOP: Kr. Limburg-Weilburg (rel.) / Hochtaunuskr. (abs.).□
Der in Süddeutschland häufige und bis Mittelhessen reichende Name entstand in bildlicher Übertragung nach dem *Löwen*, mhd. *lewe*, für einen starken Menschen; oft aber auch nach einem Hausnamen. Früh belegt ist das Wetterauer Geschlecht der *Löw zu Steinfurt*. – Als Name jüdischer Familien, umgestaltet aus *Levi*, kam er in Hessen, wenn überhaupt, selten vor.□
1247 *Everhardus dictus Leo* [Friedberg] (Arend, S. 85); 1306 *her Erwin Lewe*; 1323 *Ich Erwin genant Leo …* [beide Friedberg] (Baur 1, Nr. 446 u. Nr. 505); 1358 *Engel Lewe von Loupach, der was geseszin zu Budingen* [Frankfurt] (Andernacht 1, S. 67).□
Vgl. Kohlheim, S. 435.

Löwer – RANG 1067: 43% (246 von 576 TA). TOP: Schwalm-Eder-Kr. (rel.) / Kr. Marburg-Biedenkopf (abs.).□
Löwer geht aus einer Variante zur mittelalterlichen Berufsbezeichnung des Gerbers hervor, mhd. *lôwer*.□
nach 1300 *Conrad Lôwer* [Wetzlar] (Wiese, Nr. 1167); 1327 *Dietmar Lowere* [Alten-Buseck] (Baur 1, Nr. 519); 1364 *Heinrich Lôwere* (Schultze, Nr. 1496).□
Vgl. Kohlheim, S. 436; Lexer 1, Sp. 1972.
→ *Lehr* → *Löber*
▶ s. S. 209.

Luckhardt – RANG 1969: 52% (145 von 279 TA). TOP: Werra-Meißner-Kr. (rel.) / Schwalm-Eder-Kr. (abs.).□
Der in Nordosthessen recht häufige Familienname leitet sich von dem alten Frauenrufnamen *Liutgart, Luckardis* her (aus *liut* ‚Volk' + *gart* ‚Zaun, Garten').□
1466 *Henne Lughart* [Limburg] (Schöffl, S. 83).□
Vgl. Brechenmacher 2, S. 211f.

Ludolph – RANG 1675: 31% (167 von 416 TA). TOP: Werra-Meißner-Kr.□
Der in Nordosthessen verbreitete Name ist aus dem alten Rufnamen *Ludolf* (aus *liut* ‚Volk' + *wolf* ‚Wolf') entstanden.□

1511 *Hans Ludolff* [Eschwege] (Eckhardt, Rechtsgeschichte, S. 228).□
Vgl. Kohlheim, S. 437.

Luh – Rang 1084: 70% (243 von 348 TA). Top: Kr. Gießen. ◊ Dazu: *Loh* (Rang 1796).□
Luh, ein Name des Gießener Raums, stellt eine regionale Lautvariante zum weiträumiger verbreiteten Namen *Loh* dar (mit mittelhessischem Wandel von *o:* > *u:*). Er bezieht sich auf die Wohnstätte an einem *Loh*, mhd. *lô*, einem meist ‚zur Lohegewinnung angelegten Gehölz'.□
1349 *by Elpratis Lohe* (Mulch, S. 285); 1640 *Jacob Lohe, Niclaß Luhe* [Allendorf / Lahn] (Stumpf, Amt, S. 221).□
Vgl. Kohlheim, S. 432; Lexer 1, Sp. 1946; Ramge, Studien, Text A, S. 207.

M

Mahr – Rang 408: 26% (547 von 2083 TA). Top: Kr. Darmstadt-Dieburg (abs.).□
Der von Süd- und Osthessen bis nach Franken häufige Name ist nicht sicher zu deuten, weil auch historische Belege keinen Aufschluss geben. Aus einer Reihe von Deutungsmöglichkeiten bietet sich am ehesten der Anschluss an den altdeutschen Personennamen *Mar(r)o* (zu ahd. *mâri* ‚berühmt') an.□
1569 *Elß Mahr* [Steinbach] (Stumpf, Amt, S.14).□
Vgl. anders Kohlheim, S. 441; Gottschald, S. 341; Förstemann 1, Sp. 1102.

Mandler – Rang 1164: 51% (230 von 452 TA). Top: Kr. Gießen.□
Die starke Konzentration auf den Gießener Raum geht auf die *Mandelmühle* in Kinzenbach (Heuchelheim, Kr. Gießen) zurück, die ihrerseits Rest einer wüst gefallenen, 1361 genannten Siedlung *Mandel(e)n* ist.□

1492 *Hirman Mandeller* (Stumpf, Amt, S. 136).□
Vgl. anders Kohlheim, S. 443; Ramge, Studien, Text E, S. 262.

Mankel – Rang 1568: 51% (180 von 354 TA). Top: Kr. Marburg-Biedenkopf.□
Der Name geht vermutlich auf eine Kurzform des Rufnamen *Mangold* zurück, erweitert um die Koseendung *-el*□
1326 *Eberhardus dictus Manke* [Kirchgöns] (Baur 1, Nr. 513); 1763–1835 *Johan(n) Herman(n) Mankel* [Niederaspe] (http://mankell.org/jhmankell.html).□
Vgl. anders Kohlheim, S. 443; anders Brechenmacher 2, S. 232; Förstemann 1, Sp. 1090; Lexer 1, Sp. 2023.
▶ s. S. 204.

Massoth – Rang 1884: 77% (151 von 197 TA). Top: Kr. Bergstraße.□
Die in Südhessen verbreiteten *Massoths* sind im 17. Jh. aus dem Lütticher Raum zugewandert. Der Name ist als <*Massot*> in Frankreich geläufig, einer Kurzform aus *Thomassot* (zu *Thomas*) mit dem französischen Koseelement *-ot*.□
1680 *Anna Maria Massoth* [Weiskirchen] (http://gedbas.genealogy.net).□
Vgl. http://www.genealogie.com/nom-de-famille/massot.html.

Mehler – Rang 717: 26% (343 von 1343 TA). Top: Kr. Fulda. ◊ Dazu: *Mahler* (Rang 1636).□
Der Name bezieht sich auf die Tätigkeit als Maler, mhd. *mâlaere*, aber im Mitteldeutschen mit Umlaut *mêler*.□
1465 *Clause Meler* [Eschwege] (Eckhardt, Rechtsgeschichte, S. 206).□
Vgl. Kohlheim, S. 453; Lexer 1, Sp. 2016.

Mengel – Rang 686: 26% (359 von 1371 TA). Top: Werra-Meißner-Kr. (rel.) / Kr. Marburg-Biedenkopf.□

Der Name geht vermutlich auf ein auch in Hessen übliches Wort *Menge* zurück. Es stellt eine Nebenform zu mhd. *menger* ‚Händler' dar und scheint eher den Hausierer und Trödler zu bezeichnen.□
1352 *bi Sipeln Mengeln sone* (Mulch, S. 82).□
Vgl. Kohlheim, S. 456; Grimm, Wörterbuch 6, Sp. 2006; Vilmar, S. 268.

Menges – Rang 664: 26% (366 von 1419 TA). Top: - .□
Der von der Pfalz bis Mittelhessen besonders häufige Familienname geht auf den im Mittelalter in Hessen häufigen alten Rufnamen *Meingoz* (aus *magan* ‚viel' + *goz* ‚Gote') zurück.□
1383 *Henne Mengosz von Seckebach* [Frankfurt] (Andernacht 1, S. 121).□
Vgl. Kohlheim, S. 456.

Merget – Rang 1951: 50% (146 von 292 TA). Top: Kr. Offenbach (abs.).□
Der Name ist vor allem im Raum Offenbach-Aschaffenburg verbreitet. Er ist aus dem alten Frauenrufnamen *Merigard(a)* (aus *mari* ‚Meer' + *gart* ‚Garten') entstanden.□
1312 *Albert Mergard* [Neuenhain] (Franz 2, 1, Nr. 194).□
Vgl. Brechenmacher 2, Sp. 259; Förstemann 1, Sp. 1104.

Merle – Rang 995: 47% (258 von 550 TA). Top: Schwalm-Eder-Kr. (rel.) / Vogelsbergkr. (abs.).□
Der Name bezieht sich auf den Herkunftsort. Wegen der Konzentration im Raum Vogelsberg / Schwalm weist der Name auf *Merlos* (Grebenau, Vogelsbergkr.) hin, 1283 *Merles*. Im Siedlungsnamen steckt ein alter Rufname *Merilo*, der als Rufname weiterbestanden hat. Möglicherweise ist auch eine abgeschwächte Form von *Merlau* (Mücke, Vogelsbergkr.) namengebend.□
1625 *Margaretha Merle* [Wasenberg] (http://gedbas.genealogy.net).□

Vgl. anders Kohlheim, S. 458; Kaufmann, S. 251; Franz 1, Nr. 724.

Mihm – Rang 953: 49% (269 von 544 TA). Top: Kr. Fulda.□
Der in Osthessen gehäuft auftretende Name geht wahrscheinlich auf den alten Rufnamen *Mimo* zurück.□
1468 *memenhenne* (Lerch, S. 27); 1492 *Henchen Miemen* [beide Gießen] (Eckhardt, Klöster 2, Nr. 406); 1589 *Veit Miehm* [Fulda] (Kartels, S. 98).□
Vgl. Kohlheim, S. 462; Förstemann 1, Sp. 1124.
▶ s. S. 237.

Mink – Rang 811: 35% (308 von 880 TA). Top: Kr. Bergstraße (abs.). ◊ Dazu: *Mönch* (Rang 1926), *Münch* (Rang 227).□
Die in Südwestdeutschland verbreitete Namensform ist aus *Münk* durch Entrundung von *ü* > *i* entstanden. *Münk* ist eine Nebenform von *Münch*, aus mhd. *mün(e)ch* ‚Mönch'.□
1252 *Cunradus dictus Munkis* (?) [Rabenhausen] (Baur 1, Nr. 1288); 1425/26 *Ketherin Myncken zu Roden* (Debor, Odenwald, S. 223); 1483 *Antonius Münck* [Fulda] (Kartels, S. 56).□
Vgl. Kohlheim, S. 463.

Möbus – Rang 908: 27% (278 von 1040 TA). Top: Kr. Waldeck-Frankenberg.□
Der Name ist eine verkürzte Form des Heiligennamens *Bartholomäus*, wobei zwischen die beiden Vokale (*-mä-us*) ein Konsonant /b/ als Gleitlaut eingeschoben wurde.□
1440 *Peter Mewus gnant Slymchin* [Frankfurt] (Andernacht 1, S. 145).□
Vgl. Kohlheim, S. 464.
▶ s. S. 151.

Momberger – Rang 1429: 76% (194 von 256 TA). Top: Vogelsbergkr. (rel.) / Kr. Gießen (abs.).□

Der Name geht auf die Herkunft aus *Momberg* (Neustadt, Kr. Marburg-Biedenkopf) zurück.□
1586 *Crein Momberger* [Kölzenhain] (Weber, Ulrichstein, S. 320).□

Moos – Rang 357: 37% (610 von 1673 TA). Top: Lahn-Dill-Kr.□
Der Name erinnert an die Wohnstätte des Namensträgers, nämlich an einer feuchten Stelle in der Flur, einem *Moos*.□
1491 *Hermann Moß / Moes /Moyß /Moys* [Limburg] (Schöffl, S. 90).□
Vgl. Kohlheim, S. 466.
▶ s. S. 27.

Mühlhausen – Rang 1809: 29% (156 von 544 TA). Top: Werra-Meißner-Kr.□
Der Name bezieht sich auf die Herkunft aus einem *Mühlhausen*-Ort. Für das nordhessische Verbreitungsgebiet des Familiennamens kommen dafür die Orte Mühlhausen (Homberg/Efze, Schwalm-Eder-Kr.) und Mühlhausen (Twistetal, Kr. Waldeck-Frankenberg) in Frage, u.U. auch Mühlhausen in Thüringen. Wahrscheinlichster Herkunftsort ist aber die Wüstung 1322 *Molhusen* bei Kloster Ahnaberg (Kassel).□
1379 *Alheidis Molhusen* (Schultze, Nr. 809).
Vgl. Kohlheim, S. 469; Schultze, Nr. 102; dazu Nr. 128.

Muth – Rang 207: 28% (966 von 3492 TA). Top: Kr. Marburg-Biedenkopf.□
Der Name erinnert an die Gemütsverfassung des Namensträgers, wobei mhd. *muot* mehr umfasst als unser heutiges *Mut*: ‚Geist, Gemüt, Gesinnung, Hochherzigkeit, Entschlossenheit', aber auch ‚Hochmut, Eigenwille'.□
1471 *Mudhenn*; 1479 *Klaus Muth* [beide Marburg] (Eckhardt, Klöster 2, Nr. V, 102 u. Nr. 352).□
Vgl. Kohlheim, S. 471; Lexer 1, Sp. 2241.

N

Nau – Rang 360: 41% (605 von 1484 TA). Top: Kr. Marburg-Biedenkopf. ◊ Dazu: *Naumann* (Rang 151), *Neu* (Rang 1123), *Neumann* (Rang 27), *Niemann* (Rang 1308).□
Der in Hessen hauptsächlich mittelhessische Name bezeichnet jemanden, der ‚neu' ist, meist ‚neu hinzugezogen'. Sprachgeschichtlich lautet ‚neu' im Mitteldeutschen im Mittelalter *nûwe* (statt *niuwe*), woraus durch den Wandel *u:* > *au* Nau wird.□
1554 *Naw* [Marburg] (Allmann, S. 96).□
Vgl. Kohlheim, S. 473.

Neeb – Rang 728: 43% (338 von 778 TA). Top: Lahn-Dill-Kr. (abs.).□
Neeb ist die mitteldeutsche Lautvariante von *Neff, Neef*, das als Familienname vorwiegend in Südwestdeutschland vorkommt. *Neeb* hingegen kommt zwischen Westerwald und Unterfranken gehäuft vor. Im Mittelalter wird mit *neve* meist der Schwestersohn bezeichnet; der Ausdruck dient aber auch zur allgemeinen Kennzeichnung eines Verwandtschaftsverhältnisses.□
1383 *Heintze Nebe von Haarbach* (Baur 1, Nr. 1149).□
Vgl. Kohlheim, S. 474; Lexer 2, Sp. 61; Ramge, Studien, Text B, S. 83.

Nix – Rang 991: 25% (259 von 1058 TA). Top: Main-Kinzig-Kr.□
Der Name kann aus einer Kurzform des Heiligennamens *Nikolaus* entstanden sein. Wahrscheinlich bezieht er sich tatsächlich auf die mythische Gestalt einer *Nixe*, mhd. *nickese, nixe*.□
1646 *Maria Nix* [Zeilsheim] (http://gedbas.genealogy.net).□
Vgl. Kohlheim, S. 482; Brechenmacher 2, S. 323; Lexer 2, Sp.64f.

Nöding – Rang 1988: 67% (144 von 215 TA). Top: Kr. Hersfeld-Rotenburg.□

Der nordosthessische Name geht auf den alten Rufnamen *Noding* (zum Stamm *Not*) zurück, mit Umlaut *o* > *ö*.◻

1291 Schultheiß *Nodung* [Alsfeld]; 1385 ein Gut, genannt *Heppechin Nydingis* Gut [Ober-Ohmen]; 1408 *Hermann Noding* (alle Eckhardt. Klöster 3, Nr. 203 u. Nr. 290; 2, Nr. 640).◻

Vgl. Förstemann 1, Sp. 1164.

Nold – Rang 1191: 32% (226 von 708 TA). Top: Kr. Groß-Gerau. ◊ Dazu: *Ahrens* (Rang 1248), *Arend* (Rang 997), *Arlt* (Rang 1865), *Arndt* (Rang 278), *Arnold* (Rang 59), *Nolte* (Rang 394).◻

Der Name stellt eine gekürzte Form des Rufnamens *Arnold* (aus *arn* ‚Adler' + *walt* ‚herrschen') dar.◻

1487 *Mathias Nolte* (Mulch, S. 84); 1593 *Peter Noldt* [Gießen] (Stumpf, Familienbuch, Nr. 3048).◻

Vgl. Kohlheim, S. 482.

→ *Noll*

Noll – Rang 110: 29% (1516 von 5285 TA). Top: Main-Kinzig-Kr. (abs.).◻

Der im Südwesten, besonders aber in ganz Hessen häufige Name lässt mehrere Deutungen zu. In vielen Fällen handelt es sich einfach um eine gekürzte Form von *Arnold*. Mitunter kann auch die Wohnstätte an einem *Noll*, d.h. einer rundlichen Erhebung zum Familiennamen geführt haben. – Sprachgeschichtlich hängen *Knoll / Knöll* und *Noll* zusammen und haben den Bedeutungskern ‚klumpig, rundlich, knollig'. Deshalb wird in den meisten Fällen die plump-gedrungene Körpergestalt das namengebende Motiv gewesen sein.◻

1387 *Hirman Nolle* [Frankfurt] (Andernacht 1, 175).◻

Vgl. Kohlheim, S. 483; Ramge, Flurnamenatlas, K.75.

→ *Nold* → *Knöll*

Nüchter – Rang 1878: 44% (151 von 340 TA). Top: Kr. Fulda.◻

Der Name geht auf das (Trink?)-Verhalten des Namensträgers zurück, mhd. *nüehter, nüechtern* ‚nüchtern'.◻

1589 *Hans Nüchtern* [Fulda] (Kartels, S. 98).◻

Vgl. Lexer 2, Sp. 118.

Nuhn – Rang 803: 67% (311 von 464 TA). Top: Kr. Hersfeld-Rotenburg.◻

Der hauptsächlich in Nordosthessen verbreitete Name leitet sich von der Herkunft aus dem wüst gefallenen Herrenhof *Nuhn* (Schreufa, Kr. Waldeck-Frankenberg) her. Der Name haftete zunächst an der nahe gelegenen Burg Nuhn.◻

1343 *Johannes von Nuna* (Eckhardt, Klöster 2, Nr. 77a); 1452 *Johann Nun* [Fulda] (Kartels, S. 42).◻

Vgl. anders Kohlheim, S. 484; Knappe, Rudolf: Mittelalterliche Burgen in Hessen. Gudensberg-Gleichen 1994, S.127f.

▶ s. S. 240.

O

Ochs – Rang 274: 25% (780 von 3175 TA). Top: - .◻

Die im Südwesten und in Hessen nördlich des Mains verbreitete Namensform bezieht sich auf einen Ochsenhalter oder -händler. Im Mittel- und Niederdeutschen unterliegt mhd. *ohse* im Mittelalter einem Sprachwandel von *chs* > *s(s)*. So entsteht die Form <*Osse*>, die sich in den historischen Belegen zeigt. Die Variante *Ochse* ist im Kr. Waldeck-Frankenberg konzentriert.◻

1285 *Wilhelmus dictus Osse* [Wetzlar] (Wiese, Nr. 294); 1432 *Peter Osse*; 1440 *Peter Ochsse schroder* [beide Frankfurt] (Andernacht 2, S. 91 u. 137).◻

Vgl. Kohlheim, S. 486.

Ofenloch – Rang 1919: 69% (148 von 216 TA). Top: Kr. Bergstraße.□
Der im Kr. Bergstraße konzentrierte Name ist nicht sicher zu deuten. Die wörtliche Bedeutung verweist vielleicht auf einen Kaminbauer. Möglich ist aber auch ein Wohnstättenname: ‚jemand, der an einem *Ofen-loh* wohnt', d.h. einem Gehölz mit einem Schmelz- oder Kalkofen.□
1318 *Erwinus dictus Obenloch* [Wetzlar] (Wiese, Nr. 924); 1461 *Lutz Obelach / Obellach / Obenloch* [Limburg] (Schöffl, S. 96); 1439 *Henne Ofenloch* [Frankfurt] (Andernacht 2, S. 123).□
Vgl. Brechenmacher 2, S. 339; www.lagis-hessen.de/[Flurnamen (Hessen), s.u. *Ofen-Loch*].

Ohl – Rang 645: 34% (375 von 1110 TA). Top: Kr. Bergstraße.□
Falls der Odenwälder Beleg von 1507 die alte Form des Familiennamens darstellt, geht der Name auf den in Südhessen häufigen Flurnamen *Al*(en) ‚lang gestrecktes, schmales Grundstück' zurück und unterliegt dem dialektalen Wandel von *a:* > *o:*. Damit bezöge sich der Name auf die Wohnstätte.□
1507 *Hans Alen* [Erbach] (Höreth, Erbach, S. 45); 1576 *Ohl, Aal, Öhl* (Stephan, S. 7).□
Vgl. anders Kohlheim, S. 489; Ramge, Flurnamenatlas, K. 58; Ramge, Flurnamenbuch, s.u. *Al*.

Opper – Rang 840: 60% (298 von 499 TA). Top: Kr. Gießen.□
Der hauptsächlich auf Hessen beschränkte Familienname bezieht sich auf die Tätigkeit des Kirchendieners, der das *opper* ‚Opfer, Kollekte' einsammelt. Er heißt in Hessen *Oppermann*, aber auch *Kircher* und *Kister* (s.d.).□
1494 *Oppers Gerlach* [Grünberg] (Knauß, S. 45).□
Vgl. Kohlheim, S. 490.

Otterbein – Rang 1280: 59% (214 von 363 TA). Top: Kr. Fulda.□
Der osthessische Name bezieht sich auf die Beine des ersten Namensträgers, die – wie auch immer – dem Bein des Fischotters, mhd. *ot(t)er* ähnelten.□
1608 *Joh. Caspar Otterbein* [Gießen] (Stumpf, Familienbuch, Nr. 3145).□
Vgl. Lexer 2, Sp. 180.

Ötzel – Rang 1643: 39% (173 von 442 TA). Top: Werra-Meißner-Kr. ◊ Dazu: *Etzel* (Rang 1525).□
Der Name bildet eine Variante zu *Etzel* (mit Rundung *e* > *ö*). *Etzel* ist aus dem alten Rufnamen *Azzo* (aus *adal* ‚Adel' mit Koseform *-z*) entstanden, wozu als weiteres Koseelement *-el* gefügt wurde.□
1368 *Johannes dictus Eczel* [Friedberg] (Arend, S. 33); 1567 *Etzel* [Umstadt]; 1601 *Ötzel* [Richen] (beide Stephan, S. 3).□
Vgl. Kohlheim, S. 231.

P

Pappert – Rang 1147: 49% (233 von 480 TA). Top: Kr. Fulda.□
Der Name des Fuldaer Raumes geht auf mhd. *pappen* ‚essen' zurück; er kann sich sowohl auf den Esser wie auf den Fütterer beziehen. Das <*t*> ist als *t*-Antritt zu erklären.□
1654 *Johannes Bappert von Mackenzell* [Fulda] (Kartels, S. 143).□
Vgl. Kohlheim, S. 497; Lexer 2, Sp. 203.

Petri – Rang 225: 26% (914 von 3554 TA). Top: - .□
Die Schreibvarianten <*Petri*> und <*Petry*> sind im Raum zwischen Pfalz, Eifel und Hessen sehr häufig. Der Name stellt die latinisierte Form des Vaternamens dar (‚Peters Sohn').□

1500 Hermann *Petri* [Wiera] (Franz 2, 1, Nr. 1224).☐
Vgl. Kohlheim, S. 504.

Pitzer – RANG 1285: 41% (213 von 521 TA). TOP: Kr. Marburg-Biedenkopf.☐
Der mittelhessische Name bezieht sich auf die Wohnstätte an einer mhd. *phütze*, womit sowohl eine kleine Wasserstelle, eine Lache oder ein Sumpf bezeichnet werden kann wie – im westlichen Mitteldeutschland – auch ein Ziehbrunnen (*Pütz*). Der Familienname mit -*er*-Ableitung ist im Vergleich zu den Familiennamen *Pütz*, *Pitz* selten und historisch unsicher bezeugt. Hessisch *Pitz* und *Pitzer* weisen Entrundung von *ü* > *i* auf, bilden aber mit *Pütz(er)* einen geschlossenen westmitteldeutschen Verbreitungsraum. Deshalb ist für *Pitzer* wohl eher von der Wohnstätte an einem Ziehbrunnen auszugehen.☐
1479/80 Eckart *Půtze* (Eckhardt, Klöster 3, Nr. 502); 1609 *Pitzer* [Gießen] (Lerch, S. 77) (?); 19. Jh. *Pitzer* [Bottenhorn] (http://gedbas.genealogy.net).☐
Vgl. (anders) Kohlheim, S. 511; Lexer 2, Sp. 269.

Platt – RANG 1387: 39% (200 von 512 TA). TOP: Kr. Marburg-Biedenkopf.☐
Der Familienname benennt jemanden, der mit Brustharnischen, mhd. *blate*, *plate*, zu tun hatte.☐
1387 Henne *Plate von Mencze* [Frankfurt] (Andernacht 1, S. 172); 1553 *Pladt* [Gießen] (Lerch, S. 50).
Vgl. Kohlheim, S. 511; Lexer 1, Sp. 299.

Pleyer – RANG 1811: 26% (155 von 604 TA). TOP: Kr. Gießen (abs.).☐
Pleyer ist eine Schreibvariante zum hauptsächlich in Süddeutschland verbreiteten Namen *Bleier*. Er bezieht sich auf jemanden, der mit Blei zu tun hatte. <*Pleyer*> ist durch den Zuzug der Sudetendeutschen nach dem 2. Weltkrieg nach Hessen gekommen.☐
Vgl. Kohlheim, S. 139 s.u. *Bleier*.
▶ s. S. 189.

Plößer – RANG 1476: 85% (190 von 224 TA). TOP: Kr. Darmstadt-Dieburg.☐
Der südhessische Name stellt sich wohl zu mhd. *bloeze* ‚Blöße, Nacktheit' und bezeichnet (vielleicht) jemanden, der besonders armselig bekleidet oder nackt war.☐
1586 Clos *Blöser* [Bobenhausen] (Weber, Ulrichstein, S. 328).☐
Vgl. Kohlheim, S. 140 s.u. *Bloß*; Lexer 1, Sp. 313.

Poth – RANG 790: 28% (315 von 1109 TA). TOP: Kr. Darmstadt-Dieburg.☐
Der Name bezieht sich in der Regel auf die Form der Hand des Namensträgers; zu mhd. *phote* ‚Pfote'.☐
1263 Werner *Pote* (Eckhardt, Klöster 3, Nr. 974); 1426 Hamman *Pfat*; 1426 Cuntz *Pfoten frauwe* [beide Kirch-Brombach] (Wackerfuß, S. 64 u. 104); 1460 Hans *Pote von Otszberg* [Frankfurt] (Andernacht 2, S. 283).☐
Vgl. Kohlheim, S. 515; Lexer 2, Sp. 261.

Q

Quanz – RANG 1851: 59% (152 von 256 TA). TOP: Kr. Hersfeld-Rotenburg (rel.) / Kr. Fulda (abs.).☐
Der osthessische Familienname *Quanz* ist ein Vatername: ‚Sohn *Quantes*'. *Quante* kommt als Name im Niederdeutschen häufiger vor und ist dort aus mittelniederdeutsch *quant* ‚Tand' entstanden. Mit Bezug auf Personen sind damit ‚Windbeutel' gemeint.☐
1291 Konrad *Quanz* [Treysa] (Franz 1, Nr. 800); 1506 *quantus* [Kassel] (Stölzel, S. 116); 1522 Bruder Johannes *Fryschenstein alias Quants dictus* (Eckhardt, Klöster 3, Nr. 827a).☐
Vgl. Kohlheim, S. 521; Zoder 2, S. 342.

R

Rack – Rang 1077: 27% (244 von 897 TA). Top: Wetteraukr.◻
Der Familienname geht entweder auf den alten Rufnamen *Racco* (zum Wortstamm *ragin* ‚Rat' in der verkürzten Form *Raga*-) oder – als Eigenschaft – auf mhd. *rac* zurück. Dessen Bedeutung schwankt zwischen ‚straff' und ‚beweglich', so dass man daraus keine konkrete Eigenschaft ableiten kann.◻
1580 *Magdalena Rack* [Flörsheim] (http://gedbas.genealogy.net); 1769 *Rack* [Kirdorf] (See, S. 153).◻
Vgl. Kohlheim, S. 524; Lexer 2, Sp. 331; Förstemann 1, Sp. 1200f; Kaufmann, S. 284.

Racky – Rang 1907: 75% (149 von 200 TA). Top: Main-Taunus-Kr.◻
Der auf das Rhein-Main-Gebiet konzentrierte französische Name kam durch wallonische Zuwanderer in den Taunus.◻
um 1604–1674 *Peter Racky* [Lenzhahn] (http://www.ahnenforschung-hessen.de/stammfolgen/racky.html).◻
▶ s. S. 183.

Range – Rang 1817: 26% (155 von 602 TA). Top: Werra-Meißner-Kr. (rel.) / Kr. Kassel (abs.).◻
Der Name geht auf mhd. *range* ‚böser Bube' zurück.◻
1298 *Wernher gen. Rangge* [Kassel] (Schultze, Nr. 40); 1498 *Andreas Range* [Hersfeld] (Eckhardt, Klöster 3, Nr. 108).◻
Vgl. Kohlheim, S. 527; Lexer 2, Sp. 341.

Reeg – Rang 1358: 55% (204 von 370 TA). Top: Odenwaldkr. ◊ Dazu: *Rech* (?) (Rang 1940), *Reeh* (Rang 1037), *Reh* (Rang 1173).◻
Der in Südhessen häufige Name geht auf den alten Rufnamen *Ragio* (zum Wortstamm *ragin* ‚Rat' in einer verkürzten Variante *Ragi*-) zurück. Das *i* bewirkt den Wandel zu *e:*. Die Länge des Vokals wird in mittelalterlichen Schreibungen oft durch ein folgendes <i> gekennzeichnet, also <Rei(g)->. Das *g* kann erhalten bleiben oder wegfallen; daher die Varianten *Reeh*, *Reh*.◻
1228 *Conradus Reye*; 1258 *Cunradus Reige*; 1272 *Cunradus dictus Reyo* [alle Wetzlar] (Mulch, S. 86); 1426 *Cuntz Regen son* [Kirch-Brombach] (Wackerfuß, S. 56); 1526 *hensel Reige* [Kassel] (Stölzel, S. 189).◻
Vgl. anders Kohlheim, S. 532; Gottschald, S. 397; Förstemann 1, Sp. 1241; Kaufmann, S. 283f.

Reichwein – Rang 1410: 47% (198 von 421 TA). Top: Kr. Limburg-Weilburg.◻
Der Name des Limburger Raumes entspricht dem alten Rufnamen *Richwin* (aus *rîhhi* ‚mächtig' + *wini* ‚Freund').◻
1313 *Hermannus Rychwin* (Mulch, S. 87).◻
Vgl. Kohlheim, S. 536.

Reifschneider – Rang 1929: 36% (147 von 405 TA). Top: Main-Kinzig-Kr. (rel.) / Wetteraukr. (abs.).◻
Der Name kennzeichnet die Tätigkeit von jemandem, der das Holz für Fassreifen schneidet, mhd. *reif*.◻
1592–1665 *Andreas Reifschneider* [Wolferborn] (http://gedbas.genealogy.net).◻
Vgl. Gottschald, S. 405; Lexer 2, 387.

Reinheimer – Rang 1026: 59% (252 von 425 TA). Top: Kr. Groß-Gerau.◻
Der südhessische Name bezieht sich auf die Herkunft aus *Reinheim* (Kr. Darmstadt-Dieburg).◻
1316 *Johannes de Hoeste filius dicte Rinheimerin*; 1387 *Frederich Rynheymer* [beide Frankfurt] (Andernacht 1, S. 3 u. 163).◻
Vgl. Kohlheim, S. 538.
▶ s. S. 88.

Reitz – Rang 122: 39% (1415 von 3613 TA). Top: Main-Kinzig-Kr. (abs.).◻
Der in Hessen und im Rheinland verbreitete Name entspricht einem alten Rufnamen mit dem Stamm *Ragin-* (zu *ragin* ‚Rat') + Koseelement *-z*).◻
1272 *Eberhard gen. Reiz* [Wetzlar] (Wiese, Nr. 176); 1375 *Bertold Raycz* [Helmershausen] (Mulch, S. 87).◻
Vgl. Kohlheim, S. 540.
→ *Reitze*

Reitze – Rang 1949: 47% (146 von 309 TA). Top: Kr. Kassel.◻
Diese im Vergleich mit *Reitz* auffallend seltene, vornehmlich nordhessische Variante geht nach Ausweis der historischen Belege nicht auf einen Rufnamen mit dem Stamm *Ragin-* zurück, sondern hat sich aus einem Rufnamen mit dem Stamm *Rich-* (aus *rîhhi* ‚mächtig') + Koseelement *-z* entwickelt.◻
1480 *rycze faber* (= Rufname) [Kassel] (Stölzel, S. 87); 1516 *Hans Ricze zu gestede* [= Jestädt] (Huyskens, Nr. 249).◻
→ *Reitz*

Repp – Rang 804: 31% (311 von 999 TA). Top: Main-Kinzig-Kr. (abs.).◻
Der Name ist entweder aus einer Kurzform des alten Rufnamens *Radobert* (aus *rât* ‚Rat' + *beraht* ‚berühmt') entstanden oder bezieht sich auf die rasche Gangart des Namensträgers, zu mhd. *reppen* ‚sich bewegen'.◻
1574/79 *Seifert Repp* [Schotten] (Prätorius, S. 315).◻
Vgl. Kohlheim, S. 542; Lexer 2, Sp. 407.

Reul – Rang 1003: 35% (256 von 740 TA). Top: Main-Kinzig-Kr. (abs.).◻
Der Name gehört vermutlich zu der häufigen Kurzform *Rule, Rüle*, die aus dem alten Rufnamen *Rudolf* (aus *hruod* ‚Ruhm' + *wolf* ‚Wolf') entstanden ist. Die Kurzform unterlag dann gelegentlich fälschlich dem Lautwandel *ü:* > *eu*.◻
1696 *Reul / Reuel* [Rodheim v.d.H.] (See, S. 158).◻
Vgl. Kohlheim, S. 542.
→ *Reutzel* → *Riehl* → *Röll* → *Ruhl* → *Rühl* → *Ruth* → *Rützel*.

Reus – Rang 1973: 36% (145 von 406 TA). Top: Main-Kinzig-Kr. (abs.). ◊ Dazu: ◊ *Reis* (Rang 537), *Reiss* (Rang 1729), *Reiß* (Rang 722), *Reusch* (Rang 1024), *Reuß* (Rang 869).◻
Der osthessische Name geht auf den Beruf des Schuhflickers zurück, mhd. *riuze*. Die Schreibvariante <*Reus*> findet sich vor allem am Westrand der weiträumigen <*Reuß*>-Verbreitung in Franken.◻
1293 *Heinricus dictus Ruse* [Grünberg] (Knauß, S. 35); 1446 *Rüss*; ca.1600 *Reuss* [beide Gießen] (Lerch, S. 55).◻
Vgl. Kohlheim, S. 543; Lexer 2, Sp. 476.

Reutzel – Rang 1411: 91% (198 von 218 TA). Top: Wetteraukr.◻
Der Name stellt eine Sonderform des Namens *Rützel* dar, wobei das *ü* zu einem *ü:* gedehnt und dann in den Wandel *ü:* > *eu* einbezogen wurde. *Rützel* und *Reutzel* bilden einen geschlossenen Vorkommensraum zwischen Wetterau und Mainfranken. Der Name geht letztlich auf eine Kurzform des alten Rufnamens *Rudolf* mit dem Koseelement *-z* zurück.◻
1622–1684 *Hans Reutzel* [Bindsachsen] (http://gedbas.genealogy.net).◻
Vgl. Brechenmacher 2, S. 397.
→ *Reul* → *Riehl* → *Röll* → *Ruhl* → *Rühl* → *Ruth* → *Rützel*

Riehl – Rang 743: 25% (329 von 1297 TA). Top: Kr. Marburg-Biedenkopf (abs.).◻
Riehl stellt eine durch die Entrundung von *ü:* > *i:* entstandene Variante von *Rühl* dar. *Rühl* geht auf die Kurzform *Rule, Rüle* zurück, die

aus dem alten Rufnamen *Rudolf* entstanden ist.◻
1429 *Diederich von Riele* (?) (oder Herkunft aus Riele bei Köln?) [Frankfurt] (Andernacht 2, S. 78); 1672 *Riehl* [Marburg] (Allmann, S. 20).◻
Vgl. (anders) Kohlheim, S. 546.
→ Reul → Reutzel → Röll → Ruhl → Rühl → Ruth → Rützel
▶ s. S. 226.

Riemenschneider – Rang 885: 28% (286 von 1010 TA). Top: Schwalm-Eder-Kr.◻
Der im nördlichen Hessen verbreitete Name bezieht sich auf den Beruf des Riemenschneiders, mhd. *riemensnîder.*◻
1355 *Heintze Ryemensnider burger zu Meintz* (Baur 1, Nr. 620); 1487 *by der Riemensnidern* [Grünberg] (Knauß, S. 36).◻
Vgl. Kohlheim, S. 546; Lexer 2, Sp. 425.

Rink – Rang 348: 25% (622 von 2495 TA). Top: Lahn-Dill-Kr.◻
Der in ganz Mitteldeutschland häufige Name benennt jemanden, der Schnallen und Spangen herstellt, mhd. *rinke.*◻
1270 *Rudolf Rinke* [Marburg] (Franz 1, Nr. 553).◻
Vgl. Kohlheim, S. 548; Lexer 2, Sp. 451; Ramge, Studien, Text E, S. 276.
→ *Rinker*

Rinker – Rang 1635: 36% (171 von 472 TA). Top: Lahn-Dill-Kr.◻
Der in Hessen vor allem im Lahn-Dill-Bereich häufige Name bezieht sich wie *Rink*, erweitert durch eine *-er*-Ableitung, auf den Beruf des Spangen- und Schnallenmachers.◻
1550 *Hans Rinker* [Aßlar] (http://gedbas.genealogy.net).◻
Vgl. Kohlheim, S. 548.
→ *Rink*

Rinn – Rang 1101: 50% (240 von 482 TA). Top: Kr. Gießen.◻

Der mittelhessische Name bezieht sich auf die Wohnstätte an einem Wasserfluss, einer ‚Rinne‘, mhd. *rinne.*◻
1266 *Wernherus bi der rinnen* (Mulch, S. 122); 1295 *Henricus dictus Renne* [Dieburg] (Baur 1, Nr. 211).◻
Vgl. Kohlheim, S. 548; Lexer 2, Sp. 451; Ramge, Studien, Text E, S. 270.

Ripper – Rang 1667: 57% (168 von 296 TA). Top: Odenwaldkr.◻
Der südhessische Name geht auf den alten Rufnamen *Ricbern* (aus *rîhhi* ‚mächtig' + *ber* ‚Bär' oder *ber(a)n* ‚tragen') zurück, hat sich dann aber mit dem im Odenwald mehrfach früh belegten Familiennamen *Rippel* (zu einem alten Personennamen aus *rîhhi* + *bald* ‚kühn') vermengt.◻
1426 *Hamman Rypolt* [Kinzig] (Wackerfuß, S. 103); 1557 *Lenhart Rieper* [Heisterbach] (Höreth, Erbach, S. 55); 1623 *Michel Riepel* = 1626 *Michel Rüper* [Sonderbach] (http://www.bergstrasse.de/geschichtsverein-hp/ [Sippenbuch 1 Bd. 1, S. 35.pdf]).◻
Vgl. (anders) Kohlheim, S. 549. Förstemann 1, Sp. 1258.

Rohrbach – Rang 733: 27% (335 von 1231 TA). Top: Kr. Hersfeld-Rotenburg.◻
Der Name bezieht sich auf die Herkunft aus einem der zahlreichen *Rohrbach*-Orte. Für den osthessischen Schwerpunktbereich kommen besonders Rohrbach (Ludwigsau, Kr. Hersfeld-Rotenburg) und die beiden Wüstungen Rohrbach (Zierenberg, Kr. Kassel, und Hessisch-Lichtenau, Werra-Meißner-Kr.) in Betracht.◻
1440 *Henne Rorebach* [Frankfurt] (Andernacht 2, S. 148) = (?) 1468 *Heinrich Rorbach zcu ffrangfurdt* [Kassel] (Stölzel, S. 8).
Vgl. Kohlheim, S. 553.

Röll – Rang 941: 26% (271 von 1050 TA). Top: Main-Kinzig-Kr. (abs.).◻

Der Name, der von Osthessen aus weit nach Osten bis nach Thüringen und in die Oberpfalz reicht, gehört wohl meistens zu den aus *Rudolf* über *Rule*, *Rüle* entstandenen Familiennamen. Er ist dann eine im Vokal gekürzte und von *ü* > *ö* gesenkte Nebenform von *Rühl*.□
1440 *Rollehenne in der Hangenden Hand* [Frankfurt] (Andernacht 2, S. 135); 1508 *Werner Roelle* [Gambach] (Mulch, S. 88).□
Vgl. Kohlheim, S. 553.
→ *Reul* → *Reutzel* → *Riehl* → *Ruhl* → *Rühl* → *Ruth* → *Rützel*

Rompf – Rang 1862: 45% (152 von 338 TA). Top: Lahn-Dill-Kr. ◊ Dazu: *Rumpf* (Rang 625).□
Rompf ist die in Mittelhessen vorherrschende Lautvariante von *Rumpf*. Der Name bezieht sich wohl meist auf den (besonderen) Rumpf des Namensträgers, mhd. *rumph*. – Aber auch eine ‚große hölzerne Schüssel' heißt so und könnte im Einzelfall namengebendes Motiv sein.□
1359 *Henne Rumph* [Friedberg] (Arend, S. 96); 1380 *Johan Rump von Hoinfels wepener* [Biedenkopf] (Baur 1, Nr. 1126).□
Vgl. Kohlheim, S. 563; Lexer 2, Sp. 537.

Röse – Rang 1212: 26% (223 von 846 TA). Top: Schwalm-Eder-Kr. ◊ Dazu: *Reese* (Rang 1925), *Ries* (Rang 221), *Riese* (Rang 1974), *Rieß* (Rang 1246).□
Da nordhessisches *Röse* unmittelbar an das große norddeutsche Verbreitungsgebiet des Familiennamens *Reese* anschließt, handelt es sich wahrscheinlich um eine Variante dazu. *Reese* ist die niederdeutsche Form von *Riese* ‚Riese'. – In manchen Fällen kann aber auch die Wohnstätte an einer *Röße* namengebend sein, d.h. (meist) einer Anlage, in der der geschnittene Flachs zum Faulen gebracht wurde, damit die Fasern weiterverarbeitet werden konnten.□
1355 *Berlt Rese* [Eschwege] (Eckhardt, Rechtsgeschichte, S. 68); 1462 *…von dem huße, das Reßen was* (Eckhardt, Klöster 2, Nr. V, 15).□

Vgl. anders Kohlheim, S. 555, s.u. *Reese*, S. 533; Zoder 2, S. 435 u. 371; Ramge, Flurnamenatlas, K. 28.

Rossel – Rang 1853: 34% (152 von 447 TA). Top: Stadt Wiesbaden.□
Der Name kann für hessische Vorkommen kaum an *Ross* mit dem Koseelement *-el* angeschlossen werden, weil hier, wenn überhaupt, *Rössel zu erwarten wäre. Eher ist eine Koseform aus dem alten Rufnamen *Rozo* o.ä. möglich. Denkbar ist auch die Wohnstätte an einer *Rossel*, d.i. einem Ort mit ‚rasselnden' Steinen, als namengebend.□
1574/79 *Henn Roßell* [Ulfa] (Prätorius, S. 317); 1622–1691 *Jacob Rossel* [Erbenheim] (http://gedbas.genealogy.net).□
Vgl. Kohlheim, S. 557; Brechenmacher 2, 434; Förstemann 1, Sp. 890; Ramge, Flurnamenatlas, K. 98.

Röth – Rang 1801: 34% (157 von 466 TA). Top: - . ◊ Dazu: (unsicher).□
Für den Namen bieten sich zu viele (unsichere) Herleitungen an, als dass eine klare Deutung möglich wäre. Wahrscheinlich ist entweder ein Anschluss an *Roth* (mit Umlaut wie *Blum* / *Blüm*) nach der (Haar-)Farbe, an einen alten Personennamen zum Stamm *Rud-* oder an die Wohnstätte an einer Rodung, einem *Rod(e)* (auch mit Umlaut).□
1316 *Johannes dictus Rode* (hierher?) [Friedberg] (Arend, S. 75); 1361 *Hertwin Roede* (Mulch, S. 88).□
Vgl. (anders) Kohlheim, S. 558; Ramge, Flurnamenbuch, s.u. *Rod*.

Rothermel – Rang 967: 38% (264 von 700 TA). Top: Kr. Bergstraße.□
Rothermel (auch <Rot(h)ärmel>) hat (neben einem Vorkommensschwerpunkt im Allgäu) sein Zentrum im Rhein-Neckarraum. Der Namensträger wurde nach der Gewohnheit benannt, (zweifarbig) rote Ärmel zu tragen.

1382 *Henne Rodermel* [Friedberg] (Arend, S. 92); 1507 *Rodyrmel* [Rimbach] (Höreth, Erbach, S. 49); 1517 *Roythermele* [Alsfeld] (Eckhardt, Klöster 3, Nr. 151).☐
Vgl. Kohlheim, S. 558.

Rübsam – Rang 1984: 33% (144 von 433 TA). Top: - .☐
Der osthessisch-thüringische Name benennt einen Bauern, der Rübensamen für Öl anbaute oder lieferte. So hatten 1531 in Eschwege Bauern *rubesamenzinse* zu leisten.☐
1311 *Conradus dictus Rubesame* [Queckborn] (Baur 1, Nr. 459).☐
Vgl. Kohlheim, S. 560; Eckhardt, Rechtsgeschichte, S. 240.
▶ s. S. 210.

Ruhl – Rang 541: 32% (432 von 1343 TA). Top: Vogelsbergkr. ◊ Dazu: *Rudolf* (Rang 655), *Rudolph* (Rang 136).☐
Der auf den alten Rufnamen *Rudolf* (aus *hruod* ‚Ruhm' + *wolf* ‚Wolf') zurückgehende Kurzname *Rulo* hat neben anderen die besonders in Hessen häufigen Familiennamen *Ruhl* und *Rühl* hervor gebracht.☐
1295 *Rulo* (als Taufname); 1314 *Heinricus dictus Rule* [beide Friedberg] (Arend, S. 12 u. 39); 1350 *Gele Rulen von Gettinouwe* [Frankfurt] (Andernacht 1, S. 52).
Vgl. Kohlheim, S. 562; Ramge, Studien, Text E, S. 294f.
→ *Reul* → *Reutzel* → *Riehl* → *Röll* → *Rühl* → *Ruth* → *Rützel*
▶ s. S. 226.

Rühl – Rang 98: 44% (1586 von 3636 TA). Top: Vogelsbergkr. (rel.) / Kr. Gießen (abs.).☐
Rühl ist unter den aus *Rudolf* über *Rule* entstandenen Namenvarianten diejenige, die für Hessen am charakteristischsten ist. Der Umlaut *ü* ist aus der kosenden Aussprache von *ru:lə* > /*rü:lə*/ entstanden. In der Schreibung ist das <ü> erst spät nachweisbar.☐

1490 *Klas Ryle* [Marburg] (Eckhardt, Klöster 2, Nr. 57).☐
Vgl. Kohlheim, S. 562; Ramge, Studien E, S. 294f.
→ *Reul* → *Reutzel* → *Riehl* → *Röll* → *Ruhl* → *Ruth* → *Rützel*
▶ s. S. 226.

Runzheimer – Rang 1994: 81% (143 von 176 TA). Top: Kr. Marburg-Biedenkopf.☐
Der Name des Marburger Raums geht auf die Herkunft aus dem heutigen *Rountzenheim* (Kanton Bischwiller, Dép. Bas-Rhin, Elsass) zurück.☐
1500 *Iacob Runtzener* [Sinkershausen] (Eckhardt, Klöster 2, Nr. 434).☐
Vgl. Brechenmacher 2, S. 451 s.u. *Runzenheimer*; Ramge, Studien, Text E, S. 266ff.
▶ s. S. 58.

Ruppel – Rang 283: 43% (750 von 1740 TA). Top: Vogelsbergkr. (rel.) / Kr. Fulda (abs.). ◊ Dazu: *Rupp* (Rang 307), *Ruppert* (Rang 209), *Rupprecht* (Rang 1745).☐
Der nördlich des Mains häufige Name geht auf eine Kurzform *Ruppe* des alten Rufnamens *Rupprecht* (aus *hruod* ‚Ruhm' + *beraht* ‚glänzend, berühmt') zurück. Diese wird um die Koseendung *-el* erweitert und führt dann zu den Familiennamenvarianten *Ruppel* und *Rüppel*.☐
1380 *Heincze Rubel von Fulde* = (?) 1387 *Henne Rupel* [beide Frankfurt] (Andernacht 1, S. 107 u. 159).☐
Vgl. Kohlheim, S. 563.
→ *Rüppel*

Rüppel – Rang 1189: 38% (226 von 590 TA). Top: - .☐
Der nördlich und südlich an *Ruppel* anschließende Name *Rüppel* ist eine Lautvariante dazu mit dem Umlaut u > ü.
1650 *Martin Rüppel / Rippel / Riebel* [Gießen] (Stumpf, Familienbuch, Nr. 3569).☐

Vgl. Kohlheim, S. 563.
→ *Ruppel*.

Ruth – Rang 925: 26% (274 von 1059 TA). Top: Main-Kinzig-Kr.□
Der Name geht auf die Kurzform *Ruode, Rude* zurück, die wiederum aus dem alten Rufnamen *Rudolf* o.ä. entstanden ist.□
1369 *Henne Rutte von Rendil* [Frankfurt] (Andernacht 1, S. 87).□
Vgl. Kohlheim, S. 565.
→ *Reul* → *Reutzel* → *Riehl* → *Röll* → *Ruhl* → *Rühl* → *Rützel*

Rützel – Rang 1622: 37% (173 von 463 TA). Top: Kr. Fulda.□
Der osthessisch-mainfränkische Name ist aus einer Kurzform des alten Rufnamens *Rudolf* o.ä. entstanden unter Zufügung der Koseelemente *-z* und *-el*.□
1393 *Wigeln gen. Ritzeler von Adespach* (+ *-er* als Ableitung vom Vaternamen) (Mulch, S. 80); 1506 *Cuntz Ruttzel* [Kassel] (Stölzel, S. 117).□
Vgl. Kohlheim, S. 565.
→ *Reul* → *Reutzel* → *Riehl* → *Röll* → *Ruhl* → *Rühl* → *Ruth*

S

Sandrock – Rang 714: 52% (343 von 664 TA). Top: Kr. Hersfeld-Rotenburg.□
Der nordosthessische Name bezieht sich wohl auf jemanden, der etwas mit einem sandfarbenen Rock zu tun hatte.□
1358 *Petir Santrok von Hohenstad* [Frankfurt] (Andernacht 1, S. 67); 1513 *her Santrocken lybzcinss* [Kassel] (Stölzel, S. 141); 1679 *Henrich Sandtroht* [Witzenhausen] (Eckhardt, Bürgerschaft, S. 71).□
Vgl. Kohlheim, S. 569.
▶ s. S. 46.

Sauerwald – Rang 1739: 26% (161 von 609 TA). Top: -.□
Der vorwiegend in Nordwesthessen bis ins Sauerland verbreitete Name bezieht sich auf die Wohnstätte von jemandem, der an / in einem *sûren walt* lebte. Als Flurname ist *Sauerwald* in Hessen aber nur vereinzelt im Vogelsberg bezeugt, im Unterschied etwa zu *Sauerwiese*. Es ist zudem unklar, welche Eigenschaft des Waldes mit *sûr* ,sauer' bezeichnet wird; vielleicht die Kalkarmut des Bodens.□
1355 *Berlt Surwalt* [Eschwege] (Eckhardt, Rechtsgeschichte, S. 68).□
Vgl. (anders) Kohlheim, S. 570; Lexer 2, Sp. 1324f.; www.lagis-hessen.de/[Flurnamen (Hessen), s.u. *Sauerwald*].

Sauerwein – Rang 817: 36% (306 von 842 TA). Top: Kr. Darmstadt-Dieburg.□
Der Name benennt jemanden, der sauren Wein herstellt, vertreibt oder ausschenkt.□
1452 *Hans Surwiine von Onoltspach* [Frankfurt] (Andernacht 2, S. 240).□
Vgl. Kohlheim, S. 570.
▶ s. S. 37.

Schader – Rang 1579: 55% (178 von 325 TA). Top: Kr. Bergstraße. ◊ Dazu: *Schad* (Rang 566), *Schade* (Rang 226), *Schadt* (Rang 1594).□
Der südhessische Name geht auf mhd. *schade* ,Schädiger, schadender Feind' zurück, verbunden mit einer *-er*-Ableitung. Ohne diese Endung ist der Name oft und früh belegt sowie allgemein verbreitet. In historischen Belegen zeigt sich, dass er manchmal aber auch auf einen Hausnamen *Zum Schaden* zurückgehen kann. Mit der *-er*-Form ist der Name selten und erst spät in Hessen nachzuweisen.□
1222 *Emercho Scado* (Mulch, S. 223); 1348 *Johan Schad ritter* [Ginsheim] (Baur 1, Nr. 589); 1371 *Arnold zum Schaden* [Limburg]

(Schöffl, S. 113); 1642 *Anna Maria Schader* [Kastel] (http://gedbas.genealogy.net).◻
Vgl. Brechenmacher 2, S. 478; Lexer 2, Sp. 626.

Schaffner – Rang 694: 32% (355 von 1111 TA). Top: Kr. Groß-Gerau.◻
Der in Südhessen häufige Name ist aus der Tätigkeit des Namensträgers als Verwalter oder Aufseher hervorgegangen, mhd. *schaffenaere*.◻
1466 *Emmerich Schaffner* [Gießen] (Lerch, S. 66).◻
Vgl. Kohlheim, S. 573; Lexer 2, Sp. 632.

Scharmann – Rang 1704: 32% (165 von 523 TA). Top: Vogelsbergkr.◻
Ein *Scharmann* war ein Mitglied von Wachmannschaften, ursprünglich sogar eine Art kaiserlicher Bodyguard, mhd. *scharman*. – Nahe liegend ist aber auch die Anknüpfung an mhd. *schar* ‚Pflugeisen', so dass *Scharmann* sich auf den Pflüger bezöge.◻
1426 *Hamman Scharmann* [Kirchbrombach] (Wackerfuß, S. 65).◻
Vgl. Kohlheim, S. 574; Lexer 2, Sp. 661 u. 664.

Schaub – Rang 201: 31% (990 von 3199 TA). Top: - . ◊ Dazu: *Schaab* (?) (Rang 1870).◻
Dem Namen liegt mhd. *schoup* ‚Gebund, Bündel, bes. Strohbund, zum Decken von Gebäuden' u.ä. zu Grunde. Der Name bezieht sich deshalb wohl meist auf einen Strohdachdecker, kann aber auch bildlich einen dünnen, mageren Menschen benennen. – *Schaab* hat im Wesentlichen den gleichen südwestdeutschen Verbreitungsraum wie *Schaub* und ist deshalb wohl eine Variante mit dem dialektalen Wandel von *ou > a:*. Der Name kann aber auch auf mhd. *schabe* ‚Schabeisen, Hobel' zurückgehen und sich dann als Tätigkeitsname auf einen Schreiner o.ä. beziehen.◻

1242 *Henricus Schobelen*; 1306 *Henricus dictus Schoube*; 1315 *Henricus Scabin* [alle Staufenberg] (Mulch, S. 206 u. 275); 1471 *Cuntzen Schoube* [Kassel] (Stölzel, S. 62).◻
Vgl. Kohlheim, S. 575; Mulch, S. 206f.; Lexer 2, Sp. 775f. u. 619.

Schaum – Rang 1778: 32% (158 von 492 TA). Top: - .◻
Der Name kommt von Mittelhessen bis ins Saarland häufiger vor. *Schaum* kann jemand heißen, der mit Schaum, mhd. *schûm*, zu tun hat, wobei *schûm* sich auch auf Metallschlacke beziehen kann. Vielleicht benennt der Name manchmal auch einen ‚Schaumschläger'.◻
1441 *Henne, Heile Schumen son* [Frankfurt] (Andernacht 2, S. 187).◻
Vgl. Kohlheim, S. 575; Lexer 2, Sp. 816.

Schaumburg – Rang 968: 41% (264 von 652 TA). Top: Kr. Waldeck-Frankenberg (rel.) / Kr. Kassel (abs.).◻
Der Name bezieht sich, zumindest im nordhessischen Hauptverbreitungsraum, auf die Herkunft aus dem Gericht *Schauenburg*, benannt nach der gleichnamigen Burg in Hoof (Schauenburg, Kr. Kassel).◻
1362 *Curt Schowenborg* [Weimar] (Schultze, Nr. 243); 1468 *Wernher Schaumberg* = 1471 *Wernher Schomburg* [Kassel] (Stölzel, S. 12 u. 54).◻
Vgl. (anders) Kohlheim, S. 575; www.lagis-hessen.de/[Historisches Ortslexikon, s.u. *Schauenburg*].
→ *Schomber*

Scheich – Rang 1686: 56% (166 von 299 TA). Top: Kr. Fulda.◻
Der von Fulda bis ins Rhein-Main-Gebiet wirkende Name geht auf mhd. *schiech, schiuch* ‚scheu, verzagt', aber auch ‚abschreckend, scheußlich' zurück und bezieht sich damit (wahlweise) auf eine entsprechende Eigenschaft des Namensträgers.◻

1476 *Eckart Scheuch* [Grünberg] (Knauß, S. 58); 1524 *Duben Scheyche* (Eckhardt, Klöster 3, Nr. 170, 3).◻
Vgl. Zoder 2, S. 496; Lexer 2, Sp. 724.

Scheld – Rang 742: 70% (332 von 478 TA). Top: Kr. Gießen.◻
Der typisch mittelhessische Name bezieht sich auf die Herkunft aus Ober-/Nieder-Scheld (Dillenburg, Lahn-Dill-Kr.) im Schelderwald.◻
1387 *Henne Schelte der alde Linse* [Biedenkopf] (Baur 1, Nr. 1175).◻
Vgl. Kohlheim, S. 577; Ramge, Studien, Text E, S. 264.
▶ s. S. 244.

Schellhaas – Rang 1863: 61% (152 von 248 TA). Top: Kr. Darmstadt-Dieburg.◻
Der Name vergleicht den ersten Namensträger mit einem Hasen, der mhd. *schel* ist, d.h. u.a. ‚aufspringend, auffahrend, aufgeregt, wild'. Er bezieht sich also auf einen eher furchtsamen, nervösen Menschen. – Die Variante *Schellhase* ist besonders in Nordosthessen verbreitet. Beide Varianten zusammen haben einen starken Verbreitungsschwerpunkt in Hessen.◻
1356 *Diepel Schalhase* [Espe] (Franz 2, 1, Nr. 633); 1463 *Heinz Schellhas* [Fulda] (Kartels, S. 48).◻
Vgl. Kohlheim, S. 578; Lexer 2, Sp. 690.

Schepp – Rang 923: 39% (274 von 703 TA). Top: Kr. Gießen.◻
Der Name hat einen mittelhessischen Schwerpunkt und geht auf eine körperliche Eigenschaft des Namensträgers zurück; denn zu Grunde liegt die hessische Dialektform von ‚schief (gewachsen)', nämlich *schepp*.◻
1346 *Hartmud Scheppen son zu Werhen* [Frankfurt] (Andernacht 1, S. 42).◻
Vgl. Kohlheim, S. 579.

Schermuly – Rang 1488: 58% (188 von 322 TA). Top: Kr. Limburg-Weilburg.◻
Der Name ist im 16. Jh. durch Zuwanderung aus der Schweiz an die mittlere Lahn gekommen. Ursprüngliche Herkunft und Deutung des Namens sind unklar.◻
1617 *M. Jacob Schermeli von Büren aus dem Schweitzerland* [Mengerskirchen].◻
Vgl. Ramge, Studien, Text F, S. 32f. u. 44f.; Schermuly, Familie, S. 351.
▶ s. S. 178.

Schieferstein – Rang 1641: 58% (170 von 292 TA). Top: Kr. Gießen.◻
Der von Mittelhessen bis zum Rheingau verbreitete Name bezieht sich auf jemanden, der beruflich mit Schiefer zu tun hatte. Ebenso gut kann der Name von seiner Wohnstätte an einem Schieferbruch herzuleiten sein. Schieferbrüche sind in Hessen nördlich des Mains häufig als *Schieferstein* belegt.◻
1262 *Wernherus Schiverstein* [Haina] (Baur 1, Nr. 120); 1358 *Schyberstein* = 1370 *Schibirstein* [Limburg] (Schöffl, S. 116).◻
Vgl. Brechenmacher 2, 506; http://www.lagis-hessen.de/[Flurnamen (Hessen), s.u. *Schiefer-stein*].

Schlapp – Rang 1857: 55% (152 von 278 TA). Top: Kr. Offenbach.◻
Der Name geht in Hessen wohl auf die mitteldeutsche Dialektform *schlapp* für ‚schlaff' zurück und benennt dann eine Eigenschaft des Namensträgers.◻
1526 *Schlap* [Marburg] (Allmann, S. 43).◻
Vgl. Brechenmacher 2, S. 517.

Schlitt – Rang 845: 54% (296 von 551 TA). Top: Vogelsbergkr.◻
Der Name bezieht sich vermutlich auf die Wohnstätte an einer Gleitbahn, auf der z.B. Stämme gezogen wurden; mhd. *slite*. Der

Ausdruck findet sich vielfach in hessischen Flurnamen.□
1603–1678 *Johannes Schlitt* [Neustadt] (http://gedbas.genealogy.net).□
Vgl. anders Kohlheim, S. 587; Lexer 2, Sp. 983); http://www.lagis-hessen.de/ [Flurnamen (Hessen), s.u. *Schlitt*].

Schmelz – Rang 890: 26% (284 von 1099 TA). Top: Vogelsbergkr.□
Der Name bezieht sich auf die Wohnstätte an einer der zahlreichen Schmelzhütten oder auf die Arbeit darin. Hier wurde Eisen geschmolzen und verarbeitet.□
1264 *Godescalcus Smelz* [Itter] (Baur 1, Nr. 127); 1408 *Else Smeltzen* (Mulch, S. 265).□
Vgl. Kohlheim, S. 589.

Schnarr – Rang 1895: 36% (150 von 412 TA). Top: Main-Kinzig-Kr.□
Dem im Rhein-Main-Gebiet und in Mainfranken häufiger vorkommenden Namen liegt mhd. *snarren* ‚schnarren, schmettern, schwatzen' zu Grunde. Er bezieht sich also auf die Redeweise des Namensträgers.□
1426 *Cuntz Snorre* (?) [Böllstein] (Wackerfuß, S. 67); 1440 *Snerrenlencze, Henne Snerren son* [Frankfurt] (Andernacht 2, S. 183); 1638 *Johannes Schnar* [Gießen] (Stumpf, Familienbuch, Nr. 4108).□
Vgl. Kohlheim, S. 592; Lexer 2, Sp. 1025.

Schomber – Rang 1829: 66% (154 von 234 TA). Top: Kr. Gießen.□
Der mittelhessische Name ist schwierig zu deuten, da auch die wenigen genealogischen Belege nur bis zum Ende des 17. Jh.s reichen. Möglich ist der Bezug zu einer *Schauenburg*. Wahrscheinlicher ist die Entstehung aus dem männlichen Rufnamen *Scambert* (aus *scama* ‚Scham' + *beraht* ‚berühmt, glänzend'). Dafür spricht die seltenere Variante *Schombert*, die im gleichen Raum auftritt. Da das *-t* aber auch später hinzugetreten sein kann, bleibt die Deutung offen.□
1692–1763 *Johann Friedrich Schomber* [Rauischholzhausen] (http://gedbas.genealogy.net).□
Vgl. Zoder 2, S. 547; Förstemann 1, Sp. 1304.
→ *Schaumburg*

Schönewolf – Rang 1648: 61% (170 von 277 TA). Top: Werra-Meißner-Kr. (rel.) / Kr. Kassel (abs.).□
Der auf Nordhessen beschränkte Name geht auf die Kurzform eines alten Rufnamens zurück, der mit *Wolf* gebildet ist und den Zusatz *schön* als Kennzeichnung des Namensträgers erhalten hat.□
1701 *Schönewolf* [Rodheim v.d. H.] (See, S. 182).□
Vgl. Zoder 2, S. 551.

Schöppner – Rang 1330: 42% (208 von 491 TA). Top: Kr. Fulda.□
Der Name des Fuldaer Raums reicht bis in das Rhein-Main-Gebiet. Die Namenbildung auf *-ner* lässt auf einen Berufsnamen schließen. Der älteste Beleg verweist am ehesten auf einen Hersteller von Joppen und Westen, mhd. *schope*.□
1364 *ich Rule Heintzen Schopinners son* [Rohrbach b. Büdingen] (Baur 1, Nr. 979).□
Vgl. Kohlheim, S. 600; Lexer 2, Sp. 770.

Schork – Rang 1736: 27% (162 von 611 TA). Top: -.□
Die Sprachform der zahlreichen frühen Namenbelege macht die Herleitung von mhd. *schuochwürhte, schuchwurte* ‚Schuhmacher' fraglich. Denn diese Bezeichnung führt in Hessen eher zum Familiennamen *Schuchert, Schuchardt*. Vielmehr scheint bei dem vor allem im Neckarraum verbreiteten Namen *Schork* und seiner mittelhessischen Variante

Schorge mhd. *schürgen, schurgen* ‚schieben, stoßen, treiben' zu Grunde zu liegen. Wenn das eine Eigenschaft bezeichnet, bleibt offen, ob das aktiv oder passiv geschieht. Die Bedeutung des Benennungsmotivs ist also ziemlich unklar.◻
1233 *Sifridvs Miles, dictus Schurge* (Mulch, S. 193); 1334 *Reinhardus dictus Schurge de Rendele* [Frankfurt] (Andernacht 1, S. 15); 1557 *Georg Schorck* [Schöllenbach] (Höreth, Erbach, S. 58).◻
Vgl. anders Kohlheim, S. 600; Lexer 2, Sp. 829; Brechenmacher 2, S. 572, s.u. *Schürch*; Mulch, S. 193 u. 161.

Schrimpf – Rang 1038: 32% (250 von 790 TA). Top: Kr. Fulda.◻
Der Name geht auf mhd. *schrimpfen, schrimpen* ‚runzeln, schrumpfen, krümmen' zurück und bezieht sich damit auf Aussehen oder Gestalt des ersten Namensträgers.◻
1387 *Diele Schrympp* [Frankfurt] (Andernacht 1, S. 154).◻
Vgl. anders Kohlheim, S. 603; Brechenmacher 2, S. 564; Lexer 2, Sp. 799.

Schrod – Rang 1225: 73% (221 von 305 TA). Top: Kr. Offenbach. ◊ Dazu: *Schroth* (Rang 905).◻
Schrod ist die südhessische Schreibvariante zu dem in Süd- und Mitteldeutschland häufigen und allgemein verbreiteten Namen *Schroth*. Der Name ist entstanden aus mhd. *schrôt*, einem Wort mit einer Fülle von Bedeutungen, von denen für den Familiennamen die Bedeutung ‚Klotz' wohl die maßgebliche ist. Denn so konnten plump gebaute, vierschrötige (!) Menschen benannt werden.◻
1346 *Iohan Schrod von Solzbach* [Frankfurt] (Andernacht 1, S. 39); 1426 *Peter Schrod / Schrot* [Mömlingen] (Wackerfuß, S. 86).◻
Vgl. Kohlheim, S. 604 s.u. *Schroth*; Lexer 2, Sp. 803.

Schuchmann – Rang 591: 69% (398 von 581 TA). Top: Kr. Darmstadt-Dieburg. ◊ Dazu: *Schubert* (Rang 88), *Schuch* (Rang 774), *Schuchardt* (Rang 1110), *Schuck* (Rang 1278), *Schuh* (Rang 703), *Schuhmacher* (Rang 910), *Schuhmann* (Rang 876), *Schumacher* (Rang 174), *Schumann* (Rang 263), *Schuster* (Rang 105).◻
Schuchmann, mhd. *schuochman*, ist die einzige der zahlreichen Bezeichnungen für den Schuhmacher, deren Verbreitungszentrum in Hessen ist, nämlich in Süd- und Mittelhessen.◻
1334 *Konrad Schuchmann*; 1395 *Lotze Schůman / Schuwemann / Schuchmann / Schumann* [alle Limburg] (Schöffl, S.120); 1401 *Peter Schuchman* (Lachmann, S. 38).◻
Vgl. Kohlheim, S. 605; Lexer 2, 820.

Schulmeyer – Rang 1228: 79% (221 von 280 TA). Top: Kr. Groß-Gerau.◻
Der überaus häufige Familienname *Meyer* geht als Berufs- oder Standesbezeichnung auf den Verwalter eines Gutes, auch auf einen Großbauern zurück. Die nähere Kennzeichnung *Schul-* im Familiennamen hat nichts mit ‚Schule' zu tun, sondern ist eine umgedeutete Variante aus dem in Nord- und Mitteldeutschland verbreiteten Familiennamen *Schollmeyer* u.ä. Der benennt einen Verwalter oder Bauern, der (in besonderer Weise?) mit der Erdscholle, mhd. *scholle*, verbunden ist.◻
ca. 1640 *Leopold Schulmeyer* [Königstädten] (http://gedbas.genealogy.net).◻
Vgl. Kohlheim, S. 596 s.u. *Schollmaier*; anders Zoder 2, S.565; Lexer 2, Sp. 767.

Schultheis – Rang 333: 38% (648 von 1699 TA). Top: Kr. Fulda (rel.) / Main-Kinzig-Kr. (abs.). ◊ Dazu: *Scholz* (Rang 67), *Schulte* (Rang 479), *Schultheiß* (Rang 1329), *Schultz* (Rang 459), *Schultze* (Rang 1418), *Schulz* (Rang 21), *Schulze* (Rang 102).◻
Der weiträumig im Westen, Südwesten und Franken verbreitete Name *Schultheis* (mit

der Schreibvariante <Schultheiß>) ist aus der Amtsbezeichnung für einen eingesetzten Richter, später auch einen Dorfvorsteher hervorgegangen, mhd. *schultheize*. ◻

1336 *Wernher schultheize vnder der Lynden* [Dietersklingen b. Alsbach] (Baur 1, Nr. 551); 1347 *Heinrich gen. Scholtheisse gesessen in dem dorfe zu Weren* (Mulch, S. 186). ◻

Vgl. Kohlheim, S. 605; Lexer 2, Sp. 815.

Schwalm – Rang 396: 43% (568 von 1338 TA). Top: Schwalm-Eder-Kr. ◻

Der Name bezieht sich auf die Herkunft aus der Landschaft an der Schwalm. Dabei ist nicht zu entscheiden, ob der gebräuchliche Landschaftsname namengebend war oder nicht doch eher die Herkunft aus der an der Schwalm gelegenen Ortschaft *Schwalm*, die im 16. Jh. in *(Ober-)Sorg* umbenannt wurde. Zudem könnten die Bewohner einer Wüstung *Schwalm* (Herbstein, Vogelsbergkr.) zur Verbreitung des Familiennamens beigetragen haben. ◻

ca. 1502 *Schwalms Gelände* [Großen-Linden] (Worm, S. 82); 1526 *Schwalmhenn* [Riebelsdorf] (Franz 2, 2, Nr. IV, 46). ◻

Vgl. Kohlheim, S. 609; Reichardt, S. 351f. u. 337.

▶ s. S. 34.

Schwebel – Rang 1682: 53% (166 von 311 TA). Top: Kr. Darmstadt-Dieburg. ◻

Der überwiegend südhessische Name ist scheinbar nur eine lautliche Variante von *Schwöbel* (s.d.). Er gehört dann ebenfalls zum Volksnamen der *Schwaben* (mit einer Koseendung *-el*). Mehrere historische Belege legen aber nahe, den Namen von mhd. *swebel, swevel* ‚Schwefel' herzuleiten. Der Name benennt dann jemanden, der mit Schwefel zu tun hat. In Südhessen gehen die Belege ziemlich durcheinander. ◻

1350 *Johann Swibol* [Limburg] (Schöffl, S. 134); 1542 *Michel Schwobell* [Gersprenz]; 1547 *Michel Schwöblein* [Fränkisch-Crumbach]; 1571 *Kunz Schwebel* [Niedernhausen]; 1574 *Jakob Schwiebel* [Unter-Gersprenz]; 1574 *Lenchen Schwebel* [Brensbach]; 1575 *Hanß Schweffel* [Ober-Ramstadt] (alle Debor, Odenwald, S. 287.) ◻

Vgl. Kohlheim, S. 613; Lexer 2, Sp. 1346.

→ *Schwöbel*

Schwedes – Rang 1706: 47% (164 von 349 TA). Top: Kr. Kassel. ◻

Der Familienname geht auf einen alten Rufnamen *Swi:d-* zurück (zu *svind* ‚stark'), mit Wandel i: > e: entsteht *Swed-*. Das End-*s* verweist darauf, dass es sich um einen Vaternamen handelt. ◻

1656–1696 *Anna Elisabeth Schwedes* [Breuna] (http://gedbas.genealogy.net). ◻

Vgl. Kohlheim, S. 610; Förstemann 1, Sp. 1381ff.

→ *Schwinn*

Schweinsberg – Rang 1612: 34% (174 von 509 TA). Top: Kr. Kassel (abs.). ◻

Der in Nordhessen bis Westfalen verbreitete Name geht auf Ort und Burg *Schweinsberg* (Stadtallendorf, Kr. Marburg-Biedenkopf) und das dort ansässige Adelsgeschlecht der *Schen(c)k zu Schweinsberg* zurück. Diese nennen sich seit 1215 *de Suuensberg*. ◻

1503 Hermann *Swynspurg*, Prior [Marburg] (Eckhardt, Klöster 2, Nr. 63). ◻

Vgl. Kohlheim, S. 611; Franz 1, Nr. 1.

Schwing – Rang 2000: 26% (143 von 547 TA). Top: - . ◻

Der Name beruht auf mhd. *swinge* ‚Flachs-, Hanf-, Getreideschwinge', einem bäuerlichen Schlaggerät, um z.B. Flachsgebinde weich zu klopfen. Der Name benennt jemanden, der mit diesem Gerät zu tun hat. ◻

1586 *Milchior Schwing* [Crainfeld], *Hen Schwynge* [Echzell] (beide Weber, Nidda, S. 34 u. 264). ◻

Vgl. Kohlheim, S. 613; Lexer 2, Sp. 1377f.

Schwinn – Rang 650: 34% (374 von 1112 TA). Top: Odenwaldkr. ◊ Dazu: *Schwind* (Rang 1550).□
Dem in Südhessen häufigen Namen liegt mhd. *swinde* zu Grunde. Das Wort hat ein breites Bedeutungsspektrum; Kern ist in etwa ‚gewaltig, leidenschaftlich, ungestüm, geschwind', Eigenschaften, die die ersten Namensträger kennzeichnen können.□
1296 *Conradum Suenn* [Rödelheim] (Baur 1, Nr. 297); 1319 *Henricus Swinde* (Mulch, S. 229); 1333 *Petrus dictus Swinde de Sweinheim* [Frankfurt] (Andernacht 1, S. 13).□
Vgl. Kohlheim, S. 613; Lexer 2, Sp. 1377f, → *Schwedes*

Schwöbel – Rang 1717: 40% (164 von 410 TA). Top: Odenwaldkr. (rel.) / Kr. Bergstraße (abs.).□
Im Unterschied zu *Schwebel* (s.d.) bildet *Schwöbel* einen ziemlich geschlossenen kleinen Vorkommensraum im Neckarraum. Auch deshalb ist bei diesem Namen sicher, dass er auf den Volksnamen der *Schwaben* zurückgeht. Die Ausgangsform mhd. *Swâbe* wird dialektal zu /schwo:b/ verdumpft; durch die hinzugefügte Koseendung *-el* wird o: > ö: umgelautet. Wenn dann noch das ö: dialektal zu e: entrundet wird, entsteht *Schwebel*.□
Belege: s. bei *Schwebel*.□
Vgl. Kohlheim, S. 613.
→ *Schwebel*

Sehr – Rang 1645: 37% (170 von 461 TA). Top: Kr. Limburg-Weilburg.□
Beim Familiennamen *Sehr* scheint nach Ausweis der historischen Belege die in Mittelhessen verbreitete Variante *Sehrt* die Ausgangsform zu sein. In diesem Fall lässt sich der Name auf mhd. *serten* zurückführen. Dessen weites Bedeutungsfeld kreist um ‚Gewalttätigkeit, Belästigung', so dass der Name auf jeden Fall eine negative Eigenschaft des ersten Namensträgers benennt.□
1453ff. *Serthenne*; 1488 *Henckeln Sert, Serthens* [alle Beltershain] (Eckhardt, Klöster 3, Nr. VII, 31); 1701 *Johannes Sehrt* [Gießen] (Stumpf, Familienbuch, Nr. 3650).□
Vgl. anders Kohlheim, S. 615; Lexer 2, Sp. 892.

Seib – Rang 673: 42% (363 von 866 TA). Top: Kr. Darmstadt-Dieburg.□
Die in Südhessen vorherrschende Schreibvariante <Seib> geht, wie die ganze Namengruppe, als Kurzform auf einen alten Personennamen zurück, der mit dem Wort *sigu* ‚Sieg' als erstem Namensteil gebildet ist. Der Verschlusslaut *b* bzw. *p* bei <Seip(p)> stammt aus dem zweiten Namensteil, wie er z.B. bei *Seibert* noch zu erkennen ist.□
1470 *Sipen Hen* [Langgöns] (Worm, S. 83); 1485 *Sypen Hen* [Grünberg] (Knauß, S. 17); 1542 *Seip*; 1605 *Seib* [beide Gießen] (Lerch, S. 30).□
Vgl. Kohlheim, S. 615.
→ *Seibel*   → *Seip*   → *Seipp*   → *Sippel*
▶ s. S. 224.

Seibel – Rang 236: 29% (889 von 3077 TA). Top: -. ◊ Dazu: *Seipel* (Rang 471).□
Seibel ist in ganz Hessen, der Pfalz und dem Saarraum verbreitet, während die Schreibvariante *Seipel* eher auf Osthessen und Mainfranken konzentriert ist. Bei dem Namen ist zu *Seib* die Koseendung *-el* hinzugefügt.□
1387 *Heile Sipeln son* [Frankfurt] (Andernacht 1, S. 168); 1393 *Henne Sypel* [Limburg] (Schöffl, S. 124).□
Vgl. Kohlheim, S. 615.
→ *Seib*   → *Seip*   → *Seipp*   → *Sippel*
▶ s. S. 206.

Seibert – Rang 183: 29% (1050 von 3627 TA). Top: Kr. Darmstadt-Dieburg (abs.). ◊ Dazu: *Siebert* (Rang 89).□
Der Name reicht von Mittelhessen bis Pfalz und Saar. Er geht auf den alten Rufnamen

Siegbert (aus *sigu* ‚Sieg' + *beraht* ‚glänzend, berühmt') zurück.□
1567 *Weigel Seibert* [Gießen] (Lerch, S, 29).□
Vgl. Kohlheim, S. 615.

Seim – Rang 1346: 47% (206 von 442 TA). Top: Vogelsbergkr.□
Der in Mittelhessen verbreitete Name bezieht sich entweder auf die Eigenschaft eines trägen langsamen Menschen, mhd. *seine, seim*. Oder er geht auf die Tätigkeit eines Imkers zurück, der mit Honigseim zu tun hat, mhd. ebenfalls *seim*.□
1565 *Petter Seim* [Umstadt] (Brenner, S. 34).□
Vgl. Kohlheim, S. 616; Lexer 2, Sp. 858.

Seip – Rang 760: 61% (328 von 535 TA). Top: Odenwaldkreis.□
Der Name ist eine Schreibvariante von *Seib, Seipp*.□
Belege bei *Seib*.□
Vgl. Kohlheim, S. 616.
→ *Seib* → *Seipp* → *Seibel* → *Sippel*
▶ s. S. 224.

Seipp – Rang 413: 75% (538 von 722 TA). Top: Kr. Gießen.□
Der Name ist eine Schreibvariante von *Seib, Seip*.□
Belege bei *Seib*.□
Vgl. Kohlheim, S. 617.
→ *Seib* → *Seip* → *Seibel* → *Sippel*
▶ s. S. 224.

Seng – Rang 1145: 33% (233 von 718 TA). Top: Kr. Fulda.□
Der Name geht entweder auf mhd. *senge* ‚schnittreif' zurück und bezieht sich damit auf eine (unklare) bäuerliche Tätigkeit. Oder der Name entstand nach der Wohnstätte an einer *Seng(e)* oder *Sang*, d.h. an einem durch Brandrodung gewonnenen Platz. Diese Deutung ist vor allem dann wahrscheinlich, wenn die Entstehung des Familiennamens mit Fuldaer Schwerpunkt mit dem Familiennamen *Sang* zusammenhängt, der in der Wetterau vorkommt.□
1290 *Ludwig Senge* [Borken] (Franz 1, Nr. 784).□
Vgl. Kohlheim, S. 618; Lexer 2, Sp. 884; Brechenmacher 2, S. 602; Ramge, Flurnamenbuch, s.u. *Sang*.

Sinning – Rang 1332: 42% (208 von 499 TA). Top: Schwalm-Eder-Kr.□
Es gibt mehrere Orte *Sinning / Sinningen*, die als namengebende Herkunftsorte in Frage kämen. Sie liegen aber alle weit entfernt vom nordosthessischen Verbreitungsraum des Familiennamens. Vielleicht ist deshalb eher von einem alten Rufnamen auszugehen: Aus den belegten Rufnamen *Sini, Sino* (zu *sin* ‚Sinn, Besonnenheit') kann durch Anhängen von *-ing* ohne Weiteres ein Personenname *Sinning* entstehen. Mit *-ing* wird der Name dann als Vatername gekennzeichnet (‚Sohn eines *Sin-*').□
1398 *Konrad Synning* (Eckhardt, Klöster 3, Nr. 28); 1408 *hern Johann Synnynge* [Rotenburg] (Löwenstein, S. 160).□
Vgl. anders Kohlheim, S. 626, s. aber S. 347; Förstemann 1, Sp. 1337.

Sippel – Rang 332: 38% (650 von 1696 TA). Top: Werra-Meißner-Kr.□
Wo in Hessen altes *i:* nicht zu *ei* wurde wie in Ost- und Nordhessen, blieb das alte *i(:)* von <*Sipel*> als Ausgangsform von *Seibel* erhalten. <pp> zeigt an, dass der Vokal kurz ist.□
1450/1527 *Henne Sipel* [Rotenburg] (Löwenstein, S. 321); 1588 *Michel Siepell* [Witzenhausen] (Eckhardt, Bürgerschaft, S. 21).□
Vgl. Kohlheim, S. 626.
→ *Seib* → *Seip* → *Seipp* → *Seibel*
▶ s. S. 206.

Spahn – Rang 390: 40% (572 von 1422 TA). Top: Kr. Offenbach.□

Dem im Rhein-Main-Gebiet und in Mainfranken häufigen Namen liegt mhd. *spân* ‚Holzspan' zu Grunde. Er bezieht sich entweder auf einen Hersteller von Spänen, die als Beleuchtung verwendet wurden. Oder er bezeichnet, deren langer dünner Form wegen, als Eigenschaft die Gestalt eines Menschen.□
1699 *Joh. Philipp Span* [Gießen] (Stumpf, Familienbuch, Nr. 3769).□
Vgl. Kohlheim, S. 631; Lexer 2, Sp. 1065.

Spohr – Rang 1053: 27% (248 von 908 TA). Top: - .□
Der Name führt zunächst auf den Beruf des Herstellers von Sporen, mhd. *spor* ‚Sporn'. Wo allerdings dialektal a: > o: verdumpft wurde, kann auch mhd. *spar* ‚Spatz' zu Grunde liegen und – bildlich – einen flinken Menschen benennen. Die Belege gehen deshalb manchmal durcheinander.□
1289 *Gerhard Sporro* [Korbach] (Franz 1, Nr. 772); 1327 *Herbordo Sparre seniore* (?) [Dornheim] (Baur 1, Nr. 405); 1670 *Joh. Georg Spohr / Spaar* (!) [Gießen] (Stumpf, Familienbuch, Nr. 3777).□
Vgl. Kohlheim, S. 635; Lexer 2, Sp. 1106 u. 1070.

Stähler – Rang 1891: 27% (150 von 557 TA). Top: Kr. Limburg-Weilburg.□
Der Name zwischen Sieg und Lahn, einem Eisenerzgebiet, stellt offenbar eine *-er*-Ableitung zu *Stahl* dar. Er ist anscheinend in Kreuztal (Kr. Siegen-Wittgenstein) entstanden und damit im Kernbereich des Familiennamens *Stahl*. *Stähler* benennt dann jemanden, der mit Bearbeitung oder Verwendung von Stahl zu tun hatte, z.B. einen Stahlschmied.□
1545–1584 *Daniel Stähler* [Kreuztal, Kr. Siegen-Wittgenstein] (http://gedbas.genealogy.net); 1751 *Staehler* [Marburg] (Allmann, S. 44).□
Vgl. Kohlheim, S. 638.

Stanzel – Rang 1496: 36% (187 von 526 TA). Top: Wetteraukr. (abs.).□
Der Name geht auf den tschechischen Rufnamen *Stanislav* zurück, verbunden mit der deutschen *-el*-Koseendung. Während *Stenzel* als Familienname gleichen Ursprungs in ganz Deutschland allgemein verbreitet ist, ist die Variante *Stanzel* erst durch die Ansiedlung von Sudetendeutschen nach dem 2. Weltkrieg nach Hessen gekommen.□
Vgl. Kohlheim, S. 639.
▶ s. S. 189.

Staubach – Rang 1367: 43% (202 von 471 TA). Top: Vogelsbergkr. (rel.) / Kr. Fulda (abs.).□
Der im Vogelsberg und im Fuldaer Raum konzentrierte Familienname ist aufgrund der Wohnstätte an einem *Staubach* entstanden. Dabei ist nicht sicher zu klären, ob es sich um einen ‚gestauten Bach' oder einen ‚Wasser zerstäubenden Bach' handelt.□
1665 *Heinrich Staubach* [geb. in Herbstein] (http://gedbas.genealogy.net); 1688 *Hans Caspar Staubach* [Fulda] (Kartels, S. 160).□
Vgl. Kohlheim, S. 639.
▶ s. S. 218.

Steitz – Rang 1371: 29% (202 von 703 TA). Top: - .□
Der Name ist nur mühsam und versuchsweise an ein mittelalterliches Wort oder an einen anderen Namen als namengebendes Motiv anzuschließen. Wahrscheinlich gehört er zu einem Wort aus der Wortgruppe um *stoßen*, zu der Wörter wie mhd. *stiezen* ‚stoßen' einerseits und *stutzen* andererseits gehören. Dann läge die Verbindung zu *Steiß* ‚Hintern', mhd. *stiuz* nahe (und gäbe zudem ein hübsches Benennungsmotiv ab).□
1353 *Cunrad Stetz* (hierher?) [bei Seligenstadt] (Baur 1, Nr. 614); 1568 *Steitz* [Gießen] (Lerch, S. 57).□
Vgl. anders Kohlheim, S. 644; Lexer 2, Sp. 1205, 1190 u. 1282f.

Steuernagel – Rang 1327: 47% (208 von 439 TA). Top: Vogelsbergkr.□
Der mittelhessische Name ist verkürzt aus mhd. *stiurruodernagel*, womit der ‚Griff des Steuerruders' gemeint war. Der Name benennt also einen Steuermann oder – da der Name wohl im Vogelsberg entstanden ist – eher einen Flößer.□
1480–89 *ane Contzen Stuernail* [Ober-Seibertenrod] (Eckhardt, Klöster 3, Nr. IV, 3).□
Vgl. Kohlheim, S. 646; Lexer 2, Sp. 1205.

Streb – Rang 1551: 42% (182 von 432 TA). Top: Main-Kinzig-Kr.□
Der Name führt auf mhd. *streben*, ein Wort mit vielen Bedeutungen, die von ‚zappeln' über ‚eilen' bis ‚vorwärts dringen' und ‚kämpfen' reichen. Klar ist also nur, dass anscheinend eine dynamische Eigenschaft des ersten Namensträgers den Namen verursacht hat.□
1342 *Strip*; 1381 *Stryp* (hierher?) [beide Limburg] (Schöffl, S. 130); 1565 *Johannes Streb* [Niedermörlen] (http://gedbas.genealogy.net).□
Vgl. Kohlheim, S. 653; Lexer 2, Sp. 1227f.

Stroh – Rang 341: 33% (631 von 1928 TA). Top: Kr. Gießen (rel.) / Kr. Offenbach (abs.).□
Der in Südwestdeutschland verbreitete Name bezieht sich auf jemanden, der beruflich mit Stroh, mhd. *stro* zu tun hatte.□
1360 *Peter Stro von Sweinheim* [Frankfurt] (Andernacht 1, S. 71); 1502 *Stroe Hennchen* [Rodheim-Bieber] (Stumpf, Amt, S. 114).□
Vgl. Kohlheim, S. 654; Lexer 2, Sp. 1245.

T

Theiß – Rang 490: 38% (468 von 1228 TA). Top: Lahn-Dill-Kr. (abs.). ◊ Dazu: *Mathes* (Rang 699), *Matthes* (Rang 864), *Matz* (Rang 1944), *Theis* (Rang 247).□
Theiß ist eine Schreibvariante zu dem im Westmitteldeutschen geläufigen Namen <Theis>. Sie kommt am häufigsten in Mittelhessen vor. Der Name hat sich (wegen der Betonung auf der zweiten Silbe) aus dem Apostelnamen *Matthias* zum mittelalterlichen Rufnamen *This* entwickelt. Durch den Wandel von *i:* > *ei* entstand dann *Theis*.□
1494 *Thiß* [Lützellinden]; 1547/48 *Jax Theis* [Großen-Linden] (beide Worm, S. 89).□
Vgl. Kohlheim, S. 664.

Thielmann – Rang 552: 37% (424 von 1154 TA). Top: Lahn-Dill-Kr. ◊ Dazu: *Dillmann* (Rang 832), *Thielemann* (Rang 1964).□
Der Name ist aus dem Rufnamen *Thilo, Dile* + *mann* gebildet.□
1346 *Dylen Thelmans son* (!) [Frankfurt] (Andernacht 1, S. 42); 1401 *Else Dyelemennen* [Groß-Gerau] (Lachmann, S. 17).□
Vgl. Kohlheim, S. 665.
→ *Diehl*

Trabert – Rang 1528: 33% (184 von 563 TA). Top: Kr. Fulda.□
Der Name ist auf den Fuldaer Raum konzentriert. Er ist aus dem alten Rufnamen *Tragoboto* (aus *thrag* ‚laufen' + *boto* ‚Gebieter, Bote') umgestaltet, indem eine -er-Ableitung mit t-Antritt gebildet wurde.□
1170 *Dragebodo de Fulda*; 1241 *Traboto monetarius* (beide Kartels, S. 18); 1351 *Fritze Trabot* (Reimer, Hanau 3, Nr. 26); 1496 *Endres Trabert* [alle Fulda] (Kartels, S. 65).□
Vgl. anders Kohlheim, S. 672; Brechenmacher 1, S. 335 s.u. *Trabot*; Förstemann 1, Sp. 1462.

Trageser – Rang 1014: 58% (254 von 436 TA). Top: Main-Kinzig-Kr. (abs.).□
Der Name geht auf die Herkunft aus der wüst gefallenen Siedlung *Trages* (Freigericht, Main-Kinzig-Kr.) zurück.□
1438 *Hans von Dragesz zymmerman* [Frankfurt] (Andernacht 2, S. 118); 1641 *Wolf Trageser*

[Heubach] (Debor, Odenwald, S. 57); 1665 *Conrad Dragester / Traggester* [Gießen] (Stumpf, Familienbuch, Nr. 764).□
Vgl. anders Kohlheim, S. 673.
▶ s. S. 200.

Trieschmann – Rang 1665: 64% (168 von 264 TA). Top: Kr. Hersfeld-Rotenburg (rel.) / Schwalm-Eder-Kr. (abs.).□
Der nordosthessische Name ist aus dem Flurnamen *Driesch* + *mann* gebildet. Ein *Driesch* ist ein unbearbeitet liegendes, zeitweise ruhendes Landstück. Der Familienname entstand nach der Wohnstätte an einer solchen Fläche.□
1575–1639 *Henn Trieschmann* [Dickershausen] (http://gedbas.genealogy.net).□
Vgl. Kohlheim, S. 203; Ramge, Flurnamenatlas, K. 32.

Tripp – Rang 1613: 33% (174 von 529 TA). Top: Kr. Waldeck-Frankenberg.□
Der Name ist nicht sicher zu deuten. Da der Name nicht ins niederdeutsche Sprachgebiet Hessens gehört, ist eine Herleitung von der Wohnstätte an einem *Trieb* (dialektal /drib/) am wahrscheinlichsten. *Trieb* bezeichnet eine ‚Viehtrift', auf der das Vieh zur Weide getrieben wurde, mhd. *trip*.□
1581 *Trib* [Semd] (Stephan, S. 10).□
Vgl. anders Kohlheim, S. 675; Lexer 2, Sp. 1516; Ramge, Flurnamenatlas, K. 34.

Trumpfheller – Rang 1414: 67% (197 von 293 TA). Top: Odenwaldkr.□
Der Name ist umgedeutet aus mhd. *trumbelen* ‚trommeln' und bezieht sich damit auf die Tätigkeit eines Trommlers, eines **trumbelers*. Unverstanden wurde der Name in *Trumpf* und *Heller* umgedeutet. Der Name ist in dieser Form nach dem Dreißigjährigen Krieg durch Zuwanderung in den Odenwald gekommen.□

1666 *Heinrich Trompheller* [Würzberg] (Debor, Zuwanderungen, S. 216).□
Vgl. Brechenmacher 1, S. 345; Lexer 2, Sp. 1544; Ramge, Studien, Text C, S. 5.

U

Uhrig – Rang 703: 32% (352 von 1086 TA). Top: Odenwaldkr. (rel.).□
Der Name reicht vom Rhein-Main-Gebiet bis in die Pfalz mit Schwerpunkt im Neckarraum. Er geht auf den alten Personennamen *Urich* zurück, eine mit der Koseendung *-(i)ch* erweiterte Form des häufigen Rufnamens *Uro* (aus *ûr* ‚Auerochse').□
1581 *Urich* [Umstadt] (Stephan, S. 10); 1623 *Leonhardt Urich* [Umstadt] (Brenner, S. 55).□
Vgl. anders Kohlheim, S. 680; Förstemann 1, Sp. 1483.
→ *Ihrig*

Umbach – Rang 509: 44% (457 von 1048 TA). Top: Kr. Kassel (abs.).□
Der nordhessische Name geht auf die Herkunft aus der wüst gefallenen Siedlung *Umbach* in Heiligenrode (Niestetal, Kr. Kassel) zurück.□
1468 *Joh. vmbach* [Kassel] (Stölzel, S. 3); 1528 *Jost Umbach* [Wahlheiden] (Franz 2, 1, Nr. 1433).□
Vgl. anders Kohlheim, S. 680; www.lagis-hessen.de/[Historisches Ortslexikon, s.u. *Umbach*].

Usinger – Rang 1689: 47% (166 von 355 TA). Top: Hochtaunuskr.□
Der Name bezieht sich auf die Herkunft aus *Usingen* (Hochtaunuskr.).□
1554 *Hans Usinger* [Stockheim] (Debor, Odenwald, S. 312).□
Vgl. Kohlheim, S. 683.

V

Vaupel – Rang 355: 49% (614 von 1252 TA). Top: Schwalm-Eder-Kr.□
Der in Nord- und Mittelhessen häufige Name geht, lautlich kaum noch kenntlich, auf den alten Personennamen *Volkbrecht* (aus *folc* ‚Volk' + *beraht* ‚berühmt, glänzend') zurück.□
1398 Kunz *Folbracht* [Röllshausen]; 1452 Kunz *Vopel* [Löhlbach] (beide Franz, Haina 2, 1, Nr. 826 u. 1005); 1513 *voypel dem thornhuter* (= Rufname); 1526 *thyes voupel* [beide Kassel] (Stölzel, S. 146 u. 200); 1722 *Michael Vaupel* [Witzenhausen] (Eckhardt, Bürgerschaft, S. 91).□
Vgl. Kohlheim, S. 685.
▶ s. S. 239.

Velte – Rang 820: 50% (305 von 610 TA). Top: Hochtaunuskr. (rel.) / Kr. Marburg-Biedenkopf (abs.). ◊ Dazu: *Valentin* (Rang 1027), *Velten* (Rang 776).□
Zusammen mit der Variante *Velten* bildet *Velte* einen nach Westen ausgerichteten Namenraum; *Velte* allein kommt vor allem zwischen Lahn und Main vor. Der Name geht auf den heiligen *Valentin* zurück. Dessen Name wurde gekürzt, der Vokal von *a > e* umgelautet. *Velte(n)* war im Mittelalter ein beliebter Taufname.□
1528 *Veltens Hans* [Straßheim] (Eckhardt, Klöster 2, Nr. VII); 1576 *Paulus Veltin* [Gießen] (Lerch, S. 37).□
Vgl. Kohlheim, S. 685.

Vey – Rang 934: 48% (272 von 573 TA). Top: Kr. Fulda.□
Der Name ist eine besonders im Raum Fulda verbreitete Schreibvariante von *Fey* u.ä., einer Kurzform des Frauennamens *Sophie*.□
1687 *Vey* [Rodheim v.d.H.] (See, S. 201).□
Vgl. Kohlheim, S. 243 s.u. *Fey*.
→ *Fay* → *Feick* → *Fey*

Viehmann – Rang 741: 47% (333 von 702 TA). Top: Lahn-Dill-Kr.□
Der in Hessen allgemein verbreitete Name benennt als Beruf ‚jemanden, der mit Vieh zu tun hat', also wohl den Viehhändler.□
1496 *Fymans Katherin* [Grünberg] (Knauß, S. 23).□
Vgl. Kohlheim, S. 687.

Viereck – Rang 1886: 33% (150 von 451 TA). Top: Kr. Kassel.□
Der Name scheint sich auf die klotzige, vierschrötige Gestalt des Namensträgers zu beziehen. Zu Grunde liegt jedenfalls mhd. *vierecke* als Adjektiv ‚viereckig'.□
1377 *Herman gnand Vierecke ein wubber* [Frankfurt] (Andernacht 1, S. 95).□
Vgl. Kohlheim, S. 687; Lexer 3, Sp. 339f.

W

Wack – Rang 1804: 28% (156 von 565 TA). Top: -.□
Der Name geht auf den alten Rufnamen *Wacko* (aus *wakar* ‚wachsam') zurück.□
1491 *Johann Wack* [Grünberg] (Knauß, S. 17).□
Vgl. Kohlheim, S. 694.

Waldeck – Rang 1402: 26% (199 von 768 TA). Top: Kr. Kassel.□
Der Name erinnert an die Herkunft aus Burg, Stadt oder Grafschaft *Waldeck*.□
1442 *Herman Waldecker von Eppinstein sniider* [Frankfurt] (Andernacht 2, S. 189); 1546 *Niclaus Waldecken* [Umstadt] (Brenner, S. 37).□
Vgl. Kohlheim, S. 696.

Waldschmidt – Rang 676: 53% (361 von 678 TA). Top: Lahn-Dill-Kr.□
Der mittelhessische Name bezieht sich auf den mittelalterlichen Beruf des Waldschmieds, mhd. *waltsmit*, der Eisenerz förderte und zu Roheisen verarbeitete.□

1282 *Heinricus Waltsmit* [Wetzlar] (Wiese, Nr. 252).◻
Vgl. Kohlheim, S. 697; Lexer 3, Sp. 663; Ramge, Studien, Text D.
▶ s. S. 112.

Waßmuth – Rang 1596: 39% (176 von 450 TA). Top: Kr. Waldeck-Frankenberg.◻
Der in Nordwesthessen am häufigsten zu findende Name geht auf den alten Personennamen *Wasmot* (aus *was* ‚Base'(?) + *muot* ‚Mut, Gesinnung') zurück.◻
1356 *Johan Wasmud* [Nidda] (Baur 1, Nr. 906); 1387 *Contzchin Waiszmud* [Frankfurt] (Andernacht 1, S. 172).◻
Vgl. Kohlheim, S. 702; Förstemann 1, Sp. 1548; Kaufmann, S. 390.

Wege – Rang 667: 29% (365 von 1282 TA). Top: Kr. Marburg-Biedenkopf.◻
Der Name des Marburger Raumes geht in der Regel wohl auf die Wohnstätte an einem Weg, mhd. *wec*, zurück.◻
1303 *Conrado dicto in dem Wege* = 1324 *Conradi dicti by deme Wege* [Wetzlar] (Wiese, Nr. 572 u. 1042); 1601 *Jorg Weeg* [Gießen] (Stumpf, Familienbuch, Nr. 4732).◻
Vgl. Kohlheim, S. 704; Lexer 3, Sp. 719f.◻

Wehrheim – Rang 1640: 74% (171 von 231 TA). Top: Hochtaunuskr.◻
Der stark in Taunus und Wetterau verdichtete Name bezieht sich auf die Herkunft aus *Wehrheim* (Hochtaunuskr.).◻
1462 *Henne Werheym* [Frankfurt] (Andernacht 2, S. 349); 1625 *Wehrheim* [Burgholzhausen] (See, S. 207); 1657 *Caspar Wehrumb* [Burkhardsfelden] (Stumpf, Amt, S. 205).◻
▶ s. S. 211.

Weil – Rang 707: 45% (1026 von 2282 TA). Top: Wetteraukr. ◊ Dazu: *Weigel* (Rang 318), *Weigelt* (Rang 1264).◻
Der in ganz Hessen verbreitete, in Mittelhessen aber besonders häufige Name ist sprachlich hier aus dem häufigen Familiennamen *Weigel* zusammengezogen. Dieser ist aus dem geläufigen mittelalterlichen Rufnamen *Wigel* entstanden. *Wigel* liegt ein alter Rufname zu Grunde, der aus *wig* ‚Kampf' mit Koseendung -*el* gebildet ist.◻
1518 *Thielmann Wyl*; 1563 *Wilhelm Weyel* (beide Mulch, S. 95); 1633 *Philips Weygel* = 1640 *Philiß Weyhell* = 1660 *Philips Weyhl* [Gießen-Wieseck] (Stumpf, Amt, S. LVI).◻
Vgl. anders Kohlheim, S. 707; Stumpf, Amt, S. LVf.
→ *Weyel*
▶ s. S. 247.

Weimar – Rang 826: 36% (303 von 844 TA). Top: Odenwaldkr. (rel.) / Rhein-Taunus-Kr. (abs.). ◊ Dazu: *Weimer* (Rang 435).◻
Der Name geht entweder auf einen alten Rufnamen wie *Winmar* (aus *wini* ‚Freund' + *mâri* ‚berühmt') oder auf die Herkunft aus einem der *Weimar*-Orte zurück. Wegen der starken Verbreitung in ganz Südwestdeutschland (zusammen mit der Variante *Weimer*) ist die Entstehung aus dem Personennamen am wahrscheinlichsten. Manche Belege deuten aber auch darauf hin, dass die Wohnstätte an einem *Weimer* namengebendes Motiv sein konnte, einer alten hessischen Bezeichnung für den Weiher.◻
1350 *Hermann Wymar* [Limburg] (Schöffl, S. 142); 1426 *Clesgin Wymar* [Langenbrombach] (Wackerfuß, S. 103); 1461–64 *Hans Wynbars* / *Wynmars kinder* [Hiltersklingen]; 1507 *Leonhart Weynmar* [Hüttental] (beide Höreth, Erbach, S. 30 u. 47].◻
Vgl. Kohlheim, S. 707; Brechenmacher 2, S. 763; Ramge, Flurnamenatlas, K. 112.

Weitzel – Rang 266: 48% (792 von 1662 TA). Top: Vogelsbergkr. (rel.) / Kr. Marburg-Biedenkopf (abs.). ◊ Dazu: *Weitz* (Rang 1322).◻

Der Name bildet mit dem in Osthessen vorherrschenden Namen *Witzel* einen geschlossenen hessischen Verbreitungsraum nördlich des Mains, so dass beide Namen sehr wahrscheinlich eine gemeinsame Ausgangsform haben (wie *Seibel* vs. *Sippel* (s.d.)). Das ist wahrscheinlich der alte Rufname *Wizzo* (aus *wizzan* ‚wissen'), erweitert durch eine -el-Ableitung.□
1583 *Weitzel* [Umstadt] (Stephan, S. 10); 1674 *Joh. Michael Weitzel* [Gießen] (Stumpf, Familienbuch, Nr. 4836).□
Vgl. anders Kohlheim, S. 710; Förstemann 1, Sp. 1627; Kaufmann, S. 411ff.
→ *Witzel*

Wenderoth – Rang 1143: 45% (234 von 515 TA). Top: Schwalm-Eder-Kr.□
Der nordosthessische Name geht vermutlich auf die Herkunft aus der wüst gefallenen Siedlung *Wenderoda* (ehemaliges Amt Neukirchen, Schwalm-Eder-Kr.) zurück. Vom Ortsnamen und der Lage her kommen auch die Wüstungen Wendelrode (Neuenstein, Kr. Hersfeld-Rotenburg), Wengerode (Sontra, Werra-Meißner-Kr.) und der Ort Winnerod (Reiskirchen, Kr. Gießen) in Betracht, sind aber weniger wahrscheinlich.□
1588 *Johannes Wenderoth* [Malsfeld, Schwalm-Eder-Kr.] (http://gedbas.genealogy.net); 1771 *Wenderoth* [Marburg] (Allmann, S. 79).
Vgl. Kohlheim, S. 712; www.lagis-hessen.de/ [Historisches Ortslexikon, s.u. *Wenderoda, Wendelrode, Wengerode, Winnerod*].

Wesp – Rang 1912: 47% (148 von 314 TA). Top: Stadt Darmstadt.□
Der südhessische Name bezieht sich vermutlich auf eine Eigenheit des Namensträgers, die mit einer Eigenschaft von Wespen verglichen wird.□
1598–1669 *Johann Wesp* [Braunshardt] (http://gedbas.genealogy.net).□
Vgl. Zoder 2, S. 818.

Westenberger – Rang 1259: 46% (217 von 474 TA). Top: Main-Taunus-Kr.□
Der im Wesentlichen auf das Rhein-Main-Gebiet beschränkte Name bezieht sich auf die Herkunft. Sprachlich passend, aber räumlich weit entfernt ist *Westenberg* (Bad Bentheim, Kr. Grafschaft Bentheim, Niedersachsen). Wahrscheinlich ist der Name aus der Wohnstätte an einem *Westenberg entstanden. Allerdings heißen die nach Westen gelegenen Berge in Hessen und Rheinhessen durchweg <Westerberg>. Am Nächsten liegt ein 1636 in Münster (Butzbach, Wetteraukr.) belegter *Westerberg*.□
1565–1624 *Margaretha Westenberger* [Marxheim] (http://gedbas.genealogy.net); 1568 *Westenberger* (Allmann, S. 80).□
Vgl. Kohlheim, S. 716; www.lagis-hessen.de / [Flurnamen (Hessen), s.u. *Wester-Berg*]; Belege aus dem „Rheinhessischen Flurnamenarchiv" (Mitteilung von Rudolf Steffens).

Wettlaufer – Rang 1642: 57% (170 von 298 TA). Top: Vogelsbergkr. (rel.) / Kr. Hersfeld-Rotenburg (abs.).□
Der Name geht auf jemanden zurück, ‚der um die Wette läuft'; sei es im wörtlichen Sinne oder im übertragenen für jemanden, der sich schnell bewegt.□
1644–1703 *Georg Wettlaufer* [Breitenbach b. Schlüchtern] (http://gedbas.genealogy.net).□
Vgl. Lexer 3, Sp. 809.

Weyel – Rang 1854: 47% (152 von 322 TA). Top: Lahn-Dill-Kr.□
Der mittelhessische Name geht auf den Rufnamen *Wigel* zurück, der zum verbreiteten Familiennamen *Weigel* geführt hat. *Weyel* zeigt den Übergang zu *Weil*.□
1364 *Heinkel Wigeln* (Eckhardt, Klöster 2, Nr. 162); 1640 *Joh. Melchior Weyhell* [Allendorf] (Worm, S. 95).
→ *Weil*
▶ s. S. 247.

Weyrauch – Rang 1582: 27% (177 von 663 TA). Top: Odenwaldkr.□
Weyrauch benennt jemanden, der mit Weihrauch, mhd. *wîrouch*, (geschäftlich) zu tun hatte.□
1382 *Heynrich gen. Wyrauch* [Langsdorf] (Mulch, S. 289); 1688 *Hanß Weyrauch* [Würzberg] (Höreth, Erbach, S. 134).□
Vgl. Kohlheim, S. 707; Lexer 3, Sp. 930.

Wicke – Rang 666: 29% (366 von 1251 TA). Top: Kr. Kassel. ◊ Dazu: *Wick* (Rang 1000).□
Der Name entstand aus dem alten Rufnamen *Wicco* u.ä. (aus *wîg* ‚Kampf').□
1509 *Wick* [Marburg] (Allmann, S. 24).□
Vgl. Kohlheim, S. 718; Förstemann 1, Sp. 1577.

Wiederhold – Rang 1227: 26% (221 von 850 TA). Top: Schwalm-Eder-Kr. (abs.).□
Der im nördlichen Hessen bis Thüringen verbreitete Name geht auf den alten Rufnamen *Widerolt* (aus *widar* ‚gegen' + *walt* ‚herrschen') zurück. Dieser Name wurde in *wieder hold* umgedeutet.□
1438 *Johannes Widerolt* [Frankfurt] (Andernacht 2, S. 118); 1577 *Michel Widerholt* [Gießen] (Stumpf, Familienbuch, Nr. 4893).□
Vgl. Kohlheim, S. 719.

Wiegand – Rang 63: 32% (2114 von 6674 TA). Top: Kr. Fulda. ◊ Dazu: *Weigand* (Rang 306).□
Der Name setzt den alten Rufnamen *Wigand* (‚der Kämpfende') als Familiennamen fort.□
1351 *Dytwin Wyganden* (Mulch, S. 97); 1468 *Hans Wiigant, den man nennet Francke, von Nuweheym furman* [Frankfurt] (Andernacht 2, S. 322).□
Vgl. Kohlheim, S. 720.
▶ s. S. 208

Wink – Rang 1453: 27% (192 von 711 TA). Top: Main-Kinzig-Kr. (abs.).□
Der Name geht auf die Kurzform eines alten Personennamens zurück, dem vermutlich *wini* ‚Freund' zu Grunde liegt unter Beifügung des Koseelements *-k*.□
1501 *Mengel Wenke* [Schröck] (Eckhardt, Klöster 2, Nr. 109); 1570 *Wink* [Marburg] (Allmann, S. 25).□
Vgl. Kohlheim, S. 721 s.u. *Wiencke*; Förstemann 1, Sp. 1611.

Wittich – Rang 797: 25% (312 von 1250 TA). Top: Kr. Hersfeld-Rotenburg. ◊ Dazu: *Wittig* (Rang 900).□
Der Name entspricht dem alten Rufnamen *Witticho* (zu *widu* ‚Wald, Holz').□
1367 *Hans Witich von Monichberg* [Frankfurt] (Andernacht 1, S. 83).□
Vgl. Kohlheim, S. 729.

Witzel – Rang 407: 34% (547 von 1617 TA). Top: Kr. Fulda.□
Der Name geht vermutlich auf den alten Rufnamen *Wizzo* zurück, verbunden mit einer *-el-* Koseendung zu (belegtem) *Witzil* u.ä.□
1233 *Crafto Wicelo* (Mulch, S. 97); 1704 *Witzel* [Marburg] (Allmann, S. 31).□
Vgl. anders Brechenmacher 2, S. 826.
→ *Weitzel*

Wollenhaupt – Rang 1716: 34% (164 von 488 TA). Top: Werra-Meißner-Kr. (rel.) / Stadt Kassel (abs.).□
Der nordhessische Name bezieht sich auf jemanden mit wollig gelocktem Haar, mhd. *wolle* ‚Wolle' und *houbet* ‚Haupt'.□
1504/1527 *Conrodt Wolnheupt* [Rotenburg] (Löwenstein, S. 317); 1513 *Johanne wolnheupte* [Kassel] (Stölzel, S. 141).□
Vgl. Kohlheim, S. 732; Lexer 3, Sp. 971 u. 1, Sp. 1346.

Z

Zentgraf – Rang 1051: 30% (248 von 830 TA). Top: Kr. Fulda.□
Der Name des Fuldaer Raumes ist bis nach Thüringen und Mainfranken verbreitet. Er geht auf einen Amtsträger zurück, der im Mittelalter oberster Richter einer *zent*, eines Gerichtsbezirks, war; mhd. *zentgrâve*.□
1265 *Cunradus Cyngrauius* [Griedel] (Baur 5, Nr. 49); 1320 *Hartradus Beier dictus Cyntgravius* (Mulch, S. 189); 1364 … *by Wolframe Cinggrefen* [Griedel]) (Baur 1, Nr. 984).□
Vgl. Kohlheim, S. 741; Lexer 3, Sp. 1059.
→ *Greb* → *Grebe* → *Landgrebe*
▶ s. S. 238.

Zilch – Rang 1281: 44% (214 von 488 TA). Top: Kr. Hersfeld-Rotenburg.□
Aus dem Heiligennamen *Cyriacus* ist durch einen Lautwechsel *r* > *l* der Name *Cyliax* u.ä. entstanden, und daraus, in der Endung verändert, <*Zilch, Zülch*>.□
1559 *Mathias Zülch* [Fulda] (Kartels, S. 85); 1604 *Zilge* [Marburg] (Allmann, S. 26).□
Vgl. Kohlheim, S. 745 u. 174 s.u. *Cyliax*.

Zindel – Rang 1830: 43% (154 von 357 TA). Top: Werra-Meißner-Kr.□
Der Name kann sich auf mhd. *zindel, zindâl* ‚eine Art Taft' beziehen und damit jemanden benennen, der damit zu tun hat. Er kann sich aber auch auf gleich lautendes mhd. *zindel* ‚Kampfplatz' beziehen und damit die Wohnstätte an einem solchen Platz namengebend machen.□
1543 *Katharina Zcindel* [Witzenhausen] (Eckhardt, Bürgerschaft, S. 10).□
Vgl. Kohlheim, S. 746; Lexer 3, Sp. 1122f.

Zinn – Rang 626: 30% (384 von 1299 TA). Top: Vogelsbergkr. (rel.) / Schwalm-Eder-Kr. (abs.).□
Der Name benennt jemanden, der sich beruflich mit Zinn beschäftigt, z.B. als Zinngießer.□
1459 bei *Zinßhennen* Kaute (Eckhardt, Klöster 2, Nr. 309); 1482 *Cyn Henne* [Niederkleen] (Worm, S. 101).□
Vgl. Kohlheim, S. 746.

Zipp – Rang 1787: 36% (158 von 445 TA). Top: Kr. Limburg-Weilburg.□
Der Name reicht vom westlichen Mittelhessen bis nach Südhessen und die Pfalz. Er geht auf die dialektale Form von mhd. *zipf* ‚spitzes Ende, Zipfel' zurück. Doch bleibt unklar, was das namengebende Motiv ist. Wahrscheinlich ist es die Wohnstätte an einem spitzen Land- oder Waldstück.□
1462 *Hermann Czyppe* [Löhlbach] (Franz 2, 1, Nr. 1037).□
Vgl. Kohlheim, S. 747; Ramge, Flurnamenatlas, K. 67.

Zörb – Rang 1992: 79% (144 von 182 TA). Top: Lahn-Dill-Kr.□
Der sehr stark auf Mittelhessen konzentrierte Name *Zörb* stellt die zu *ö* gerundete Variante des Namens *Zerb(e)* dar. Dieser geht auf den Heiligennamen *Servatius* zurück.□
1547 *Zorbes, Baltzer* [Lützellinden]; 1589 *Zerbens Krein* [Leihgestern] (beide Stumpf, Amt, S. 282 u.235).
Vgl. Gottschald, S. 457.

Zulauf – Rang 1097: 65% (241 von 371 TA). Top: Vogelsbergkr.□
Das Wort *Zulauf*, mhd. *zuolouf*, hat in seiner Wortgeschichte ein so weites Bedeutungsspektrum entwickelt, dass es müßig ist, daraus ein namengebendes Motiv für den Familiennamen abzuleiten. Es reicht von ‚Anlauf' über ‚Auflauf' bis zu ‚Zusammenlauf (von Wasser)' und ‚Nachlauf'. Der Name kann deshalb vom Wort her ohne weitere Informationen nicht gedeutet werden. Ein ganz

anderer Erklärungsansatz ist, dass es sich um einen Satznamen handelt mit der Bedeutung ‚Lauf zu!' – Wenn der Beleg von 1377 *Henne Zeluff von Wunneckin* (Frankfurt) allerdings hierher gehört, hätte der Name ohnehin nichts mit ‚Zulauf' in irgendeinem Sinne zu tun, sondern ginge auf mhd. *zeln* ‚zählen, erzählen' zurück.□

1709–1772 *Georg Heinrich Zulauff* [Schlitz] (http://gedbas.genealogy.net).□

Vgl. Socin, S. 465f.; Gottschald, S. 549; Lexer 3, Sp. 1194 u. 1053f.; Grimm, Wörterbuch 16, Sp. 505ff.; Andernacht 1, S. 100.

Quellen- und Literaturverzeichnis

Hinweis:
Die Kurztitel im Text und in den Anmerkungen sind hier *kursiv* gekennzeichnet.

A. Hessische Familiennamen: Quellen, Namensammlungen und Untersuchungen

Allmann, Gudrun: Familiennamen Marburger Handwerker und ihres beruflichen und gesellschaftlichen Umkreises 1500–1850. Gießen 1989.

Andernacht, Dietrich / Otto Stamm (Hrsg.): Die Bürgerbücher der Reichsstadt Frankfurt 1311–1400 und das Einwohnerverzeichnis von 1387. Frankfurt 1955 (= *Andernacht 1*).

Andernacht, Dietrich / Erna Berger (Hrsg.): Die Bürgerbücher der Reichsstadt Frankfurt 1401–1470. Frankfurt 1978 (= *Andernacht 2*).

Arend, Maria: Die Personennamen des Friedberger Urkundenbuches I. Bd. 1216–1410. Bottrop 1934.

Arnsburger Urbar (i. Dr.). o.O., o.J. [= Eckhardt, Wilhelm (Bearb.): Das Arnsburger Urbar. Marburg i.D.]

Baur, Ludwig: Hessische Urkunden. Bd. *1–6*. Darmstadt 1860–1873. Neudruck Aalen 1979.

Braasch, Ursula / Hans *Ramge*: Stadtbücher und vergleichbare Quellen in Hessen. Eine Übersicht und Beispiele unter besonderer Berücksichtigung von Marburg und Frankfurt am Main. In: Friedhelm Debus (Hrsg.): Stadtbücher als namenkundliche Quelle. Stuttgart 2000, S. 139–176.

Brenner, Georg (Hrsg.): Wo kamen die Umstädter her? Aufnahmen in die Bürgerschaft der Stadt Umstadt. (Umstädter Bilder Bd. 4) 1984.

Caesar, Carolus Iulius (Hrsg.): Catalogus studiosorum scholae Marpurgensis. Teil 4: 1557–1563. Marburg 1876.

Debor, Herbert Wilhelm: Familiennamen aus dem hessischen *Odenwald*. Erbach *1988*, ²1994.

Debor, Herbert Wilhelm: *Zuwanderungen* in den Odenwaldkreis nach dem 30jährigen Krieg. Erbach *1989*.

Debus, Friedhelm: Zur Entstehung der deutschen Familiennamen. Die hessische Kleinstadt *Biedenkopf* als Beispiel. In: ders.: Kleinere Schriften, hrsg. von Hans-Diether Grohmann und Joachim Hartig. Hildesheim u.a. 1997, Bd. 2, S. 579–603.

Debus, Friedhelm: *Matthäus* und Matthias in deutschen Familiennamen. Varianten und Verbreitung. In: Rita Heuser / Damaris Nübling / Mirjam Schmuck (Hrsgg.): Familiennamengeographie. Berlin u.a. 2011, S. 255–268.

Debus, Friedhelm: *Hausnamen*. In: Beiträge zur Namenforschung. Bd. 48 (2013), S. 139–163.

Demandt, Karl E.: Scherz und Schimpf. Der Spott in hessischen Familiennamen und sein Gegenbild. In: Zeitschrift des Vereins für hessische Geschichte. Bd. 87 (1978/79), S. 221–267.

Eckhardt, Karl August (Bearb.): Klosterarchive: Regesten und Urkunden. Die oberhessischen *Klöster*. Bd. *2* (1967), Bd. *3*,1 (1977), Bd. *3*,2 (1988). Marburg.

Eckhardt, Karl August (Bearb.): Quellen zur *Rechtsgeschichte* der Stadt Eschwege. Bd. 1: Urkunden und Stadtbücher. Marburg 1959.

Eckhardt, Karl August (Bearb.): Die Witzenhäuser *Bürgerschaft* 1543–1935. Aalen 1975.

Fay, Wilhelm: Grüninger Namengebung. Vergangene und lebende Namen eines oberhessischen Dorfes. Gießen 1938.

Franz, Eckhart G. (Bearb.): Kloster *Haina*. Regesten und Urkunden. *1.*Bd.:1144–1300. Marburg 1962; *2.*Bd.: 1300–1560 (1648), 1.Hälfte: Regesten. Marburg 1970; 2.Bd.: 1300–1560 (1648), 2. Hälfte: Texte und Indices, Nachträge und Korrekturen. Marburg 1998.

Franz, Eckhart G.: „Oppeheimers ihr Söhnche haaßt aach Siechmund" – *Jüdische Namengebung* zwischen Tradition und Integration. In: Gerd Richter / Jörg Riecke / Britt-Marie Schuster (Hrsgg.): Raum, Zeit, Medium – Sprache und ihre Determinanten. Festschrift für Hans Ramge zum 60. Geburtstag. Darmstadt 2000, S. 185–194.

Gockel, Michael: Zum Aufkommen und Festwerden der Familiennamen auf dem Lande. Beobachtungen am Beispiel des südhessischen Dorfes Trebur. In: Jahrbuch für hessische Landesgeschichte. Bd. 51 (2001), S. 1–58.

Hahn, Walter v.: Darmstädter Familiennamen bis zum Ende des 16. Jh.s. Gießen 1939.

Hegel, Hildegard: Die Personennamen der Freien Reichsstadt Wetzlar bis zur Mitte des 14. Jh.s. Diss. Ms. Erlangen 1947.

Höreth, Friedrich: Einwohnerverzeichnis der Grafschaft *Erbach* aus dem Jahre 1507. In: Mitteilungen der Hessischen Familiengeschichtlichen Vereinigung. Bd. 4 (1935–37), S. 42–60 und S. 125–140.

Höreth, Friedrich: Einwohnerlisten der Grafschaft Erbach und der Herrschaft *Breuberg*. Frankfurt 1962.

Huyskens, Albert: Die Klöster der Landschaft an der Fulda: Regesten und Urkunden. Marburg 1916.

Kartels, Joseph: Rats- und Bürgerlisten der Stadt Fulda. Fulda 1904.

Knauß, Otto: Die Entstehung der Grünberger Familiennamen. Gießen 1940.

Köster, Rudolf: Bensheimer Familiennamen. Lorsch 2004.

Lachmann, Hans-Peter: Die älteste Rechnung der Obergrafschaft Katzenelnbogen aus dem Jahre 1401. In: Archiv für hessische Geschichte und Altertumskunde. Bd. 31 NF (1971/72), S. 5–97.

Lerch, Friedel: Die Giessener Familiennamen bis 1600. Gießen 1981.

Losch, Philipp: Altkasseler und althessische Familiennamen. Ein Register zu Stölzels Casseler Stadtrechnungen 1468 bis 1553. Beilage zu den „Nachrichten der Gesellschaft für Familienkunde in Kurhessen und Waldeck". 1939.

Löwenstein, Uta (Bearb.): Rotenburg an der Fulda (1170) 1248–1574. Quellen zur Geschichte einer hessischen Stadt. Marburg 2010.

Mulch, Roland: Arnsburger Personennamen. Darmstadt, Marburg 1974.(=http://geb.uni-giessen.de/geb/volltexte/2015/11262/pdf/SLK_GG_02_Mulch.pdf).

Narz, Hermann: Herbstein, seine Flurnamen und alten Familiennamen. Lauterbach 1963.

Opper, Otto: Die Rumpenheimer Familiennamen. Gießen 1941.

Praetorius, Otfried: Einwohner der Ämter Schotten und Stornfels. In: Hessische Familienkunde. Bd. 4 (1958), Sp. 315–318.

Ramge, Hans: Ramge. *Geschichte* eines Familiennamens. Biebertal 2008. (= http://geb.uni-giessen.de/geb/volltexte/2008/5587/).

Ramge, Hans: *Studien* zu hessischen Familiennamen. Gießen 2015. (= http://geb.uni-giessen.de/geb/volltexte/2015/11314/pdf/SLK_GG_04_Ramge.pdf).

> *Text A*: Familiennamengeographie und Flurnamenforschung. Methodisches an hessischen Beispielen. Zuerst in: Rita Heuser / Damaris Nübling / Mirjam Schmuck (Hrsgg.): Familiennamengeographie. Ergebnisse und Perspektiven europäischer Forschung. Berlin u.a. 2011, S. 201–217.
>
> *Text B*: Odenwälder Schweizer im Spiegel südhessischer Familiennamen. Zuerst in: Archiv für hessische Geschichte Bd. 69 (2011), S. 55–91.
>
> *Text C*: Odenwälder Familiennamen. Zuerst in: Der Odenwald. Zeitschrift des Breuberg-Bundes. Bd. 60 (2013), S. 43–60.
>
> *Text D*: Die Waldschmidts und die Waldschmieden. Zur Entstehung und Verbreitung eines hessischen Familiennamens. Zuerst in: Hessisches Jahrbuch für Landesgeschichte. Bd. 62 (2012), S. 1–21.
>
> *Text E*: Familiennamen in Zeit und Raum. Zur Verbreitung von hessischen Familiennamen an der mittleren Lahn. Zuerst in: Mitteilungen des oberhessischen Geschichtsvereins. Bd. 98 (2013), S. 253–301.
>
> *Text F*: Artikelserie über Familiennamen in Hessen, S.1–75. Zuerst in der „Wetzlarer Neuen Zeitung" 2009–2011.

Reimer, Heinrich: Urkundenbuch zur Geschichte der Herren von *Hanau* und der ehemaligen Provinz Hanau. Bde. 3 (1894), 4 (1897). Leipzig 1894 (Neudruck 1965).

Schermuly, Willi: Die *Familie* Schermuly stammt aus der Schweiz. In: Hessische Familienkunde. Heft 6 (1995), S. 351.

Schilp, Thomas: Die Reichsburg Friedberg im Mittelalter: Regesten der Urkunden 1216–1410. Marburg 1987.

Schöffl, Stefan Andreas: Die Limburger Familiennamen von 1200 bis 1500. Frankfurt/M. u.a. 1993.

Schroeter, Johannes: Die Wetzlarer Bürgerrechtslisten 1614–1650. In: Archiv für Sippenforschung und alle verwandten Gebiete. Bd. 13 (1936), S. 132–136, S. 169–173 und S. 202–205.

Schultze, Johannes (Bearb.): Klöster, Stifter und Hospitäler der Stadt Kassel und Kloster Weißenstein. Marburg 1913.

See, Gottlieb: Familienbuch Köppern / Taunus. o.O. 1984.

Stephan, Rudolf: Groß-Umstädter Familiennamen von 1567 bis 1667. o.O., o.J.

Stölzel, Adolf (Hrsg.): Casseler Stadtrechnungen aus der Zeit von 1468 bis 1553. Kassel 1871.

Stumpf, Otto: Das Gießener *Familienbuch* (1575–1730). 3 Bde. Gießen 1974–78.

Stumpf, Otto: Einwohnerlisten des *Amt*es Gießen vom 15. bis zum 17. Jh. (1470–1669) mit einem Abriß über die Namengebung. Gießen 1983.

Wackerfuß, Winfried (Bearb.): Das Zinsbuch der Herrschaft Breuberg von 1426. Breuberg-Neustadt 2004.

Weber, Friedrich: Einwohnerverzeichnis des Amtes *Nidda* aus 1586. In: Hessische Familienkunde. Bd. 3 (1954), Sp. 33–3ß, 99–104, 187–199, 257–268.

Weber, Friedrich: Einwohnerverzeichnis des Amtes *Ulrichstein* von 1586. In: Hessische Familienkunde. Bd. 3 (1954), Sp. 320ff., 406ff.

Wiese, Ernst: Urkundenbuch der Stadt Wetzlar. Marburg 1911.

Worm, Heinz-Lothar: Familiennamen im Hüttenberger Land von 1470–1900. Darmstadt 1989.

B. Hilfsmittel: Namenkundliche, sprachwissenschaftliche und historische Nachschlagewerke

Bach, Adolf: Deutsche Namenkunde. Die deutschen Personennamen 1 und 2. Heidelberg 1952f.

Bahlow, Hans: Deutsches Namenlexikon. Familien- und Vornamen nach Ursprung und Sinn erklärt. München 1967 u.ö.

Berthold, Luise / Hans *Friebertshäuser* / Heinrich J. *Dingeldein* (Bearb.): Hessen-Nassauisches Volkswörterbuch. Bisher 3 Bde (L-Z). Marburg 1943–2015. (= http://www.lagis-hessen.de/de/subjects/index/sn/hnwb).

Brechenmacher, Josef Karlmann: Etymologisches Wörterbuch der Deutschen Familiennamen. 2 Bde. Limburg 1957.

Crecelius, Wilhelm: Oberhessisches Wörterbuch. 1897–99. Neudruck Wiesbaden 1966.

Debus, Friedhelm: Namenkunde und Namengeschichte. Eine Einführung. Berlin 2012.

Förstemann, Ernst: Altdeutsches Namenbuch. Bd. 1. Bonn ²1900.

Gottschald, Max: Deutsche Namenkunde. Unsere Familiennamen. Berlin-New York ⁵1982.

Goebel, Ulrich / Anja *Lobenstein-Reichmann* / Oskar *Reichmann* (Hrsgg.): Frühneuhochdeutsches Wörterbuch. Berlin / New York 1986ff.

Grimm, Jacob / Wilhelm Grimm: Deutsches *Wörterbuch*. Leipzig 1854ff. Neudruck München 1984.

Heintze, Albert / Paul *Cascorbi*: Die deutschen Familiennamen geschichtlich, geographisch, sprachlich. Halle 1933. Neudruck Hildesheim 1967.

(Hessische Flurnamen. Datei) = http://lagis.online.uni-marburg.de/de/subjects/index/sn/fln.

(Historisches Ortslexikon) = http://lagis.online.uni-marburg.de/de/subjects/index/sn/ol.

Kaufmann, Henning: Ernst Förstemann. Altdeutsche Personennamen. Ergänzungsband. München 1968.

Klausmann, Hubert: Atlas der Familiennamen von Baden-Württemberg. Ostfildern 2007.

Klausmann, Hubert: Atlas der Familiennamen von Bayern. Ostfildern 2009.

Kluge, Friedrich: Etymologisches Wörterbuch der deutschen Sprache, bearb. von Elmar Seebold. Berlin u.a. ^{22}1989 u.ö.

Kohlheim, Rosa und Volker (Bearb.): Duden Familiennamen. Herkunft und Bedeutung. Mannheim u.a. 2005.

Kohlheim, Rosa und Volker (Bearb.): Duden, Das große Vornamenlexikon. Mannheim u.a. 1998.

Kunz, Rudolf: Wörterbuch für südhessische Heimat- und Familienforscher. Darmstadt 1995.

Kunze, Konrad: *dtv-Atlas* Namenkunde. Vor- und Familiennamen im deutschen Sprachgebiet. München 1998 u.ö.

Kunze, Konrad / Damaris *Nübling* (Hrsg.): Deutscher Familiennamenatlas. 5 Bde. Berlin u.a. 2009–2016.

Lexer, Matthias: Mittelhochdeutsches Handwörterbuch. 3 Bde. Leipzig 1872–78. Neudruck Stuttgart 1992.

(Mittelhessisches Flurnamenbuch) = www.onlineunimarburg.de/login/mhfb/mhfb_xs.html.

Morlet, Marie-Thérèse: Dictionnaire étymologique des noms de famille. Paris ²1997.

Mulch, Rudolf / Roland *Mulch* (Bearb.): *Südhessisches Wörterbuch*. 6 Bde. Darmstadt 1965–2010. (= http://www.lagis-hessen.de/de/subjects/index/sn/shwb).

Müller, Wilhelm: Hessisches Ortsnamenbuch. Bd. 1. Starkenburg. Darmstadt 1937.

Naumann, Horst: Das große Buch der Familiennamen. Alter, Herkunft, Bedeutung. Niedernhausen 1994 u.ö.

Nübling, Damaris / Fabian Fahlbusch / Rita Heuser: Namen. Eine Einführung in die Onomastik. Tübingen 2012.

Ramge, Hans (Hrsg.): Hessischer *Flurnamenatlas*, unter Mitarbeit von Sonja Hassel-Schürg, Ulrich Reuling, Bernd Vielsmeier, Gerda Weigel; computativ bearb. von Harald Händler, Wolfgang Putschke. Darmstadt 1987.

Ramge, Hans (Hrsg.): Südhessisches *Flurnamenbuch*, bearb. von Jörg Riecke, Herbert Schmidt, Gerd Richter unter Mitarbeit von Jasmin S. Rühl, Gerda Weigel-Greilich. Darmstadt 2002. (= http://www.lagis-hessen.de/de/subjects/index/sn/shfb).

Reichardt, Lutz: Die Siedlungsnamen der Kreise Gießen, Alsfeld und Lauterbach in Hessen. Göppingen 1973.

Reimer, Heinrich: Historisches Ortslexikon für *Kurhessen*. Marburg 1926.

Riecke, Jörg (Bearb.): Duden. Das Herkunftswörterbuch. Etymologie der deutschen Sprache. Berlin u.a. 2014.

Schmidt, Karl Christian Ludwig: *Westerwäld*isches Idiotikon. Hadamar und Herborn 1800. Neudruck 1982.

Seibicke, Wilfried: Historisches deutsches Vornamenbuch, 5 Bde. Berlin u.a. 1996ff.

Socin, Adolf: Mittelhochdeutsches Namenbuch. Nach oberrheinischen Quellen des zwölften und dreizehnten Jh.s. Basel 1903. Neudruck Darmstadt 1966.

Steffens, Rudolf: Familiennamenatlas Rheinland-Pfalz, Hessen, Saarland. Ubstadt-Weiher 2013.

Udolph, Jürgen / Sebastian *Fitzeck*: Professor Udolphs Buch der Namen. München ^{4}2005.

Vilmar, August Friedrich Christian: Idiotikon von Kurhessen. Marburg 1868. Neudruck Wiesbaden 1969.

Vogel, C.D.: Beschreibung des Herzogthums Nassau. 1843. Neudruck Vaduz 1986.

Wiesinger, Peter: Die Stellung der Dialekte Hessens im Mitteldeutschen. In: Reiner Hildebrandt / Hans Friebertshäuser (Hrsgg.): Sprache und Brauchtum. Marburg 1980, S. 68–148.

Woeste, Franz: Wörterbuch der westfälischen Mundart. Norden u.a. 1882.

Zoder, Rudolf: Familiennamen in Ostfalen. 2 Bde. Hildesheim 1968.

Namenregister

Das Namenregister umfasst ausschließlich im Textteil behandelte heutige Familiennamen. Schreibvarianten und einfache Formvarianten sind in einem Eintrag zusammengefasst, soweit ihre Schreibform im alphabetischen Bereich der Leitform liegt. Heutige Familiennamen, die im Text – besonders in Kap. 10 – nur genannt werden, sind in der Regel im „Kleinen Lexikon hessischer Familiennamen" in einem eigenen Namenartikel bearbeitet.

Dort werden auch viele weitere Namen mit hessischem Schwerpunkt behandelt. Die Namen im alphabetisch angeordneten „Kleinen Lexikon hessischer Familiennamen" werden aber im Register nicht gesondert nachgewiesen.

Namen und Namenverwendungen, die nur als Beispiel genannt werden, ohne in einem Darstellungszusammenhang zu stehen, sind nicht aufgenommen.

Adenauer 46, 101
Agel 25, 246
Albrecht 85
Allendorf 242
Allerdings 37
Althenn 133
Amann 177
Amthor 90
Anthes 236
Arras 49, 55, 222, 236
Augst 150
Augustin 150
Aurand 173
Aust 150
Auth 238
Aydin 190
Badouin 182
Balser 246
Bamberger 168
Battenberg 240
Becht 233
Bechthold 233
Beckenhaub 216
Behle 243
Bender, Benner 231
Bepler 246
Berger 212
Bergsträsser 88, 212
Bernius 148

Besier 30, 183, 190, 249
Bickelhaupt 216
Bickert 215
Biedenkapp 90
Biersack 88
Bill 229
Bingel 246
Bismarck 199
Bitsch 90, 135, 233
Black 33
Blanco 33
Blecher, Blöcher 47, 55, 246
Bleier 189
Blüm, Blum, Blume 23, 215
Blumenauer 101
Blumenröder, Blumenröhr 101
Blumenstein 48, 242
Blumör, Blumöhr 101
Bockius 148
Bodenbender 233, 246
Bohrmann 229
Bonifer 249
Born 90
Börner 90
Bornmann 240
Bös 249
Böttcher 233
Bouffier 30, 57
Bourdon 182

Bracht 90, 243
Brähler 238
Brandau 241
Brandt 31
Brede 242
Breitwieser 175, 212, 236
Brentano 185
Brück 54, 229
Brühl, Bröhl, Briel, Briehl 91
Brunner 90, 177
Buchenau 242
Buder, Buderus 146
Bug 238
Buhlmann 249
Burger 177
Burk 246
Büttner 233
Cardinale 173
Carle, Carlé 204
Castritius 138, 152
Cezanne 182, 249
Ciliox 151
Cloos 246
Conradi, Conrady 150
Corvinus 145
Crecelius 148
Cyriax 151
Daab 236
Darmstädter 88, 160, 212
Datterich 62
Dauth 249
Debus, Debes, Dewes 86, 151, 246
Decher, Dechert 215, 246
Deist 242
Delp 236
Depp, Deppe, Döpp 37
Dern 104, 150
Dersch 92, 100
Dibelius 148
Dichter 103
Diebel 147, 242
Dieffenbach 199
Diel, Diehl 56, 85, 194, 199, 227
Diepgen 126
Dillenburger 86
Dingel 240
Dingeldein, Dingeldey 55, 93, 222, 236
Dinges 210, 229

Dippel 147, 240
Disser 249
Dittgen 198
Dönges, Donges 210, 229, 246
Dönhoff 199
Döpp 37
Döring 242
Dörr 233
Dörsam 59, 90, 210, 236
Dorsam, Dorsheimer 210
Dragässer, Dragesser 200
Driesch 90
Droß, Dross, Drus, Druß 102
Dutenhöfer 212
Eckhardt, Eckert, Eckehart 196
Eckhof, Eckhoff 34
Egli, Egly 177, 200
Eisenhauer 221, 236
Emde 243
Emich, Emig, Ehmich, Ehmig, Emmich 100, 236
Erb, Erbe 103, 233
Euler 226
Fabel 240
Faber 143
Fahrenbach 242
Farrenkopf 104
Faßhauer 233, 242
Fay 208, 249
Feick 209
Feldhinkel 36
Fenner 240
Fey 208, 229
Fick, Ficke 38
Figge 38, 208, 243
Finger 243
Fink, Finke 38
Finkernagel 87
Fister 145
Fladung 238
Flori, Flory 177
Föller 249
Fornoff 222, 236
Frahm 31
Franke 213
Frankfurt 84
Fresenius 146
Freudenstein 242

Frischkorn 249
Fromm, Fromme 214
Garcia 191
Gareis, Gareiß 189
Gath 246
Geiß 233
Gelzenleichter, Gelzenleuchter, Gölzenleuchter 138
Georg 229
Gerber 86
Gerhold 243
Giese, Gieße, Giessen, Gießen 114
Gleim 240
Goethe, Göde, Götte 21, 198
Goldbach 238
Gölz 138, 233
Gombert 246
Gorr, Gurr 94
Grähling, Gräling, Grehling, Greling 202
Graulich 202, 246
Grauling 202
Grebe 240
Greilich, Greulich 202
Greiling, Greuling 202
Grösch 238
Groß, Grosse 213
Großkurth 25
Gruber 177
Gundlach 242
Gust 150
Gutberlet 134, 238
Gutenberg 90, 104, 130
Gutermuth 238
Guth 23
Hagelstein 98
Hallstein 97, 222
Happel 226
Hartz 199
Hasselbach 63, 246
Hassenpflug 187, 240
Haub 233
Häuser 245
Hechler 236
Hehlgans 94
Heidegger, Heidecker 22
Heil 229
Helfrich 229
Hellmuth 199

Henkel 36
Henrich 229
Henrici 149
Henß 226
Herbold 240
Herd 236
Herlemann 177
Herrgen 126, 198
Herwig 242
Herzberger 233
Hesse 214
Hesselbach 63
Heun 48
Hexamer 26
Hilgenberg 240
Hin(t)z 199
Hinkel 36
Hinz 110
Hitler 146
Hitzel 236
Hochadel 176
Hofmann, Hoffmann 186
Hofferbert 134
Hofheinz 134
Hofstädter 177
Hohenadel, Hohenadl, Hohenadler 176
Höhle 240
Hohmann 56, 236
Höhmann 242
Hollstein, Holstein 97
Holzamer 211
Holzhauer 240
Holzheimer 211
Honecker, Honegger 22
Hormuth 199
Hornaff, Horneff, Horneffer 147
Hornivius 147
Hotz 177
Hufnagel 87
Hühnermörder, Hünemörder 39
Hunnenmörder 39
Hupfeld 90, 242
Ihrig 236
Immenhausen 37
Immerheiser 37
Immervoll 37
Jäckel, Jeckel, Jockel 229
Jacobi, Jacoby, Jakobi, Jakoby 149

Jährling 236
Jestädt 238
Johannes 85
Jordan 182
Jöst 236
Jourdan 182
Junghenn 133
Jürgens 33
Kadel 236
Kaffenberger 55, 212, 222, 234
Kalbfleisch 238
Kaletsch 86, 246
Karle 204
Kaus, Kauß 86, 247
Kaya 190
Kehm 246
Keim 233
Keiner 196, 246
Kemmerer 249
Kesper 243
Kesting 243
Kiesel, Kissel 98, 229, 233
Kießling, Kißling 98
Kilb 247
Kimpel 246
Kirch 90
Kirchhof, Kirchhoff 90
Klapp 243
Klein, Kleine 214
Kleinhenn 133
Klingelhöfer, Klingelhöffer 100, 219, 245
Klohoker 39
Klös 246
Klöterjahn 34
Klüber 238
Klug, Kluge 214
Klüh 238
Knieriem, Knierim 242
Knoche 243
Knöll 233
Knorz 62
Knöß 226
Krähling, Kreiling 202, 246
Kratz 150
Kreß, Kresse 105
Krichbaum 236
Krönung 238
Küllmer 242

Künkel 246
Kunz, Kunze, Kuntze 110, 196
Kurtz 199
Laber 177
Lambsdorff 199
Landgrebe 243
Lang, Lange 214
Langsdorf 246
Lantelme 184
Larbig 238
Lauber 177
Launspach 219
Lautenschläger 124, 236
Leber 209
Lehr 209, 233
Leimbach 242
Leinberger 175
Lind 225
Linker 246
Lipphardt 242
Löber 86, 209
Löbig 236
Löhr 209
Loriot 32
Losert 215
Lotz 226
Löw 233
Löwenstein 120
Löwer 209
Luckhardt 242
Luh 246
Luther, Lutter 141
Mandler 246
Mank 205
Mankel, Mankell 204
Marburg, Marburger 88, 219
Marks, Marx 150
Martens, Mertens 149
Marthaler 64
Martini, Martiny 149
Massoth 236
Matecki, Matetzki, Matetzky 30, 31
Mattern 150
Mebes, Mewes 151
Melanchthon 141
Menges 233
Merget 249
Mihm 237

Milchsack 87
Mink 233
Möbus, Möbius 151
Mockenhaupt 104
Mohri 177
Molitor 145
Mönch 94
Moos 27
Mühlhans 134
Mühlhausen 242
Müller, Miller, Möller 77, 196
Münch 94
Mustermann 17
Muth 199, 226
Nagel 86
Neger 143
Nguyen 190
Nonnenmacher 138
Nuhn 240
Ochs 233
Odenwald, Odenwälder 213
Ofenloch 236
Olt 222
Oppenheim, Oppenheimer 158, 212
Opper 226
Ötzel 242
Pabst 94
Pappert 238
Pauli, Pauly 149
Peifer, Peiffer 194
Petri, Petry 149, 200, 203, 229
Pfaff, Pfaffe 94
Pfeifer, Pfeiffer 194
Pfister 145
Pierson 187
Piper, Pieper 194
Piscator 145
Pistor, Pistorius 145
Pitzer 246
Pleier, Pleyer 189
Plößer 236
Pohlmann 261
Rack 183
Racke, Racké, Racki, Racky, Raquet 30, 183, 200
Rambaud 185
Ramge 50, 79
Rat, Rath 199

Rauscher 62
Rebhahn 36
Rebhuhn 36
Rebscher 103, 222
Reeg 236
Rehbein 104
Reimchen 79
Reinheimer, Reinemer 88, 236
Reith 238
Reitze 243
Reuter 166
Reutzel 249
Rexroth 89
Rhiel 197
Riedesel 119
Riedl 189
Riemenschneider 240
Rimbach 242
Rinker 246
Rinn 54
Ripper 236
Röhl, Röhle 226
Römer 104
Röntgen 126
Ronzheimer 59
Roos 33
Röse 240
Rosenbaum 154
Rosenberg 155
Rosenkranz 168
Rosental, Rosenthal 155
Rotsmann 29
Rotbart, Rotbarth 109
Rothermel 236
Rothschild 90, 156
Rübsam, Rübsamen 210
Rühl, Riehl, Ruhl 24, 56, 85, 199, 210, 226
Runkel, Runkler 220
Runzheimer 59, 88, 246
Rüspeler 37
Sachse 214
Sahin 190
Sandrock 46, 242
Sarges 85
Sargnagel 87
Sartor; Sartorius 145
Sator, Satorius 145
Sauerbier 37

Sauerwald 243
Sauerwein 37
Savigny 185
Schaaf, Schaf 26, 104
Schader 236
Schaffner 236
Schalon 173
Schaub 233
Schaum 229
Schaumburg 243
Scheld 244
Schellhaas, Schellhase 226
Schen(c)k zu Schweinsberg 199
Schepp 246
Scherer 54
Schermuly 178, 246
Schindewolf 242
Schleenbäcker 121, 246
Schlehvogt 121
Schlicksupp 91
Schmidt, Schmitt 32, 46, 77, 197
Schmidtkunz 133
Schnellbacher 222
Schomber, Schombert 215
Schön, Schöne 214
Schönewolf 240
Schork 236
Schrod 236
Schuchmann 233
Schulmeyer 236
Schüttler 243
Schwabe 214
Schwalm 34
Schwarz, Schwartz 142, 199
Schwärzel, Schwerzel, Schwertzell 120, 199
Schwarzer 141
Schwebel 236
Schwedes 240
Schweizer, Schweitzer 173
Schweinsberg 243
Schwinn 236
Schwöbel 236
Seghers 32
Sehr, Sehrt 215
Seib, Seip, Seipp 56, 224, 236
Seibel, Seipel 206, 236
Seibert 229
Seim 48

Senckenberg 199
Senetra 57
Seng 238
Siebel 208
Siebert 240
Sippel 206, 236
Sommer 55
Spahn 249
Spinell 34
Spitznagel 87
Spory 177
Sprengnagel 87
Stanzel 189
Stark, Starke 213
Staubach 175, 218, 238
Stauder 177
Stauffer 177, 222
Steiner, Steinert 216
Stenzel 189
Steuernagel 87, 246
Stockum 212
Sutor 145
Ternes 150
Textor 144
Theiß 229
Thiel 229
Thielmann 246
Thome, Thomé, Thomä, Thomae 32, 203
Thöne 243
Thonet 30
Thönges 229
Tobler 177
Trabert 238
Trageser, Tragesser 200, 212
Trieschmann 242
Tripp 48
Troß, Tross, Trosse, Trohs, Trus, Truß 102
Trumpfheller 59, 222, 236
Uhrig 236
Umbach 243
Uth 238
Vaillant 30
Vaupel, Vaubel, Faupel, Faubel 239
Velten 229
Vey 208, 238
Vietor 145
Vigelius 148
Vogelei, Vogeley 36

335

Vogelsberg, Vogelsberger 212
Vogeltanz 36
Vollbrecht 240
Vulpius 145
Wagner 77
Waldschmidt, Waldschmitt 71, 112, 246
Waldvogel 94, 119
Waßmuth 243
Weg(e)ner 77
Wege 246
Wehner 77
Wehrheim, Wehrum 211
Weigand 208
Weigel, Weigelt 148, 196, 216, 248
Weil 196, 226, 247
Weißgerber 86
Weizsäcker 88
Weller 212
Welti 177
Wenderoth 242
Wesp 236
Westenberger 249
Wetterau, Wetterauer 213

Weyel, Weyell, Weiel 246
Wicke 240
Wiederhold 242
Wiegand 208
Wiegel 148
Wilhelm 84
Wilhelmi, Wilhelmy 150
Wilke 243
Willershausen, Willershäuser 219
Wintermeyer 247
Wittich 242
Wolff 199
Wolfskehl 169
Wollenhaupt 242
Yilderim 190
Yildiz 190
Yilmaz 190
Zacharias 85
Zarges 85
Zentgraf 238
Zeuch 242
Zickwolf 61
Zipp 229